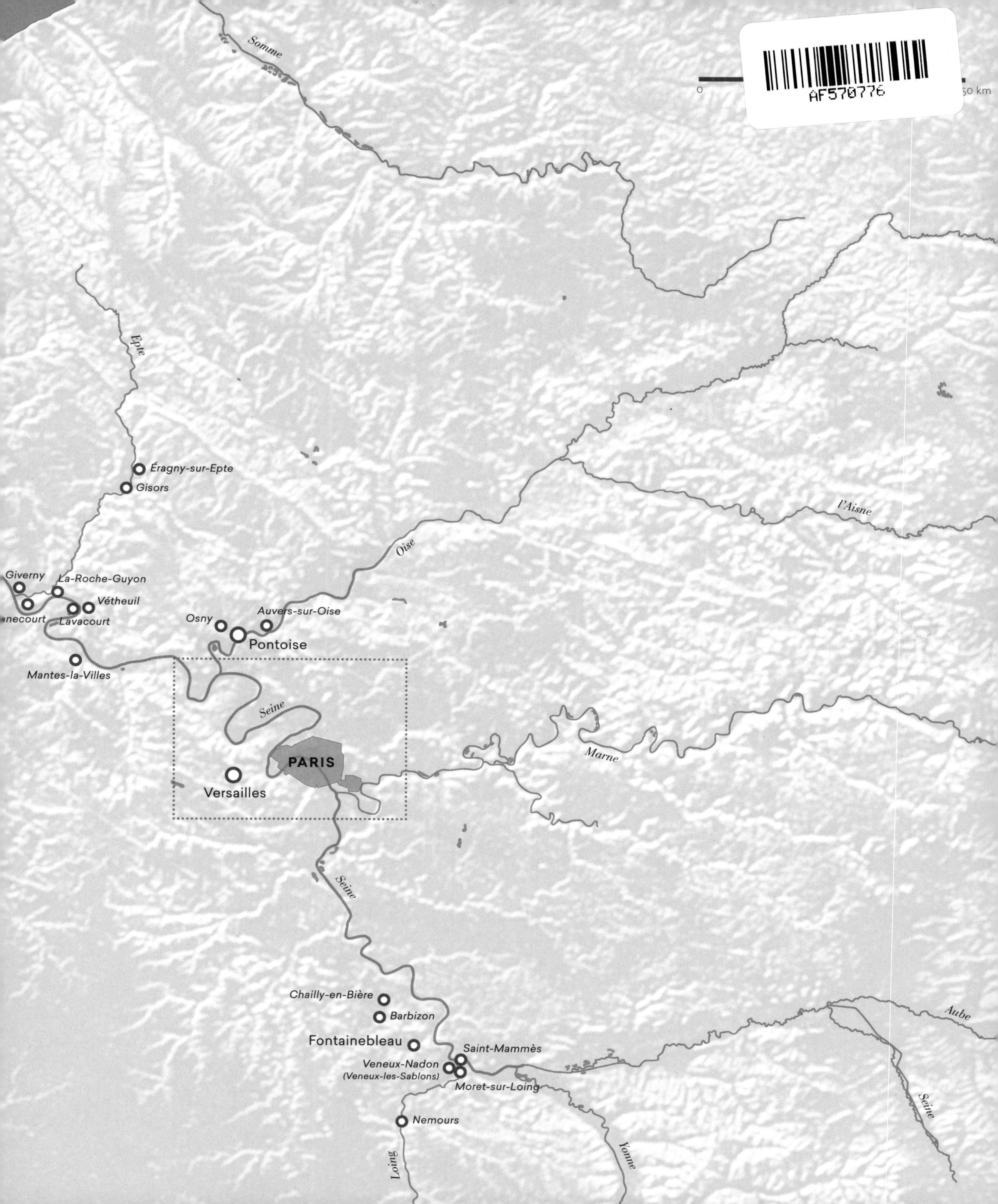

Somme
0
50 km
Epte
Éragny-sur-Epte
Gisors
l'Aisne
Oise
Giverny
La-Roche-Guyon
Vétheuil
necourt
Lavacourt
Osny
Auvers-sur-Oise
Pontoise
Mantes-la-Villes
Seine
PARIS
Versailles
Marne
Seine
Chailly-en-Bière
Barbizon
Fontainebleau
Saint-Mammès
Veneux-Nadon
(Veneux-les-Sablons)
Moret-sur-Loing
Nemours
Aube
Seine
Yonne
Loing

COROT
COURBET
DIAZ DE LA PEÑA
ROUSSEAU
BOUDIN
PISSARRO

DEGAS
SISLEY
MORISOT
GUILLAUMIN
RENOIR
GAUGUIN

MONET

LOST IN TRANSLATION

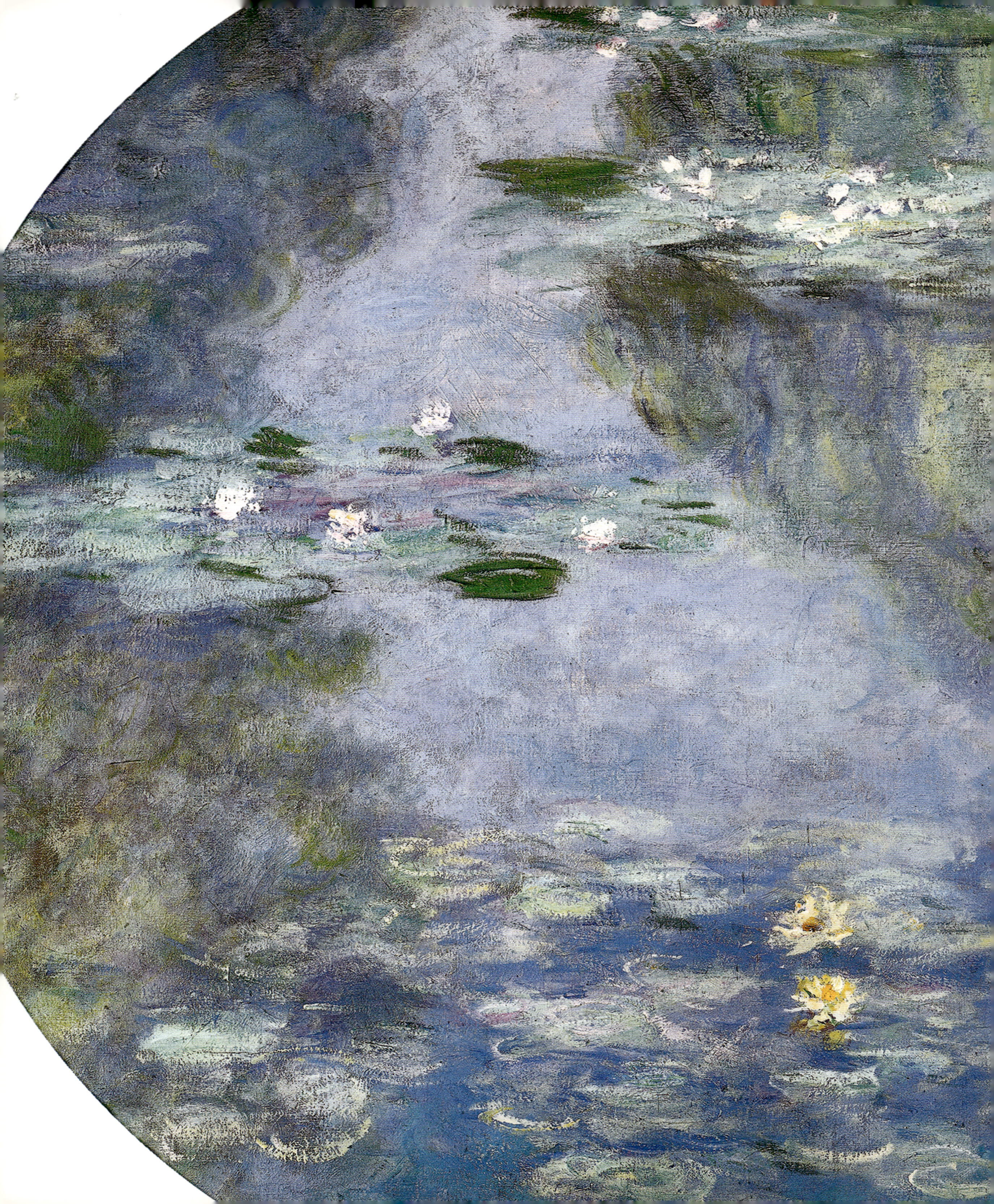

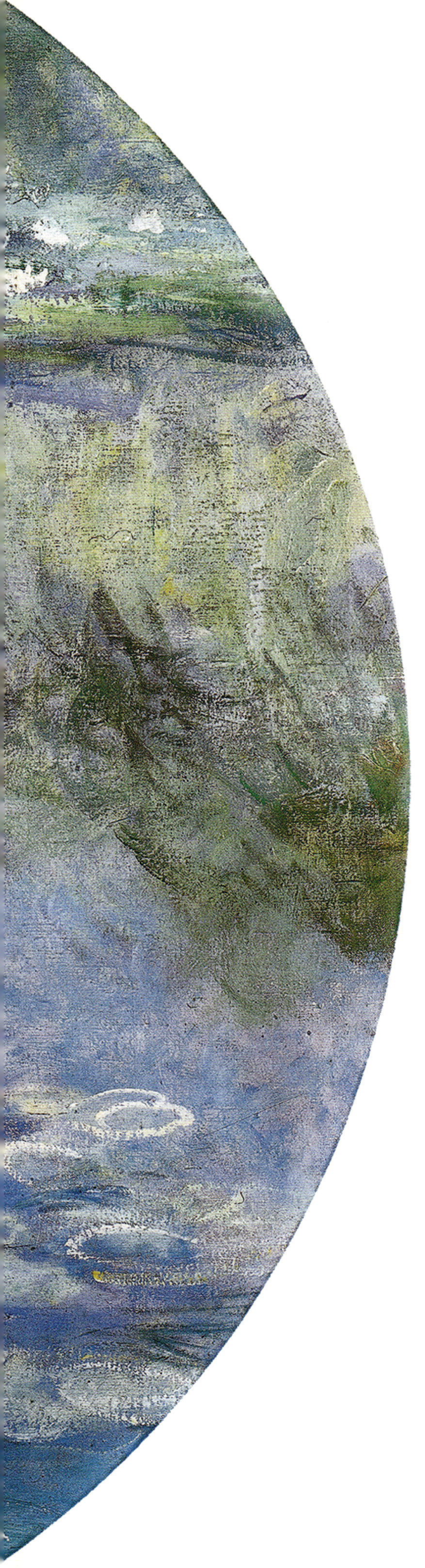

CORZOT
COURBET
DIAZ DE LA PEÑA
ROUSSEAU
BOUDIN
PISSARRO

DEGAS
SISLEY
MORISOT
GUILLAUMIN
RENOIR
GAUGUIN

MONET

LOST IN TRANSLATION

Edited by Suzanne Greub,
Art Centre Basel

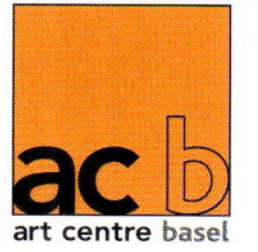

AROS HIRMER

Udlånere / Lenders

Europe
Aberdeen Art Gallery & Museums Collections, Aberdeen, United Kingdom
Arp Museum Bahnhof Rolandseck, Remagen, Germany
The Barber Institute of Fine Arts, University of Birmingham, United Kingdom
Bayerische Staatsgemäldesammlungen, Neue Pinakothek, Munich, Germany
Château-Musée de Dieppe, Dieppe, France
Fondation Bemberg, Toulouse, France
Kunsthalle Bremen, Bremen, Germany
Leeds Art Gallery, Leeds, United Kingdom
Manchester Art Gallery, Manchester, United Kingdom
Musée d'Art et d'Histoire, Geneva, Switzerland
Musée d'art moderne André Malraux, Le Havre, France
Musée de Morlaix, Morlaix, France
Musée des Beaux-Arts, Caen, France
Musée des Beaux-Arts de Lons-le-Saunier, Lons-le-Saunier, France
Musée des Beaux-Arts de Nancy, Nancy, France
Musée des Beaux-Arts, Pau, France
Musée de Vernon, Vernon, France
Musée Fabre, Montpellier, France
Museu de Montserrat, Barcelona, Spain
National Museum in Belgrade, Belgrade, Serbia
National Museum of Wales, Cardiff, United Kingdom
Ordrupgaard, Charlottenlund, Denmark
Palais des Beaux-Arts de Lille, Lille, France
Petit Palais, Musée d'Art Moderne, Geneva, Switzerland
Private Collection Courtesy Halcyon Gallery, London, United Kingdom
Scottish National Gallery, Edinburgh, United Kingdom
Serlachius Museot, Mänttä, Finland
Van Gogh Museum, Amsterdam, the Netherlands
Walker Art Gallery, Liverpool, United Kingdom

North America
Art Gallery of Ontario, Toronto, ON, Canada
Hammer Museum, Los Angeles, CA, USA
Memorial Art Gallery, University of Rochester, Rochester, NY, USA
Muskegon Museum of Art, Muskegon, MI, USA
National Gallery of Art, Washington D.C., USA
New Orleans Museum of Art, New Orleans, LA, USA
Saint Louis Art Museum, St. Louis, MO, USA
The San Diego Museum of Art, San Diego, CA, USA
Toledo Museum of Art, Toledo, OH, USA

Udstillingen er blevet til med støtte fra / The exhibition is generously supported by:

The A. P. Møller and Chastine Mc-Kinney Møller Foundation
A. P. Møller og Hustru
Chastine Mc-Kinney Møllers Fond til almene Formaal

Indhold

Contents

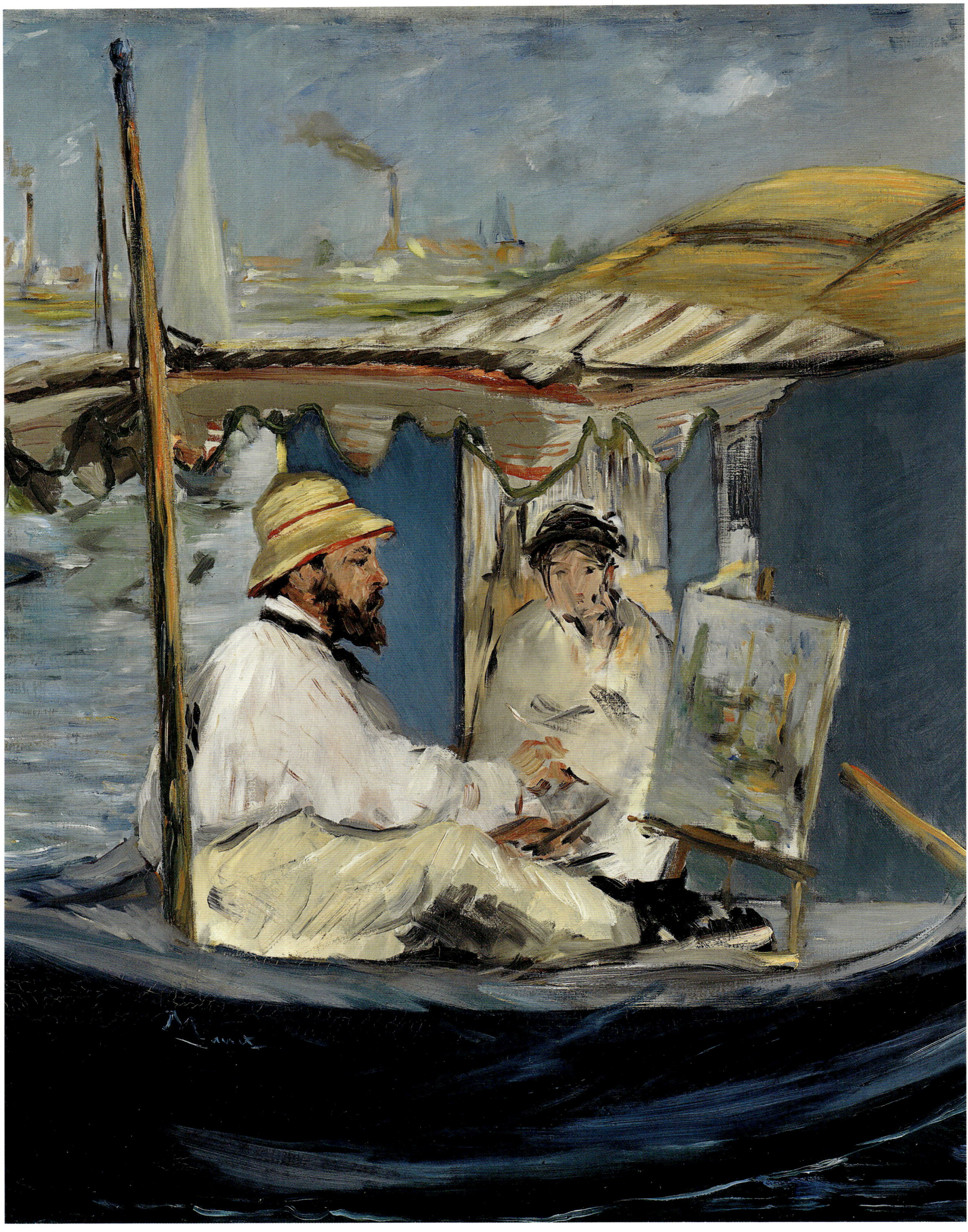

Tak

Da idéen til denne udstilling blev undfanget for fem år siden, var det egentlig min tanke, at det skulle være en klassisk udstilling med fokus på impressionisternes landskaber. I det senere samarbejde med ARoS' ny direktør, Erlend Høyersten, stod det imidlertid klart, at udstillingen samtidig skulle rumme elementer fra samtidens kunstreception for at vække genklang hos nutidens kritiske publikum og dermed være i tråd med ARoS' mission. Den omdefinerede udstilling, *Monet – Lost in Translation*, anlægger således en tankevækkende tilgang til Claude Monet og hans samtidige, mens målet med nærværende videnskabeligt baserede katalog er at bidrage med ny viden om en af de mest revolutionerende perioder i kunsthistorien.

En stor tak til alle, der med usvigeligt engagement har gjort dette projekt muligt. Ligeledes en varm tak til de mange museer, der har bakket op om udstillingen med uvurderlige lån. Art Centre Basel er dybt taknemlig for den beredvillighed, hvormed disse institutioner og private udlånere har stillet deres værker til rådighed.

Det enestående forfatterteam fortjener stor ros både for katalogets fremragende essays og for deres uvurderlige råd og opmuntring undervejs. I særlig grad er jeg Michael Clarke, Anne Distel, Erlend Høyersten, Laurence Madeline, Sylvie Patin, James H. Rubin, Karin Sagner og Clare A.P. Willsdon stor tak skyldig for at bidrage med deres yderst velanskrevne ekspertise. Der skal endvidere lyde en stor tak til Jürgen Kleidt hos Hirmer Verlag, München, for et godt og langt samarbejde samt til hele hans team, herunder Gunnar Musan og Vanessa Magson-Mann, som fortjener en særlig tak for deres fine indsats.

Endvidere er jeg yderst taknemlig for den støtte, jeg har fået fra kollegerne på ARoS. Herunder først og fremmest den tidligere direktør, Jens-Erik Sørensen, direktør og medkurator Erlend Høyersten samt overinspektør Marie Nipper og administrationschef Henrik Ochsner. Jeg er i særdeleshed taknemlig for den tillid, de har udvist i forhold til Art Centre Basels årelange ekspertise. Blandt de mange kolleger på ARoS skal der lyde en særlig tak til den udstillingsansvarlige museumsinspektør Maria Kappel Blegvad samt udstillingskoordinator Anne Mette Thomsen, som vi havde den glæde at arbejde tæt sammen med i månederne forud for udstillingens åbning.

Afslutningsvis vil jeg gerne rette en varm tak til min kære mand Rodo for al hans støtte og opmuntring samt til mit team på Art Centre Basel, som alle har bidraget til projektet med en høj grad af engagement, kreativitet og grundigt arbejde. Der skal lyde en særlig tak til vicedirektør Katharina Beisiegel og udstillingsleder Judith Opferkuch for deres store indsats i forbindelse med både udstillingen og det tilhørende katalog; endvidere til assistent Sandrine Huet for hendes indsats i forbindelse med realiseringen af denne udgivelse.

Suzanne Greub
Direktør, Art Centre Basel

Acknowledgements

Five years ago when the idea of this exhibition was born, my aim was to produce a classical exhibition that focused on the landscapes of the Impressionist movement. In the later collaboration with ARoS' new director Erlend Høyersten it became apparent that the exhibition needed to involve contemporary issues of art reception in order to resonate with the critical and progressive audience and the mission of the ARoS Aarhus Art Museum. This newly defined exhibition, *Monet – Lost in Translation*, intends to offer a thought-provoking approach to Claude Monet and his contemporaries, while this scholarly catalogue aims to provide further insight into one of the most revolutionary periods in the history of art.

I would like to thank everyone whose dedication facilitated this project. The exhibition received the considerable support of many colleagues from numerous lending museums who granted important high-calibre loans, and our most sincere and heartfelt thanks go out to them. The Art Centre Basel is indebted to these institutions and private lenders for their generous contributions.

Our outstanding team of authors deserves the highest praise for their excellent and important essays in the catalogue, as well as for their invaluable advice and encouragement. I am most grateful to Dr. Michael Clarke, Anne Distel, Erlend Høyersten, Dr. Laurence Madeline, Sylvie Patin, Prof. James H. Rubin, Dr. Karin Sagner, and Prof. Clare A.P. Willsdon for conferring their esteemed expertise on this publication. Thanks are extended to Jürgen Kleidt at Hirmer Verlag, Munich, for the long-standing collaboration and to his team, including Gunnar Musan and Vanessa Magson-Mann, whom I wish to thank for their excellent work.

I am also very thankful for the support of my valued colleagues at ARoS. First and foremost, I want to mention Jens-Erik Sørensen (former Director) and my trusted Co-Curator Erlend Høyersten (Director), as well as Marie Nipper (Chief Curator) and Henrik Ochsner (Financial Director). I am especially grateful for their trust in the Art Centre Basel's longstanding expertise. Among the many colleagues at ARoS who deserve special thanks are Maria Kappel Blegvad (Exhibition Curator) and Anne Mette Thomsen (Exhibition Coordinator), whom we had the pleasure of working with closely in the last few months leading up to the opening.

Finally, I would like to express my warmest gratitude to my husband Rodo for his support and encouragement, as well as to my team at the Art Centre Basel, who all contributed immeasurably to the project and assisted me in this large undertaking with commitment, creativity and their meticulous work. I want to thank especially my Deputy Director Katharina Beisiegel and Exhibition Manager Judith Opferkuch for their fundamental contributions to the success of the exhibition and the catalogue as well as Assistant Sandrine Huet for her great effort to help accomplish this publication.

Suzanne Greub
Director, Art Centre Basel

Forord

Når et kunstmuseum vælger at realisere en Monet- og/eller en impressionistudstilling som denne på ARoS, *Monet – Lost in Translation*, kurateret i samarbejde med Suzanne Greub og Art Centre Basel, er det et stort og vanskeligt projekt at gennemføre. De gode værker er spredt over hele verden, hvilket medfører store transportudgifter, og forsikringssummerne taler man ikke højt om. Det er altså en kostbar affære. Desuden er der stor efterspørgsel efter Monet og hans samtidige kunstnerkolleger. Det er heller ikke nemt at låne deres værker. Tværtimod. Netop derfor skal vi også vide, hvad vi som museum vil med dem.

Det er klart, at det giver prestige at udstille nogle af kunsthistoriens største kunstneriske ikoner og berømtheder. Som institution træder man ind i et eksklusivt selskab, hvor ekspertisen er stor og eksperterne mange. En god udstilling med Monet kan også give publikumssucces samt sikre en udstilling med stærk visuel appel. Men man kan imidlertid også forsøge at give en impressionistudstilling relevans ved at lade den udtrykke noget nyt, enten om kunstnerne, om den tid, deres værker blev skabt på, eller om vores egen tid. En sådan udstilling kan altså være relevant, fordi den vedkommer os, fordi den betyder noget for det publikum, som ser den i dag. Set fra et kunstmuseums synspunkt må faglig integritet udgøre kernen i projektet. Værkerne og den faglige formidling skal være af høj kvalitet, og man skal tro på projektets levedygtighed og virkning. Uden relevans og integritet får projektet ingen betydning, selvom udstillingen æstetisk og visuelt har stor appel. I så fald gør vi os bare store på det, andre har gjort stort før os.

Med et helt unikt udvalg af de største franske impressionister – 49 værker, hvoraf 18 er malet af Monet – ønsker ARoS at revitalisere Monet og hans samtid ved at rejse spørgsmål som: hvilken betydning har den impressionistiske kunst for en nutidig betragter, og hvorfor er deres værker stadig interessante?

I dag opfattes Monet og de øvrige impressionister ikke længere som skandalekunstnere, men derimod som legender, hvis værker er blevet verdensberømte ikoner, der ses overalt, både på kunstmuseer og som reproducerede motiver på plakater, T-shirts, kaffekrus og kalendere. Vi kan med rette påstå, at der er gået inflation i Monet og det impressionistiske billedsprog. Netop fordi Monet indgår i så mange forskellige kontekster, fra de mest spektakulære salg hos store auktionshuse verden over til IKEAs dekorationsafdeling, har mange mistet forståelsen af den samtid og det blik, som Monet og hans samtidige kunstnerkolleger arbejdede ud fra. Forståelsen af deres kunst og virke er gået tabt. De er reduceret til klichéer eller ikoniske brands. De er, som vi betoner med udstillingens titel, "Lost in Translation".

Foreword

The undertaking for any art museum to stage a Monet and/or an Impressionist exhibition like this one by ARoS, *Monet – Lost in Translation*, curated jointly with Suzanne Greub and the Art Centre Basel, is likely to be a prodigious project that is difficult to realise. The fine works of art are scattered worldwide, incurring both substantial transportation and unspeakable insurance costs. The truth is that it is a costly affair. Moreover, Monet and his contemporaries are in great demand. Procuring their works for loan is no easy task, quite the contrary, in fact. For this reason, we want to be clear about our ambitions for showing them.

Needless to say, it is a matter of considerable prestige to be showing some of the most pre-eminent artistic icons and celebrities ever seen in the history of art. As an institution, you join the exclusive circles where extensive knowledge and vast numbers of experts prevail. Moreover, a first-rate Monet exhibition is likely to not only be a blockbuster, but also an exhibition with powerful visual appeal. At the same time, it is vital to lend new interest to an Impressionist exhibition by allowing it to express something new, either about the artists, about the times in which their works were created, or about its relevance for our own time. An exhibition of this kind might prove pertinent, because it relates to us and to the people seeing it today. From an art museum's perspective, professional integrity is essentially at the core of the exhibition, with the works and the professional presentation of world-class standard, while faith in the ultimate viability and impact of a project of this kind is paramount. Without such interest and integrity, the project would convey little meaning although the exhibition *per se* would have great aesthetic and visual appeal. One would, at best, only be capitalising on the great things others have done before.

With this unique selection of the greatest French Impressionists – totalling 49 works of which 18 are by Monet – ARoS wishes to revitalise Monet and his time by raising important questions. What is the significance of Impressionist art to present-day viewers? Why are these works still pertinent today?

Monet and his fellow Impressionists are no longer regarded as creators of scandalous art, but as legends whose works have evolved into world-famous icons to be seen everywhere: in art museums and as reproductions on posters, T-shirts, coffee mugs, and calendars. One could rightly claim that Monet, and Impressionist imagery in general, have become devalued. Precisely because Monet is present in any number of contexts, from the most spectacular sales in auction houses all over the world to IKEA furnishing departments, many have lost sight of the age and the perspective from which the work of Monet and his contemporaries sprang. The appreciation of their art

Først og fremmest skal en stor kollegial tak rettes til udstillingens medkurator Suzanne Greub, direktør for Art Centre Basel, som siden 2012 har arbejdet intenst med at skaffe udstillingens 49 værker fra hele verden, herunder 18 værker af Monet. Sammen med Judith Opferkuch og Katharina Beisiegel samt overinspektør Marie Nipper, inspektør Maria Kappel Blegvad og undertegnede har hun stået i spidsen for udstillingens tilrettelæggelse og den tilhørende bog.

En varm tak skal rettes til de mange udlånere, hvis værker er hentet hjem fra hele verden: fra Frankrig, USA, Danmark, Schweiz, Storbritannien, Tyskland, Holland, Spanien, Serbien, Canada og Finland. Uden deres generøse tilsagn havde det ikke været muligt at gennemføre udstillingen med værker af Monet og hans samtidige kunstnerkolleger.

En stor tak skal også lyde til de mange enkeltpersoner og kolleger, som på forskellig vis har medvirket til udstillingens tilblivelse. Internt takkes overinspektør Marie Nipper, udstillingsansvarlig Maria Kappel Blegvad, udstillingskoordinator Anne Mette Thomsen, udstillingsarkitekt Lotte Helle-Valle, teknisk chef Jakob Hvam samt hele hans team, formidlingsinspektør Birgit Pedersen, formidlingsinspektør Anne Mette Høncke samt udstillingsassistent Nynne S. T. Martinusen, som alle med stor begejstring har stået bag udstillingens tilblivelse, design og formidling.

Tak til bogens forfattere: Suzanne Greub and Katharina Beisiegel, Michael Clarke, Sylvie Patin, Karin Sagner, Anne Distel, Laurence Madeline, James H. Rubin og Clare Willsdon. På indlevende vis og med nye faglige perspektiver gør I os alle klogere på Monet og de impressionistiske malere. Og frem for alt gør I det klart, *hvorfor* Monet og impressionisternes værker med deres øjebliksskildringer af naturen, af storbyens puls og det moderne friluftsliv, som blev malet for over 100 år siden, til stadighed er relevante for et moderne kunstpublikum.

Også tak til Kulturministeriet samt National Indemnity-gruppen for den gode sikring af udstillingens værker.

Til slut skal der rettes en stor og varm tak til A. P. Møller og Hustru Chastine Mc-Kinney Møllers Fond til almene Formaal for økonomisk støtte til udstillingens gennemførelse. Uden fondens generøse donation havde det ikke været muligt at realisere denne unikke udstilling.

Erlend G. Høyersten
Direktør, ARoS Aarhus Kunstmuseum

and practice has been seemingly lost. They are now somehow reduced to clichés or iconic brands. They are, as the exhibition title states, 'Lost in Translation'.

First and foremost, grateful thanks go to Suzanne Greub, Director of Art Centre Basel and Co-Curator of the exhibition, who, since 2012, has worked tirelessly to obtain the 49 works from all corners of the world, including 18 works by Monet. Together with Judith Opferkuch and Katharina Beisiegel, both from Art Centre Basel, Marie Nipper, Senior Curator, Maria Kappel Blegvad, Curator, and myself, she has masterminded the exhibition and the accompanying catalogue.

We would like to extend our warmest thanks to the numerous lenders whose works have come from across the world: from France, North America, the United Kingdom, Denmark, Finland, Switzerland, Germany, the Netherlands, Spain and Serbia. Without their generous commitment, this exhibition of works by Monet and his contemporaries would not be possible.

Thanks are due to the numerous individuals and colleagues who, in various ways, have contributed to this exhibition. From our own ranks Marie Nipper, Senior Curator, Maria Kappel Blegvad, Curator-in-Charge, Anne Mette Thomsen, Exhibition Coordinator, Lotte Helle-Valle, Exhibition Architect, Jakob Hvam, Technical Manager and his entire team, Birgit Pedersen, Curator of Art and Education, Anne Mette Høncke, Curator of Art and Education, and Nynne S. T. Martinusen, Exhibition Assistant, all of whom have been involved in organising, designing, and staging this exhibition.

Words of thanks also go to the contributors to this book: Suzanne Greub and Katharina Beisiegel, Michael Clarke, Sylvie Patin, Karin Sagner, Anne Distel, Laurence Madeline, James H. Rubin, and Clare A. P. Willsdon. With great empathy and new professional perspectives, they augment our understanding of Monet and the Impressionist painters. More than anything, they explain *why* the works of Monet and the Impressionists who, with their snapshot renderings of landscapes, the city pulse, and the modern life of leisure painted more than 100 years ago, continue to be relevant to today's art lovers.

We are grateful to the Ministry of Culture and to the National Indemnity group of insurers for insuring the works of the exhibition.

Finally, I would like to direct warm thanks to the A. P. Møller and Chastine Mc-Kinney Møller Foundation til almene Formaal for their kind financial support of this exhibition. Without their generous donation, an exhibition of this scale and ambition would have been impossible.

Erlend G. Høyersten
Director, ARoS Aarhus Art Museum

Introduktion: Flygtige øjeblikke

Katharina Beisiegel, vicedirektør, Art Centre Basel /
Suzanne Greub, direktør, Art Centre Basel

For mig eksisterer et landskab ikke alene, idet dets udtryk ændrer sig hvert øjeblik; men omgivelserne indgyder det liv – luften og lyset som ændrer sig konstant ...
Claude Monet, 1891[1]

Impressionistiske malerier er blandt de mest kendte og populære værker i kunsten. I den impressionistiske periode var en af de vigtigste genrer landskabsmaleriet, som i dag forbindes med kunstnerens undersøgelse af lyset og farverne i det fri. Til landskabsmalerierne regnes ligeledes de mange bylandskaber, flod- og kystlandskaber samt marinebilleder, som udgør en stor del af den samlede impressionistiske produktion. Friluftsmaleriet blev hovedkatalysatoren for en kunstnerisk bevægelse, der udstak retningslinjerne for modernismen. I det 19. århundrede skete der grundlæggende samfundsmæssige og teknologiske forandringer i Europa. Til trods for at impressionisterne i begyndelsen blev misforstået og kritiseret af samtiden, var det faktisk dem, der indvarslede den moderne tidsalder.

Når vi ser nærmere på de impressionistiske kunstneres værker, opdager vi, at det, der ved første øjekast virker som en nostalgisk tilbagevenden til det traditionelle landskabsmaleri, rent faktisk er avantgardistisk nytænkning i samspil med samfundets orientering mod livet i byen og fremskridtet. En anskuelse af naturen som et sted, hvor man kan komme til kræfter, har også direkte spor tilbage til industrialiseringens begyndelse og jernbanens udbredelse. I 1833 vedtog det franske parlament den første indledende lovgivning til opbygningen af et jernbanenetværk. Som et modtræk mod den franske stats altoverskyggende apati samt offentlighedens generelt, besluttede finansmanden og jernbanepioneren Émile Péreire at placere sin første rute, som udelukkende var tænkt som passagertransport, lige for næsen af Paris' borgerskab. Han valgte at anlægge en station ved det populære udflugtsmål Saint-Germain-en-Laye blot 15 kilometer uden for Paris. Adolphe Thiers, senere præsident for Den Tredje Republik, forudsagde, at toget "aldrig ville komme til at transportere hverken passagerer eller pakker",[2] viser med al tydelighed samtidens skepsis. Da man nu, efter åbningen af denne jernbane i 1837, med lethed kunne komme ud til Seinens bredder fra Paris, blev steder som Argenteuil, Bougival og Louveciennes efterhånden populære udflugtsmål for borgerskabet – det var blevet mondænt

Introduction: Fleeting Moments

Katharina Beisiegel, Deputy Director, Art Centre Basel /
Suzanne Greub, Director, Art Centre Basel

For me, a landscape does not exist in its own right, since its appearance changes at every moment; but its surroundings bring it to life – the air and the light, which vary continually ...
Claude Monet, 1891[1]

Impressionist paintings are most certainly among the best-known and most popular works in art. During the Impressionist era one of the most important genres was landscape painting, which is regarded today as being symbolic of an artist's study of light and colour in the open air. These landscape paintings also include numerous cityscapes, riverscapes, coastal scenes and seascapes which make up a considerable part of the Impressionist oeuvre. Painting in the open air, *en plein air*, became the prime catalyst for an art movement which laid down the foundations for Modernism. During the nineteenth century, Europe underwent fundamental social and technological changes. Despite the fact that they were initially misunderstood and criticised by their contemporaries, the Impressionists heralded the start of the modern age.

On examining the works of the Impressionist artists, we find that what at first sight may seem like a nostalgic return to the long tradition of landscape painting in fact reveals itself as avant-garde innovation alongside the social orientation towards urban life and progress. The exploration of nature as a place of recreation can also be directly linked to the beginning of industrialisation and the expansion of the railways. In 1833 the French parliament passed its first preliminary law permitting the construction of a railway network. In order to counter the overriding apathy of the French state as well as the general public, the financier and railway entrepreneur Émile Péreire decided to locate his first route, which was only intended for public transportation, under the very noses of the citizens of Paris. He chose the popular excursion destination of Saint-Germain-en-Laye, just fifteen kilometres from Paris, as one of its stations. The prophecy of the later President of the Third Republic, Adolphe Thiers, that the train "would never carry a passenger nor parcel",[2] indicates clearly the sceptical attitude which prevailed at that time. Since the banks of the Seine could now easily be reached from Paris following the opening of this railway line in 1837, places like Argenteuil, Bougival and Louveciennes gradually became popular excursion destinations for the bourgeoisie – train travel had become *en vogue*. Today it is difficult for us to

at rejse med tog. I dag er det vanskeligt for os at forstå, præcis hvor usædvanlig en oplevelse det må have været at rejse med tog i det 19. århundrede. Udbredelsen af jernbanenetværket gjorde det ikke alene muligt for byboere at tilbringe fritiden på landet; det fritog dem for de ubekvemme og langsomme rejser med vogn: Den hurtige togrejse blev en oplevelse i sig selv. Den skotske skribent og digter Robert Louis Stevenson (1850-1894) giver os med sit populære digt for børn "From a Railway Carriage"[3] skrevet i 1885 et indblik i denne tidsalder:

Faster than fairies, faster than witches,
Bridges and houses, hedges and ditches;
And charging along like troops in a battle
All through the meadows the horses and cattle:
All of the sights of the hill and the plain
Fly as thick as driving rain;
And ever again, in the wink of an eye,
Painted stations whistle by.
Here is a child who clambers and scrambles,
All by himself and gathering brambles;
Here is a tramp who stands and gazes;
And here is the green for stringing the daisies!
Here is a cart runaway in the road
Lumping along with man and load;
And here is a mill, and there is a river:
Each a glimpse and gone forever!

Et væsentligt træk ved Stevensons beskrivelse er det kortvarige udsyn: Netop som man det ene øjeblik tror, at et bestemt udsnit af landskabet er fastholdt med blikket, er der i det næste kun indtrykket tilbage som et indre billede.

Impressionismen helligede sig netop dette paradoks: Et forsøg på at fastholde øjeblikket, der imidlertid viser sig at være flygtigt. I samme øjeblik man ser det, er det allerede forbi. Impressionisternes kunstneriske søgen efter det første umiddelbare indtryk, dette ene øjeblik, synes i første omgang at være i modstrid med tidens hastige industrielle fremskridt. I det hele taget var hele tidsopfattelsen ved at ændre sig radikalt: Man slentrede ikke længere, men hastede afsted, og man fór frem snarere end at tøve. Tidens målbarhed som et tegn på effektivitet begyndte at få overtaget i hverdagen: Der blev sat ure op på offentlige steder, og køreplaner, dagblade og akkordarbejde fik krævede nye arbejdsrytmer og daglige rutiner. Alligevel blev det umiddelbare den afgørende faktor i tiden med impressionismen: "I springet fra øjebliksbilledets ganske uopnåelige ideal og den tid, det tog at skabe et levedygtigt maleri (alt fra 'halvfems sekunder' til måneder og år), antog impressionismen den vidtspændende idé om 'øjeblikket' som sit ideologiske område; en enhed der dog i sig selv var tidsmæssigt upræcis og måske varede

comprehend just what a novel experience rail travel must have been during the nineteenth century. The expansion of the rail network not only enabled town-dwellers to spend their leisure hours in the country, it liberated them from uncomfortable and slow carriage journeys: fast train travel became an experience in itself. The Scottish writer and poet Robert Louis Stevenson (1850-1894) provides us with a glimpse of this age in his popular children's poem "From a Railway Carriage"[3] of 1885:

Faster than fairies, faster than witches,
Bridges and houses, hedges and ditches;
And charging along like troops in a battle
All through the meadows the horses and cattle:
All of the sights of the hill and the plain
Fly as thick as driving rain;
And ever again, in the wink of an eye,
Painted stations whistle by.
Here is a child who clambers and scrambles,
All by himself and gathering brambles;
Here is a tramp who stands and gazes;
And here is the green for stringing the daisies!
Here is a cart runaway in the road
Lumping along with man and load;
And here is a mill, and there is a river:
Each a glimpse and gone forever!

The outstanding feature of Stevenson's description is the ephemeral quality of its range of vision: just as you think for a brief moment that a section of the landscape is held fast in your sight, it remains only as a mere impression before the mind's eye in the next.

Impressionism devoted its attention to this paradox: the attempt to hold onto the moment which, however, proves to be fleeting. In the act of perception, it is already over. The Impressionists' artistic search for the first direct impression, for the one moment, seems at first sight to contradict the fast-paced industrial progress of the time. In fact, the perception of time was also changing radically: strolling gave way to striding forward, and tarrying gave way to haste. The measurability of time as a sign of efficiency increasingly took over people's everyday lives: public clocks were erected, and timetables, daily newspapers and piece-rate work dictated new working rhythms and routines. And yet, immediacy became the determining factor of the Impressionist age: "In the gap between such an unachievable ideal of the instant picture and the actual time it took to create a viable painting (anywhere from 'ninety seconds' to as much as months and years) Impressionism nourished the expansive concept of the 'instant' as its ideological turf, an entity itself rather temporally imprecise, and perhaps a minute, a second, or even just a tenth of a second long, depending on context."[4]

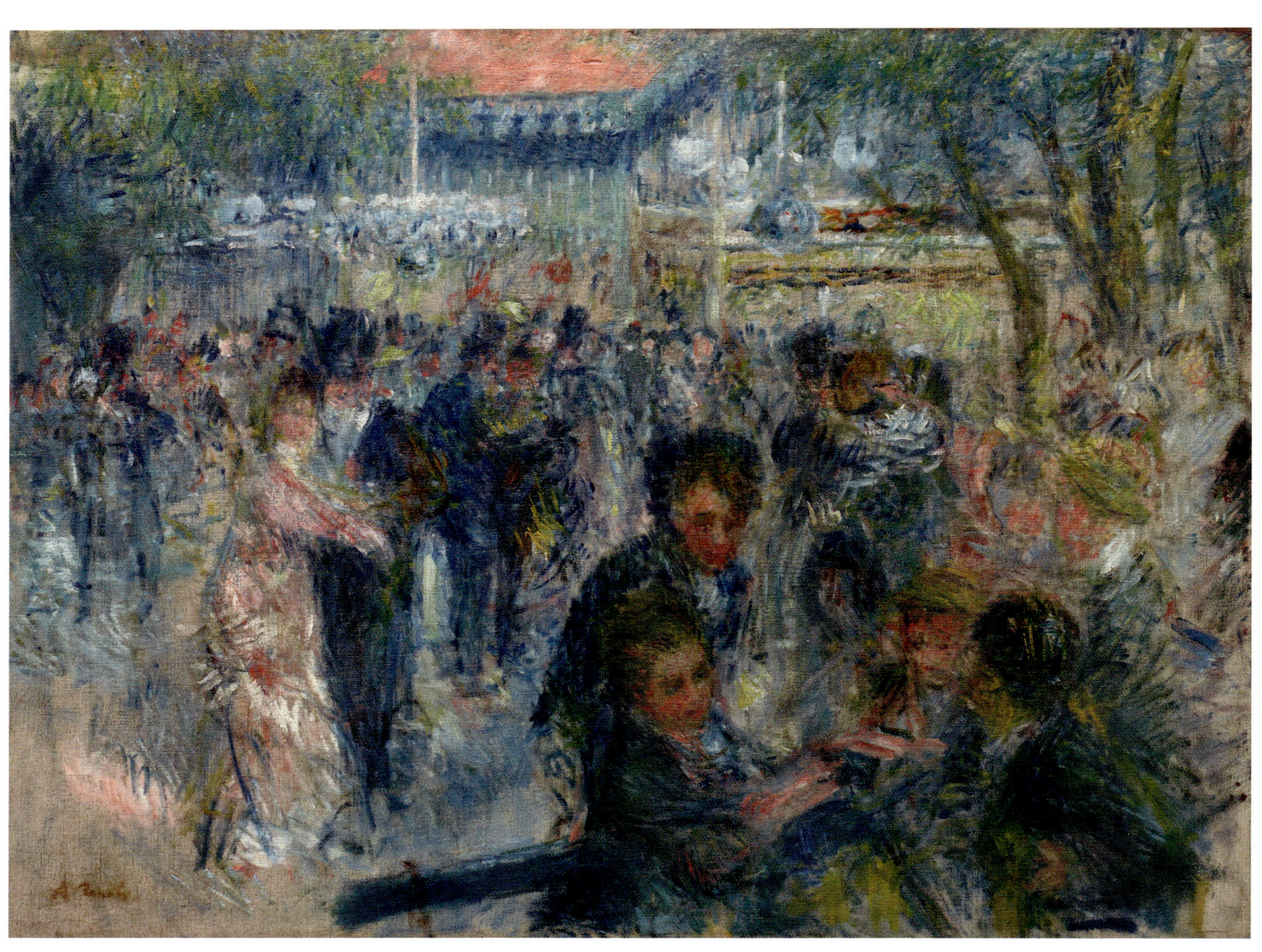

1
Pierre-Auguste Renoir
Le Moulin de la Galette, Skitse
Le Moulin de la Galette, Sketch

1875-1876, olie på lærred / oil on canvas, 65 × 85 cm
Ordrupgaard, Charlottenlund
Bequest of Henny Hansen to the Danish state, 1951
inv. no. 271 WH

et minut, et sekund eller blot en tiendedel sekund alt efter sammenhængen."[4]

Med hurtige penselstrøg nedfældede impressionisterne på lærredet det udendørs sceneri, der udfoldede sig for øjnene af dem. Deres mål var ikke at gengive det, de havde set, så realistisk som muligt, men snarere at forsøge at indfange deres oplevelse af øjeblikket og skildre det på empatisk vis for beskueren. De synlige penselstrøg, som Salon-malerne hidtil omhyggeligt havde undgået, blev nu et selvstændigt stilelement. Vi kan se, hvordan penslen blev ført hen over lærredet, hvor den slap, og hvordan den krydsede tilbage over sine egne spor flere gange. De hurtige penselstrøg, der giver indtryk af at være skødesløst udført, understøtter illusionen om det flygtige øjeblik. De udtrykker hastværket hos en kunstner, der ikke har tid til at tage sig af de regler, der er udstukket for det akademiske maleri, og som tillægger dem mindre betydning end indfangelsen af dette ene ideelle øjeblik.[5] Takket være de nyudviklede tuber til maling kunne impressionisterne nu påføre deres farver direkte på lærredet uden at være nødt til at blande dem på forhånd. Farvelægningen er pastos, og kontrasterende primærfarver er placeret side om side, således at der, i beskuerens øjne, opstår en dirrende farvepalet, der skaber en virkning af flimrende lys.

Lysets flygtighed gjorde især indtryk på Claude Monet. Hans interesse for at registrere vedvarende processer og landskabets konstant foranderlige karakter, i særdeleshed de forskellige vejrforhold og årstider,[6] kulminerer første gang i billedserien *Høstakke*, som han arbejdede intenst på mellem 1890 and 1891. Det var den første motivserie, han udstillede på en soloudstilling den 4. maj 1891 i Paul Durand-Ruels galleri i Paris. Her udstillede han 15 malerier over det samme tema i et lille smalt rum netop for at understrege de gradvise forandringer i lyset og vejret. For Monet markerede denne udstilling et gennembrud i hans karriere: Den var ikke blot en kommerciel succes, men blev også kritikerrost og indbragte ham den første anerkendelse fra sine samtidige. Ved at male det samme motiv gentagne gange blev Monet den første kunstner, som løftede idéen om seriemaleriet med konstante gentagelser til en kunstnerisk metode.[7] Ethvert motiv, det være sig Themsen eller en simpel høstak, vinder mangefold i intensitet og farve, når det præsenteres i et serieforløb. Nuancerne ophøjes her til ledemotiver, og farven og stilen afgør kompositionens ramme. Hvad der i ét billede fornemmes som en aftenstemning indhyllet i diffus lilla (Claude Monet, *Waterloo Bridge, Sløret sol*, 1903, jf. fig. 77), bliver i det næste til en morgenstemning med solstråler, der forsøger at presse sig gennem disen i gule og grønne nuancer (Claude Monet, *Charing Cross Bridge, Tåge*, 1902, jf. fig. 98). På denne måde nedtonede Monet motivets suverænitet og omdannede det til et neutralt hjælpemiddel til at betone lyset, atmosfæren og den subjektive opfattelse af øjeblikket.

With quick brushstrokes the Impressionists recorded on canvas the outdoor scene that lay immediately before their eyes. Their aim was not to reproduce what they had seen as realistically as possible, but to attempt to capture their experience of a moment and convey it empathetically to the viewer. The visible brushwork, hitherto carefully avoided by the Salon painters, now became an element of style in its own right. We can see where the paintbrush swept across the canvas, where it halted and where it crossed over itself several times. The rapid brushstrokes, apparently carelessly placed, support the illusion of the fleeting moment. They express the haste of the artist who has no time for the rules of academic painting, but who subordinates them to the capturing of a single ideal moment.[5] Thanks to the newly developed tubes of paint, the Impressionists could now apply their colours directly onto the canvas without having to prepare and mix them beforehand. The application is pastose, and opposing primary colours are placed beside each other, allowing them to fuse to a vibrant colour palette in the viewer's eye, thereby creating the effect of shimmering light.

Claude Monet was particularly impressed by the ephemeral nature of light. His interest in recording continuous processes and the constantly changing character of the landscape, especially the different weather conditions and the seasons,[6] finds its first high point in the Grainstacks pictures, which he worked on intensively between 1890 and 1891. It was the first subject series which he showed in a monographic exhibition on 4 May 1891 in Paul Durand-Ruel's gallery in Paris. There, fifteen paintings of the same subject were shown together in a small, narrow room, in order to emphasise the gradual changes in light and weather. For Monet this exhibition marked the breakthrough in his career: It was not only a commercial, but also a critical success, and brought him initial recognition from his contemporaries. By painting the same subject over and over again Monet became the first artist who elevated the idea of working in series with constant repetition to the status of an artistic method.[7] Each subject, whether the Thames or a simple grainstack, gains a thousand times over in intensity and chromaticity through this representation as a series. Nuances are elevated here to become leitmotifs, and the colour and style determine the framework of the composition. What looks in one picture like an evening mood veiled in diffuse lilac (Claude Monet, *Waterloo Bridge, Veiled Sun*, 1903, cf. fig. 77), becomes in another a morning view with rays of sunlight forcing their way through the mist in shades of yellow and green (Claude Monet, *Charing Cross Bridge, Fog*, 1902, cf. fig. 98). In this way Monet downgraded the sovereignty of the subject and transformed it into a neutral auxiliary in order to emphasise the light, the atmosphere and the subjective perception of the moment.

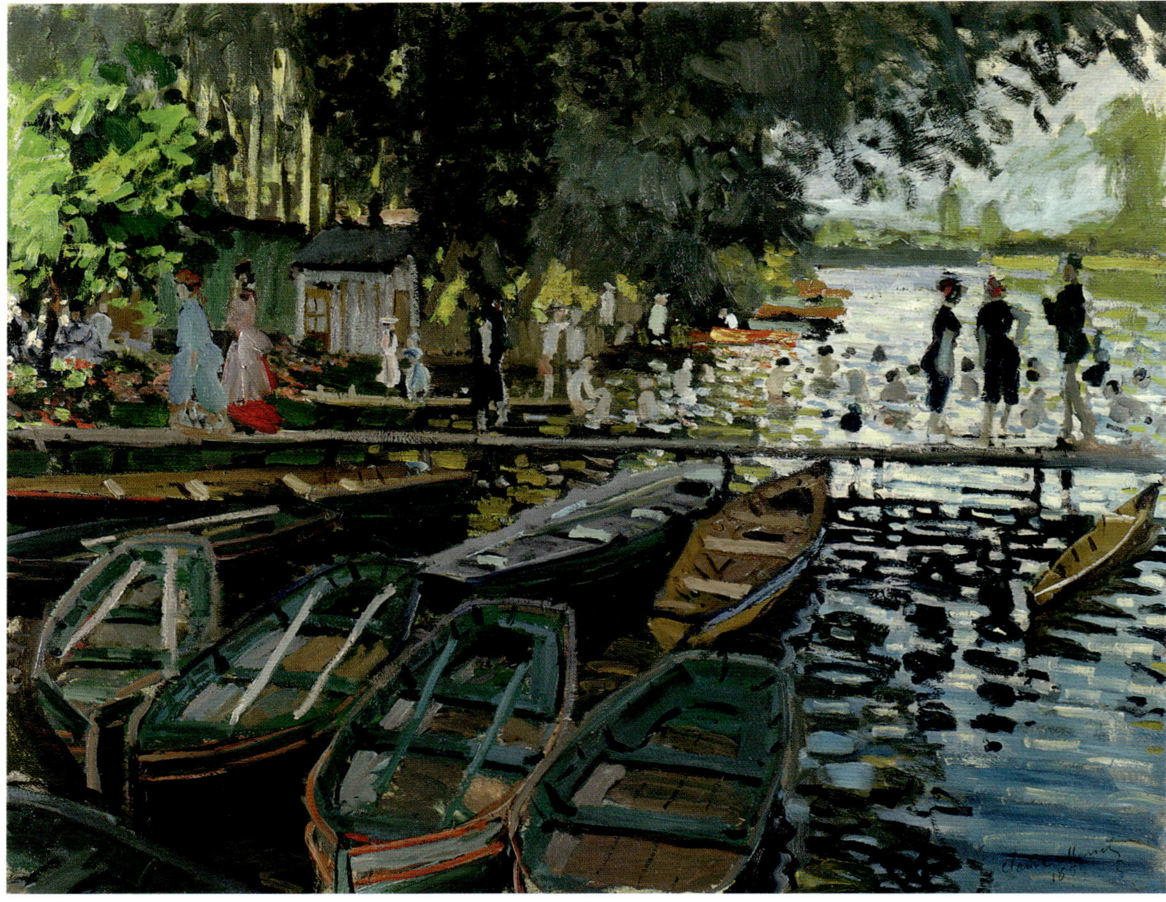

2
Claude Monet
Badende i la Grenouillère
Bathers at La Grenouillère

1869, olie på lærred / oil on canvas,
73 × 92 cm
The National Gallery, London
Bequeathed by Mrs M. S. Walzer
as part of the Richard and Sophie
Walzer Bequest, 1979, inv. no. NG6456

Friluftsmaleriet var en skelsættende nytænkning, der skilte impressionisterne ud fra de etablerede Salon-malere. Den optagethed af naturen og landskabet, som opstod i det 19. århundrede, inspirerede ikke blot impressionisterne til at finde nye motiver, men blev først og fremmest en fast bestanddel af det parisiske borgerskabs livsstil. Mange malerier fra den tid såsom Renoirs *Le Moulin de la Galette, Skitse* (1875-1876, fig. 1), eller Monets *Badende i la Grenouillère* (1869, fig. 2), viser grupper af mondæne parisere, der nyder de nyvundne fritidsglæder i byen og forstæderne. De gengiver livsglæden i klassiske scenerier: Moderne mennesker på udflugt nyder en fridag i solen, hvor de bader, spiser deres medbragte madkurv og sludrer. For kunstnerne stod de landlige omgivelser i kontrast til den bymæssige modernitet i Paris, hvor fritidsaktiviteter udspillede sig på et bagtæppe af de nye industrier, der netop var ved at opstå.

Cityscapes
Byen som helhed og Paris i særdeleshed blev for mange kunstnere det foretrukne motiv. Grunden hertil skal hovedsageligt

Painting *en plein air* was a radical innovation which distinguished the Impressionists from the established *peintres de salon*. The interest in nature and landscape, which arose during the nineteenth century, inspired not only the Impressionists to new subjects but was above all incorporated into the lifestyle of the Parisian bourgeoisie. Many paintings from this time, such as Renoir's *Le Moulin de la Galette, Sketch* (1875-1876, fig. 1) or Monet's *Bathers at La Grenouillère* (1869, fig. 2), show groups of fashionable Parisians enjoying new leisure activities in the city and its suburbs. They are classic scenes of *joie de vivre*: modern people on an excursion enjoy a day off in the sun, bathing, picnicking and chatting. For artists, the rural environs represented the very opposite of the urban modernity of Paris, where leisure activities took place against a backdrop of the new industries which were just developing.

Cityscapes
The city in general and Paris in particular became a preferred subject for many artists. This was mainly due to the extensive renovation projects with which Napoleon III had charged his

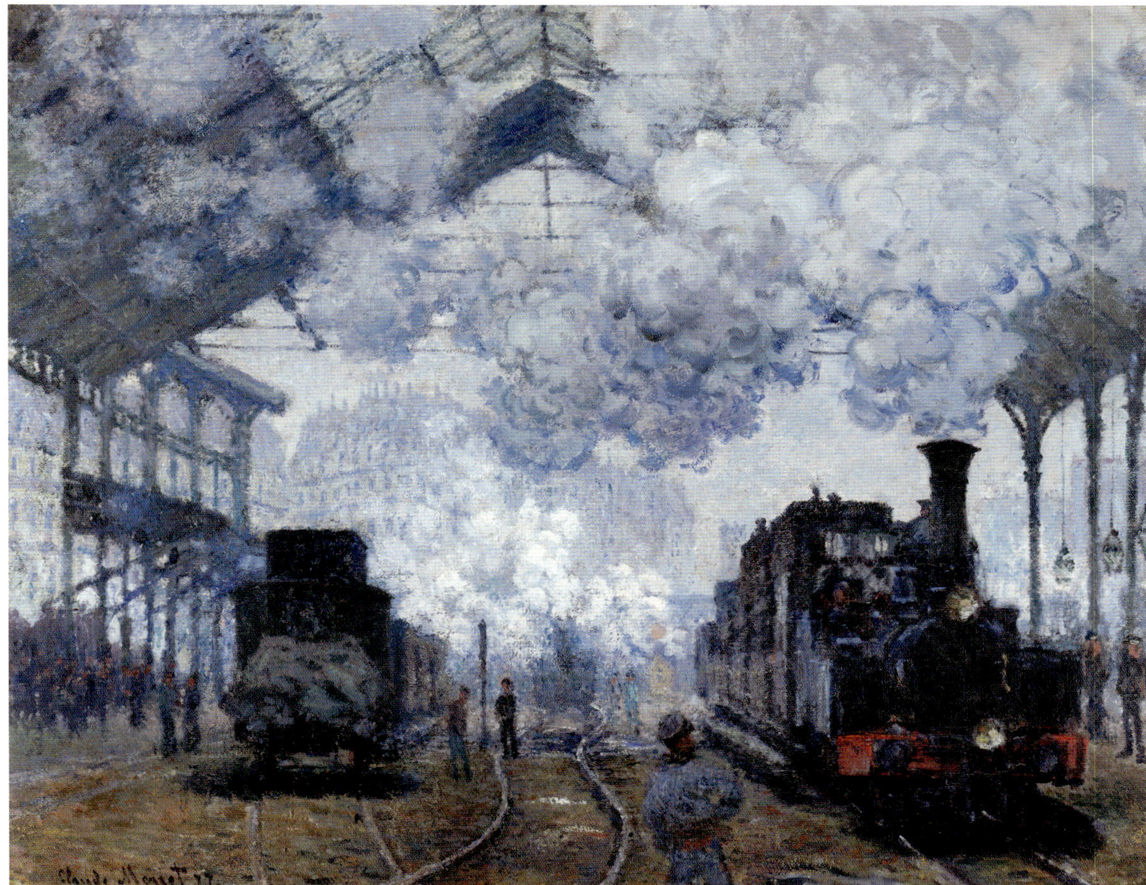

3
Claude Monet
Gare Saint-Lazare: et tog ankommer
The Gare Saint-Lazare: Arrival of a Train

1877, olie på lærred / oil on canvas, 83 × 101,3 cm
Harvard Art Museums / Fogg Museum, Cambridge, MA, Bequest from the Collection of Maurice Wertheim, Class of 1906, inv. no. 1951.53

findes i de vidtgående renoveringsprojekter, som Napoleon III havde pålagt sin præfekt Georges-Eugène Haussmann at udføre fra 1851. Med inspiration fra tidligere besøg i London og New York ønskede Napoleon at skabe en metropol af monumentale dimensioner. Det tjente til at grundfæste Paris som kejserrigets midtpunkt, og opbygningen af et tætmasket vejnet modvirkede barrikadebyggeri og dermed muligheden for, at oprørsgrupper kunne tilkæmpe sig kontrol med byen. Som følge heraf skete der fundamentale ændringer i Paris' udseende. I løbet af sine 16 år som embedsmand udvidede Haussmann de middelalderlige passager, som hidtil havde været meget smalle, og skabte det bylandskab, vi kender i dag: Med to gennemskærende hovedakser, der løber henholdsvis fra nord til syd og fra øst til vest. Der blev bygget store pladser med gader, der udgik herfra i stjerneform; der blev anlagt parker, og der blev lavet gode adgangsforhold til jernbanestationerne. Med indlemmelsen af nye kommuner blev det bymæssige koncept ydermere udvidet fra 13 til 20 arrondissementer. Disse vidtgående ændringer gav Paris en majestætisk fremtoning præget af brede boulevarder, lange alléer og et uhindret

Prefect Georges-Eugène Haussmann from 1851 onwards. Inspired by earlier visits to London and New York, Napoleon wanted to create a monumental metropolis. This established Paris as the centre of his empire and the establishment of a dense road network helped to prevent the building of barricades and thus the possibility of rebellious groups gaining control of the city. As a consequence Paris's cityscape underwent fundamental change. During the course of his sixteen years in office, Haussmann widened the medieval alleyways, which had hitherto been very narrow, and created the cityscape with which we are familiar today: with two intersecting main axes running from north to south and from east to west. Large squares were built with streets leading off in a star shape; parks were created; and the access to railway stations was facilitated. In addition, with the incorporation of new boroughs, the urban concept was expanded to twenty arrondissements from the former thirteen. These far-reaching modifications lent Paris a stately appearance characterised by broad boulevards, long avenues and a new unhindered view of the Seine. The modernisation also ensured the Parisians an improved quality of life: footpaths

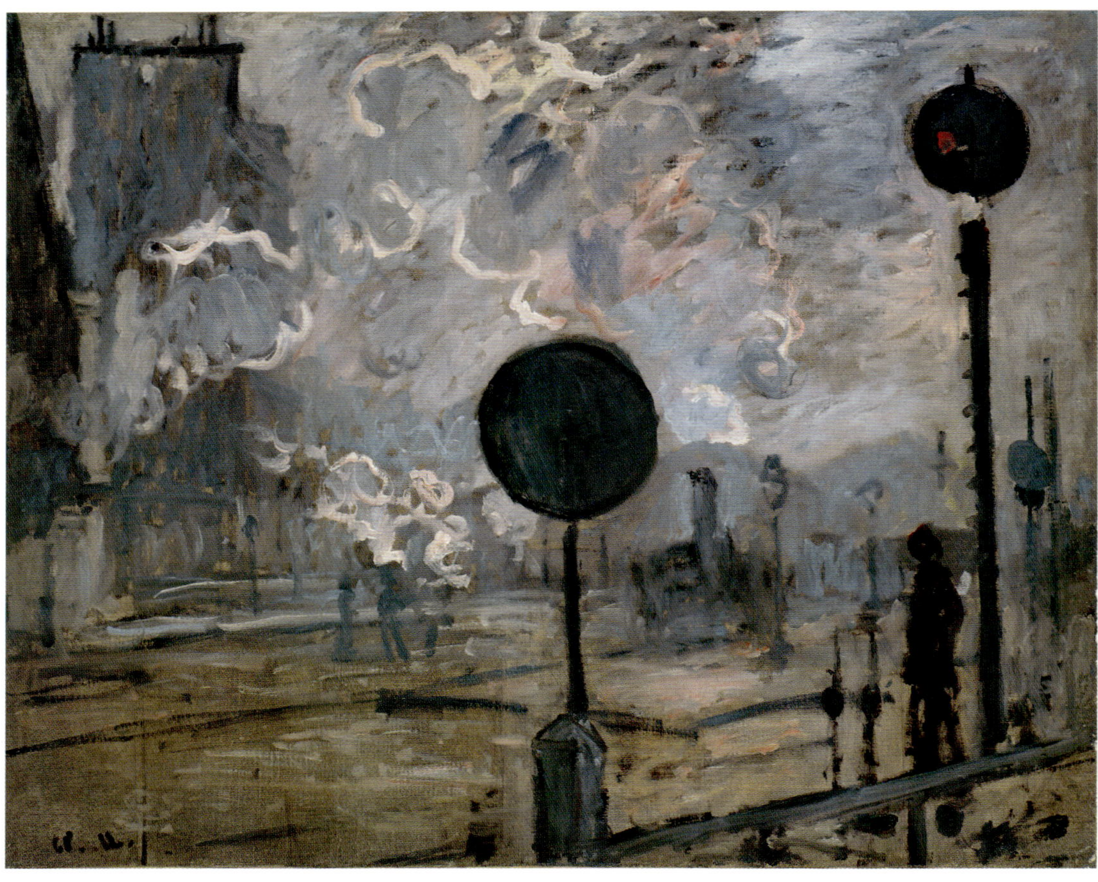

4
Claude Monet
Gare Saint-Lazare, Signaltavler
The Gare Saint-Lazare (The Signal)

1877, olie på lærred / oil on canvas, 65,5 × 82 cm
Niedersächsisches Landesmuseum, Hannover, inv. no. 35070

udblik til Seinen. Denne modernisering sikrede ligeledes pariserne en forbedret livskvalitet: fortove og gasbelysning gjorde det sikrere at færdes i byen; vandledninger, nye brønde og kloakering udformet af Eugène Belgrand bidrog til at forbedre de hygiejniske forhold, ligesom de gjorde meget for at dæmme op for voldsomme epidemier såsom kolera og tyfus.

Eiffeltårnet, som blev påbegyndt til Verdensudstillingen i 1887, var et mesterværk i stål, der udstillede den nyeste ingeniørmæssige kunnen. Hermed havde Paris fået et dominerende industrielt vartegn, som symboliserede den målrettede stræben efter en fornyelse af arkitekturen, fremskridt og nytænkning. Sammen med industrialiseringens bygningsværker som f.eks. jernbanestationen Gare Saint-Lazare, som ikke stod færdig før 1889, voksede der en ny æstetik frem, som impressionisterne nødvendigvis måtte bifalde. I Monets berømte Saint-Lazare-malerier – *Gare Saint-Lazare: et tog ankommer* (1877, fig. 3) og *Gare Saint-Lazare, Signaltavler* fra 1877 (fig. 4; photo 1) – er dampen fra lokomotivet, yderligere understreget af Monets ekspressive penselstrøg, billedets dominerende motiv, mens stationens jernkonstruktion med glastaget til sammenligning fremstår næsten lyst og luftigt.

and gas lighting made it safer to move around the city, and water mains, new fountains and a sewage system designed by Eugène Belgrand served to improve hygienic conditions and helped to stem rampant epidemics such as cholera and typhus.

Begun in 1887 for the World Exhibition, the Eiffel Tower was a steel masterpiece of the latest engineering technology. With it Paris acquired a dominant industrial landmark which symbolised the striving for architectural renewal, progress and innovation. Alongside the buildings of industrialisation, such as the Gare Saint-Lazare railway station – which was not finally completed until 1889 – a new artistic aesthetic was growing to which the Impressionists felt compelled to subscribe. In Monet's famous Saint-Lazare paintings – *The Gare Saint-Lazare: Arrival of a Train* (1877, fig. 3) and *The Gare Saint-Lazare (The Signal)* from 1877 (fig. 4; photo 1), the steam from the locomotive is the dominating subject of the picture, which is emphasised by Monet's expressive brushwork, while the station's iron construction with its glass roof appears almost light and airy in comparison with the massive clouds of steam. *The Signal*, on the other hand, confuses us initially because of the absence of the train and the station, but here Monet abandons

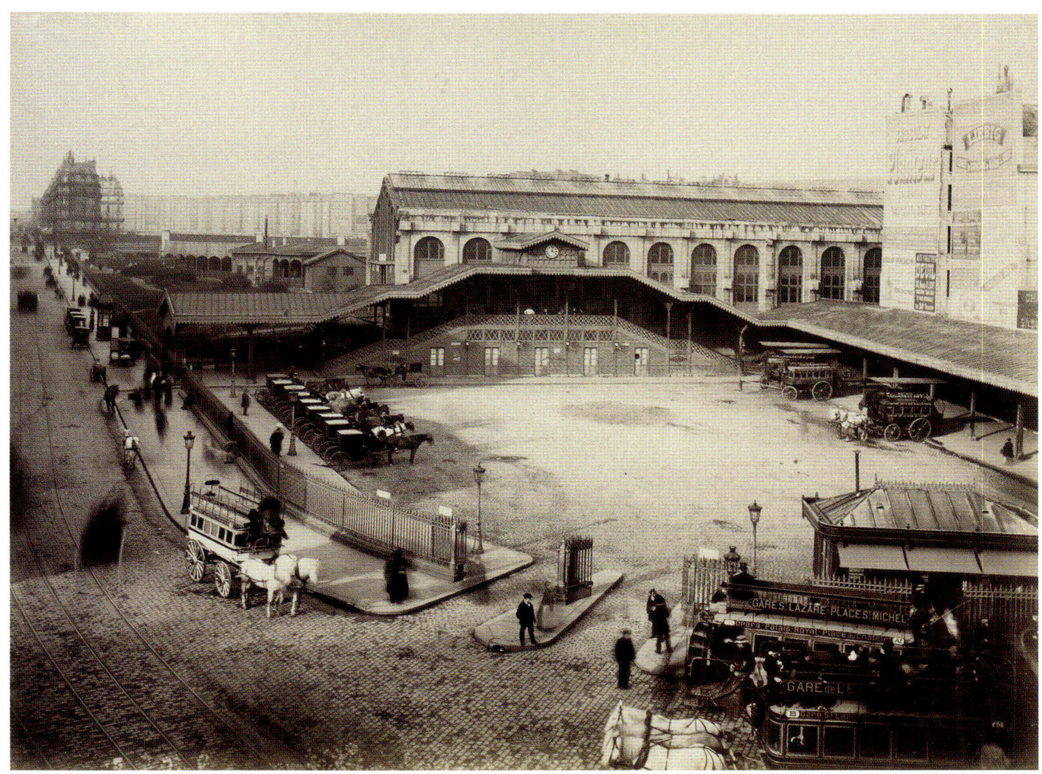

photo 1
Louis-Émile Durandelle
Gare Saint-Lazare, Cour de Rome, trætrappe, Paris
The Gare Saint-Lazare, Cour de Rome. Woodstairs, Paris

1885, albumin fotograf / albumen print, 33,7 × 29 cm
Musée d'Orsay, Paris

Derimod forvirrer *Signaltavlerne* os i begyndelsen, fordi både tog og station mangler, men her opgiver Monet det klassiske impressionistiske motivvalg, idet han, for at fremhæve lysets atmosfæriske spil, forener teknologi, mekanik og bymæssige omgivelser.

Paris' forvandling modsvarede den allestedsnærværende gryende moderne epoke, fordi *fin de siècle* i Paris indvarslede, som den tyske filosof Walter Benjamin skrev, en ny æstetisk tidsalder: "Med konstruktioner i jern begyndte arkitekturen at vokse væk fra kunsten; det samme skete senere for maleriet i forhold til dioramaet."[8]

En vigtig teknologisk landvinding – fotografiet – spillede ligeledes en afgørende rolle i forhold til at højne bylandskabet til en kunstnerisk landskabsgenre. Det franske udtryk *instantané*, som kan betyde både et snapshot[9] såvel som "øjeblikkelig", understreger, hvor tæt det fotografiske medie læner sig op ad impressionismens grundtanker. Fra 1839 begyndte fotografiet, takket være Louis Daguerre, sin hastige, kontinuerlige og sejrsrige fremmarch. Ikke desto mindre forblev selve fotograferingen en kompliceret mekanisk-teknisk-kemisk proces, indtil George Eastman patenterede det håndholdte kamera i 1880.[10] Byen, som var under konstant forandring fra 1850'erne og frem, blev et yndet motiv for fotografer – ikke mindst fordi

the classic Impressionist choice of subject in order to accentuate the atmospheric play of light by merging technology, mechanics and the urban ambience.

The metamorphosis of Paris corresponded with the omnipresent dawning of the modern era, because, as the German philosopher Walter Benjamin wrote, the *fin de siècle* in Paris rang in a new aesthetic age: "With construction in iron, architecture began to outgrow art; painting did the same in its turn with the dioramas."[8]

An important technological achievement also played a decisive role in the elevation of the cityscape as an artistic landscape genre: photography. The French expression *instantané*, which can mean a snapshot[9] as well as "instantaneous", emphasises how closely the medium of photography touches the basic principle of Impressionism. From 1839, thanks to Louis Daguerre, photography began its rapid, inexorable and victorious progression. Nonetheless, until George Eastman patented a hand camera in 1880[10] the taking of a photograph remained a complicated mechanical-technical-chemical process. The city, in a state of constant change from the 1850s, became a favourite subject for photographers – not least also because static objects made rewarding subjects in view of the long exposure times (around 1850 they were still several seconds long).

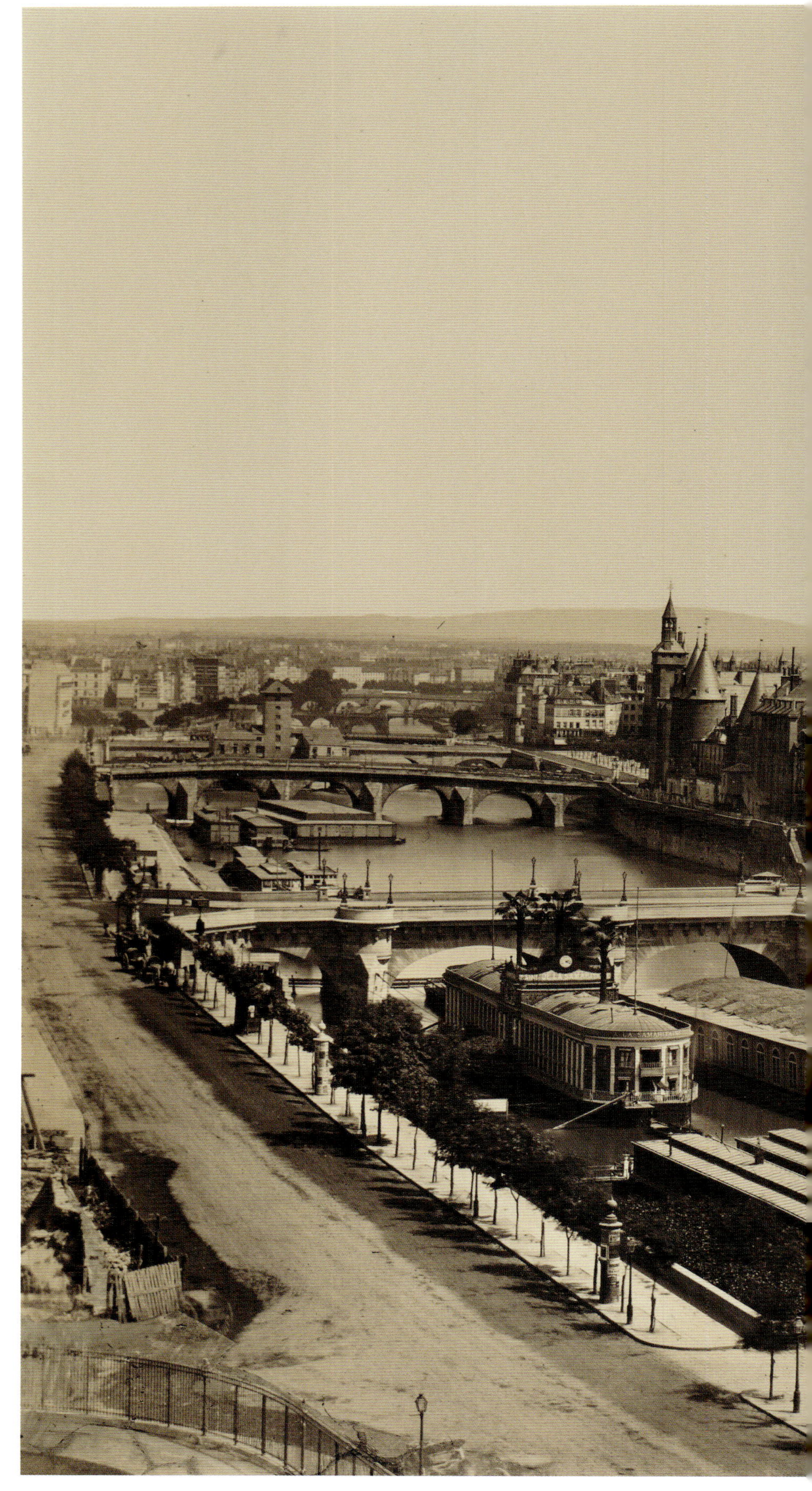

photo 2
Édouard Baldus
Panoramaudsigt over byen
Paris, Panorama of the Cité

1860, albumin fotografi / albumen print, 43 × 29,5 cm
Kunstbibliothek der Staatlichen Museen zu Berlin,
Sammlung Fotografie, inv. no. 14201790

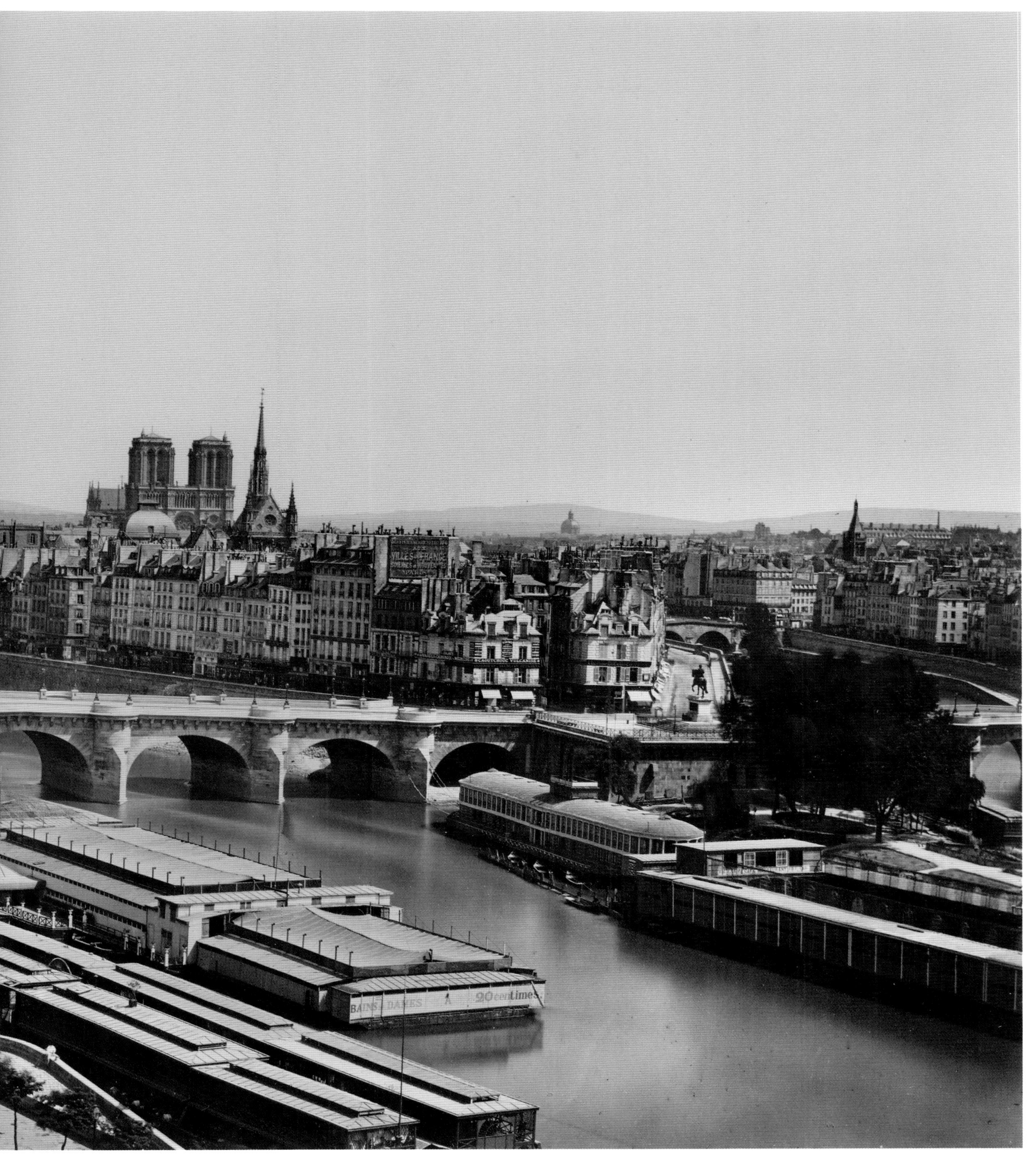
BAINS DAMES A 20 centimes

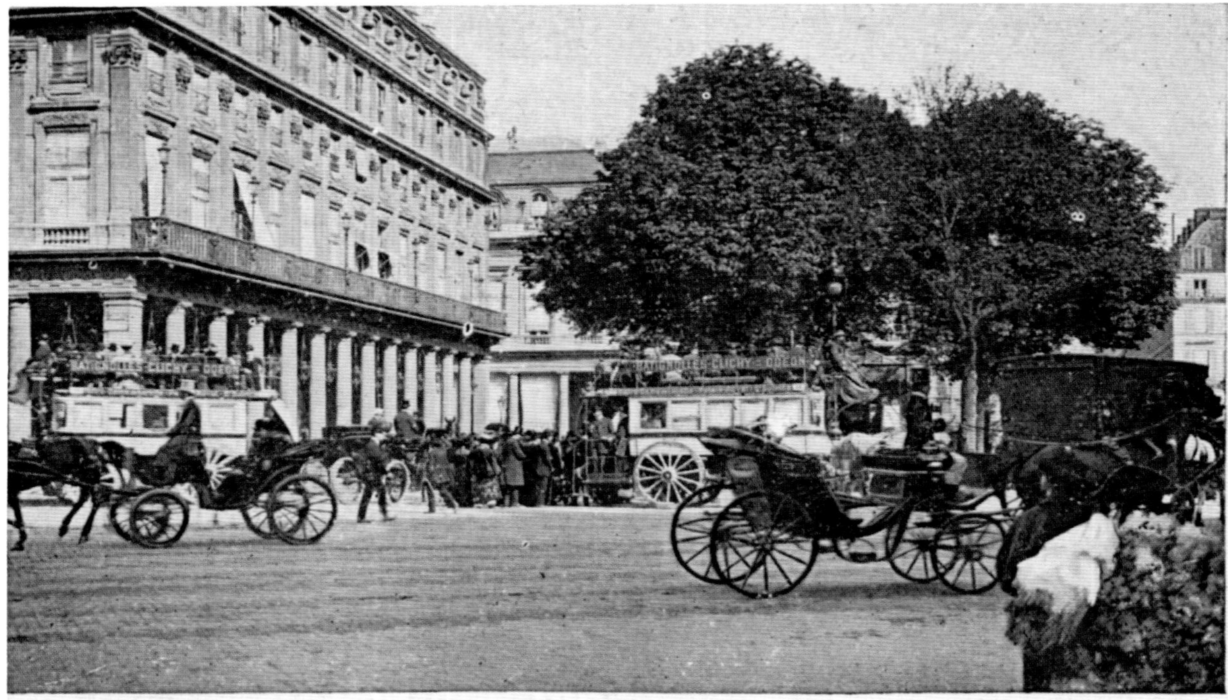

photo 3
Paris – La Place du Théâtre Français

ca. 1904, postkort / postcard, 8,9 × 13,9 cm
Collection Petit Journal, Art Centre Basel Archive

statiske motiver var taknemlige motiver, når man betænker de lange eksponeringstider (der omkring 1850 stadig varede flere sekunder). Panoramaoptagelser med mennesker fra denne tid minder mere om omhyggeligt arrangerede iscenesættelser, end de reflekterer byens travle hverdagsliv, idet det krævede, at alle de medvirkende stod bomstille i et meget langt øjeblik.

Haussmanns parisiske bylandskab med de lange lige gader og moderne jernkonstruktioner åbnede nye perspektiver. De mange fotografier af Paris' nye udformning betød, at man så positivt på byen som ét stort samlet nationalmonument. Allerede i 1851 hyrede den franske myndighed til beskyttelse af monumenter[11] professionelle fotografer til at registrere byens samling af monumenter. Blandt de fem, der blev hyret, var fotografen Édouard Baldus, hvis berømte fotografi *Panorama de la Cité*, Paris fra 1860 viser udsigten over en by i forandring (photo 2).[12]

I den forbindelse skal endvidere nævnes, at fotografiske kompositioner anvendte maleriets udvikling af perspektiv[13] på

Populated panorama shots of this time look more like carefully arranged staged productions rather than reflections of the bustling everyday life of the city, since they required all those involved to stand absolutely motionless for a long moment.

Haussmann's Paris cityscape, with its long lines of streets and modern iron architecture, afforded new perspectives. The many photographs of the newly designed Paris meant that the city was perceived in a positive light as a whole national monumental ensemble. As early as 1851, France's authority for the protection of monuments[11] commissioned professional photographers to record the city's stock of buildings. Among the five people who made up the commission was Édouard Baldus, whose famous photograph *Panorama de la Cité, Paris* from 1860 presents an overview of the city in the midst of change (photo 2).[12]

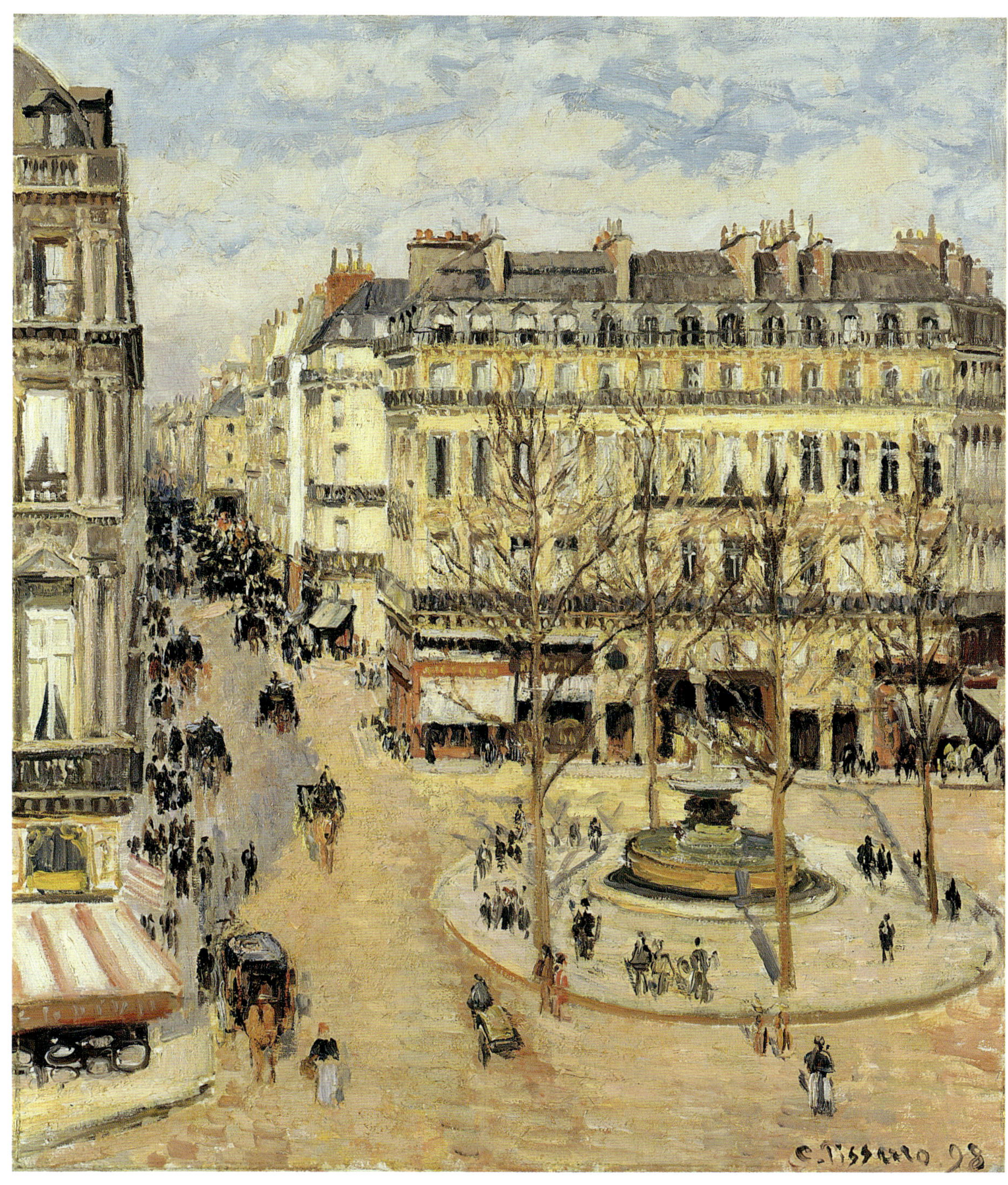

5
Camille Pissarro
Morgensol i rue Saint-Honoré. Place du Théâtre Français
Morning Sun in the rue Saint-Honoré. Place du Théâtre Français

1898, olie på lærred / oil on canvas, 65,5 × 54 cm
Ordrupgaard, Charlottenlund
Bequest of Henny Hansen to the Danish state, 1951

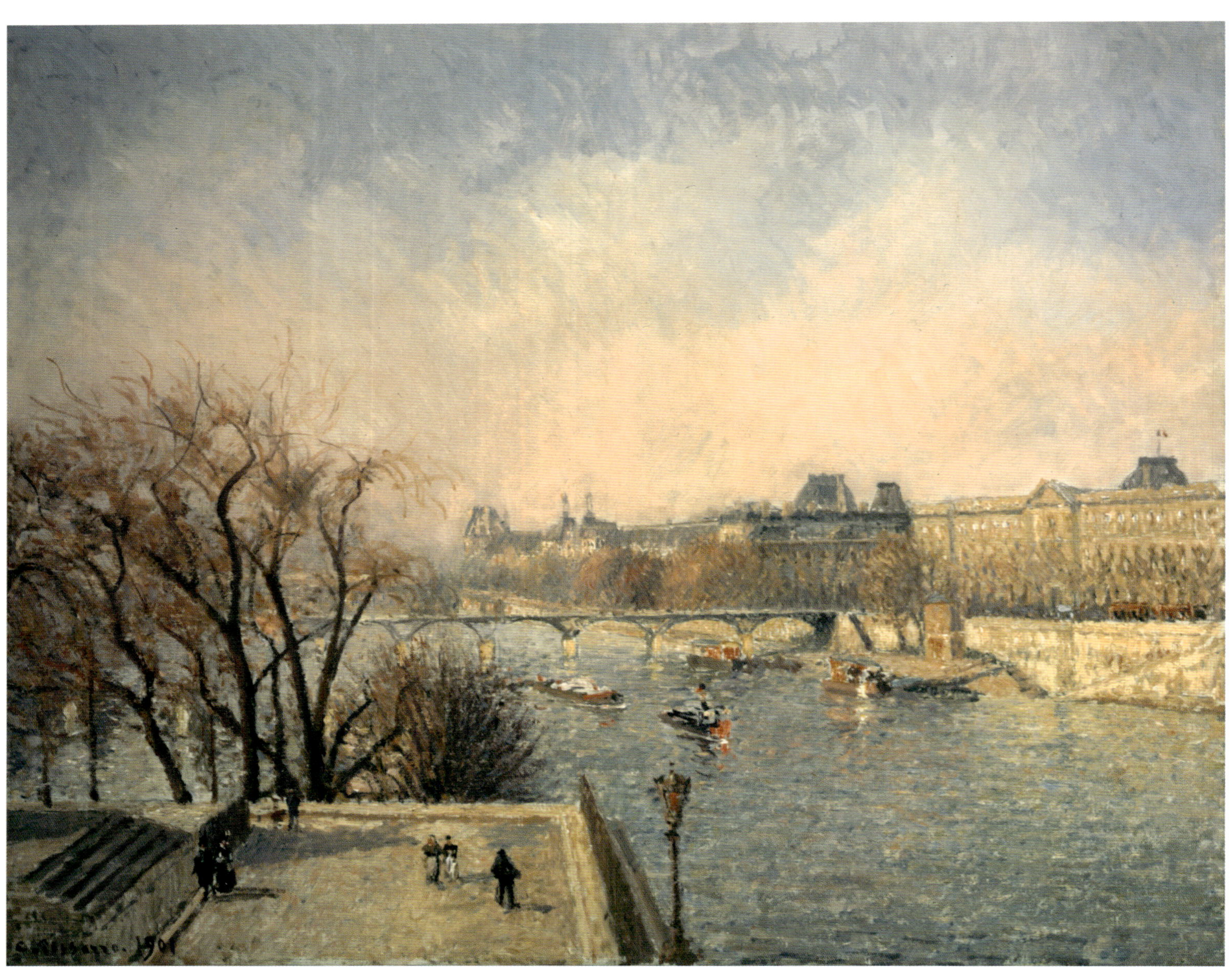

6
Camille Pissarro
Louvre: Morgen, solskin
The Louvre: Morning, Sunlight

1901, olie på lærred / oil on canvas, 73,7 × 92,7 cm
Saint Louis Art Museum, Saint Louis, MO
Museum Purchase, inv. no. 225:1916

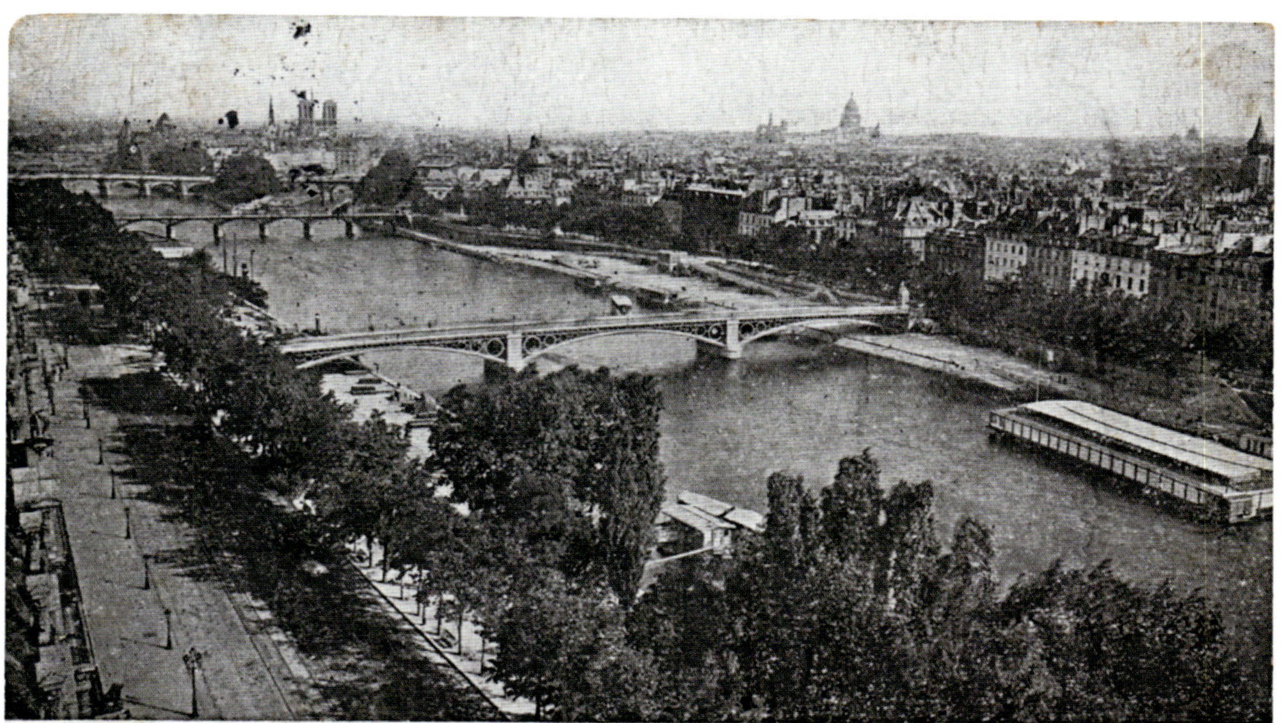

photo 4
Paris – Seinen (set fra Louvre)
Paris – The Seine (View from the Louvre)
ca. 1904, postkort / postcard, 8,9 × 13,9 cm
Collection Petit Journal, Art Centre Basel Archive

samme måde, som maleriet senere skulle bruge fotografiet. Der opstod et symbiotisk forhold mellem de to billedmedier, hvilket skulle få stor indflydelse på impressionisterne. *Neues Sehen* (*Nyt syn*) fra 1920'erne var den første bevægelse, der søgte at etablere fotografering som en selvstændig kunstretning adskilt fra maleriet. Selv sidst i det 20. århundrede anså filosoffen og kulturteoretikeren Roland Barthes stadig fotografiet som forfulgt af ånden fra maleriet: "Med sin evne til at anfægte og lave kopier priser [fototografiet] maleriet som sin absolutte ophavsmæssige reference, som om det var affødt af lærredet. [...] der er ikke noget eidetisk, der adskiller et fotografi fra et maleri, hvor realistisk det end måtte være. Det 'billedlige' er udelukkende en overdrivelse af fotografiets selvforståelse."[14]

De nye bybilleder – eller snarere bylandskaber – blev vigtige motiver for malerne. Her var Gustave Caillebotte, ifølge Karin

But it should also be mentioned here that photographic compositions used the development of perspective in painting as a point of reference[13] just as much as painting in its turn used photography. A symbiotic relationship arose between the two pictorial media and would have a strong influence on the Impressionists. The *Neues Sehen* (*New Vision*) of the 1920s was the first movement which aimed to establish photography as an independent art movement separate from painting. Even in the late twentieth century the philosopher and cultural theorist Roland Barthes saw photography as still being pursued by the spirit of painting: "[Photography] has made Painting, through its copies and contestations, into the absolute, paternal Reference, as if it were born from the Canvas. [...] nothing eidetically distinguishes a photograph, however realistic, from a painting.

Sagner, blandt de bedst kendte og langt forud for sin tid med hensyn til at gøre brug af de nye fotografiske muligheder gennem "fængslende perspektiver og tematiseringen af bevægelse og abstraktion"[15] (Claude Monet, *Quai du Louvre*, 1867, jf. fig. 52). Men i de sidste ti år af sit liv vendte også Pissarro sig med usædvanlig begejstring mod den nye bymæssige arkitektur. Billeder som *Rue Saint-Honoré, Place du Théatre Français* (1898, fig. 5) samt *Louvre: Morgen* (1901, fig. 6) skildrer den nye byplanlægning i al sin pragt. Hvis vi sammenholder med fotografier fra denne tid (photos 4, 5) ser vi netop her, hvor præcist og med hvilken udpræget sans for detaljer Pissarro søgte at indfange byens moderne atmosfære. Her ser vi endnu et eksempel på dedikationen til umiddelbarhed: Som det ses i Pissarros billede af rue Saint-Honoré, er det netop det flygtige øjeblik, der giver det indtryk, at det lige så godt kunne være blevet indfanget af et kamera. Det hektiske mylder af mennesker og vogne forenes til et homogent billede, hvor der ikke findes enkelte fremtrædende detaljer, men hvor der derimod danner sig et indtryk af et hurtigt snapshot (Camille Pissarro, *Boulevard Montmartre, Mardi Gras*, 1897, jf. fig. 107). I virkeligheden udgør menneskene en lige så stor del af bylandskabet som selve arkitekturen. Dette ses tydeligt i forestillingen om flanøren: Denne tager ikke blot ejerskab af byen ved at strejfe målrettet rundt i gaderne, men bliver selv en elementær lille del af byens atmosfære. Paris' forvandling til en borgerlig metropol understreger udviklingen hen imod den moderne tidsalder og det aktuelle syn på byen, som i sig selv udløste en helt ny holdning til livet i byen.

Gennem det impressionistiske maleri får billeder af bylandskabet et løft fra ren dokumentation til æstetisk skønhed. Vidtstrakte udsyn over Seinen – det være sig maleri eller fotografi – slår endelig bypanoramaet fast som en selvstændig form for landskabsmaleri, hvori arkitekturen på samme vis som en romantisk baggrund med bjerge bliver det identificerende træk.

Et eksempel på hvor fascinerede impressionisterne var af industrialiseringen ses i Edgar Degas familieportræt i storformat *Et bomuldskontor i New Orleans* (1877, fig. 7). Til trods for at billedet er et interiør, som ikke ved første øjekast synes at høre hjemme i kanonen over klassiske impressionistiske værker, tydeliggør det ikke desto mindre forholdet mellem modernismen og impressionismen.[16] I 1872 rejste Edgar Degas til Louisiana for at besøge den tekstilfabrik, som tilhørte hans familie. Billedet viser hans onkel Michel Musson og hans brødre Achilles og René på arbejde i fabrikkens kontor. Kompositionen og motivet vækker mindelser om portrætter af lavsmedlemmer, især Rembrandts *Oldermænd fra Manufakturhandlerlavet* fra 1662 (Rijksmuseum Amsterdam).[17] Således fremstillet som et ikon bliver resultatet en spændende synergi

'Pictorialism' is only an exaggeration of what the Photograph thinks of itself."[14]

The new cityscapes – or rather *city landscapes* – became important subjects for painters. Among the best-known representatives was Gustave Caillebotte, who, as Dr. Karin Sagner demonstrates, was well ahead of his time in the execution of the new photographic possibilities through "remarkable perspectives and the thematisation of movement and abstraction"[15] (Claude Monet, *Quai du Louvre*, 1867, cf. fig. 52). But Pissarro too focused with exceptional enthusiasm during the last ten years of his life on the new urban architecture. Pictures like *Morning Sun in the rue Saint-Honoré. Place du Théâtre Français* (1898, fig. 5), and *The Louvre: Morning, Sunlight* (1901, fig. 6) depict the innovations in town planning in their full glory. In comparison with photographs from this time (photos 3, 4) we see how accurately and with what attention to detail Pissarro aimed to capture the modern urban atmosphere. Here the commitment to directness is brought to bear once more: as Pissarro's picture of the rue Saint-Honoré shows, it is a matter of a brief moment which gives the impression that it could also have been captured with a camera. The hectic tangle of people and carriages combines to form a homogeneous picture, in which on the one hand no individual features stand out, but on the other the impression of a quick snapshot arises (Camille Pissarro, *Boulevard Montmartre, Mardi Gras*, 1897, cf. fig. 107). In fact, the people are as much a part of the cityscape as the architecture itself. This can be clearly seen in the figure of the *flâneur*: the latter not only takes possession of the city by striding purposefully along its streets; equally, in doing so he himself becomes an elementary small part of the urban atmosphere. Paris's transformation into a bourgeois metropolis underlines the development of the modern age and the prevailing new urban feeling, which in itself triggered a newly felt attitude towards city life.

Through Impressionist painting the cityscape experiences an elevation from the purely documentary to the aesthetically pleasing. Expansive views across the Seine – whether in painting or photography – finally establish the city panorama as an independent form of landscape painting in which architecture, like Romantic mountain settings, becomes an identifying characteristic.

One example of the fascination that industrialisation held for the Impressionists can be seen in Edgar Degas's large-format family portrait *A Cotton Office in New Orleans* (1877, fig. 7). Although the picture is an interior scene which at first sight does not seem to permit classification among the canon of classic Impressionist works, it nonetheless permits us to clarify more specifically the relationship between Modernism and Impressionism.[16] In 1872 Edgar Degas travelled to Louisiana

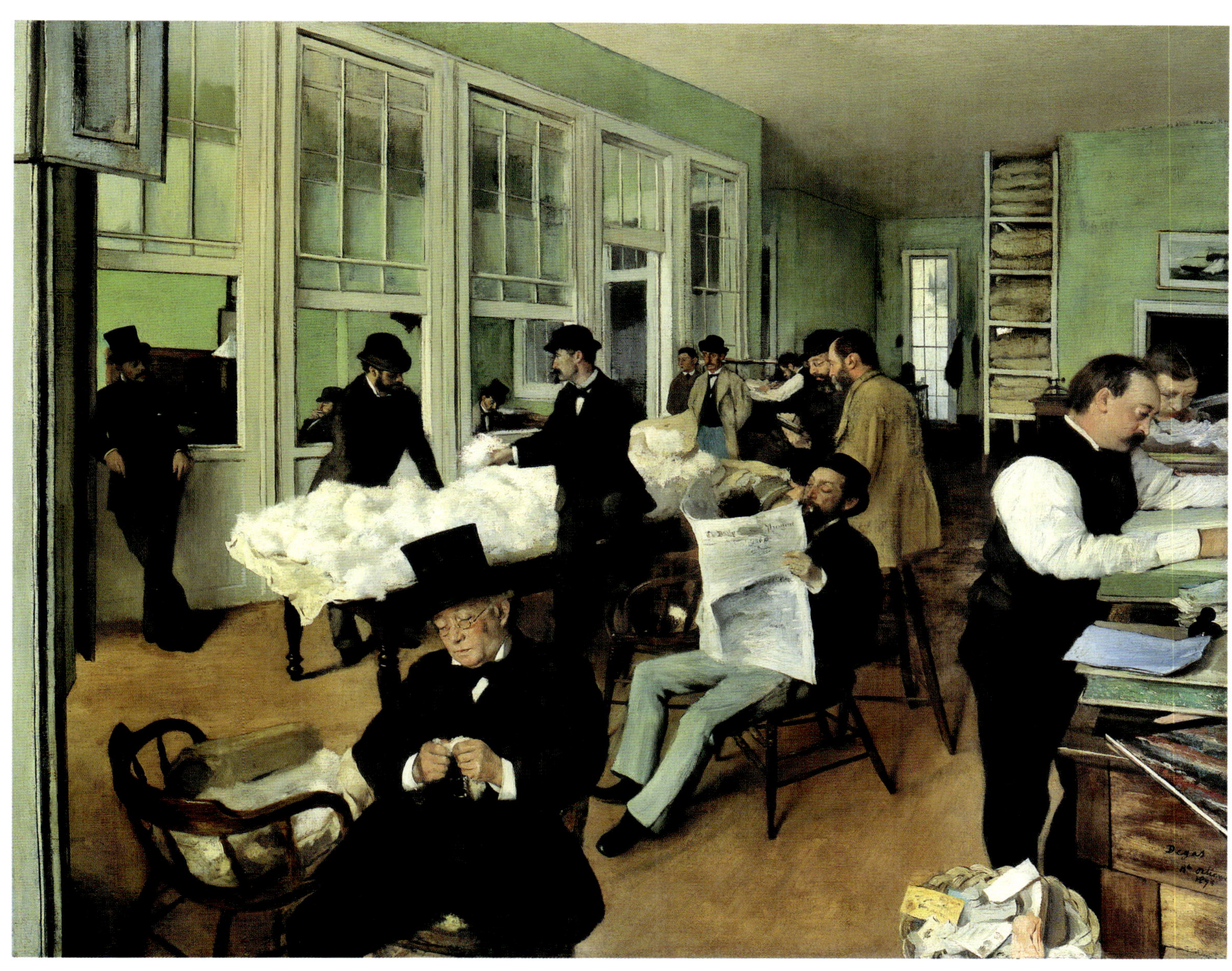

7
Edgar Degas
Et bomuldskontor i New Orleans
A cotton office in New Orleans

1877, olie på lærred / oil on canvas, 73 × 92 cm
Musée des Beaux-Arts, Pau

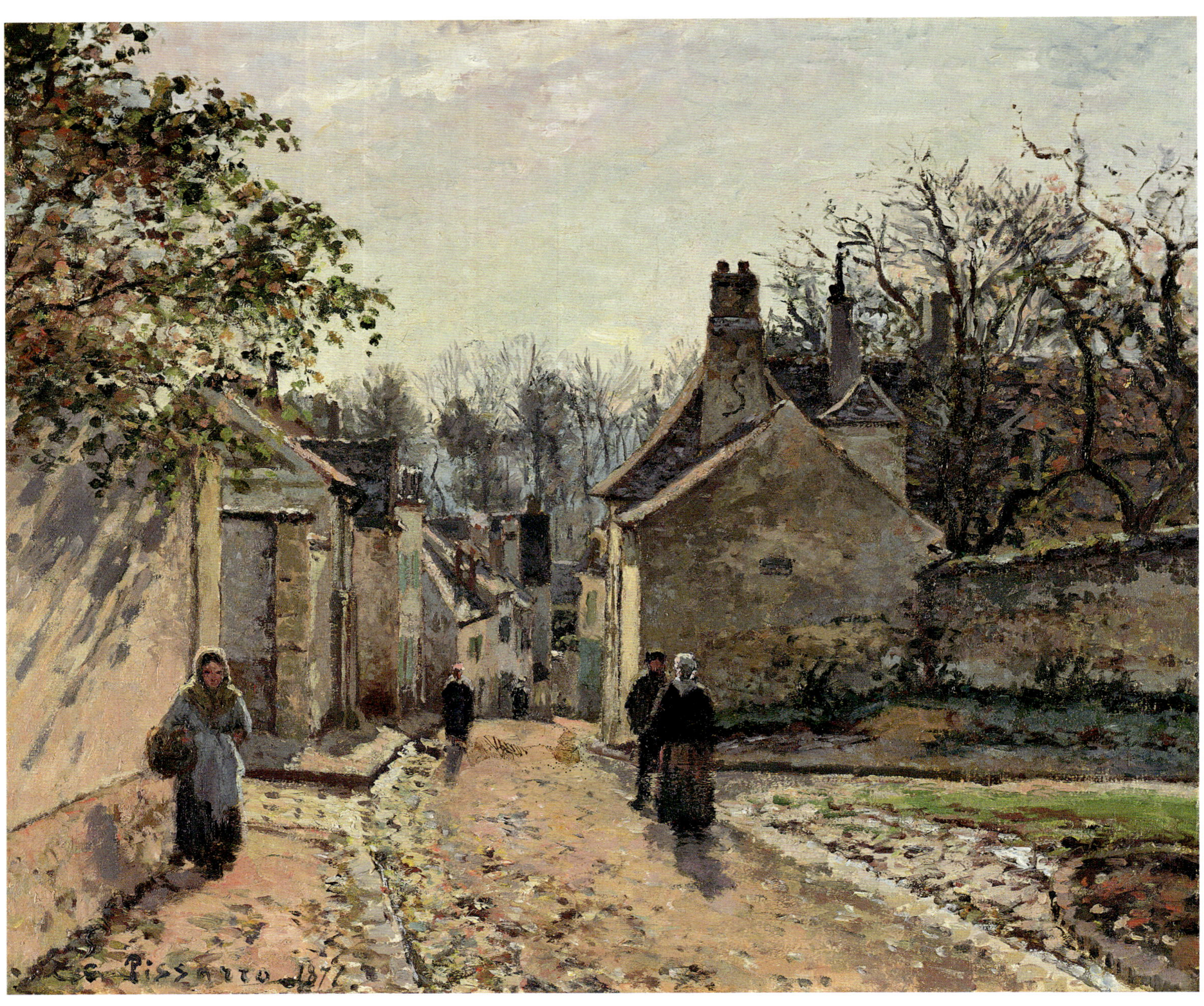

8
Camille Pissarro
Rue de Voisins
Rue de Voisins

1871, olie på lærred / oil on canvas, 46 × 55,5 cm
Manchester Art Gallery

af både et portræt- og et kulturstudie. Hvor der i Rembrandts værk refereres til manufakturhandlernes aktiviteter ved hjælp af de rekvisitter, der indgår i billedet, bliver selve arbejdsprocessen i Degas' billede et ekstra motiv på samme måde som i Caillebottes *Gulvskraberne* fra 1875 (Musée d'Orsay, Paris). Fra besigtigelsen af bomulden til bogholderiet skildrer Degas' billede en moderne opfattelse af arbejde, der ikke længere alene defineres af hårde fysiske udfoldelser, og det står således i skarp kontrast til Caillebottes værk, som stort set stammer fra samme periode. Desuden illustrerer Degas' maleri vigtigheden af nye produktionssteder for samfundets selvforståelse på den tid, idet billedet i særlig grad lægger vægt på ydeevne og effektivitet.

Landskaber

Omend det ny Paris blev et populært emne blandt mange impressionister, forlod kunstnerne indimellem byen for at arbejde i landlige omgivelser. Udover det parisiske borgerskabs fritidssysler nævnt tidligere fik kunstnerne også øje på det enkle liv på landet som værdifulde motiver. Dette var på ingen måde nyt, idet de hermed videreførte traditionen fra Barbizon-malerne:[18] Allerede i 1830 var den lille franske landsby Barbizon i Fontainebleau-skoven blevet et mødested for et stort antal kunstnere. Disse malere som bl.a. talte Camille Corot, Charles-François Daubigny, Jean-François Millet og bevægelsens grundlægger, Théodore Rousseau, indsamlede indtryk direkte fra naturen og fyldte deres skitsebøger på stedet. Inspireret af de engelske malere John Constable og J.M.W. Turner stod deres realistiske tilgang til naturen i skarp kontrast til akademiets idealiserede naturbilleder, som ofte vendte tilbage til mytologiske eller religiøse temaer. Barbizon-kunstnernes malerier og studier samt værker af den lille Honfleur-kreds i Normandiet grundlagt af Eugène Boudin, og som Gustave Courbet var en del af, øvede indflydelse på udviklingen af europæisk landskabsmaleri og blev forløbere for den impressionistiske bevægelse.

Op gennem 1870'erne og 1880'erne forlod impressionisterne i stigende antal Paris – ikke mindst af økonomiske grunde. De slog sig ned i små landsbyer og arbejdede i tæt kontakt med naturen. Således tog Monet til Argenteuil, Vétheuil, Poissy og Giverny, og Pissarro til Louveciennes, Pontoise, Osny og Éragny for blot at nævne nogle eksempler. Pissarros *Rue de Voisins* fra 1871 (fig. 8), og *Gård ved Montfoucault* fra 1874 (fig. 9), illustrerer symbiosen mellem mennesket og naturen, som var så afgørende for motivet i det impressionistiske landskabsmaleri. Skønt landskabet som billedmotiv selv på impressionismens højdepunkt i 1870'erne havde indtaget en dominerende position, skildrede impressionisterne det næsten udelukkende i forhold til det menneskelige element, hvad enten det er bønder, lystsejlere eller folk på spadseretur;

to visit the textile factory belonging to his family. The picture shows his uncle Michel Musson and his brothers Achilles and René at work in the factory's office. The composition and subject recall the tradition of guild portraits, especially Rembrandt's *Syndics of the Drapers' Guild* of 1662 (Rijksmuseum Amsterdam).[17] Treated like an icon in this way, the result is an interesting synergy of portrait and cultural study. While in Rembrandt's work the activities of the drapers are referred to by means of accessories included in the picture, in Degas's painting, rather like Caillebotte's *The Floor Scrapers* of 1875 (Musée d'Orsay, Paris), the work itself becomes a further subject. From the inspection of the cotton to the book-keeping, Degas's picture presents a modern concept of work that is no longer determined exclusively by physical exertion – and is thus in marked contrast to Caillebotte's work, which was produced at almost the same time. In addition, Degas's *Cotton Office* illustrates the importance of new production locations for society's self-image at that time, as it places particular emphasis on efficiency and effectiveness.

Landscapes

Although the new Paris became a popular subject among many Impressionists, the artists also left the city at least occasionally in order to work in the country. In addition to the leisure activities of the Parisian bourgeoisie already described, the artists also discovered the simple countryside and farming life as valuable subjects. This was by no means new, since in doing so they were taking up the tradition of the Barbizon painters:[18] as early as 1830 the little French village of Barbizon in the Forest of Fontainebleau had become a meeting place for many artists. The painters, who included Camille Corot, Charles-François Daubigny, Jean-François Millet and the founder of this movement, Théodore Rousseau, gathered their impressions directly in the countryside and filled their sketchbooks on the spot. Inspired by the English painters John Constable and J.M.W. Turner, their realistic approach to nature stood in marked contrast to the idealised nature pictures of the Académie, which often harked back to mythological or religious themes. The paintings and studies by the Barbizon artists and the works of the little circle of Honfleur in Normandy, founded by Eugène Boudin and in which Gustave Courbet also participated, influenced the development of European landscape painting and were forerunners of the Impressionist movement.

During the 1870s and 1880s the Impressionists left Paris in increasing numbers – not least for financial reasons. They settled in little villages in the country and worked in close contact with nature. Thus Monet went to Argenteuil, Vétheuil, Poissy and Giverny and Pissarro to Louveciennes, Pontoise, Osny and Éragny, to name just a few examples. Pissarro's *Rue de Voisins* of 1871 (fig. 8), and *Farm at Montfoucault* of 1874 (fig. 9),

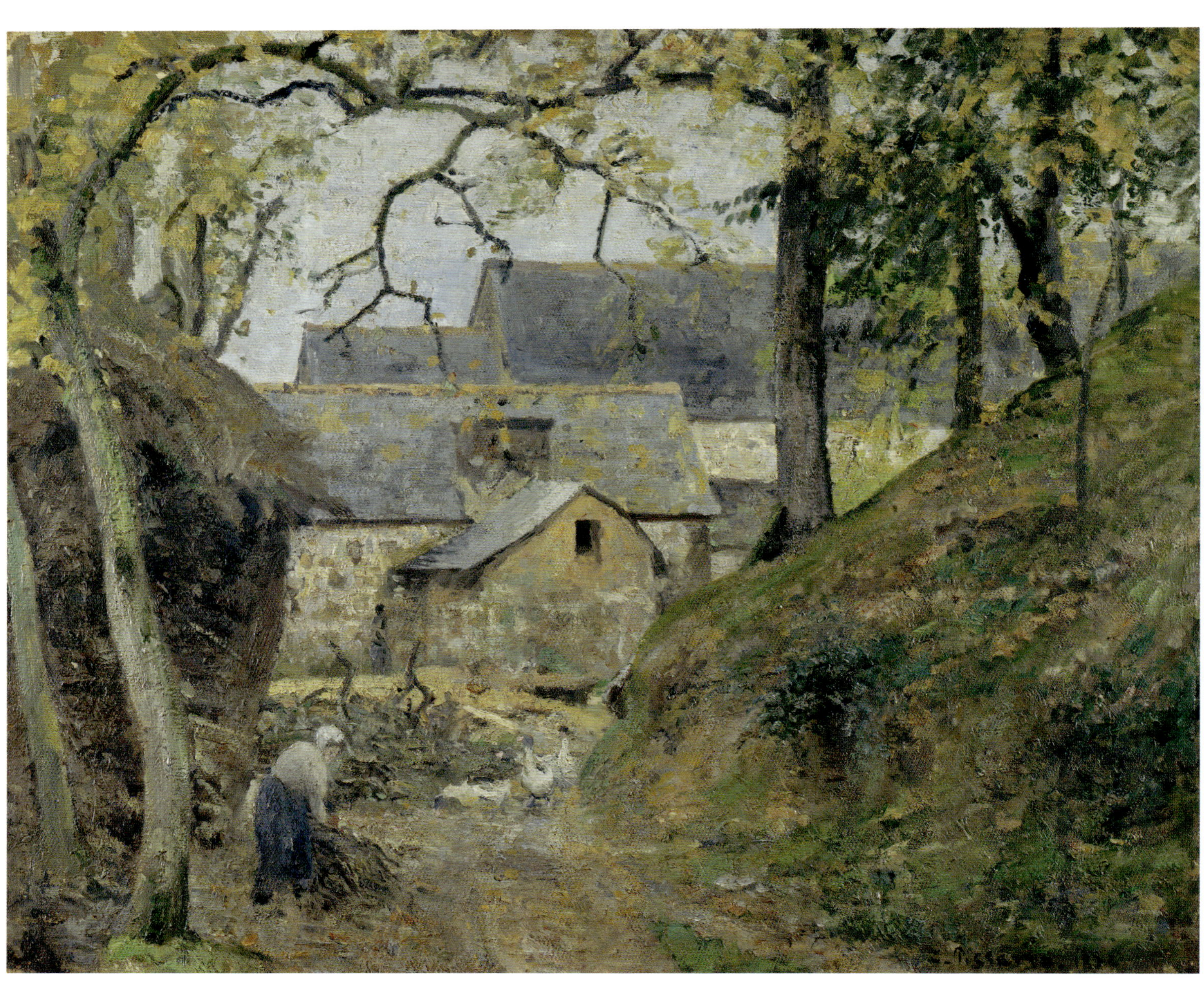

9
Camille Pissarro
Gård i Montfoucault
Farm at Montfoucault

1874, olie på lærred / oil on canvas, 60 × 73.5 cm
Musée d'Art et d'Histoire, Geneva, inv. no. 1915-0033

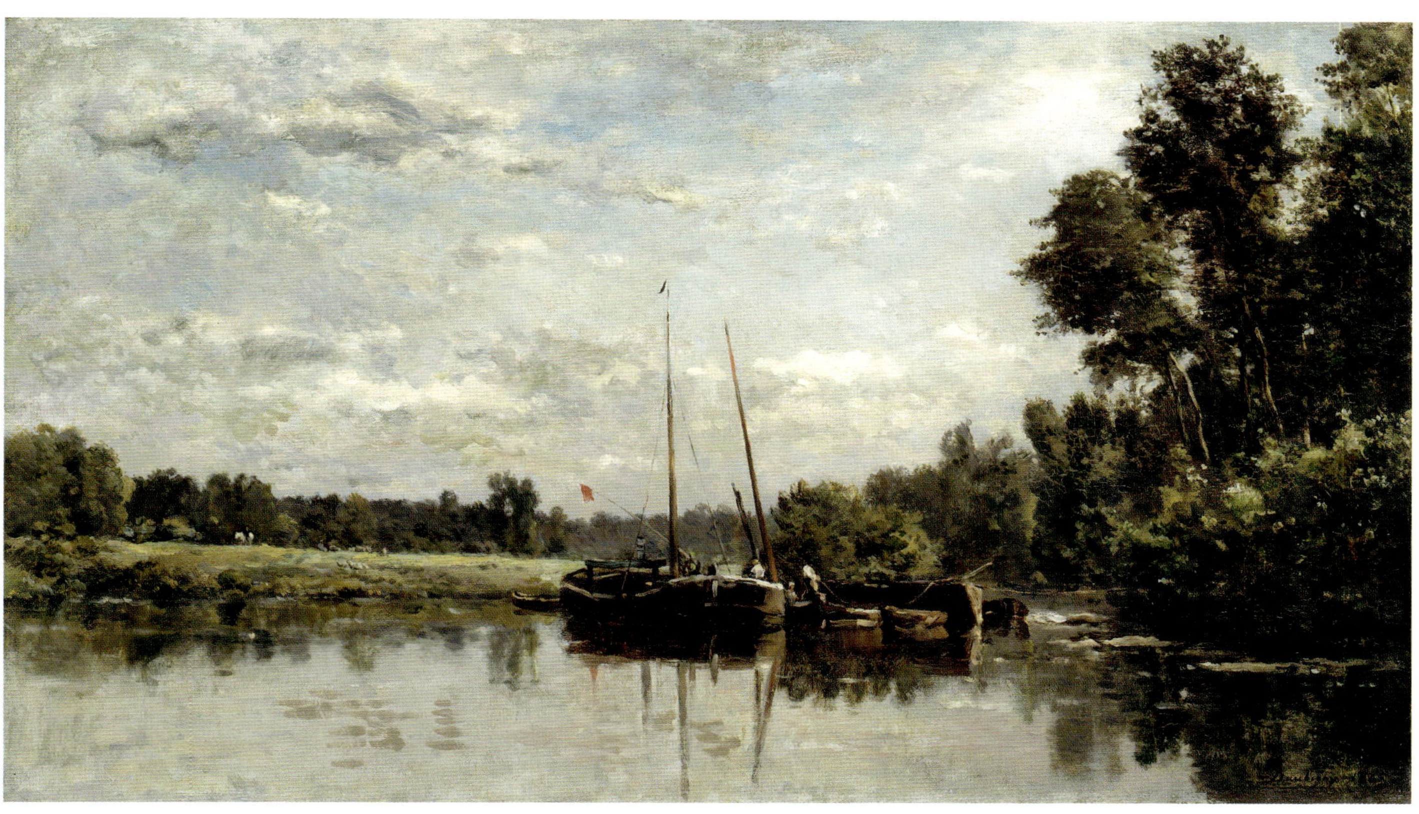

10
Charles-François Daubigny
Prammene
The Barges

1865, olie på lærred / oil on canvas, 38 × 67 cm
Paris, Musée du Louvre, inv. no. RF1362

mange af landskaberne afspejler den menneskelige eksistens i naturen eller refererer – i billeder hvor der ikke er synlige figurer – til den fremherskende menneskelige indflydelse ved brug af "spor" såsom broer, både eller landskabsudformning. Også i de to ovennævnte malerier af Pissarro ses en landsbygade, hvor figurer i bondeklæder udfører deres daglige dont og dermed sætter sceneriet ind i en kontekst. Dette følger måske stadig den akademiske maletradition, som kunsthistorikeren Belinda Thomsen beskriver således "[…] målet for og højdepunktet af den kunstneriske præstation var repræsentationen af den menneskelige figur […]. Hverdagslige genrebilleder befandt sig længere nede på skalaen sammen med marinemalerier og landskaber, hvor de imaginære klassiske landskaber med figurer vurderedes højere end skildringen af virkelige scenerier; dyrebilleder og det ydmyge stilleben befandt sig således nederst på rangstigen."[19] Det er først med Monets senere værker fra omkring 1880, f.eks. de mange kystlandskaber og selvfølgelig hans horisontløse og ofte næsten

illustrate the symbiosis between Man and Nature which was so important for the subject of Impressionist landscapes. Even at the zenith of Impressionism during the 1870s, although the landscape had established its position as the dominant pictorial theme, the Impressionists always depicted it almost without exception in relation to the human element. From peasants to yachtsmen or people out for a walk, many of the landscapes reflect human existence in nature or – in pictures in which there are no figures to be seen – refer by means of "indications" like bridges, boats or landscaping to the prevailing human influence. Also, in the two paintings by Pissarro mentioned above we gaze onto a village street in which figures in peasant dress go about their daily work and place the scenery in context. This may still lie in the academic painting tradition, which the art historian Belinda Thomsen describes as follows:

abstrakte havebilleder fra Giverny, at det menneskelige perspektiv mister betydningen for senimpressionismen.[20]

Vandbilleder

Fra begyndelsen af den impressionistiske periode var også skildringer af floder, kanaler og både blandt de mest yndede motiver.[21] Daubigny havde allerede vendt blikket mod bådture på Seinen gennem Paris' forstæder. Han slog sig ned i landsbyen Pontoise for at kunne fokusere på sit motiv, *Prammene* (1865, fig. 10). Hans flodbilleder skulle senere inspirere Pissarro, som boede der fra 1860'erne til begyndelsen af 1880erne. Med sine genspejlinger og krusninger i vandoverfladen samt de bratte farveskift blev floder en yndet genstand for kunstneriske undersøgelser. De fremstilles typisk som forbundet med fritid, fiskeri og sejlture, men også som transportveje for produkter skabt af tidens gryende industri. På samme måde som industribygningerne i Paris symboliserede den livlige bådtrafik på Seinen Frankrigs økonomiske forhåbninger. Ikke kun Monet, som var opvokset i den lille havneby Le Havre, og hvis forældre havde en forretning med maritimt udstyr, men også Sisley var meget optaget af floder, havne og industrimæssige vandveje, som mange af deres skildringer af broer og dæmninger viser. Et andet populært motiv var både: sejlenes trekantede former samt detaljerede skildringer af tovværk og gods passede godt ind i kompositioner med floder. Et fint eksempel er Alfred Sisleys *Båd ved Billancourt* fra 1877 (fig. 11), som med de rygende skorstene i baggrunden fremmaner et pittoresk industrimæssigt sceneri. Da Monet flyttede til Argenteuil i 1871, blev sejlbådene på Seinen et af hans foretrukne motiver. Netop denne flodstrækning var berømt for sine regattaer, som kunstneren registrerede med funklende penselstrøg. Seinens karakter – sommetider sydende og brølende, andre gange klar og stille – bidrog til at udvikle kunstnerens berømte malestil. Mange år senere, i 1896-97, malede Monet sin berømte serie *Morgener på Seinen* dér, hvor floden Epte flyder sammen med Seinen. Det er netop på dette sted, at refleksionerne af himlen og flodens overflade smelter sammen i et homogent, men abstrakt samlet billede, således at værket først ved nærmere eftersyn viser sig som et landskab, *Gren af Seinen nær Giverny (tågedis)* fra 1897 (jf. fig. 51).

Fascinationen af vand viser sig endvidere i mange impressionistiske marinebilleder. Eugène Boudin, som ligeledes voksede op på atlanterhavskysten i Le Havre, lod sig i særdeleshed betage af emnet. Efter at have præsenteret den unge Monet for friluftsmaleriet på Côte Fleurie i Normandiet koncentrerede han sig senere hovedsageligt om gruppescener på stranden, hvor landskabet spillede en underordnet rolle. I modsætning hertil vedblev Monet at være optaget af utæmmede naturlandskaber og kyststrækninger. Han var ikke alene berørt af bølgernes bevægelse og vandets barske stoflighed,

"[...] the pinnacle of the artist's achievement and ambition was the representation of the human figure [...]. Further down the scale came everyday genre subjects, marines and landscapes, with imaginary classical landscapes with figures being rated above the painting of actual scenes; at the bottom of the gradation came animal painting and the humble still life."[19] It was only in Monet's later works from about 1880, for example the many coastal landscapes and of course his garden pictures from Giverny, which have no horizon and are frequently almost abstract, that the human perspective lost its significance for the Impressionists.[20]

Waterscapes

From the beginning of the Impressionist era, representations of rivers, canals and boats were among the most popular subjects.[21] Daubigny had already focused his attention on the subject of travelling by boat on the Seine through the outskirts of Paris. He settled in the village of Pontoise in order to be able to concentrate on this subject as in *The Barges* (1865, fig. 10). His riverscapes in turn inspired Pissarro, who lived there from the 1860s until the early 1880s. The reflections and ripples in the surface of the water as well as the rapid changing of colours made rivers a popular object of study. They are shown as places of leisure, of fishing and sailing, but also as places where the products of the developing industry of the time were transported. Like the industrial buildings in Paris, the lively boat traffic on the Seine embodied France's economic aspirations. Not only Monet, who had grown up in the little port of Le Havre and whose parents ran a shop for boat equipment, but also Sisley, demonstrated a lively interest in rivers, ports and industrial waterways, as many of their pictures of bridges and weirs demonstrate. Boats were also a popular motif: the triangular shape of the sails and the detailed portrayal of rigging and freight fitted in well with the river compositions. A wonderful example can be seen in Alfred Sisley's *Unloading Barges at Billancourt* of 1877 (fig. 11), which with the smoking chimneys in the background evokes a picturesque industrial scene. When Monet moved to Argenteuil in 1871, the sailing boats on the Seine became one of his preferred subjects. This stretch of the river was particularly famous for its sailing regattas, which the artist recorded with glinting brushstrokes. The movement of the Seine – sometimes bubbling and roaring, sometimes clear and still – helped the artist to develop his famous painting style. Many years later, in 1896/97, Monet painted his famous series *Mornings on the Seine* on the spot where the Epte flows into the Seine. It is precisely here that the reflection of the sky and the surface of the river fuse to create a homogeneous but abstract overall picture, so that it is only at second glance that the work reveals itself as a landscape, *Branch of the Seine near Giverny (Mist)* of 1897 (cf. fig. 51).

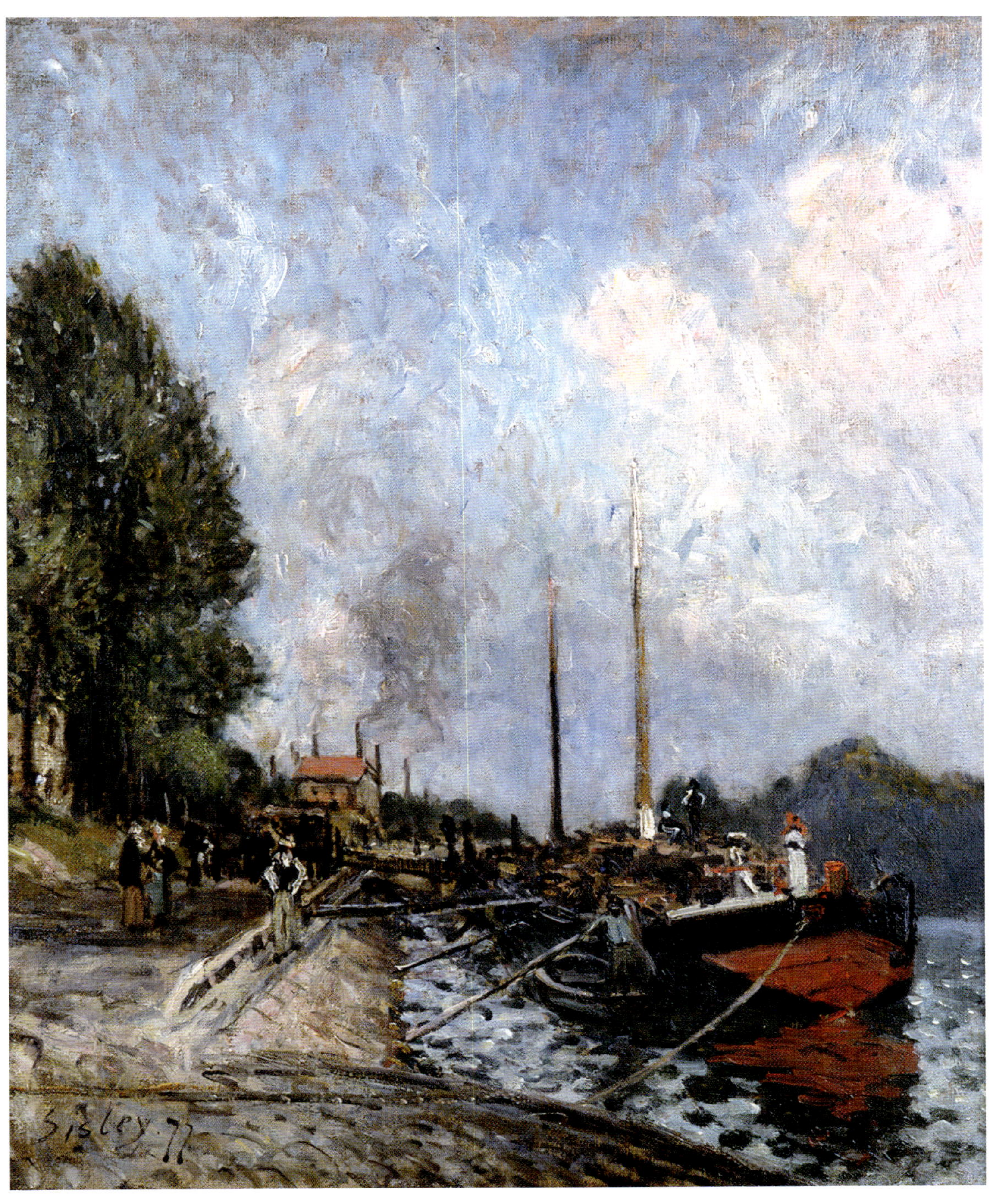

11
Alfred Sisley
Losning af pramme i Billancourt
Unloading Barges at Billancourt

1877, olie på lærred / oil on canvas, 46 × 38 cm
The National Museum in Belgrade

men i lige så høj grad af klippeformationernes rå overflader, hvis struktur reflekterede uregelmæssigheden i de brølende bølgeslag. Monet forblev overbevist om, at det kun var muligt at nedfælde en umiddelbar oplevelse af naturen på lærredet på selve stedet til trods for de enorme fysiske anstrengelser, der skulle til. Således skrev han i 1885 i et brev til sin anden kone, Alice Hoschedé:

"Jeg arbejdede koncentreret under klinten, godt i læ for vinden ... og overbevist, som jeg var, om, at tidevandet var for udadgående, tog jeg ingen notits af bølgerne, der slog ind og trak sig tilbage nogle få meter væk. Kort sagt, fordybet som jeg var, så jeg ikke den store bølge, der rullede ind; den slog mig tilbage mod klinten, og jeg blev kastet hid og did i efterdønningerne sammen med alle mine materialer! ... paletten, som jeg havde godt fast i blev kastet tilbage i mit ansigt, og mit skæg blev sølet til i blåt, gult osv. ... værst af alt mistede jeg mit maleri, som hurtigt faldt fra hinanden sammen med mit staffeli, min taske osv. Intet lod sig fiske op af vandet."[22]

I første omgang ændrede det ikke på noget for Monet, selv efter at han havde købt huset i Giverny, en lille by nordvest for Paris, hvor han boede og arbejdede til sin død. Hans passion for havearkitektur blev gradvist det centrale tema i hans arbejde her. I de følgende år udformede han to haver, den ene en vandhave, som blev en ny uudtømmelig inspirationskilde.[23]

I hans senere malerier, som blev mere og mere abstrakte, herunder i særdeleshed den berømte *Åkandeserie*, forsvinder horisonten bestandig, og rammen bliver gradvist smallere for at give plads til en næsten overdimensioneret udvidelse af lærredet. På den måde skabte Claude Monet en ny landskabsgenre, som ikke fokuserede på gengivelsen af særlige naturlige geografiske træk, men alene reflekterede samspillet mellem lyset og naturen ned til mindste detalje.

Efter at have vraget motivet i sine seriebilleder til side, opgav Monet nu også sit engagement i det umiddelbare: i malemåden og farvespillet er der nu kun en antydning af det stilmæssige formsprog, således at virkelighed og fantasi flyder sammen for beskuerens øjne. Enhver rumlig og tidsmæssig stedfæstelse er opgivet – og det flygtige øjeblik strækker sig ind i evigheden.

The fascination for water is also revealed in the many Impressionist seascapes. Eugène Boudin, who also grew up on the Atlantic coast in Le Havre, was particularly captivated by this subject. After he had introduced the young Monet to *plein air* painting on the *côte fleurie*, he later concentrated mainly on group scenes on the beach, which permitted the landscape to occupy only a secondary role. Monet on the other hand retained his interest in wild natural landscapes and coastlines. He was impressed not only by the movements of the waves and the harsh materiality of the water, but equally by the rough surfaces of the rock formations which reflected in their structure the irregularity of the roaring of the surf. Monet remained convinced that it was only possible to commit the directness of the experience of nature to canvas on the spot, despite the enormous physical effort this involved. Thus he wrote in 1885 in a letter to his second wife Alice Hoschedé:

"I was hard at work beneath the cliff, well sheltered from the wind ... convinced that the tide was drawing out I took no notice of the waves which came and fell a few feet away from me. In short, absorbed as I was, I didn't see a huge wave coming; it threw me against the cliff and I was tossed about in its wake along with all my materials! ... the palette which I had kept a good grip on had been knocked over my face and my beard was covered in blue, yellow etc. ... the worst of it was that I lost my painting which was very soon broken up along with my easel, bag etc. Impossible to fish anything out."[22]

Initially this did not change for Monet, even after the purchase of his house in Giverny, a little village north-west of Paris, where he was to live and work until his death. His passion for designing gardens gradually became the central theme of his work here. During the course of the years which followed he designed two gardens, one of them a water garden which became a new, inexhaustible source of inspiration.[23]

In his later paintings, which became progressively more abstract, and especially in the famous series of the Nymphéas (Water Lilies), the horizon continually disappears and the frame becomes ever narrower, while at the same time the size of the canvas expands to oversize dimensions. In this way Claude Monet created a new landscape genre which did not concentrate on the representation of specific natural geographical features, but which reflected alone the interplay of light and nature in the smallest detail.

Following the degradation of the subject in his serial pictures, Monet now also abandoned his devotion to immediacy: the style and interplay of colour only hint at the stylistic idiom, so that reality and fantasy are fused in the gaze of the viewer. The orientation in space and time is abandoned – and the fleeting moment is stretched out into eternity.

NOTER

1 Sagt af kunstneren til en gæst på *Høstakke*-udstillingen i 1891, se W.G.C. Bijvanck, "Une Impression (Claude Monet)", i: *Un Hollandais à Paris en 1891*, Perrin, Paris 1892, s. 177.
2 C. Rondo E., *France and the Economic Development of Europe, 1800-1914*, Psychology Press, Hove 2000, s. 206.
3 R.C. Lewis, *The Collected Poems of Robert Louis Stevenson*, Edinburgh University Press, Edinburgh 2003, s. 44.
4 A. Dombrowski, "Instants, Moments, Minutes. Impressionism and the Industrialization of Time", i: *Monet-The Birth of Impressionism*, Prestel Verlag, München 2015, s. 37.
5 Til trods for at videnskaben senest har fremhævet, at en del impressionistiske malerier blev færdiggjort i atelieret, bevidner pollenfund på forskellige lærreder, at de må være blevet delvist udført i det fri. For yderligere oplysninger, se essayet af Michael Clarke, s. 59 ff.
6 For yderligere oplysninger, se essayet af Karin Sagner, s. 107 ff.
7 For yderligere oplysninger, se essayet af Clare Willsdon, s. 201 ff.
8 W. Benjamin, *Paris – Capital of the Nineteenth Century*, (Exposé of 1939), i: *The Arcades Project*, Harvard University Press, Cambridge 2002, s. 5.
9 "*Cliché instantané*".
10 Fra 1888 producerede Eastman det første masseproducerede kamera i sin virksomhed Kodak, som særligt satsede på amatører med sit slogan "You press the button, we do the rest" (De trykker på knappen, så klarer vi resten). Fra 1900 blev dette kamera en dusinvare som følge af den lave prissætning på $1. Akademikere er nu af den opfattelse, at mange franske malere ejede et kamera ved århundredskiftet, ligesom de ivrigt samlede på fotografier.
11 *Commission des monuments historiques.*
12 K. Lowis, "In monumentaler Mission. Frühe Fotografie im Europa des 19. Jahrhunderts", i: L. Derenthal og C. Kühn, *Ein Neuer Blick. Architekturfotografie aus den Staatlichen Museen zu Berlin*, Ernst Wasmuth Verlag, Tübingen 2010, s. 23.
13 Se f.eks.: Leon Battista Albertis *On Painting* fra 1435.
14 R. Barthes, *Camera Lucida. Reflections on Photography*, Hill and Wang, New York 1980, s. 30.
15 K. Sagner, *Gustave Caillebotte. Ein Impressionist und die Fotografie*, Hirmer Verlag, München 2013, s. 17.
16 Ifølge en ofte citeret oplysning var dette billede det første værk udført af en impressionistisk maler, som blev indkøbt i 1878 af et fransk museum, Musée des Beaux-Arts i Pau.
17 See B. Marylin, *Degas and the Business of Art: A Cotton Office in New Orleans*, The Pennsylvania State University Press, Pennsylvania 1994, s. 6 f.
18 For yderligere oplysninger, se essayet af Michael Clarke, s. 59 ff.
19 B. Thomsen: *Impressionism. Origins, Practice, Reception*, Thames & Hudson, London 2000, s. 149.
20 For yderligere oplysninger, se essayet af Clare A.P. Willsdon, s. 201 ff.
21 For yderligere oplysninger, se essayet af Anne Distel, s. 135 ff.
22 Det ubeskårede originale citat lyder: "J'étais dans toute l'ardeur du travail sous la falaise, bien à l'abri du vent, à la place où vous êtes venue avec moi; convaincu que la mer bassait, je ne m'effrayais pas des vagues qui venaient mourir à quelques pas de moi. Bref, tout absorbé je ne vois pas une énorme vague qui me flanque contre la falaise et je déboule dans l'écume, avec tout mon matériel [Je me suis vu de suite perdu, car l'eau me tenait, mais enfin j'ai pu en sortir à quatre pattes, mais dans quel état, bon Dieu! avec mes bottes, mes gros bas et la gâteuse mouillés;] ma palette restée à la main m'était venue sur la figure et j'avais la barbe couverte de bleu, de jaune, etc. [Mais enfin, l'émotion passée, ce n'est rien,] le pire est que j'ai perdu ma toile brisée bien vite, ainsi que mon chevalet, mon sac, etc. Impossible de rien repêcher." Fra brev til Alice Hoschedé, skrevet i Étretat: Brev 631, fredag aften (den 27. november 1885). [Lettre 631, vendredi soir, 27 novembre 1885]
23 For yderligere oplysninger, se essayet af James H. Rubin, s. 173 ff.

NOTES

1 Stated by the artist to a visitor to his Grainstacks exhibition in 1891, see W.G.C. Bijvanck, "Une Impression (Claude Monet)", in *Un Hollandais à Paris en 1891*, Perrin, Paris, 1892, p. 177.
2 C. Rondo E., *France and the Economic Development of Europe, 1800-1914*, Psychology Press, Hove, 2000, p. 206.
3 R.C. Lewis, *The Collected Poems of Robert Louis Stevenson*, Edinburgh University Press, Edinburgh, 2003, p. 44.
4 A. Dombrowski, "Instants, Moments, Minutes. Impressionism and the Industrialization of Time", in *Monet: The Birth of Impressionism*, Prestel Verlag, Munich, 2015, p. 37.
5 Although science has emphasised lately that a fair number of Impressionist paintings were completed in the *ateliers*, pollen findings on various canvases testify to the fact that they must have also been worked on *en plein air*. For further details, see essay by Michael Clarke, pp. 59 ff.
6 For further details, see essay by Karin Sagner, pp. 107 ff.
7 For further details, see essay by Clare A.P. Willsdon, pp. 201 ff.
8 W. Benjamin, *Paris: Capital of the Nineteenth Century* (Exposé of 1939), in *The Arcades Project*, Harvard University Press, Cambridge, 2002, p. 5.
9 *Cliché instantané.*
10 From 1888 on Eastman produced the first industrially manufactured cameras with his company Kodak, which specifically targeted amateurs with the advertising slogan: "You press the button, we do the rest." From 1900 the camera became a mass-market product as the result of its low price of $1. Academics now assume that many French painters at the turn of the century owned a camera and were enthusiastic collectors of photographs.
11 *Commission des monuments historiques.*
12 K. Lowis, *In monumentaler Mission. Frühe Fotografie im Europa des 19. Jahrhunderts*, in L. Derenthal and C. Kühn, *Ein Neuer Blick. Architekturfotografie aus den Staatlichen Museen zu Berlin*, Ernst Wasmuth Verlag, Tübingen, 2010, p. 23.
13 See for example: Leon Battista Alberti's *On Painting* of 1435.
14 R. Barthes, *Camera Lucida: Reflections on Photography*, Hill and Wang, New York, 1980, p. 30.
15 K. Sagner, *Gustave Caillebotte. Ein Impressionist und die Fotografie*, Hirmer Verlag, Munich, 2013, p. 17.
16 A frequently quoted detail is the fact that this picture was the first work by an Impressionist painter which was purchased in 1878 by a French museum, the Musée des Beaux-Arts in Pau, for its collection.
17 See B. Marylin, *Degas and the Business of Art: A Cotton Office in New Orleans*, The Pennsylvania State University Press, Pennsylvania, 1994, pp. 6 f.
18 For further details, see the essay by Michael Clarke, pp. 59 ff.
19 B. Thomsen: *Impressionis: Origins, Practice, Reception*, Thames & Hudson, London, 2000, p. 149.
20 For further details, see the essay by Clare A.P. Willsdon, pp. 201 ff.
21 For further details, see the essay by Anne Distel, pp. 135 ff.
22 Full original quote: "J'étais dans toute l'ardeur du travail sous la falaise, bien à l'abri du vent, à la place où vous être venue avec moi; convaincu que la mer baissait, je ne m'effrayais pas des vagues qui venaient mourir à quelques pas de moi. Bref, tout absorbé je ne vois pas une énorme vague qui me flanque contre la falaise et je déboule dans l'écume, avec tout mon matériel [Je me suis vu de suite perdu, car l'eau me tenait, mais enfin j'ai pu en sortir à quatre pattes, mais dans quel état, bon Dieu! avec mes bottes, mes gros bas et la gâteuse mouillés;] ma palette restée à la main m'était venue sur la figure et j'avais la barbe couverte de bleu, de jaune, etc. [Mais enfin, l'émotion passée, ce n'est rien,] le pire est que j'ai perdu ma toile brisée bien vite, ainsi que mon chevalet, mon sac, etc. Impossible de rien repêcher." From a letter to Alice Hoschedé, written at Étretat: Letter 631, Friday evening (27 November 1885). [Lettre 631, vendredi soir, 27 novembre 1885].
23 For further details, see the essay by James H. Rubin, pp. 173 ff.

Lost in Translation

Erlend G. Høyersten
Direktør, ARoS

*Monets værker er på den ene side luksusprodukter,
på den anden side forbrugsvarer.
Og et sted derimellem befinder kunsten sig.*

Begyndelsen

I februar 1860 befandt den 20-årige Monet sig i Paris. Han gik ned ad Boulevard du Palais ved kajen Orfèvres på den venstre side af Seinebredden. Han stoppede foran en bygning med et stort rustent skilt, hvorpå der stod: *SABRA, folkets tandlæge*. Det var en bygning, hvor en tandlæge dagligt trak tænder ud på folk for 1 franc stykket, men det var også en bygning, der husede et akademi for kunstnere drevet af Charles Suisse. To gange dagligt lukkede Suisse kunststuderende ind, som for 10 franc om måneden frit kunne male og tegne efter en model i hans atelier.

Monet havde netop påbegyndt sit liv som kunststuderende i Paris og tilbragte hver dag i atelieret på Boulevard du Palais. Han ankom kl. 6 om morgenen og kom igen fra kl. 19-22 om aftenen. Her mødte han blandt de mange kunstkolleger, der frekventerede stedet, kunstneren Camille Pissarro, som brugte atelieret om aftenen. Også Paul Cézanne studerede hos Suisse, dog i tiden omkring 1862, hvor Monet blev sendt til Algeriet i militærtjeneste.

I dag – 155 år senere – er værker af Monet, af Pissarro og Cézanne samt de øvrige impressionistiske malere kendt over hele verden. Interessen for deres kunst tog forsigtigt fart, da den franske kunsthandler Durand-Ruel introducerede New York for de impressionistiske malere i april 1886.[1] I 1920 afslog Tate i London at erhverve værker af de impressionistiske malere. Til gengæld erhvervede The Metropolitan Museum of Art i NYC, Louvre og Jeu de Paume i Paris aktivt ind af den impressionistiske kunst. Louvre og Jeu de Paume opbyggede imponerende samlinger, som senere fik plads på Musée d'Orsay, der i dag præsenterer en hel etage med værker af Monet, Manet, Cézanne, Sisley, Pissarro, Renoir, Corot, Courbet med flere. Interessen for denne gruppe af malere blev langsomt men sikkert forøget, tiår for tiår – men det var først omkring 1970, at englændernes interesse blev vakt. Interessen fortsatte i 1980'erne og 1990'erne, særligt på grund af den økonomiske vækst i Japan og japanernes interesse for Monet. Monets kunst var blevet et luksusprodukt. Men samtidig var der sket noget andet: Monet og de impressionistiske maleres værker var blevet allemandseje.

Lost in Translation

Erlend G. Høyersten
Director, ARoS

*In one sense, Monet's works are luxury items,
in another they are consumer goods.
Art lies somewhere between the two.*

The Beginning

In February 1860, Monet was 20 years old and living in Paris. Strolling down Boulevard du Palais near Quai des Orfèvres on the left-hand side of the Seine, he paused in front of a building with a large rusty sign saying: *SABRA, Dentiste du Peuple (SABRA, people's dentist).* Here, teeth were extracted for the fee of 1 franc a piece, but the building was also home to an academy for artists run by Charles Suisse. Twice a day, Monsieur Suisse would open his doors to art students who, for a monthly fee of 10 francs, were able to practise life painting and drawing in his studio.

Monet had just started as an art student in Paris and spent every day in the studio on Boulevard du Palais. Most days he arrived at six in the morning, staying until the studio closed in the afternoon and returned at seven in the evening staying until ten. Among the many artists who frequented the place, he met Camille Pissarro, who used the studio in the evenings. Paul Cézanne, too, studied at Monsieur Suisse's academy around 1862, at a time when Monet had been posted to Algeria to do military service.

Today – 155 years later – works by Monet, Pissarro, Renoir, and the other Impressionist painters enjoy worldwide recognition. Their art steadily received increasing attention once the French art dealer Paul Durand-Ruel had introduced the Impressionist painters to New York in April 1886.[1] In 1920, the Tate Gallery in London (now Tate Britain) declined to purchase works by the Impressionist painters. By contrast, the Metropolitan Museum of Art in New York, the Louvre, and the Jeu de Paume in Paris were actively acquiring Impressionist art. The Louvre and the Jeu de Paume accumulated extensive collections that were later housed at Musée d'Orsay, where today an entire floor is given over to presenting works by Monet, Manet, Cézanne, Sisley, Pissarro, Renoir, Corot and Courbet, and others. The attention surrounding this group of painters increased steadily – but it was not until 1970 that the British curiosity was kindled. The rise in prices persisted into the 1980s and 1990s, mainly due to economic growth in Japan and Japanese interest in Monet. Monet's paintings had become assets on a par with luxury items. However, at the same time something else had happened: the works of Monet and his fellow Impressionists had become common property.

"Over det hele" betyder inflation

Vi ser ham på museer. Vi ser ham i nyhederne, når hans billeder opnår høje priser på auktioner, eller når udstillinger med hans kunst trækker store folkemængder. Hvis man ikke har set originalværkerne, har man sandsynligvis stiftet bekendtskab med impressionistisk maleri i form af reproduktioner, for i dag reproduceres impressionisternes værker i hobetal som motiver på plakater, på postkort, på souvenirs, krus, paraplyer, kalendere, *you name it*. Vi ser dem i IKEAs plakatafdeling, i gavebutikker og i tandlægens venteværelse.

På en måde kan jeg vældig godt lide Monet og hans samtidige kolleger. Jeg ved, hvor vigtige de var i sin tid, og hvor vigtig deres plads er i kunsthistorien, i overgangen mellem Salon-kunsten og det 20. århundredes modernisme, var. Jeg kan også, oprigtigt, glæde mig over impressionismens billedsprog. Jeg er glad og tilfreds, når jeg står foran et maleri af Monet, om det så er på National Gallery i London, på Musée d'Orsay i Paris, på Art Gallery NSW i Sydney eller MASP i São Paulo. Men netop dét er også mit problem med mit forhold til Monet. Monet er overalt. På mere end en måde.

Jeg har det med Monet, som når man hører et fængende stykke musik lidt for mange gange: man bliver træt. Spiser man sin favoritmad lidt for ofte, eller bliver ens kost for ensidig, bliver man også mæt, før man i det hele taget er begyndt at spise. Monets voldsomme tilstedeværelse i mit synsfelt er ved at gøre mig mæt, kan jeg mærke.

Sygehusene og tandlægeklinikkerne synes særligt at elske Monet. Da jeg blev indlagt på sygehuset som 13-årig, var Monet til stede. På værelset, i gangene, og tilmed i værelset hvor man kunne se film hang en Monet-plakat. Da min mor arbejdede som sygeplejerske med smertelindring af kræftramte patienter, var Monet der. Da jeg arbejdede et år i psykiatrien – på to forskellige institutioner – var Monet der. Da min far var indlagt, hang der også plakater med motiver af Monet på væggene.

Og jeg har mødt Monet mange andre steder, fx i utallige salgsprodukter, nogle mere vellykkede end andre. Men det er plakaterne, vi alle kender bedst. Da jeg studerede kunsthistorie, fandt jeg ham hængende på diverse kollegieværelser og i bofællesskaber; senere så jeg ham hænge i trappeopgange, som et dekorativt element på lige fod med en potteplante, valgt ud til æstetisk nydelse. Det er, som om forståelsen for Monet er gået tabt gennem vores voldsomme eksponering og interesse. Når der går inflation i noget, fører det til devaluering, kunsten tabes af syne – eller som Walter Benjamin beskrev det i sit berømte essay "Kunstværket i den tekniske reproduktions tidsalder" (1936): de nye reproduktionsteknikker i samfundet førte til tab af kunstens *aura*. Kunstneren Monet, ham som dagligt låste sig ind i atelieret på Boulevard du Palais, er derfor *Lost in Translation*; vores forståelse for hans kunst- og

"Everywhere" means devaluation

We see his works in museums. We hear him mentioned in the news when his pictures fetch staggering prices at auctions, or when exhibitions of his works draw large crowds. Even if you have not seen the originals, you are likely to have come across reproductions of Impressionist paintings, since they now appear in vast numbers as posters, postcards, and on souvenirs such as mugs, umbrellas and calendars. Monet reproductions can be found in IKEA, in gift shops and in dentists' waiting rooms.

In some way, I really like Monet and his fellow artists. I know how significant they were in their time, and I am aware of the key position they occupy in art history in the transitional period between *Salon art* and twentieth-century Modernism. I take real pleasure in Impressionist imagery. I am happy and content when I stand in front of a painting by Monet, be it at the National Gallery in London, the Musée d'Orsay in Paris, the Art Gallery NSW in Sydney, or the MASP in São Paulo. However, this is also the reason why my relationship with Monet is somewhat fraught: Monet is everywhere, in more ways than one.

With Monet, it is like hearing a catchy tune over and over again: you tire of it. When you eat your favourite food a little too often, you tend to become satiated even before the first mouthful. Monet's overpowering presence in my field of vision comes close to giving me the sense of being satiated.

Hospitals and dental clinics seem especially partial to Monet. When I was admitted to hospital aged 13, Monet was ever-present: there were posters in my room, in the corridors, and there was even a Monet poster in the video room. As a nurse, my mother had multiple encounters with Monet and the times I worked in psychiatric departments, Monet was there, too.

I have encountered Monet in numerous other places, notably 'enhancing' countless sales products. The posters, however, are the most familiar. When I was studying art history, I found him adorning the walls of various digs and houseshares; later, I would find him in stairwells as a decorative element on a par with pot plants. Somewhere in the process of this massive level of exposure and interest, it seems that our ability to understand Monet has been lost. Overexposure leads to devaluation and we lose sight of the artistic aspect – or as Walter Benjamin wrote in his famous essay *The Work of Art in the Age of Mechanical Reproduction* (1936): society's new reproduction technologies lead to the loss of the aura of art. In this sense, Monet the artist, the man who let himself into the studio on Boulevard du Palais is, as it were, *Lost in Translation*; our grasp of his art and his outlook on the world, his life, his artistic visions and drive have slipped further into the background in favour of the joy of recognition, a cliché-filled motif displayed far and wide, but whose meaning is lost on us.

verdenssyn, hans liv, kunstneriske intentioner og drivkraft er gledet længere i baggrunden til fordel for en genkendelsens glæde, et klichéfyldt motiv, som vi ser alle vegne, men har glemt betydningen af.

Det kendte

Alle disse reproduktioner med motiver af åkander, kystlandskaber, japanske broer og høstakke står som slørede og flygtige billeder i min erindring. Sløret næsten som et Monet-billede selv. Det påfaldende er, at jeg fortsat kan huske dem. Jeg ved ikke, om de har gjort indtryk, fordi de faktisk udfylder en funktion, eller fordi man i sit stille sind, lidt oprørt, siger til sig selv: "Nok en Monet? Har man ikke mere fantasi? Kan de ikke bedre?".

Jo! Hans kunst er nem at kunne lide. Tilsyneladende kræver hans kunst ikke så meget af os. Vi behøver ingen eksperter til at tolke ham og sidenhen forklare os, hvad vi ser. Vi "forstår" hans kunst umiddelbart. Det er som et musikalsk værk af Erik Satie eller Claude Debussy, som forfører os direkte med sin skønhed og melankoli.

Man behøver heller ikke være kunstkender for at genkende et maleri af Monet. Den umiddelbare genkendelse er tilfredsstillende; tænk at man har relevant kendskab til et fagområde, som ikke nødvendigvis er ens eget. Dette, umiddelbarheden og genkendeligheden, gør, at Monet er på alles læber. Men når noget er nemt at kunne lide, når noget bliver populært, sker der også noget med, hvordan man opfatter dette noget. Hvordan man betragter det og forstår det. Kunsten reduceres til overfladiske genkendelser og umiddelbar nydelse.

Relevans

Den, som besøger en udstilling med Monet eller andre impressionister, er ikke nødvendigvis skolet som kunsthistoriker eller idéhistoriker. Man kan heller ikke tage det for givet, at publikum har læst noget om tidens kunstnere. Det er heller ikke alle professionelle kuratorer, som har kendskab til, forståelse eller interesse for, hvad der blev skabt før 1945. Eller for den sags skyld alle kunsthistorikere, som ved, hvad der blev tænkt, malet, formet og tegnet i 1800-tallet.

For at forsøge at få øje på kunstneren Monet ønsker vi at tage publikum med på en rejse. I dag fremstår impressionisternes kunst som alt andet end radikal. Men da de første billeder blev skabt, var de netop det – radikale. Er det muligt at rekonstruere en forståelse af Monets samtid? Er det muligt på den ene side at give en indsigt i tidens egenart og på den anden side ikke lade kunsten farve af dens dobbelthed som både luksusprodukt og forbrugsvare?

Hvis vi som publikum begiver os ind i udstillingen, og vores øjne er blændet af historierne om luksusproduktet eller sløvet af de forbrugsvarer, som Monets billeder er forvandlet

Aspects of the familiar

All these reproductions with motifs of water lilies, coastal landscapes, Japanese bridges and grainstacks surface as blurred and fleeting images in my memory. Blurred almost like a real Monet. Despite this apparent vagueness I still remember them. They somehow left an imprint on my mind either because they actually served a purpose, or because I thought to myself: "Not another Monet!".

Agreed! It is easy to appreciate his art because it does not seem to demand too much from us. We do not need experts to interpret his works for us. We readily "understand" his art, or so we think. Monet's works resemble pieces of music by Erik Satie or Claude Debussy, seducing us by their sheer beauty and pensive sadness.

Nor do you need to be a connoisseur of art in order to recognise a Monet painting. The immediate recognition gives you a good feeling; the joy of being able to bring useful knowledge to bear on a subject that is outside your field of expertise. The sheer accessibility and familiarity makes Monet a universal subject. When things are easy to enjoy and become popular, your focus begins to shift in the way you perceive and understand them. The works are reduced to superficial recognition and easy enjoyment.

Relevance

People who visit a Monet exhibition or other shows featuring Impressionists are rarely trained art historians. And not even all professional curators know of, understand or are interested in art which was created prior to 1945, let alone the 1800s.

In an attempt to catch a glimpse of Monet the artist, we have arranged a journey for our visitors. Today, Impressionist art appears anything but radical. However, when the first pictures were created, radical is exactly what they were. Is it possible, therefore, to reconstruct a contemporary understanding of Monet's age and to provide insight into the specific nature of that time while avoiding a biased approach to his art, given that it is both a luxury item as well as a consumer product?

It seems far fetched, because if we approach the exhibition with a mind that is dazzled by stories of luxury items or dulled by consumer products carrying Monet's pictures, how are we likely to rediscover his art or, for that matter, Monet the artist?

Purely by means of telling a story that is meaningful and relevant to us.

Aspects of the unfamiliar

You can *see* Monet, register form and planes, or you can *contemplate* his art. Contemplating a picture, assessing its composition, facture and motif and placing it within a larger context will enhance the experience correspondingly. In this way, you will be playing an active role in the creative process. If you do

til, hvordan genfinder vi så kunsten, hvordan genfinder vi så kunstneren Monet?

Det gør vi ved at fortælle en historie, som vedkommer os, som er relevant.

Det fremmede

Man kan *se* Monet, registrere former og flader, eller man kan *betragte* kunsten. Ved at betragte et billede, vurdere komposition, malemåde og motiv samt placere det i en større kontekst bliver også oplevelsen af billedet netop større, noget man deltager aktivt i skabelsen af. Gør man dét, bliver kunsten også levende. Med ét handler det ikke om form, flade og farve, men om hvordan en ny og radikal type kunst tvang sig frem som følge af, hvordan verden og synet på verden ændrede sig radikalt i anden halvdel af 1800-tallet.

Byerne gennemgik voldsomme forandringer og vækst i 1800-tallet som følge af den tiltagende industrialisering og mange sociale udfordringer. Det stilfulde og romantiske Paris, vi kender i dag, var dengang beskidt og dyster. Måske forholdt det sig sådan, at da verden blev hæslig og brutal, blev kunsten skøn og harmonisk – som et tilflugtssted?

Når vi ved, at billederne blev skabt i en tid, hvor mennesket begyndte at få en ny mobilitet gennem nye jernbanestrækninger og hurtigere tog og gennem dampskibenes afløsning af sejlskibene, så kommer vi et skridt nærmere tidens mentalitet og måske også impressionisternes visuelle udtryk.

Når vi får fortalt, at fotografiet begyndte at gøre sig gældende på denne tid, at nyheder tikkede ind fra hele verden i et tempo, som aldrig var set før takket være telegrafen, og at man snart også kunne kommunikere gennem luften via radiobølger, forstår vi, at det var en verden, som havde behov for helt at definere sig selv på ny, også i billedkunsten.

Og når vi ved, at billederne blev malet i en tid præget af et politisk klima, vi blot kan ane betydningen af, og i en tid med sociale spilleregler og uligheder, vi ikke helt kan forstå, bliver kunsten en budbringer eller et dokument fra denne tabte tid. Når vi desuden bliver mindet om, at dette er længe før de store verdenskrige og i imperiernes storhedstid, begynder vi måske at se noget mere end en smuk solnedgang.

Tænk bare på, at det Paris, Monet bevægede sig igennem en dag i februar 1860, er noget helt andet end det, vi kender som Paris i dag. I 1860 var Paris en middelalderlig by med ildelugtende og rottebefængte, smalle og kringlede gader. Men samtidig var det også en by under voldsom forandring på grund af Baron Haussmanns byplan, hvor nedslidte bygninger blev revet ned, og nye brede boulevarder, der gav lys og luft til byen, kom til. Ti år senere skulle ordet nationalisme opstå i denne by under Pariserkommunen. Frygten for revolution var stor.

Vores måde at opleve vores egen samtid på og historiens rids gør, at vi ser verden på en anderledes måde, end man

that, the artistic aspect will be rekindled. No longer a question of form, plane, and colour, the issue revolves around the question how a new and radical art form could inch its way forth, altering world perception, in the wake of the sweeping changes taking place during the second half of the 1800s.
Cities underwent far-reaching changes and rapid growth during this period as a consequence of growing industrialisation and social challenges. The classy and romantic Paris we know today used to be a hideous and gloomy place. Is this a case of the world turning ugly and brutal and art responding to it by turning noble and harmonious, like a haven of some sort?

Realising that the pictures were created during a time when man experienced new levels of mobility in the form of railways and fast trains, and steamships similarly replacing sailing ships, we are that little bit closer to understanding the prevailing mind-set. Perhaps we also gain a better understanding of the Impressionists' visual expression.

Knowing that the photograph was emerging during this epoch and that news, thanks to the telegraph, was beginning to flow in from all over the world at an unimaginable speed, and being aware moreover, that before long man would be able to communicate through the air via radio waves, we realise that we are looking at a world that needed to redefine itself at all levels.

Being aware that these pictures were painted during a political climate whose implications we can only guess at, and social codices and inequalities which we cannot quite fathom, means that art becomes a messenger or a document of times lost. And finally when we are reminded that this art movement emerged in the heyday of empires, long before the two devastating world wars, we might begin to see beyond that which intially appears to be just a beautiful sunset.

Hence, when Monet strolled through Paris that February day in 1860, it was a vastly different city to the one we know today. In 1860, Paris was still medieval in appearance with stinking, rat-infested small and winding lanes. At the time, however, the city underwent tremendous changes due to Baron Haussmann's town planning activities where tatty and worn buildings were demolished to pave the way for new and spacious boulevards, providing the city with light and space. Ten years on, during the Paris Commune, this same city was to see the term "nationalism" emerge. The fear of impending revolution was tangible.

The way we experience our own times and historical past makes us perceive the world very differently to the people living in the 1890s. Therefore, technically, the picture you are looking at now is the same as the one people saw in 1890, or is it? One of the reasons why we perceive these paintings in a different way today is because we lack so much information.
With the exhibition *Monet – Lost in Translation*, we have tried to reconstruct the historical significance of the works of art as well

gjorde i 1890'erne. Således er det billede, du ser foran dig i dag, det samme, som man så i 1890, og så alligevel ikke. Én grund, til at vi opfatter billederne anderledes i dag, er, at vi mangler mange oplysninger, selvom vi tror, vi har nok.

Er det imidlertid overhovedet muligt at rekonstruere den historiske betydning, billedet havde i sin tid, uden at læse massevis af bøger og blive specialist i Paris anno 1860? Det er netop, hvad vi ønsker at undersøge med udstillingen *Monet – Lost in Translation*.

Det fremmedgørende

I *Monet – Lost in Translations* indledende rum får gæsten indsigt i, hvordan impressionisterne drog af sted med damplokomotiv og dampskib for at opleve verden med nye øjne. Udstillingens første rum er derfor indrettet på en måde, så det ligner Paris anno 1880 med vægtapet af byen set fra oven, af gader og stræder, og af banegården St. Lazare, hvorfra impressionisterne forlod byen og rejste ud på landet. Og herfra begynder den besøgendes rejse tilbage til slutningen af 1800-tallet.

Datidens evigt søgende eksistenser med bredt udsyn og optimistiske fremtidsforventninger tager os med på en kunstnerisk rejse, forbi skovene i Fontainebleau, vilde blomstermarker og høstakke i solskin over strandene ved Atlanterhavet til Monets have i Giverny, en rejse, hvor også det moderne menneske, som vi definerer det i dag, bliver til. Vi præsenteres for værker, der skildrer landområderne, særligt i Normandiet, ved floderne og de nordfranske kyster. På rejsen bliver det tydeligt for os, hvordan impressionismens landskabsmaleri indvarslede en ny tid i kunsten. Vi følger udviklingen fra Barbizon-skolens kunstnere og det unge friluftsmaleri frem til den modne impressionisme, som den kom til udtryk, i særdeleshed hos Monet, men også hos Renoir, Pissarro og Sisley m.fl., der i 1870'erne dannede den impressionistiske kunstnersammenslutning.

Vi ledes fra en togvogn gennem tre rum med en klassisk galleriophængning, og videre ind i et mørklagt rum, 'The Black Box', som udgør en luksuriøs præsentation af værker, der viser berømte og genkendelige motiver af Monet; åkander og høstakke samt broerne Charing Cross og Waterloo Bridge i London. Til allersidst ender vi i tandlægens venteværelse. Her begynder og slutter fortællingen om Monet: fra tandlægeklinikken i bygningen, der husede Monets kunstatelier, til nutidens tandlægeklinikker med Monet-plakater på væggene.

Udstillingen *Monet – Lost in Translation* fremstår ikke som en klassisk galleriophængning. Tværtimod. Den fremstår på en og samme tid både kendt og fremmed. Og gennem fremmedgørelsen håber vi at bryde med de forventninger, mange af vores gæster har til Monet. Vi ønsker at give plads til at se kunsten med friske øjne.

as presenting the city at the *fin de siècle* in Paris without having to plough through stacks of books.

Aspects of alienation

In the first gallery of *Monet – Lost in Translation*, visitors witness how the Impressionists travelled by steam train and steamship in order to experience the world afresh. This gallery contains a stage set, illustrating Paris in the 1880s with aerial images of the city, streets and lanes, and Saint-Lazare Railway Station where the Impressionists would have left the city for the countryside. Therefore, Gare Saint-Lazare is where the visitor begins the journey back in time to the late 1800s.

Contemporary ever-inquisitive citizens with a broad outlook and optimistic expectations of the future take us on an artistic journey, past the forests of Fontainebleau, past fields of wild flowers and haystacks bathed in sunlight, across the beaches on the Atlantic coast to Monet's garden in Giverny. A journey that also sees the formation of modern man as we know him today. We see works of art depicting rural scenes, along the rivers and coasts of Northern France. As the journey proceeds, we begin to understand how Impressionist landscape painting heralded a new direction in art. We trace the emergence of the Barbizon School of artists and early *plein-air* painting to mature Impressionism in the form expressed notably by Monet, but also by Renoir, Pissarro, Sisley and others, who, in the 1870s, formed part of the Impressionist artists' association.

We are escorted away from the railway carriage through three galleries with a classic hanging before we are led into a darkened room, entitled "The Black Box". Here quite a sumptuous collection of works by Monet is shown featuring well-known and striking motifs such as the water lilies and grainstacks, as well as the Charing Cross Bridge and Waterloo Bridge in London. Finally, we arrive at the dentist's waiting room, the starting point of this story: from the dental surgery in the building which also housed Monet's art studio to present-day dental surgeries with Monet-posters adorning their walls.

The exhibition *Monet – Lost in Translation* does not resemble a classic kind of hanging. On the contrary, it appears familiar and strange at the same time. By choosing this approach, we hope to slightly ruffle the expectations that many visitors are bound to have regarding Monet. We have consciously chosen a new angle so as to provide a fresh perspective on his art.

In order to explain the technique used, it might be helpful to look back in time and turn towards the East. The Russian literary and film theorist Viktor Shklovsky (1893-1984) was one of the principals of Russian Formalism; in his essay "Art as Technique" (1916),[2] he introduced ideas that have influenced me, both as an art historian and Museum Director, in practical as well as pedagogical terms. His primary concern is the idea that the artistic idiom brings about a "defamiliarisation" of

For at forklare de greb, som er brugt, kan det være en hjælp at se tilbage i tiden og mod øst. Den russiske litteratur- og filmteoretiker Viktor Sjklovskij (1893-1984) var en af hovedkræfterne i den russiske formalisme; han introducerede i essayet "Kunsten som teknisk greb" (1916)[2] nogle idéer, som har præget mig som kunsthistoriker og museumsdirektør, både praktisk og pædagogisk. Hans hovedanliggende er idéen om, at det kunstneriske sprog udvirker en "fremmedgørelse" af vores automatiske omgang med verden, og dermed bryder det med hverdagens automatiske forestillinger. Han skriver om litteratur, men det giver også god mening at bruge ham, når man taler om billedkunst. Hans pointe er, at vi i vores normale hverdag har behov for at være effektive og rationelle, når vi orienterer os, kommunikerer og udfører vores arbejdsopgaver. I bestræbelsen på at effektivisere og rationalisere begynder vi at forholde os på samme måde til vores verden, dens ting og fænomener. På et tidspunkt bliver vi så effektive, at vi ikke længere ser det, vi er omgivet af; vi registrerer det knap. Som måltidet man har spist for mange gange, billedet man har set så ofte, at man ikke længere registrerer det. Vi får det, Sjklovskij kalder en automatisk omgang med verden. Verden er der, men vi reflekterer ikke over, at den er der; vi bliver blinde. Kunstens form, som Sjklovskij ser det, er den fremmedgjorte form, noget, som vi på én gang tror, vi kender, men som fremstår anderledes og fremmed, når vi kommer tæt på. Denne form opfatter Sjklovskij som værdifuld, fordi vi aktivt skal forsøge at forstå eller tolke, hvad vi har registreret. Med andre ord bliver forholdet mellem sansning (observation) og tænkning (refleksion) over dette ikke længere automatisk, men forstyrret. Og når vores refleksion over det sansede forstærkes, begynder vi at tolke det, vi sanser. I denne handling er det, at vi begynder at se verden igen ifølge Sjklovskij. Vi begynder at forholde os til verden, ikke kun som et praktisk sted, men en væren, et sted med idéer og mening. Og når Monet ikke længere er umiddelbar, ser vi måske noget nyt foran hans værker.

Al interessant kunst har potentielt evnen til at få os til at se på ny, at reflektere anderledes, tænke i nye baner. Hvis vi vil. Det er os, der har behov for hjælp for at se igennem støjen af reproduktioner, transaktioner og inflation.

I *Monet – Lost in Translation* udfordrer vi derfor publikum til at forstå, at kunstens indhold ikke nødvendigvis er det, man ser først. Det, man ser først, er kunstværket. Meningen, både som historisk dokument og som æstetisk objekt, skabes i mødet med et menneske, som er villig til at yde.

Skønheden

Vores udstillingsprojekt handler om, hvordan det er muligt at forholde sig til Monet og hans samtidige, men også til al anden kunst, på mange forskellige måder. Men det handler også om, at selv det mest umiddelbare kunstværk, vi kan forestille os,

our automatic behaviour with regard to the world around us, thereby dismissing the automatic ideas filling everyday life. Shklovsky related this to literature, however, but it makes perfect sense to apply his ideas to visual art, too. His point being that we need to be efficient and rational in our everyday lives when navigating, communicating, and performing our work.[2] By striving to streamline and rationalise, we begin to relate to our universe, its content, and phenomena in the same way. We reach a point where we have become so efficient that we no longer notice the things around us, we are hardly even aware of them. Or, in the words of Shklovsky: we acquire an overfamiliar attitude to the surrounding world. The world exists, but we no longer reflect on the fact that it is there; we become totally blind to it. As Shklovsky sees it, art as a form is the "defamiliarised" form, something we think we know, but which, on close inspection, appears strange and unfamiliar. According to the Russian scholar, this form is valuable, because it means that we have to actively try to understand or interpret what we have seen or experienced. In other words, the relationship between sense (observation) and thought (reflection) in this context is no longer automatic, but has been shifted. When our reflection on what we sense is reinforced, we begin to interpret what we sense. As Shklovsky put it, it is at precisely this point that we begin to see the world anew. We begin to relate to the world, not merely as a practical place, but as a state of being, a place with ideas and meaning. Therefore, if Monet is no longer perceived as "readily accessible", perhaps new facets will evolve.

All kinds of compelling art have the potential to empower us to see anew, to reflect differently, to think along new lines. At times, we need help to look beyond the "interference" emanating from reproductions, transactions, and devaluation.

In *Monet – Lost in Translation*, the visitor is ushered into the awareness that art is not necessarily what you see at a first sight. What you see initially is the work of art. In terms of historical document and aesthetic object, meaning will emerge when the person seeing is willing to make the effort.

Beauty

Our exhibition project focusses on the question of how to relate to Monet and his contemporaries – and to all other kinds of art – in many different ways. It is also about the fact that even the most accessible works of art contain areas that are unfamiliar to us, but that they can be unlocked provided we find, or are given, the right keys. In this exhibition, we have attempted to reconstruct Monet's particular context in order to gain a better understanding of the extent of his art. Our hypothesis is that our superficial understanding of him actually leaves him in the shadows.

Our project also addresses the fact that we continue to revisit Monet, and Impressionist art in general, as visitors, as art

indeholder rum, vi ikke kender til, og som kan låses op, hvis vi finder eller får de rigtige nøgler. Vi vil ikke afskrive Monet, selvom hans tilstedeværelse i vores synsfelt er i færd med at gøre os mætte. Vi vil i stedet forsøge at rekonstruere hans kontekst, således at vi bedre kan forstå rækkevidden af hans kunst. Vores hypotese er, at vi skygger for ham igennem vores umiddelbare forståelse af ham.

Vores projekt handler ydermere om, at vi stadigvæk vender tilbage til Monet, som besøgende, som kunsthistorikere, som museer, med forskellige dagsordener, hvor dét, der appellerer til os og dét, der er relevant, hele tiden sættes i spil på nye måder.

Vi vil imidlertid stadigvæk blive ved med at vende tilbage til skønheden i hans kunst, en skønhed som synes at bestå på tværs af epoker. En skønhed som – måske – fik hans samtidige til at vende blikket bort fra det grimme i datidens Paris. En skønhed som fremdeles får tandlæger til at håbe, at deres patienter glemmer pinen, mens de venter. En skønhed som ikke er bundet af tid, mode eller kontekst. En skønhed som taler til os gennem historien. Der findes en melankoli i Monets billeder, som udtrykker den længsel, som kendetegner os moderne mennesker. Og der er en skønhed, som også giver os tryghed. Ikke blot fordi skønhed skaber tryghed, men måske fordi vi genkender os selv i Monets blik. Og hvordan kan vi forstå vores egen tid fuldt ud uden at skele til kimen eller frøet til denne og således forstå, hvilket træ, den gren vi sidder på, hører til? Derfor er det vigtigt ikke blot at se, men også at prøve at forstå.

NOTER

1 Sue Roe: *The Private Lives of the Impressionists*. Vintage, 2007.
2 Viktor Shklovsky, "Art as Technique" (1916), i *Russia Formalist Criticism: Four Essays*, trans. Lee T. Lemon and Marion J. Reis (Lincoln: University of Nebraska Press, 1965), pp. 3-24.

historians, as museums, each with our own different agendas. The elements that appeal to us and those that are relevant are continually brought into play in new ways.

We will, however, keep reverting to the beauty of his art, a beauty that seems to endure across time and space. This beauty that may have urged his contemporaries to turn their gaze away from the ugliness of Paris – the same beauty that, to this day, inspires dentists to believe that their patients will forget the pain while waiting their turn. Beauty that is neither bound by time, fashion, nor context but which continues to speak to us through history. A deep sadness can be felt in Monet's works of art, mirroring the longing that characterises modern man. There is beauty that gives us peace of mind. Not because beauty as such brings about peace of mind, but maybe because we recognise ourselves and our perception of our surroundings in Monet's paintings. How can we hope to understand our own times to the full without considering the embryo or seedling that preceded it – to realise from which kind of tree the very branch we sit on originates? That is why it is crucial not only to see, but also to understand.

NOTES

1 Sue Roe: *The Private Lives of the Impressionists*. Vintage, 2007.
2 Viktor Shklovsky, "Art as Technique" (1916), in *Russia Formalist Criticism: Four Essays*, transl. Lee T. Lemon and Marion J. Reis (Lincoln: University of Nebraska Press, 1965), pp. 3-24.

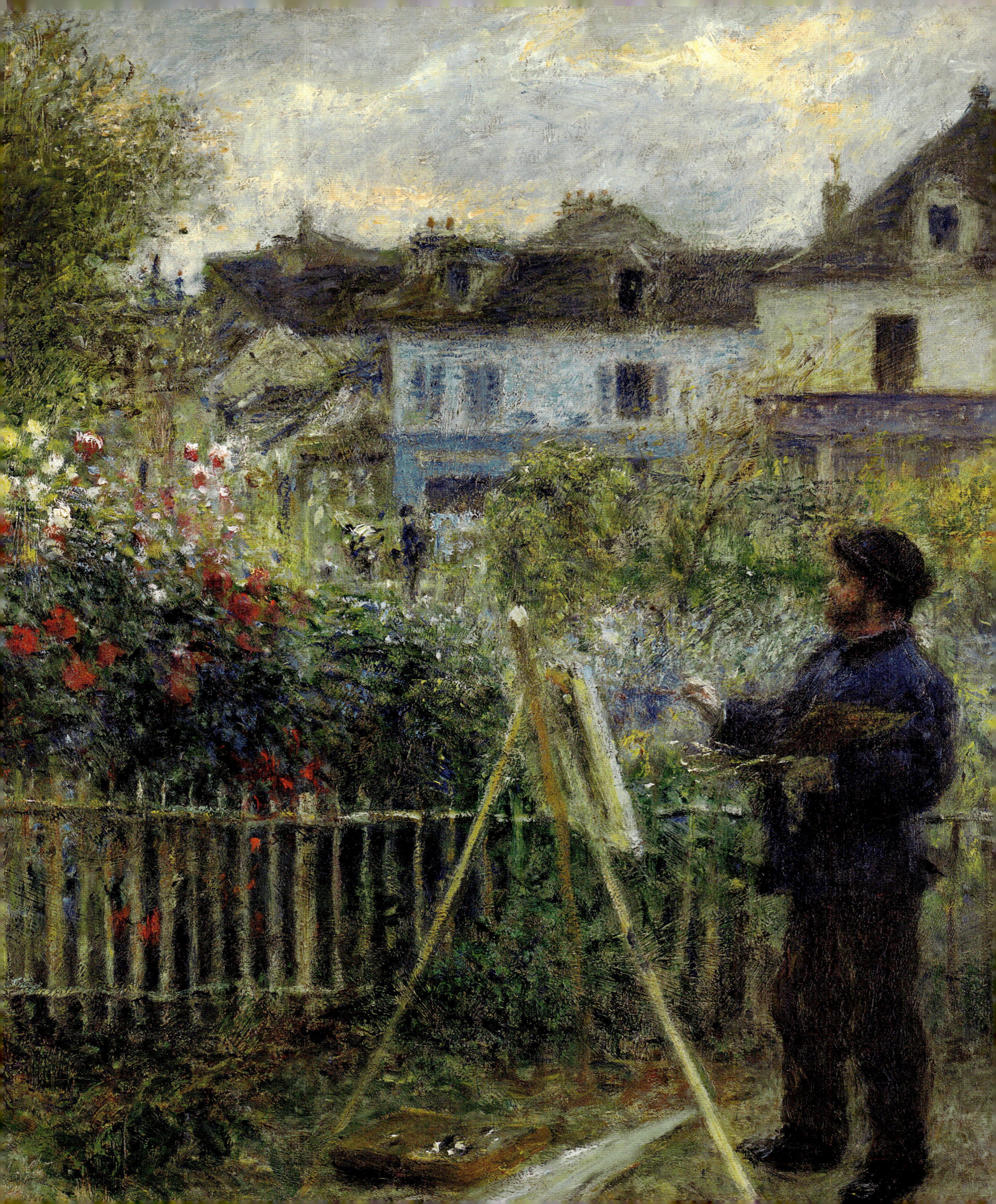

Gruppen og individualismen: Impressionisterne, malet af dem selv

The Group and Individualism: The "Impressionists" Painted by Themselves

Laurence Madeline

Overinspektør for Pôle Beaux-Arts
på Musée d'Art et d'Histoire, Genève
Chief Curator of the Pôle Beaux-Arts
at the Musée d'Art et d'Histoire, Geneva

Et miniaturesamfund

Den 27. december 1873 udfærdigede Claude Monet, Auguste Renoir, Alfred Sisley, Camille Pissarro, Paul Cézanne, Edgar Degas, Berthe Morisot og treogtyve kammerater reglerne for deres 'Société anonyme coopérative des artistes peintres, sculpteurs et graveurs' (Kunstnersammenslutning for malere, billedhuggere og grafikere), som muliggjorde afholdelsen af 'impressionistudstillingen' i 1874 hos Nadar på Boulevard des Capucines i Paris. Kunsthistorien har anstrengt sig for, i denne juridiske og opportunistiske forening, at se fremkomsten af "en lille kohærent gruppe af individer, der udviklede en fælles æstetik, og hvis berettigelse det lykkedes dem – gennem styrken af deres overbevisning – at stadfæste."[1] Ifølge denne diskurs, der kulminerer i 1974 med højtideligholdelsen af 'Impressionismens 100-års jubilæum', skulle gruppen have gjort sig gældende takket være et æstetisk såvel som et politisk ideal. Æstetisk fordi det angiveligt forkastede de akademiske former, politisk fordi det reagerede imod organiseringen af de skønne kunster i statsligt regi.

Denne opdigtede myte støder imidlertid først og fremmest mod den manglende eksistens af en virkelig kunstnergruppes to vigtigste elementer: et manifest og et portræt af gruppen. I fraværet af disse er impressionist-'gruppens' historie, set med Jean-Paul Bouillons øjne, "snarere historien om dens manglende forfatning og permanente tilstand af opløsning ..."[2]; "et 'samfund' i miniatureformat, hvor sammenlignelige styrkeforhold gør sig gældende."[3]

De to eksisterende gruppeportrætter er da også malet før 1874 og indbefatter kun enkelte af de fremtidige medlemmer af foreningen. Men der findes et betydeligt antal enkeltportrætter af malerne, som bekræfter karakteren af dette 'Société anonyme': en sammenstykning af personer med separate og afbrudte forbindelser og venskaber, kendetegnet ved meget forskellige æstetiske tilgangsmåder. Hvor løsrevne disse forbindelser end fremstår, giver de ikke desto mindre anledning til cirka fyrre kunstnerportrætter – af én såkaldt 'impressionist' malet af en anden. Portrætterne er klare tilkendegivelser – lige så konventionelle som den tradition de indskriver sig i, som de er nye i kraft af deres ligefremhed – af venskaber, gensidig beundring og troen på maleriet.

Frembringelsen af disse portrætter falder symptomatisk sammen med to vigtige tidspunkter i impressionismens tilblivelse: mellem 1867 og 1870 og omkring 1874.

1867-1870: "Vi er fast besluttede på ..."

De portrætter, der er udført mellem 1867 og 1870, viser et godt kammeratskab, som dog allerede er sekterisk med, på den ene side, gruppen af maleren Charles Gleyres elever: Frédéric Bazille, Claude Monet, Pierre-Auguste Renoir og Alfred Sisley og, på en anden, den nærmest isolerede Degas, der dyrker

A society in miniature

On 27 December 1873, Claude Monet, Auguste Renoir, Alfred Sisley, Camille Pissarro, Paul Cézanne, Edgar Degas, Berthe Morisot and twenty-three friends drafted the regulations of the "Limited Company of Painters, Sculptors and Engravers" that would enable the organisation of the "Impressionist" exhibition in the photographer Nadar's studio in Boulevard des Capucines in Paris to take place in 1874. Historiography has endeavoured to see this legal and opportunist association as the advent "of a small, coherent group of individuals who forged a joint aesthetic and finally succeeded in establishing its legitimacy by the strength of its convictions".[1] This discourse, which culminated in 1974 with the Centenary of Impressionism, maintains that the group asserted itself with a dual aesthetic and political ideal: aesthetic because it rejected all forms of academicism, and political because it acted against the state-controlled Fine Arts establishment.

However, this myth's fabrication is hampered by the lack of two major constitutive elements of a genuine artistic group: a manifesto and a group portrait. In their absence, as Jean-Paul Bouillon proposes, "[...] finally, the history of the Impressionist 'group' [would be] rather that of its non-constitution and permanent state of dislocation [...]",[2] that of a "society in miniature with comparable balances of power in play".[3]

Actually, the two existing group portraits were painted before 1874 and include only a few of its future members. But a number of portraits of painters confirm that this "Limited Company" was an agglomerate of personalities sustaining compartmentalised, erratic relations marked by very distinct aesthetic concerns. Yet although apparently fragmentary, these relations prompted some forty portraits of so-called "Impressionist" artists by others. These works are all manifestations – as befitting of the tradition to which they belonged as they were novel in their frankness – of friendship, mutual admiration and faith in painting.

These portraits symptomatically coincide with two key moments in Impressionism's genesis: between 1867 and 1870 and, later, around 1874.

1867-1870
"We have [therefore] decided ..."

The portraits painted from 1867 to 1870 reveal friendly comradeship but are already sectarian: on one side Frédéric Bazille, Monet, Renoir and Sisley, all pupils of the painter Charles Gleyre, and on the other the semi-solitary Degas, who cultivated friendships in circles somewhat distant from those of the future Impressionists. His connections with Pissarro and Cézanne are not yet apparent in his work.

Édouard Manet provided the link between this constellation of young artists and played the key role in it.

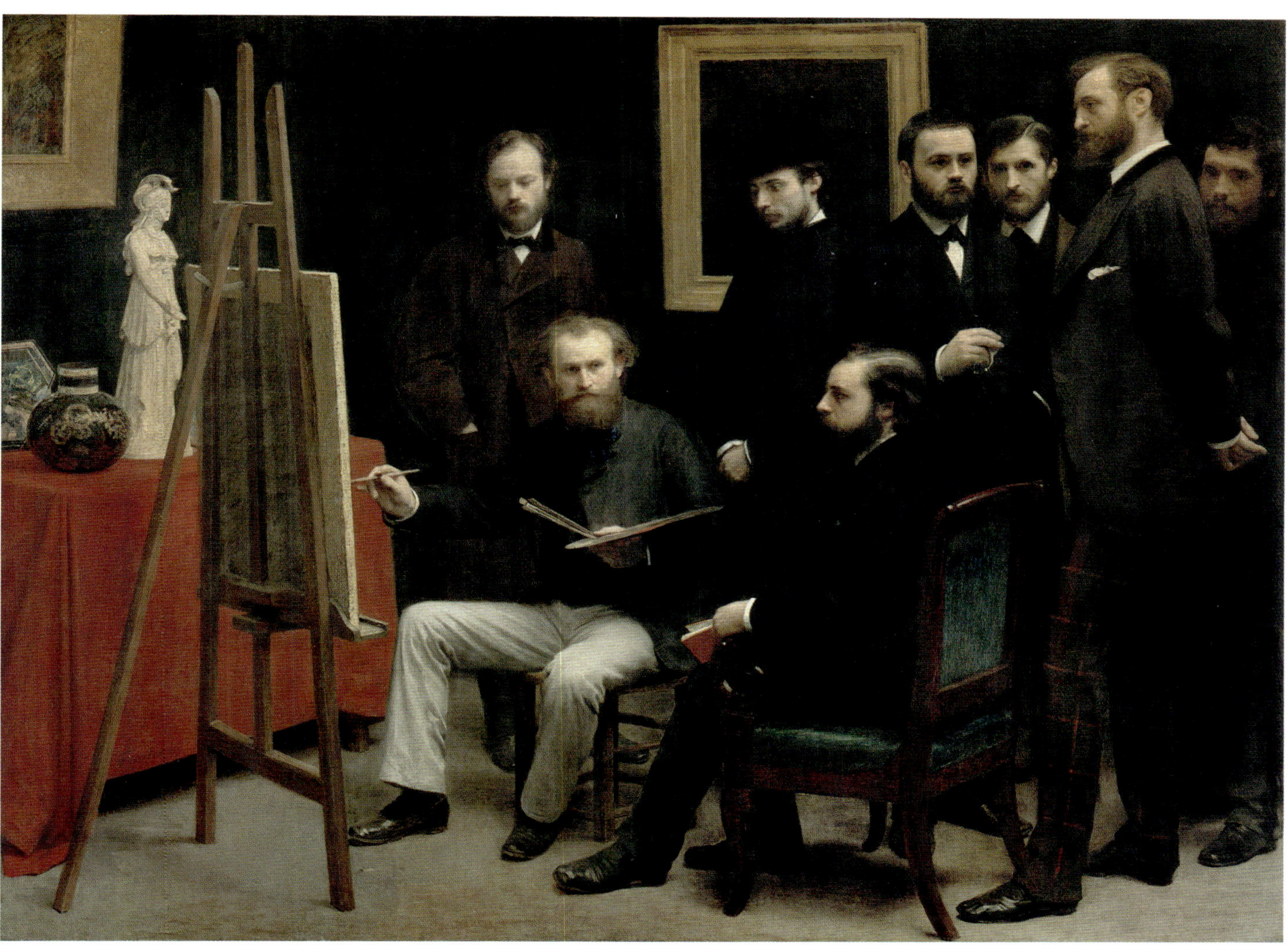

12
Henri Fantin-Latour
Atelier i Batignolles
A Studio in Les Batignolles
1870, olie på lærred / oil on canvas, 204 × 273,5 cm
Musée d'Orsay, Paris

venskaber, som ligger forholdsvis fjernt fra hans fremtidige åndsfællers. Forbindelsen til Pissarro og Cézanne er endnu ikke synlig i hans værker.

Edouard Manet er bindeleddet mellem denne konstellation af unge kunstnere og indtager hovedrollen i deres portrætgalleri.

To gruppeportrætter, begge malet i 1870, *Atelier i Batignolles* af Henri Fantin-Latour (fig. 12) og *Bazilles atelier* af Frédéric Bazille (fig. 13) viser, at hvis de malere, der skal blive de såkaldte impressionister, ikke eksisterer som en egentlig gruppe før 1874, har de ikke desto mindre et stærkt behov for at udtrykke sig som sådan. De to værker er "portrætter, der tydeligt ønsker at bekendtgøre den kunstneriske nærhed, at understrege sammenholdet inden for strømningen; portrætter der er skabt gennem venskaber ...".[4] Begge hylder Manet og placerer ham

Two group portraits, both painted in 1870, Henri Fantin-Latour's *A Studio in Les Batignolles* (fig. 12) and *Bazille's Studio* (fig. 13) demonstrate that if the group that would become the Impressionists did not exist as a coherent entity before 1874, it nonetheless had a definite need to express itself. These are two "manifesto-portraits intended to display artistic kinships, to stress a movement's cohesion, portraits prompted by friendship [...]".[5] Both pay tribute to Manet, positioning him as leader and/or active member of an emerging school. In Fantin's picture[6] (cf. fig. 12) Manet is portrayed almost in the middle, brush in hand at the easel. He is painting a portrait (facing away from us) of the critic Zacharie Astruc sitting beside him. Manet is surrounded

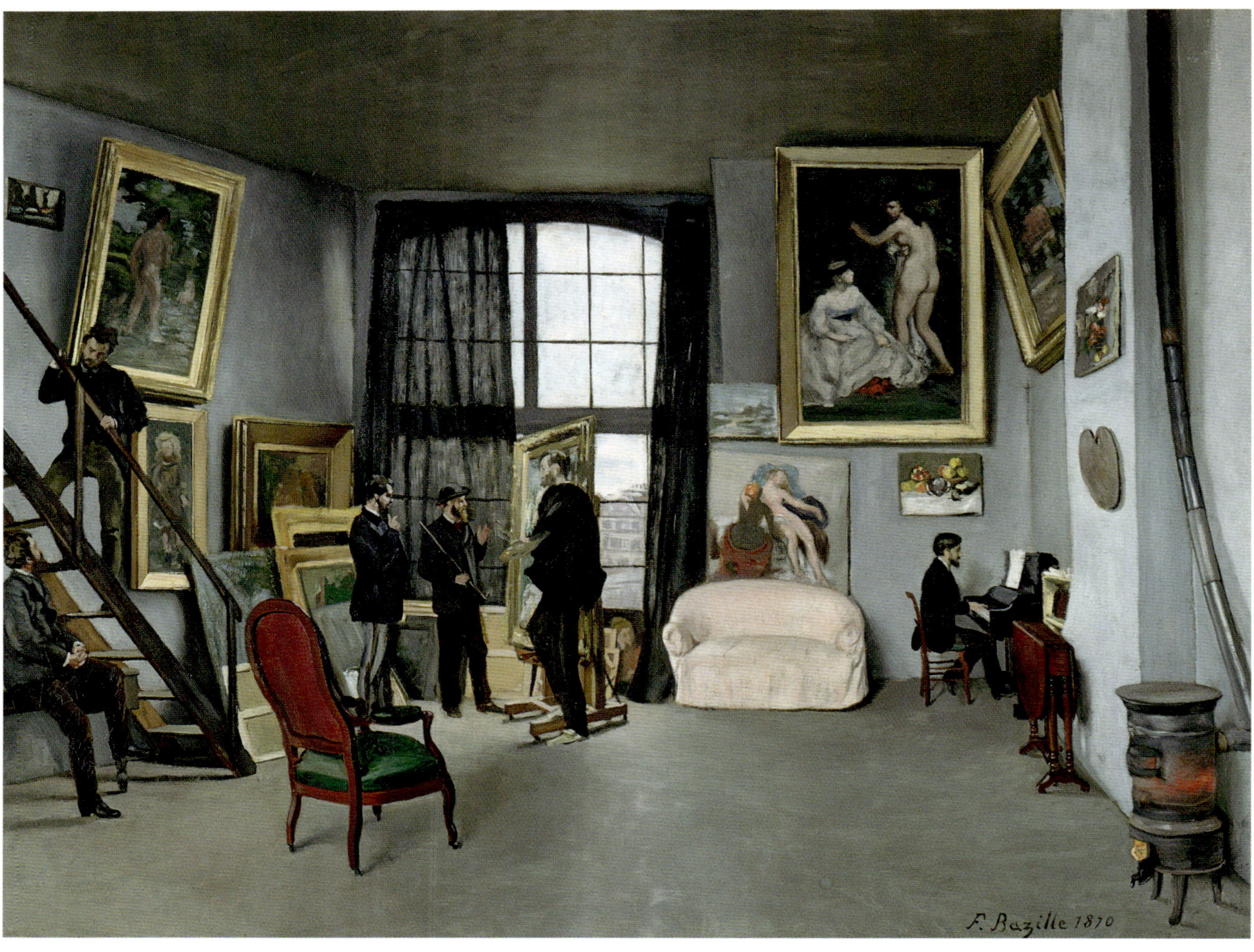

13
Frédéric Bazille og / and Edouard Manet
Bazilles atelier
Bazille's Studio

1870, olie på lærred / oil on canvas, 98 × 128,5 cm
Musée d'Orsay, Paris

som lederen og/eller det aktive medlem af en opblomstrende skole. Fantin-Latours værk[5] (cf. fig. 12) placerer Manet så godt som i centrum af lærredet, stående bag et staffeli med en pensel i hånden. Han er i færd med at male et portræt – skjult – af kritikeren Zacharie Astruc, som sidder ved hans side. Han er omgivet af Émile Zola, musikeren Edmond Maître, Otto Scholderer, Renoir, Bazille og Monet. Fantin-Latour sammenstiller her forfattere, intellektuelle og kunstnere, som alle deler beundringen for Manet. I sin karikatur af billedet, der blev præsenteret på Parisersalonen i 1870, gør tegneren Bertall nar af kompositionens højtidelige, ja, andægtige karakter, der fremstiller Manet som en profet og hans kammerater som disciple.[6] Budskabet er klokkeklart: den nye generation af malere, Renoir, Monet, Bazille, anser deres ældre kollega for en mester.

by Émile Zola, the musician Edmond Maître, Otto Scholderer, Renoir, Bazille and Monet, a mixture of writers, intellectuals and artists sharing their admiration for him. In his caricature of the picture shown at the 1870 Salon, Bertall mocked the solemn, devout manner in which Manet is portrayed as a prophet and his friends as his disciples.[7] The message is crystal clear: the new generation of painters – Renoir, Monet and Bazille – regard their elder, Manet, as their master.

Everything is different in Bazille's picture, painted a few days before Fantin's and also set in an artist's studio.[8] The young artist described the composition to his mother: "I have amused myself until now by painting the interior of my studio with my

Det forholder sig ganske anderledes i Bazilles billede, som er udført nogle få dage før Fantin-Latours, og som ligeledes forestiller et atelier.[7] Den unge kunstner beskrev maleriet således for sin mor: "Jeg har moret mig lige til nu med at male et interiør af mit atelier med mine venner. Manet malede mig selv ind i det, jeg sender det sikkert til udstillingen i Montpellier."[8] Beskrivelsens utvungne tone svarer til stemningen i billedet. Atelieret ligger badet i lys, med udsigt over Paris' etageejendomme. På væggene ses der ikke et eneste af symbolerne fra de akademiske malertimer (for eksempel gipsmodellen af Minerva) eller tidens modeting (japansk keramik), som endnu forekom i Fantin-Latours billede, men oprigtige og lyse lærreder af Renoir (der på det tidspunkt bor hos Bazille), Monet og Bazille selv. Kammeraterne muntrer sig på forskellig vis rundt omkring i lokalet. Deres identitet kan ikke bestemmes med sikkerhed: Renoir, Zola og Maître burde være der. Bazille, Monet og Manet er der, rundt om staffeliet. Skønt sidstnævnte, med sin stok i hånden, kommenterer billedet under udførelse, er han her jævnbyrdig med de to unge malere.

Værket, der indskriver sig i det 19. århundredes tradition af atelierportrætter[9], giver tillige et resumé af et syv år langt billedligt eventyr i form af forskellige individuelle portrætter, som ligeledes udspringer af en veletableret akademisk skik: Siden begyndelsen af det 17. århundrede var det pålagt en maler optaget på akademiet at udføre et portræt af en kollega. Vore unge malere, der alle har forladt taburetterne på École des Beaux-Arts, tager skikken til sig, men udelader al formalisme fra øvelsen (Joseph Siffred Duplessis, *Jean-Marie Vien*, 1784, fig. 14).

Således er der Bazille i profil, malet i modlys og på nært hold af Monet.[10] Sidstnævnte ses såret og sengeliggende i et gæstgiversted i Chailly-en-Bière, hvor han opholdt sig i sommeren 1865 sammen med Bazille, som gengiver ham i værket *Improviseret feltlazaret* (Frédéric Bazille, 1865, Musée d'Orsay, Paris).

Ligeledes, to år senere, er der Renoir henslængt på en stol, fastholdt af Bazille[11], som Renoir sidenhen portrætterer bøjet over staffeliet i færd med at male en hejre[12] (*Frédéric Bazille*, 1867, fig. 15), som Sisley også maler.[13] De tre venner befandt sig i Bazilles atelier, Rue Visconti, foran det samme stilleben. I snelandskabet, som hænger i atelieret, refereres der til Monet, som på det tidspunkt arbejdede i Honfleur.

Der er Sisley, som i Renoirs gengivelse ses diskuterende ved et bord i *L'Auberge de la Mère Anthony*. På bordet ligger *L'Événement*, avisen i hvilken Zola netop har taget Manet i forsvar.[14] Man forestiller sig møder, samvær, diskussioner, poseringer, hvor kammeraten forvandler sig til model, som det var tilfældet med *Frokost i det grønne*, hvor Monet havde tilkaldt Bazille (og Courbet).[15]

friends. There, Manet has made a portrait of me. I will send it to the exhibition in Montpellier."[9] His light-hearted description reflects the picture's atmosphere. The studio, flooded with light, looks out on Paris. On the walls there are none of the symbols of academic study (such as the plaster of Minerva) or the taste of the time (Japanese ceramics) present in Fantin's picture. Instead we see freely painted, light-coloured canvases by Renoir (then living with Bazille), Monet and Bazille. The friends amusing themselves here and there in the large room could be Renoir, Zola and Maître, but it is definitely Bazille, Monet and Manet around the easel. Although Manet, walking stick in hand, is commenting on the picture in progress, he is shown as the two young painters' equal.

While furthering a studio portrait tradition well established since the beginning of the century,[10] the picture is also a résumé of a seven-year painterly adventure marked by individual portraits that in addition reveal a long academic tradition: since the early 17th century, in order to be admitted to the Académie as a portraitist, an artist had to submit a portrait of a fellow painter. These young painters, all of whom had deserted their classes at the École des Beaux-Arts, appropriated this custom yet did away with its formalism as an artistic exercise (Joseph Siffred Duplessis, *Jean-Marie Vien*, Academy reception piece, 1784, fig. 14).

There is Bazille in profile, painted in close-up against the light by Monet,[11] then the latter, injured in an accident, portrayed by Bazille bedridden in an inn at Chailly-en-Bière, where they stayed together in the summer of 1865 (Frédéric Bazille, *Improvised Ambulance*, 1865, Musée d'Orsay, Paris).

Two years later, there is Renoir painted sitting casually on a chair by Bazille,[12] who is in turn portrayed by Renoir, bent over his easel painting a heron[13] (*Frédéric Bazille*, 1867, fig. 15) and also by Sisley.[14] The three friends are shown in Bazille's studio in rue Visconti in front of the same still life, with Monet, then working at Honfleur, referred to by the snowscape hanging on the studio wall.

There is also Sisley, painted by Renoir, in conversation at a table in *Le Cabaret de la Mère Anthony*, on top of which lies *L'Événement*, the newspaper in which Émile Zola had just come to Manet's defence.[15] One can imagine meetings, shared lives, discussions and posing sessions during which a friend turns into a model, as Bazille and Courbet were for Monet's *Luncheon on the Grass*.[16]

In parallel, Manet, present even when absent – he was the owner of Renoir's *Portrait de Bazille* – maintained a singular dialogue with Degas, who portrayed him some ten times between 1866 and 1869. Degas and Manet, differing in age by only two years, shared the same upper middle-class Parisian education and passion for the museums and old masters but had a complex relationship of rivalry and mutual admiration. Although

Manet, nærværende selv når han er fraværende – og i øvrigt oprindeligt ejeren af *Portrait de Bazille* af Renoir – er sideløbende engageret i en ganske speciel dialog med Degas, som portrætterer ham cirka ti gange, mellem 1866 og 1869. Med kun to års aldersforskel var Manet og Degas begge opvokset og uddannet i det rigere borgerskabs Paris og dyrkede museerne og de gamle mestre; dog var deres forhold en kompliceret blanding af rivalisering og beundring. Selv om Degas frekventerer Café Guerbois, i Grand-Rue des Batignolles, mødestedet for tilhængerne af 'det ny maleri' omkring Manet, Monet, Renoir, Pissarro, Cézanne, Bazille og deres forfatter- og kritikervenner, er han ekskluderet fra Fantin-Latour og Bazilles gruppeportrætter, hvori kollegaen stråler. Til gengæld er det aldrig billedet af maleren ved arbejdet – som hos Fantin-Latour eller Bazille, der gengav kunstneren foran sit staffeli[16] – som Degas skildrer ved Manet, men flanøren, dandyen, der tilsyneladende er ude for at opsnappe det moderne livs atmosfære. Manet soler sig i disse tvetydige hyldester, som synes udelukkende at forbinde ham med selskabslivet[17], galopbanen[18], aftener i familiens skød[19], lige indtil spliden opstår, da Manet forvansker Degas' mest tvetydige portræt af ham selv og hustruen, hvis ansigt han brutalt udvisker.

Degas er fascineret af sin lidt ældre kollega, der i hans øjne repræsenterer samtidsmennesket, ham der skulle deltage i de moderne historiske optrin, som han planlægger, og som han går i gang med efter 1870.

Man kan i øvrigt drage en parallel mellem de portrætter, som Degas maler af Manet, og de billeder, som Manet maler af Berthe Morisot. Når hun afbildes, er det aldrig i sin egenskab af kunstner. Denne egenskab tilegner Manet derimod åbenlyst sin elev Éva Gonzales[20], i et meget emfatisk portræt, på grænsen til det barokke maleri, og som klart refererer til selvportrætter af for eksempel Adélaïde Labille-Guiard[21] eller Élisabeth Vigée-Lebrun.[22] Når maleriet på den unge kvindes staffeli – i modsætning til andre malerportrætter, i hvilke lærreder under udarbejdelse er usynlige – ikke blot fremstår tydeligt, men også kan identificeres, er det, fordi hun kopierer sin læremesters værk *Vase med pæoner på en piedestal*.[23] Manet indsender sit *Portræt af Éva Gonzales* til Parisersalonen i 1870, som for i smug at bemægtige sig den gennem påmindelsen om sit stilleben, sin elevs imponerende figur og sit eget portræt, malet af Fantin-Latour, hvori han sidder omgivet af sine beundrere.

Manet fortsætter dog med at nægte Morisot sin status af maler. Da hun i 1874 erklærer al sin kunstneriske voluntarisme og 'kompromisløshed' ved at udstille sammen med kollegaerne fra 'La Société anonyme', maler Manet hende klædt i sorte blonder og med en vifte i hånden.[24] To år forinden figurerede hun på to andre portrætter iført de samme sorte slør, med

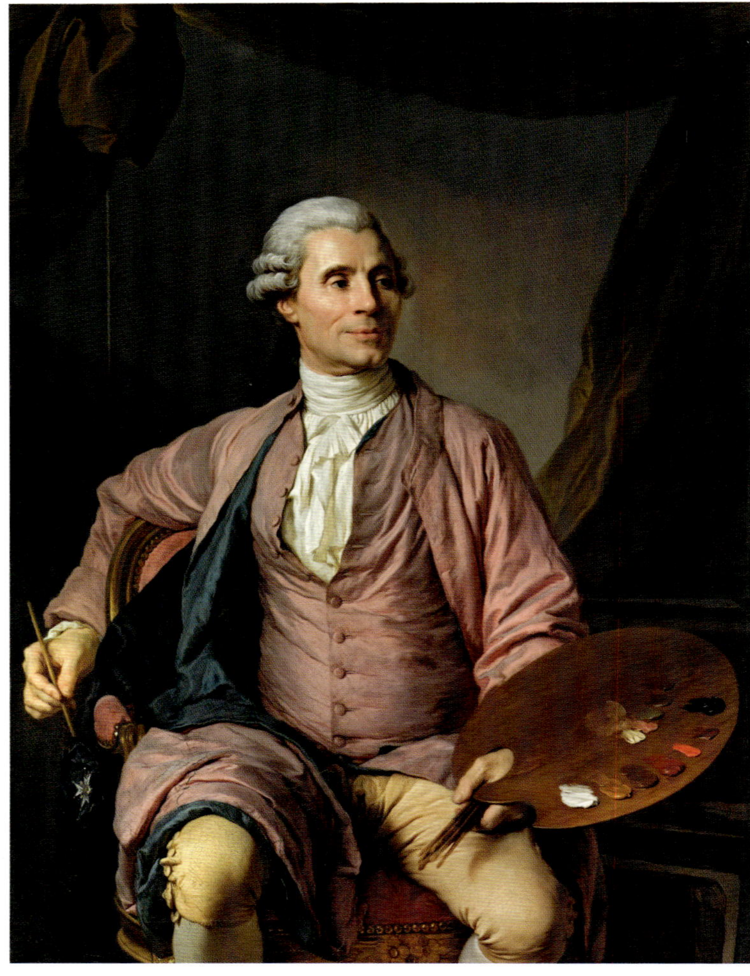

Degas frequented the Café Guerbois at Les Batignolles, where the upholders of the new painting congregated around Manet, Monet, Renoir, Pissarro, Cézanne, Bazille and their writer and critic friends, he is absent from the pictures by Fantin and Bazille in which Manet is the focal figure. Conversely, Degas's portrayals of Manet are never the images of the painter at work shown by Fantin and Bazille, who drew the artist at his easel,[17] but that of an idler, a dandy appearing to represent modern life. Manet took pleasure in these ambiguous tributes that seem to confine him to a society of courtesy visits,[18] race courses[19] and intimate family gatherings[20] until a quarrel occurred when Manet mutilated Degas's most ambitious portrait of himself and his wife, brutally erasing her face.

Degas was clearly fascinated by the elder painter, who, in his eyes, seemed to embody contemporary man interacting in the setting of modern history the way he was envisaging it. This was how he began to portray his image of Manet after 1870.

14
Joseph Siffred Duplessis
Jean-Marie Vien

1784, olie på lærred / oil on canvas, 133 × 100 cm
Musée du Louvre, Paris, inv. no. 4306

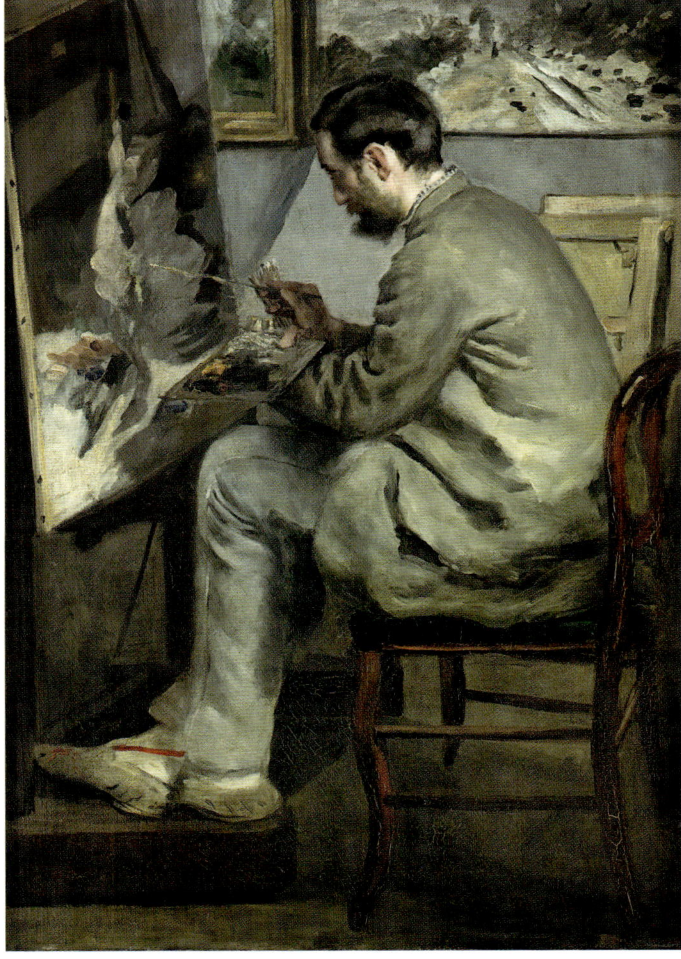

15
Pierre-Auguste Renoir
Frédéric Bazille

1867, olie på lærred / oil on canvas, 105 × 73,5 cm
Musée d'Orsay, Paris

enten en vifte[25] eller en buket violer[26] som tilbehør. I 1873 portrætterer Manet hende atter, stadig klædt i sort, med et ublufærdigt blik, henslængt på en sofa.[27] Og endnu tidligere, i 1869, optrådte hun i en hvid kjole på en balkon ved siden af Fanny Claus og Antoine Guillemet[28] eller liggende på en divan, koket og ærbar på én og samme tid.[29] Her er Manet ikke i dialog med en kollega – skønt modellens forståelse af poseringen uden tvivl hjalp ham til at udforme disse portrætter – men med en moderne kvinde, som fuldt ud mestrer tidens parisiske regler for elegance, og som besnærer ham. Det er disse aspekter, der har betydning for Manet såvel som for Degas ved defineringen af et nyt maleri.

Positive kræfter – venner, kritikere, aviser – og forbindelserne, modellerne, de lidt spredte idealer, optælles og vurderes forud for den sandsynligvis forestående kamp, som Bazille annoncerede i 1867: "Vi[30] har derfor besluttet hvert år at leje et stort atelier, hvor vi vil udstille så mange værker, som vi ønsker."[31]

One can in fact draw a parallel between Degas's portraits of Manet and the latter's depictions of Berthe Morisot. Although a painter, she is never portrayed with an artist's attributes. Those that Manet conspicuously gave his pupil Éva Gonzales[21] in an emphatic, almost baroque painting are manifest references to the self-portraits of Adélaïde Labille-Guiard[22] and Élisabeth Vigée-Lebrun.[23] If the picture on the young woman's easel – unlike other portraits of artists where the pictures being painted are invisible – is easily identifiable, this is because she is copying her teacher's *Vase of Peonies on a Small Pedestal*.[24] Manet sent *Portrait of Éva Gonzales* to the 1870 Salon, as if he wanted to surreptitiously invade it with this reminder of his still life, the monumental figure of his pupil and his portrait by Fantin surrounded by his admirers.

Yet he persisted in denying Morisot her status as a painter. In 1874, when Morisot was asserting all her single-mindedness and "intransigence" as an artist by exhibiting with co-members of the "Limited Company", Manet portrays her dressed in black

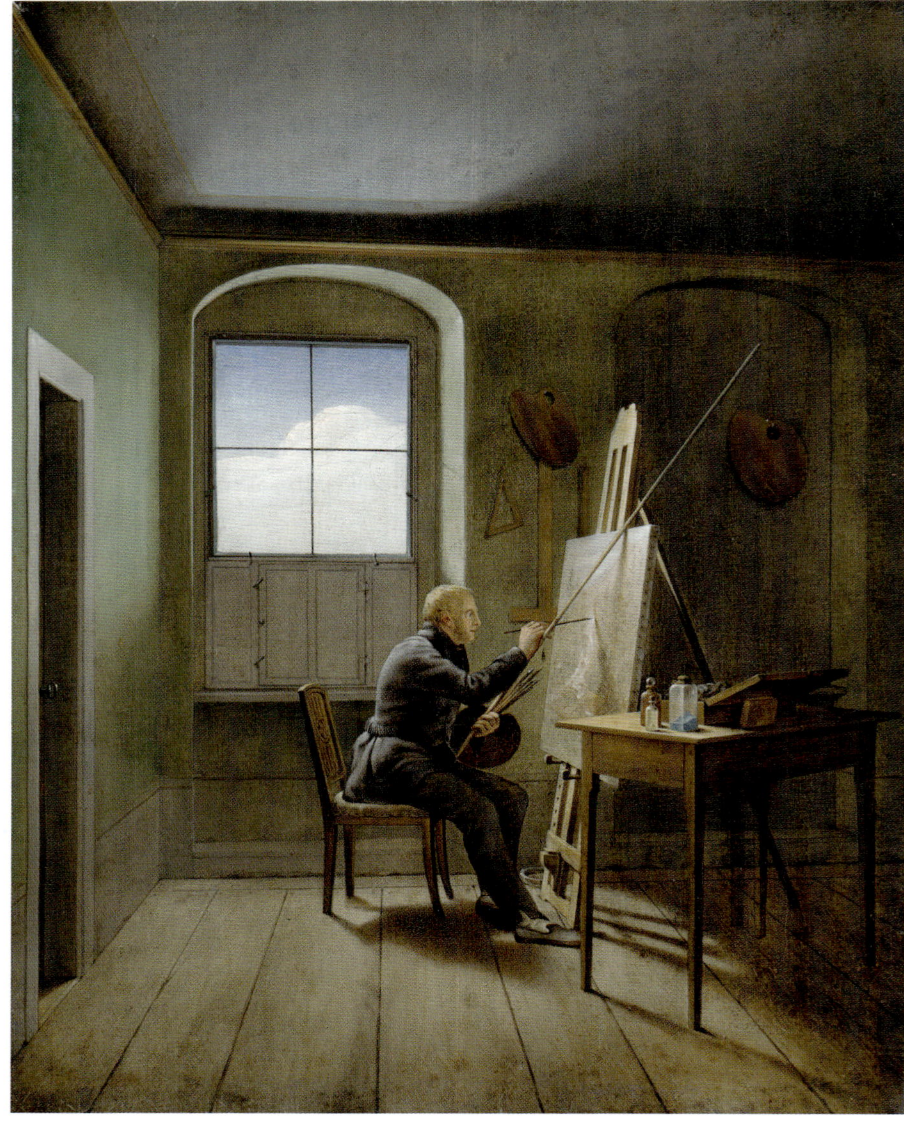

16
Georg-Friedrich Kersting
Caspar-David Friedrich i sit atelier
Caspar David Friedrich in His Studio

1811, olie på lærred / oil on canvas, 54 × 42 cm
Hamburger Kunsthalle, inv. no. HK-1285

17
Pierre-Auguste Renoir
Claude Monet maler i sin have i Argenteuil
Claude Monet Painting in His Garden at Argenteuil

1873, olie på lærred / oil on canvas, 46,7 × 59,7 cm
Wadsworth Atheneum Museum of Art, Hartford, CT
Bequest of Anne Parrish Titzell, inv. no. 1957.614

Omkring 1874

Krigen, Bazilles død, stiftelsen af deres 'Société anonyme' og udstillingen i 1874 ændrer planen – som var domineret af Manet og uden tvivl ansporet af Bazille – fra slutningen af 1860'erne.

Flere nye faktorer indtræffer: et klart krav om en anderledes måde at male på, fremkomsten af nye malere med egne æstetiske erklæringer, Monets altovervejende indflydelse, som Bazille havde forudsagt, da han erklærede: "Monet er meget bedre end dem alle sammen ..."[32], og udeladelsen af Degas, der dyrker sin egen klike inden for kunstnernes 'Société anonyme'.

Derfor bliver der ikke noget gruppeportræt, og hvis der findes kunstneriske manifester fra denne anden fase af deres

lace with a fan in her hand.[25] Two years earlier, she appeared in two other portraits, veiled again in black, with a fan[26] or bunch of violets[27] as accessories. In 1873, Manet portrayed her reclining on a sofa, dressed once more in black and looking languorously at the artist.[28] And even earlier, in 1869, she is shown in a white dress on a balcony with Fanny Claus and Antoine Guillemet,[29] or draped coquettishly yet modestly on a divan.[30] Manet was not portraying a fellow painter – although her understanding of her pose may well have helped him formulate these portraits –, but a modern woman who was fully aware of the codes of Parisian elegance and with whom he was obsessed. And for both Manet and Degas this counted in the formulation of a new way of painting.

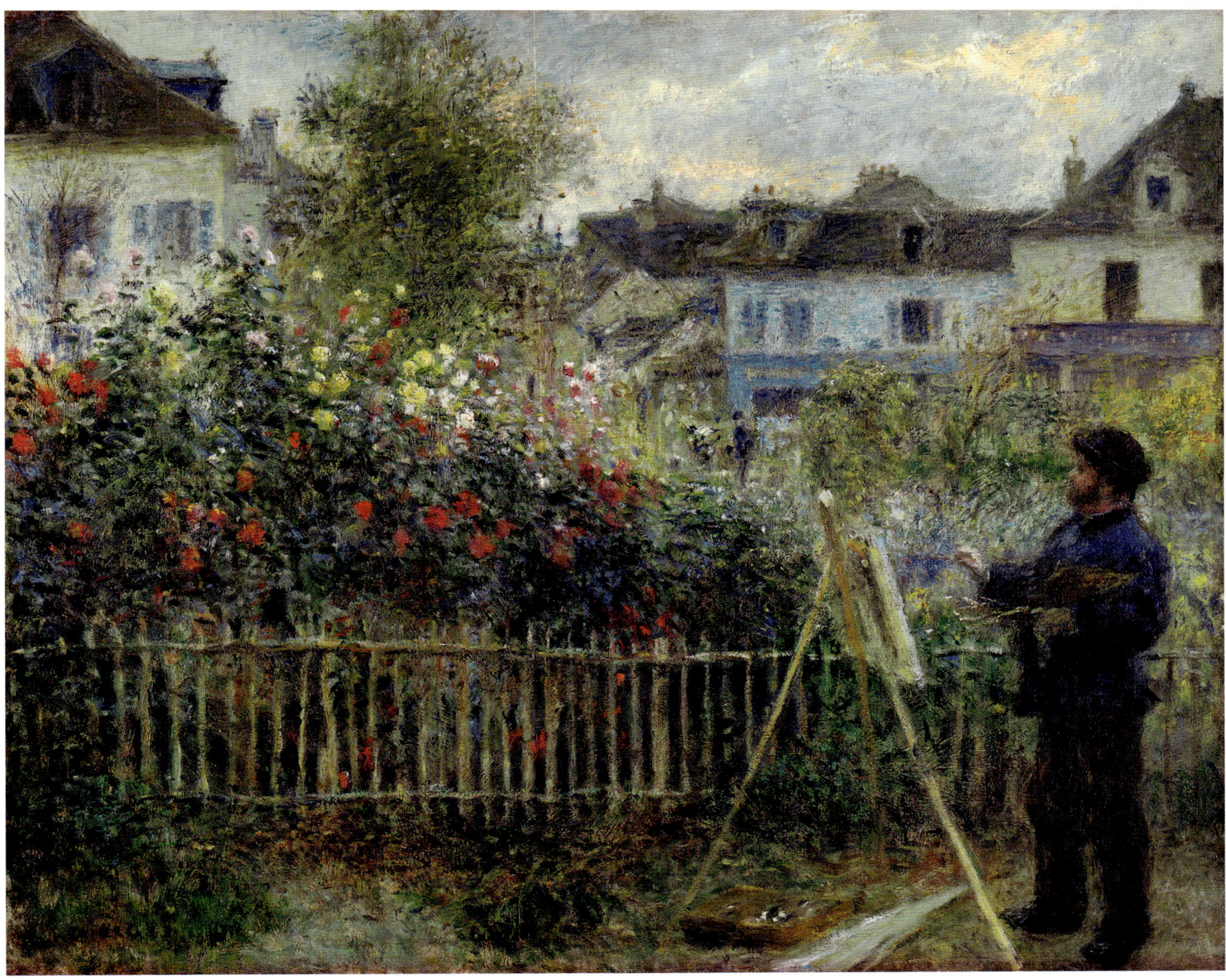

historie, er det i form af individuelle erklæringer. Mens kritikerne – som siden afløses af kunsthistorikerne – forsøger at forene malerne under en fælles, reducerende betegnelse, ser disse i stedet ud til dels at bekræfte deres individualitet, dels at udpege deres 'mester'. For manifestet kommer til udtryk, ikke gennem selvportrætter, men gennem én kunstners gengivelse af en anden kunstner og dennes kunstneriske såvel som levemæssige vilkår.

Det er således, man skal forstå de forskellige portrætter af Monet malet af Renoir, lige før og lige efter 1874, og af Manet, i løbet af sommeren 1874.

I 1872 maler Renoir sin ven Monet to gange. Maleren, portrætteret med sin pibe i munden, læser i en avis[33] – hvilket

Thus friends, critics, the press, alliances, models and somewhat disparate ideals were counted and evaluated before the probable battle announced by Bazille in 1867: "We[31] have therefore decided to rent each year a large studio where we will exhibit as many of our works as we wish."[32]

Around 1874

The war, Bazille's death, the creation of the "Limited Company," and the 1874 exhibition modified the status quo in the late 1860s, dominated by Manet and undoubtedly driven by Bazille.

Several new elements intervened: the clear claim made for another method of painting, the emergence of new painters

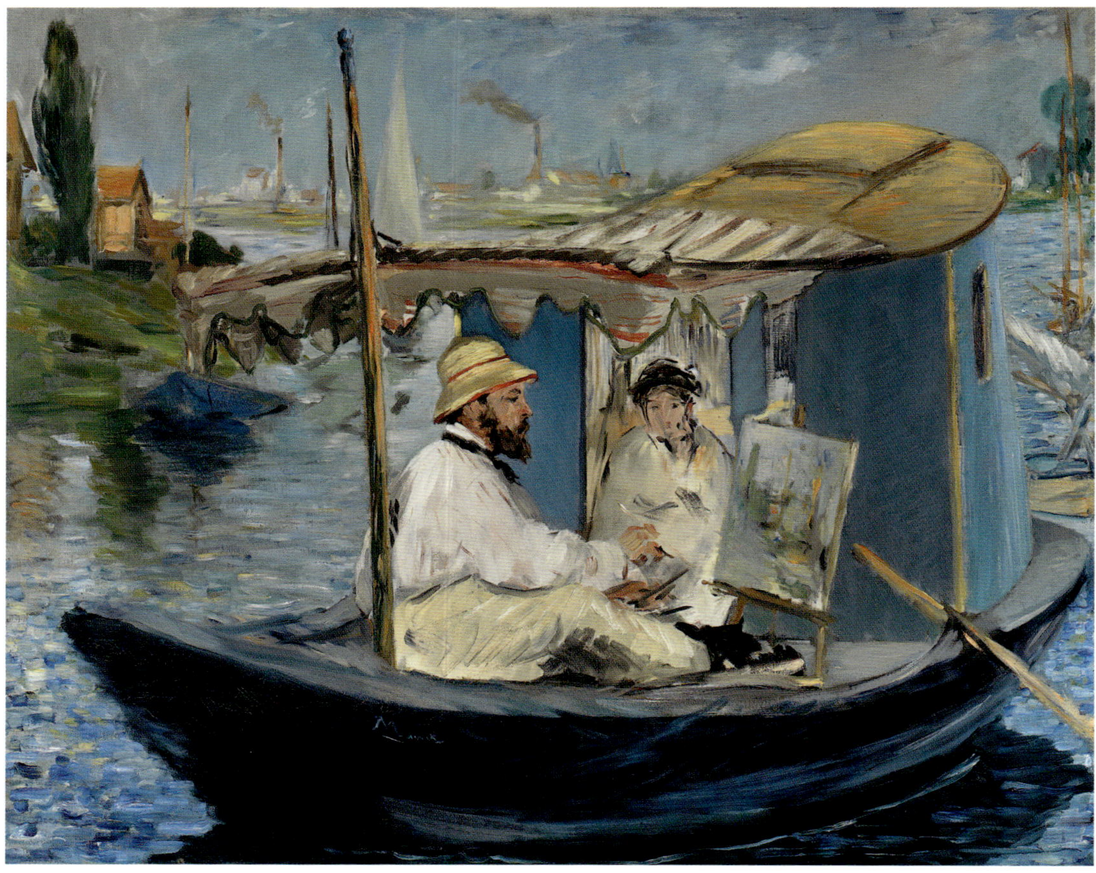

18
Éduard Manet
Monet maler på sin atelierbåd
Monet Painting on His Studio Boat
1874, olie på lærred / oil on canvas, 82,7 × 105 cm
Bayerische Staatsgemäldesammlungen, Neue Pinakothek, Munich, inv. no. 8759

minder os om Sisley i *L'Auberge de la Mère Anthony* fra 1868 – eller i en bog.[34] De to billeder antyder det fortrolige forhold mellem de to malere, som da også tilbringer meget tid sammen i Argenteuil, hvor Monet har bosat sig i 1872. Endvidere præsenterer billederne Monet som den traditionelle piberygende klatmaler, men især som den intellektuelle maler, der undersøger og funderer over sit arbejde. Det efterfølgende år fremstår Monet endelig, i Renoirs gengivelse, som inkarnationen af friluftsmaleren – hvilket han har været et besat eksempel på siden midten af 1860'erne. I *Claude Monet maler i sin have i Argenteuil*[35] er staffeliet plantet i haven til hans hus foran et bed med georginer. Hans malerkasse er placeret mellem staffeliets ben (Pierre-Auguste Renoir, *Claude Monet maler i sin have i Argenteuil*, 1873, fig. 17). Monet holder en palet i sin venstre hånd, og med den højre svinger han en pensel. En stor del af kompositionen er tildelt forstadslandsbyens landskab, som dog er overskygget af de voldsomt mange blomster. Det er vrimlen af disse, der danner hovedmotivet for det billede, Monet maler, mens Renoir udfører sit portræt, *Monets have i Argenteuil*, hvis forgrund består af en mængde fuldt udsprungne georginer.[36] Værkets komposition

with their own aesthetic declarations, the predominance of Monet that Bazille had prophesied – "Monet is much more talented than all of them put together […]" –, and the retrenchment of Degas, who cultivated his own coterie within the "Limited Company".[33]

No group portraits were painted, therefore, and if there are manifestos in this second phase of the story, they are individual declarations. It is as if the critics – followed later by art history – were trying to amalgamate them and assign them a common, reductive name, and the artists were asserting on the one hand their individuality and on the other designating their "champion".

The manifesto could be envisaged not in the form of the self-portrait but via the representation of an artist and the material conditions of his art and world by another. This is how one should comprehend the various portraits of Monet painted by Renoir just before and just after 1874, and by Manet in the summer of 1874.

In 1872 Renoir painted his friend Monet twice, smoking a pipe and reading either a newspaper[34] – recalling his portrayal of Sisley in *Le Cabaret de la Mère Anthony* in 1868 – or

kan sammenlignes med portrætterne *Caspar David Friedrich i sit atelier* af Georg-Friedrich Kersting[37], der ligeledes giver os et præcist billede af den romantiske malers skabende vilkår, med de bare, lyse vægge og gulv i det lille værelse, som han opholder sig i, og det blege lys, der trænger ind gennem vinduet, som han står med ryggen til (Georg-Friedrich Kersting, *Caspar David Friedrich i sit atelier*, 1811, fig. 16). Renoir viser, at maleriet har ændret sig, at hans kammerats atelier virkelig er den 'fri luft', oversvømmet af lys og farver. I 1875 bevæger han sig tæt på sin ven for at male ham, denne gang i hans hjem, som en moden mand, massiv, næsten monumental, og tildeler ham derved rollen som lederfigur.[38]

Demonstrationen af Monets ny malemåde, gennem Manets pensel, er endnu mere slående. Manet, der har sagt nej til at deltage i 'La Société anonyme', er blevet skarpt kritiseret af de rasende kritikere efter udstillingen på Boulevard des Capucines. Han slår sig ned ved floden i Petit-Gennevilliers over for Argenteuil i sommeren 1874. Dér udfører han tre portrætter af Monet, som i lige så høj grad er manifester for det impressionistiske maleri: En nyligt fremkommet malemåde, som kaldes 'impressionisme', og som Manet beskyldes for at være ophavsmand til – "Monsieur Manet hører til dem, der foregiver, at man inden for maleriet kan og skal nøjes med 'indtryk'"[39] – selv om måden i bund og grund unddrager sig ham og derimod levendegøres af Monet. For at forstå impressionismen indefra bemægtiger Manet sig Monets verden. Han maler således to billeder af maleren i sit flydende atelier[40] og ét, hvor han laver havearbejde.[41] Manet fanger sin model i situationer, der er betegnende for dennes livsstil og arbejde. For at vise sin kollega i aktion vælger Manet at gengive Monets mest ekstreme fremgangsmåde, nemlig den hvor han maler vandløb direkte fra en båd, som han har omformet til et atelier (Edouard Manet, *Monet maler på sin atelierbåd*, 1874, fig. 18). Manet, der følger Monet, kaster los, løsriver sig, bogstaveligt talt, fra alt det, der indtil da har udgjort hans 'tryghedszone', Paris, gaderne, caféerne. Han viser her, hvordan haven, det evigt genopfundne motiv, er en ny udfordring for Monets undersøgelser. Via en form for identificering ja, en slags 'vampyrisering', aldrig før set i maleriets historie, tilegner Manet sig Monets malestil[42] og anvender ligeledes et af hans motiver: Monets hustru Camille og sønnen Jean, der opløser sig i den omgivende vegetation.

Willibald Sauerländer[43] bruger udtrykket 'vejen til Damaskus' om måden, hvorpå Manet konverterer til impressionismen ved at snige sig ind i Monets kunstneriske univers: lige efter at have malet sin unge kollega udfører Manet sit impressionistiske billede *Argenteuil*[44] (1874, fig. 19).

Netværket af venskaber fra tiden før krigen blomstrer tilsyneladende op igen, da Manet maler Monet, Camille og Jean i haven i Argenteuil. Renoir, der kommer for at besøge sin kammerat, planter sit staffeli ved siden af Manets og skitserer

a book.[35] Both pictures convey the strong bond between the two painters, who were indeed spending a lot of time together at Argenteuil, where Monet had moved to in 1872. Monet is depicted in the traditional guise of the pipe smoker – and therefore of the bohemian artist –, but above all as an intellectual reading and meditating. The following year, Renoir portrayed Monet as the outdoor painter he had obsessively been since the mid-1860s. In *Claude Monet Painting in His Garden at Argenteuil* (1873),[36] the painter has set up an easel opposite a bed of dahlias, with his box of colours between the easel's legs (fig. 17). He is holding a palette in his left hand and brandishing his brush in his right hand. Much of the picture is taken up by the view of this suburban village, invaded by the profusion of flowers that is the main subject of the picture Monet is painting, while Renoir is painting his portrait, *The Artist's Garden at Argenteuil*, whose foreground is a mass of dahlias in bloom.[37] The picture's construction is comparable to Georg-Friedrich Kersting's two portraits of *Caspar David Friedrich in His Studio* (1811, fig. 16).[38] The latter also gives a precise idea of the German Romantic artist's working environment, showing the bare, light-coloured walls of the small room in which he is painting with his back to the pale light coming through the window. Renoir is demonstrating that painting has changed, that his friend's studio is outdoors, flooded with light and colour. In 1875, he drew even closer to his friend, portraying him in his house this time, as a mature, massive, almost monumental man, endowing him with the status of a leader.[39]

Manet's demonstration of the state of 'the New' in Monet's painting is even more striking. At the 1874 Salon, Manet, who refused to join the "Limited Company", was subjected to the caustic salvos of critics outraged by the exhibition in Boulevard des Capucines. That summer he stayed at Petit-Gennevilliers, on the opposite bank of the river from Argenteuil. There, he painted three portraits of Monet that are all manifestos of the new painting that had just been dubbed "Impressionism", and of which Manet had been accused of the paternity – "M. Manet is one of those artists who pretend that in painting one can and should content oneself with the *impression*"[40] – and so it fundamentally eluded him but was embodied by Monet. In order to fully understand it, Manet appropriated Monet's image and his world, painting two pictures of the artist in his floating studio,[41] and another with his family in his garden.[42] The situations in which Manet portrayed Monet are typical of his lifestyle and work. To show his colleague in action, Manet chose the most extreme of Monet's painterly practices: painting the river from the boat he had converted into a floating studio (*Monet Painting on His Studio Boat*, 1874, fig. 18). Manet, following Monet's example, literally cast off his moorings and detached himself from Paris and the streets and cafés that until then had constituted his "comfort zone". He then shows how the constantly

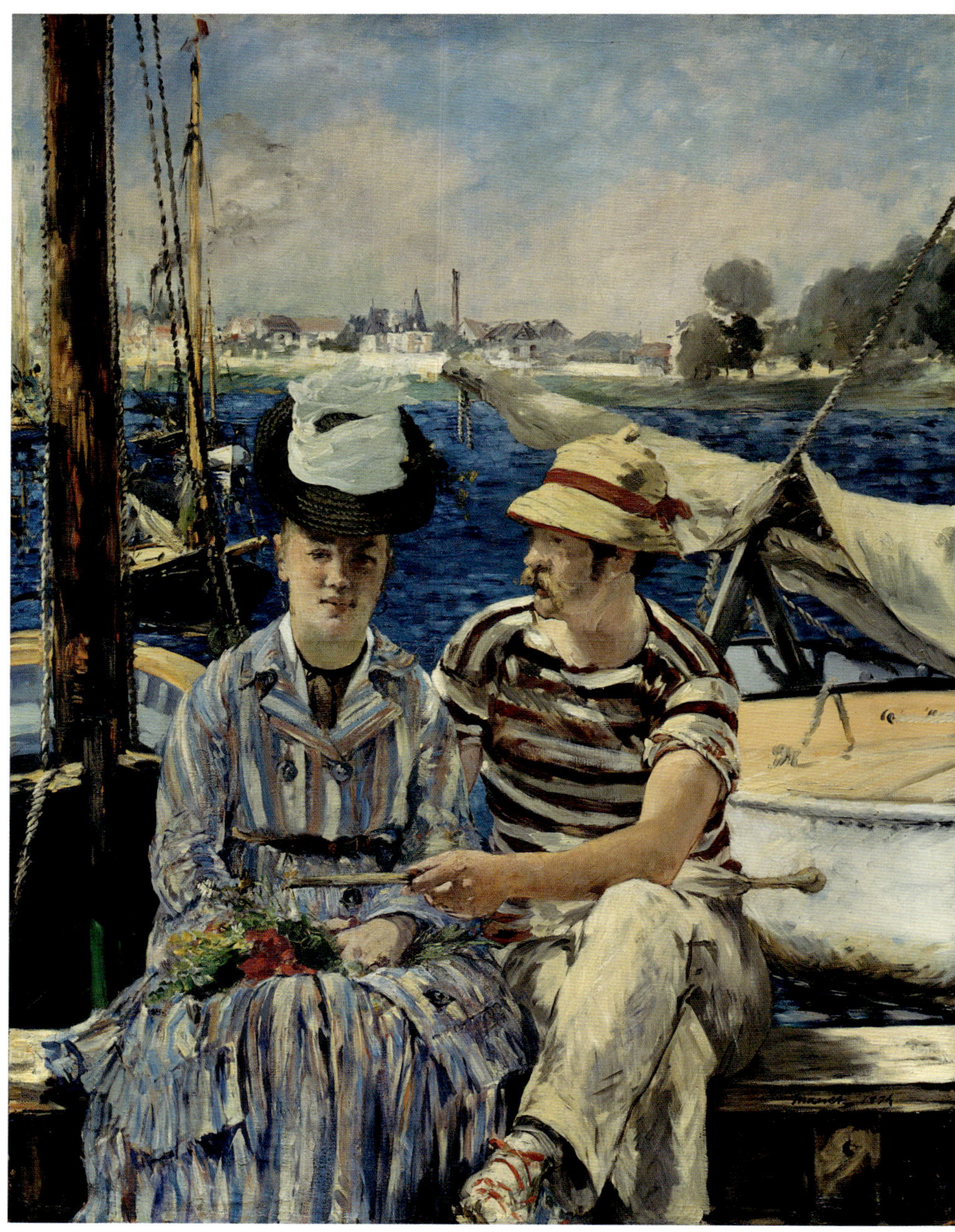

19
Éduard Manet
Argenteuil

1874, olie på lærred / oil on canvas, 149 × 115 cm
Musée des Beaux-Arts, Tournai

også kvinden og barnet.[45] Der er desuden Monets billede af Manet siddende bag sit staffeli under syrenbuskenes løv, i hvis skygge Camille utallige gange har siddet model.[46]

Side om side med denne venskabsgruppe omkring Monet eksisterer der en anden gruppe opstået omkring personligheden Pissarro, som Cézanne havde nærmet sig til i 1872. Hos denne gruppe kommer venskaber og æstetiske overbevisninger ligeledes til udtryk gennem portrætter. Vennerne lader sig fotografere med deres friluftsmalerudstyr: hat, vandrestøvler

reinvented subject of the garden is another of Monet's key fields of experimentation. In a process of identification, even "vampirisation", unprecedented in the history of painting, Manet adopted Monet's style[43] and also appropriated one of his subjects: his wife Camille and son Jean merging with the surrounding vegetation.

Wilibald Sauerlander[44] speaks of the "road to Damascus" that Manet took in his conversion to Impressionism by insinuating himself into Monet's creative environment. Just after

og stok, staffeli, klapstol og malerkasse.[47] Cézanne tegner Pissarros skikkelse efter et af disse fotografier[48] for at fastholde denne helt igennem fysiske søgen efter motivet og formen.

I 1874 afslører Pissarro et malet og flere tegnede og raderede portrætter af Cézanne.[49] I maleriet[50] er figuren af maleren med frakke og kasket lagt oven på kunstnerens egne billeder, som Pissarro stiller til skue bag ham: En karikaturtegning af André Gill, dateret 1872, som fordømmer gælden, som Frankrig skulle betale til Tyskland, og hvis byrde var afgørende for tidens politiske og sociale liv; en anden, dateret 1867, af Pariserkommunens martyr-kunstner Courbet, i eksil i Schweiz, og endelig *Udsigt mod Pontoise* af Pissarro – alle fælles politiske og kunstneriske referencer, der forankrer Cézanne i en kompromisløs opfattelse af sin profession.

Der blev malet cirka tredive portrætter mellem 1867 og 1870, men man må spørge, om der vitterlig var tale om en selvstændig kunstnerisk tilkendegivelse. Omkring femten portrætter blev udført mellem 1872 og 1874 og kan ses som vidnesbyrd om de valgslægtskaber, der formede sig eller opløstes, og som uafladeligt skabte kurrer på tråden under kunstnersammenslutningens otte udstillinger. Men portrætterne må især ses som udtryk for et ønske om at manifestere sig som kunstnere med en ny malemåde, personificeret af sine skabere, og at præsentere en slags sammenhold over for de fjendtligsindede kritikere og sammenslutningens kammerater, for eksempel Monet og Renoir, der fandt sammen og trak Manet med sig for at positionere sig over for Degas og hans tilløb til en sammenslutning af realistiske malere.

Disse portrætters virkelige funktion bliver indlysende ved deres forsvinden efter 1875. Kun et enkelt portræt af Cézanne, malet af Renoir i 1880, da de to kammerater mødtes i Aix en Provence[51], udtrykker på én gang vedholdenheden af visse forbindelser og deres næsten fuldstændige opløsning i individuelle karrierer. Cézanne kopierede portrættet og gjorde det derved til et selvportræt[52] på linje med de ti andre, som han allerede havde malet, og som minder os om, at 'La Société anonyme' – kunstnersammenslutningen – var et middel, ikke nogen egentlig gruppe.

painting the younger artist, Manet painted his Impressionist picture, *Argenteuil* (1874, fig. 19).[45]

The pre-Franco-Prussian war network of friendships seems to have come back to life when Manet painted Monet, Camille and Jean in the garden at Argenteuil. Renoir, visiting his friend there, set up his easel alongside Manet and also painted Monet's wife and child.[46] Then Monet portrayed Manet sitting at his easel in his garden, beneath the foliage of the lilac bushes where Camille posed many times.[47]

Alongside the group that formed around Monet, there was the other nucleus around the figure of Pissarro, which Cézanne joined in 1872 and in which friendship and aesthetic conviction also expressed themselves in portraits. The friends posed for photographs with their outdoor painting gear: hat, walking shoes and stick, folding easel, chair and paint box.[48] Cézanne drew Pissarro from one of these photographs[49] to insist on this very physical quest for subject matter and form.

In 1874 Pissarro produced a painted portrait and also drawings and etchings of Cézanne.[50] The picture[51] shows Cézanne in hat and coat, with their shared political and artistic references anchoring him in his uncompromising vision of his vocation; a caricature by André Gill, dated 1872 and denouncing the war reparations that France had to pay Germany and whose burden completely dominated the political and social life of the time; another caricature, dated 1867, by Courbet, the artist-martyr of the Commune exiled in Switzerland; and finally Pissarro's *View of Pontoise*.

Some thirty portraits were painted between 1867 and 1870, when the question of an autonomous group exhibition was being posed. Around thirty were produced from 1872 to 1874, as the exhibition was being organised and just after it had taken place. These portrayals of one painter by another bear testimony to the elective affinities that would constantly undermine the eight exhibitions organised by the "Limited Company". Above all they show the will to define oneself as an artist, to present a new painting embodied by its creators and demonstrate their relative union both to hostile critics and friends of their enterprise. By banding together, Monet and Renoir, for example, enticed Manet to position himself with them vis-à-vis Degas and his realist endeavours.

The proof of what was at stake in these portraits lies in their disappearance after 1875. Only a portrait of Cézanne by Renoir, painted in 1880 when the two friends were together in Aix en Provence,[52] bears testimony to both the persistence of certain ties and their almost complete dissolution in individual careers. Cézanne copied this portrait, transforming it into a self-portrait[53] among the scores of others preceding it and which altogether recall that the "Limited Company" ultimately was a means to an end and not a group.

NOTER

1 Bouillon, Jean-Paul. "Sociétés d'artistes et institutions officielles dans la seconde moitié du XIXe siècle", *Romantisme*, 1986, nr. 54. Être artiste, s. 89-113, s. 90.
2 Ibid, s. 99.
3 Ibid, s. 105.
4 Brev fra Frédéric Bazille til hans mor, April 1867, citeret i *Frédéric Bazille et ses amis impressionnistes*, op. cit., p. 49.
5 Henri Loyrette, "Portraits et figures", *Les origines de l'impressionnisme*, RMN, Paris 1994, s. 193.
6 Henri Fantin-Latour, *Un atelier aux Batignolles*, 1870, olie på lærred, 204 × 273,5 cm, Musée d'Orsay, Paris.
7 Bertall, "L'école divine de Manet: peinture religieuses par Fantin-Latour", *Le Journal Amusant*, 21 maj 1870.
8 Frédéric Bazille, *L'atelier de la rue de La Condamine*, olie på lærred, 98 × 128,5 cm, 1870, Musée d'Orsay, Paris.
9 Brev fra Bazille til sin mor, 1. januar 1870, citeret i *Frédéric Bazille et ses amis impressionnistes*, RMN, Paris, 1992, s. 162.
10 Se for eksempel Léon-Matthieu Cochereau, *Intérieur de l'atelier de David au Collège des Quatre-Nations*, olie på lærred, 90 × 105 cm, Musée du Louvre, Paris; Jean-Henri Cless, *Un atelier d'artiste*, 1804, Musée Carnavalet, Paris; Ferdinand Tellgman, *Dans l'atelier*, 1834, olie på lærred, 79 × 97,5 cm, Neue Galerie, Kassel.
11 Claude Monet, *Portrait de Bazille*, 1864, olie på træ, 40,5 × 31,5 cm, Musée Fabre, Montpellier.
12 Frédéric Bazille, *Pierre-Auguste Renoir*, 1867, olie på lærred, 62 × 51 cm, Musée d'Orsay, Paris, deponeret på Musée Fabre, Montpellier.
13 Pierre-Auguste Renoir, *Frédéric Bazille*, 1867, olie på lærred, 105 × 73,5 cm, Musée d'Orsay, Paris, deponeret på Musée Fabre, Montpellier; Frédéric Bazille, *Nature morte au héron*, 1867, Musée Fabre, Montpellier.
14 Alfred Sisley, *Héron aux ailes déployées*, 1867, olie på lærred, 79 × 97 cm, Musée Fabre, Montpellier.
15 Pierre-Auguste Renoir, *Auberge de la Mère Anthony*, 1866, olie på lærred, 194 × 131 cm, Nasjonalmuseet, Stockholm.
16 Claude Monet, *Étude pour "Le déjeuner sur l'herbe" (Les Promeneurs)*, 1865, olie på lærred, 93 × 68,9 cm, National Gallery, Washington, D.C.; *Le Déjeuner sur l'herbe (partie gauche)*, 1865, olie på lærred, 418 × 150 cm, Musée d'Orsay, Paris; *Le Déjeuner sur l'herbe (partie centrale)*, 1865, olie på lærred, 248,7 × 218 cm, Musée d'Orsay, Paris.
17 Frédéric Bazille, *Manet à son chevalet*, 1868-1870, tegning, 29,5 × 21,5 cm, Metropolitan Museum, New York.
18 Edgar Degas, *Manet debout*, 1866-1868, tegning, Musée d'Orsay, Paris; *Manet assis*, 1866-1869, tegning, 33,1 × 23 cm, Metropolitan Museum, New York; *Portrait de Manet*, omkring 1866-1869, tegning, 40 × 25,5 cm, Musée d'Orsay, Paris; *Manet assis tourné vers la gauche*, 1864-1865, gravering, INHA, Paris; *Manet assis tourné vers la droite*, 1864-1865, INHA, Paris.
19 Edgar Degas, *Manet aux courses*, omkring 1865, tegning, 32,1 × 24,6 cm, Metropolitan Museum, New York.
20 Edgar Degas, *Monsieur et Madame Manet*, 1869, olie på lærred, 65 × 71 cm, Kita Kiyushu Museum of Art.
21 Édouard Manet, *Portrait d'Éva Gonzales*, 1869-1870, olie på lærred, 191,1 × 133,4 cm, National Gallery, London.
22 Adélaïde Labille-Guiard, *Autoportrait avec deux élèves*, 1785, olie på lærred, 210 × 151 cm, Metropolitan Museum of Art, New York.
23 Élisabeth Vigée-Lebrun, *Autoportrait*, 1790, olie på lærred, Uffizi, Firenze.
24 Édouard Manet, *Vase de pivoines au piédouche*, 1864, olie på lærred, 93,3 × 70 cm, Musée d'Orsay, Paris.
25 Édouard Manet, *Portrait de Berthe Morisot à l'éventail*, 1874, olie på lærred, 61 × 50,5 cm, Musée d'Orsay, Paris.
26 Édouard Manet, *Berthe Morisot à l'éventail*, 1872, olie på lærred, 60,4 × 45,2 cm, Musée d'Orsay, Paris.
27 Édouard Manet, *Berthe Morisot au bouquet de violettes*, 1872, olie på lærred, 55 × 40,5 cm, Musée d'Orsay, Paris.
28 Édouard Manet, *Berthe Morisot*, 1873, olie på lærred, Musée Marmottan Monet, Paris.

NOTES

1 Jean-Paul Bouillon, "Sociétés d'artistes et institutions officielles dans la seconde moitié du XIXe siècle", *Romantisme*, 1986, no. 54. Être artiste, pp. 89-113, 90.
2 Ibid., p. 99.
3 Ibid., p. 105.
4 Letter from Frédéric Bazille to his mother, April 1867, cited in *Frédéric Bazille et ses amis impressionnistes*, op. cit., p. 49.
5 Henri Loyrette, "Portraits et figures", *Les origines de l'impressionnisme*, RMN, Paris, 1994, p. 193.
6 Henri Fantin-Latour, *A Studio at Les Batignolles*, 1870, oil on canvas, 204 × 273.5 cm, Musée d'Orsay, Paris.
7 Bertall, "L'école divine de Manet: peinture religieuses par Fantin-Latour", *Le Journal Amusant*, 21 May 1870.
8 Frédéric Bazille, *The Studio in Rue de la Condamine*, oil on canvas, 98 × 128.5 cm, 1870, Musée d'Orsay, Paris.
9 Letter from Bazille to his mother, 1 January 1870, cited in *Frédéric Bazille et ses amis impressionnistes*, RMN, Paris, 1992, p. 162.
10 See for example Léon-Matthieu Cochereau, *Interior of David's Studio at the Collège des Quatre-Nations*, oil on canvas, 90 × 105 cm, Paris, Musée du Louvre; Jean-Henri Cless, *An Artist's Studio*, 1804, Musée Carnavalet, Paris; Ferdinand Tellgman, *In The Studio*, 1834, oil on canvas, 79 × 97.5 cm, Neue Galerie, Kassel.
11 Claude Monet, *Portrait of Bazille*, 1864, oil on wood, 40.5 × 31.5 cm, Musée Fabre, Montpellier.
12 Frédéric Bazille, *Pierre-Auguste Renoir*, 1867, oil on canvas, 62 × 51 cm, Musée d'Orsay, Paris, on loan from Musée Fabre, Montpellier.
13 Pierre-Auguste Renoir, *Frédéric Bazille*, 1867, oil on canvas, 105 × 73.5 cm, Musée d'Orsay, Paris, on loan from Musée Fabre, Montpellier; Frédéric Bazille, *Still Life with a Heron*, 1867, Musée Fabre, Montpellier.
14 Alfred Sisley, *Heron with Spread Wings*, 1867, oil on canvas, 79 × 97 cm, Musée Fabre, Montpellier.
15 Pierre-Auguste Renoir, *Le Cabaret de la Mère Anthony*, 1866, oil on canvas, 194 × 131 cm, Nasjonalmuseet, Stockholm.
16 Claude Monet, *Study for "Luncheon on the Grass" (The Walkers)*, 1865, oil on canvas, 93 × 68.9 cm, National Gallery, Washington; *Luncheon on the Grass (left part)*, 1865, oil on canvas, 418 × 150 cm, Musée d'Orsay, Paris; *Luncheon on the Grass (middle part)*, 1865, oil on canvas, 248.7 × 218 cm, Musée d'Orsay, Paris.
17 Frédéric Bazille, *Manet at His Easel*, 1868-1870, drawing, 29.5 × 21.5 cm, Metropolitan Museum of Art, New York.
18 Edgar Degas, *Manet Standing*, 1866-1868, drawing, Musée d'Orsay, Paris; *Manet Seated*, 1866-1869, drawing, 33.1 × 23 cm, Metropolitan Museum of Art, New York; *Portrait of Manet*, ca. 1866-1869, drawing, 40 × 25.5 cm, Musée d'Orsay, Paris; *Manet Seated Facing Left*, 1864-1865, etching, INHA, Paris; *Manet Seated Facing Right*, 1864-1865, INHA, Paris.
19 Edgar Degas, *Manet at the Races*, ca. 1865, drawing, 32.1 × 24.6 cm, Metropolitan Museum of Art, New York.
20 Edgar Degas, *M. and Mme Manet*, 1869, oil on canvas, 65 × 71 cm, Kitakiyushu Museum of Art, Tobata Ward, Kitakyushu, Fukuoka Prefecture.
21 Édouard Manet, *Portrait of Éva Gonzales*, 1869-1870, oil on canvas, 191.1 × 133.4 cm, National Gallery, London.
22 Adélaïde Labille-Guiard, *Self-Portrait with Two Pupils*, 1785, oil on canvas, 210 × 151 cm, Metropolitan Museum of Art, New York.
23 Élisabeth Vigée-Lebrun, *Self-Portrait*, 1790, oil on canvas. Galleria Uffizi, Florence.
24 Édouard Manet, *Vase of Peonies on a Small Pedestal*, 1864, oil on canvas, 93.3 × 70 cm, Musée d'Orsay, Paris.
25 Édouard Manet, *Portrait of Berthe Morisot with a Fan*, 1874, oil on canvas, 61 × 50.5 cm, Musée d'Orsay, Paris.
26 Édouard Manet, *Berthe Morisot with a Fan*, 1872, oil on canvas, 60.4 × 45.2 cm, Musée d'Orsay, Paris.
27 Édouard Manet, *Berthe Morisot with a Bouquet of Violets*, 1872, oil on canvas, 55 × 40.5 cm, Musée d'Orsay, Paris.

29 Édouard Manet, *Le balcon*, 1869, olie på lærred. 171 × 125 cm, Musée d'Orsay, Paris.

30 Édouard Manet, *Le repos. Portrait de Berthe Morisot*, 1870, olie på lærred, 150,2 × 114 cm, Providence, Rhode Island Museum of Art.

31 I det mindste Renoir, Pissarro og Sisley havde underskrevet en klageskrivelse sammen med Bazille i protest mod juryens strenge afgørelser på Parisersalonen i 1867.

32 Brev fra Frédéric Bazille til sin mor, april 1867, citeret i *Frédéric Bazille et ses amis impressionnistes*, op.cit., s. 49.

33 Brev fra Frédéric Bazille til sine forældre, april 1867, citeret i François Daulte, *Frédéric Bazillle et les débuts de l'Impressionnisme*, La Bibliothèque des Arts, Paris, 1992, s. 55.

34 Pierre-Auguste Renoir, *Monet lisant*, 1872, olie på lærred, Musée Marmottan Monet, Paris.

35 Pierre-Auguste Renoir, *Monet*, 1872, olie på lærred, 65 × 50 cm, National Gallery of Art, Washington, D.C.

36 Pierre-Auguste Renoir, *Monet peignant son jardin à Argenteuil*, 1873, olie på lærred, 46 × 60 cm, Wadsworth Atheneum Museum of Art, Hartford.

37 Claude Monet, *Le jardin de Monet à Argenteuil*, 1873, olie på lærred, 61 × 82,5 cm, National Gallery of Art, Washington, D.C.

38 Georg-Friedrich Kersting, *Caspar-David Friedrich dans son atelier*, 1811, olie på lærred, 53,5 × 41 cm, Kunsthalle, Hamborg, og *Caspar-David Friedrich dans son atelier*, 1812, olie på lærred, 51 × 40 cm, Alte Pinakothek, Berlin.

39 Pierre-Auguste Renoir, *Portrait de Monet*, 1875, olie på lærred, 84 × 60,5 cm, Musée d'Orsay, Paris.

40 Jules Claretie, *L'art et les artistes français contemporains*, Charpentier, Paris, 1876, s. 260.

41 Édouard Manet, *Portrait de Monet dans son atelier*, 1874, olie på lærred, 50 × 64 cm, Neue Pinakothek, München og *Monet peignant dans son atelier*, 1874, olie på lærred, 106 × 135 cm, Staatsgalerie, Stuttgart.

42 Manet, *Monet et sa famille dans leur jardin à Argenteuil*, 1874, olie på lærred, 61 × 99,7 cm, Metropolitan Museum of Art, New York.

43 Se Laurence Madeline, "C'était l'été 74. Manet face à Monet", *48/14*, nr. 31, forår-sommer 2011.

44 Wilibald Sauerländer, *Manet Paints Monet: A Summer in Argenteuil*, Getty Publications, Los Angeles, 2014.

45 Édouard Manet, *Argenteuil*, 1874, olie på lærred, 149 × 115 cm, Musée des Beaux-Arts, Tournai.

46 Pierre-Auguste Renoir, *Madame Monet et son fils*, 1874, olie på lærred, 50,4 × 68 cm, National Gallery of Art Washington, D.C.

47 *Manet peignant dans le jardin de Monet à Argenteuil*, 1874, olie på lærred, 55 × 74 cm, ikke lokaliseret (Wildenstein, *Catalogue raisonné de l'œuvre de Claude Monet*, nr. 342).

48 Anonym, *Cézanne appuyé sur un bâton*, ca. 1873, fotografi, 10,8 × 7,3 cm, Musée d'Orsay, Paris; Anonym, *Paul Cézanne og Camille Pissarro*, ca. 1875, fotografi, L&S Pissarro Archiver; Alfonso, *Pissarro et Cézanne*, ca. 1875, fotografi, L&S Pissarro Archiver.

49 Paul Cézanne, *Pissarro allant au motif*, ca. 1873, tegning, 19,5 × 11,3 cm, Musée du Louvre, Paris, den grafiske afdeling; Musée d'Orsays samling.

50 Camille Pissarro, *Portrait de Cézanne coiffé d'un feutre*, ca. 1874, grafit på papir, 24,2 × 13 cm, Musée du Louvre, Paris, den grafiske afdeling; Musée d'Orsays samling; Camille Pissarro, *Portrait de Paul Cézanne*, 1874, radering, 26,6 × 21,5 cm, Museum of Fine Arts, Boston.

51 Camille Pissarro, *Portrait de Paul Cézanne*, 1874, olie på lærred, 73 × 60 cm, Laurence Graffs samling.

52 Pierre-Auguste Renoir, *Portrait de Paul Cézanne*, 1880, pastel, 53,7 × 43,5 cm, privateje.

53 Paul Cézanne, *Autoportrait de Cézanne d'après Renoir*, 1880-1881, olie på lærred, 57 × 47 cm, State Hermitage Museum, Sankt Petersborg.

28 Édouard Manet, *Berthe Morisot Reclining*, 1873, oil on canvas, Musée Marmottan Monet, Paris.

29 Édouard Manet, *The Balcony*, 1869, oil on canvas, 171 × 125 cm, Musée d'Orsay, Paris.

30 Édouard Manet, *Repose: Portrait of Berthe Morisot*, 1870, oil on canvas, 150.2 × 114 cm, Rhode Island Museum of Art, Providence.

31 Renoir, Pissarro and Sisley had signed a petition with Bazille denouncing the severity of the jury of the 1867 Salon.

32 Letter from Frédéric Bazille to his mother, April 1867, cited in *Frédéric Bazille et ses amis impressionnistes*, op. cit., p. 49.

33 Letter from Frédéric Bazille to his parents, April 1867, cited in François Daulte, *Frédéric Bazillle et les débuts de l'Impressionnisme*, La Bibliothèque des Arts, Paris, 1992, p. 55.

34 Pierre-Auguste Renoir, *Monet Reading*, 1872, oil on canvas, Musée Marmottan Monet, Paris.

35 Pierre-Auguste Renoir, *Monet*, 1872, oil on canvas, 65 × 50 cm, National Gallery of Art, Washington.

36 Pierre-Auguste Renoir, *Monet Painting in His Garden at Argenteuil*, 1873, oil on canvas, 46 × 60 cm, Wadsworth Atheneum Museum, Hartford.

37 Claude Monet, *The Artist's Garden at Argenteuil*, 1873, oil on canvas, 61 × 82.5 cm, National Gallery of Art, Washington.

38 Georg-Friedrich Kersting, *Caspar David Friedrich in His Studio*, 1811, oil on canvas, 54 × 42 cm, Hamburger Kunsthalle, and *Caspar-David Friedrich in His Studio*, 1812, oil on canvas, 51 × 40 cm, Alte Pinakothek, Berlin.

39 Pierre-Auguste Renoir, *Claude Monet*, 1875, oil on canvas, 84 × 60.5 cm, Musée d'Orsay, Paris.

40 Jules Claretie, *L'art et les artistes français contemporains*, Charpentier, Paris, 1876, p. 260.

41 Édouard Manet, *Claude Monet in His Studio*, 1874, oil on canvas, 50 × 64 cm, Neue Pinakothek, Munich, and *Monet Painting on His Studio Boat*, 1874, oil on canvas, 106 × 135 cm, Staatsgalerie, Stuttgart.

42 Manet, *The Monet Family in Their Garden at Argenteuil*, 1874, oil on canvas, 61 × 99.7 cm, Metropolitan Museum of Art, New York.

43 See Laurence Madeline, "C'était l'été 74. Manet face à Monet," *48/14*, no. 31, spring-summer 2011.

44 Wilibald Sauerländer, *Manet Paints Monet. A Summer in Argenteuil*, Getty Publications, Los Angeles, 2014.

45 Édouard Manet, *Argenteuil*, 1874, oil on canvas, 149 × 115 cm, Musée des Beaux-Arts, Tournai.

46 Pierre-Auguste Renoir, *Mme Monet and Her Son*, 1874, oil on canvas, 50.4 × 68 cm, National Gallery of Art, Washington.

47 *Manet Painting in Monet's Garden at Argenteuil*, 1874, oil on canvas, 55 × 74 cm, whereabouts unknown (Wildenstein, *Catalogue raisonné de l'œuvre de Claude Monet*, no. 342).

48 Anonymous, *Cézanne Leaning on a Stick*, ca. 1873, photograph, 10.8 × 7.3 cm, Musée d'Orsay, Paris; Anonymous, *Paul Cézanne and Camille Pissarro*, ca. 1875, photograph, L&S Pissarro Archives; Alfonso, *Pissarro and Cézanne*, ca. 1875, photograph, L&S Pissarro Archives.

49 Paul Cézanne, *Pissarro Going Out to Paint*, ca. 1873, drawing, 19.5 × 11.3 cm, Musée du Louvre, Department of Prints and Drawings, Musée d'Orsay collection, Paris.

50 Camille Pissarro, *Portrait of Cézanne in a Felt Hat*, ca. 1874, graphite on paper, 24.2 × 13 cm, Musée du Louvre, Department of Prints and Drawings, Musée d'Orsay collection, Paris; Camille Pissarro, *Portrait de Paul Cézanne*, 1874, etching, 26.6 × 21.5 cm, Museum of Fine Arts, Boston.

51 Camille Pissarro, *Paul Cézanne*, 1874, oil on canvas, 73 × 60 cm, Laurence Graff collection.

52 Pierre-Auguste Renoir, *Paul Cézanne*, 1880 pastel, 53.7 × 43.5 cm, Private collection.

53 Paul Cézanne, *Autoportrait de Cézanne d'après Renoir*, 1880-1881, oil on canvas, 57 × 47 cm, The State Hermitage Museum, Saint Petersburg.

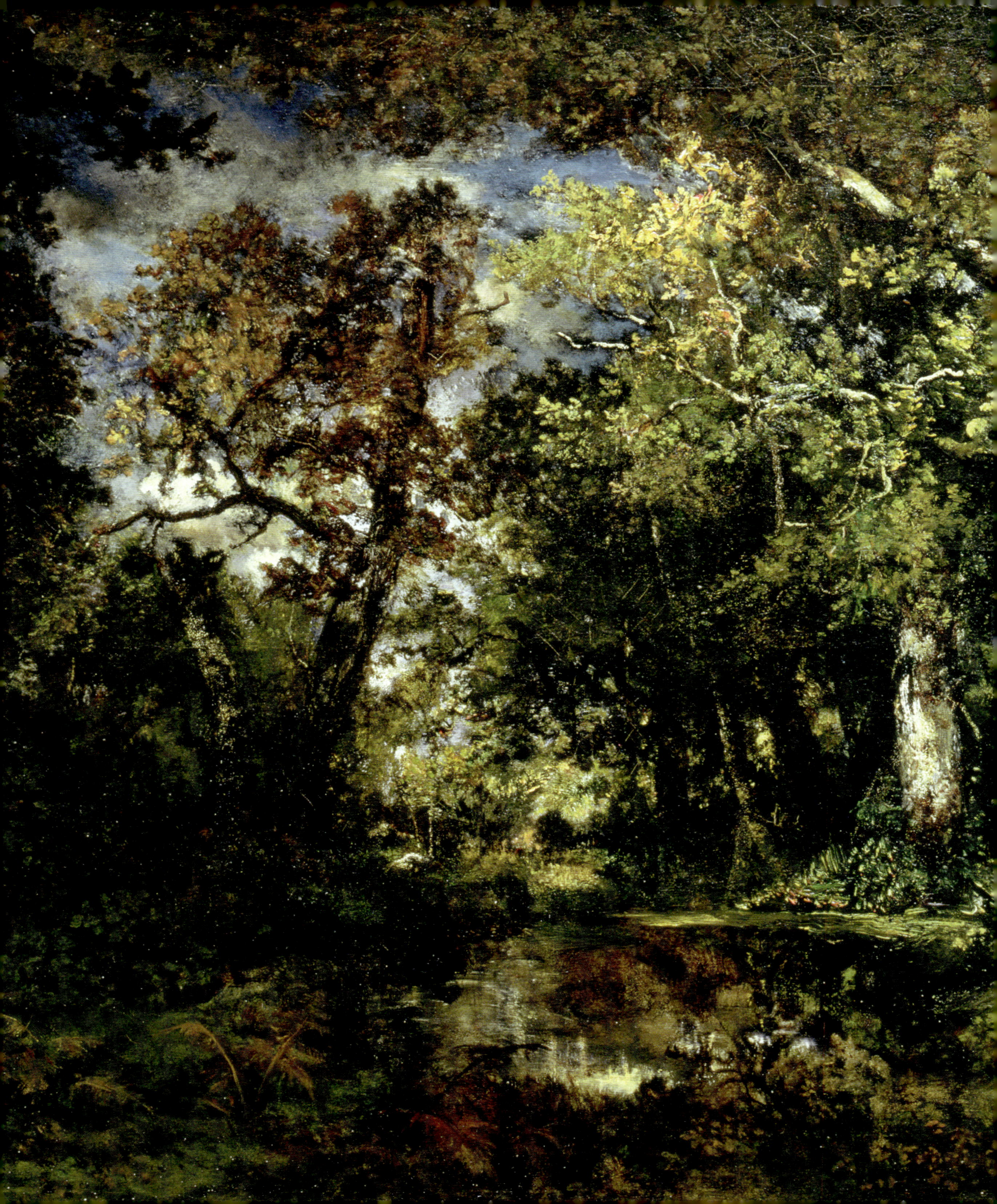

Forløbere for friluftsmaleriet: Mod en nytolkning af landskabsmaleriet

Precursors of *Plein Air* Painting – Towards a New Perception of Landscape

Michael Clarke

Direktør, Scottish National Gallery, Edinburgh
Director, Scottish National Gallery, Edinburgh

Hans atelier består alene af det udendørs
Octave Mirbeau, 1889[1]

Det impressionistiske maleri opfattes ofte som synonymt med udendørs maleri, og det er derfor ikke overraskende, at denne påstand søges opretholdt i forhold til Claude Monet i Octave Mirbeaus forord til *Claude Monet – Auguste Rodin*-udstillingen i 1889 i Galerie Georges Petit i Paris. De friske klare farver, de brudte og ublandede penselstrøg samt det impressionistiske maleris skitseagtige præg tyder alt sammen på kunst, udført udendørs og hurtigt foran motivet. Dette var tilsyneladende et radikalt brud med den hidtidige praksis, som havde lagt vægt på en mere 'afsluttet' teknik og, når vi taler om det nyklassicistiske landskabsmaleri, der var fremherskende i Frankrig i de første årtier af det 19. århundrede, tillige et intellektuelt baseret emneområde med rødder i antikkens historie og mytologi.

Landskabsmaleriet blev traditionelt anset for at tilhøre en lavere kunstkategori, og man mente, at den eneste måde, hvorpå man kunne hæve denne status, var ved at tilføre kategorien mere akademiske kvaliteter. Derfor etablerede man i 1816 i Frankrig konkurrencen *Grand Prix du Paysage Historique (Det historiske landskabsmaleris grandprix)*,[2] der afholdtes hvert fjerde år – for første gang det efterfølgende år. Men som mange skribenter har erfaret i de senere år[3], så var begrebet friluftsmaleri en del af de almindeligt anerkendte metoder inden for nyklassicistisk landskabsmaleri, hvor det blev benyttet som en forberedende *étude*, et studie af et bestemt motiv i naturen udført i olie i det fri og senere brugt som reference, når den formelle, færdige komposition skulle udføres hjemme i atelieret. Landskabsstudiet, *étude*, fungerede på samme måde som *académie*-studiet, der var et studie tegnet i atelieret efter en nøgen eller delvist påklædt levende model og brugt som udgangspunkt for en positur eller et greb i det færdige historiemaleri. En litterær pendant til henholdsvis *étude*- og *académie*-studiet kunne være, når en forfatter noterer en flygtig, virkelig begivenhed i sin notesbog for senere at bruge eller tilpasse den til en fiktiv fortælling i sin roman.

Disse nyklassicistiske *études* er således forståeligt nok blevet set som forløbere for det impressionistiske maleri, idet hovedformålet med begge tilsyneladende var at observere og registrere naturen direkte. De tjener imidlertid forskellige formål: den ene er en forberedelse til den færdigbearbejdede endelige komposition, hvor den anden er et mål i sig selv. Vil det således være berettiget, med denne væsentlige skelnen in mente, at hævde, at disse *études* er de egentlige forløbere for impressionismen, og hvilken plads indtager den sidstnævnte i historien om friluftsmaleriet? Svarene på disse spørgsmål findes i det følgende korte historiske rids af friluftsmaleriet frem til og med impressionismen. Eftersom impressionisterne var

The open air is his only studio
Octave Mirbeau, 1889[1]

Impressionist painting is often thought to be synonymous with the practice of painting in the open air, so it is not surprising to find this assertion being maintained with regard to Claude Monet in the preface which Octave Mirbeau wrote to the *Claude Monet–Auguste Rodin* exhibition held in 1889 at the Galerie Georges Petit in Paris. The fresh bright colours, the broken and unblended brushstrokes, and the sketch-like qualities of Impressionist painting all betokened an art undertaken out-of-doors and executed rapidly *sur le motif*. This seemingly constituted a radical break with past practice which had valued a highly 'finished' technique and, in the case of the neoclassical landscape painting which had predominated in France in the early decades of the nineteenth century, subject matter of a cerebral kind based on classical history and mythology.

Landscape had traditionally been regarded as one of the lower categories of art and it was thought that its status could only be raised by endowing it with more learned qualities, hence the establishment in France in 1816 of the quadrennial competition, first held the following year, for the *Grand Prix du Paysage Historique*.[2] However, as many writers have observed in recent years,[3] contained within the approved processes of the neoclassical landscape was the concept of *plein air* painting as embodied in the preparatory *étude*, a study of a particular motif in nature made in oils in the open air and later used as a reference aid when the formal, finished studio composition came to be undertaken. The function of the landscape *étude* was analogous to that of the *académie*, a nude or partially clothed study of a human model drawn from the life in the studio and used as the basis of a pose or gesture in a finished history painting. A literary parallel for both the *étude* and the *académie* would be an author writing down in a notebook a fleeting, real-life incident which would later be incorporated or adapted in the fictional narrative of the ensuing novel.

These neoclassical *études* have, understandably, been claimed as precursors of Impressionist paintings, for both apparently privilege the primacy of observing and recording nature directly. Their purposes are, however, different: one is preparatory to a fully worked-up final composition; the other represents an end in itself. Bearing this fundamental distinction in mind, can the *étude* legitimately be claimed as the rightful precursor of Impressionism and what place does the latter occupy in the history of *plein air* painting? The answers to these questions lie in the brief history which follows of *plein air* painting up to and including Impressionism. As the Impressionists were French, the main focus of this account will be on France, though of course a number of other nations made important contributions to the history of this genre.

franskmænd, vil hovedvægten i denne beretning være Frankrig, selvom mange andre nationer ydede et vigtigt bidrag til denne genre.

Læseren bør være opmærksom på, at det er problematisk at give sig i kast med dogmatisk rubricering, fordi man let kan løbe ind i delvise modsigelser. Forskningsmæssige undersøgelser af forskellige landskabs-*études* afslørede i nogle tilfælde forberedende skitser, samtidig med at mange impressionistiske værker viste tegn på betydelig efterbearbejdning i atelieret. De førstnævnte kan derfor være mere velovervejede end tidligere antaget, mens de sidstnævnte ofte er tilsvarende mindre spontane end deres udseende giver indtryk af. En forklaring herpå kunne være, at al kunst er fiktiv i en eller anden forstand, og at den opgave, som friluftsmaleren stiller sig selv, nemlig en eksakt gengivelse af et givet øjeblik, pr. definition er umulig, idet naturen kan ændre udseende på et øjeblik. I den henseende virkede det forholdsmæssigt stabile sydeuropæiske lys mere imødekommende end det lunefulde vejr længere mod nord og i Italien, og derfor anså man denne region med dens forbindelser til klassiske myter og litteratur samt særlige rigdom på antikke ruiner og bygninger for det ideelle sted at lave skitser. Som den franske forfatter Chateaubriand bemærkede i 1804: "Intet tåler sammenligning med aftegningen af en romersk horisont, sletternes blide kurver, de omkringliggende bjerges bløde og flygtige konturer."[4]

Der hersker uenighed om de tidligste beviser på, at man skitserede naturen direkte med oliefarver.[5] Denne praksis ser ud til at være opstået i og omkring Rom tidligt i det 17. århundrede og praktiseredes først af nordeuropæiske kunstnere, som arbejdede dér. Kunstneren Joachim Sandrart fra Frankfurt ankom til Rom i 1629 og blev gode venner med den gruppe udenlandske kunstnere, der boede og arbejdede i nærheden af Den spanske trappe. Fra dem fik han nys om idéer og metoder, som var almindeligt udbredte i Den evige stad på det tidspunkt; han beskrev dem senere i sit værk *Teutsche Academie* udgivet i 1675. I et kapitel med titlen "Om landskabsmaleri" anbefalede han unge kunstnere at foretage direkte observationer i naturen sammen med kunstnerkolleger. De skulle tage uden for bymurene til den romerske Campagna – som hovedsageligt bestod af flodlejerne omkring Tiberen og dens biflod Aniene samt landskabet, der strakte sig mod øst fra Rom mod Albanerbjergene. Den vel nok største kunstner, der fulgte denne praksis, var Claude Lorrain (omkring 1602–1680), som sædvanligvis anses for at være grundlæggeren af det klassiske landskabsmaleri. Mens de færdige kompositioner udelukkende blev udført i atelieret, skabte han samtidig med pen og lavering yderst udtryksfulde brune landskabsstudier af forskellige naturеffekter ude i det fri. Sandrart hævdede, hvad der er nok så interessant, at Lorrain udførte studier i olie på denne måde, og at han selv burde anerkendes for at have

The reader should be aware that any dogmatic categorisations are fraught with danger and risk at least partial contradiction. Scientific examination of various landscape *études* has revealed, in some cases, preliminary underdrawing, while many Impressionist canvases show evidence of considerable studio reworking. The former can therefore be more premeditated than previously suspected, while the latter are often correspondingly less spontaneous than their appearance would suggest. To these qualifications one might reply that all art is a fiction of some sort and the task the *plein air* painter sets himself is inherently impossible, namely the accurate capturing of a particular moment, for nature can change its appearance in an instant. In this respect the more constant light of southern Europe was kinder than the capricious weather experienced in the north and Italy, so the region, with its associations with classical myth and literature and its rich inventory of antique remains and buildings, provided the ideal sketching ground. As the French writer Chateaubriand observed in 1804: "nothing can be compared with the lines of the Roman horizon, the gentle inclination of its plains, the soft and fugitive outlines of the mountains which surround it."[4]

The earliest evidence for sketching from nature in oil paints is contentious.[5] It would appear to have originated in and around Rome in the early seventeenth century and was first practised by northern European artists who were working there. The Frankfurt-born artist Joachim Sandrart arrived in Rome in 1629 and befriended the group of foreign artists living and working round the Spanish Steps. From them he gleaned ideas and practice then current in the Eternal City and later gave a written account in his *Teutsche Academie* published in 1675. In a chapter entitled "Of landscape painting" he advised young artists to undertake direct observation of nature in the company of fellow artists. In order to do this they should travel beyond the city walls out into the Roman Campagna – essentially the basins of the meandering River Tiber and that of its tributary the River Aniene, together with the land extending east of Rome to the Alban hills. Incontestably the greatest artist to follow this practice was Claude Lorrain (around 1602–1680), generally considered to be the founder of classical landscape painting. Whereas his finished compositions were executed entirely in the studio, he also made highly sensitive brown pen and wash landscape studies of the effects of nature out-of-doors. Intriguingly, Sandrart claims that Claude made oil studies in this fashion and that he, Sandrart, should be credited with having encouraged him to do so. According to his account, Claude had already developed a procedure whereby he would take his palette and oil colours with him out into the Campagna and there observe phenomena such as the rising sun or a foggy morning. He would mix his colours on his palette to replicate the colours he observed in nature but would then return to the

ansporet ham til det. Ifølge hans beskrivelse havde Lorrain allerede etableret en arbejdsmetode, hvor han tog sin farvepalet og sine oliefarver med ud i Roms Campagna for dér at observere fænomener som solopgange eller en tåget morgenstund. Han blandede farverne på paletten, så de antog karakter af de farver, han observerede i naturen, men tog derpå hjem til sit atelier for at påføre sine færdige billeder disse farver. Sandrart beskrev denne metode som "hård og møjsommelig" og hævdede, at Lorrain ændrede sin metode efter at have truffet Sandrart svingende sin pensel i gang med at skitsere i olie direkte efter naturen i Tivoli: "Lorrain blev så begejstret, at han ivrigt selv tog denne arbejdsmetode i brug."[6] Efterfølgende malede de, ifølge Sandrart, regelmæssigt sammen ude i det fri.

Yderligere beviser på, at Lorrain skulle have udført denne type skitser, blev fremlagt af kunsthistorikeren og biografen Filippo Baldinucci, som besøgte Lorrain i 1680 og observerede "fem-seks store bøger med tegninger efter naturen" samt "andre billeder, som han havde farvelagt efter naturen".[7] Den sidste sætning er imidlertid ikke entydig, idet den kunne referere til skitser udført på stedet eller blot malet på en naturalistisk måde. Selvom der har været adskillige emner i spil, er ingen af Lorrains utallige efterladte værker blevet endegyldigt identificeret som en olieskitse udelukkende malet efter naturen. Der hersker imidlertid nogenlunde enighed om, at hans lille lærred *Landskab med gedehyrde og geder* (1636-1637, fig. 20) er det billede, Lorrain ifølge Baldinucci "malede til sig selv efter naturen ved Vigna Madama i nærheden af Rom."[8] Det er uden tvivl et færdigt, velovervejet billede; i realiteten et idylliseret landskab, men farvesætningen er så naturalistisk, at der meget vel kan være tale om et element af udendørs observation og farvesætning. I begyndelsen af det 19. århundrede var skitsering i olie udendørs en udbredt praksis i Europa, og Lorrains lille billede blev i vid udstrækning og fejlagtigt opfattet som et vigtigt tidligt eksempel herpå; en opfattelse som endda foranledigede John Constable til at lave en kopi af det (Art Gallery of New South Wales) for bedre at kunne udrede mysteriet bag Lorrains teknik, der på det tidspunkt nød bred anerkendelse.

Selvom det har været vanskeligt at finde konkrete eksempler på friluftsskitser fra det 17. århundrede, skal det pointeres, at der stadig findes flere små solfyldte billeder fra den tid af kunstnere som f.eks. Goffredo Wals (Lorrains lærer i Napoli), Bartholomeus Breenbergh og Filippo Napoletano, hvilket tyder på, at kunstnerne uden tvivl observerede naturen nøje og udførte en eller anden form for studier ude i det fri. Andre landskabsmalere, der siges at have udført skitser i olie, er f.eks. Gaspard Dughet og Salvator Rosa. Når vi når til midten af dette århundrede, findes der skriftlige kilder, der omtaler udviklingen af egnet udstyr til disse aktiviteter. Richard Symonds, soldat i kongens hær og oldtidsinteresseret, besøgte Rom omkring 1650-1652 og fascineredes her ved synet af en transportabel

studio to apply these colours to his finished paintings. Sandrart described this procedure as "hard and laborious" and claimed that Claude changed his ways as a result of meeting Sandrart himself, brush in hand, sketching in oils directly from nature at Tivoli: "this pleased Claude so much that he applied himself eagerly to adopting the same method".[6] Thereafter, according to Sandrart, they regularly painted together *en plein air*.

Further possible evidence for Claude having made such sketches was provided by the art historian and biographer Filippo Baldinucci, who visited Claude in 1680 and saw "five or six great books of those drawings after nature", as well as "other pictures coloured by him after nature".[7] The latter phrase is ambiguous, however, for it could refer to sketches done on the spot, or merely painted in a naturalistic way. Although a number of candidates have been proposed, none of Claude's many surviving works has been convincingly identified as an oil sketch done entirely after nature. There is reasonable agreement, however, that his little canvas *Landscape with a Goatherd and Goats* (1636-1637, fig. 20) is the picture that, according to Baldinucci, Claude "painted for himself from nature at the Vigna Madama near Rome".[8] It is clearly a finished, considered picture, in effect a pastoral idyll, but its colouring is so naturalistic that an element of open air observation and colouring is entirely plausible. By the early nineteenth century landscape sketching in oils out-of-doors had become a widespread practice in Europe and Claude's little picture was widely, and mistakenly, thought to be a pre-eminent early example of this, to the extent that John Constable made a copy of it (Art Gallery of New South Wales), to better unravel the mysteries of Claude's by then widely admired technique.

Although specific examples of *plein air* oil sketches dating from the seventeenth century have proved hard to locate, it can be pointed out that many small, sunlit pictures survive from that era by artists such as Goffredo Wals (Claude's teacher in Naples), Bartholomeus Breenbergh and Filippo Napoletano, which indicate that such artists had certainly looked closely at nature and undertaken some sort of outdoor study. Other landscape painters with reputations as oil-sketchers included Gaspard Dughet and Salvator Rosa. By the middle of the century there is a written account that suitable equipment for such activity had been developed. The Royalist soldier and antiquary Richard Symonds visited Rome around 1650-1652 and was intrigued to see a portable paint-box which could be used "to paint *Paeses* [landscapes] ... in ye fields [sic.]".[9]

There is considerable circumstantial evidence, therefore, that landscapes, small in size, were painted either partly or, less likely, wholly out-of-doors at this time in Italy. One has to turn to the more inclement north, however, to find the earliest securely identifiable examples of outdoor landscape oil sketches, and this would be in France, the country that would eventually

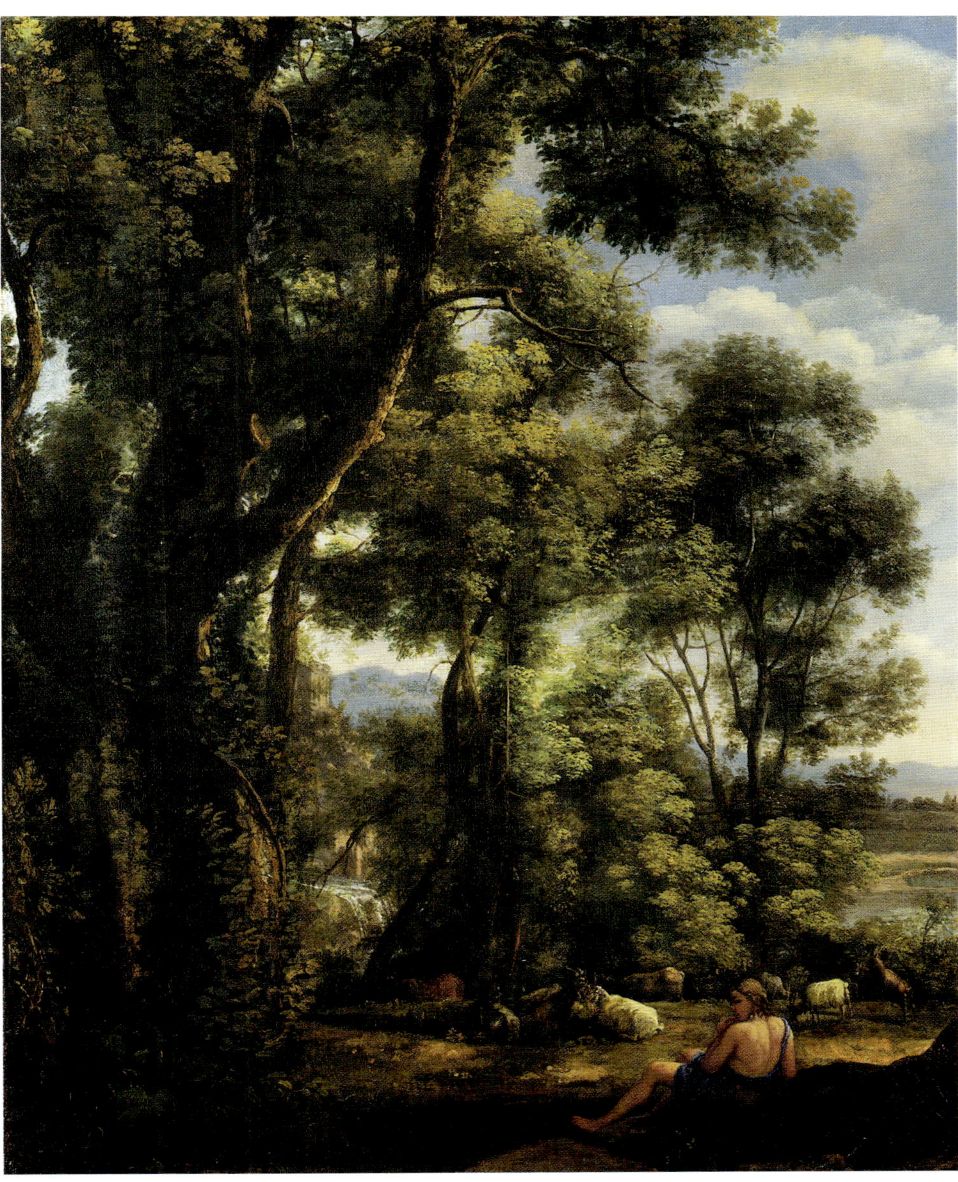

20
Claude Lorrain
Landskab med gedehyrde og geder
Landscape with a Goatherd and Goats

ca. 1636-1637, olie på lærred / oil on canvas, 52 × 42 cm
National Gallery, London
Presented by Sir George Beaumont, 1826

malerkasse, som kunne bruges, når man skulle "male *Paeses* [landskaber] ... ude i markerne".[9]

Der findes altså flere indicier, der bekræfter, at landskaber i små størrelser enten blev malet delvist eller, hvilket er mindre sandsynligt, helt i det fri på denne tid i Italien. Man må dog vende sig mod det barske nord for at finde de tidligste sikkert identificerbare eksempler på landskabsskitser udført i olie udendørs, nærmere betegnet Frankrig; det land der senere i det 18. og 19. århundrede skulle fostre et væld af landskabsmalere, og hvor hele processen omkring skabelsen af et landskabsmaleri er blevet indgående beskrevet og rubriceret i kunstteorien.

provide so many landscape artists in the eighteenth and nineteenth centuries and where the whole process of making a landscape painting would be so exhaustively described and categorised in artistic theory.

Ironically, the first great practitioner of this genre was not a pure landscape painter but a specialist in animal and still-life paintings, the backgrounds of which nearly always contained a significant landscape element. Alexandre-François Desportes (1661-1743) created a large collection of oil sketches on paper that constituted the working-material of his studio. In subject-matter they ranged from landscape to animals, flowers, plants and even pieces of silverware. His son, Claude-François

Ironisk nok var den første store eksponent for denne genre ikke rendyrket landskabsmaler, men specialist i skildring af dyr og stilleben, hvori der som oftest indgik et væsentligt landskabselement som baggrund. Alexandre-François Desportes (1661-1743) skabte en anselig samling olieskitser på papir, som udgjorde hans ateliermæssige arbejdsmateriale. Motiverne varierede fra landskaber til dyr, blomster, planter og endda sølvtøj. Hans søn, Claude-François (1695-1774), har beskrevet, hvordan faderen udførte skitser af dyr og "han gjorde det samme med landskaber; han plejede at medbringe tinæsker med klargjorte pensler og palet, når han begav sig ud i naturen samt en stok med en stålspids i den ene ende, som kunne bankes i jorden, og en stålknop i den anden, som kunne åbnes, hvorpå et lille stålstaffeli kunne skrues fast og dermed understøtte hans tegnepapir."[10] (Alexandre-François Desportes, *Skitse til landskabsmaleri*, 1692-1700, fig. 21).

Desportes' skitser forblev hos hans efterkommere, indtil de blev købt til Manufacture Royale de Sèvres i 1784. Derfor er der ikke ret mange kunstnerkolleger, der kan have set dem. Metoden med at skitsere i det fri var imidlertid blevet grundigt beskrevet af maleren, diplomaten og kunstkritikeren Roger de Piles i *Cours de peinture (Malerkursus)*, hans sidste publicerede værk, der udkom i 1708. De Piles havde været Conseiller Honoraire eller ekstern rådgiver for Académie royale de peinture et de sculpture (kunstakademiet etableret i 1648). I kapitlet om landskabsmaleri, en genre han mente fortjente større anerkendelse, skrev de Piles om kunstnere, der skitserede udendørs og tegnede med oliefarver i mellemtoner på kraftigt papir. Deres udstyr bestod af en flad æske, der kunne rumme palet, blyanter, olier og farver. De Piles understregede den værdighed og respektabilitet, der omgav landskabsmaleren, som besad det privilegium at kunne vandre i naturen og vælge og vrage frit i en uendelig billedverden. Han tilskyndede kunstnerne til at undersøge naturens udfordrende lyseffekter, idet han opfattede himlen som den primære lyskilde. De Piles' tekst, som blev oversat til engelsk i 1743, var fortsat den vigtigste teoretiske tekst om emnet op gennem det 18. århundrede.

Terminologien omkring olieskitser blev formelt defineret af Denis Diderot, der skrev for *Encyclopédie* i 1756. Således kunne en *étude*, en malet studie, dreje sig om en del af et landskab; en *esquisse*, en skitse, var det første udkast til et billede, mens en *ébauche* kunne hentyde til dette første udkast, dog lettere forarbejdet, eller det kunne referere til indlejringen af selve kompositionen. Disse termer undergik senere i det 19. århundrede subtile betydningsændringer, men for 1700-tallets pionerer med hensyn til landskabsskitsen i olie var det Diderots definitioner, der var gældende.

De har bestemt været fuldt ud forståelige for en kunstner som marinemaleren Claude-Joseph Vernet (1714-1789), der i tiden ansås for en forbilledlig friluftsmaler. Hans egne samtaler

(1695-1774), described how his father would make sketches of animals and "he did the same with landscape; he used to take with him into the country tin boxes containing his brushes and palette ready prepared, and also a walking stick with on one end a steel spike that could be driven into the ground and on the other a steel knob which opened to allow a little easel, also made of steel, to be screwed in, which served to support his drawing paper."[10] (Alexandre-François Desportes, *Sketch for Landscape*, 1692-1700, fig. 21).

Desportes's sketches remained with his descendants until they were acquired for the Manufacture Royale de Sèvres in 1784. They would not, therefore, have been widely seen by fellow artists. However, the practice of outdoor sketching had been described at length by the painter, diplomat and art critic Roger de Piles in his *Cours de peinture*, his last published work, which appeared in 1708. De Piles had been appointed Conseiller Honoraire to the Académie royale de peinture et de sculpture (founded in 1648). In his chapter on landscape, a genre that he believed deserved greater recognition, de Piles wrote of artists sketching out-of-doors and drawing in oil colours in a middle tint on strong paper. Their equipment included a flat box to hold palette, pencils, oils and colours. De Piles stressed the dignity and respectability of the landscape painter who was privileged to wander in nature and to choose a whole pictorial world as he pleased. He encouraged artists to study challenging light effects in nature and saw the sky as the principal source of light. De Piles's text, which was translated into English in 1743, remained the principal theoretical text on the subject throughout the eighteenth century.

The nomenclature of oil sketches was formally defined by Denis Diderot, writing for the *Encyclopédie* in 1756. An *étude*, a painted sketch, could be for a portion of a landscape; an *esquisse* was the first draft of a pictorial work; while an *ébauche* could denote that first draft, but more worked up, or it could be the lay-in of a composition. These terms would later subtly change in meaning in the nineteenth century, but for the pioneers of the landscape oil sketch in the eighteenth century Diderot's definitions held true.

They would certainly have been understood by an artist such as the marine painter Claude-Joseph Vernet (1714-1789), who was regarded in his day as a model *plein air* painter. Indeed, his own conversations with Diderot probably informed the latter's *Encyclopédie* text. Vernet had travelled to Rome in 1734 and eventually settled back in Paris in 1762. He set down his own ideas on painting in a now lost "letter" (in effect more of a miniature treatise) which was published posthumously in 1817. In this he stressed the importance of sketching after nature: "The shortest and surest method is to paint and draw from nature. Above all you must paint, because you have drawing and colour at the same time."[11] His own sketches after nature have not been

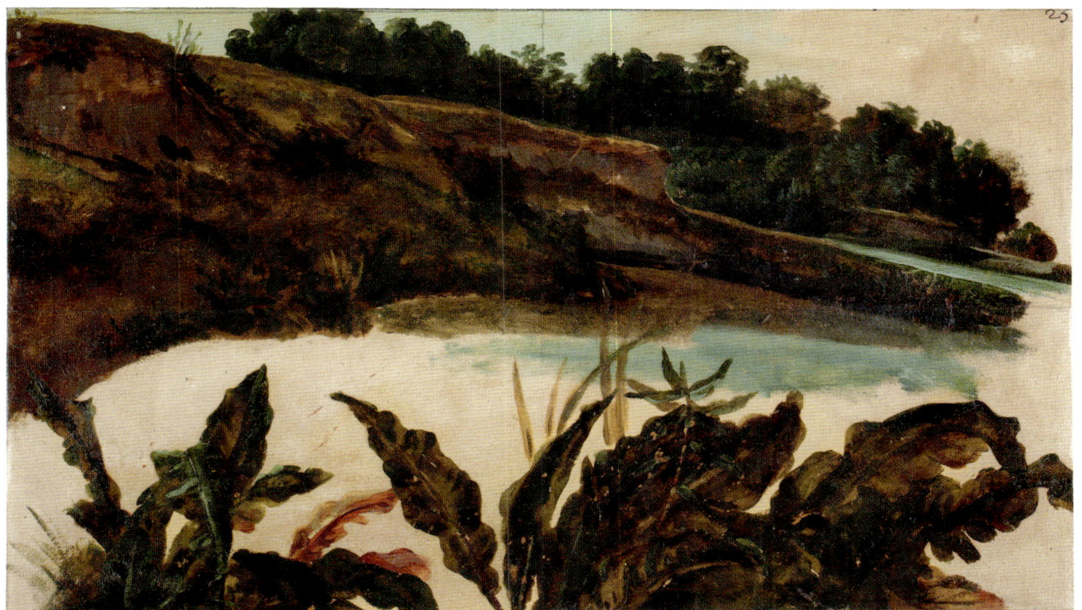

21
Alexandre-François Desportes
Skitse til landskabsmaleri
Sketch for Landscape

1692–1700, olie på papir monteret på pap / oil on paper fixed on cardboard, 30 × 51 cm
Cité de la Céramique, Sèvres

med Diderot prægede sandsynligvis sidstnævntes *Encyclopédie*-tekst. Vernet var rejst til Rom i 1734 og slog sig til sidst atter ned i Paris i 1762. Han nedfældede sine idéer om maleri i et "brev", der desværre er gået tabt (reelt mere en miniatureafhandling), udgivet posthumt i 1817. Heri fremhævede han vigtigheden af at skitsere efter naturen: "Den mest direkte og sikreste metode er at male og tegne efter naturen. Allerhelst skal man male, fordi man samtidig har tegningen og farven ved hånden."[11] Det har ikke været muligt at opspore hans egne skitser efter naturen, selvom det posthume salg omfattede 33 "malerier og studier malet efter naturen" udført i Rom og Napoli, og den engelske maler Joshua Reynolds erindrede at have set Vernet male efter naturen i Rom først i 1750'erne. I Watelet and Levesques *Dictionnaire des arts de peindre (Ordbog over Malerkunst)* (1792), en tekst der var stærkt præget af de Piles' eksempel, fortælles det, at "Monsieur Vernet malede altid sine studier efter naturen, når det kunne lade sig gøre".[12]

Selvom det er frustrerende, at Vernets naturskitser åbenbart ikke har overlevet, påvirkede hans idéer i høj grad de unge kunstnere, som gennem de sidste 25 år af hans liv kom til Paris for at tage ved lære af ham; den mest indflydelsesrige af disse var Pierre-Henri de Valenciennes (1750–1819). I dag er Valenciennes bedst kendt som den, der mere end nogen anden kan tilskrives ansvaret for etableringen af grandprixet for historiske landskaber i 1816, og for sin afhandling *Éléments de perspective ... (Perspektiviske elementer)*, udgivet første gang i 1800, og som skulle blive en bibel for generationer af

traced, though his posthumous sale included 33 "paintings and studies painted from nature" made in Rome and Naples, and the English painter Joshua Reynolds recalled seeing Vernet painting from nature early in the 1750s in Rome. In Watelet and Levesque's *Dictionnaire des arts de peindre* (1792), a text heavily influenced by de Piles's example, the reader is told, "M. Vernet, as much as he could, always painted his studies from nature".[12]

Although it is frustrating that Vernet's nature sketches do not appear to have survived, his ideas strongly influenced the young artists who came to learn from him in Paris during the last twenty-five years of his life, and of these by far the most influential was Pierre-Henri de Valenciennes (1750–1819). Today Valenciennes is best known as the figure who, more than any other, was responsible for the establishment of the Grand Prix for historical landscape in 1816 and for his treatise *Elémens de perspective* ..., first published in 1800, which became the bible for generations of neoclassical landscape painters. Its long-lived importance can be demonstrated by the Impressionist painter Camille Pissarro's exhortation in 1883 to his son Lucien to study it: "It is by the famous Valenciennes, it is still the best and the most practical, try to take account of its basic principles."[13] In a wide-ranging text, based on lectures given from 1796 to 1800, Valenciennes set down the full procedure for academic, historical landscape painting. With regard to *plein air* painting his most interesting remarks pertain to the sketch or *étude*, for which rapidity of execution should be the watchword:

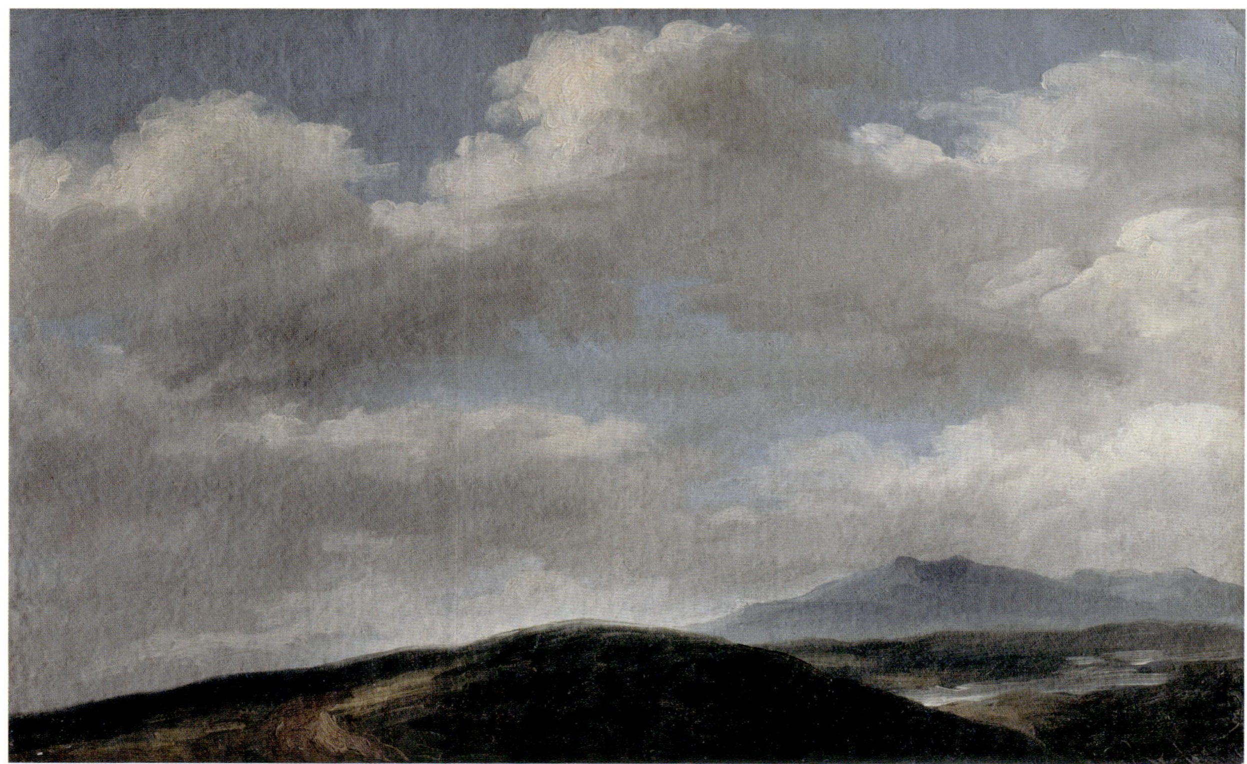

22
Pierre-Henri de Valenciennes
Ved Villa Borghese: hvide skyer
At the Villa Borghese: white clouds
1782-1784, olie på lærred / oil on canvas, 26,7 × 42,2 cm
Musée du Louvre, Paris, inv. no. RF 3030

nyklassicistiske landskabsmalere. Dens langvarige betydning kommer for eksempel til udtryk i den impressionistiske maler Camille Pissarros formaning til sin søn Lucien i 1883 om at se nærmere på den: "Den er skrevet af den berømte Valenciennes og er stadig den bedste og mest praktisk anvendelige beskrivelse, du må prøve at indprente dig dens grundlæggende principper."[13] I en bredtfavnende tekst baseret på foredrag holdt fra 1796-1800 nedfældede Valenciennes en detaljeret procedure for akademisk, historisk landskabsmaleri. Med hensyn til friluftsmaleri relaterer hans mest interessante bemærkninger sig til skitsen eller *l'étude*, for hvilken nøgleordet er *hurtighed*:

"Det er netop på det punkt, at jeg ønsker at vejlede ham i udformningen af sine *études*, som senere vil være en hjælp, når han skal opbygge billeder. En sådan vejledning er desto vigtigere for alle malere, da de fleste fejlagtigt, skødesløst, eller pga. af manglende omtanke laver den fejl at ville finpudse deres *études*, som netop skal forblive skitser lavet i al hast for at fange det flygtige øjeblik."[14]

Valenciennes' udtalte opbakning til at "indfange øjeblikket" peger fremad mod både det romantiske og det impressionistiske landskabsmaleri. Dog skal man erindre sig, at der var meget lidt sammenhæng mellem hans olieskitser, som

"It is there that I give him advice on the manner of making *études* which may later help him to compose pictures. Such advice is the more important for all painters since most of them, through error, carelessness or lack of thought, make the bad mistake of wishing to give too much finish to *études*, which should only be sketches made in haste to catch the fleeting moment."[14]

Valenciennes's advocacy of seizing the moment points the way forward to both Romantic and Impressionist landscape painting. Yet it should be remembered that there was little correlation between his oil-sketches, which survive in considerable numbers, and his highly finished, neoclassical compositions. In contrast, the energy and agitated brushwork to be found in John Constable's many oil sketches after nature are thrillingly adapted in his large six-footers – intended for exhibition at the Royal Academy shows in London. If, in Constable's work, the private and the public aspects of his art gloriously intermingled, in that of Valenciennes they remained very much apart.

Valenciennes's oil-sketches after nature were not intended for public consumption, though they were doubtless passed around among fellow artists. They would have remained largely unknown until a group of them was presented to the Louvre

findes i anselige mængder og hans yderst gennemarbejdede nyklassicistiske kompositioner. Til gengæld er energien og de ivrige penselstrøg, man eksempelvis finder i John Constables mange olieskitser efter naturen på betagende vis bearbejdet i hans monumentale billeder beregnet til udstilling på Royal Academys udstillinger i London. Mens de private og offentlige aspekter af Constables kunst blandes sammen på harmonisk vis i hans værker, forblev de i høj grad adskilte, når det gjaldt Valenciennes.

Valenciennes' olieskitser efter naturen var ikke beregnet til offentlig brug, selvom de utvivlsomt var velkendte blandt kunstnerkollegerne. De ville utvivlsomt være forblevet ukendte, hvis ikke et antal var blevet doneret til Louvre i Paris i 1930. Skitserne illustrerer netop, at Valenciennes praktiserede det, han prædikede. Malet, som traditionen bød, i olie på papir blev de fastgjort (*marouflé*) på et lærred for at fastholde dem som referenceværktøj for kunstneren. Deres udsyn er ofte vinklede, himlen ofte det bærende princip og penselstrøgene brede, ikke optaget af at skildre minutiøse detaljer, men snarere af hastigt at registrere en overordnet virkning. Lyset og stemningen er i høj grad genstand for observation (Pierre-Henri de Valenciennes, *Ved Villa Borghese: hvide skyer*, 1782-1784, fig. 22). De skitser, der blev udført i det mindre omskiftelige lys midt på dagen, kan have taget op til to timer at male, hvorimod f.eks. de mere flygtige aftenstemninger kan være indfanget i løbet af en halv time.

I de seneste årtier har opmærksomheden, foruden Valenciennes' skitser efter naturen, også været rettet mod dem, der blev udført af hans samtidige og af efterfølgende generationer. Tilsyneladende er utallige baggrunde eller *fonds* i form af kunstneres landskabsskitser, som hidtil normalt var forblevet 'skjulte' hos kunstnernes efterkommere, dukket op på kunstmarkedet og er blevet opsnappet af museer og private samlere. Traditionen med at lave olieskitser fra naturen var tydeligvis en udbredt praksis op mod det 18. århundredes afslutning og tog yderligere fart i begyndelsen af det 19. århundrede.

Indimellem blev skitserne udstillet offentligt. Som et tidligt eksempel kan nævnes André Giroux' (1801-1879) skitser, som han viste i små udvalg ved Salonudstillingerne i 1827 og 1831. På det tidspunkt kunne en *étude* også være kendetegnet som en *effet* eller, sommetider lettere nedsættende, som en *pochade*.[15] Kritikeren Auguste Jal brugte sidstnævnte term i forbindelse med sin kritik af skitserne – og man må her formode, at han refererede til alle typer skitser og ikke blot landskabsskitser – på Salonudstillingen i 1833:

"Skitser (*pochades*) har kun en begrænset levetid. Folk er allerede ved at blive træt af disse paletprøver, der virker som blikfang uden dog at appellere til hverken fornuft eller smag: De er som solreflekser, der skinner og blænder, men undsiger

in Paris in 1930. The sketches demonstrate that Valenciennes practised what he preached.

Painted, as was the custom, in oils on paper, they were stuck down (*marouflé*) onto canvas in order to preserve them for reference by the artist. Their viewpoints are frequently angled, the skies often act as the keynote and the brushwork is broad, concerned not with rendering minute detail but with rapidly recording an overall effect. Light and atmosphere are acutely observed (Pierre-Henri de Valenciennes, *At the Villa Borghese: white clouds*, 1782-1784, fig. 22). Those undertaken in the more unchanging light around the middle of the day may have taken up to two hours to paint, whereas the more fugitive effects of evening, for example, could have been captured in thirty minutes.

In recent decades, critical attention has focussed not only on Valenciennes's sketches after nature, but on those of his contemporaries and succeeding generations. Seemingly countless *fonds* of artists' landscape sketches, which had hitherto usually remained "hidden" with the artists' descendants, have appeared on the art market and been snapped up by museums and private collectors. Clearly, sketching in oils from nature was a widespread practice by the late eighteenth century and achieved even greater momentum in the early years of the nineteenth.

On occasion these sketches were exhibited publicly. An early example is that of André Giroux (1801-1879), who showed small groups at the Salons of 1827 and 1831. By this date an *étude* could also be known as an *effet* or, sometimes with a pejorative connotation, a *pochade*.[15] The latter was the term used by the critic Auguste Jal when he criticised the sketches – and here one must assume he was referring to all types of sketch, and not just those of landscapes – on show at the 1833 Salon:

"Sketches (*pochades*) can only live for a limited time. People are already getting tired of these palette-samples that catch the eye but have no appeal to reason or taste: they are like solar prisms that shine and dazzle but elude formal analysis, leaving no more trace in the memory than a burst of fireworks."[16]

Public art still demanded formal, thought-through works of art. But aesthetic preferences, partly influenced by political ideology, would soon change, especially in the field of landscape. The post-Revolution Salon of 1849 admitted three landscapes by Théodore Rousseau (1812-1867), whose works had often been previously refused and which, in their celebration of specifically French as opposed to Italianate scenery, signalled a shift away from the classical ideal. More specifically, Rousseau focussed on "northern" woodland scenery, as is demonstrated in *The Pool* (fig. 23) of ca. 1850, in which the subject-matter, if not the relatively loose handling of paint, was ultimately inspired by Dutch seventeenth-century art and the work of painters such as Jacob van Ruisdael (ca. 1629-1682) and

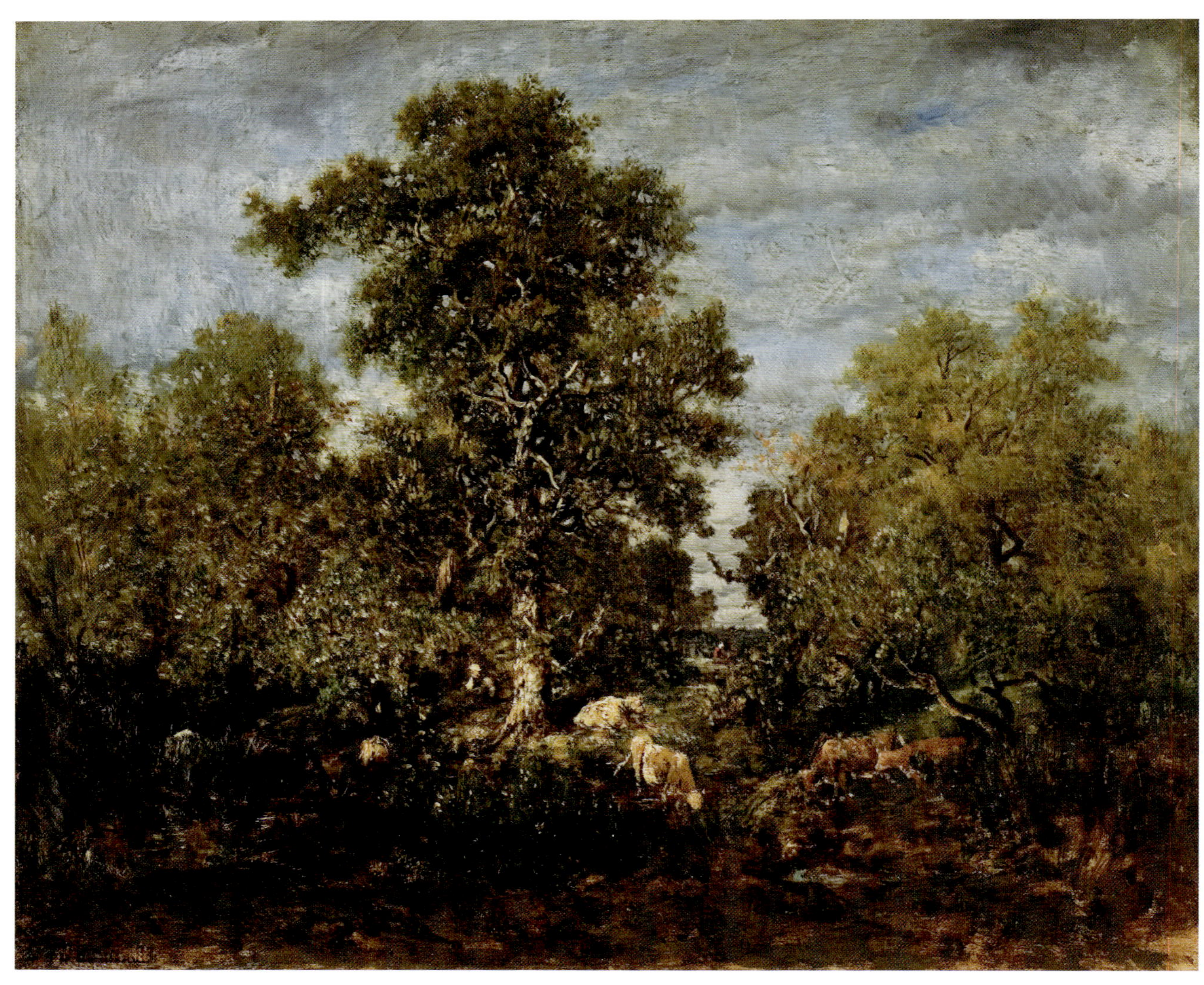

23
Théodore Rousseau
Dammen
The Pool

ca. 1850, olie på lærred / oil on canvas, 54,5 × 65,5 cm
Musée Fabre, Montpellier, inv. no. 868.1.71

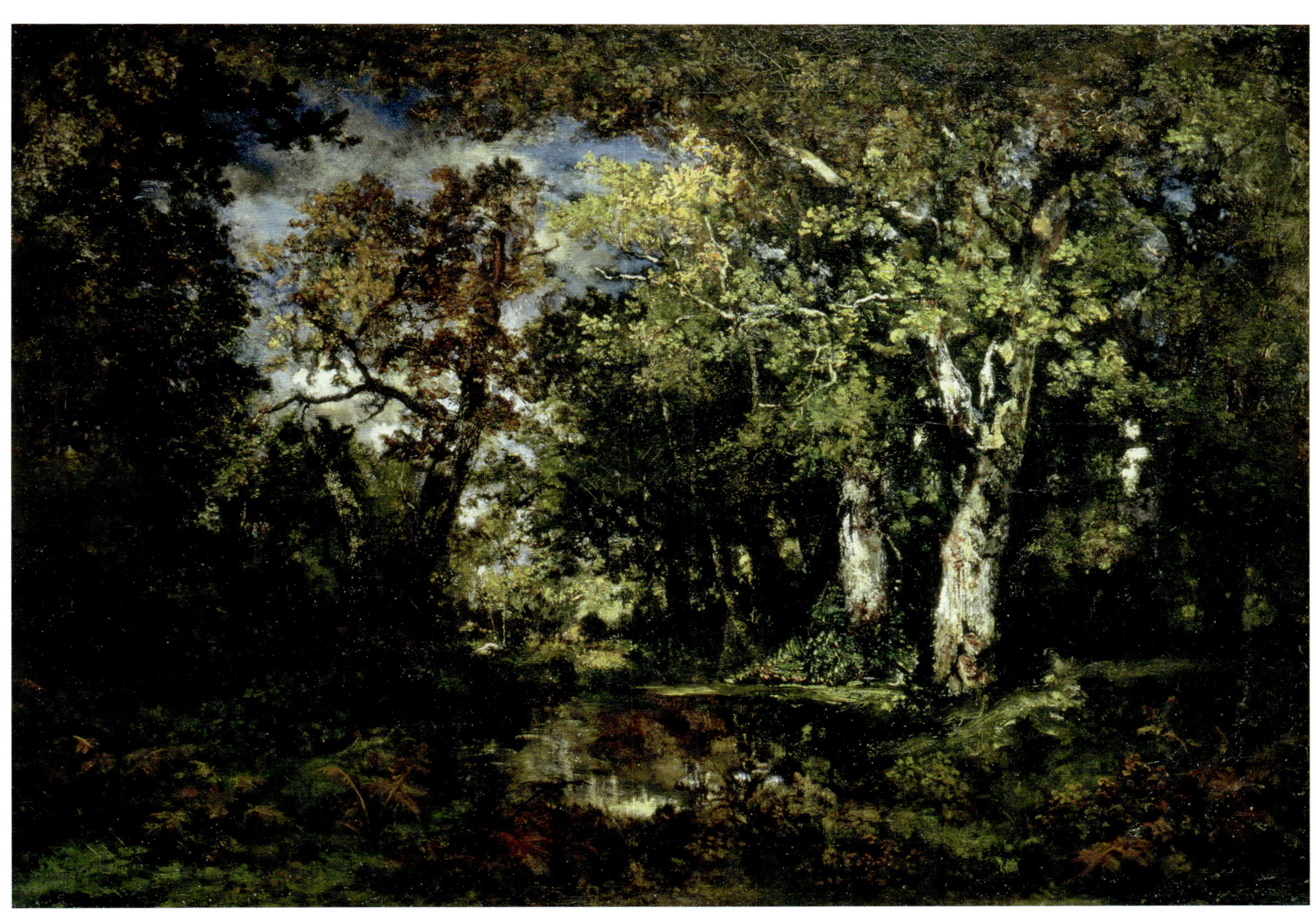

24
Narcisse Virgile Diaz de la Peña
Skoven ved Fontainebleau
The Forest at Fontainebleau

1870, olie på lærred / oil on canvas, 83,2 × 116,8 cm
Leeds Art Gallery, inv. no. LEEAG.PA.1937.0037.0006

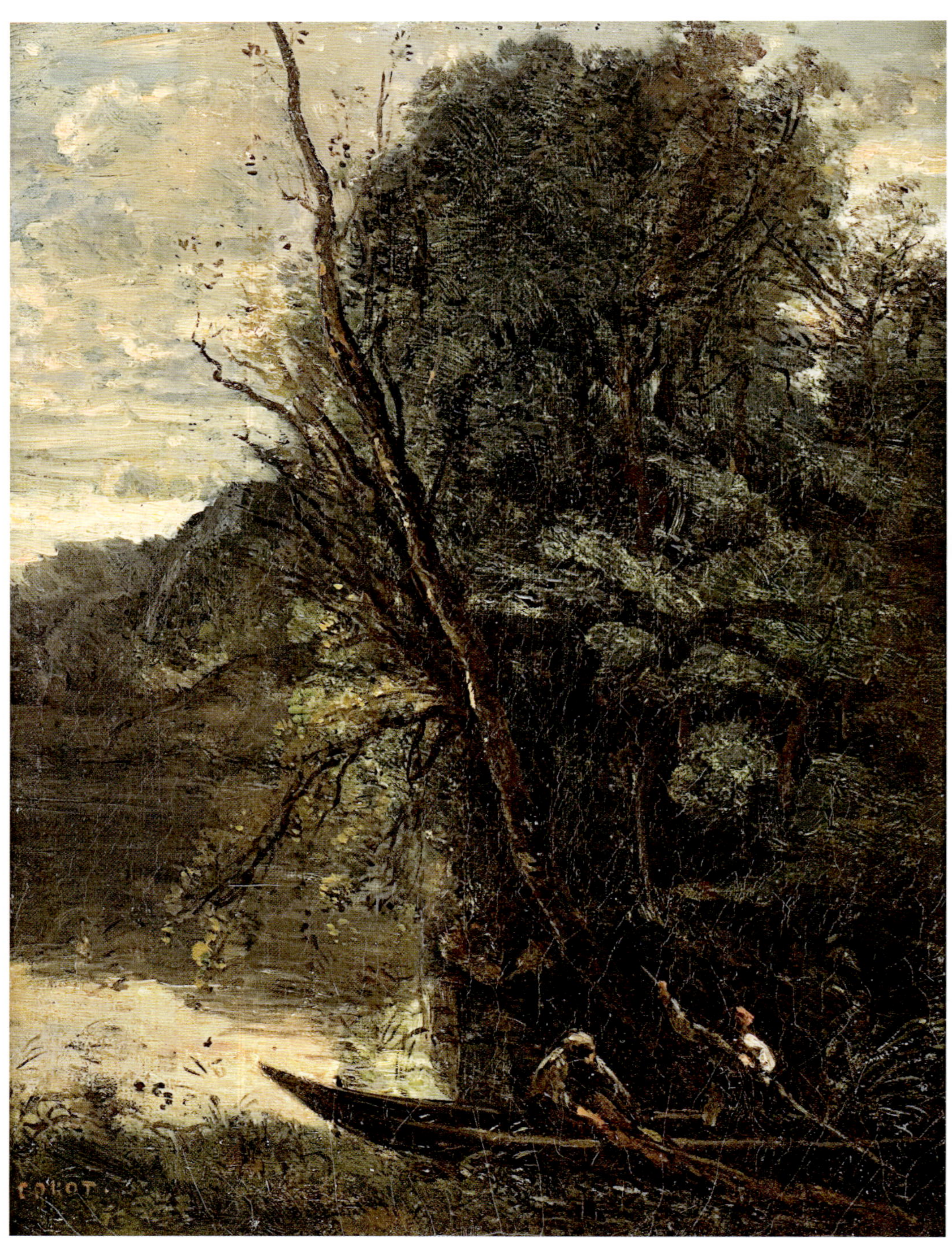

25
Jean-Baptiste Camille Corot
Fiskeri med net
Fishing with Nets

1847, olie på lærred / oil on canvas, 32,5 × 24,5 cm
Musée Fabre, Montpellier

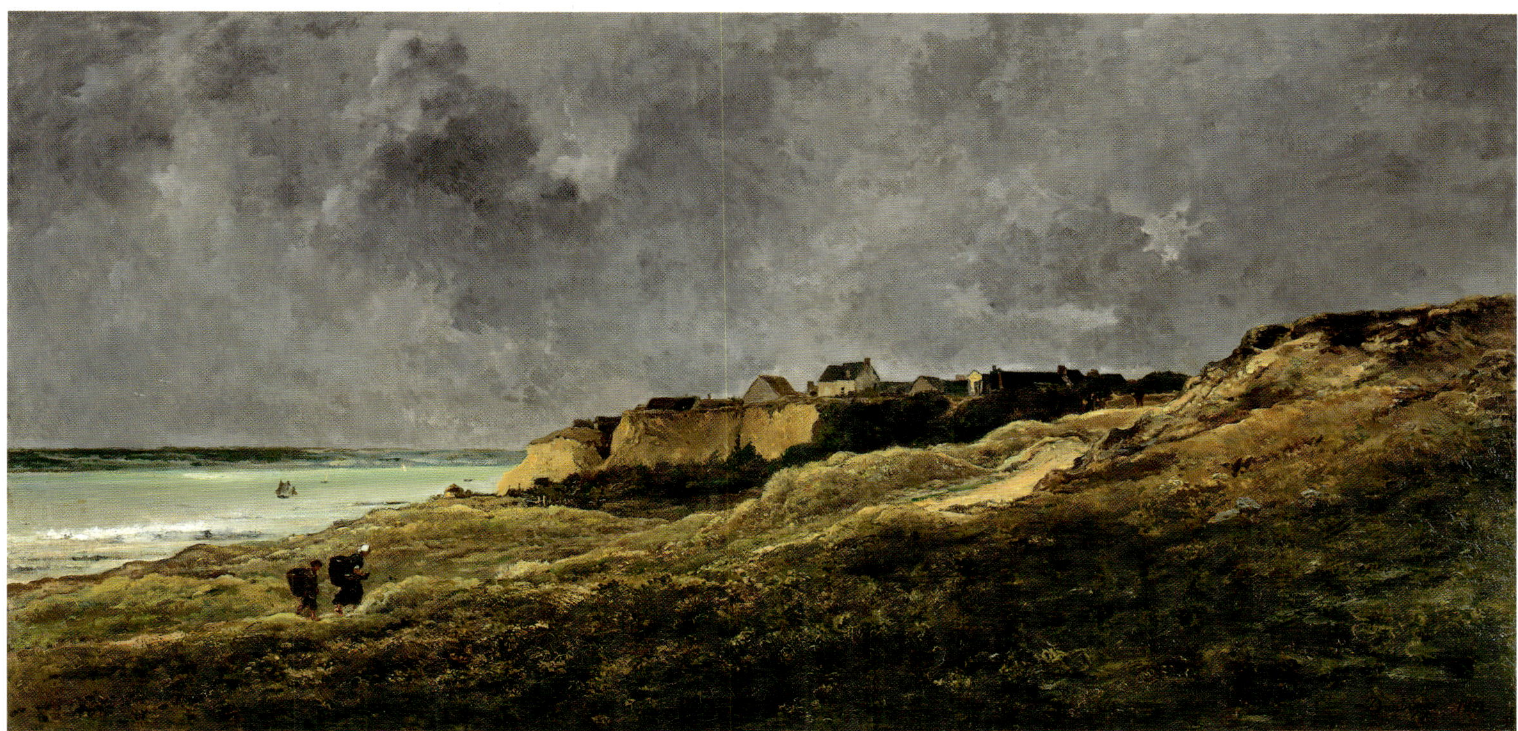

26
Charles Daubigny
Klinter i nærheden af Villerville-sur-Mer
Cliffs near Villerville-sur-Mer

færdiggjort / completed 1872, olie på lærred / oil on canvas, 100 × 200 cm
Mesdag Collection, The Hague

sig formel analyse, og de spor de efterlader sig i hukommelsen kan sammenlignes med braget fra fyrværkeri."[16]

Offentlig kunst krævede dog stadig formelle, gennemtænkte kunstværker. Men de æstetiske præferencer, til dels påvirket af politiske ideologier, skulle snart ændre sig, især med hensyn til landskabet. Den post-revolutionære Salon fra 1849 optog tre landskaber af Théodore Rousseau (1812-1867), hvis værker ofte tidligere var blevet afvist, og som, i deres hyldest til især det franske og ikke det italienske landskab, signalerede en tendens væk fra det klassiske ideal. Rousseau fokuserede særligt på det "nordlige" skovlandskab som illustreret i *Dammen* fra ca. 1850 (fig.23), i hvilket temaet, om end ikke den relativt upræcise malemåde, i sidste ende var inspireret af den hollandske kunst fra 1700-tallet og værker af malere såsom Jacob van Ruisdael (ca. 1629-1682) og Meindert Hobbema (1638-1709). Motivets præcise beliggenhed er ukendt, men det kunne sagtens være Fontainebleau-skoven sydøst for Paris, som Rousseau og hans kunstnerkolleger som f.eks. Narcisse Virgile Diaz de la Peña (1807-1876) gjorde en stor indsats for at gøre populær hos endagsturister fra den franske hovedstad, og som er fuldt ud sammenfattet i sidstnævntes *Skoven*

Meindert Hobbema (1638-1709). The location of this scene is unknown, but it could well be the Forest of Fontainebleau, a short distance to the south-east of Paris, which Rousseau and fellow artists such as Narcisse Virgile Diaz de la Peña (1807-1876) did so much to make popular with day-trippers from the French capital, and which is perfectly encapsulated in the latter's *The Forest at Fontainebleau* (fig. 24) of 1870. Rousseau very much favoured a sketch-like finish to his pictures, even those on a large scale. And he was known to paint some of his compositional *esquisses* for his larger pictures directly *sur le motif*. In the 1820s rural landscape had emerged as an art form in its own right and the growing network of Parisian dealers increasingly encouraged artists, especially those specialising in landscape, to produce sketch-like pictures for the art market. By the middle of the nineteenth century Rousseau and his great contemporary Camille Corot (1796-1875) would be catering for this demand, as is demonstrated in Corot's *Fishing with Nets* (fig. 25) of 1847, in which a distinctly northern flavour, in the form

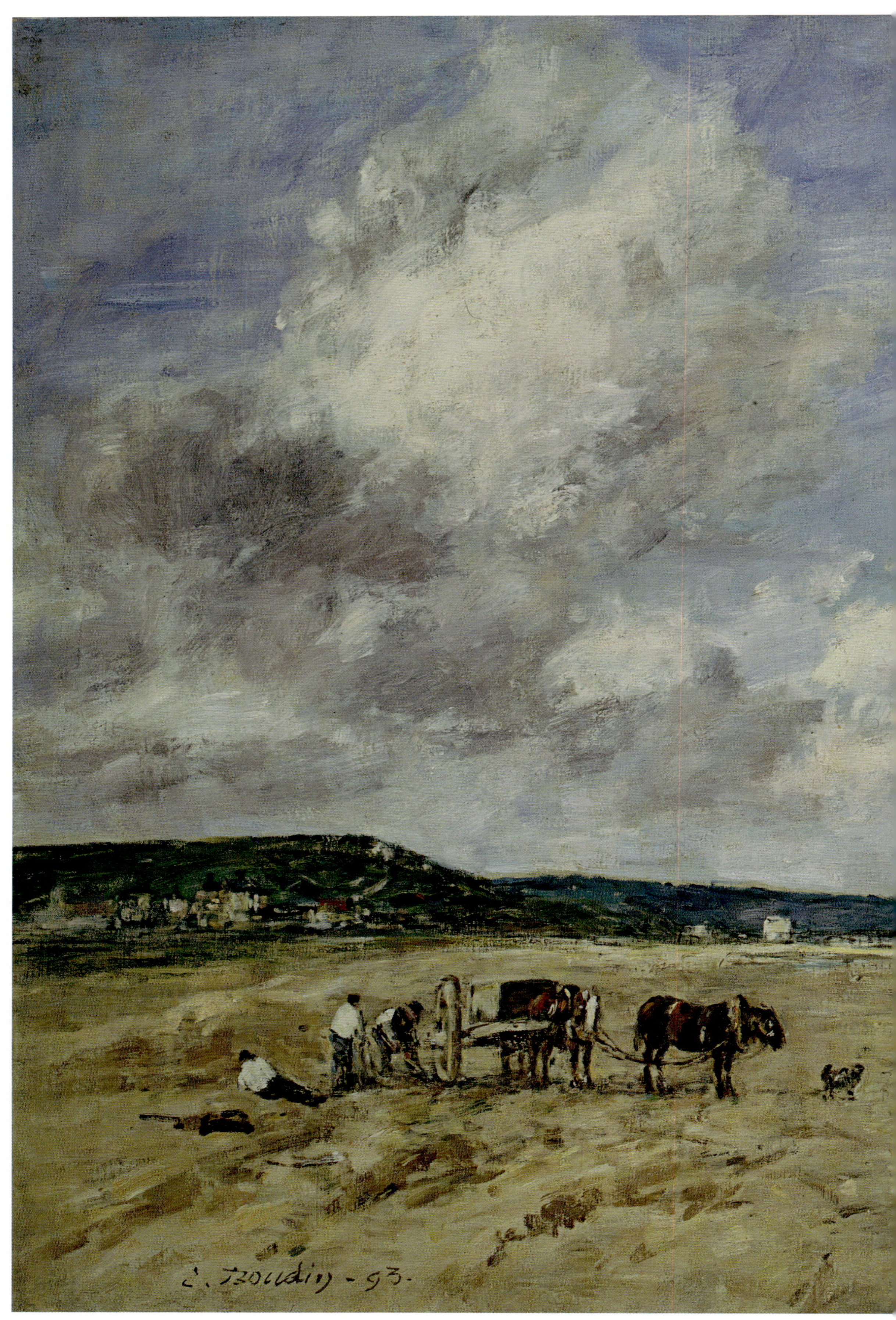

27
Eugène Boudin
Stranden i Deauville
The Beach at Deauville

1893, olie på lærred / oil on canvas,
50,5 × 74,5 cm
Musée des Beaux-Arts, Caen

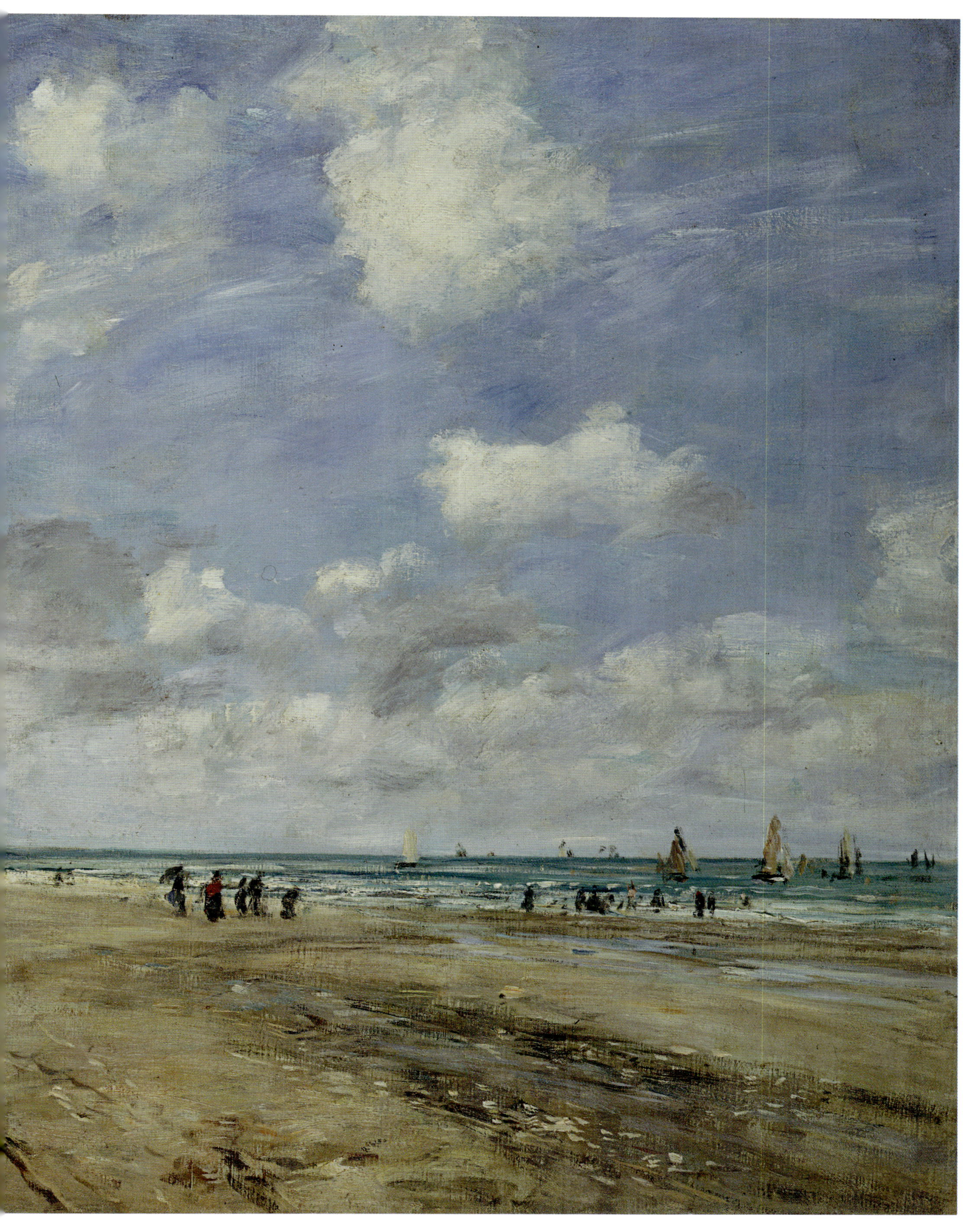

ved Fontainebleau (fig. 24) fra 1870. Rousseau gik i høj grad ind for et skitseagtigt udtryk i sine billeder, selv i de store lærreder. Desuden vidste man, at han malede nogle af sine kompositionelle *esquisses* til sine større billeder direkte foran motivet. I 1820'erne var landskabsbilledet blevet en selvstændig kunstform, og det ekspanderende netværk af parisiske kunsthandlere tilskyndede i stigende grad kunstnerne, især de der specialiserede sig i landskabsmaleri, til at udføre skitseagtige billeder til kunstmarkedet. Omkring midten af det 19. århundrede søgte Rousseau og hans jævnaldrende, den anerkendte Camille Corot (1796-1875), at imødekomme denne efterspørgsel, som det ses i Corots *Fiskeri med net* (fig. 25) fra 1847, hvor et særligt nordisk anstrøg, i form af fiskerne, er indlejret i en grundlæggende klassisk komposition.

Friluftsmaleriet blev ikke længere anset som usædvanligt, og samtidige grafiske værker satiriserede ofte over disse "horder" af landskabsmalere, der begav sig ud i den franske natur. Man associerede efterhånden det at arbejde udendørs med "oprigtighed" og "sandhed" modsat atelierbilledets "falske" opbygning. Et heroisk forsøg på at forene de to blev foretaget af Charles Daubigny (1817-1878), idet han påbegyndte mange af sine værker til Salonen udendørs. Det mest spektakulære eksempel herpå er hans *Villerville-sur-Mer*, der blev vist på Salonudstillingen i 1864 (*Klinter i nærheden af Villerville-sur-Mer*, færdiggjort i 1872, fig. 26). Ifølge vennen og tilhængeren Frédéric Henriet malede Daubigny hele billedet på stedet. Dette gjorde han ved at fastgøre lærredet til pæle, der var banket godt ned i jorden. Han "havde specielt udvalgt en urolig grå himmel med store skyformationer jaget af en hidsig vind".[17] Billedet blev efter sigende stående udenfor, og Daubigny fór tilbage for at fortsætte sit maleri, i samme øjeblik vejret atter var overskyet. Hans idé var at indfange, i stort format, det, de tidligere nyklassicistiske malere havde forsøgt at registrere i en hurtigt udført skitse. Hovedforskellen fandtes i det endelige, færdige maleri. Mens nyklassicisterne havde sigtet mod at skabe en fiktiv, idealiseret komposition, forsøgte Daubigny og ligesindede kunstnere at opnå en præcis skildring af naturen i stort format.

Monet og de unge impressionister, som trådte ind på scenen i 1860'erne, var store beundrere af Daubigny. En anden vigtig indflydelse, som Monet oplevede tidligt i sine formative år i Le Havre, var Eugène Boudin (1824-1898), hvis utraditionelle observationer af det omskiftelige vejrlig på Normandiets kyst, hvilket fremgår løbende i hans karriere og som i *Stranden i Deauville* fra 1893 (fig. 27), gjorde et uudsletteligt indtryk på den unge impressionist. Gustave Courbets (1819-1877) *Lavvande ved Trouville*, ca. 1865 (cf. fig. 68), samt *Stilhed, marine*, ca. 1865-1867 (cf. fig. 67), undersøger lignende kystlandskaber, men endnu mere virkningsfuldt med stranden stort set tømt for menneskelig aktivitet og med fokus på den

of the fishermen, has been imposed over an essentially classical composition.

Painting out-of-doors had ceased to be viewed as exceptional and contemporary prints often satirised the "armies" of landscapists venturing forth into the French countryside. Working out-of-doors came to be associated with "sincerity" and "truth", as opposed to the "false" construction of the studio picture. A heroic attempt to marry the two was undertaken by Charles Daubigny (1817-1878), many of whose Salon pieces were at least begun in the open air. The most spectacular example of this was his *Villerville-sur-Mer* shown at the 1864 Salon (Charles Daubigny, *Cliffs near Villerville-sur-Mer*, completed 1872, fig. 26). According to his friend and supporter Frédéric Henriet, Daubigny painted the entire picture on the spot. This he achieved by fixing the canvas to posts driven firmly into the ground. He "had specifically chosen a turbulent grey sky with big clouds chased by an angry wind".[17] The canvas was apparently left outside and Daubigny would rush back to continue painting whenever overcast weather recurred. His intention was to capture, on a large scale, what the earlier neoclassical painters had attempted to record in a quick sketch. The major difference lay in the final, finished picture. Whereas the neoclassicists had aimed to produce an invented, idealised composition, Daubigny and artists who thought like him tried for an accurate representation of nature on a large scale.

Daubigny was greatly admired by Monet and the young Impressionists who appeared on the scene in the 1860s. Another important early influence on Monet during his formative years in Le Havre was Eugène Boudin (1824-1898), whose fresh observation of the changeable weather to be found on the Normandy coast, as evidenced throughout his career and in *The Beach at Deauville* of 1893 (fig. 27), profoundly affected the young Impressionist. Gustave Courbet's (1819-1877) *Low Tide at Trouville*, ca. 1865 (cf. fig. 68), and *Le Calme, Marine*, ca. 1865-1867 (cf. fig. 67), explore similar coastal scenery to even more telling effect, with the beach largely devoid of human activity and concentration focussed on the dramatic sky that dominates the composition. Sunlight plays through the grey sky, suggestive of approaching calm after a storm. From an early stage Monet was also preoccupied with the weather. As he later told the Duc de Trévise, "When I began, I was like the others; I thought that two canvases were enough, one for dull weather, one for sunshine."[18] His early coastal scenes of Normandy bear this out. His first radical gesture to open-air painting came with his *Women in the Garden* (ca. 1866, cf. fig. 83), which was rejected at the 1867 Salon. Although it was begun out-of-doors at Ville-d'Avray in the summer of 1866, it was completed indoors at Honfleur early in 1867. This was a monumental, figurative composition, however, so an element of studio work was to be expected. With regard to landscape, Monet was

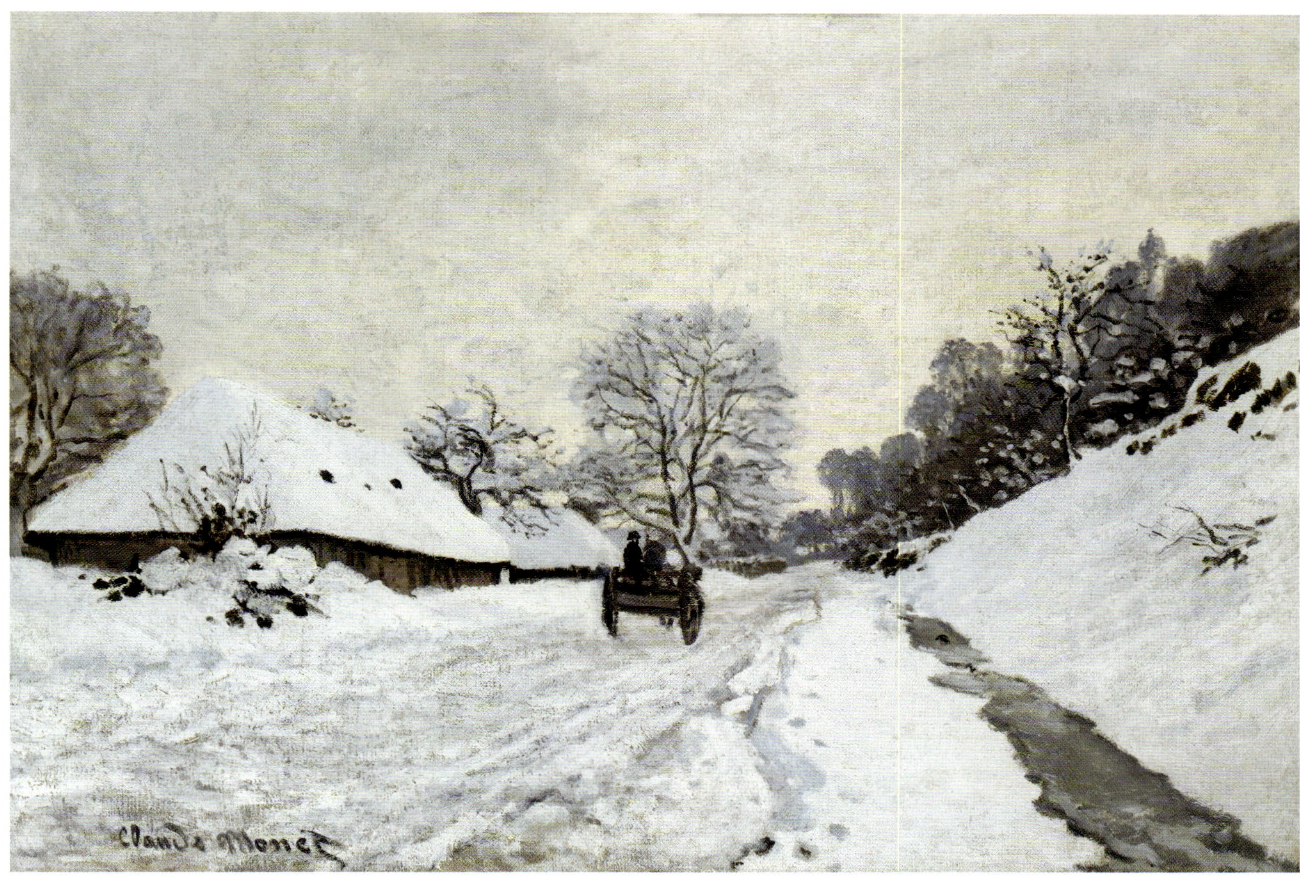

28
Claude Monet
Kærren. Snedækket vej ved Honfleur
The Cart. Snow-covered road at Honfleur
ca. 1867, olie på lærred / oil on canvas, 65 × 93 cm
Musée d'Orsay, Paris, inv. no. RF2011

dramatiske himmel, der dominerer kompositionen. Sollysets spil gennem en grå himmel giver mindelser om forestående stilhed efter en storm. Monet var også tidligt optaget af vejret. Som han senere berettede for hertugen af Trévise: "Da jeg startede, var jeg lige som de andre, for jeg troede, at det var nok med to lærreder, et til overskyet vejr og et til solskinsvejr."[18] Det bærer hans tidlige kystlandskaber fra Normandiet præg af. Han foretog det første radikale greb med hensyn til friluftsmaleri med *Kvinder i haven*, ca. 1866 (cf. fig. 83), som blev afvist på Salonen i 1867. Selvom det blev påbegyndt udendørs ved Ville-d'Avray i sommeren 1866, blev det færdiggjort inden døre i Honfleur i begyndelsen af 1867. Det var imidlertid en monumental, figurativ komposition, så en vis grad af atelierarbejde var forventelig. For så vidt angår landskabsmaleriet, var Monet fast besluttet på at opleve den uforfalskede natur, selv i voldsomt vejr. En lokal journalist beskrev ham således i gang med sit malearbejde i dyb sne sandsynligvis i vinteren 1866-1867:

doggedly determined to experience nature in the raw, even in severe conditions. A local journalist described him painting, probably in the winter of 1866-1867, in deep snow:

"We have only seen him once. It was in the winter, during several days of snow, when communications were virtually at a standstill. It was cold enough to split stones. We noticed a foot-warmer, then an easel, then a man, swathed in three coats, his hands in gloves, his face half frozen. It was M. Monet, studying a snow effect."[19] (Claude Monet, *The Cart. Snow-covered road at Honfleur*, ca. 1867, fig. 28).

Monet would continue to brave such conditions through to the 1890s and in his letters he describes being knocked over by waves at Étretat, of braving severe winters in order to paint his *Grainstacks*, and of struggling through thick vegetation to get to out-of-the-way viewpoints on the coastal cliffs of Normandy.

"Vi så ham kun en enkelt gang. Det var vinter, havde sneet i flere dage, og alle forbindelser var så godt som afbrudt. Kulden gik gennem marv og ben. Så bemærkede vi en fodvarmer, dernæst et staffeli og til sidst en mand indhyllet i tre overfrakker, med behandskede hænder og et forfrossent ansigt. Det var Monsieur Monet, der var ude for at undersøge sneens indvirkning."[19] (*Kærren. Snedækket vej ved Honfleur*, 1867, fig. 28).

Monet fortsatte op gennem 1890'erne med at trodse lignende forhold, og i sine breve beskriver han, hvordan han blev slået omkuld af bølgerne ved Étretat, hvordan han trodsede hårdt vinterligt vejr for at male sine *Høstakke* og kæmpede sig frem gennem uigennemtrængelige bevoksninger for at nå frem til fjerne udsigtspunkter på klinterne langs Normandiets kyst. Efter 1870 blev friluftsmaleriet altdominerende i hans arbejde, idet han mere eller mindre opgav de store kunstværker til fordel for mindre såsom dem, han lod udstille på impressionisternes gruppeudstillinger fra 1874 og frem.

I 1880'erne var impressionisterne blevet kendt som en malergruppe, hvis arbejdsmetoder var forankret i friluftsmaleriet, en idé understøttet af tilhængernes propaganda. I forordet til kataloget til Monets første soloudstilling i 1880 skrev Théodore Duret om "et oliemaleri der påbegyndtes og afsluttedes udelukkende foran motivet i naturen", og i et interview fra samme år påstod Monet frejdigt: "Jeg har aldrig haft et atelier, og jeg forstår ikke dem, der lukker sig selv inde i et rum."[20]

Det var naturligvis ikke helt sandt, for de værker, der var påbegyndt udendørs, blev næsten alle færdiggjort i atelieret. På det tidspunkt var det imidlertid yderst fordelagtigt at udbrede idéen om friluftsmaleriet, og mange kritikere medvirkede til at fremme den. For eksempel havde Stéphane Mallarmé i 1876 bemærket, at "Den maler af betydning findes ikke, som ikke de seneste år har tilsluttet sig eller gjort sig overvejelser om nogle af de teorier, som impressionisterne har fremsat, herunder især dem om friluftsmaleriet, som øver indflydelse på al moderne kunstnerisk tænkning."[21]

Det vigtige i den forbindelse var selvfølgelig, at de pågældende malerier "så ud", som om de var malet i det fri, og at de blev udført i stærke, klare farver. Som Renoir sagde:

"Hvis jeg malede clairobscur, var det, fordi man skulle male sådan. Det var ikke bare et resultat af en teori, men af et behov, et behov der lå i luften og gjaldt alle, ubevidst, ikke bare mig. Det var ikke sådan, at jeg var revolutionær, fordi jeg malede clairobscur ... Og at de formelle malere med deres bitumen var tossede. Man måtte være tosset, hvis man ønskede at standse tidens gang."[22]

De gamle forskelle mellem studier og færdige billeder fandtes imidlertid, skønt de oprindelige betydninger af enkelte af de beskrivende kategorier havde ændret sig. Således skelnede Monet fra begyndelsen af 1880'erne og frem mellem, på den ene side, sine *études*, *esquisses* og *toiles* og, på den

After 1870 open-air painting came to dominate his work as he largely abandoned big exhibition pictures in favour of smaller ones such as those shown at the Impressionist group shows from 1874 onwards.

By the 1880s the Impressionists had come to be known as a group whose methods were rooted in the principle of outdoor painting, an idea that was supported by the propaganda of their supporters. Théodore Duret wrote in the preface of the catalogue to Monet's first one-man show of 1880 of, "oil painting started and completed in its entirety in front of the natural scene", and in an interview from the same year Monet boldly claimed: "I have never had a studio, and I don't understand shutting oneself away in a room."[20]

This, of course, was not really true, for works begun out-of-doors were almost all completed in the studio. However, by this date it was definitely advantageous to promulgate the concept of open-air painting. Many critics assisted in this promotion. For example, Stéphane Mallarmé had noted in 1876: "There is indeed no painter of consequence who during the last few years has not adopted or pondered over some one of the theories advanced by the Impressionists, and notably that of the open air, which influences all modern artistic thought."[21]

What was important, of course, was that the paintings in question "looked" as if they had been painted out-of-doors, and were executed in bright, clear colours. As Renoir put it:

"If I painted *clair*, it was because one had to paint *clair*. It wasn't just the result of a theory, but of a need, a need which was in the air, with everyone, unconsciously, not just me. In painting *clair* I wasn't a revolutionary ... And the official painters with their bitumen were mad. You had to be mad to want to halt the march of time."[22]

Old distinctions between studies and finished pictures still persisted, however, though the original meanings of some of the descriptive categories had changed. Thus Monet from the early 1880s onwards distinguished between his *études*, *esquisses* and *toiles* on the one hand, and his *tableaux* (i.e. larger and more finished paintings) on the other. By *étude*, however, he meant not a preliminary study (the term's original meaning), but a painting in progress to which he could have devoted up to twenty sessions without reaching resolution. Similarly an *esquisse*, in Monet's terms, denoted a picture that was sketchy in appearance but complete. The same distinctions must have held true for Pissarro, for he stated in an 1892 interview, "I do not paint my *tableaux* directly from nature. I only do that with my *études*."[23]

One of the criticisms frequently levelled at Impressionism was that, because of the emphasis it placed on open-air painting, it consisted of nothing more than an unthinking visual transcription of what the artist saw immediately before him. Pissarro recognised this limitation: "Outside, one can seize the beautiful

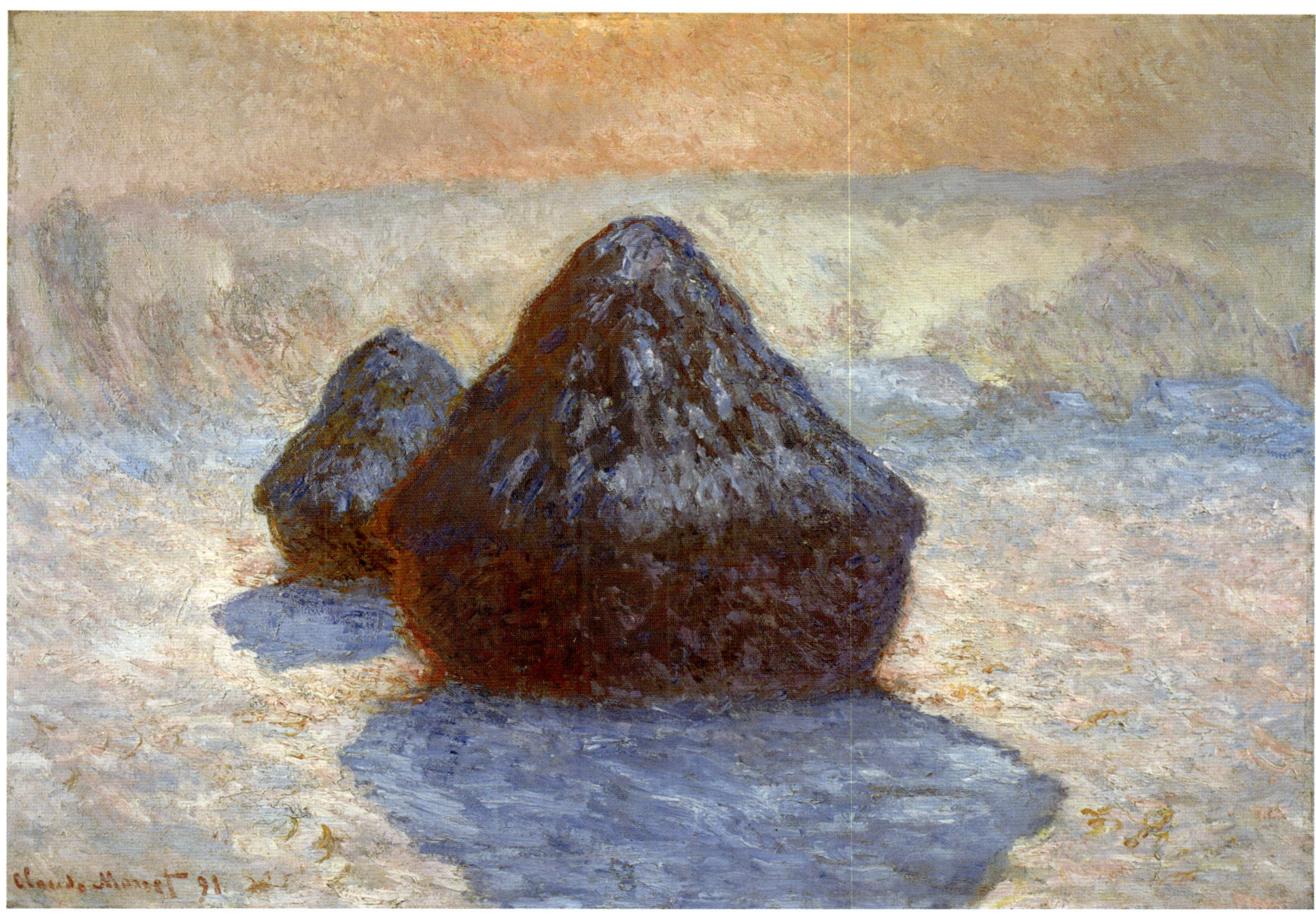

29
Claude Monet
Høstakke i sne
Haystacks, Snow Effect

1891, olie på lærred / oil on canvas, 65 × 92 cm
Scottish National Gallery, Edinburgh

anden, sine *tableaux* (dvs. de større og mere afsluttede malerier). Med *étude* mente han imidlertid ikke forstudie (termens oprindelige betydning), men et igangværende maleri, som han kunne bruge helt op til 20 arbejdssessioner på uden at nå frem til en afklaring. På samme måde betød en *esquisse* for Monet et billede, som fremstod skitseagtigt, men dog var færdigt. Det samme må have gjort sig gældende for Pissarro, for han udtalte i et interview fra 1892: "Jeg maler ikke mine *tableaux* direkte efter naturen. Det gør jeg kun med mine *études*."[23]

Et af de kritikpunkter, der ofte blev rettet mod impressionismen, var, at den, i kraft af at den tillagde friluftsmaleriet så stor vægt, ikke var andet end en tanketom visuel transskription af det, kunstneren så for sine øjne. Pissarro nikkede genkendende til denne begrænsning: "Udenfor kan man gribe de smukke harmonier, som straks springer i øjnene: Men man har

harmonies which immediately spring to the eyes: but one cannot sufficiently examine oneself, so as to express in the work one's intimate feelings. It is in search for this intellectual unity that all my efforts are directed."[24]

This reaffirmation of the self and awareness of older traditions would be common to nearly all the Impressionists in the years of their maturity. In the case of Edgar Degas, they were qualities that informed his art throughout his career. As a predominantly figurative artist his interest in landscape painting was fitful, and as a confirmed urban dweller he declared that in the countryside he would be bored or catch a cold. He reserved his special scorn, however, for *plein air* painting:

ikke mulighed for i tilstrækkelig grad at mærke efter inden i sig selv til at lægge sine inderste følelser i værket. Alle mine anstrengelser går ud på at lede efter denne intellektuelle harmoni."[24]

Bekræftelsen af selvet og bevidstheden om de ældre traditioner blev fælles for næsten alle impressionisterne i deres modne alder. I Edgar Degas' tilfælde var det netop disse egenskaber, der karakteriserede hans kunst gennem hele hans karriere. Som altovervejende figurativ kunstner var hans interesse for landskabsmaleriet noget ustadig, og som inkarneret bybo erklærede han, at han enten ville kede sig ihjel eller blive forkølet ude på landet. Han havde imidlertid en særlig uvilje mod friluftsmaleriet:

"Blot et enkelt kig ud ad vinduet er mig nok, når jeg er på rejse. Jeg klarer mig ganske pænt uden overhovedet at forlade mit eget hus. Med en skål suppe og tre gamle pensler kan man skabe det bedste landskab, der nogensinde er malet."[25]

Vi bør vel lade Monet få det sidste ord om friluftsmaleriet. Vi har her set, hvordan friluftsmaleriet udviklede sig fra at være en forberedende aktivitet til det færdige atelierbillede til, i det mindste for en tid, at være et mål i sig selv. Monet gik et skridt videre med sine forskellige seriemalerier i 1880'erne og 90'erne. I disse ønskede han at skildre bestemte motiver, det være sig *Popler ved floden Epte*, *Høstakke* på markerne ved Giverny (*Høstakke i sne*, 1891, fig. 29), eller *Tidlige morgener på Seinen* på særlige og tilbagevendende tidspunkter på dagen. Dette lod sig gøre ved at besøge stederne igen og igen for at opleve de samme lysforhold og farvetoner. Som en skribent engang udtrykte det, var Monet optaget af "tidens farve"[26], i første omgang baseret på en direkte observation af naturen. Denne undersøgelse var så koncentreret og intens, at den brød med sin kilde for at pege videre frem mod det 20. århundredes seriemaleri.

NOTER

1 Octave Mirbeau, "Claude Monet", forord til udstillingskataloget *Claude Monet–Auguste Rodin* i Galerie Georges Petit, Paris, 1889, s. 26.
2 Mere herom i Philippe Grunchec, *Les concours des Prix de Rome de 1797 à 1863*, Paris, 1983.
3 Se især Peter Galassi, *Corot in Italy*, New Haven og London, 1991.
4 F.R. de Chateaubriand, "Lettre à M. de Fontanes sur la campagne romaine", (red. J.M. Gautier), Genève, 1951, s. 6-7.
5 Se specielt Philip Conisbee, "Pre-Romantic Plein-Air Painting", *Art History*, december, 1979, s. 413-428; Richard Rand, "Landscape with Erminia and Claude's Painting from Nature", *Studying Nature Oil Sketches from the Thaw Collection*, Morgan Library & Museum, New York, 2011, s. 45-63.
6 Marcel Roethlisberger, *Claude Lorrain: The Paintings*, New Haven, 1961, s. 51.
7 Roethlisberger, s. 62.
8 Roethlisberger, s. 58.
9 Citeret i Conisbee s. 414. Symonds' notesbog findes i the British Library, London, *Egerton 1636*.

"Just an occasional glance out of the window is enough when I am travelling. I can get along very well without even going out of my own house. With a bowl of soup and three old brushes, you can make the finest landscape ever painted."[25]

Perhaps the final word on *plein air* painting, though, should go to Monet. We have seen how painting in the open air developed from being an activity preparatory to the production of a finished studio picture to being, for a time at least, an end in itself. Monet took this one stage further with his various series paintings in the 1880s and 90s. In these he was concerned to portray particular motifs, be they *Poplars on the River Epte*, *Grainstacks* in the fields near Giverny (Claude Monet, *Haystacks, Snow Effect*, 1891, fig. 29), or *Early Mornings on the Seine* at particular and recurring times of day. This was achieved by revisiting the locations repeatedly so as to encounter the same lighting and colours. As one author has put it, Monet was actually concerning himself with "the colour of time",[26] based initially on the direct observation of nature. This scrutiny was so concentrated and so intense that it transcended its source and pointed the way forward to the serial art of the twentieth century.

NOTES

1 Octave Mirbeau, "Claude Monet", preface to catalogue of the exhibition *Claude Monet–Auguste Rodin* at Galerie Georges Petit, Paris, 1889, p. 26.
2 On which see Philippe Grunchec, *Les concours des Prix de Rome de 1797 à 1863*, Paris, 1983.
3 See, in particular, Peter Galassi, *Corot in Italy*, New Haven and London, 1991.
4 F.R. de Chateaubriand, "Lettre à M. de Fontanes sur la campagne romaine", (ed. J.M. Gautier), Geneva, 1951, pp. 6-7.
5 See, in particular, Philip Conisbee, "Pre-Romantic Plein-Air Painting", *Art History*, December, 1979, pp. 413-428; Richard Rand, "*Landscape with Erminia* and Claude's Painting from Nature", *Studying Nature Oil Sketches from the Thaw Collection*, Morgan Library & Museum, New York, 2011, pp. 45-63.
6 Marcel Roethlisberger, *Claude Lorrain: The Paintings*, New Haven, 1961, p. 51.
7 Roethlisberger, p. 62.
8 Roethlisberger, p. 58.
9 Quoted in Conisbee, p. 414. Symonds's notebook is in the British Library, London, *Egerton 1636*.
10 L. Dussieux, ed., *Mémoires inédits … des membres de l'Académie Royale*, II, Paris, 1854, p. 109.
11 "Appendix, A letter on landscape painting", in *Claude-Joseph Vernet 1714-1789*, exhibition catalogue, Iveagh Bequest, Kenwood, London, 1976.
12 Charles-Henri Watelet and Pierre-Charles Levesque, *Dictionnaire des arts de peinture, sculpture et gravure*, IV, Paris, 1792, p. 37.
13 Camille Pissarro, *Correspondance de Camille Pissarro I/1865-1885*, Paris, 1980, p. 260.
14 P.H. de Valenciennes, *Élémens de perspective …*, Paris, 1820 ed., pp. 339-340.
15 On nineteenth-century terminology in French art see Albert Boime, *The Academy & French Painting in the Nineteenth Century*, Yale and New Haven, 1971.
16 A. Jal, *Causeries du Louvre*, Paris, 1833, p. 157.
17 Frédéric Henriet, *Daubigny et son œuvre gravé*, Paris, 1875, p. 43.
18 Duc de Trévise, "Le Pèlerinage de Giverny", *La Revue de l'art*, January-February, 1927, p. 126.
19 L. Billot, "L'Exposition des Beaux-Arts", *Journal du Havre*, 9 October 1868.

10 L. Dussieux, red., *Mémoires inédits ... des membres de l'Académie Royale*, II, Paris, 1854, s. 109.
11 "Appendix, A letter on landscape painting", *Claude-Joseph Vernet 1714-1789*, udstillingskatalog, Iveagh Bequest, Kenwood, London, 1976.
12 Charles-Henri Watelet og Pierre-Charles Levesque, *Dictionnaire des arts de peinture, sculpture et gravure*, IV, Paris, 1792, s. 37.
13 Camille Pissarro, *Correspondance de Camille Pissarro I/1865-1885*, Paris, 1980, s. 260.
14 P.H. de Valenciennes, *Élémens de perspective ...*, Paris, 1820 udg., s. 339-40.
15 For fransk kunstterminologi i det 19. århundrede, se Albert Boime, *The Academy & French Painting in the Nineteenth Century*, Yale og New Haven, 1971.
16 A. Jal, *Causeries du Louvre*, Paris, 1833, s. 157.
17 Frédéric Henriet, *Daubigny et son œuvre gravé*, Paris, 1875, s. 43.
18 Duc de Trévise, "Le Pèlerinage de Giverny", *La Revue de l'art*, januar-februar, 1927, s. 126.
19 L. Billot, "L'Exposition des Beaux-Arts", *Journal du Havre*, 9. oktober 1868.
20 E. Taboureux, "Claude Monet", *La Vie Moderne*, 12. juni 1880.
21 Stéphane Mallarmé, "The Impressionists and Edouard Manet", *The Art Monthly Review and Photographic Portfolio*, 30. september 1876.
22 Jean Renoir, *Renoir*, 1962, s. 79.
23 P. Gsell, "La tradition antique française, l'Impressionnisme", *Revue bleue*, 26 March 1892.
24 Ibid.
25 A. Vollard, *Degas, an Intimate Portrait*, New York, 1986 udg., s. 55.
26 Virginia Spate, *The Colour of Time Claude Monet*, London, 1992.

20 E. Taboureux, "Claude Monet", *La Vie Moderne*, 12 June 1880.
21 Stéphane Mallarmé, "The Impressionists and Edouard Manet", *The Art Monthly Review and Photographic Portfolio*, 30 September 1876.
22 Jean Renoir, *Renoir*, 1962, p. 79.
23 P. Gsell, "La tradition antique française, l'Impressionnisme", *Revue bleue*, 26 March 1892.
24 Ibid.
25 A. Vollard, *Degas, an Intimate Portrait*, New York, 1986 ed., p. 55.
26 Virginia Spate, *The Colour of Time: Claude Monet*, London, 1992.

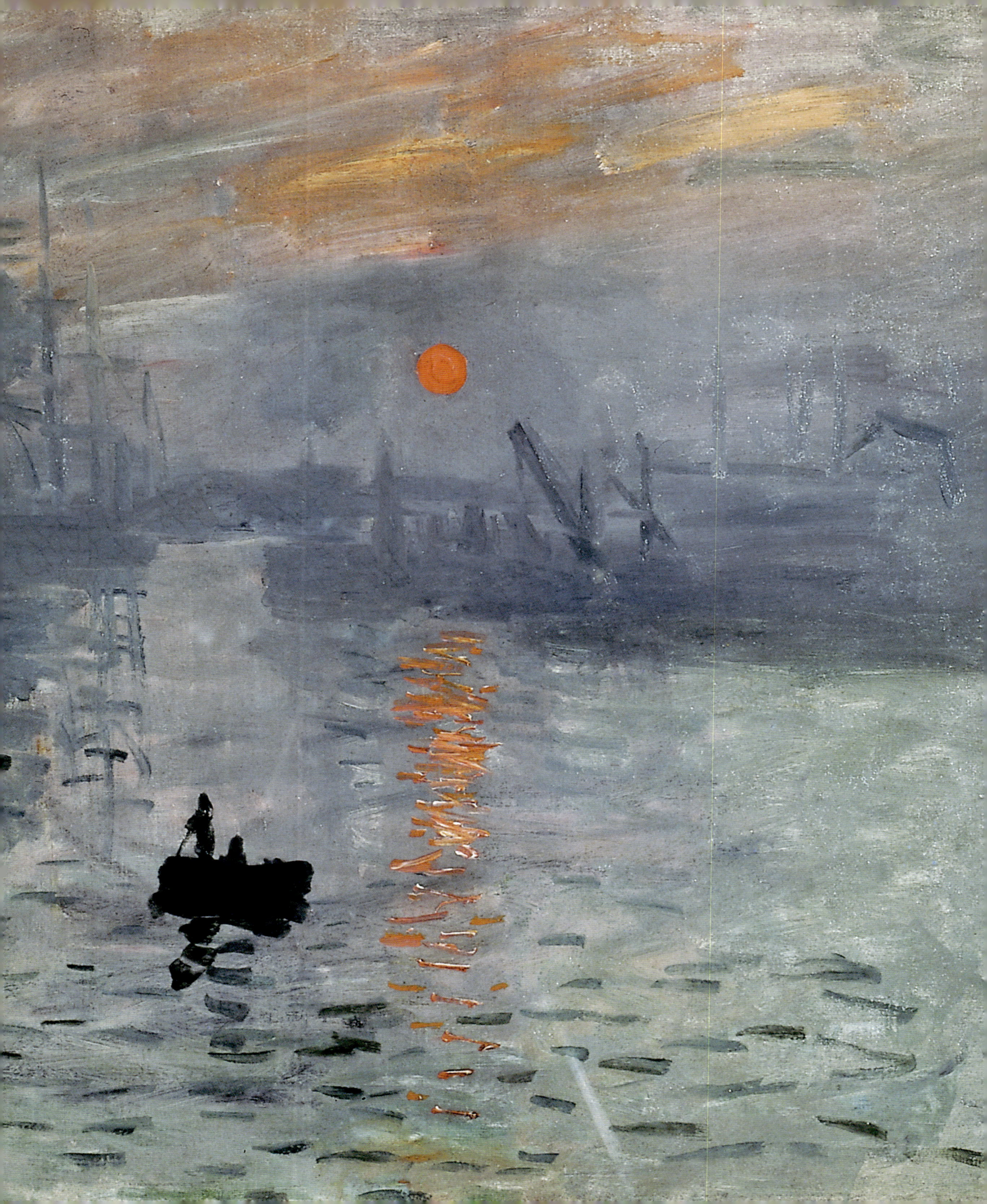

Claude Monet: Impressionisternes leder

Claude Monet: Leader of the Impressionists

Sylvie Patin

Overinspektør på Musée d'Orsay, Paris
Senior Curator at the Musée d'Orsay, Paris

Monsieur Claude Monet er gruppens mest fremtrædende person. Han har i år udstillet nogle fremragende banegårdsinteriører.
Émile Zola, "*En udstilling: De impressionistiske malere*", *Le Sémaphore de Marseille*, 19. april 1877

Den debuterende maler (indtil 1870)
Monet blev født i Paris i 1840 og flyttede med sin familie til Le Havre, da han var fem år gammel. Gennem hele livet nærede han en stor kærlighed til havet. Efter først at have beskæftiget sig med karikaturtegning erkendte Monet på et tidspunkt: "Hvis jeg er blevet kunstmaler, skyldes det Boudin".[1] Monet anså ligeledes Jongkind som sin "virkelige lærermester".[2]

Mod slutningen af foråret 1864 glædede det Monet at kunne lære vennen Bazille, der oprindeligt var fra Montpellier, sin barndoms landsdel at kende. Sammen gennemrejste de, anført af Monet, den normanniske kyst. Den 1. juni delte Bazille sine rejseindtryk med sin i mor i et entusiastisk brev: "Lige fra vores ankomst i Honfleur har vi ledt efter landskabsmotiver. De har ikke været svære at finde, for hele egnen er et paradis. [...] Havet, eller snarere den voldsomt udvidede Seine-flod, danner en frydefuld horisont bag dette væld af grønt. / Vi spiser på Saint-Siméon gården, oppe på klinten lidt oven for Honfleur. Der arbejder vi og tilbringer dagene i det hele taget. [...] / Jeg har spist frokost hos familien Monet. De er elskværdige folk, der ejer en charmerende ejendom i Sainte-Adresse, ikke langt fra Le Havre, hvor man bor lige så komfortabelt som i Méric. ..."[3] På samme måde som stedet havde været det for deres forgængere, blev Honfleur mødestedet for denne unge generation. Den 15. juni 1864, efter Bazilles afrejse, skrev Monet til ham fra Honfleur: "Kære ven, der er vidunderligt her, og hver dag opdager jeg endnu smukkere steder. Det er til at blive skør af; jeg brænder efter at male det hele, mit hovede er ved at eksplodere. / [...] jeg har endnu en måned i Honfleur [...] jeg vil kæmpe, knokle, begynde forfra [...] jeg kan mærke, når jeg ser naturen, at jeg vil male det hele, skrive det hele, og det er hårdt ... når man står ved arbejdet ... / Det beviser alt sammen, at det gælder om at koncentrere sig. Det er gennem iagttagelse og overvejelse, at man finder vejen frem. [...] Man føler sig altid fantastisk veltilpas i Saint-Siméon ...".[4] Og den 26. august 1864 skrev Monet igen til Bazille: "For mit vedkommende er jeg stadig i Saint-Siméon, hvor man har det så dejligt, og hvor jeg arbejder støt. [...] Der er mange af os for tiden her i Honfleur [...] vi har vores lille hyggelige kreds. Jongkind og Boudin er her, vi kommer utrolig godt ud af det sammen og har ikke lyst til at skilles. [...] Jeg er ked af, at du ikke er her, for den slags selskab er meget berigende ...".[5]

Gennem 1860'erne arbejdede Monet i Fontainebleau-skoven. Blandt de fire venner, som skulle blive til de såkaldte

Monsieur Claude Monet is the most pronounced personality of the group. This year, he has exhibited magnificent interiors of train stations.
Émile Zola, "Une exposition. Les peintres impressionistes", *Le Sémaphore de Marseille*, 19 April 1877

The Early Years as an Artist (until 1870)
Born in Paris in 1840, young Monet moved to Le Havre with his family when he was six years old and always retained his love of the sea. After originally devoting himself to the caricature, Monet acknowledged one day that: "I owe it to Boudin that I became a painter:"[1] but also considered Jongkind his "real master".[2]

At the end of spring in 1864, Monet was delighted to be able to show his old adoptive region to his friend Bazille from Montpellier who, under his guidance, travelled along the coast of Normandy. Bazille shared his enthusiasm with his mother when he told her about the impressions he had made on his journey in a letter dated 1 June: "As soon as we arrived in Honfleur, we started looking for landscape motifs. They were easy to find because the countryside is heavenly. [...] The sea, and – much more – the Seine that is so immensely broad there, provide a delightful horizon to these waves of green. We ate at the Saint Siméon farm, located on a steep coast a little way outside of Honfleur. That is where we worked and spent our days. I dined with Monet's family; they are delightful people and have a charming property at Saint-Adresse near Le Havre where one lives exactly as one does in Méric."[3] The location became the meeting place for this young generation as it had been for their predecessors. After Bazille had left, Monet wrote to him from Honfleur on 15 July 1864 and declared: "My dear fellow, it is magnificent here and I discover more and more beautiful things every day. It is enough to make you go mad; so much so that I would like to do absolutely everything, my head is bursting. [...] I am going to stay in Honfleur for one more month [...] I want to wrestle, slog away, start again [...] when I observe nature, it seems that I will be able to accomplish everything, write everything and then when I get started, I could go to hell ... when I am at work ... it all proves that one should only think about that. It is the power of observation, of reflection, that one finds. [...] It is always extremely fine at St-Siméon ...".[4] And Monet wrote again to Bazille on 26 August 1864: "As to me; I am still at St-Siméon; one always feels so happy here and I am doing a great deal of work. [...] There are quite a few of us at Honfleur at the moment [...] we have developed into a rather pleasant small circle. Jongkind and Boudin are here; we are getting along marvellously and are always together. [...] I am really sorry that you cannot be here because there is much to be learned in such company ...".[5]

Monet worked in the forest of Fontainebleau in the 1860s. Of the four core artists who were to become the Impressionists –

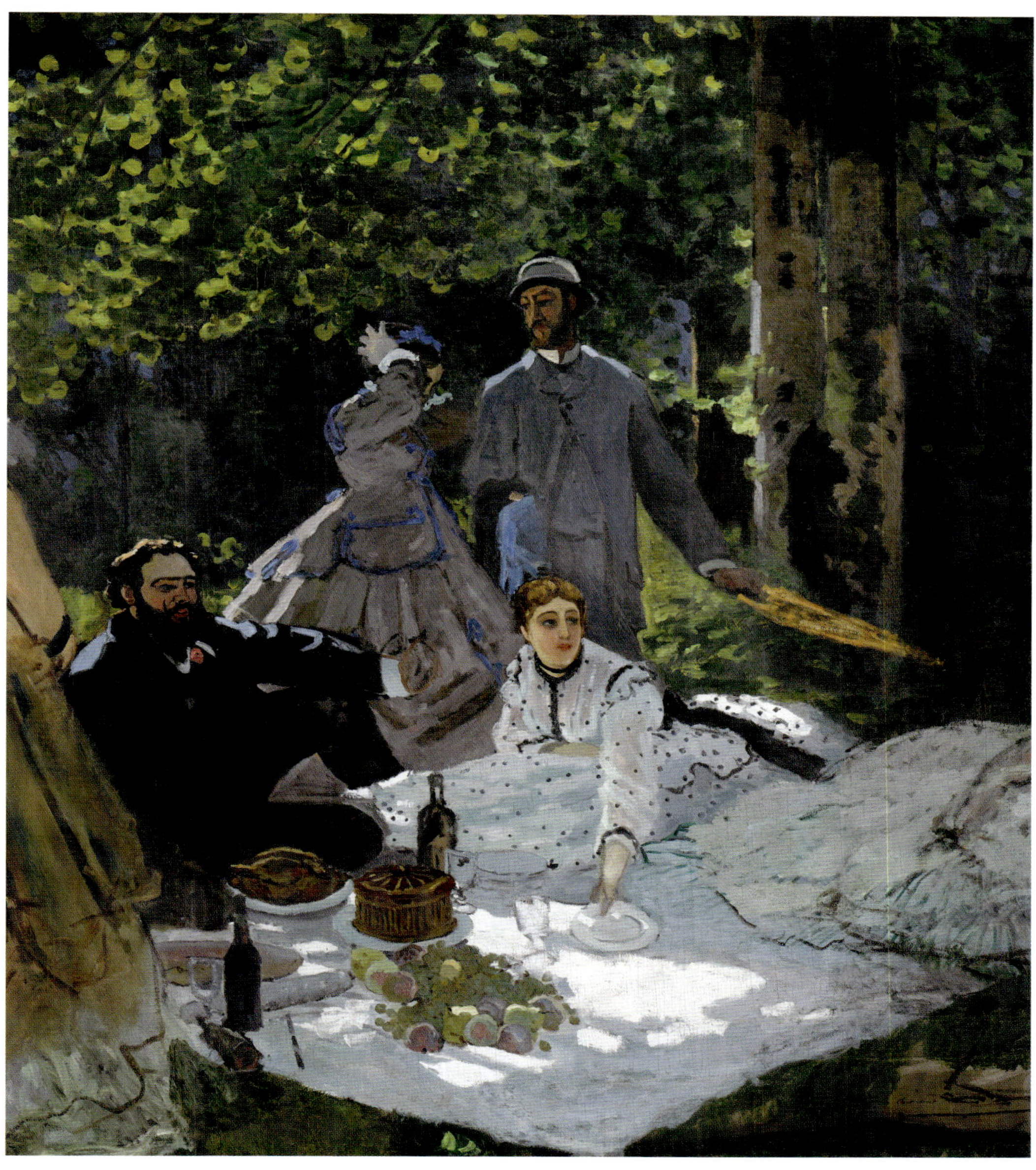

30
Claude Monet
Frokost i det grønne
Luncheon on the Grass
1865-1866, olie på lærred / oil on canvas, 248 × 217 cm
Musée d'Orsay, Paris, inv. no. RF1987-12

impressionister – Sisley, Monet, Renoir og Bazille – havde sidstnævnte knyttet sig til Monet efter deres tid sammen i Gleyre-atelieret og arbejdede nu i Chailly-en-Bière i Fontainebleau-skoven: "Jeg var sammen med min ven Monet [...] som er en ret dygtig landskabsmaler. Han har givet mig nogle særdeles nyttige råd"[6], skrev han til sin mor den 8. april 1863.

I 1865-1866, som en respons på Manets *Frokost i det grønne* (1862-1863, cf. fig. 84) der var blevet vist på Salon des Refusées (De afvistes salon) i 1863, gik Monet i gang med sin version

Sisley, Monet, Renoir and Bazille – the latter had become friendly with Monet after they had left Gleyre's studio and worked at Chailly-en-Bière in the forest of Fontainebleau. On 8 April 1863, he wrote to his mother that: "I was there with my friend Monet [...] who is rather good at landscapes; he gave me some advice that really helped me a great deal"[6].

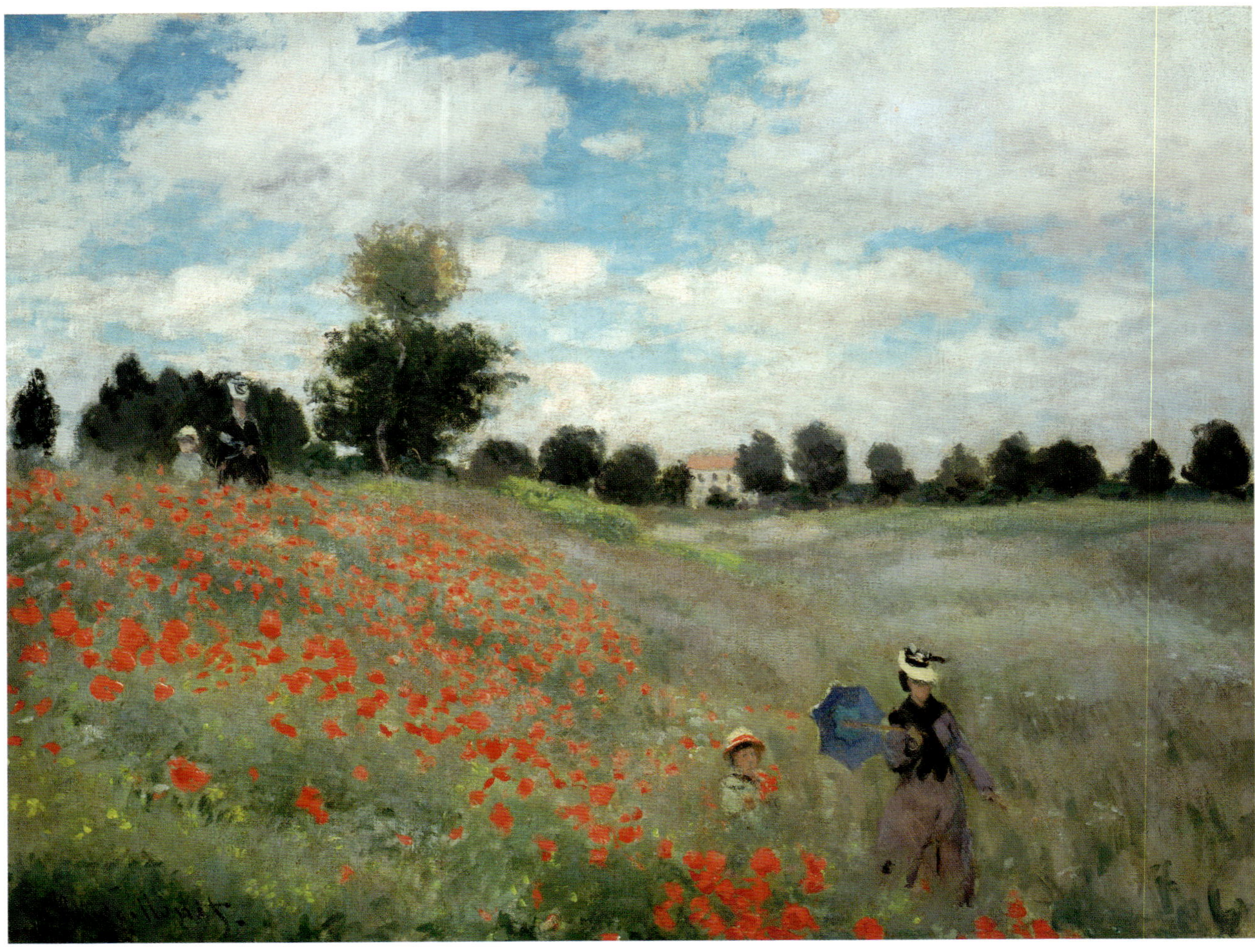

31
Claude Monet
Valmuer
Poppy Field

1873, olie på lærred / oil on canvas, 50 × 65 cm
Musée d'Orsay, Paris, inv. no. RF1676

af samme titel *Frokost i det grønne* (1865-1866, cf. fig. 30). Efter nogle forberedende studier skitseret i Chailly-en-Bière udførte maleren billedet (der måler mere end fire gange seks meter) i Paris: "Jeg gik til værks, som man nu gør, ved en række små studier i naturen og komponerede så billedet i mit atelier"[7] (brev til hertugen af Treviso, 1920). Monet opgav, uden tvivl som følge af Courbets kritiske udtalelser, men hvis store formater sandsynligvis havde inspireret ham, at præsentere værket på den officielle Parisersalon. Billedet blev skadet af fugt, og maleren klippede selv lærredet i mindre stykker; to fragmenter hænger i dag side om side på Musée d'Orsay. Skikkelser i naturlig størrelse – blandt andre kunstnerens hustru, Camille – befinder sig i en solbeskinnet skovlysning. Scenen er genskabt med en næsten fotografisk nøjagtighed og malet med en tilsyneladende øjeblikkelighed. Her demonstrerede

As a reaction to *Le déjeuner sur l'herbe* (1862-1863, cf. fig. 84) by Manet, which had been shown in the Salon des Refusés in 1863, Monet began working on a *Luncheon on the Grass* (1865-1866, fig. 30) two years later. After he had sketched preparatory studies in Chailly-en-Bière, the painter executed the canvas (which measured more than four by six metres) in Paris: "As everybody else did in those days, I started with small studies after nature and then composed the ensemble in my studio"[7] (to the Duke of Treviso in 1920). Doubtless as a result of the criticism made by Courbet – whose example could have, nevertheless, possibly inspired him to use the large format – Monet abandoned the idea of showing the work at the official

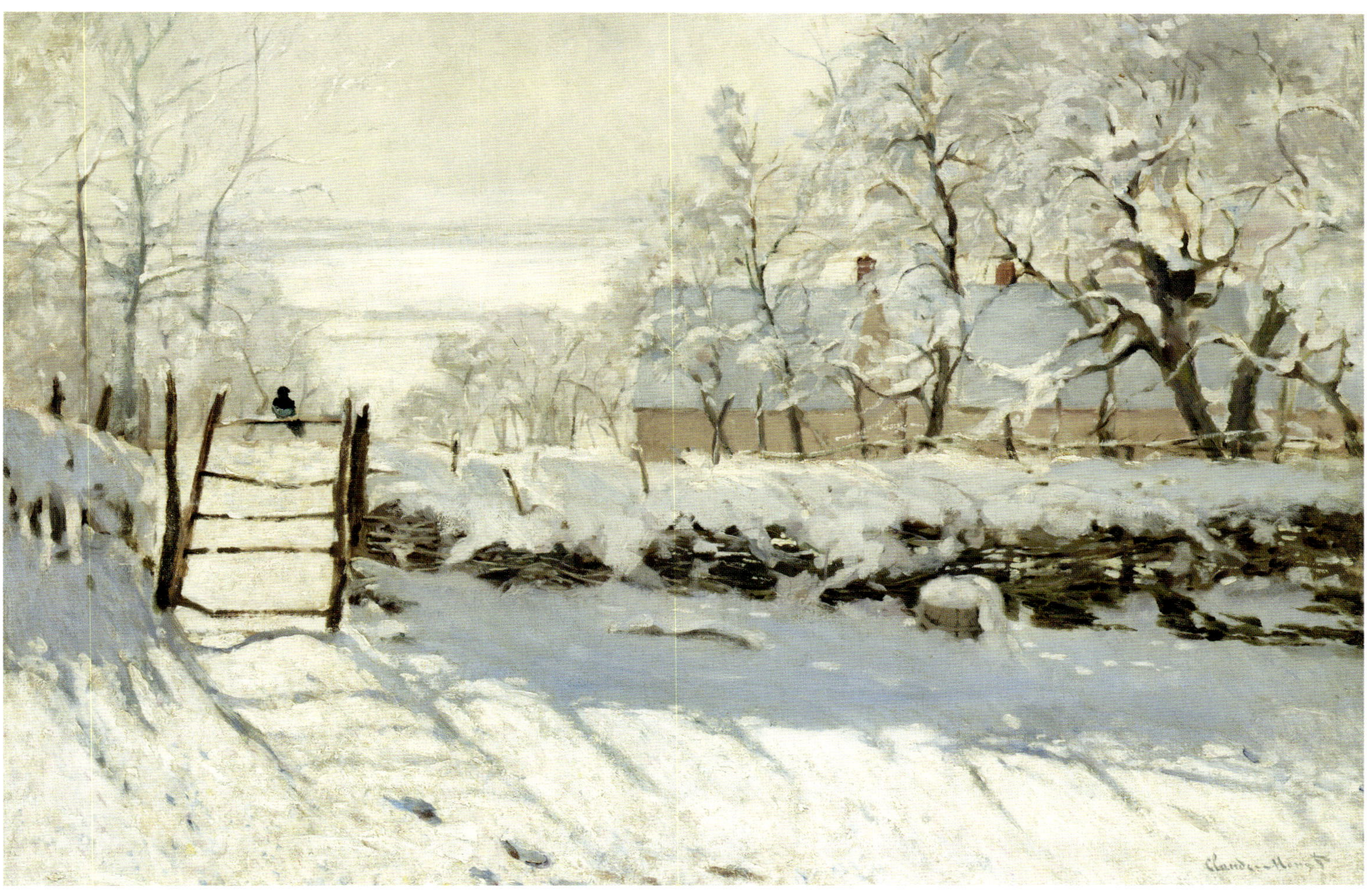

32
Claude Monet
Skade
The Magpie
winter 1868-1869, olie på lærred / oil on canvas, 89 × 130 cm
Musée d'Orsay, Paris, Inv. no. RF1984-164

Monet sit mesterlige talent som både stillebenmaler (forgrunden) og landskabs- og figurmaler.

Som en form for videre afprøvning af indsættelsen af den menneskelige figur i naturen udarbejdede kunstneren *Kvinder i haven* (cf. fig. 83). For at gengive friskheden af det første indtryk blev denne komposition påbegyndt i det fri i sommeren 1866, i Monets have i Sèvres.

Marinemotiver, menneskefigurer og haver optog meget tidligt Monet. "Her er jeg, i familiens skød [...] så lykkelig og veltilpas som man overhovedet kan være. [...] Jeg har kastet mig ud i en masse nyt arbejde og er godt i gang med en snes lærreder; svimlende marinemotiver og menneskefigurer og haver ...".[8] Dette brev, dateret den 25. juni 1867, skrevet af den unge Monet, seksogtyve år gammel, røber hovedretningerne af hans kunst. *Terrassen i Sainte-Adresse* (cf. fig. 82), malet i

Salon. Damaged by dampness, the canvas was cut up during the artist's lifetime: today, two fragments can be seen next to each other in the Musée d'Orsay. The life-sized figures – especially that of the artist's companion, Camille – move about in the sunny woodland: a scene reproduced following a quasi-photographic vision and treated with an apparent instantaneity. This affirmed the talent of Monet, who had appeared to, first and foremost, excel in still-lifes, as a master of landscapes and figures.

Continuing with his studies into the inclusion of the human figure in nature, the artist created his *Women in the Garden* (cf. fig. 83) in order to give expression to the freshness of the

løbet af sommeren 1867, med dets strålende skildring af et lykkeligt øjeblik i familien, samler i en overdådig iscenesættelse af sommerlivet, i stil med en teaterdekoration, kunstnerens hidtidige og kommende yndlingsemner. Denne mesterlige komposition, i stort format, indeholder således løfter om fremtidens værker. Diverse elementer blander sig: blomster aftegner sig på vandet, mens farverige pletter – flagene der blafrer fra toppen af masterne – træder frem på himlen. Sejlbåde glider forbi, mens dampskibe tegner sig i profil mod horisonten i baggrunden sammen med alle mulige andre slags passerende fartøjer. Personer ses fra ryggen, et konstant træk i Monets værker fra da af. Lys og skygge deler den faste grund og besegler her alliancen mellem de grønne og røde farvenuancer, der genoptages i Argenteuil med *Valmuer* (1873, cf. fig. 31). Monet gav med dette værk fra sommeren 1867 en prægtig demonstration af sit talent.

Som Courbet var Monet fascineret af snelandskaber. Under sit ophold i Étretat i vinteren 1868-1869 producerede han en usædvanlig "sne-effekt", som kunstneren selv kaldte det, i *Skade* (cf. fig. 32), og han erklærede i december 1868 over for Bazille: "… jeg bevæger mig i et åbent land som er så smukt her, at jeg måske finder vinteren endnu mere inspirerende end sommeren …".[9] Maleren har leget med hele skalaen af hvide farver for at kunne udtrykke det kompakte materiale og atmosfæren i dette vinterlandskab, der funkler i solskinnet, og hvor skadens sorte silhuet træder frem som det eneste tegn på liv. Oven på succesen med det store *Frokost i det grønne* er dette endnu et vellykket bevis fra før 1870, om end i en lidt anden genre, på kunstnerens tidligt modne talent.

I 1869, tilskyndet af sin spirende interesse for luften og dens lysende dirren omkring skikkelser på en solbeskinnet dag, arbejdede Monet side om side med Renoir i *La Grenouillère*, en såkaldt guingette – traktørsted – nær Bougival. Her udviklede de den impressionistiske teknik – fragmenteringen af penselstrøgene – fem år forud for strømningens officielle gennembrud ved dens første udstilling i 1874.

Den 28. juni 1870 giftede Monet sig med Camille, der tre år forinden havde skænket ham en søn. Året 1870 varslede enden på en epoke med starten på den fransk-preussiske krig.

Monet i London og Holland (1870-1871)

Den fransk-preussiske krig og Pariserkommunen fik alvorlige konsekvenser for kunstnerlivet: en af de mest smertefulde var den unge Bazilles død den 28. november 1870 i slaget ved Beaune-la-Rolande. De politiske begivenheder medførte ligeledes, at kunstnerne spredtes. Som følge af krigserklæringen i juli 1870, og for at undslippe hvervning, besluttede Monet at forlade sit land. Han foretog således sin første rejse til London. Mod slutningen af sommeren 1870, som han havde tilbragt i Trouville, flygtede han med båd til England; det hedder sig,

first impression, work on this composition began outdoors in Monet's garden in Sèvres in the summer of 1866.

Monet's attention was very soon attracted to the subjects of seascapes, figures and gardens: "I am in the bosom of the family […] also happy, as much as possible. […] I have cut out plenty of work for myself. I have around twenty canvases well underway, astonishing seascapes and figures and gardens …".[8] This letter, dated 25 June 1867, by the young Monet, who was twenty-six years of age at the time, reveals the major trends in his art. Painted in the course of the summer of 1867, *Garden at Sainte-Adresse* (cf. fig. 82), which presents the radiant vision of a moment of family happiness, brings together the themes that had been – and would continue to be – the artist's favourites in a sumptuous staging of summer life in the style of a theatre setting: this masterly, large-scale, composition also bears the promise of future works in it. The various elements become blended with each other; the flowers are thrown into relief against the water while the patches of colour of the flags flapping in the breeze at the top of the masts stand out against the sky. Sailboats pass by while, in the background, steamers and all kinds of watercraft bob up and down offshore. The people are shown from behind – this was to become a constant factor in Monet's work. Light and shade share the ground and here find themselves forming an alliance between the greens and reds captured in Argenteuil with the *Poppy Field* (1873, fig. 31). A brilliant demonstration of the talent that Monet would continue to display in the course of this summer of 1867.

Following the example set by Courbet, Monet was attracted by snowy landscapes. Living in Étretat during the winter of 1868-1869, he created an extraordinary "effect of snow" (*The Magpie*, 1868-1869, fig. 32) – to use the term coined by the artist – and, in December 1868, declared to Bazille: "… I go out into the countryside that is so beautiful here and that I possibly find even more pleasant in winter than in summer …".[9] The painting plays with the scale of tones of white to express the density of the matter and the atmosphere of this winter landscape glittering under the light of the sun, where the touch of black provided by the magpie stands out as the sole presence of life. A major success in the period before 1870 that, following *Le déjeuner sur l'herbe*, demonstrates the enormous gifts of the artist in another genre.

In 1869, showing an increasing interest for the air and the luminous vibrations that surround figures in the atmosphere of a sunny day, Monet worked alongside Renoir at La Grenouillère – a riverside café near Bougival – where they developed the technique of Impressionism – the fragmentation of brushstrokes – five years before the official birth of the movement at the time of the first exhibition in 1874.

Monet married Camille on 28 June 1870, and she bore him a son in 1867. The year 1870 signified the end of an era with the start of the Franco-Prussian War.

at han tog af sted alene, og at Camille og deres treårige søn, Jean, sidenhen sluttede sig til ham. For Monet, der var fyldt tredive, blev London således et eksil, et venligt fristed for alle, der var flygtet dertil: "Flugten til England er fuldendt. Oceandamperne sejler via London"[10], skrev han den 9. september til Boudin, skønt han endnu ikke havde forladt Le Havre. Denne første rejse hinsides Kanalen, og som varede til maj 1871, bød på begivenheder, som fik stor betydning for Monets videre kunstneriske bane.

I London mødte Monet Paul Durand-Ruel, galleriejeren der troede på impressionisterne og gav dem sin dyrebare opbakning. Mødet mellem de to mænd, genfortalt af kunsthandleren selv i sine *Mémoires*, fandt sted takket være Daubigny, som tidligere havde været fortaler for Monets optagelse på Parisersalonen i 1868, hvor han det år var jurymedlem: "Det var i mit galleri i London, at jeg i begyndelsen af 1871 blev introduceret til Monet, hvis værker jeg havde bemærket på de forrige Saloner, men som jeg ikke havde haft lejlighed til at møde, da han næsten aldrig var i Paris. Han blev bragt hertil af Daubigny, der havde stor agtelse for hans talent. Jeg købte straks de billeder, han netop havde malet i London. Monet introducerede mig for Pissarro, der også var i London, og som netop havde malet flere meget interessante værker dér. [...] / Jeg begyndte kort tid efter at snige enkelte billeder af disse to kunstnere ind i mine udstillinger og solgte med besvær nogle stykker ...".[11] Omstændighederne for dette møde bekræftes af et meget senere brev, som Monet skrev til Étienne Moreau-Nélaton den 14. januar 1925: "Alt, hvad der er blevet Dem fortalt af Daubigny med hensyn til mig, er korrekt, og jeg har al mulig grund til at være ham yderst taknemmelig. Det er takket være ham, der efter at have mødt mig i London under Pariserkommunen og set hvor mildest talt forlegen jeg var – og i sin begejstring over nogle af mine Themsen-studier – sætter mig i forbindelse med monsieur Durand-Ruel, hvem flere af mine venner og jeg kan takke for ikke at være døde af sult. Den slags ting glemmer man ikke."[12]

Mellem Monet og Pissarro, som ligeledes var flygtet til London, knyttede der sig et trofast venskab. Sammen besøgte de to venner Londons museer og studerede akvareller og malerier af den engelske skoles landskabsmalere: Bonington, Constable og ikke mindst Turner, anset for en af inspirationskilderne til impressionismen. Monet opdagede Turners helt særegne kunst (især hans berømte værk *Regn, damp og fart*, 1844, fig. 33), som stemte overens med det syn, han selv bragte for dagen i visse af sine såkaldte "impressionistiske" kompositioner i 1874. "Impressionisten Turner" lød den sigende titel på Émile Verhaerens artikel, udgivet den 20. september 1885 i *L'Art moderne*, hvori han bedyrede: "Turner blev født som akademisk maler, men døde som impressionist. [...] / Turners impressionisme kan ikke fornægtes. Fra den dag, hvor han

Monet in London and Holland (1870-1871)

The Franco-Prussian War and the Commune had important repercussions for the country's artistic life. One of the most distressing was the premature passing of the young Bazille, who met his death on the battlefield in Beaune-la-Rolande on 28 November 1870. These political events also resulted in artists going their separate ways. Following the declaration of war in July 1870, and with the aim of avoiding conscription, Monet decided to leave his homeland, which led to his first arrival in London. He moved to Trouville in the late summer of 1870 and attempted to make his escape by boat to England – the story has it that he left alone and was later joined by his wife Camille and their son, who was three years old at the time. For Monet – who had just turned thirty – London appeared as a place of exile, a place of asylum, for those seeking refuge there: "The escape to England has been completed. The liners set sail for London"[10] was how he described it in a letter written to Boudin on 8 September while he was still in Le Havre. Many events that were highly significant for the artist's future took place during his first sojourn on the other side of the Channel, which ended in May 1871.

It was in London that Monet became acquainted with Paul Durand-Ruel, the art dealer of the future Impressionists who would also provide them with extremely valuable, benevolent support: the meeting between the two men, as recounted by the dealer himself in his *Mémoires*, was arranged by Daubigny, who had previously defended Monet's participation in the 1868 Salon when he was a member of the jury: "It was in my gallery in London at the beginning of 1871 that I made the acquaintance of Monet, whose works had already left an impression on me in the last Salons but who I had never had the opportunity to see personally because he was almost never in Paris. He was brought to me by Daubigny, who was a great admirer of his talent. I immediately purchased those canvases that he had recently painted in London. In turn, Monet introduced me to Pissarro, who was also in London and had just painted several extremely interesting canvases in that city. [...] Shortly thereafter, I began to slip some paintings by these two artists into my exhibitions and sold a few of them; albeit, with some difficulty ...".[11] The circumstances of this meeting are confirmed in a letter Monet wrote much later to Étienne Moreau-Nélaton on 14 January 1925: "All Daubigny told you about me is correct and I have many reasons for being extremely grateful to him. It was through him – seeing me in a very awkward position while I was in London in the days of the Commune, to put it mildly, and praising some of my studies of the Thames – that I came into contact with Monsieur Durand-Ruel, who made it possible for several of my friends and myself not to die of starvation. Those are things that can never be forgotten."[12]

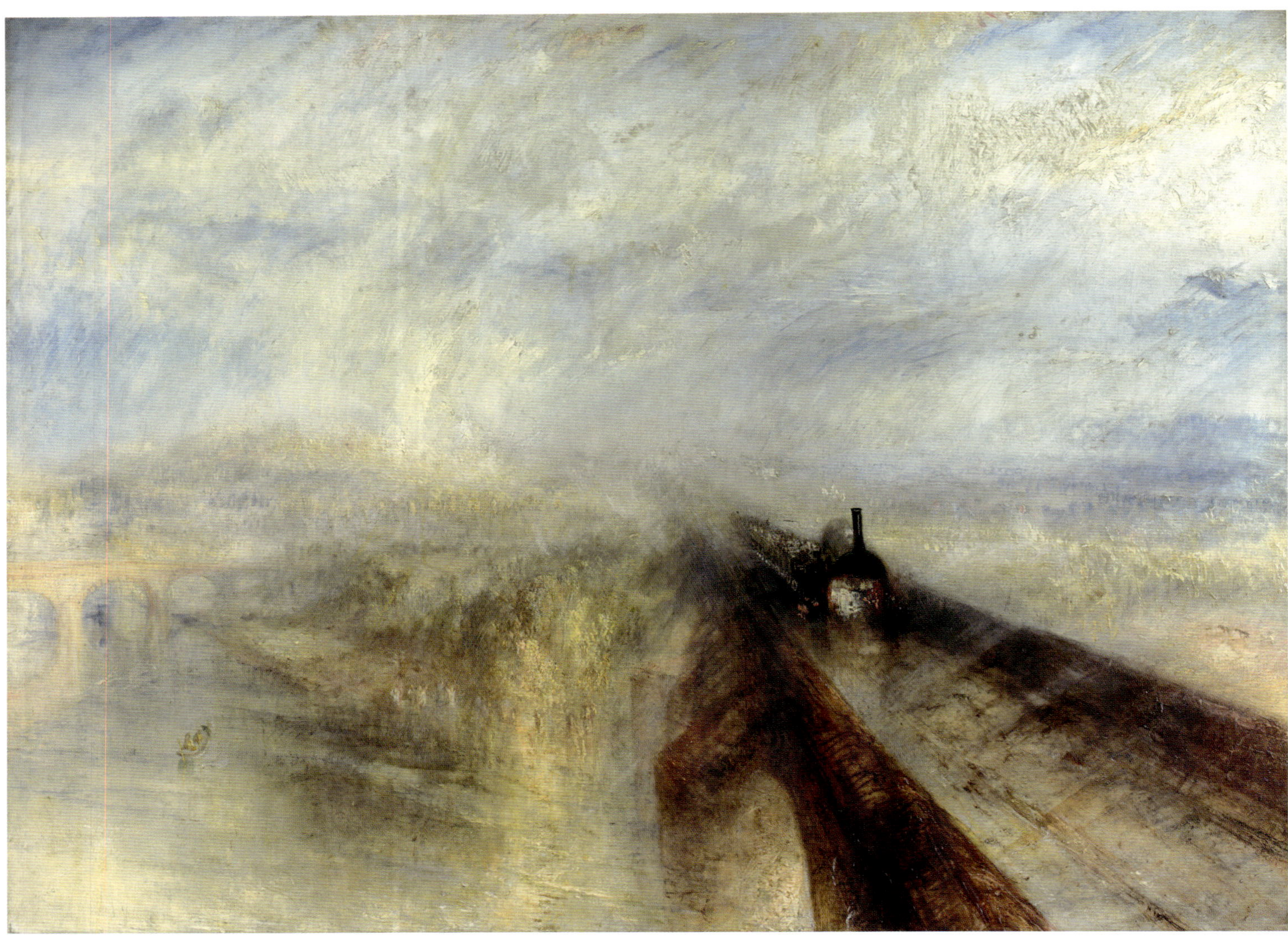

33
Joseph Mallord William Turner
Regn, damp og fart – The Great Western Railway
Rain, Steam, and Speed – The Great Western Railway

1844, olie på lærred / oil on canvas, 91 × 121,8 cm
The National Gallery, London, Turner Bequest, 1856

bevidst brød med de gamle formler, viede han sit liv til studiet af lysets fænomener. Han opløste solens farvespektrum og søgte, i sine billeder, at udtrykke dets magiske virkninger gennem en kombination af de simple toner, det består af. [...] De franske impressionisters ny fremgangsmåde, Claude Monet og hans skoles, med deres sidestilling af simple farvetoner, der, set på afstand, frembringer vibrationer af en vidunderlig intensitet, finder man spirerne til i Turners værk."[13]

Monets første London-værker indskrev sig på en og samme tid i kategorien af landskabsbilleder malet i det forrige årti og varslede om fremtidige undersøgelser. I løbet af 1860'erne havde kunstneren allerede manifesteret sin interesse for

A bond of friendship, which would prove to be enduring, was forged between Monet and Pissarro – who was also a refugee in London at the time – in those days. The two artists visited the museums in London and admired the watercolours and paintings of the English landscape school of artists together: Bonington, Constable and – first and foremost – Turner, who is regarded as one of the sources of Impressionism. Monet found the art of Turner so distinctive (especially the famous work *Rain, Steam and Speed – The Great Western Railway* (1844, fig. 33)

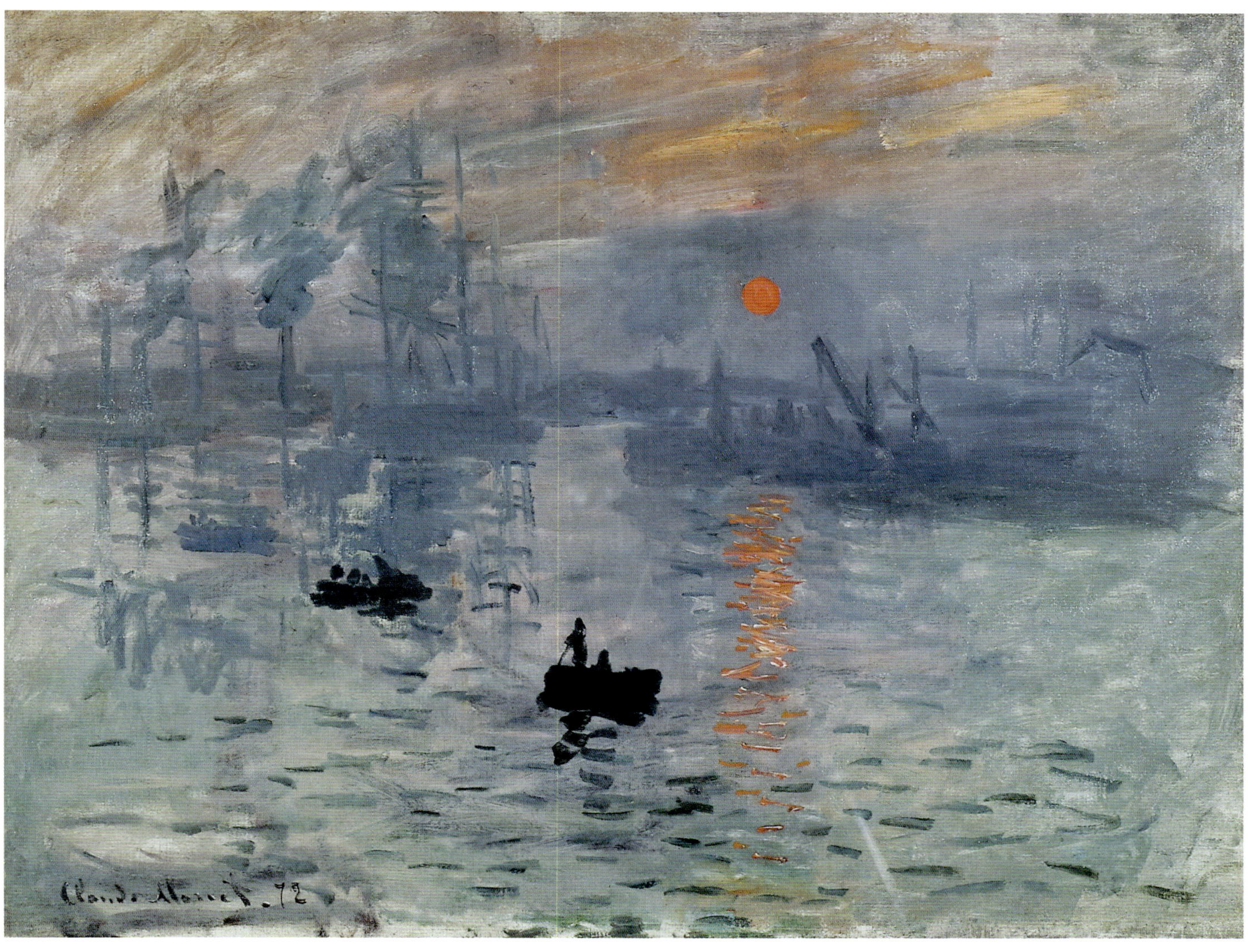

34
Claude Monet
Indtryk. Solopgang
Impression, Sunrise

1872-1873, olie på lærred / oil on canvas, 48 × 63 cm
Musée Marmottan Monet, Paris, inv. no. 4014

haver, og det er derfor ikke overraskende, at Londons parker (Hyde Park og Green Park), disse uendelige grønne områder midt i byens hjerte, i 1871 blev en kilde til inspiration for ham. Det bevidner de to lærreder, som Durand-Ruel købte af Monet allerede i maj 1872. I sin ungdom, tilbragt på den normanniske kyst, havde Monet været marinemaler, og han undlod da heller ikke at iagttage bådene og skibene på Themsen i London. Den mest forbløffende komposition fra opholdet i 1870-1871 gengiver *Themsen og House of Parliament*, 1871 (National Gallery, London; maleriet er et ekko af Turners værker og kan samtidig siges at bebude *Indtryk. Solopgang* (1872-1873, fig. 34), det berømte marinemaleri udført i Le Havre-bugten og udstillet

in keeping with the vision that would reveal itself in certain of his compositions given the title "Impressionist" in 1874. "Turner the Impressionist" is the revealing title Émile Verhaeren gave to the article he published in *L'Art moderne* on 20 December 1885 in which he proclaimed: "Turner was born an academician and died an Impressionist. [...] There is no denying Turner's Impressionism. Starting on the day when he deliberately broke with all of the ancient artistic formulas, he devoted his life to the constant, tireless study of the phenomena of light. He

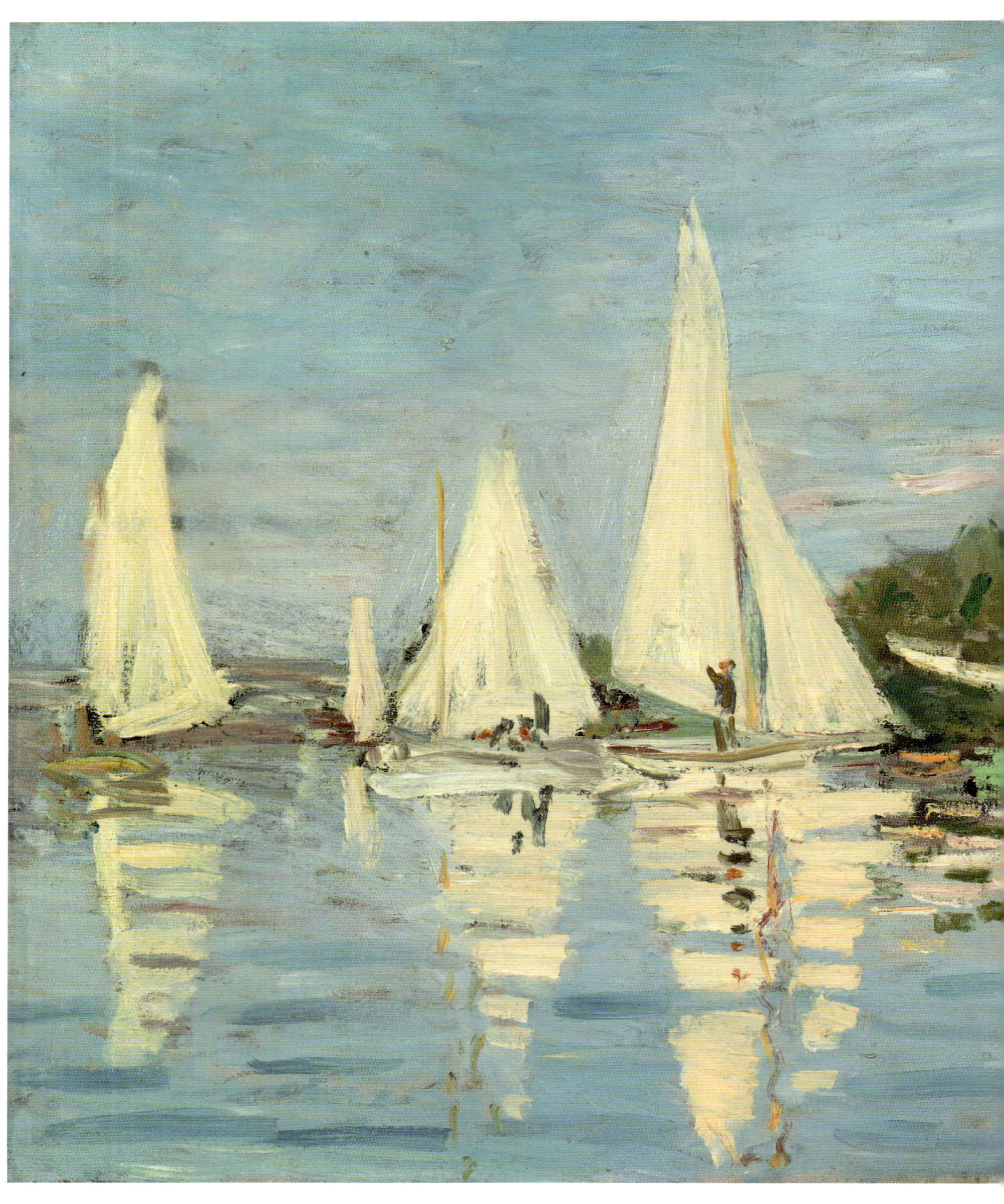

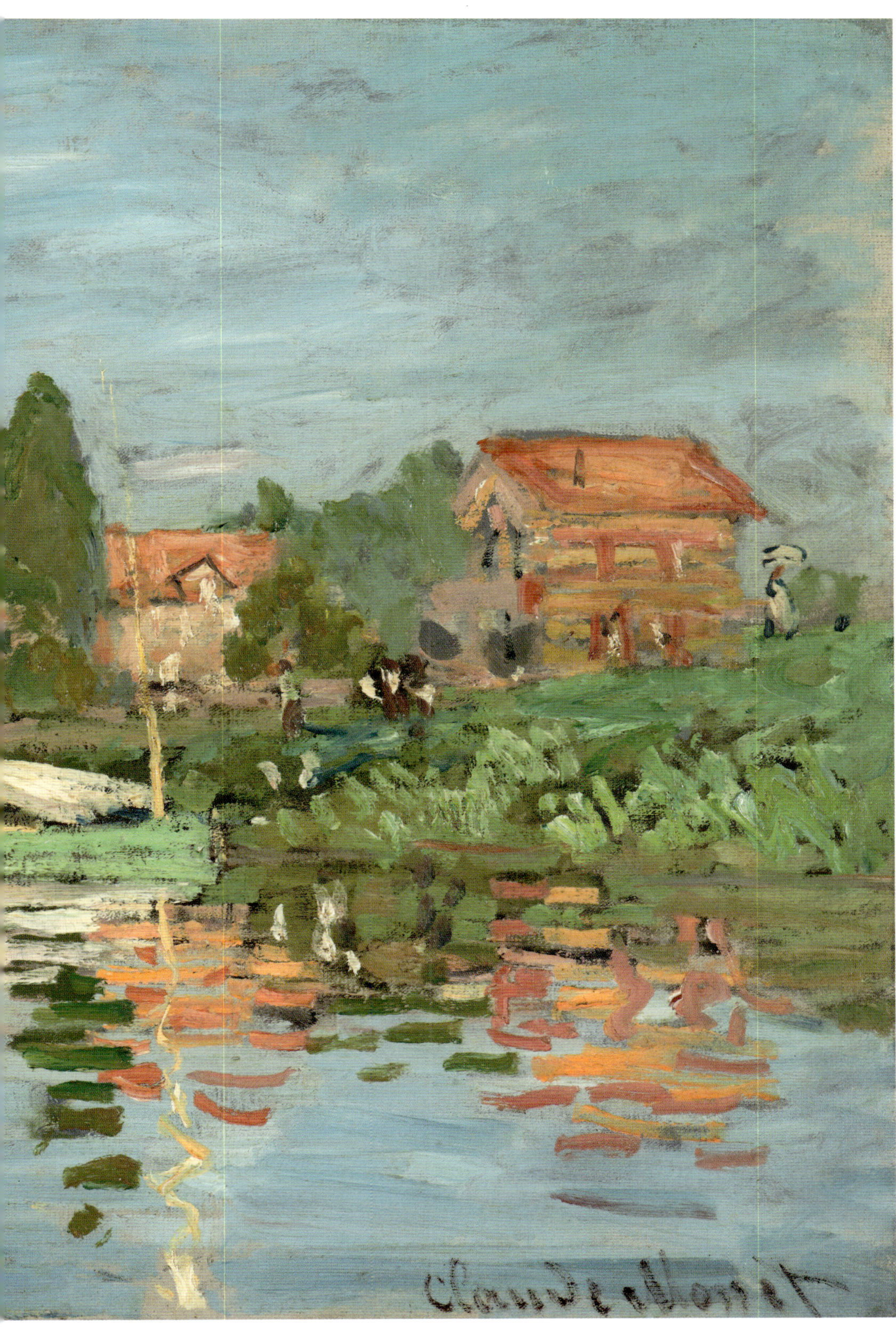

35
Claude Monet
Kapsejladser i Argenteuil
Regattas at Argenteuil

ca. 1872, olie på lærred / oil on canvas,
48 × 75.3 cm
Musée d'Orsay, Paris, inv. no. RF 2778

i 1874, tillige med 'serierne' *Vues de la Tamise (Udsigter over Themsen)* fra 1900-tallet.

På vej tilbage fra England i foråret 1871 rejste Monet gennem Holland, hvorfra han skrev til Pissarro: "Den 2. juni 71" – "Zaandam er særdeles bemærkelsesværdig og har motiver nok til et helt liv [...] Hollænderne virker meget venlige og gæstfrie."[14] Han skildrede vindmøllerne, vandet i kanalerne og husenes facader i livlige farver. Maleren mindedes vennen Jongkinds landskaber. Var det mon Daubigny, på det tidspunkt bosat i Holland, der stod bag Monets besøg i landet? Hvis Boudin havde været den unge Monets første mester, var Jongkind også med til at forme hans syn, alt imens han udøvede en fornem hollandsk påvirkning på ham. Monet måtte vente til 1886, før han igen kunne besøge Holland.

Argenteuil-perioden (1871-1878)

"Vi ser ofte Monet, hvis nye hus vi hjælper ham med at indvi i disse dage. Han er faldet fantastisk godt til og ser ud til at have stor lyst til skabe sig en position. Med sig hjem fra Holland har han bragt nogle virkelig smukke studier, og jeg tror, han ønsker at indtage en af de førende pladser i vores malerskole"[15] (til M. Martin, 2. januar 1872). Således annoncerede Boudin Monets indflytning i Argenteuil ved Seinen, hvor kunstneren havde installeret sig i slutningen af det foregående år efter sin hjemkomst fra Holland. Argenteuil-perioden blev Monets gyldne år – og impressionismens højdepunkt. Maleren tog rundt i sit atelierbåd for at iagttage sejlbådene på Seinen, alt imens han praktiserede teknikken med det fragmenterede penselstrøg (*Kapsejladser i Argenteuil*, omkring 1872, fig. 35).

Lad os citere kritikeren Armand Silvestre, der, i et forsøg på at afdække hver enkelts karakter, beskæftigede sig med de tre kunstnervenner, inden de fik benævnelsen 'impressionister': "Ved første øjekast er det svært at se, hvad der adskiller monsieur Monets maleri fra monsieur Sisleys, og den sidstnævntes stil fra monsieur Pissarros. Ved nærmere undersøgelse erfarer vi snart, at monsieur Monet er den dygtigste og den dristigste, monsieur Sisley den mest harmoniske og mest frygtsomme, og monsieur Pissarro den mest reelle og mest ukunstlede ...".[16] Denne bedømmelse viste sig at være særdeles interessant umiddelbart før den første impressionistudstilling.

Monet arbejdede også i sine egne haver og i det åbne landskab, hvor de blændende grønne og røde farver altid forenedes, som i *Valmuer* (cf. fig. 31), maleriet der var med på den første impressionistudstilling arrangeret uden for den officielle Salon. Helt fra 1867, som følge af nye kritiske udtalelser fra Salonens jury, planlagde Bazille og hans venner at danne en gruppe. Pissarro berettede om projektet i et brev skrevet til moderen i april 1867, efter netop at være blevet afvist fra Parisersalonen: "Vi har [...] besluttet hvert år at leje et stort atelier, hvor vi kan udstille så mange værker, som vi ønsker. Vi

decomposed the solar prism and attempted to express magical effects through the combination of the simple tones that composed his canvases. [...] The seeds of the recent methods of the French Impressionists, Claude Monet and his school, the juxtaposition of simple tones that – seen from a distance – produces vibrations of a phenomenal intensity, can be found in the oeuvre of Turner."[13]

The first works Monet created in London continue in the line of the landscapes painted in the previous decade and are also premonitions of future research. The artist had already shown his interest in gardens in the course of the 1860s and it is hardly astonishing that, in 1871, English parks (Hyde Park and Green Park) – those immense expanses of green in the heart of the city – became a source of inspiration for him as witnessed in the two paintings Durand-Ruel purchased from Monet after May 1872. Living on the coast of Normandy, Monet had been a painter of seascapes from his youth and he had many opportunities to observe the boats on the Thames in London. The most spectacular composition dating from this 1870-1871 sojourn, showing *The Thames below Westminster* (1871, National Gallery, London), is a painting with strong echoes of Turner and presages *Impression, Sunrise* (1872–1873, fig. 34), the famous seascape executed in the port of Le Havre and exhibited in 1874, as well as the "series" of views of the Thames from the first years of the twentieth century.

After he left England in the spring of 1871, Monet went to Holland, from where he wrote to Pissarro: "On this second of June 71": "Zaandam is especially remarkable and one could spend a lifetime painting there [...] the Dutch seem to be very friendly and hospitable."[14] He showed the windmills, the water in the canals and the facades of the houses with their vibrant colours. The painter was reminded of the landscapes painted by his friend Jongkind. Is it possible that Daubigny, who was living in Holland at the time, was the reason for Monet going to that country? Although Boudin was young Monet's first master, Jongkind also shaped his "eye" by introducing him to a Dutch influence. Monet would have to wait until 1886 to see Holland once again.

The period in Argenteuil (1871-1878)

"We often see Monet and we recently had a house-warming party at his place: he is quite well set up and seems to really long to make a name for himself. He brought some rather beautiful studies back from Holland with him and I believe that he is destined to assume one of the main positions in our movement"[15] (to M. Martin, 2 January 1872) is how Boudin describes Monet moving into his home in Argenteuil on the banks of the River Seine after his arrival from Holland. This period in Argenteuil was going to develop into the golden age, the absolute peak, of Impressionism. The artist travelled around in

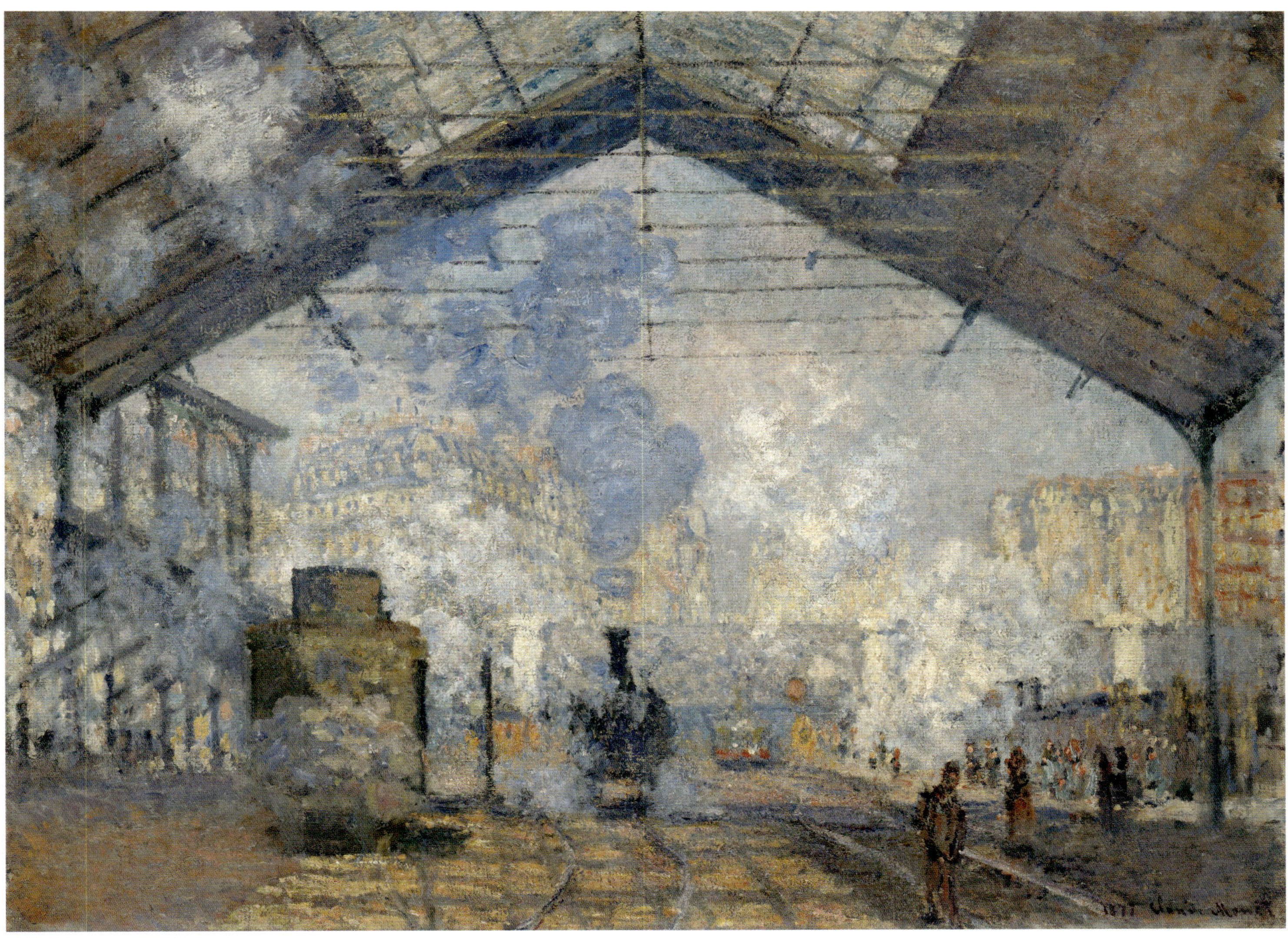

36
Claude Monet
La Gare Saint-Lazare

1877, olie på lærred / oil on canvas, 75 × 104 cm
Musée d'Orsay, Paris, inv. no. RF2775

inviterer de malere, vi kan lide, til at indsende deres værker [...] Med dem, og med Monet, der er bedre end dem alle sammen, er vi sikre på at slå an. De skal få at se, kære moder, at man snart taler om os ..."[17] Sådan lød annonceringen af den første impressionistudstilling i 1874; Bazille forstod og understregede Monets betydningsfulde rolle.

Bazille skulle ulykkeligvis blive den vigtige fraværende fra udstillingen i 1874, hvor det projekt, som han havde arbejdet på siden 1867, endelig blev gennemført af hans venner. På denne udstilling blev *Indtryk. Solopgang* (cf. fig. 34) præsenteret. Dette marinemotiv, som var udført i Le Havre, kom til at lægge navn til strømningen. Da Monet blev bedt om maleriets titel til kataloget, svarede han: "Skriv blot *Impression*."[18] Og deraf

his studio-boat to observe the sailing boats on the Seine and practised his technique of the fragmentation of brushstrokes (*Regattas at Argenteuil*, ca. 1872, fig. 35).

Here, let us refer to the critic Armand Silvestre, who took a close look at three artists before they were given the name of "Impressionists" in an attempt to bring out the personality of each of the three friends in this way: "At first sight, it is difficult to determine exactly what distinguishes the differences between the painting of M. Monet and that of M. Sisley, as well as the style of the latter and that of M. Pissarro. After a brief study, we

skabte kritikeren Louis Leroy, skønt spottende ment, vendingen 'impressionisme'.

I 1876 udtænkte Monet en dekorativ udsmykning til slottet Rottembourg i Montgeron, uden for Paris, tilhørende kunstsamleren Ernest Hoschedé, den første ejer af *Indtryk. Solopgang*, og hans hustru Alice (som siden skulle blive Monets anden hustru).

Med sine offentlige parker og flagsmykkede gader viser byen Paris sig fra sin nye side i Monets værk og tilbyder med sine banegårde, der bevidner hovedstadens industrialisering, og sin ny arkitektur i glas og metal kunstneren et 'moderne' motiv. Udviklingen af jernbanenettet faldt sammen med friluftsmaleriets frembrud. Gare Saint-Lazare, banegården for de tog, der kørte mod impressionismens 'højborge' – Argenteuil, Louveciennes og Marly, Pontoise og Auvers, Normandiets kyst – inspirerede malerne. Monet, draget af det naturlige lys midt i byens hjerte og det luftige glasoverdækkede rum, omformede den hvirvlende røg til atmosfæriske skyer og komponerede et 'urbant landskab'. Hans serie af billeder fra Gare Saint-Lazare (*La Gare Saint-Lazare*, 1877, fig. 36) blev åbenbaringen på impressionisternes tredje udstilling: "*Monsieur* Monet er gruppens mest fremtrædende kunstner. Han har i år udstillet nogle pragtfulde banegårdsinteriører. Man kan 'høre' togenes buldren, når de tordner ind på stationen; man fornemmer strømmen af røg, der snor sig under de enorme hvælvinger. Her ser vi nutidens maleri, i disse moderne rammer af en så imponerende størrelse. Vore kunstnere må finde poesien i banegårdene, som deres forgængere fandt den i skovene og ved floderne." (Émile Zola, *En udstilling: De impressionistiske malere*).[19]

Frem for "denne svimlende by Paris" – som Monet benævner den i sit brev til Bourdin den 3. juni 1859 – foretrak han *la campagne*, det landlige, og skrev til Bazille allerede i december 1868: "Jeg misunder Dem ikke at være i Paris. Tror De ikke også, at man arbejder bedre i selve naturen? Det føler jeg mig sikker på ...".[20]

Perioderne i Vétheuil (1878-1881) og Poissy (1881-1883)

Monet bosatte sig i 1878 lidt længere væk fra Paris end Argenteuil, "ved Seinen i Vétheuil, et fortryllende sted"[21] (brev til Eugène Murer, 1. september 1878). Perioden i Vétheuil, der kom til at dække den nu fyrreårige kunstners modne år, prægedes af en tristhed, som står i kontrast til den strålende tid i Argenteuil. Det bedrøvelige anstrøg, der karakteriserer landskaberne malet i Vétheuil, kan i lige så høj grad tillægges årstiden som Monets egne moralske og økonomiske bekymringer. Den 5. september 1879 døde Camille, der ikke var kommet på benene igen efter fødslen af parrets anden søn, Michel. I Vétheuil delte familien Monet hus med familien Hoschedé, og Alice Hoschedé tog sig nu af Monets to sønner.

soon realise that M. Monet is the most skilful and daring; M. Sisley, the most harmonious and introverted and M. Pissarro, the most realistic and naïve ...".[16] This judgement is particularly interesting as it was made on the eve of the first Impressionist exhibition.

Monet also worked in the garden of his two successive homes and in the countryside: still with the alliance of dazzling reds and greens seen in *Poppie Field* (cf. fig. 31), a canvas that was to be shown at the First Impressionist Exhibition, organised on the fringe of the Salon. After 1867, following the negative opinion once again expressed by the jury of the Salon, Bazille and his friends considered the possibility of forming a group. Bazille reported on the project in a letter written to his mother in April 1867 after he had just been turned down by the Salon: "We have [...] decided to rent a large studio every year where we will be able to exhibit as many of our works as we want. We are going to invite the painters we like to send us their pictures [...] With these people and Monet, who is more powerful than all of them, we are sure of being a success. You will see that people will start to talk about us ...".[17] This was the announcement of the first "Impressionist" exhibition of 1874: Bazille perceived and stressed the leading role to be played by Monet. Unfortunately, Bazille was the major person missing from the exhibition; he died on 28 November 1870 and the project he had been working on since 1867 was finally realised by his friends in 1874. *Impression, Sunrise* (cf. fig. 34) was presented at this exhibition: executed at Le Havre, this seascape became the eponym of the movement. When he was asked to provide a title for the catalogue, Monet replied: "Take *Impression*".[18] And, this led to critic Louis Leroy derisively coining the term of "Impressionism".

In 1876, Monet designed a decorative ensemble for the Rottembourg Chateau, which belonged to the collector Ernest Hoschedé, the first owner of *Impression, Sunrise*, and his wife Alice (who would become Monet's second wife), near Paris.

Paris made its final appearance in Monet's work with the city's public gardens, its flagged streets and by offering the artist a "modern" subject: the railway station, an indication of the modernisation of the towns and the new architecture of metal and glass. The development of railway travel coincided with the birth of *plein-air* painting. The Saint-Lazare station, which was the point of departure for the lines to the main destinations of Impressionism (Argenteuil, Louveciennes and Marly; Pontoise and Auvers; the coast of Normandy) inspired the painters: sensitive to the outdoor light in the heart of the capital city and the airy space beneath the glass roof, Monet transformed the interplay of the cloud-like billowing smoke into atmospheric effects and composed an "urban landscape". A series of views of the Saint-Lazare station by Monet (*La Gare Saint-Lazare*, 1877, fig. 36) was the revelation of the third Impressionist exhibition: "Claude Monet is the most pronounced personality of

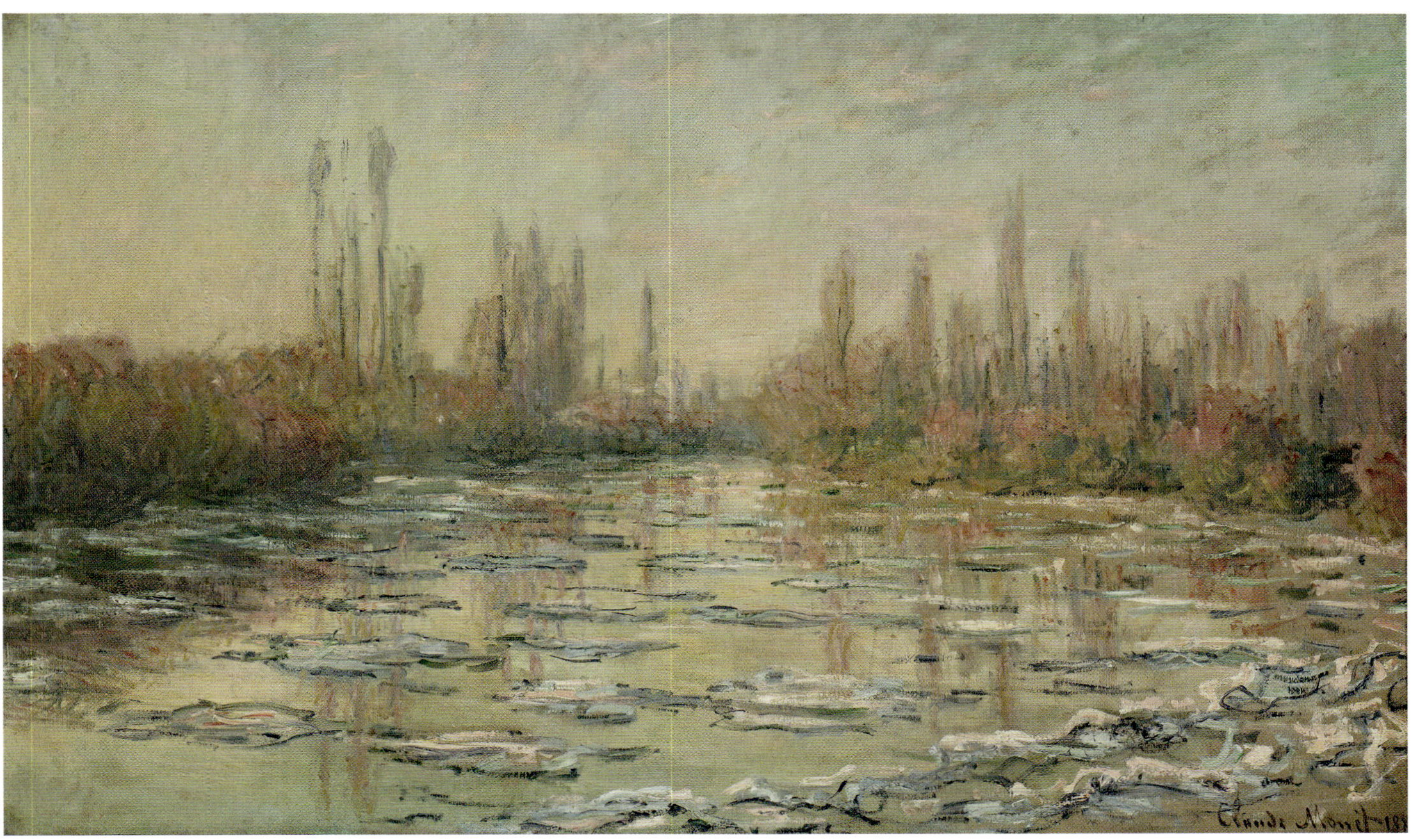

37
Claude Monet
Drivende is
Floating Ice

1880, olie på lærred / oil on canvas, 60,5 × 99,5 cm
Musée d'Orsay, Paris, inv. no. RF1965-10

I løbet af vinteren 1879-1880 forårsagede tøvejret nogle spektakulære opbrud af isen på Seinen. "Vi oplever her et voldsomt tøbrud, og naturligvis har jeg forsøgt at skabe noget ud af det ..."[22] (brev til Dr. Georges de Bellio, 8. januar 1880). Her hentydede Monet til flere værker, der ved første øjekast ligner hinanden (*Drivende is*, 1880, fig. 37), og som varslede de efterfølgende 'serier'. Samtidig foregreb billederne af disse isflager på det rivende vandløb åkandernes effekt på søen i Giverny.

Perioden i Vétheuil, halvvejs mellem Argenteuil og Giverny, blev en overgangstid. Maleren havde øget sin uafhængighed i forhold til gruppen af impressionister; Durand-Ruel garanterede ham konstant moralsk og økonomisk støtte, mens Alice Hoschedé optog en voksende plads i Monets liv, inden hun i 1892 skulle blive hans anden hustru.

Efter at have bosat sig i Poissy (december 1881) sammen med Alice Hoschedé og børnene, foretrak Monet gentagne gange at tage ophold ved den normanniske kyst. Det naturskønne Étretat lod han sig til stadighed betage af: "De kan simpelthen ikke forestille Dem, hvor smukt havet her er [...], men

the group. This year, he has exhibited magnificent interiors of train stations. We hear the rumble of trains that rush, we see excesses of smoke that roll within the large sheds. Today there is painting in such beautifully wide modern frameworks. Our artists have to find the poetry of the stations, as their fathers have that of the forests and rivers."[19]

Monet preferred the countryside to "this deafening Paris" – a judgement he made in a letter addressed to Boudin on 3 June 1859 and told Bazille after December 1868: "I do not envy you being in Paris. Do you not believe that nature would be better? As for me, I am sure of it ...".[20]

The periods in Vétheuil (1878-1881) and Poissy (1881-1883)
In 1878, Monet moved a little further away from Paris beyond Argenteuil "to an enchanting spot on the banks of the Seine in Vétheuil".[21] The period at Vétheuil, which corresponded with

tanken om det talent, der skal til for at kunne gengive det, gør én skør"[23] (brev til Alice Hoschedé, 3. februar 1883). Stedets pittoreske karakter betog Monets øje, på samme måde som det vækkede beundring hos Maupassant, lidenskabelig fast gæst i Étretat, der løbende udtrykker denne følelse i sine *Contes* og *Nouvelles* (*Historier* og *Noveller*). Via deres kunst transformerede de to mænd – og nære venner – deres oplevelse af naturens skue. Maupassant så Monet arbejde foran sit motiv, hvor han benyttede den fremgangsmåde, der varslede 'serierne' fra 1890'erne: "Sidste år, [...] fulgte jeg ofte med Claude Monet rundt på hans søgen efter indtryk. Han var ikke længere maler, snarere jæger, i virkeligheden. Han gik omkring, fulgt af børn, der bar på hans lærreder, fem eller seks lærreder, som gengav det samme motiv på forskellige tidspunkter af dagen og med deraf følgende forskellige virkninger. Han skiftevis arbejdede på dem og satte dem til side, afhængig af den vekslende himmel. Foran sit motiv afventede maleren således solen og dens skygger, fangede med nogle få penselstrøg en synkende solstråle eller en sejlende sky, og [...] placerede dem med stor fart på lærredet. ..."[24]

Monets utilpashed i Poissy hjalp ham til at indse nødvendigheden af at finde et passende sted at arbejde. I en alder af toogfyrre år ledte han efter sit 'forankringspunkt'. Den 15. april 1883 erklærede kunstneren over for Durand-Ruel: "... når jeg engang får mig indrettet, håber jeg at kunne producere nogle mesterværker, for egnen tiltaler mig meget ...".[25] Monet havde netop opdaget Giverny.

Giverny-perioden (1883-1926)

"Jeg er ovenud henrykt; Giverny er et pragtfuldt landskab for mig ..."[26] (til Théodore Duret, 20. maj 1883). Giverny er beliggende, hvor Seinen og floden Epte løber sammen i Normandiet, altså endnu længere fra Paris.

Indtil 1890 forlod kunstneren i løbet af den udendørs malersæson ofte Giverny for at kaste sig ud i stadig nye undersøgelser af nyfundne landskaber, ukendte havudsigter og forskellige lysforhold. Monet præciserede over for Durand-Ruel: "Jeg planlægger at bruge en måned i Bordighera, et af de smukkeste steder, vi har set på vores rejse. Derfra håber jeg at kunne bringe Dem en hel serie af nye ting" (12. januar 1884)[27], dvs. lærreder på hvilke han overførte Middelhavets lys og glans fra denne italienske egn.

I foråret 1886 tog han atter til Holland for at male "de vidstrakte blomstrende marker; de er for øvrigt vidunderlige, men også nok til at gøre en maler tosset ..."[28] (til Théodore Duret, 30. april 1886).

I efteråret 1886 opdagede Monet oceanet beskuet fra Belle-Île i Morbihan-bugten i Bretagne. Her mødte han forfatteren og kritikeren Gustave Geffroy, som i 1922 skrev en bog om Monet. Kunstneren formidlede ligeledes sine indtryk til

the maturity of the artist, who was around forty at the time, was marked by a sadness contrasting with the radiance of Argenteuil. The impression of desolation that is characteristic of the landscapes painted in Vétheuil can possibly be attributed to the season as well as to Monet's moral and financial concerns. Camille, who had not recovered after the birth of their second son Michel, passed away on 5 September 1879. The Monet and Hoschedé families shared a house in Vétheuil and Alice Hoschedé looked after Monet's two sons.

During the winter of 1879-1880, the thaw of the Seine led to spectacular ice break-ups. "We had a terrible thaw here and naturally I tried to make something out of it ...".[22] Several works show ice breaks that, at first sight, seem similar (*Floating Ice*, 1880, fig. 37) and which point to the future "series". And these plates of ice on the flowing water prefigure the effect of the water lilies on the surface of the pond in Giverny.

Half-way between Argenteuil and Giverny, the period spent in Vétheuil was one of transition. The painter had increased his independence from the group of Impressionists: Durand-Ruel guaranteed him constant moral and financial support while Alice Hoschedé started to occupy an increasingly important place in Monet's life before finally becoming his second wife in 1892.

After moving to Poissy, together with Alice Hoschedé and his sons, in December 1882, Monet found pleasure in several sojourns spent on the coast of Normandy. The landscape at Étretat remained a source of wonderment for him: "... you have no idea how beautiful the sea is [...], but just how much talent does one need to capture it, it is enough to drive one mad".[23] The picturesque character of the location attracted the eye of the artist in the same way as it had attracted the admiration of Maupassant, who was a frequent visitor to Étretat and expressed his feelings in his *Contes* and *Nouvelles*: the two men, who had become friends, translated the impressions they had made before the spectacle of nature into their art. The writer watched the artist working in front of the motif, his approach announcing the "series" of the 1890s: "Last year [...] I often followed Claude Monet when he was looking for impressions. He was no longer a painter but, in truth, he had actually become a hunter. He walked – followed by the children who carried his canvases: five or six canvases showing the same subject at different times of the day and with different effect. He took them and then put them down, one after the other, according to the changes in the sky. And the painter, in front of his subject, waited, watched, the sun and the shadow, captured the rays that shone down or the cloud passing by with a few strokes of the brush, and [...] transferred them rapidly to his canvas ...".[24]

The unease Monet felt at Poissy helped him to realise the necessity of finding the right place for his work. At forty-two

maleren Caillebotte: "Jeg befinder mig i et fantastisk landskab fuldt af vildskab, en opdyngning af forrygende klipper og et usandsynligt farverigt hav. Faktisk er jeg ovenud begejstret, samtidig med at jeg virkelig må anstrenge mig, for jeg var jo vant til at male Kanalen og havde nødvendigvis oparbejdet en vis rutine, men oceanet er noget ganske andet"[29] (11. oktober 1886). Fascineret af dette "mageløst smukke hav, med dets fantastiske klipper", bedyrede maleren over for Durand-Ruel: "Jeg er meget forelsket i denne kyst"[30] (25. september og 17. oktober 1886).

I 1886 gentog Monet – men for sidste gang – indsættelsen af den menneskelige figur i landskabet med to versioner af *Kvinde med parasol* (begge fra 1886, Musée d'Orsay, Paris), hvilke han gav den sigende titel *Essais de figure en plein air (Figurskitser i det fri)*. Han bearbejdede motivet på både landskabsmaler- og impressionistisk vis. "... Jeg arbejder som aldrig før og med nye forsøg med figurer i det fri, som jeg nu ser dem, udført som landskaber. Det er en gammel drøm, der bliver ved med at hjemsøge mig, og som jeg gerne vil realisere bare én gang; men det er utrolig svært!"[31] (til Théodore Duret, 13. august 1887). Flere af malerierne, der viser Alice Hoschedés døtre i en båd på Epte-floden, illustrerer stedets robådssejlads – som Monet for øvrigt selv udøvede. Disse lærreder afslører malerens lykke over at bo i Giverny "i et selvvalgt landskab, omgivet af sine modeller".[32]

Den 28. februar skrev Monet til Rodin: "... blot Dem og jeg. [...] Vi kunne måske skabe noget godt sammen."[33] Malerier af maleren kunne ses side om side med mesterens skulpturer på en mindeværdig udstilling "Claude Monet – Auguste Rodin" i Galerie Georges Petit i Paris.

Antallet af beundrere og samlere af Monet, både i Frankrig og på den anden side af Atlanten, steg kraftigt takket være Paul Durand-Ruel og Mary Cassatt. Således "sikker på aldrig at finde en bedre bolig eller et lige så smukt sted"[34] (brev til Durand-Ruel, 27. oktober 1890) og takket være nogle anseelige forskud fra netop Durand-Ruel besluttede Monet at købe huset og haven i Giverny for at transformere stedet og sætte sit eget præg på det. Den firelinjede strofe, som Mallarmé i 1890 komponerede til Monet, er forblevet berømt:

Monsieur Monet, que l'hiver ni
L'été sa vision ne leurre
Habite, en peignant, Giverny
Sis auprès de Vernon dans l'Eure.[35]

(Monsieur Monet, hvis syn ikke lader sig narre
af hverken vinter eller sommer,
bor, mens han maler, i Giverny
nær ved Vernon i Eure.)

years of age, he was looking for a harbour. On 15 April 1883, the artist informed Durand-Ruel: "[...] once I have moved there, I hope to be able to create masterpieces because the countryside pleases me so much ...".[25] He had just discovered Giverny.

The period at Giverny (1883-1926)

"I am in raptures, Giverny is a splendid place for me ...".[26] Located where the Rivers Seine and Epte meet, in Normandy, Giverny was even further away from the capital city.

Until 1890, the artist often left Giverny and set out on his painting campaigns in search of new landscapes, unknown seas and different light. Monet described this in a letter written to Durand-Ruel on 12 January 1884: "I want to spend a month at Bordighera, one of the most beautiful spots we saw on our journey. I hope to be able to send an entire series of new things from there"[27] – canvases on which he captured all of the Mediterranean luminosity of this region of Italy.

He returned to Holland in the spring of 1886 to paint the "vast fields, full of flowers; altogether, it is wonderful but enough to drive the poor artist mad ...".[28]

In autumn 1886, Monet discovered the ocean at Belle-Île in the Gulf of Morbihan in Brittany, where he also became acquainted with the writer and critic Gustave Geffroy, who devoted a book to the artist and his oeuvre in 1922. The artist reported on his impressions to the painter Caillebotte: "I am in the midst of a splendidly savage countryside, a mass of tremendous rocks and a sea full of unbelievable colours; I am ultimately very thrilled although I am having some difficulties; I was used to painting the Channel and I definitely had a certain routine, but the ocean is a completely different affair".[29] Enthralled by this "sea [...] of incomparable beauty accompanied by fantastic rocks", the painter professed to Durand-Ruel that: "... this coastline really captivates me".[30]

In 1886, Monet once again included the human figure – almost for the last time – in the landscape with two versions of the *Woman with a Parasol* (both versions, 1886, Musée d'Orsay, Paris) to which he gave the significant title of *studies of the figure in the open air*. He treated the subject as a landscape artist and as an Impressionist. "..., I am working as never before, and with some new attempts at figures in the open air as I see them, made like landscapes. It is an old dream that has always concerned me and that I would like to realise once; but it is so difficult!"[31] Several works show the Hoschedé daughters in a boat on the River Epte, illustrating the activity of rowing that Monet himself practised: these canvases reveal the joy Monet experienced living in Giverny "in a chosen place, in the constant company of his models".[32]

Monet wrote to Rodin on 28 February 1889: "[...] nothing but you and I. [...] we could make something good together".[33] The canvases of the painter were placed alongside the master's

I året 1890 tog Monets kunst en afgørende ny retning. Mens han nu kun meget sjældent beskæftigede sig med isolerede kompositioner, påbegyndte han i dette årti flere 'serier' (*Høstakke, Popler, Katedraler* …) med det mål at genskabe de uafladelige forandringer, hans motiv undergik alt efter lysets skiften og de atmosfæriske forandringer i løbet af døgnets timer og årstidernes gang.

Som en demonstration af sin dybe hengivenhed for Giverny kastede Monet sig begejstret over skildringen af de omkringliggende høstakke. Mængden og ensartetheden af de over tyve forskellige versioner svarer til de krav, der var nødvendige for at kunne kalde denne gruppe billeder hans første virkelige 'serie', en term som kunstneren selv brugte: "… Jeg arbejder hårdnakket på en 'serie' med forskellige lysvirkninger (høstakke) […]. Men jo længere jeg bliver ved, jo mere kan jeg se, at det kræver meget arbejde at kunne gengive, hvad jeg har sat mig for, nemlig 'spontane øjeblikkeligheder' …"[36] (til Georges Geffroy, 7. oktober 1890). Med disse *Høstakke* malet i sensommeren, i løbet af efteråret og vinteren, fra solopgang til tusmørke, fangede Monet virkningen af det flygtige. Omkring femten versioner af høstakkene blev i 1891 præsenteret i Durand-Ruels galleri; forordet i det tilhørende katalog var forfattet af Gustave Geffroy: "… Han [Monet] er den urolige iagttager af forskellen mellem de enkelte minutter; han er en kunstner, der skaber en syntese ud af meteorer og grundstoffer. Han beskriver morgenen, middagen, tusmørket, regnen, sneen, kulden, solen; han hører aftenens stemmer, og han lader os lytte med …".[37] Hvad angår Mallarmé, roste han også sin ven: "De har blændet mig her på det sidste med Deres *Høstakke*, Monet, fuldstændig! Så fuldstændigt at jeg nu nærmest ser markerne gennem erindringsbilledet af Deres maleri; eller snarere, markerne fremstår *som* Deres maleri …".[38]

Dog, i nogle af sine kritikeres øjne var Monet en maler med talent for det 'dekorative', som sigtede efter kommerciel succes. Blandt skeptikerne var Degas, hvis udtalelser Pissarro refererede således: "Jeg har set Monets malerier; de er smukke […]. Efter min mening – og som jeg så ofte har hørt Degas sige – er det en dekorativ kunst, meget veludført, men en døgnflue"[39] (juli 1888). Pissarro gentog to dage senere til sin søn Lucien: "Degas har været en af [Monets] strengeste kritikere; han anser det for blot at være salgbar kunst. […] han har altid været af den mening, at Monet blot maler smukke dekorationer."[40] Men Pissarro forligede sig atter med Monet under udstillingen af *Høstakkene* i Galerie Durand-Ruel: "At [værkerne] forekom mig utroligt lysende og mesterlige, kan ikke benægtes […]. Hvilken prægtig kunstner han er! Overflødigt at nævne, at udstillingen er en stor succes; malerierne er i den grad tiltrækkende, at det oprigtig talt ikke er nogen overraskelse …"[41] (brev til Lucien Pissarro, 5. maj 1891).

sculpture in a memorable exhibition *Claude Monet–Auguste Rodin* held in the Georges Petit gallery in Paris.

The number of admirers and collectors increased in France and on the other side of the Atlantic through the activities of Paul Durand-Ruel and Mary Cassatt. Then, "certain that I will never find such a premises and such a beautiful location",[34] and thanks to the generous advances provided by the same Durand-Ruel, Monet decided to purchase the house and garden at Giverny with the intention of transforming them. The "quatrain d'adresse" composed by Mallarmé on an envelope addressed to the artist in 1890 is still famous today:

Monsieur Monet, que l'hiver ni
L'été sa vision ne leurre
Habite, en peignant, Giverny
Sis auprès de Vernon, dans l'Eure[35]

The year 1890 coincides with a decisive modification in Monet's art: he now only rarely applied himself to individual compositions and instead devoted himself to the creation of several series (Grainstacks, Poplars, Cathedrals …) throughout that decade. In these series he depicted the incessant changes which the motif was subjected to as a result of the changes in lighting and atmospheric variations over the course of the day and the seasons.

As an expression of his great attachment to Giverny, Monet devoted himself with passion to representing the grainstacks in the vicinity. The number and similarity of the versions of the grainstacks (there are more than twenty of them) correspond with the requirements for this ensemble, which was planned as the first genuine "series" – a term used by the painter: "… I am stubbornly working on a series of different effects (of grainstacks) […]. But, the more I proceed, the more I see that a great deal of work will be necessary to be able to capture what I am looking for: 'instantaneity' …".[36] Monet succeeded in capturing the fleeting effects on the grainstacks that he painted, from dawn to dusk, at the end of summer and during autumn and winter. Around fifteen versions of the grainstacks were exhibited at Durand-Ruel's gallery in 1891 and the catalogue included a preface written by Gustave Geffroy: "… he [Monet] is the tense observer of the changes that take place in a minute and he is the artist who sums up the meteors and elements in a synthesis. He reports on the mornings, middays, sunsets, rain, snow, cold, the sun; he hears the voices of the night and he then makes it possible for us to hear them …".[37] And Mallarmé also congratulated his friend: "You recently dazzled me with those grainstacks, Monet; so much so that I find myself looking at the fields through the memory of your paintings: or rather, they impose themselves on me …".[38]

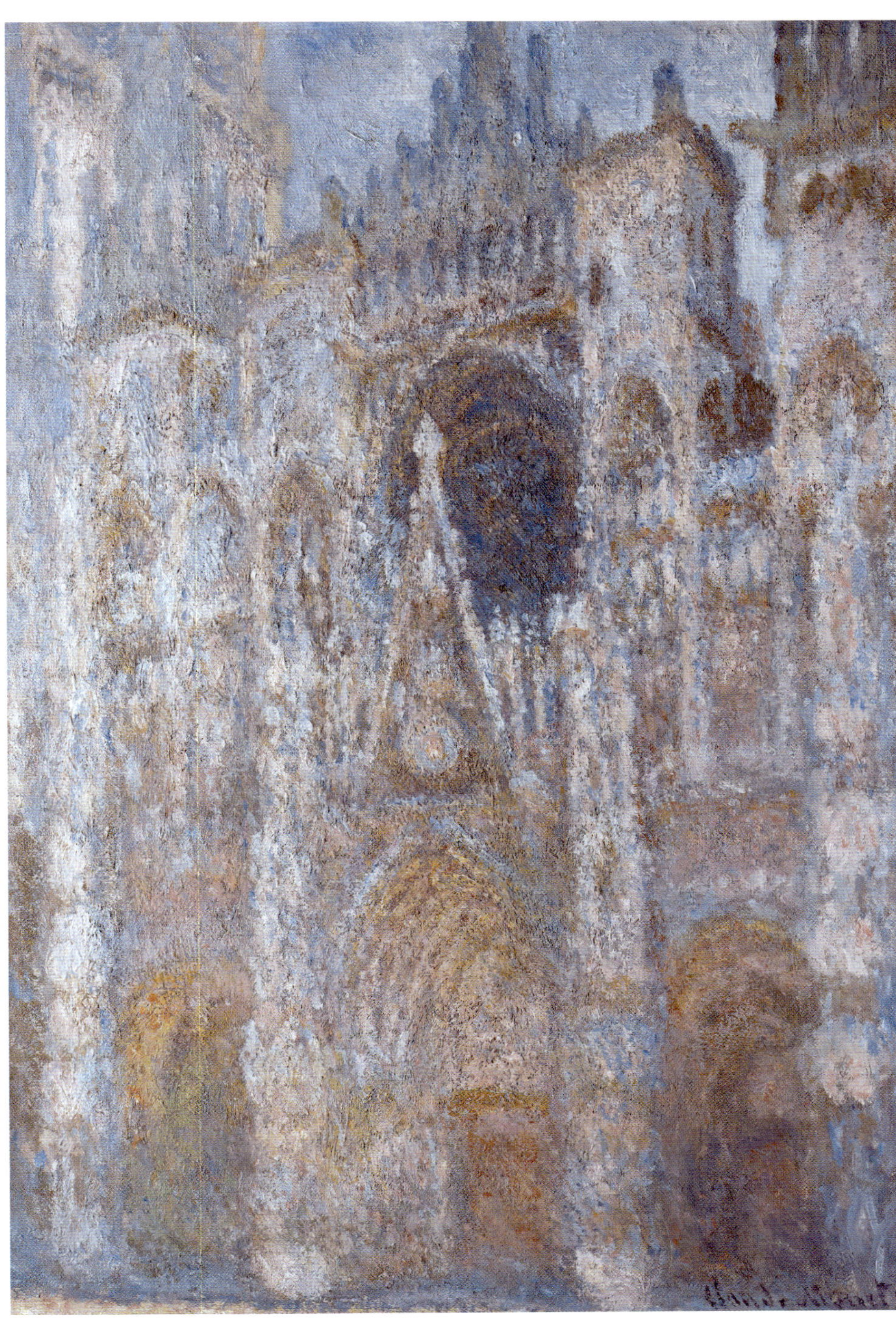

38
Claude Monet
Katedralen i Rouen, indgangsparti, morgensol, blå harmoni
Rouen Cathedral, Morning sun. Harmony blue

malet i / painted in 1893, dateret / dated 1894
olie på lærred / oil on canvas, 92,2 × 63 cm
Musée d'Orsay, Paris, inv. no. RF2000

Efter *Høstakkene* kom, i løbet af foråret, sommeren og efteråret 1891, 'serien' *Popler* (over tyve lærreder). Målet med denne grundige undersøgelse var identisk med det mål, han havde sat sig med *Høstakkene*: de stadigt skiftende lysforhold, som de femten versioner udstillet hos Durand-Ruel i 1892 viser. I modsætning til høstakkene, der former et hele med jorden,

Monet appeared to be a painter with a talent for "the decorative" who followed commercial goals in the eyes of some of his detractors, especially Degas whose comments Pissarro reported: "I have seen the Monets [...] they are lovely [...]. In my opinion, and as I have often heard Degas say, it is the art of a highly skilled, but ephemeral, decorator."[39] Pissarro came back

strækker poplerne sig mod himlen. For at understrege træernes opadstræbende linjer valgte Monet at bruge et langstrakt vertikalt format.

Tilgangen til motivet i form af en 'serie' bliver systematiseret foran katedralen i Rouen; mangedoblingen af studierne udtrykker kunstnerens stadigt voksende interesse for lysets vekslen og de atmosfæriske forandringer (*Katedralen i Rouen, indgangsparti, morgensol, blå harmoni*, malet i 1893, dateret 1894, fig. 38). Som en sensationel demonstration af Monets stædige mål om at tolke 'øjeblikkeligheden' viser serien af billeder af *Katedralen i Rouen* den virtuose fremgangsmåde og teknik, som han benyttede til at synliggøre formernes forandring under påvirkning af det skiftende lys. "Alt ændrer sig, skønt det er sten ...", noterede kunstneren i 1893.[42] Den ujævne udførelsesteknik giver en forestilling om lysets og skyggernes vibrationer. Denne 'serie' er den mest omfangsrige, bestående af tredive *Katedraler*, dateret 1894, men malet i Rouen i 1892 og 1893 og siden færdiggjort i atelieret i Giverny. I 1895 blev tyve katedraler udstillet hos Durand-Ruel, en begivenhed der vakte stor opsigt blandt malere, forfattere og kritikere. "... Med sine tyve lærreder, med deres nøje valgte forskelligartede virkninger, har maleren skænket os det samme indtryk, som hvis han havde malet halvtreds, hundrede, tusind, ja, lige så mange billeder, som der er sekunder i hans liv ...".[43]

I 1895, under sin rejse i Norge, var Monet meget betaget af "de absolut forbløffende effekter af sneen ..."[44] (brev til Blanche Hoschedé-Monet, 1. marts 1895). Atter hjemme i Giverny udarbejdede kunstneren 'serien' af *Morgener ved Seinen*, som genskaber, i en diset atmosfære, morgentågens dans med skyerne over floden. Dette var en periode præget af nostalgi for fortiden, som ansporede maleren til at gense de steder, hvor han tidligere havde arbejdet. Efter et gensyn med den normanniske kyst i 1896 og 1897, tog han i 1900 atter til Vétheuil, og landsbyen gav anledning til flere *Udsigter over Vétheuil*. Skildringen af landskabet interesserede dog ikke længere Monet i samme grad som gengivelsen af diverse formers forandring under det skiftende lys i dagens løb. Igen i form af en serie studerede han de atmosfæriske forandringer, fra morgenens tågedis til dagens sidste skær.

Omkring århundredeskiftet valfarter kunstneren til gamle steder fra hans fortid og turen bringer ham til London i 1899, 1900 og 1901. Skønt Monet bar på triste minder fra den første gang, han satte fod på engelsk jord – en kummerlig tid, skrev han til Alice Monet den 16. marts 1900[45] – følte han en særlig tilknytning til London; han bevarede byen i tankerne, når han befandt sig langt fra den. Og skønt det ikke havde været kærlighed ved første øjekast, havde Monet aldrig glemt Themsen, hvilket man finder bevis på i et brev til kritikervennen Théodore Duret den 9. december 1880: "Hvis blot jeg var sikker på at sælge lidt, kunne jeg fristes til at tilbringe en måned

to this two days later to his son Lucien: "Degas has been too severe; he only considers it as salesmanship. [...] he has always been of the opinion that Monet only makes pretty decorations."[40] But Pissarro supported Monet when the Grainstacks were shown in the Durand-Ruel gallery: "I found them very luminous and extremely masterly; that is undeniable [...] he is quite a great artist! / Needless to say, it was a great success / it is so appealing that – quite frankly – this comes as absolutely no surprise ...".[41]

After the Grainstacks, the spring, summer and autumn of 1891 were devoted to the "series" of Poplars (more than twenty paintings). The aim of this profound study was identical to what he had undertaken with the Grainstacks: an investigation of the variations in light as shown in the fifteen versions of the poplars displayed at Durand-Ruel's gallery in 1892. While the grainstacks had been firmly united with the earth, the poplars soared upwards to the sky. Monet used a high, vertical format to intensify the slender lines of these trees.

The method of dealing with the motif in the form of a "series" became systematic with his paintings of Rouen Cathedral; the increase in the number of studies expressed the painter's increasingly acute sensitivity to changes in light and atmospheric variations (*Rouen Cathedral, Morning sun. Harmony blue*, painted in 1893, dated 1894, fig. 38). This is a spectacular demonstration of Monet's determination to translate "instantaneity"; the sequence of cathedrals provides proof of the virtuosity of his approach and his technique of making perceptible the changes that occur in forms as a result of the progress of light. In 1893, the artist noted that: "everything changes, although it is stone ...".[42] The rough technique suggests the vibrations of shadow and light. This "series" is the most important in terms of number: thirty Cathedrals – dated with 1894 but painted in Rouen in 1892 and 1893 and then completed in the studio in Giverny. In 1895, Durand-Ruel exhibited twenty Cathedrals; this event made a considerable impact on painters, writers and the critics. "... With twenty canvases, showing a number of carefully chosen effects, the painter has given us the feeling that he could have and should have made fifty, one hundred, a thousand of them; as many as there are seconds in his life ...".[43]

Monet travelled to Norway in 1895 and was astonished by "the effects of the snow that are absolutely stunning ...".[44] After his return to Giverny, the artist worked on his "series" of pictures of the early hours of day on the Seine that reproduced the morning mists dancing with the clouds over the river in a "vaporous" atmosphere. This was the period when nostalgia for the past motivated the painter to once again go back to the places where he had worked before. After returning to the coast of Normandy in 1896 and 1897, he revisited Vétheuil in 1900 and the village provided the stimulus for several views of Vétheuil.

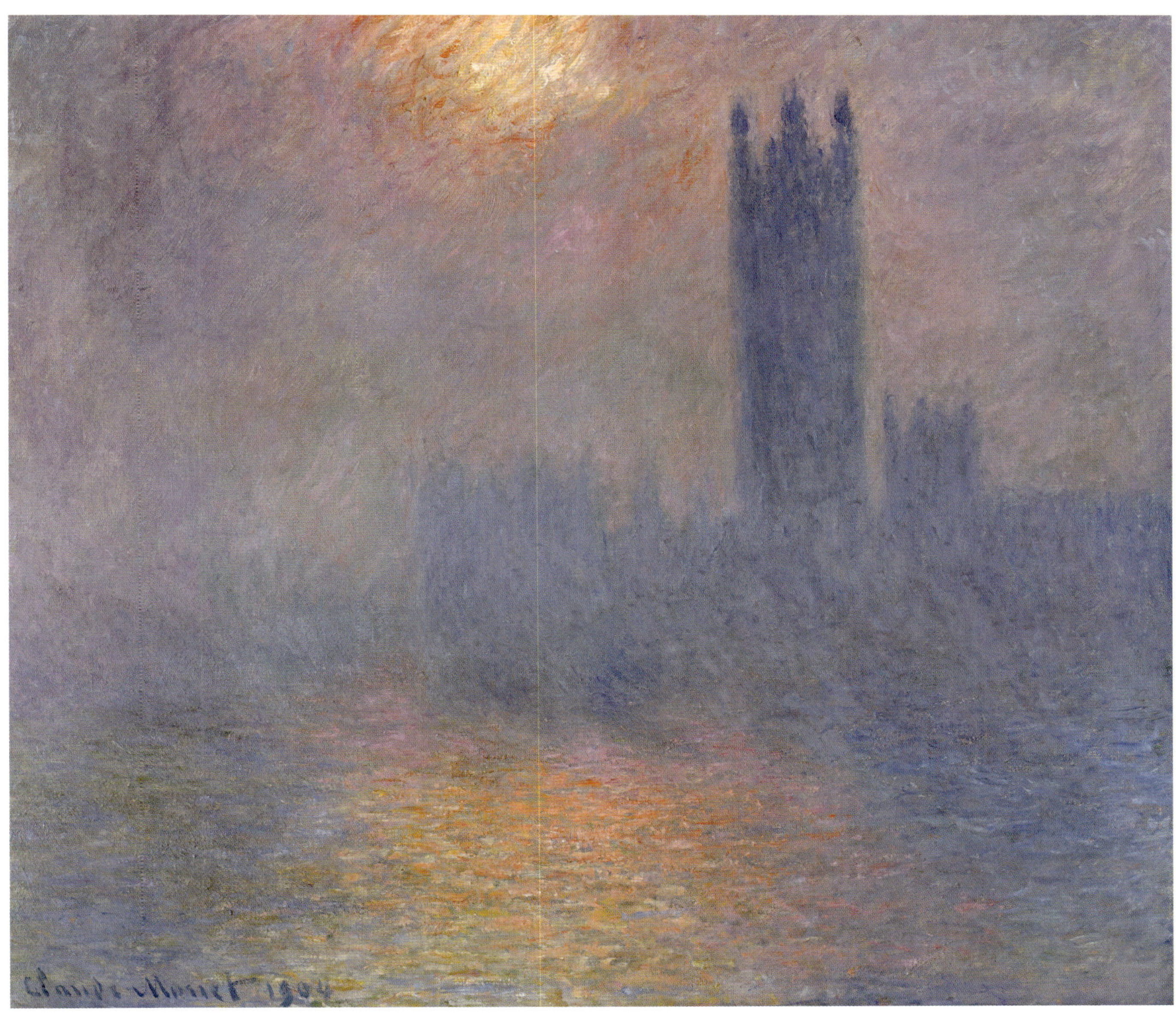

39
Claude Monet
London, Parlamentet, sol bryder igennem tågen
London, Houses of Parliament. The Sun Shining through the Fog

1904, olie på lærred / oil on canvas, 81,5 × 92,5 cm
Musée d'Orsay, Paris, inv. no. RF2007

i London ...".[46] I 1887 havde byen for alvor vundet malerens hjerte, hvilket han i august bekendte over for Duret: "Vidste De, at jeg har været i London for at se Whistler? Jeg tilbragte næsten to uger dér, meget betaget af London og også af Whistler, som er en stor maler. Han er noget af det mest charmerende, synes jeg ...".[47] Og i oktober indviede Monet Duret i sit ønske om at "male nogle indtryk af tågen over Themsen".[48] Dette ønske skulle først blive opfyldt ti år senere. Hinsides Kanalen, ganske som under opholdet i 1870-1871, var det kun

The description of the landscape no longer interested Monet as much as the reproduction of the various transformations of forms caused by the changing light throughout the day; once again making use of the principle of the "series", he studied atmospheric variations from the early-morning mist to the last rays of evening light.

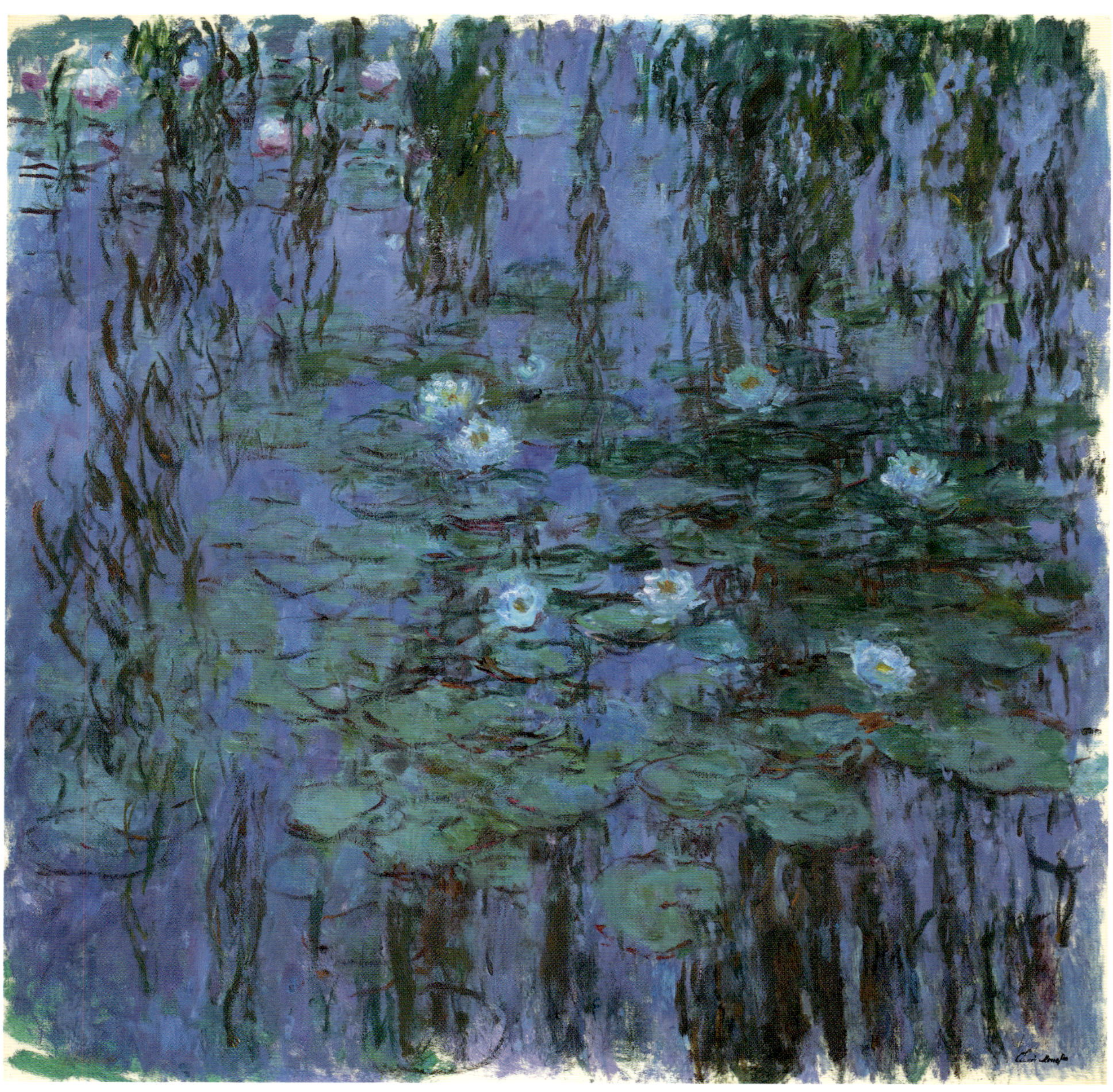

40
Claude Monet
Åkander. Blå farver
Blue Water Lilies

ca. 1916-1919, olie på lærred / oil on canvas, 200 × 200 cm
Musée d'Orsay, Paris, inv. no. RF1981-40

hovedstaden og visse af byens aspekter (parkerne, Parlamentet, Themsen og broerne), der bibeholdt Monets opmærksomhed. I sin 'serie' *Udsigter over Themsen*; cirka hundrede værker), fangede kunstneren byens særlige karakter, indhyllet i *fog* og *smog*, og gik så langt som til at erklære: "Jeg finder hver dag London endnu smukkere at male"[49] (brev til Blanche Hoschedé, 4. marts 1900). Med sin følsomhed over for den londonske mystik og foranderlige atmosfære viser Monet, naturens maler, sig her som mester i det "urbane landskab". Visse

Around the turn of the century, Monet's pilgrimage to places from his past took the artist to London in 1899, 1900 and 1901. Although Monet had sad memories of his first stay on English soil – "miserable weather"[45] – he had developed a special relationship to the city of London: it occupied his thoughts while he was far away from it. Although the "flash of lightning" had not

lærreder, udført i London fra Parlamentet, minder i tilgangen til motivet og farvenuancerne om *Indtryk. Solopgang* (cf. fig. 34), men genkalder også Turner og Whistler. Den hensvindende silhuet af monumentet, strakt vertikalt, fremstår som et syn i disen og lyset (*London, Parlamentet, sol bryder igennem tågen*, 1904, fig. 39). I 1904 afholdtes udstillingen *Udsigter over Themsen i London* i Durand-Ruels parisiske galleri.

Monet forlod derefter sjældent sit selvskabte univers i Giverny, som nu var blevet hans unikke inspirationskilde, med haven, dens blomstervæld og åkandedammen. Stedets originalitet kom af, at det var blevet udtænkt som et maleri. I overensstemmelse med kunstnerens vilje blev haven til den verden, han ønskede at male. I 1893 havde Monet fået gravet dammen, udstyret med en japansk bro, et motiv, der dukkede op i hans arbejde i 1895, og som han fra 1898 helligede flere lærreder. Et lille dusin versioner af *Åkandedammen* (hvoraf *Harmonie verte*, 1899, og *Harmonie rose* befinder sig på Musée d'Orsay) blev præsenteret i 1900 på en udstilling i Galerie Durand-Ruel, Paris og i 1901 i Durand-Ruels gallerier i New York. Kompositionernes format er næsten kvadratisk. Himlen 'mangler', men optræder indirekte gennem sine reflekser på vandets spejl. Baggrunden domineres af piletræer og andre vækster, hvorpå den lille gangbros buede linje – der vidner om Monets interesse for japansk kunst – aftegner sig. Formen er inspireret af Hokusais grafiske serie *Vidunderlige udsigter fra provinsens berømte broer*, eller af enkelte billeder fra Hiroshiges serie *Udsigt fra berømte Edo-seværdigheder*; Monet var nemlig en ivrig samler af japansk grafik (bevaret af Fondation Claude Monet i Giverny, åbent for besøg fra april til oktober). Fra 1904 forsvinder landskabet omkring dammen på billedfladen for at overlade pladsen til vandperspektivet – emnet for Monets undersøgelser gennem de sidste tyve år af hans liv. "De skal vide, at jeg er opslugt af dette arbejde. Dette landskab med vand og lysreflekser er blevet en besættelse for mig. Emnet overstiger mine gammelmandskræfter – og ikke desto mindre er jeg besluttet på at skildre det, jeg føler ..."[50] (til Gustave Geffroy, 11. august 1908). Med blikket sænket, for nu blot at afbilde spejlreflekserne af himlens skyer på vandets overflade, udførte maleren sine største billeder i og efter 1916 (*Åkander. Blå farver*, omkring 1916-1919, fig. 40).

Efter rejsen til Venedig i 1908 og Alices bortgang i 1911 forlod Monet aldrig mere Giverny. Han døde den 5. december 1926. I maj 1927 fandt afsløringen af *Grandes Décorations de Nymphéas* sted: Monet skænkede – tilskyndet af Clemenceau, der uophørligt forvissede ham om værdien af hans livsværk – dette kunstneriske testamente til Frankrig. Værkerne skulle præsenteres i to udstillingssale på Orangeriet, midt i Paris' hjerte – hvor de endnu i dag fremkalder beundring fra de besøgende, der kommer for at beskue dem.

been immediate, Monet never forgot the Thames, as is shown in a letter addressed to his friend the critic Théodore Duret on 9 December 1880: "If I was certain of doing some business, I would be tempted to come and spend a month in London ...".[46] In 1887, the city finally took hold of the painter, who made the following confession to Duret in August: "You know that I came to London to see Whistler and that I spent a dozen days here enthralled with London and also with Whistler who is a great artist: he could not have been more charming to me ...".[47] And, in October, Monet informed Duret of his desire "to paint some effects of fog on the Thames there".[48] This wish could only be fulfilled more than a dozen years later. Across the Channel, the same as during his stay in 1870-1871, only the capital city and certain specific aspects of it – the gardens, Houses of Parliament, the Thames and the bridges – attracted Monet's attention. In his "series" of views of the Thames (around 100 works), the artist managed to capture the real character of the city veiled in fog and smog and went as far as exclaiming: "I find London more beautiful to paint every day."[49] With his sensitivity to the mysteriousness of the changes of atmosphere in London, Monet – the nature painter – established himself as a master of the "urban landscape". In their approach to the motif and tonalities, some of the canvases executed in London recall *Impression, Sunrise* (1872-1873, cf. fig. 34) as well as the visions of Turner and Whistler: the evanescent silhouette of the monument, stretched upwards, suddenly appears like an apparition out of the fog and light (*London, Houses of Parliament. The Sun Shining through the Fog*, 1904, fig. 39). The exhibition of views of the Thames was held in Durand-Ruel's gallery in Paris in 1904.

Monet hardly ever left the universe he had created for himself in Giverny; with the garden with its profusion of flowers and "water garden", it became his sole source of inspiration. The uniqueness of the location stems from the fact that it had been conceived as a painting: as a result of the artist's wishes, it constituted the transposition of a world he wanted to paint. Monet had had the pond spanned by a Japanese bridge – a motif that first appeared in his work in 1895 and to which he would devote several canvases as of 1898. A dozen versions of the water lily pond (including the Musée d'Orsay's *Harmony in Green* and *Harmony in Pink*) were presented at an exhibition held in the Durand-Ruel gallery in 1900 and one year later, in 1891, in the art-dealer's New York branch. These compositions have an almost square format. The sky is absent with the exception of the reflections on the water that give it a certain presence; the background is taken up with columns and vegetation, against which the curved line of the bridge stands out; this recalls Monet's interest in Japanese art. Its form was inspired by the woodcuts from Hokusai's series *Views of Celebrated Bridges in the Provinces* or some of the *One Hundred Famous Views of Edo*

NOTER

1 G. Jean-Aubry, *Eugène Boudin d'après des documents inédits, l'homme et l'œuvre*, Paris, 1922, s. 36.
2 Thiébault-Sisson, "Cl. Monet 'Mon histoire'", *Les Temps*, 26. november 1900.
3 Frédéric Bazille, *Correspondance*, samlet, præsenteret og kommenteret af D. Vatuone, Montpellier, 1992, s. 91.
4 Daniel Wildenstein, *Claude Monet, biographie et catalogue raisonné*, 5 bind, Lausanne-Paris, 1974-1991; især publiceringen af kunstnerens korrespondance, hvorfra uddragene fra breve citeret i dette essay er hentet, brev 8.
5 Ibid., brev 9.
6 Bazille, op. cit., s. 51.
7 Duc de Trévise, "Pèlerinage à Giverny", *Revue de l'Art Ancien et Moderne*, Februar 1927, s. 122.
8 Wildenstein, op. cit., brev 33.
9 Ibid., brev 44.
10 Ibid., brev 55.
11 Lionello Venturi, "Mémoires de Paul Durand-Ruel", *Les Archives de l'impressionnisme*, bind II, Paris–New York, 1939, s. 141-220.
12 Wildenstein, op. cit., brev 2587.
13 Émile Verhaeren, "L'impressionniste Turner", *L'Art moderne*, 20. september 1885, s. 304.
14 Wildenstein, op. cit., brev 58.
15 Jean-Aubry, op. cit., s. 79, note 2.
16 A. Silvestre, forord til: *Galerie Durand-Ruel, Recueil d'estampes gravées à l'eau-forte*, Paris, London, Bruxelles, 1873.
17 Bazille, op. cit., s. 137.
18 Maurice Guillemot, "Claude Monet", *La Revue illustrée*, 15. marts 1898.
19 Émile Zola, "Une exposition: les peintres impressionists", *Le Sémaphore de Marseille*, 19. april 1877.
20 Wildenstein, op. cit., brev 2.
21 Ibid., brev 136 til Eugène Murer, 1. september 1878.
22 Ibid., brev 170 til Dr. Georges de Bellio, 8. januar 1880.
23 Ibid., brev 314 til Alice Hoschedé, 3. februar 1883.
24 Guy de Maupassant, "La vie d'un paysagiste (Étretat, septembre)", *Gil Blas*, 28. september 1886, s. 415.
25 Wildenstein, op. cit., brev 346.
26 Ibid., brev 354 til Théodore Duret, 20. maj 1883.
27 Ibid., brev 388.
28 Ibid., brev 671 til Théodore Duret, 30. april 1886.
29 Ibid., brev 709 dateret 11. oktober 1886.
30 Ibid., brev 694 og 715 dateret hhv. 25. september og 17. oktober 1886.
31 Ibid., til Théodore Duret, 13. august 1887, brev 794.
32 Octave Mirbeau, forord til: "Claude Monet – Auguste Rodin", udstillingskat., 1889, s. 26.
33 Wildenstein, op. cit., brev 912.
34 Ibid., brev 1079 til Durand-Ruel, 27. oktober 1890.
35 Stéphane Mallarmé, *Œuvres complètes*, La Pléiade, Paris, 1956, s. 88, cit. på engelsk: "Monsieur Monet whose vision neither winter nor summer is troubled, lives, painting, in Giverny situated near Vernon, in Eure." (Monsieur Monet, hvis syn ikke er besværet hverken vinter eller sommer, bor og maler i Giverny i nærheden af Vernon i Eure-regionen).
36 Wildenstein, op. cit., brev 1076 til G. Geffroy, 7. oktober 1890.
37 Gustave Geffroy, *Cl. Monet, sa vie, son temps, son œuvre*, Paris, 1922, s. 296-298.
38 Ibid., s. 330.
39 *Lettres de Camille Pissarro à son fils Lucien*, fra juli 1888. Præsenteret, med hjælp fra Lucien Pissarro, af John Rewald, Paris, 1950, s. 171.
40 Ibid., s. 172.
41 Ibid., s. 237 til Lucien Pissarro, 5. maj 1891.
42 Wildenstein, op. cit., brev 1208.
43 Georges Clemenceau, "Révolution de Cathédrales", *La Justice*, 20. maj 1895.

by Hiroshige; Monet was an avid collector of Japanese prints (in the holdings of the Fondation Claude Monet in Giverny; open to visitors from April to October). Starting in 1904, the surroundings of the pond disappeared from the canvas to make way for the surface of the water, the subject of Monet's artistic investigations for the last twenty years of his life: "You know that I am absorbed in my work. These waterscapes and reflections have become an obsession. It is beyond my strength in old age but I still want to be able to capture what I feel ...".[50] Lowering his gaze to only represent the reflects of the cloudy sky on the surface of the water, the painter executed canvases of even larger formats starting in 1916 (*Blue Water Lilies*, ca. 1916-1919, fig. 40).

After his journey to Venice in 1908 and Alice's death in 1911, Monet never again left Giverny and died on 5 December 1926. *The Grandes Décorations de Nymphéas*, the artist's artistic testament that he donated to France with the encouragement of Clemenceau, who never ceased to be convinced of the value of his oeuvre, were unveiled in May 1927. Monet had conceived of them being presented in two halls in the Orangerie in the very heart of Paris, where they still continue to attract the admiration of those who come to look at and meditate on them.

NOTES

1 G. Jean-Aubry, *Eugène Boudin d'après des documents inédits, l'homme et l'œuvre*, Paris, 1922, p. 36.
2 Thiébault-Sisson, "Cl. Monet 'Mon histoire'", *Le Temps*, 26 November 1900.
3 Frédéric Bazille, *Correspondance*, collected, presented and annotated by D. Vatuone, Montpellier, 1992, p. 91.
4 Daniel Wildenstein, *Claude Monet, biographie et catalogue raisonné*, 5 volumes, Lausanne-Paris, 1974-1991; especially the publication of the artist's correspondence from which the extracts of the letters cited in this essay are taken, letter 8.
5 Ibid., letter 9.
6 Bazille, op. cit., p. 51.
7 Duc de Trévise, "Pèlerinage à Giverny", *Revue de l'Art Ancien et Moderne*, February 1927, p. 122.
8 Wildenstein, op. cit., letter 33.
9 Ibid., letter 44.
10 Ibid., letter 55.
11 Lionello Venturi, "Mémoires de Paul Durand-Ruel", *Les Archives de l'impressionnisme*, vol. II, Paris–New York, 1939, pp. 141-220.
12 Wildenstein, op. cit., letter 2587.
13 Émile Verhaeren, "L'impressionniste Turner", *L'Art moderne*, 20 September 1885, p. 304.
14 Wildenstein, op. cit., letter 58.
15 Jean-Aubry, op. cit., p. 79, note 2.
16 A. Silvestre, preface to: *Galerie Durand-Ruel, Recueil d'estampes gravées à l'eau-forte*, Paris, London, Brussels, 1873.
17 Bazille, op. cit., p. 137.
18 Maurice Guillemot, "Claude Monet", *La Revue illustrée*, 15 March 1898.
19 Émile Zola, "Une exposition: les peintres impressionistes" in *Le Sémaphore de Marseille*, 19 April 1877.
20 Wildenstein, op. cit., letter 2.
21 Ibid., letter 136 to Eugène Murer, 1 September 1878.
22 Ibid., letter 170 to Dr. Georges de Bellio, 8 January 1880.
23 Ibid., letter 314 to Alice Hoschedé, 3 February 1883.

44 Wildenstein, op. c t., brev 1276 til Blanche Hoschedé-Monet, 1. marts 1895.
45 Ibid., brev 1530 til Alice Monet, 16. marts 1900.
46 Ibid., brev 203.
47 Ibid., brev 794.
48 Ibid., brev 797.
49 Ibid., brev 1522 til Blanche Hoschedé-Monet, 4. marts 1900.
50 Ibid., brev 1854 til Gustave Geffroy, 11. august 1908.

24 Guy de Maupassant, "La vie d'un paysagiste (Étretat, septembre)", *Gil Blas*, 28 September 1886, p. 415.
25 Wildenstein, op. cit., letter 346.
26 Ibid., letter 354 to Théodore Duret, 20 May 1883.
27 Ibid., letter 388.
28 Ibid., letter 671 to Théodore Duret, 30 April 1886.
29 Ibid., letter 709 from 11 October 1886.
30 Ibid., letters 694 and 715 from 25 September and 17 October 1886 respectively.
31 Ibid., to Théodore Duret, 13 August 1887, letter 794.
32 Octave Mirbeau, preface to: *Claude Monet–Auguste Rodin*, exh. cat., 1889, p. 26.
33 Wildenstein, op. cit., letter 912.
34 Ibid., letter 1079 to Durand-Ruel, 27 October 1890.
35 Stéphane Mallarmé, *Œuvres complètes*, La Pléiade, Paris, 1956, p. 88, cit. in English: "Monsieur Monet whose vision neither winter nor summer is troubled, lives, painting, in Giverny situated near Vernon, in Eure."
36 Wildenstein, op. cit., letter 1076 to G. Geffroy 7 October 1890.
37 Gustave Geffroy, *Cl. Monet, sa vie, son temps, son œuvre*, Paris, 1922, pp. 296-298.
38 Ibid., p. 330.
39 *Lettres de Camille Pissarro à son fils Lucien*, from July 1888. Presented, with the assistance of Lucien Pissarro, by John Rewald, Paris, 1950, p. 171.
40 Ibid., p. 172.
41 Ibid., p. 237 to Lucien Pissarro, 5 May 1891.
42 Wildenstein, op. cit., letter 1208.
43 Georges Clemenceau, "Révolution de Cathédrales", *La Justice*, 20 May 1895.
44 Wildenstein, op. cit., letter 1276 to Blanche Hoschedé-Monet, 1 March 1895.
45 Ibid., letter 1530 to Alice Monet, 16 March 1900.
46 Ibid., letter 203.
47 Ibid., letter 794.
48 Ibid., letter 797.
49 Ibid., letter 1522 to Blanche Hoschedé-Monet, 4 March 1900.
50 Ibid., letter 1854 to Gustave Geffroy, 11 August 1908.

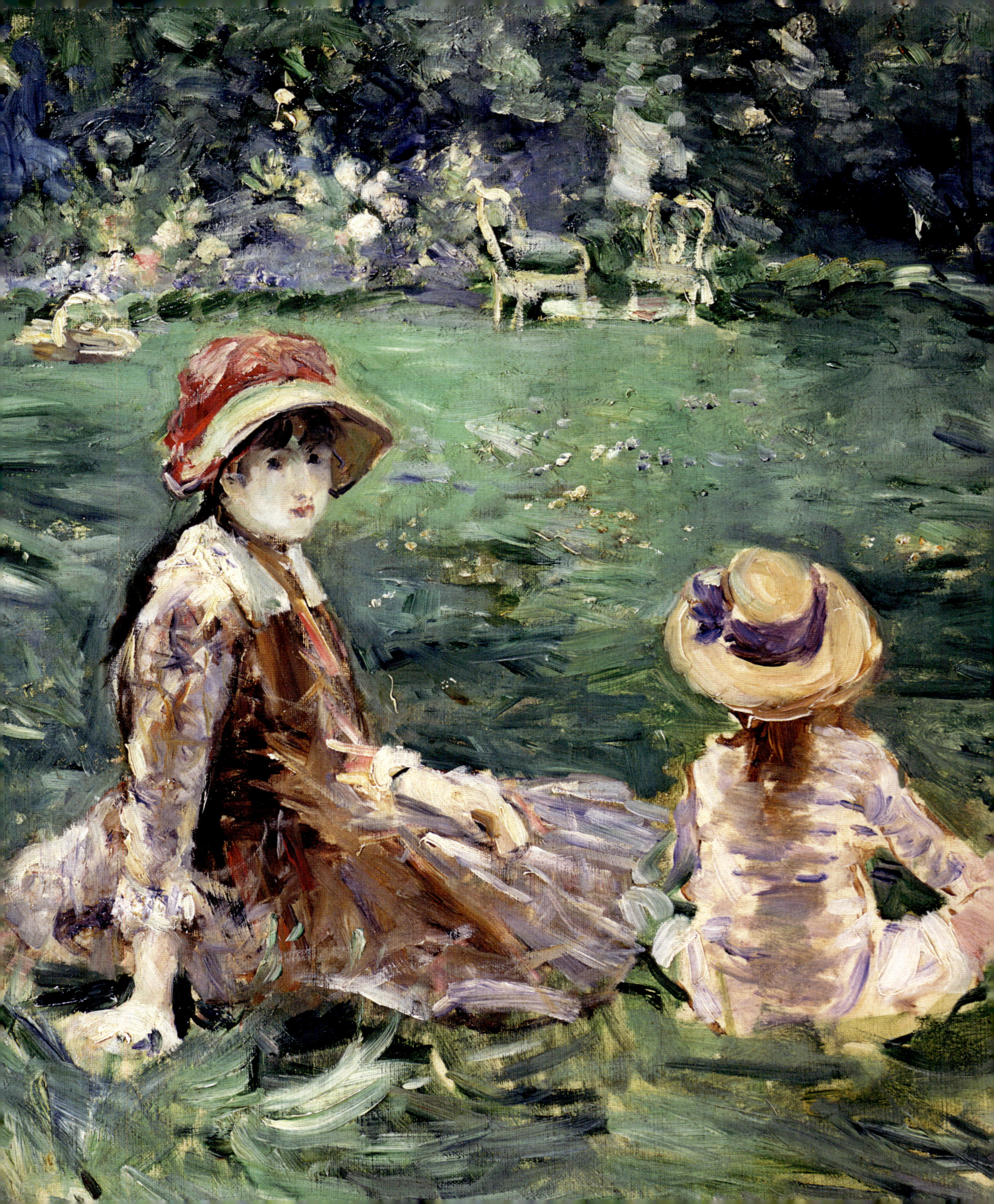

De store friluftsmalere og de fire årstider

The Great *Plein Air* Painters and the Four Seasons

Karin Sagner

Freelance kurator, München
Freelance Curator, Munich

Alt, hvad der sker lige derude, besidder en kraft,
en intensitet og et liv, som ikke kan genskabes i et atelier.[1]

Dette citat fra Eugène Boudin (*Stranden i Deauville*, 1893, cf. fig. 27), Claude Monets læremester, gjaldt for alle, der repræsenterede impressionismen i dens glansperiode i 1870'erne. Friluftsmaleriet (*plein air*-maleri) blev generelt anset for et af impressionismens vigtigste kendetegn. Kunstretningen opstod i umiddelbar forlængelse af opfindelsen og lanceringen af oliemaling på tube omkring 1860.[2] Det havde stor betydning for friluftsmaleriet, der opstod i anden halvdel af det 19. århundrede, hvor der blev malet i naturligt lys og i naturlige omgivelser. Det betyder dog ikke, at der ikke allerede før impressionisternes tid havde fandtes malere, der malede olieskitser udendørs. I den forbindelse skal for Frankrigs vedkommende især nævnes Camille Corot,[3] som var en af Barbizon-malerne. Han var en vigtig forløber for impressionismen og læremester samt inspirationskilde for Claude Monet, Berthe Morisot m.fl.

Corot var en af Barbizon-malerne, der så den ægte og uspolerede natur som symbolet på frihed, og som var modstandere af tvang, konventioner og de forhadte myndigheder. Med de hollandske landskabsmaleres landvindinger in mente ville de gengive det naturindtryk, de umiddelbart så og hver især fornemmede. Da de således stod over for vejrskift og forandringer i naturen, blev gengivelsen af lys og farver i deres malerier afgørende. For at skabe et realistisk og virkelighedstro billede af naturen malede de i vid udstrækning udendørs, *en plein air*. Lige som præimpressionisternes olieskitser var de impressionistiske friluftsmalerier små, så de var nemme at transportere, og blev malet lige foran motivet ude i naturen. Der lå altså den samme tradition og de samme principper bag olieskitsen som bag den impressionistiske kunst, og i et historisk perspektiv synes impressionismen derfor mindre innovativ og revolutionerende, end den ofte beskrives.[4]

Impressionisternes stræben efter sandhed (*verité*) i mødet med det umiddelbare naturindtryk krævede, at de hurtigt fastholdt det, de så, og derfor nødvendigvis måtte gå på kompromis med detaljerne, hvilket bidrog til opløsningen af formerne. Hvis man ville fastholde et øjebliks flygtige lysforhold (*effet*), skulle man arbejde hurtigt. Malere inden for den akademiske tradition kunne ikke gå ind for maleri, der hovedsageligt var baseret på en ren visuel oplevelse og dermed i høj grad på farvegengivelse: Disse malerier manglede det udtryk, der ifølge de akademiske malere var bundet til idéen og udgik fra tegningen. Ifølge renæssanceakademiernes opfattelse skulle maleri være intellektuelt, og det kunne kun sikres, når tegningen stod i forgrunden og ikke den farve, man opfattede med sanserne.[5] Ergo var der to kunstneriske processer: først blev skitsen lavet, og derefter blev maleriet til i atelieret. Her var perspektivet, de

Everything that is created directly on the spot
possesses a strength and liveliness
which cannot be re-created in the studio.[1]

This comment by Eugène Boudin (*The Beach at Deauville*, 1893, cf. fig. 27), Claude Monet's teacher, applied equally to all representatives of Impressionism during its heyday in the 1870s. Painting outdoors (*en plein air*) was generally considered the most important characteristic of Impressionist painting. It was directly related to the invention[2] and introduction of portable tubes of oil paint from 1860. This had a considerable influence on open-air painting, which incorporated natural light and a natural environment and which was adopted during the second half of the nineteenth century. This does not mean, however, that before the Impressionists there were no painters who produced oil sketches in the open air. In this context, we should mention in particular Camille Corot,[3] a member of the circle of Barbizon painters. He was an important precursor of Impressionism and a role model for Claude Monet, Berthe Morisot and others.

Corot was one of the Barbizon painters for whom genuine, unspoilt nature became a symbol of freedom, representing the opposite of compulsion, conventions and the hated authorities. Recollecting the achievements of Dutch landscape painting, they aimed to convey their direct observations and individual emotions which were associated with their impressions of nature. Since they subsequently studied the atmospheric changes in nature, the representation of light and colour became decisive factors in their painting. In order to be able to depict nature realistically, they worked largely outdoors, *en plein air*. Like the oil sketches of the pre-Impressionists, Impressionist open-air pictures were created in a small, easily portable format and were produced directly before the motif in its natural setting. So tradition and the fundamentals of the oil sketch were indeed effective with regard to Impressionist art, with the result that in fact the history of Impressionism seems less innovative and revolutionary than it is often described as being.[4]

The endeavours of Impressionist artists to achieve veracity (*verité*) with regard to the direct impression of nature demanded a rapid recording of what they had seen, which inevitably neglected details and therefore contributed to the dissolution of form. In order to capture the fleeting lighting effects of a moment (*effet*), they had to work rapidly. However, for artists of the academic tradition, painting that was based to a large extent on the pure visual experience, and hence largely also on the reproduction of colour, was not tenable. For the Academy painters it lacked the expression which they linked to the idea and which served as the starting point for the drawing. According to an opinion derived from the Academies of the Renaissance, painting had to be intellectual, and this could only

klare, lineære former og clairobscur, blandingen af farverne med sort og hvidt, helt afgørende forudsætninger. Heri bunder så også den konservative kritik af de impressionistiske værker. Man kritiserede ikke kun det manglende formelle arbejde, det todimensionelle, men især at den traditionelle brug af clairobscur blev opgivet, til fordel for at billedet kun blev opbygget med farver. Impressionisterne så ikke skygger som mørke flader, de indeholdt derimod mange nuancer af komplementærfarver. Selvom impressionisterne ikke holdt helt op med at bruge jordfarver og sort, var det denne fornyelse, den lyse og klare farvepalet, der kendetegnede deres værker i glansperioden i 1870'erne. I denne periode betragtede impressionisterne skitseagtige malerier malet i det fri som fuldendte og værd at udstille (Claude Monet, *Både i en havn*, 1873, cf. fig. 64; Claude Monet, *En forgrening af Seinen nær Vétheuil*, 1878, cf. fig. 58; Alfred Sisley, *Båd i Billancourt*, 1877, cf. fig. 11).

Som et eksempel kan fremhæves den impressionistiske maler Berthe Morisots værker, der maleteknisk er tæt på Monet. Hun var en af Camille Corots elever og så tidligt betydningen af friluftsskitserne. Corot formanede hende til aldrig at glemme det første indtryk, der berørte hende. Først var hun overvejende påvirket af sin svoger, Eduard Manets, temaer og billedidéer. Senere fulgte hun især Monet og nærmede sig hans løse og lyse malestil. Som Claude Monet (Claude Monet, *Monets have i Giverny*, 1895, cf. fig. 90) foretrak Morisot også at indarbejde figurer (for det meste kvinder og børn) i sine landskaber. Det ses især i en serie på femten billeder med havemotiver, som hun malede i årene 1869 til 1884 i Maurecourt[6] ved Seinens bredder på den landejendom, der tilhørte hendes ældre søster Edma. Morisots *I haven ved Maurecourt*, ca. 1884 (fig. 41) viser en af Edmas døtre, Jeanne (født i 1870) eller Blanche (født i 1871) med Berthes femårige datter Julie Manet siddende på plænen. Billedet, der formodentlig er malet i sommeren 1883, er en af de udendørs figurscener, hvor kunstneren overførte den uformelle og spontane akvarel- og pastelteknik til oliemaleri for at gengive det, hun umiddelbart så. Berthe Morisot holdt af akvarelteknikken, da naturindtryk hurtigt kunne fastholdes på en måde, der var levende og umiddelbar. Hendes samtidige så hendes teknik som en slags telegramstil bestående af usammenhængende prikker i lille format.[7]

Dette henviser til den opfattelse, som datidens kritikere ofte udtrykte, nemlig at de impressionistiske friluftsmalerier snarere var skitser end færdige værker. Faktisk synes figurernes former i det foreliggende maleri af Morisot som følge af manglen på faste konturlinjer at opstå ud af en hvirvel af lyse, kulørte penselstrøg. Lysende grøn, okker, blå og rosa og rigt nuanceret hvid er også karakteristiske for Berthe Morisots palet på det tidspunkt. Det er en farveskala, der især minder om forår og sommer, de årstider hvor mennesker gerne opholder sig i

be guaranteed if the drawing occupied pride of place and not the colours, which produced their effect via the senses.[5] This approach recognised two artistic processes: first the production of a sketch and then its detailed development in the studio. Decisive prerequisites included perspective, clear, linear forms and chiaroscuro, the modelling of colours with black and white. The criteria for the conservative criticism of Impressionist works were derived from these concepts. People criticised not only the lack of formal development and the planar representation, but also in particular the abandonment of traditional chiaroscuro in favour of a picture structure based entirely on colour. The Impressionists no longer saw shadows as dark patches, but as containing in each case the complementary colours in manifold variations. Although the Impressionists did not dispense entirely with earth colours and black, the innovation which characterised their works during the movement's heyday, the 1870s, was their light, bright palette. During this period the Impressionists regarded the picture executed in a sketch-like manner in the open air as complete and worthy of display (Claude Monet, *Boats in a Harbour*, ca. 1873, cf. fig. 64; Claude Monet, *An Arm of the Seine near Vétheuil*, 1878, cf. fig. 58; Alfred Sisley, *Unloading Barges at Billancourt*, 1877, cf. fig. 11).

Let us examine by way of example the work of the Impressionist painter Berthe Morisot, since it reveals a resemblance to that of Monet with regard to painting technique. She was a student of Camille Corot and recognised the importance of *plein air* sketches at an early stage. Corot exhorted her never to forget the first impression that had moved her. Initially she was influenced primarily by the subjects and pictorial motifs of her brother-in-law, Édouard Manet. Later she followed Monet above all and aimed at his unconstrained painting style and light colour palette. Like Claude Monet (Claude Monet, *The Artist's Garden at Giverny*, 1895, cf. fig. 90) she too preferred to place figures (mostly women and children) in her landscapes. This can be clearly seen in a series of fifteen pictures with garden motifs produced between 1869 and 1884 on the banks of the Seine at Maurecourt,[6] the country residence of Morisot's elder sister Edma. Morisot's *In the Garden at Maurecourt*, ca. 1884 (fig. 41) shows one of Edma's daughters, Jeanne (b. 1870) or Blanche (b. 1871), with Berthe's five-year-old daughter Julie Manet sitting on the grass. The picture was probably painted in the summer of 1883 and is one of those outdoor scenes depicting figures in which the artist transferred the informal and spontaneous watercolour and pastel technique to an oil painting in order to convey the immediacy of what she had seen. Berthe Morisot held watercolour technique in high esteem, since it allowed the impression of nature to be recorded especially quickly and in a lively, direct manner. Morisot's contemporaries described her technique as a sort of telegraphic style consisting of incoherent splotches in a small format.[7]

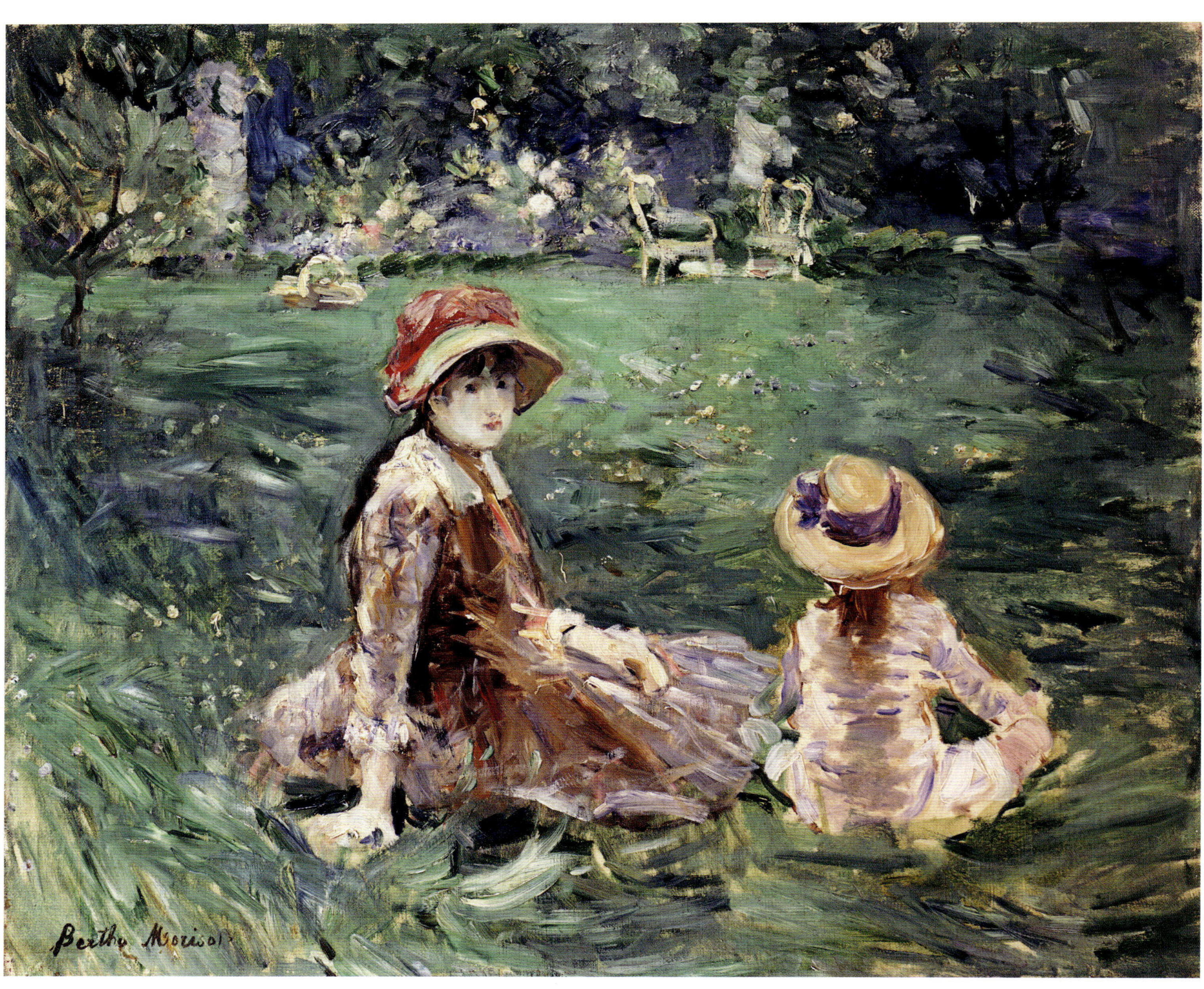

41
Berthe Morisot
Haven ved Maurecourt
In the Garden at Maurecourt

ca. 1884, olie på lærred / oil on canvas, 54 × 65,1 cm
Toledo Museum of Art, Toledo, OH
Purchased with funds from the Libbey Endowment,
Gift of Edward Drummond Libbey, inv. no. 1930.9

det fri. Det kan derfor næppe undre, at kun få værker af Berthe Morisot viser snescener, vintertid eller endda svært tilgængelige naturmotiver og hårde vejrforhold som regn og storm. For det første var det upassende for en kvinde at male under sådanne betingelser, for det andet havde Berthe Morisot intet til overs for livet på landet. Hun elskede storbyen og dens nærhed. Hendes rige var den blomstrende, livlige natur, den feminine verden med fokus på motiver som barnet, kvinden og familien i beskyttede omgivelser samt den i begrænset grad frie natur i haverne.

Malernes stigende begejstring for havekultur fra midten af det 19. århundrede var direkte forbundet med friluftsmaleriet og den impressionistiske interesse for hverdagens motiver. Haven blev så at sige et friluftsatelier, et teststed for en ny naturforbundet levevis samt den maleriske udforskning af lys og farver afstemt med planternes former og teksturer. Begejstringen for haven forenede æstetiske, sociale og videnskabelige aspekter. Havekunst og maleri berigede gensidigt hinanden: Ud af hverdagslivet udvikledes så at sige en kunstnerisk erfaring. Impressionisternes haver viser, hvordan naturen blev opfattet og fortolket, og var samtidig kunstværker, man kunne gå rundt i. Claude Monets have i Giverny er dog en klar undtagelse.

Ofte var det unge kvinder, piger og børn i muntert og afslappet samvær, der ikke lavede noget eller udførte let håndarbejde, som hyldede det 19. århundredes nye borgerlige ideal i de aflukkede haveparadiser. Kvindernes og børnenes rige syntes at være begrænset til den huslige sfære, hjemmet og haven. Årstiderne som motiv vandt således indpas i de impressionistiske havebilleder ved hjælp af kvindernes sæsonbestemte garderobe (Claude Monet, *Kvinder i haven*, 1866, cf. fig. 83). Da der i denne epoke generelt herskede stor interesse for damemode, blev gengivelser af moderigtigt klædte kvinder – enten i den fri natur eller indendørs – populær i impressionismen som en personifikation af årstiderne og som en allegori på det moderne.[8] De impressionistiske malere fokuserede dog også på motiverne med årstidernes og døgnets gang af en helt anden grund.

"Er der noget så vidunderligt og levende som en blå himmel med små lette hvide lammeskyer?"[9]

Landskabsmaleri under åben himmel krævede et intensivt arbejde med natur-, vejr- og lysfænomener og dermed også en skærpet iagttagelsesevne. Således rettede de impressionistiske malere interessen mod årstidernes og døgnets gang.[10]

Den generation af malere, der opstod i 1860'erne, så flere politiske katastrofer, bl.a. sammenbruddet af *le Second Empire*, kejserrigets forsmædelige nederlag under Napoleon III i den fransk-tyske krig i 1870-1871 og den tredje

This refers to the view, frequently voiced by critics at the time, that Impressionist *plein air* paintings were sketches rather than finished works. Indeed, in the work under discussion by Morisot, the lack of firm contours means that the forms of the figures are created by a swirl of light-coloured brushstrokes. The radiant green, ochre, blue, pink and nuanced shades of white are characteristic of Berthe Morisot's colour palette during those years. The colours remind us of spring and summer, the seasons during which people like to spend time outdoors. And so it is hardly surprising that snow scenes, wintertime or even inaccessible nature subjects and inclement weather conditions like rain and storm are rarely represented in the oeuvre of Berthe Morisot. Firstly, painting under such conditions would have been unseemly for a woman; and secondly, Berthe Morisot did not care much for country life. She appreciated the city and its proximity. Her realm consisted of blossoming, cheerful nature, and the feminine point of view with its focus on subjects like children, women and the family in sheltered spaces and the only partially untamed nature of the garden.

The general enthusiasm for horticulture, which originated in the mid-nineteenth century, was directly linked to *plein air* painting and the Impressionists' interest in everyday motifs. The garden became at one and the same time an open-air studio, a testing ground for a new, natural form of life and a laboratory for the painterly exploration of light and colours with an awareness of the forms and textures of plants. The passion for gardens united aesthetic, social and scientific aspects. Garden art and painting provided each other with inspiration: everyday life developed, into a quasi-artistic experience. The gardens of the Impressionists were at the same time walk-in artworks and depictions of how nature was seen and interpreted. Claude Monet's garden in Giverny was outstanding in this respect.

In these enclosed garden paradises, young women, girls and children frequently paid homage to the new bourgeois ideal of the nineteenth century in cheerfully casual gatherings, either at leisure or while carrying out some form of light handwork. The realm of women and children seems to have been restricted to the domestic sphere, to home and garden. By means of the female seasonal wardrobe, the actual cycle of the seasons themselves also entered Impressionist garden pictures (Claude Monet, *Women in the Garden*, 1866, cf. fig. 83). Since there was great interest in women's fashions at the time, pictures of fashionably clad ladies, either outdoors or in an interior setting, became popular during the Impressionist period as a personification of the seasons and as an allegory of the modern age.[8] However, the subject of the seasons and the times of day also became the focal point of Impressionist painters from a completely different angle.

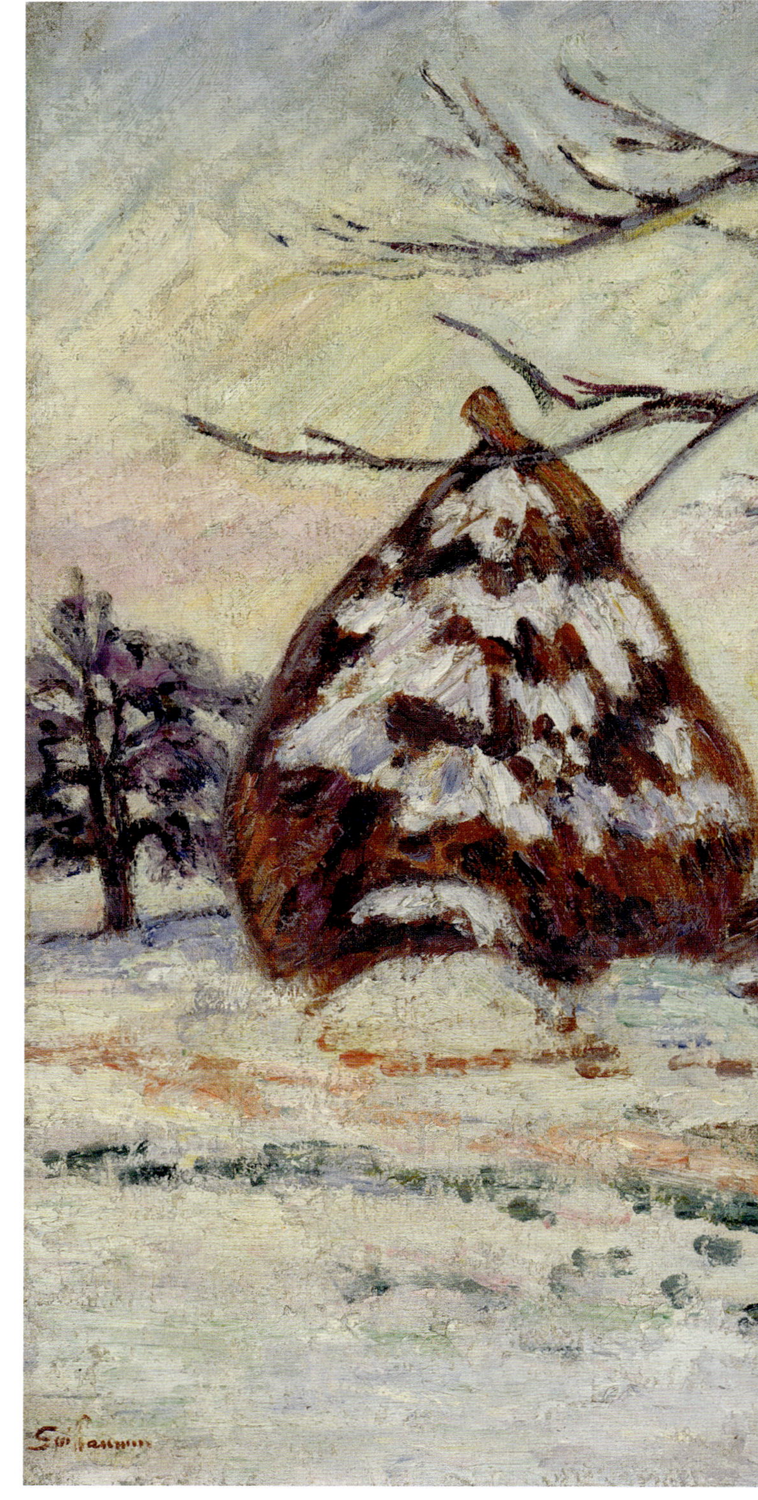

42
Armand Guillaumin
Palaiseau, sne og høstakke
Palaiseau, Snow Effect and Haystacks

1883, olie på lærred / oil on canvas, 50 × 81 cm
Petit Palais, Musée d'Art Moderne, Geneva
Association des Amis du Petit Palais, Geneva

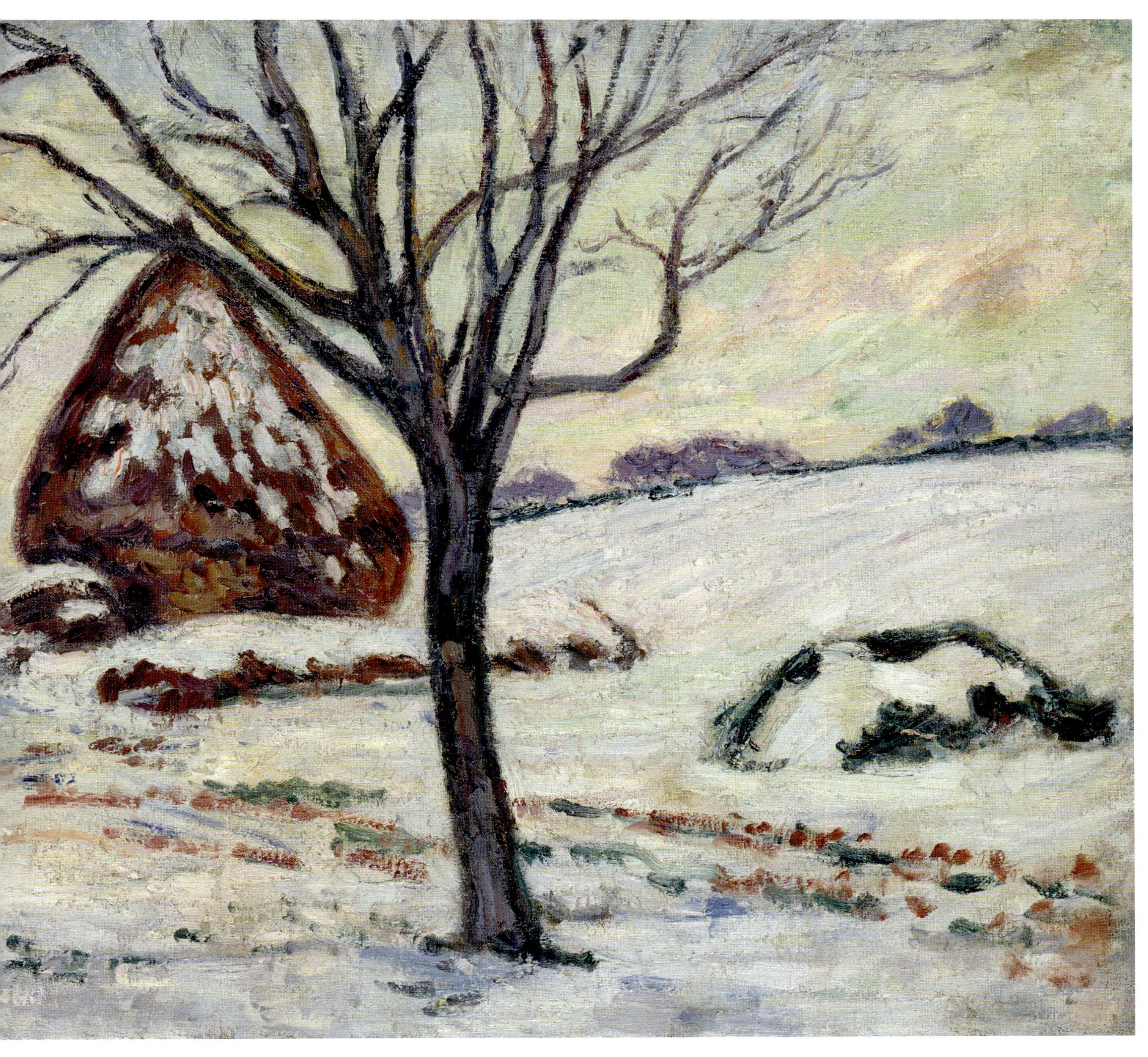

republik, der opstod på baggrund af dette nationale traume. Kapitulationen, fredsaftalen og afståelsen af Alsace-Lorraine til tyskerne blev opfattet som en national ydmygelse. Det gjaldt om at finde en ny identitet, der også kom til udtryk i kunsten. Faktisk siger det impressionistiske landskabsmaleri også noget om det politiske landskab, idet der efter 1870 opstod ekstrem nationalisme, fædrelandsidentitet og fædrelandskærlighed i Frankrig. De landskaber, som de republikansksindede impressionister malede i forskellige dele af Frankrig, afspejler ikke kun naturens mangfoldighed, men også nationens skønhed og rigdom. Ved at inddrage årstiderne som tema og desuden den depression, der gjorde sit indtog i landbruget efter 1870, og som varede helt til århundredeskiftet[11], fik mange af de impressionistiske landskabsmalerier et nærmest mytisk præg. Således blev naturbilleder i overført betydning et symbol på samfundsprocesser, hvor foråret stod for opbrud, sommeren og efteråret for velstand og generel fremgang og vinteren for stilstand (Armand Guillaumin, *Palaiseau, sne og høstakke*, 1883, fig. 42). Således fik det impressionistiske landskabsmaleri med årstiderne som tema også kunstnerisk betydning som nationalpolitisk udsagn.

I den kontekst kan Camille Pissarros *De fire årstider* (fig. 43), der blev malet i 1872-1873, tolkes som en skildring af den nationale tiltro til den franske nations rigdom og overflod. Forårsbilledet viser blomstrende frugttræer og meget frugtbare landbrugsjorder med marker, hvor nogle allerede er tilsået og andre endnu brakliggende. Sommerbilledet viser de samme marker, nu som endeløse hvedemarker, der vejer blidt for vinden. Den rige høst vises på efterårsbilledet med de store høstakke.[12] Med udsigt over de snedækkede marker uden vegetation slutter årstidernes kredsløb på vinterbilledet.

Som tidsenhed berører året noget afsluttet og endda fuldendt. Men for impressionisterne var naturbilledets uendelige forvandlinger på grund af skiftende lysforhold og stemninger essentiel, og derfor blev de lukkede årscyklusser mindre relevante og Pissarros *Fire årstider* en sjælden undtagelse. Men alligevel overlapper idéen om en kunstnerisk afbildning af årstidernes variation i et landskabsmotiv så meget med den impressionistiske grundanskuelse, at man kan betegne den som en typisk impressionistisk idé. Men denne idé fik forløberne for impressionismen allerede. Fra tidernes morgen har årstidernes skiften med forår, sommer, efterår og vinter inspireret den bildende kunst som symbol på tiden og naturens kredsløb.[13] I løbet af maleriets historie er årstiderne først blevet brugt religiøst og symbolsk og i tæt forbindelse med de enkelte årstiders særlige gøremål og produkter og fremherskende vejrforhold, og senere er de blevet malet i naturtro hverdagsscener.

"Is there anything more wonderful and more moving than a blue sky with faint puffs of white cloud?"[9]

Outdoor landscape painting instigated almost inevitably an intensive study of the phenomena of nature, climate and light, and hence an intensification of perception. Accordingly the subject of the seasons and the times of day moved into the field of vision of the Impressionist painters.[10]

The generation of artists which began to form during the 1860s, lived through several political catastrophes, including the collapse of the Second Empire, the ignominious end of the Empire under Napoleon III through the defeat sustained in the Franco-Prussian War of 1870/71 and the Third Republic, born out of this national trauma. The capitulation, the peace treaty and the ceding of Alsace-Lorraine were experienced as national humiliations. It was a matter of countering these events with a new identity which also found expression in art. In fact, Impressionist landscape painting is also a political statement since in France after 1870 an extreme form of nationalism, patriotic identity and love of one's native land arose. Sympathetic to republican ideals, the Impressionists in different regions of France painted landscapes which reflect not only the diversity of nature but also the beauty and prosperity of the nation. By including the subject of the seasons and against the background of the agricultural depression which developed after 1870,[11] many Impressionist landscape paintings gained an almost mythical aura. Figuratively speaking, pictures of nature became symbolic of social processes, whereby spring stood for change, summer and autumn for prosperity and general upswing and winter for stasis (Armand Guillaumin, *Palaiseau, Snow Effect and Haystacks*, 1883, fig. 42). Thus Impressionist landscape painting gained significance also as a national and political statement while recording the passage of the seasons.

The Four Seasons: The Winter, the Spring, the Summer, the Autumn (fig. 43), painted by Camille Pissarro in 1872-1873, can be seen in this context as an evocation of national confidence in prosperity and plenitude for the French nation. Spring opens up a view of blossoming fruit trees and a fertile agricultural landscape with fields that are already planted or still lying fallow. In the picture of summer these fields have become an expanse of endless wheat fields rippling away into the distance. In the autumn picture the bounteous harvest is represented through the inclusion of grainstacks.[12] With a view of the snow-covered fields in which the vegetation has come to a halt, the year comes full circle in the winter picture.

As a unit of time the year suggests closure and even completion. However, for the Impressionists the never-ending infinite change in the depiction of nature with shifts of light and mood was in the forefront of their field of vision, which is why complete annual cycles lost their relevance and Pissarro's *Four Seasons* became a rare exception. Nonetheless the idea of the

"Impressionisterne kender sandheden: kunsten, der beror på følelser."[14]

I den sidste del af det 19. århundrede fandtes der som allerede nævnt nærmest ingen lukkede årstidscyklusser og dermed heller ikke i impressionismen. Nu blev foråret snarere karakteriseret af blomstrende træer, sommeren af varme og luftige farver (rød, gul, orange), efteråret af farvestrålende løvfald og vinteren af hvid sne og is, og dermed udelukkende af farve og lys. De fire årstider fremstår altså ikke længere som gengivelser af naturen, men som udtryk for indre sindsstemninger.

Med *Vejen fra Versailles til Louveciennes*, 1895 (fig. 44), gav Auguste Renoir afkald på tilsvarende kendetegn. Hos ham associeres forårsstemningen med udsigten over vejen, der strækker sig i det lyse og venlige lys, men også med farven grøn, der er et symbol på foråret, samt den blåhvide himmel med lavthængende godtvejrsskyer. Renoir flyttede i foråret 1868 ind hos sine forældre i Louveciennes og malede i den efterfølgende periode flere billeder i dette område.

"Jeg starter altid med himlen."[15]

Alfred Sisley nærmede sig især årstidstemaet ved at afbilde vejrforhold: årstidernes himmel, lys og skyformationer. I den sammenhæng og af samme årsag flyttede han endda til Veneux-les-Sablons, en lille landsby nord for Paris ved Seinens bred, i årene fra 1883 til 1889, hvor han håbede at finde de bedste betingelser for at male. I den periode lavede han omkring 70 billeder, hvis titel ofte nævner den tid på året, hvor billedet blev malet. Utroligt nok blev billederne hovedsageligt til i hans atelier med udgangspunkt i friluftsskitser, så det drejer sig ingenlunde om friluftsmaleri. I *Forår i Veneux-Nadon*, 1882 (fig. 45), er den overskyede himmel et tegn på forårets frugtbare regn. Det ser man på de nøgne bladløse træer, de første blomster på frugttræerne, den sarte grønne farve mellem nøgen jord og to bondekoner med en plantekurv.

Sommerbillederne krævede et andet repertoire. Sommeren, der er forbundet med flest positive associationer, er den varmeste årstid på vores breddegrader. Den repræsenterer større livsglæde, fordi man tilbringer mere tid udendørs, og en mere intensiv naturfølelse end i de køligere årstider. Blandt sommerens motiver finder man derfor bøndernes arbejde, korn- og grønsagsmarker, blomstrende haver og enge, roture, spadsereture, sommerlege og frokoster nydt i det fri. Alfred Sisleys *Grønsagsmarker*, 1874 (fig. 46), fører os med deres sommerlige lammeskyer (cirrusskyer) og den lette sandjord opvarmet af solen til den frugtbare region omkring Argenteuil, der er centrum for vin- og grønsagsdyrkning i Frankrig. Området er kendetegnet ved åbne vidder og vidtstrakte marker, som i anden halvdel af det 19. århundrede måtte vige for industrialiseringen. Nytte- og køkkenhaver afspejlede på særlig vis planternes og årstidernes skiften. Desuden udlignede de

pictorial and seasonal variation of a landscape motif matches the basic Impressionist approach so accurately that we can describe it as a typical Impressionist idea. However, it can already be found among the precursors of Impressionism. As a symbol of time and the cycle of nature the annual rhythm with spring, summer, autumn and winter had always been a source of inspiration for art.[13] In the history of painting we find it initially in religious art with allegorical value as well as in close association with the specific activities and products of the season in question and their accompanying climatic conditions, and then later in realistic everyday scenes.

"The Impressionists know what is true: art which is based on the emotions."[14]

As we have already mentioned, during the late nineteenth century, and above all in Impressionism, there were very few complete cycles depicting the seasons. More commonly, spring was now characterised by blossoming trees, summer by warm and airy colours (red, yellow, orange), autumn by colourful foliage and winter by the white of snow and ice, and hence purely by colour and light. The four seasons appeared not so much as an image of nature but rather as representative of inner emotions.

In *Route from Versailles to Louveciennes*, 1895 (fig. 44), Auguste Renoir dispensed with comparable codes. In his painting the spring mood is associated with the view of the road as it stretches out in the bright, friendly light, as well as with the colour green, so typical of spring, and the blue-and-white sky with its low-lying fair-weather clouds. Renoir had moved to his parents' house in Louveciennes in the spring of 1868 and subsequently painted scenes in the vicinity on several occasions.

"I always start a picture with the sky."[15]

Alfred Sisley approached the subject of the seasons above all via the climatic conditions: the sky and the light and cloud formations of the various seasons. For this reason he even moved his place of residence from 1883 to 1889 to Veneux-les-Sablons, a village on the Seine to the north of Paris, because he hoped to find ideal painting conditions there. He subsequently produced almost 70 scenes whose titles often provide clues as to the season in which the paintings were produced. Surprisingly, these pictures, based on sketches created *en plein air*, were mostly developed in the studio, so that they are by no means *plein air* paintings. In *Springtime in Veneux-Nadon*, 1882 (fig. 45), the overcast sky presages the fertile rain of spring. This can be seen in the leafless, bare trees, the first blossoms on the fruit trees, the delicate green between the bare earth and the two peasants with baskets of seedlings for planting.

Summer scenes demanded a different repertoire. Summer, which has the most positive associations, is the warmest

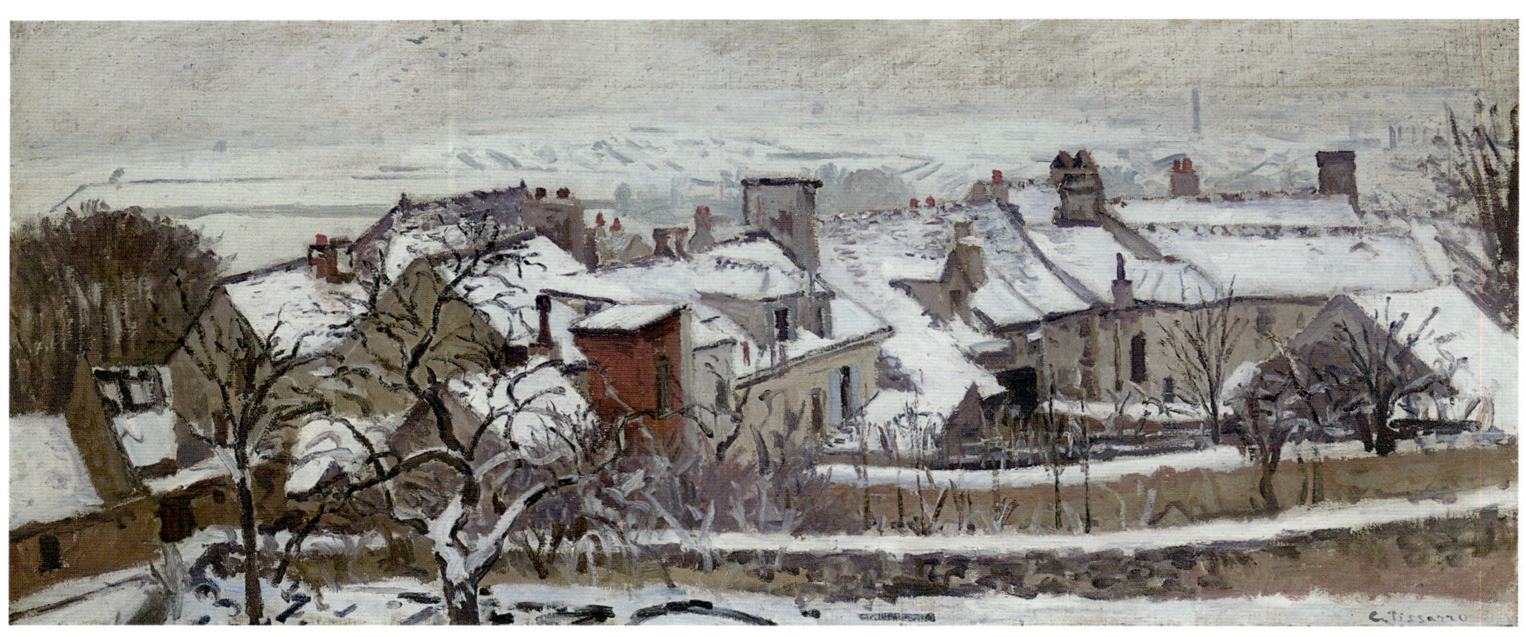

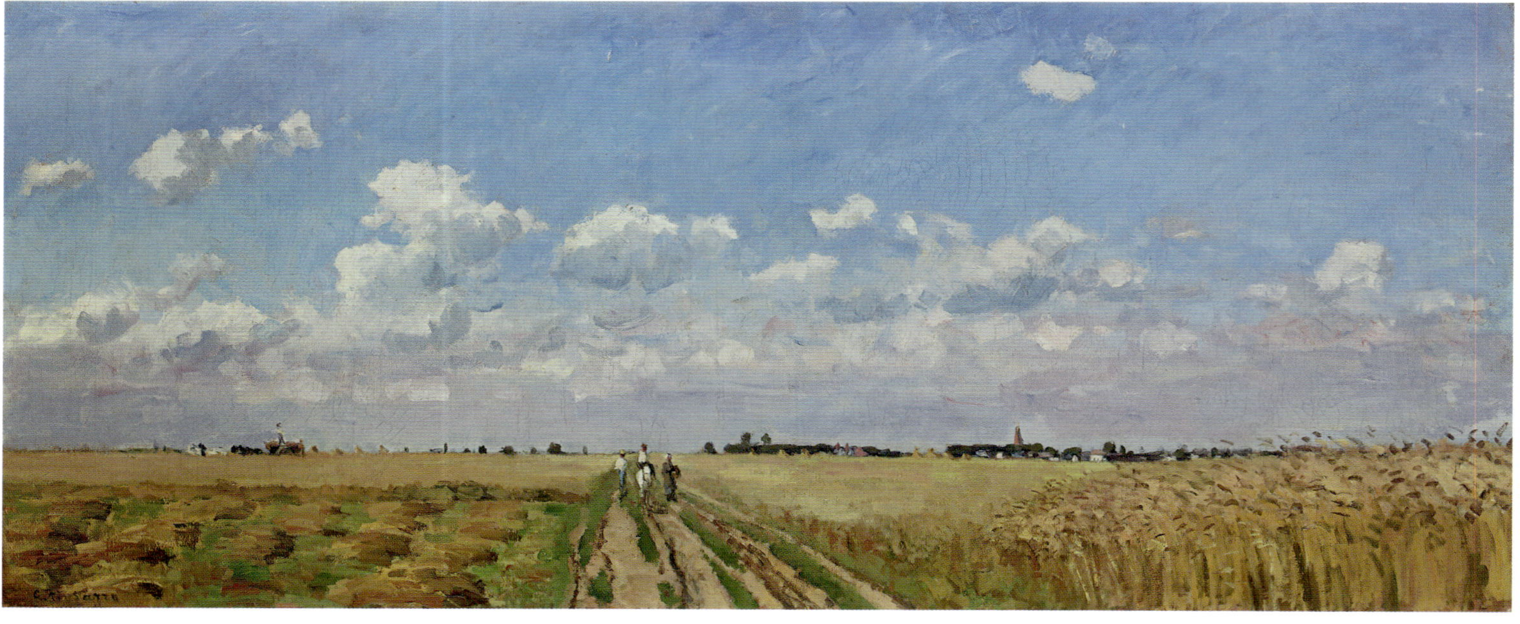

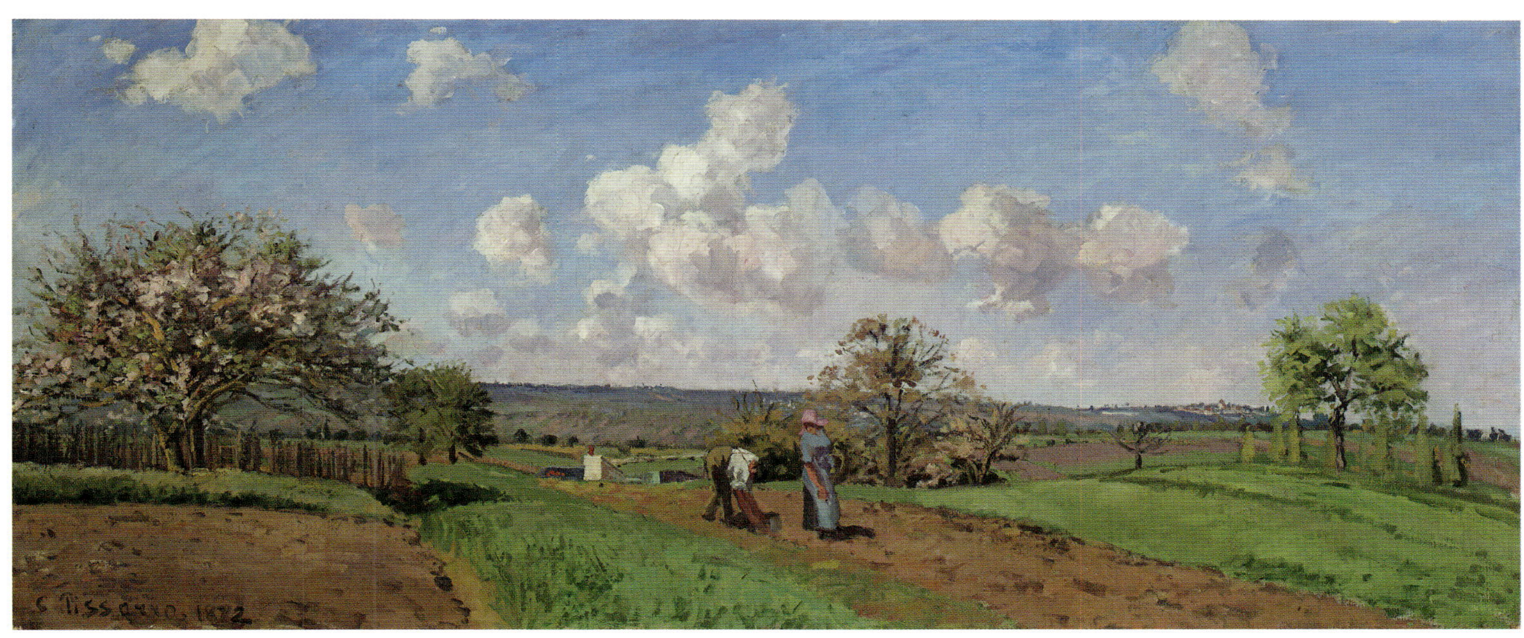

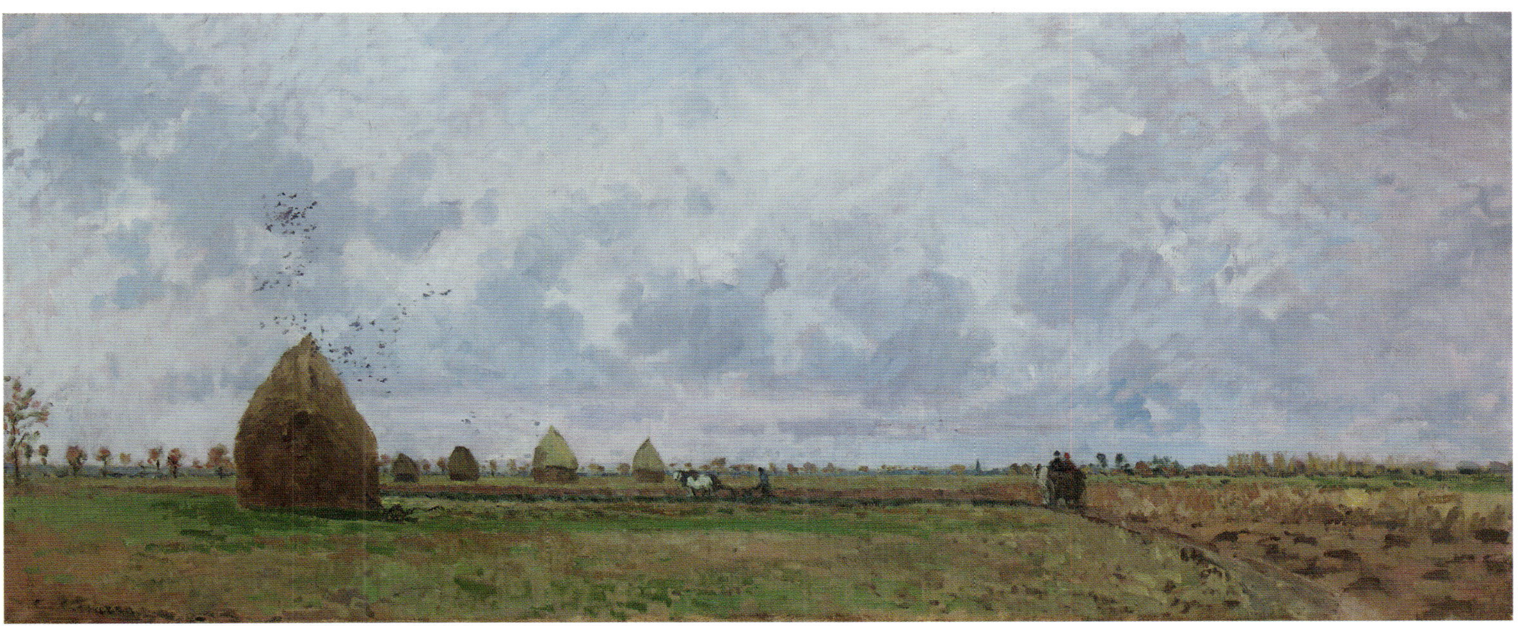

43
Camille Pissaro
De fire årstider: vinter, forår, sommer, efterår
The Four Seasons: The Winter, the Spring, the Summer, the Autumn

1872–1873, olie på lærred / oil on canvas, 55,6 × 131,8 cm
Privat samling / Private collection

blomsternes manglende farvepragt, idet de tilbød symmetriske geometriske arrangementer, kompositorisk spændende fladeformationer og formel reduktion.

Fra det rige landbrugsland i Nordfrankrig skifter blikket til det mindre velhavende Sydfrankrig med Auguste Renoirs *Oliventræ i Les Collettes*, 1910/15 (fig. 47). Renoir giver os indblik i vild natur ved Côte-d'Azur, hvor sitrende sommervarme udgår fra billedet: Oliventræer med deres karakteristiske knudrede grene og den vindomsuste underskov på hans grund *Les Collettes*. Da han havde købt en olivenlund i Cagnes-sur-Mer ved den franske riviera, fik han idéen at flytte dertil og bo der permanent. Fra 1905 fik Renoir bygget et hus på grunden (*Les Collettes*), som havde udsigt over landsbyen og havet. Her malede Renoir flere gange olivenlunden med udsigt over bjergene og – hvad man ikke kan se – havet, som titter frem gennem træernes løv. Pissarro kunne derimod ikke lide sommeren "med dens monotone grønne farve, de tørre vidder, hvor alt er så tydeligt, og den pinefulde varme [...]."[16] Han foretrak efteråret.

"September og oktober er den skønneste tid på året."[17]

Med korn- og vinhøsten blev efteråret set som symbol på årets afslutning på landet. Efteråret symboliserede modenhed, fuldendelse, harmoni og mulighed for fornyelse.

Pissarros billedverden blev tidligt bestemt af motiver fra landet. Men selvom han arbejdede intensivt med bøndernes virkelighed, tillagde han sig aldrig selv deres skikke og vaner. Når han arbejdede fysisk udendørs, så var det højest i hans egen lille have. Efter at han i 1880'erne skiftede til neoimpressionismen, lavede han derfor billeder med bondekoner, der arbejdede, billeder af frugt- og køkkenhaver malet i livlige farver og med løse penselstrøg. I disse billeder sammenknyttes kunst, havebrug og politik på mangfoldige måder, for med syntesen mellem menneske og natur, mellem det nyttige og det smukke, gav Pissarro så at sige køkkenhaven som motiv både en socialpolitisk dimension og symbolsk kraft. Eksempelvis gjorde Camille Pissarros *Bondekone i køkkenhave i Pontoise*, 1880 (fig. 48), det sted, der krævede hårdt arbejde, til paradis på jord. Den komposition, der blev brugt i neoimpressionismens værker, er omhyggeligt opdelt med diagonale, horisontale og vertikale linjer. Klart opdelte grønsagsrækker, en grøn eng med en bondekone og det diffuse løv på de omgivende træer forener det dyrkede land med den frie natur i det gyldne efterårslys. Pissarro elskede efterårsmånederne, der symbolsk pegede frem mod en ny tid, som han også håbede ville medføre samfundspolitiske forandringer.

"Landskabet er langt smukkere om vinteren end om sommeren, hvor det skarpe sollys udvasker nuancerne."[18]

De mest gribende billeder blev malet om vinteren: I Monets mennesketomme og dystre billeder af isen, der bryder op på

season in these latitudes. It represents increased joie-de-vivre combined with more time spent outdoors and a more intensive nature experience than in the cooler seasons. Correspondingly, the themes associated with summer have always been rural activities, corn and vegetable fields, flowering gardens and meadows, boat trips, walks, summer games and alfresco meals. Alfred Sisley's *The Market Gardens*, 1874 (fig. 46), takes us, with its summery cirrocumulus clouds and the slightly sandy sun-warmed earth, to the fertile region of Argenteuil, a centre for viticulture and vegetable cultivation. The region is characterised by broad plains and extensive agricultural areas which, during the second half of the nineteenth century, increasingly gave way to industrialisation. Thus the kitchen gardens and vegetable plots illustrated the cycle of growth and the seasons in a distinctive manner while compensating for the lack of colour otherwise provided by flowers, and by the use of symmetrical and geometrical designs provided for interestingly composed arrangements of areas and formal reduction.

With Auguste Renoir's *Olive Tree at Les Collettes*, ca. 1910-1915 (fig. 47), our gaze shifts from the flourishing agricultural north to the less prosperous south. Renoir affords us a view of the wild nature of the Côte d'Azur in the blazing heat of summer: olive trees with their characteristic gnarled branches and windswept undergrowth on his property at *Les Collettes*. When he purchased an olive grove in Cagnes-sur-Mer on the French Riviera he had the idea of settling there permanently. From 1905 Renoir had a house built on the land (*Les Collettes*), from where he had a view of the village and the sea. Here Renoir painted the olive grove and the view across to the mountains on several occasions and – not shown – the sea glinting between the green of the trees. Pissarro on the other hand could not "stand the summer with its monotonous green, its parched views into the distance, where everything is so clear, and the torture of the heat".[16] He preferred the autumn.

"September and October are the best time."[17]

Autumn was seen as the crowning season of the rural year, with the food and wine harvests. It symbolised maturity, completion, harmony and the possibility of renewal.

From an early stage Pissarro's pictorial world was shaped by rural motifs from the world of farming. But although he made an intensive study of the realities of peasant life, he personally never adopted their habits. If he carried out physical work outdoors, he did so at most in his own garden. After he had turned his attention to Neo-Impressionism in the 1880s, he thus produced pictures showing peasant women at work and views of kitchen gardens, as well as orchards and vegetable patches in vivid colours and with light brushstrokes. In these scenes he combined art, horticulture and politics on a number of different levels, because with the synthesis of Man and Nature, of

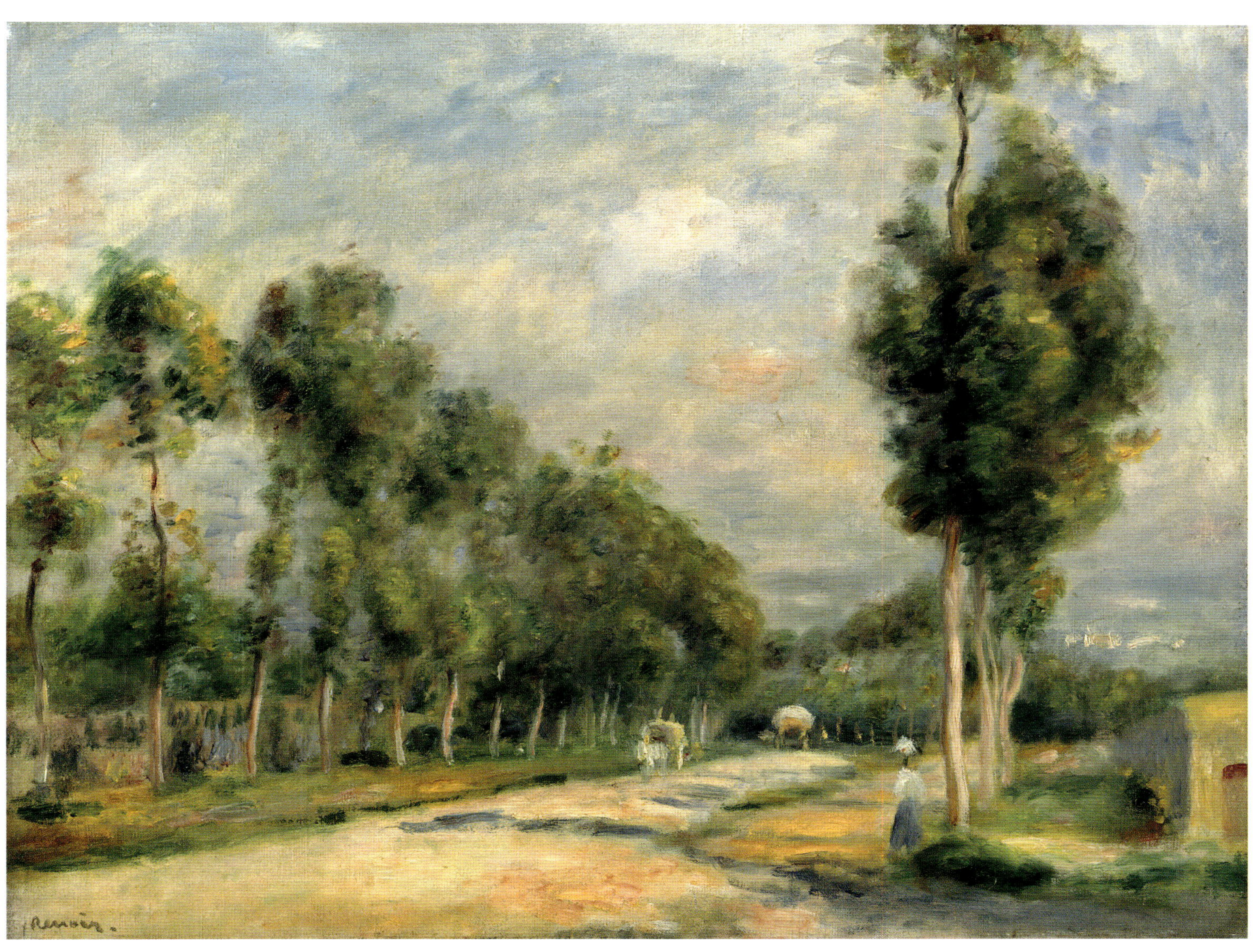

44
Pierre-Auguste Renoir
Vejen fra Versailles til Louveciennes
Route from Versailles to Louveciennes

1895, olie på lærred / oil on canvas, 32,6 × 41,5 cm
Palais des Beaux-Arts, Lille, inv. no. P.1735

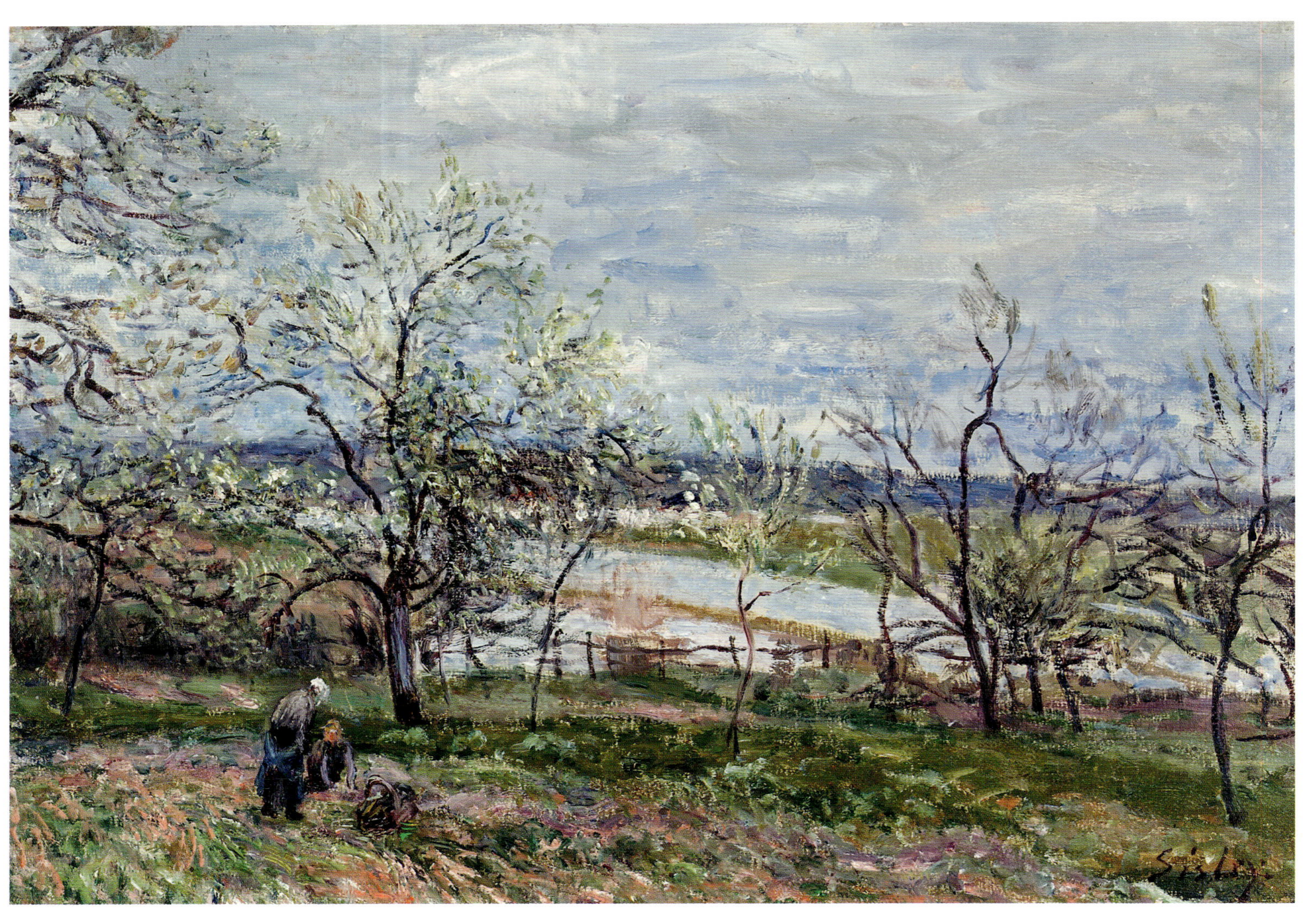

45
Alfred Sisley
Forår i Veneux-Nadon
Springtime in Veneux-Nadon

1882, olie på lærred / oil on canvas, 43,8 cm x 61 cm
New Orleans Museum of Art, New Orleans, LA
The Mrs. Frederick M. Stafford Collection, inv. no. EL.1977.10

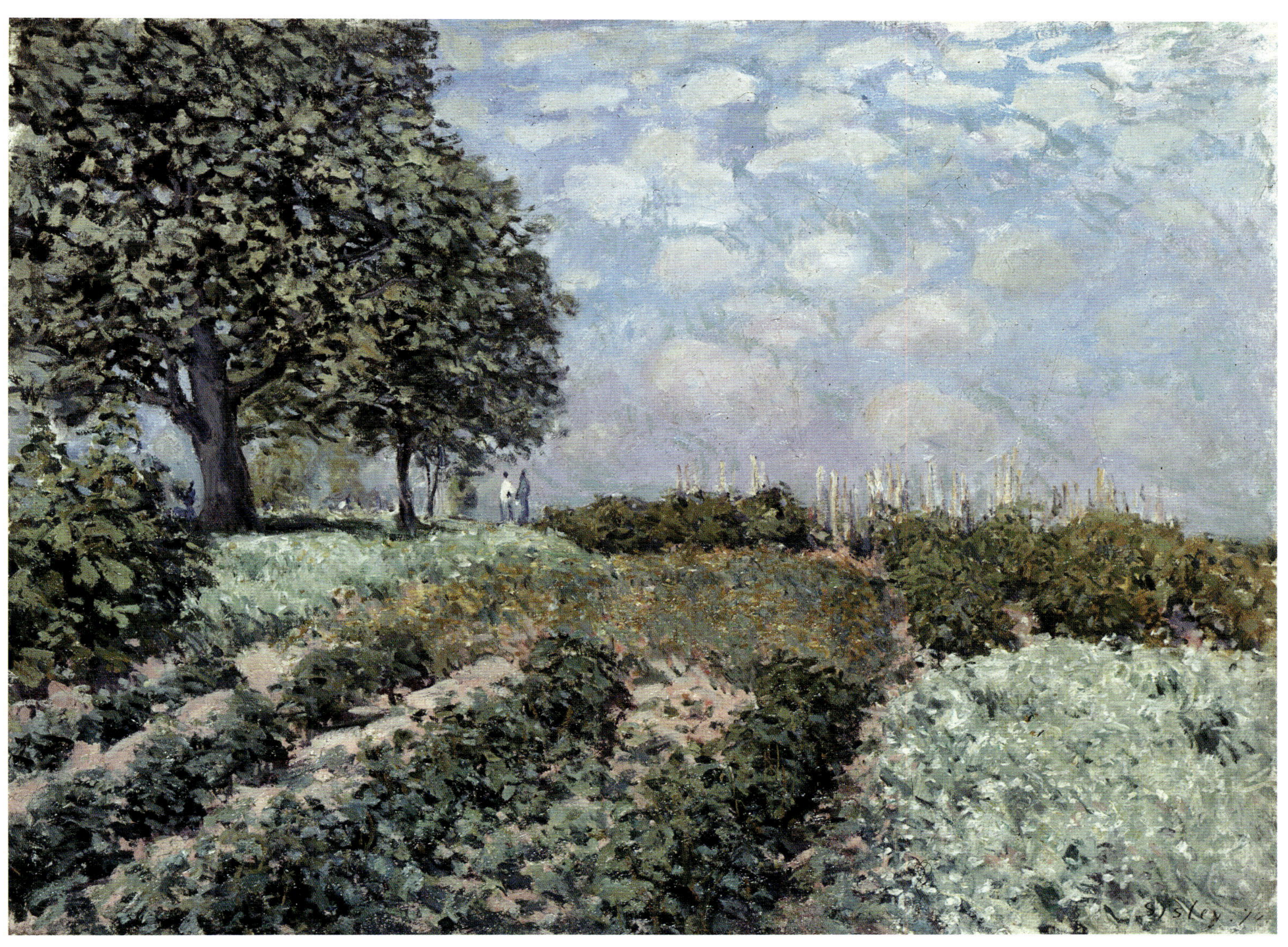

46
Alfred Sisley
Grøntsagsmarker
The Market Gardens

1874, olie på lærred / oil on canvas, 46 × 61 cm
Leeds Art Gallery

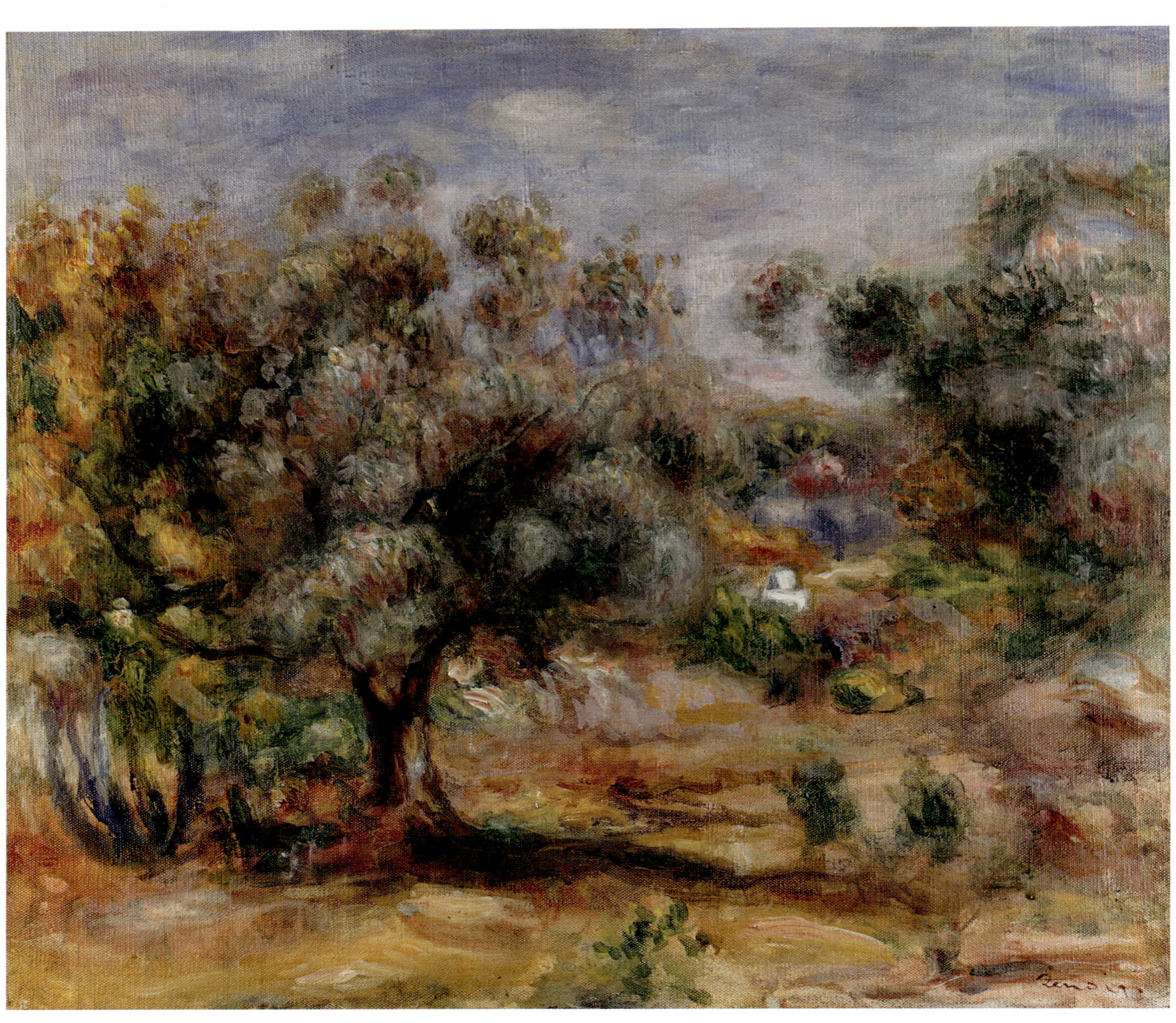

47
Pierre-Auguste Renoir
Oliventræ i Les Collettes
Olive Tree at Les Collettes

ca. 1910–1915, olie på lærred / oil on canvas, 44 × 51 cm
Kunsthalle Bremen, Geschenk des Galerievereins 1927
inv. no. 106-1927/1

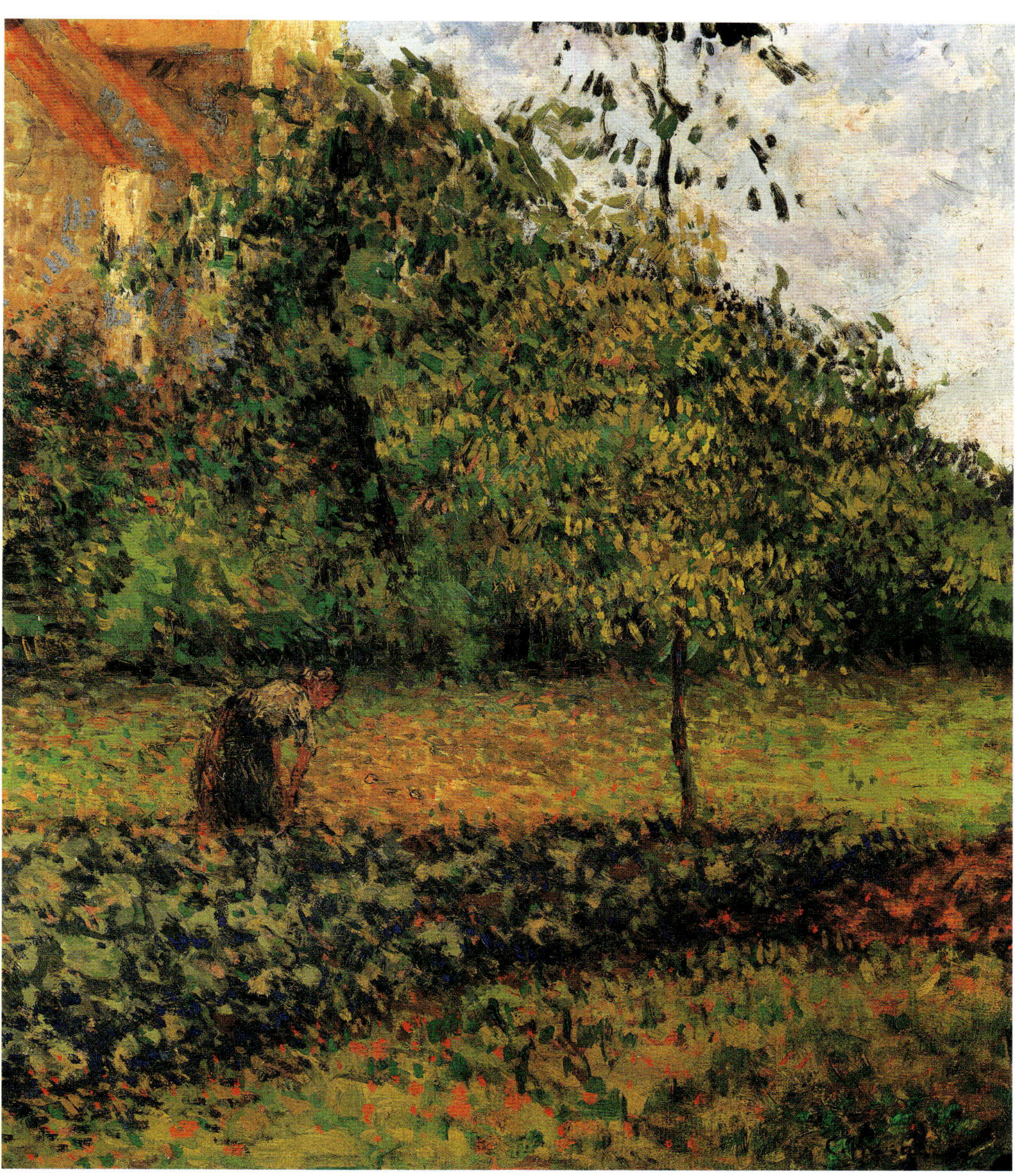

48
Camille Pissarro
Bondekone i køkkenhave i Pontoise
Peasant in a Kitchen Garden in Pontoise

ca. 1880, olie på lærred / oil on canvas,
54,5 × 47,5 cm
Saarland Museum, Saarbrücken

Seinen som skildret i *Isen bryder op på Seinen, ved Bennecourt*, 1892-1893 (cf. fig. 59), symboliserer vinteren ensomhed og sorg. Monet har flere gange brugt dette motiv som udtryk for sin psykiske tilstand, tungsind og sorg, første gang i vinteren 1879-1880 efter sin kone Camilles død.[19] Desuden var vinteren rent farvemæssigt en udfordring for ham: "Der er intet 'så koldt' som den klare sommersol. For koloristen er naturen farvestrålende om vinteren og kold om sommeren."[20]

Derfor vendte Pissarro også gentagne gange tilbage til denne årstid, eksempelvis fra 1884 i hans snebilleder fra Eragny-sur-Seine, som kunstneren flyttede til i marts 1884. Kompositionen af snelandskabet i aftenlyset, opdelt i tre

utilitarian objects and beauty, Pissarro lent the motif of the vegetable garden both a socio-political dimension and symbolic power. In exemplary fashion, in Camille Pissarro's *Peasant in a Kitchen Garden in Pontoise*, ca. 1880 (fig. 48), the scene of hard work becomes an earthly paradise. The composition, created in Neo-Impressionist style, is carefully ordered by means of diagonal, horizontal and vertical lines. Clearly structured vegetable patches, a green meadow with a peasant woman and the blur of leaves on the surrounding trees serve to unite cultivated and uncultivated Nature in the golden autumn light. Pissarro treasured the autumn months, which symbolically pointed to a new age in which he hoped also for socio-political change.

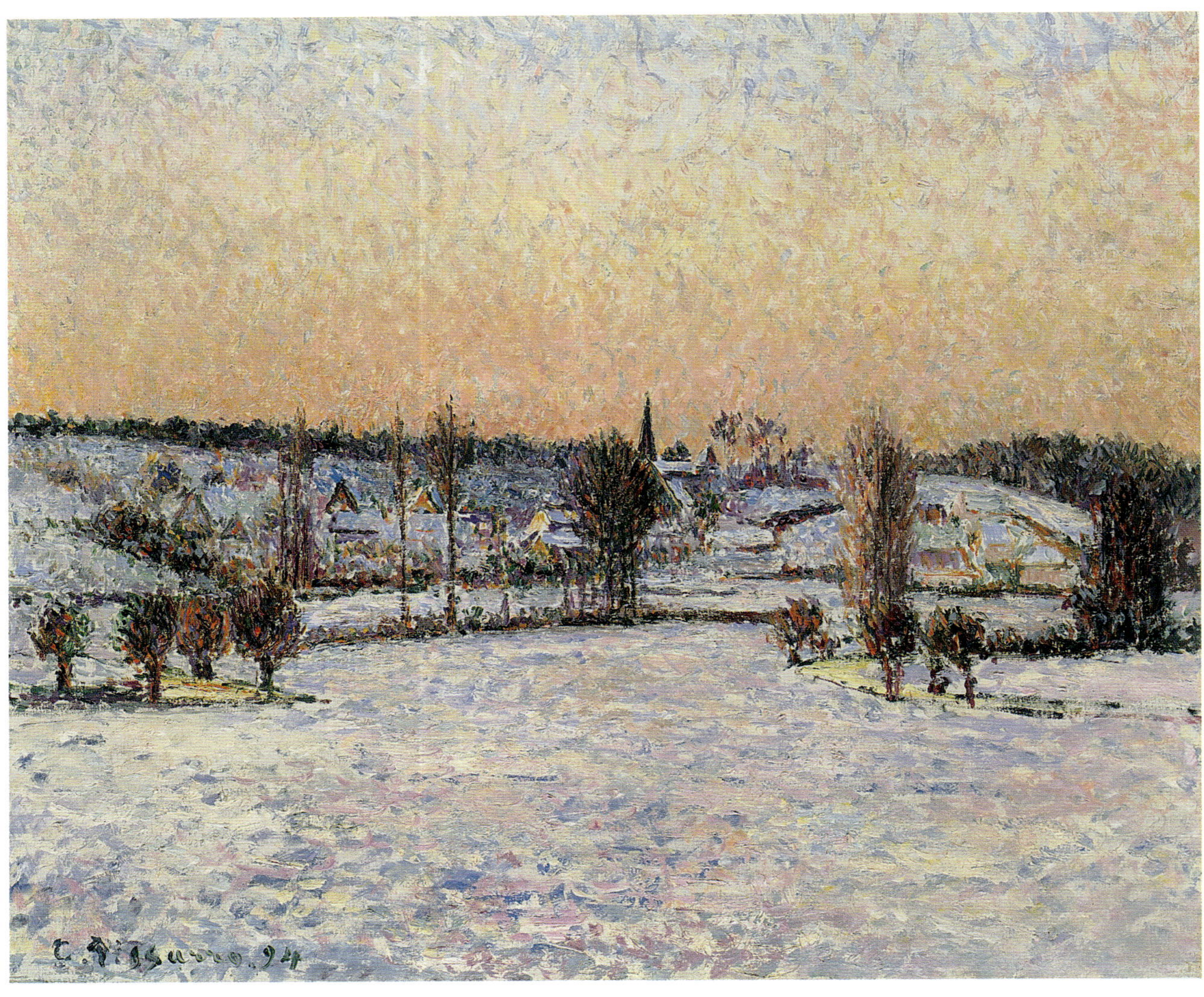

49
Camille Pissarro
Snelandskab, Éragny, aften
Snowy Landscape, Eragny, Evening
1894, olie på lærred / oil on canvas, 54,5 × 65 cm
Ordrupgaard, Charlottenlund

horisontale flader, *Snelandskab, Éragny, aften*, 1894 (fig. 49), viser det, Pissarro så fra sit ateliervindue fra august 1893. Efter flere operationer som følge af hans øjensygdom var Pissarro i 1890'erne tvunget til at arbejde i sit atelier: "Virkelig glimrende, dette atelier; men jeg spørger ofte mig selv: til hvad nytte? Tidligere malede jeg overalt, uanset årstid, i sommerheden, i regn og også i den hårdeste kulde […]. Vil jeg kunne arbejde i disse nye omgivelser? Det vil helt sikkert kunne mærkes på mit maleri; det vil iføre sig handsker […]." [21]

Rent faktisk viser sammenligningen af den tidligere snescene, der blev malet udendørs, og det senere billede, der er malet i atelieret, netop den forskel, som Pissarro beskrev[22]: Atelierbillederne virker kunstnerisk set klart mere gennemtænkt

"The landscape in winter is much lovelier than in summer, when the blazing sunshine bleaches the shades of colour."[18]
The most impressive representations are to be found in winter. In Monet's deserted and bleak pictures of walking on the ice on the Seine, such as *Break-up of the ice on the Seine, near Bennecourt*, 1892–1893, cf. fig. 59), the winter stands for loneliness and sorrow. Monet had recourse to this subject on a number of occasions as an expression of his own emotional state of melancholy and grief, the first occasion being during the winter of 1879/1880, after the death of his wife Camille.[19] Moreover,

og har en stærkere komposition. Herefter satte Pissarro efter eget udsagn pris på *"Indtrykket fra erindringen"*, for det drejer sig mindre om selve sagen, men derimod efterhånden kun om indtrykket af den sete og følte sandhed.[23]

Det vækker mindelser om det, som Claude Monet gjorde til sit særkende i sine sene værker, og som genspejlede sig i hans serier, der opstod ved umiddelbar betragtning af årstiderne og døgnets gang, men som nu bevidst blev færdiggjort i hans atelier.

"Ateliermalerierne er strengere og mindre fortryllende i farverne, men til gengæld kunstnerisk mere gennemtænkte."[24]

Med udgangspunkt i de skiftende årstider og døgnets gang og de dermed forbundne ændringer i farve- og lysvirkninger udviklede Monet omkring 1890 et nyt koncept for maleriet, da han så en række høstakke: "Da jeg startede, var jeg lige som de andre, for jeg troede, at det var nok med to lærreder, et til overskyet vejr og et til solskinsvejr; men da jeg begyndte at fastholde det solrige øjeblik, havde lysforholdene allerede ændret sig kort tid efter, så to lærreder ikke var nok til at give en tro gengivelse af et specifikt aspekt af naturen i stedet for et billede, der er sammensat af forskellige indtryk." Monet malede motivet med høstakkene første gang i 1865 i *Høstakke ved Chailly, solopgang* (fig. 50). Sammenligningen med de motiver, der blev malet efter 1890, siger meget, for i det tidligste eksempel var fokus på naturens samlede fremtoning i morgenlysets farvespil med en lav horisont, inspireret af de hollandske landskabsmalere.

I sensommeren 1890 til vinteren 1890-1891 malede Monet omkring tredive billeder af dette motiv morgen, middag og aften (*Høstak i aftensol*, 1891, cf. fig. 100), i klart solskin og i regnvejr, i tåge, i frost- og tøvejr. Monet malede ofte med modlyseffekter, og det gav høstakkene et stærkt skinnende omrids, som kastede lange farverige skygger. Billederne i denne serie har alle næsten samme størrelse og viser en eller to høstakke malet fra stort set samme position. Variationerne skyldes primært forskellige vejr- og lysforhold, der modsvares af et farvevalg, der fremkalder de tilsvarende associationer. Selvom malestilen ser skitseagtig ud, blev billederne afstemt efter hinanden i atelieret med hensyn til detaljer og farvevalg. Hvert billede i serien dannede dermed grundlag for det næste. Dette var ikke kun forbundet med en ny arbejdsmetode men også med en ny forståelse af virkeligheden, således at flere forskellige aspekter ved naturen (årstidernes og døgnets gang) føjes sammen til en universel forestilling af samme.

Maleri af serier krævede generelt, at der blev truffet et bevidst valg af et bestemt motiv, et bestemt sted og et bestemt format, før arbejdet blev påbegyndt. Hvert enkelt billede delte desuden farver og effekter med andre billeder

the colours of winter presented him with a challenge: "There is nothing 'colder' than the full summer sun. For the colourist, nature in winter is colourful and it is cold in summer."[20]

It was for this reason that Pissarro also repeatedly focused his attention on this season – for example from 1884 in his snow pictures from Éragny-sur-Seine, where the artist settled permanently in March 1884. The composition of the snowy landscape in the evening light of *Snowy Landscape, Éragny, Evening*, 1894 (fig. 49), is divided into three horizontal areas and shows the view from Pissarro's studio window from August 1893. Following several operations necessitated by his eye disease, Pissarro found himself compelled to work from his studio during the 1890s: "*This studio is truly magnificent, but I often ask myself: what is it good for? In the past I could paint everywhere, in all seasons, on the hottest day, in the rain, and even in the most dreadful cold* […]. *Shall I be able to work in this new environment? I am quite sure it will become evident in my painting; it will put on gloves* […]."[21]

Indeed, the comparison between the earlier snowscape painted outdoors and the later studio creation, does reveal the difference described by Pissarro:[22] the result of the studio pictures seems artistically more carefully thought through, more strongly composed. Pissarro commented that he now appreciated "*the impression based on memory*", because it was not so much a question of the subject itself, but rather the impression of the truth which he had observed and experienced.[23]

Here he voices an opinion which Claude Monet adopted in his late oeuvre and which he reflected in his series of works, which resulted from the direct observation of the seasons and the times of day, but which he now intentionally completed in his studio.

"The result of the studio pictures is more rigorous and less enchanting as regards the colours, but also artistically more carefully thought through."[24]

Using the changing of the seasons and the times of day as well as the associated changes in the effects of colour and light as a starting point, Monet developed a new painterly concept around 1890 as he observed a row of grainstacks: "When I started I was like the others, because I thought that two canvases – one for cloudy weather and one for sunshine – would be sufficient; but when I started to record this sunny moment, the light conditions had already changed after a short period, so that two canvases were not enough to record an accurate impression of a specific aspect of nature nor was it enough to produce a single picture composed from various different impressions." Monet had taken up the subject of the grainstack for the first time in 1865 in *Haystacks at Chailly, Sunrise* (fig. 50). A comparison with the representations of the same motif produced after 1890 is very significant, since

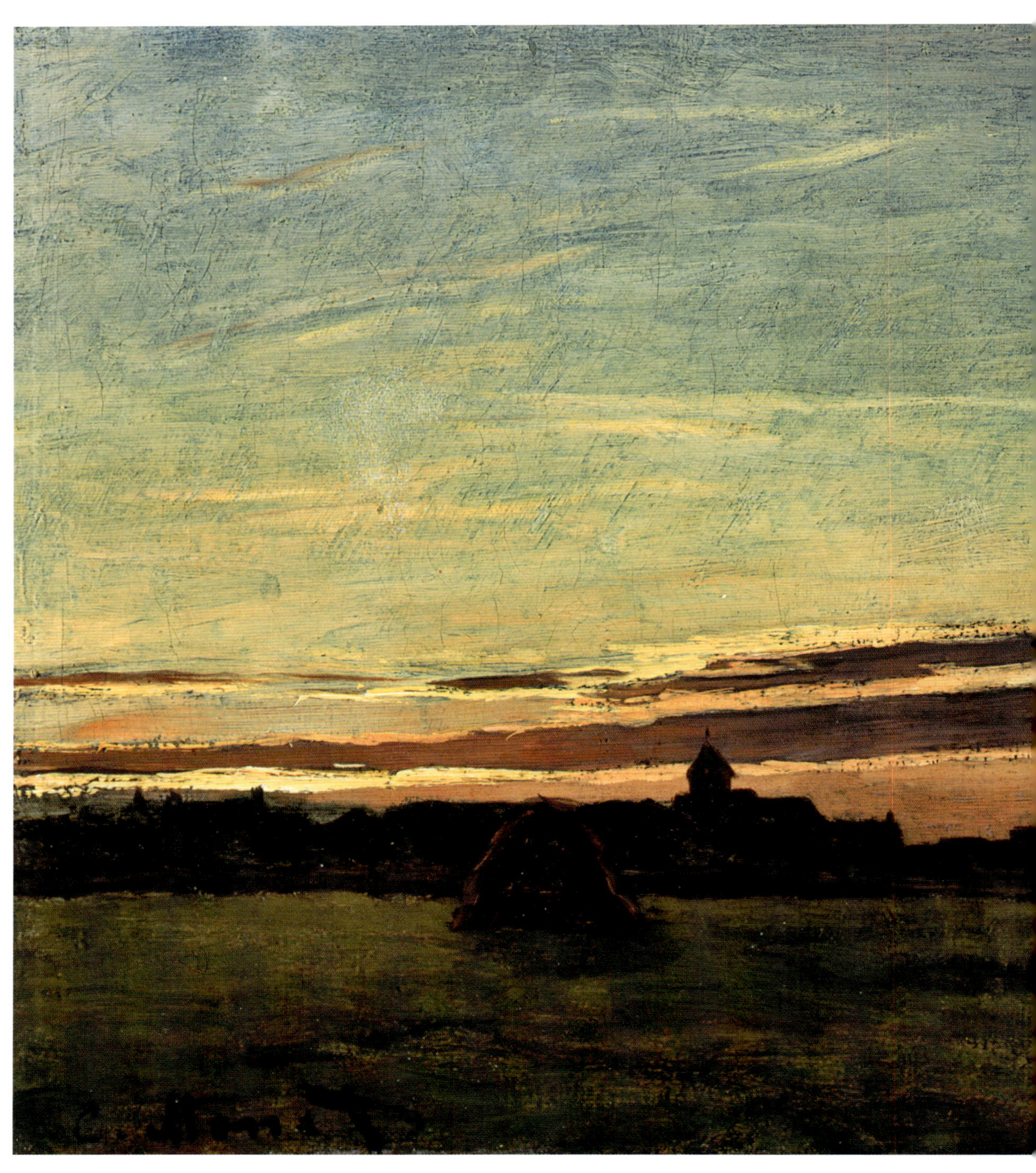

50
Claude Monet
Høstakke ved Chailly, solopgang
Haystacks at Chailly, Sunrise

1865, olie på lærred / oil on canvas, 30,2 × 60,5 cm
The San Diego Museum of Art, San Diego, CA
Museum purchase, inv. no. 1982.20

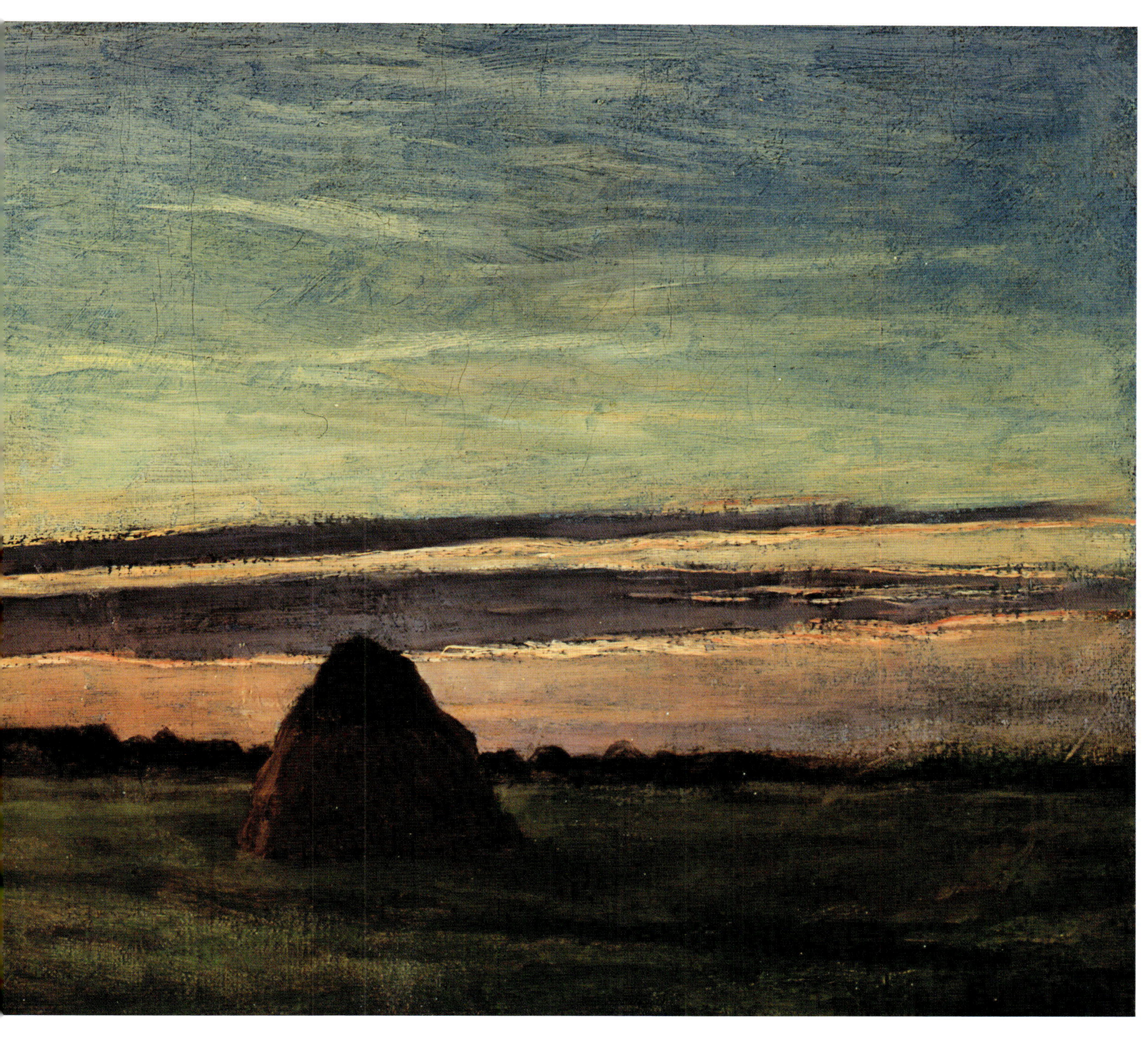

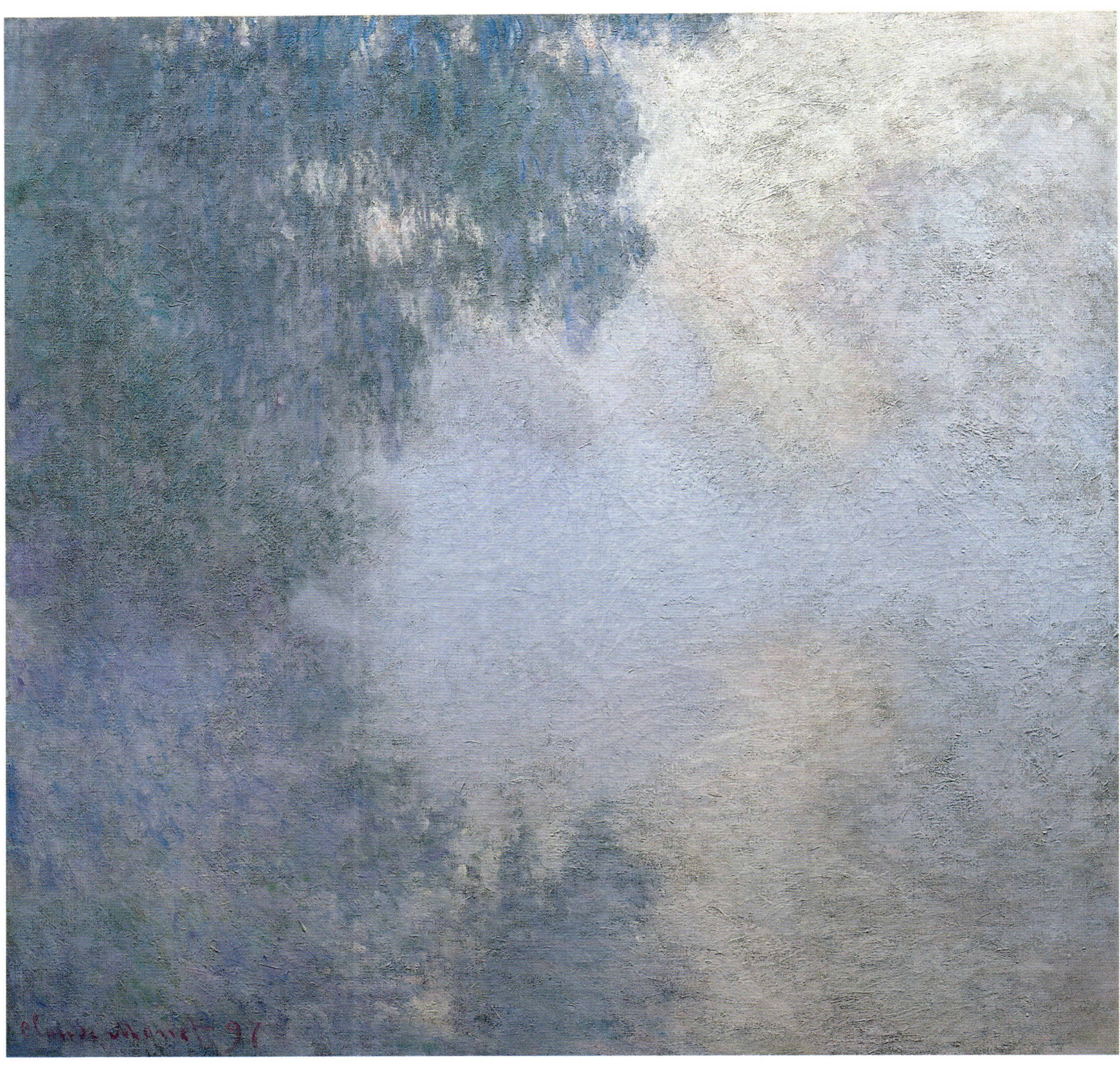

i serien, så det altid var helheden, betragtningen af alle billederne, der var udslagsgivende for serien. For at leve op til dette idealkrav kunne de enkelte billeder i en serie kun afsluttes i et atelier ved siden af og efter hinanden. Det at male og fuldende et maleri ude i det fri, *'en plein air'*, som var noget af det særlige ved impressionismens malerier i 1870'erne, var derfor ikke længere afgørende for Monet.

in the earliest example the focus lay on the overall appearance of nature and the play of colours in the morning light, with a low horizon that was inspired by Dutch landscape painting.

In the late summer of 1890 up to the winter of 1890/1891 Monet produced about thirty pictures of this same subject in the morning, at noon and in the evening (*A Haystack in the*

51
Claude Monet
Gren af Seinen nær Giverny (tågedis)
Branch of the Seine near Giverny (Mist)

1897, olie på lærred / oil on canvas, 89,9 × 92,7 cm
The Art Institute of Chicago, Chicago, IL
Mr. and Mrs. Martin A. Ryerson Collection,
inv. no. 1933.1156

Gennem sin intensive iagttagelse og kærlighed til naturen kunne Monet så at sige se naturen i sig selv, så naturen blev stadig mindre betydningsfuld for ham som konkret motiv. Det blev allerede meget tidligt tydeligt, i hvor høj grad han havde opdaget naturen som analogier og modstykker til sine egne psykiske tilstande, eksempelvis i billederne af isen der bryder op på Seinen. Den tiltagende afstand til den naturalistiske fremstilling, som man finder i Monets sene værker, og som kritikerne (i deres sammenligning med hans tidlige værker) kritiserede ham for, var en logisk udvikling. Denne distancering begyndte i større omfang i 1880 med dramatiske motivvalg (*Klint og Porte d'Aval i stormvejr*, 1883, cf. fig. 72) og udsprang af den forestilling, at ting, der registreres med menneskets sanser, kun er tilgængelige i form af deres skiftende fremtoninger (afhængigt af årstidernes og døgnets gang) (Claude Monet, *Gren af Seinen nær Giverny (tågedis)*, 1897, fig. 51).

Evening Sun, 1891) (cf. fig. 100), in bright sunshine and in the rain, in fog, ice and during the thaw. Monet often painted with contre-jour light effects, with the consequence that the gleaming silhouettes of the grainstacks cast long, coloured shadows. The pictures in this series all have almost the same format and each show one or two grainstacks from slightly different locations. The variations are mainly due to the differing weather and light conditions, which in turn correspond with harmonious, associative colour schemes. Although the painting style appears sketch-like, the pictures were made to match one another with regard to details and colours. Thus each picture within the series determined the others. This was linked not only to a new working method, but also to a new understanding of reality, in which several different aspects of nature (seasons and times of day) were fused together to create an overall impression of the same.

Painting in series necessitated in general a conscious decision in favour of a particular motif, a particular location and a particular format before starting to work. Moreover, each picture in the series shared the same colours and effects, so that the overall impression, the appearance of all pictures, was decisive. In order to achieve this ideal aim, the individual pictures in the series had to be completed in the studio, either simultaneously or in succession. Consequently the painting and completion of the paintings outdoors, "*en plein air*", which had been one of the specific characteristics of Impressionist painting during the 1870s, was no longer crucial in Monet's eyes.

Through his intensive observation and closeness to nature Monet recognised it, to all extents and purposes, within himself, so that nature would become progressively less important for him as a concrete subject. The extent to which he had experienced nature in analogy and correspondence to his own mental moods had become apparent early on, for example in the pictures showing people walking on the ice. The gradual disassociation with the naturalistic imaginative picture which can be observed in Monet's late work, and which was criticised by scholars (in comparison to his early work), was a logical development. The said disassociation had been introduced to a greater extent by around 1880 with dramatic subjects and compositions (*The Cliff and the Porte d'Aval, Rough Seas*, 1883, cf. fig. 72), together with the idea that things are only accessible to human perception in the form of their changing appearances as a result of the different seasons and times of day (Claude Monet, *Branch of the Seine near Giverny (Mist)*, 1897, fig. 51).

The landscapes remained recognisable, but eluded specific identification because of their metamorphosis. This notion was carried out to perfection in the series of more than 200 pictures showing motifs from Monet's water garden in Giverny between the 1890s and 1926.

Landskaberne var godt nok genkendelige, men kunne på grund af deres metamorfose ikke bestemmes helt konkret. Fuldendelsen af denne tanke gik i opfyldelse i serien med over 200 motiver fra Monets have i Giverny fra 1890'erne til 1926.

"Lysets og farvernes spil på det urolige vand, der hele tiden ændrer sig, [...] får hele tiden noget nyt og uventet til at opstå."[25]

Haveanlægget, der oprindeligt blev skabt for fornøjelsens skyld, blev med refleksionerne i vandet, broen (*Water Lilies and Japanese Bridge*, 1899, cf. fig. 79), åkanderne og grædepilen hovedmotivet i Monets malerier i de sidste tredive år af hans liv (photo 5).

Siden serien med *høstakke* foretrak Monet en mere og mere konkret reduktion og et nærsyn, som kulminerede i nærbillederne af vandspejlingerne fra 1903 til 1908. Billederne, hvor søbredden forsvandt i den øverste del af billedet, og hvor vandets overflade med åkander, lysrefleksioner og spejlinger fylder hele billedet.

Hvor Monet foretrak et horisontalt, dvs. traditionelt landskabsformat i 1903, gik han tilbage til et kvadratisk format i 1904. Og mens han i 1905 stadig gengav søen med åkander fra forskellige synsvinkler, malede han i 1906 kun fra samme sted: Landskabet blev til et helt spejllandskab (*Åkander*, 1906, cf. fig. 78). Monet synes at have sat meget stor pris på billedvalget fra 1907 (*Åkander*, 1907, cf. fig. 91). Selvom farvevalget i disse billeder skaber erfaringsbetingede associationer, har de ingen entydig forbindelse med konkrete genstande: Farve og form opnår en vidtrækkende autonomi. Punkstrukturen, der gør det hele ensartet, medfører at betragteren ikke længere kan skelne mellem vandoverfladen, spejlingerne af den virkelige natur og den planteverden, der findes under vandoverfladen: På søens skinnende overflade forbindes jord, vand, luft og lys.

På tilsvarende vis planlagde Monet oprindeligt, at disse billeder skulle vises uden ramme, som om de var udsnit af naturen, der kunne fortsætte ud over billedkanten; de kunne kun være fuldstændige sammen med de andre billeder fra serien, og det enkelte billede viser blot en af uendeligt mange variationsmuligheder.

Dette dannede grundlag for idéen om at udsmykke et helt rum med åkandebilleder. I 1921 blev det besluttet at ophænge en åkandedekoration, sammensat af flere brede malerier, i de to ovale rum i orangeriet i Paris.[26] Disse landskaber var en syntese af hele åkandetemaet siden århundredeskiftet, således at det i virkeligheden indbefatter alle billeder af vandhaver, alle åkandelandskaber, i ét værk (photo 6).

Med disse billeder sprængte Monet det sidste bånd til Barbizon-skolen, idet han her for første gang skabte landskabsbilleder, der til forskel fra de traditionelle landskaber ikke havde en horisont. Uden binding til en rumopdelende horisont

"The play of light and colour on the moving and constantly changing water [...] permits the continuous creation of new and unexpected effects".[25]

Originally created entirely for pleasure, the water garden with its water reflections, bridge (*Water Lilies and Japanese Bridge*, 1899, cf. fig. 79), water lilies and weeping willows became the main motif of Monet's painting during the last thirty years of his life (photo 5).

Since painting the Grainstacks series Monet increasingly preferred an intensive reduction of the object and a close-up view, which culminated between 1903 and 1908 in reflections seen at close quarters: pictures in which the riverbank disappeared in the upper part of the painting and the water surface with water lilies, light reflexes and reflections filled the entire canvas.

While in 1903 Monet preferred a fairly horizontal, in other words a traditional landscape format, in 1904 he had recourse to a square format. And while in 1905 he recorded the water lily pond from different angles, in 1906 he painted it from just one single location: the landscape became purely a landscape reflection (*Waterlilies*, 1906, cf. fig. 78). Monet appears to have held the pictorial design of 1907 in particularly high esteem (*Water Lilies*, 1907, cf. fig. 91). Although the colour schemes in these pictures match up to experienced-based associations, they are not unequivocally linked to the object: to a large extent, colour and form achieve autonomy. The unifying structure of patches of colour leads to the fact that the viewer can no longer distinguish between the water surface, the reflections of real nature and the plants beneath the surface: earth, water, air and light are fused together on the reflective surface of the pond.

Correspondingly, Monet originally intended that these pictures should remain unframed, as if they could be extended beyond the edge of the picture as excerpts from nature, demanding their continuation through the other pictures of the series, so that the individual picture showed just one of an infinite number of possible variations.

From this the idea of decorating an entire room with water lily pictures developed at an early stage. In 1921 it was agreed that an arrangement of the water lilies consisting of several broad canvases should be accommodated in the two hall-like rooms of the Orangerie in Paris.[26] These landscapes were a synthesis of the entire focus on the water lilies since the turn of the century, so that in fact all water garden pictures, all the water lily landscapes, should be seen in this context (photo 6).

With these pictures Monet severed the last links with the Barbizon school, because here for the first time, unlike the traditional landscapes, he created landscape pictures without a horizon. Without its link to a horizon dividing up the space, the water surface with the water lilies and the reflections of trees,

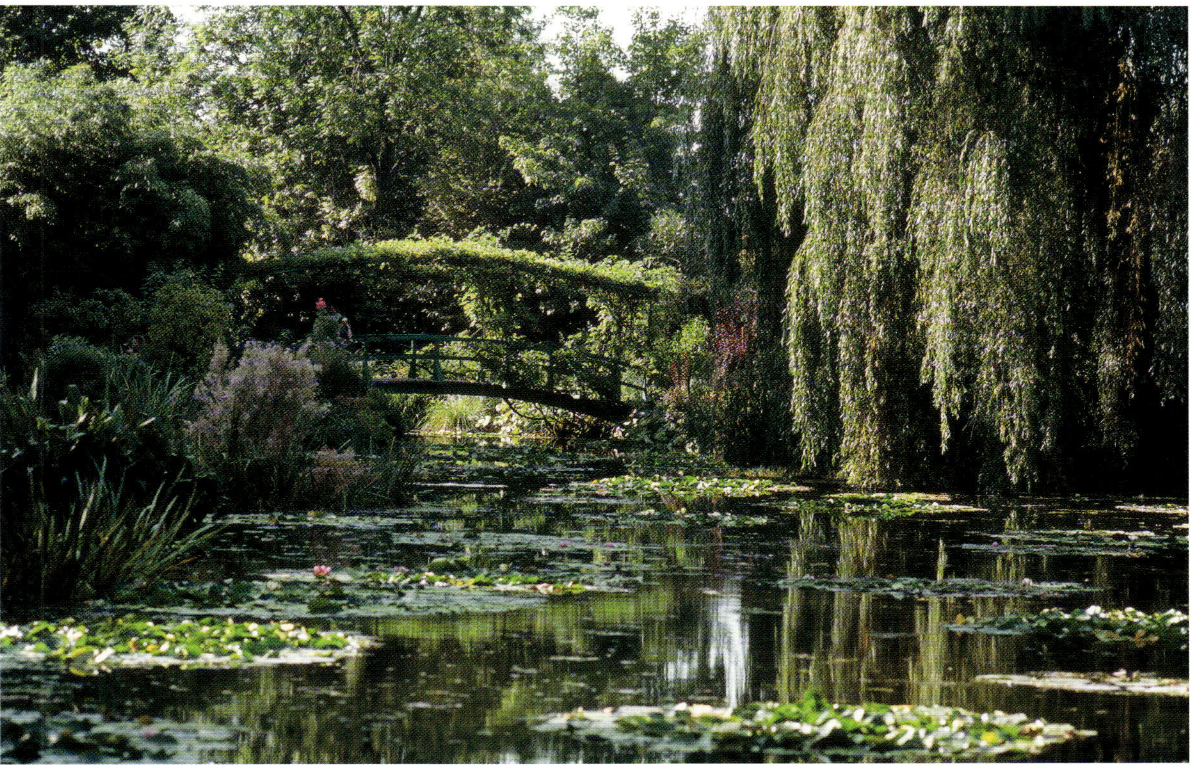

photo 5
Udsigt over åkandedammen og den japanske bro i Claude Monets have i Giverny
View over water lily pond and of the Japanese Bridge in Claude Monet's Garden, Giverny

optager vandfladerne med åkanderne og spejlbillederne af træer, skyer og himlen hele billedfladen. Det forstærkes af den gestikulerende og stærkt abstraherende påføring af maling, for naturens konkrete former, det vil sige åkandernes blade og blomster, græsset, der vejer under overfladen, og grædepilenes og græssets spejlinger i vandet væves på den måde så meget sammen, at betragteren slet ikke kan afgøre, om det er afspejlet natur eller den virkelige natur, der vises. Det er kun farvevalget, der stadig minder om forbilledet i naturen, hvor grønt står for vegetation og blåt for vand og himmel. Den underliggende tendens i værket, at sammensmelte tingene i naturen med hinanden, minder her med rette om det romantiske ønske om en harmonisk enhed i naturen. Monet kendte absolut til det romantiske tankegods gennem sin formidling af den franske symbolisme: "Min eneste fortjeneste er, at jeg underkaster mig instinktet; gennem disse genfundne og primært intuitive og hemmelige kræfter lykkedes det mig at identificere mig med skabelsen og at smelte sammen med den [… og på den måde] er jeg nået til det sidste punkt i abstraktionen og den forestillingsevne, der er forbundet med realiteten." [27]

Monets sene malerier er ikke længere spejlbilleder af livet, men bryder virkelighedens grænser og åbner visionære områder. Åkandebillederne bliver så at sige til kosmiske visioner af årstidernes og døgnets gang.

clouds and sky occupies the entire picture surface. It is emphasised by the gestural and strongly abstracting paint application, because the representational forms of nature, in other words the leaves and flowers of the water lilies, the grass waving beneath the surface and the reflections of the weeping willows and grasses on the water are thus interlinked to such an extent that viewers can no longer clearly distinguish whether they are looking at a reflection of nature or nature itself. Only the colour scheme still reminds us of a natural reference, in which green stands for vegetation and blue for water and the sky. It seems we are justified in recalling here, in the underlying tendency to fuse natural things, the Romantic desire for a harmonious unity of nature. Monet was familiar with the Romantic philosophy through the mediation of French Symbolism: "My only merit lies in the fact that I subordinate myself to my instinct; through these rediscovered and predominantly intuitive and secret powers I have succeeded in identifying myself with Creation and fusing myself with it [… and so] I have arrived at the final point of abstraction and the imagination linked together with reality." [27]

Monet's mature painting is no longer a reflection of life, but opens up visionary regions beyond the boundaries of reality. The water lily pictures become at the same time cosmic visions of the rhythms of the seasons and the times of the day.

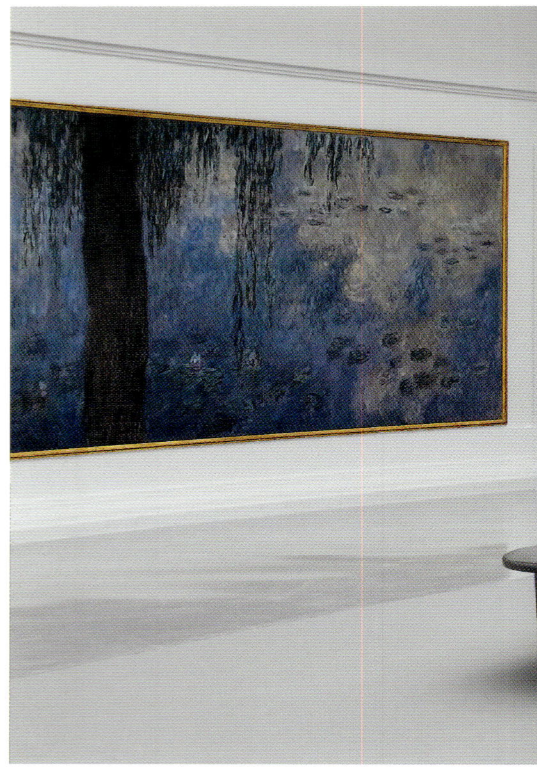

photo 6
Parti af de Grand Décorations *af Claude Monet i Musée de l'Orangerie. Åkanderne, sal 2*
View over the Grand Décorations *by Claude Monet at the Musée de l'Orangerie. The Waterlilies, Room 2*

NOTER

1 Eugène Boudin, i: G. Jean-Aubry, *Eugène Boudin d'après des documents inédits*, Paris 1922, s. 31.
2 Tuben blev opfundet i 1841. Maling kunne opbevares og transporteres i tuber. Det var en revolutionerende opfindelse: Kunstnere kunne for første gang arbejde ude i den fri natur og var ikke længere henvist til skitser eller hukommelsen.
3 Peter Galassi, *Corot in Italy: Open-Air Painting and the Classical Landscape Tradition*, München 1996.
4 Philip Nord, Impressionists and Politics. Art and Democracy in the 19th Century, New York 2005.
5 Se også Albert Boime, *The Academy and French Painting in the Nineteenth Century*, London 1971. Et udførligt værk om den akademiske skitse.
6 Maurecourt ligger 32 km nordøst for Paris.
7 Arthur Baignières, *Exposition de peinture par un groupe d'artistes*, i: *L'Echo universel*, 13. april 1876.
8 *Impressionism, Fashion and Modernity* (udstillingskatalog Musée d'Orsay Paris, Art Institute Chicago), Paris 2013.
9 Alfred Sisley i et brev til Adolphe Tavernier, i: *L'Art Français*, 18. marts 1893.
10 De fire årstider var ikke kun et populært tema inden for impressionismen, men også blandt de skandinaviske malere i slutningen af det 19. århundrede. Se udstillingskataloget *De fyra årstiderna / The Fours Seasons*, Stockholm Nationalmuseum 2011-2012.
11 Selvom bønder især i det 'moderne' Nordfrankrig profitterede af den økonomiske vækst, herskede der nød på landet, især i den 'gammeldags' sydvestlige del af Frankrig.
12 De viste høstakke er typiske for Nordfrankrig, hvor kornaks dækkes med hø for at beskytte dem mod vejr og vind. Motivet bruges af mange impressionistiske malerier.
13 Herbert Zeman, *Die Jahreszeiten in Dichtung, Musik und Bildender Kunst*, Wien 1989; *Das Reich der Jahreszeiten* (udstillingskatalog Strauhof Zürich),

NOTES

1 Eugène Boudin, in: G. Jean-Aubry, *Eugène Boudin d'après des documents inédits*, Paris, 1922, p. 31.
2 The discovery of the tube goes back to 1841. Packed in tubes, paints could be preserved and transported. The effects were revolutionary: artists could work outdoors for the first time and no longer had to rely on sketches or their memory.
3 Peter Galassi, *Corot in Italien. Freilichtmalerei und klassische Landschaftstradition*, Munich, 1996.
4 Philip Nord, *Impressionists and Politics: Art and Democracy in the 19th Century*, New York, 2005.
5 cf. Albert Boime, *The Academy and French Painting in the Nineteenth Century*, London, 1971. Extensive work on the subject of the academic sketch.
6 Maurecourt lies 32 kilometres northeast of Paris.
7 Arthur Baignières, "Exposition de peinture par un groupe d'artistes", in: *L'Echo universel*, 13 April 1876.
8 *Impressionism, Fashion and Modernity*, exh. cat., Musée d'Orsay Paris and Art Institute Chicago, Paris, 2013.
9 Alfred Sisley in a letter to Adolphe Tavernier, in: *L'Art Français*, 18 March 1893.
10 The four seasons were a favourite theme at the end of the 19th century, not only in Impressionism, but also in Scandinavian paintings; cf. exh. cat., *De fyra årstiderna / The Fours Seasons*, Nationalmuseum Stockholm, 2011/2012.
11 Although farmers especially in the "modern" north profited from growth, there was a great deal of poverty in the country, especially in the "archaic" south and west.
12 The grainstack was a storage method that was commonly used in the North of France; the ears of corn were covered with hay to protect them from the weather. The motif occurs frequently in Impressionist paintings.
13 Herbert Zeman, *Die Jahreszeiten in Dichtung, Musik und Bildender Kunst*, Vienna, 1989; *Das Reich der Jahreszeiten*, exh. cat., Strauhof Zürich, Zurich,

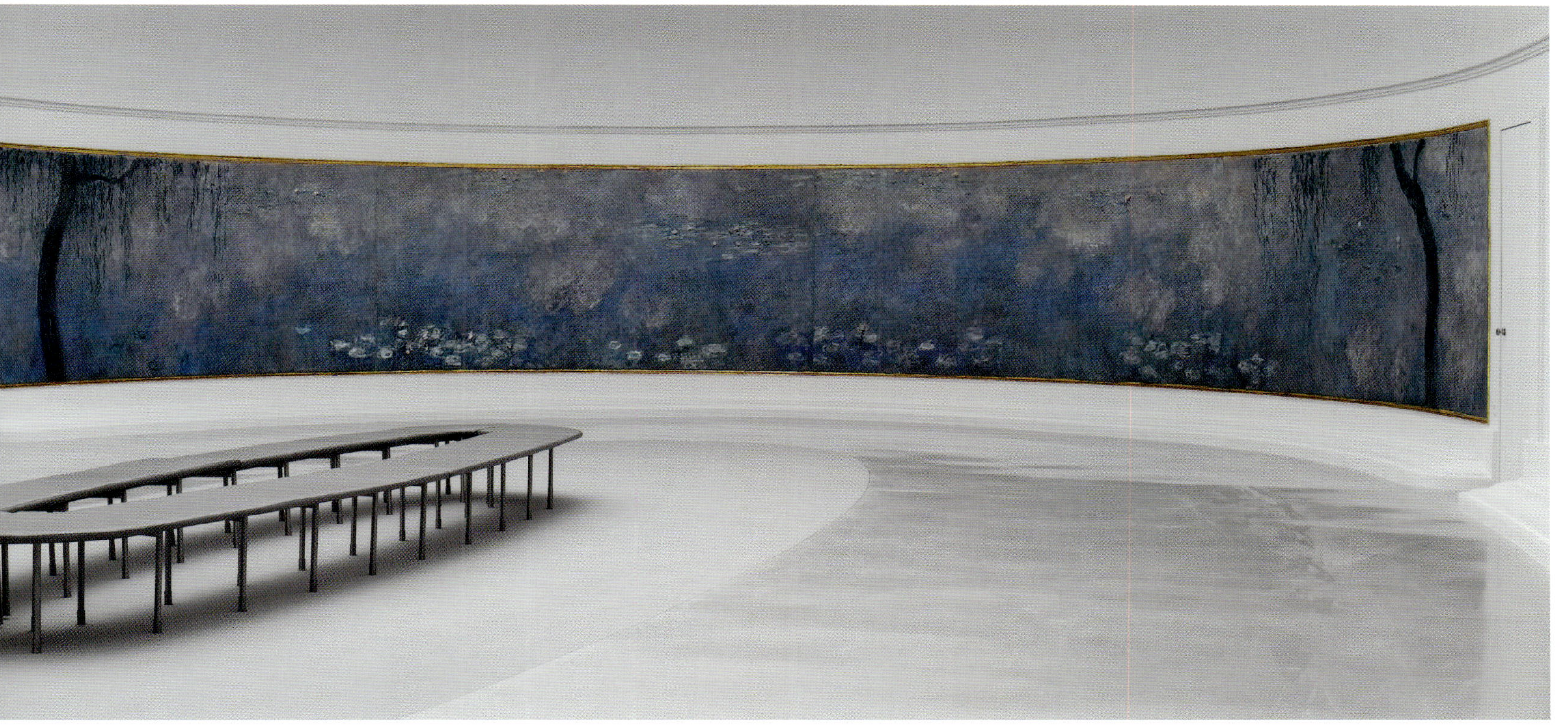

Zürich 1989; *Impressionists in Winter. Effets de Neige* (udstillingskatalog Phillips Collection Washington), Washington 1999.

14 Camille Pissarro, *Briefe an seinen Sohn Lucien*, Basel 1953, s. 109 (13. maj 1891).

15 Alfred Sisley i et brev til Adolphe Tavernier, i: *L'Art Français*, 18. marts 1893.

16 Bem. 16, s. 255 (15. september 1893).

17 Bem. 16.

18 Claude Monet i: Jean-Pierre Hoschedé, *Claude Monet, ce mal connu*, Geneve 1960, bind 2, s. 109-110.

19 Vétheuil oplevede en af de koldeste vintre i 1879-1880 med minus 25 °C, hvor selv Seinen frøs til is og kunne krydses til fods.

20 Janine Bailly-Herzberg, *Correspondance de Camille Pissarro*, bind 1, Paris 2003, s. 80 (brev til Duret d. 2. maj 1873).

21 Bem. 16, s. 257 (18. september 1893).

22 Bem. 16, s. 210 (14. maj 1891).

23 Bem. 16, s. 233 (26. april 1892).

24 Bem. 16, s. 210 (14. maj 1891).

25 François Thiebault-Sisson, *Un nouveau musée parisien: Les Nymphéas de Claude Monet à l'Orangerie des Tuileries*, i: *La revue de l'art ancien et moderne*, juni 1927, årgang 52, s. 44-46. François Thiebault-Sisson, *Claude Monet, les années des epreuves*, i: *Le Temps*, 6.4.1920.

26 Til de den første af de to sale planlagde Monet at bruge fire billedbaner, der bestod af flere lærreder, den seks meter brede *Nedgående sol*, værkerne *Morgen* og *Skyer*, der hver er over tolv meter lange, samt det otte meter lange værk *Grønne spejlinger*. I den efterfølgende sal skulle der også ophænges fire værker, det otte meter lange værk *Træernes spejlinger*, det over tolv meter lange *Morgen med grædepile* og *Den klare morgen* samt det 17 meter brede værk *To pile*.

27 Roger Marx, *Les Nymphéas de Claude Monet*, i: *Gazette des Beaux-Arts*, I, 1909, s. 523-531.

1989; *Impressionists in Winter. Effets de Neige*, exh. cat., Phillips Collection Washington, Washington, 1999.

14 Camille Pissarro, *Briefe an seinen Sohn*, Basel, 1953, p. 109, 13 May 1891.

15 Alfred Sisley in a letter to Adolphe Tavernier, in: *L'Art Francais*, 18 March 1893.

16 Ibid., note 16, p. 255, 15 September 1893.

17 Ibid., note 16.

18 Claude Monet, in Jean-Pierre Hoschedé, *Claude Monet, ce mal connu*, Geneva, 1960, vol. 2, pp. 109-110.

19 Vétheuil experienced one of its coldest winters 1879/1880, with temperatures of minus 25 degrees, so that even the Seine froze and it was possible to cross the river on foot.

20 Janine Bailly-Herzberg, *Correspondance de Camille Pissarro*, vol. 1, Paris, 2003, p. 80 (Letter to Duret of 2 May 1873).

21 Ibid., note 16, p. 257, 18 September 1893.

22 Ibid., note 16, p. 210, 14 May 1891.

23 Ibid., note 16, p. 233, 26 April 1892.

24 Ibid., note 16, p. 210, 14 May 1891.

25 François Thiebault-Sisson, "Un nouveau musée parisien: Les Nymphéas de Claude Monet à l'Orangerie des Tuileries", in *La Revue de l'art ancien et moderne*, June 1927, vol. 52, pp. 44-46. François Thiebault-Sisson, "Claude Monet, les années des epreuves", in *Le Temps*, 6 April 1920.

26 For the first of the two rooms Monet planned four lines of pictures, each comprising several canvases: the six-metre-wide *Sunset*, the works of *Morning* and *Clouds*, each extending over twelve metres and the eight-metre-long *Green Reflections*. The following hall was to contain four works: the eight-metre-long *Reflections of Trees*, the over-twelve-metre-long *Morning with Willow Trees* and *The Clear Morning* as well as the 17-metre-wide representation of the *Two Willows*.

27 Roger Marx, "Les Nymphéas de Claude Monet", in: *Gazette des Beaux-Arts*, I, 1909, pp. 523-531.

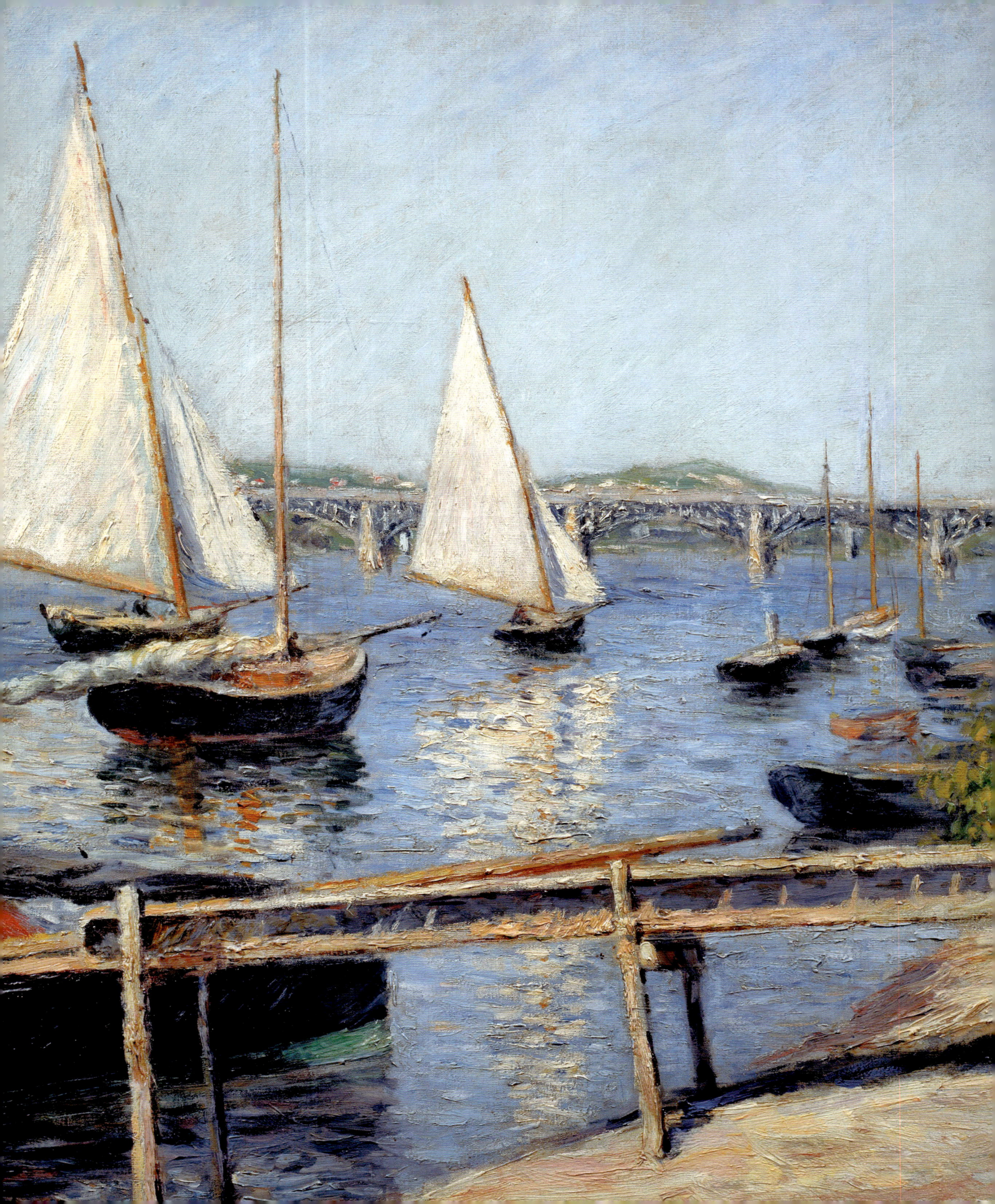

Floder og sejlskibe i tidens løb

With the Current: Rivers and Boats

Anne Distel

Overinspektør emeritus for kulturarv,
tidligere inspektør på Musée d'Orsay, Paris
General Honorary Heritage Curator,
formerly Curator at the Musée d'Orsay, Paris

Den vestlige verdens kunstnere har siden den fjerneste oldtid søgt at skildre landskabet per se. Ikke desto mindre forbliver emnet helt frem til det nittende århundrede en genre af mindre betydning, ofte reduceret til blot at fungere som baggrund for historiske eller religiøse emner. Men efter 1830 brillerer nye malere, især i Frankrig, med deres insisteren på en tro repræsentation af naturen omkring dem, der skal udtrykkes i perfekte malerier, ukunstlede spejlbilleder af virkeligheden, sådan som de ser den.

I kølvandet på J.B.C. Corot (*Fiskere med deres net*, 1847, cf. fig. 25) inviterer kunstnere som Jean-François Millet, Charles-François Daubigny, Théodore Rousseau (*Dammen*, omkring 1850, cf. fig. 23) og malerne fra Barbizon, en lille landsby i udkanten af Fontainebleau-skoven (Narcisse Diaz de la Peña, *Fontainebleau-skoven*, 1870, cf. fig. 24) deres beundrere til at følge dem ind i et hjemligt landskab, hvorfra skovnymfer og dryader fra forgangne tider efterhånden forsvinder. Som tilhængere af at arbejde udendørs, direkte over for motivet, giver de således anledning til den velkendte figur af maleren siddende ved sit staffeli, i skyggen af en parasol, midt ude i naturen; en praksis der for øvrigt ikke udelukker arbejdet i atelieret. Dog bibeholder deres landskaber en romantisk accent og en vis nostalgi for en pastoral fortid, som ikke desto mindre er i hurtig udvikling. I midten af århundredet overgiver den i starten forbeholdne offentlighed sig definitivt til denne nye synsmåde. Digteren Charles Baudelaire ser sig endda, i sin kritik af Parisersalonen i 1859, bekymret over "den berømte moderne fejl, der bunder i blind kærlighed til naturen, til intet andet end naturen; den forveksler et simpelt udkast med en komposition, hvilket beklageligvis efterlader det imaginære i landskabet mere og mere indskrænket."[1] Dette forhindrer ham dog ikke i at beundre Corot og Rousseau og at omtale de pastelskitser, som Eugène Boudin havde vist ham, i begejstrede vendinger. Denne kunstner, bosiddende i den store havneby Le Havre på Normandiets kyst, er en af de første til at lade sig fængsle af den kolossale, ofte overskyede himmel, der dominerer et evigt foranderligt hav, badet i de fineste farvenuancer alt efter tidspunktet på dagen. Den originale friskhed i hans synsmåde, parret med hans frie og spontane teknik, bliver kilden til Claude Monets første undersøgelser, og Monet erklærer da også Boudin for sin mester.

En helt konkret prosaisk grund til udbredelsen af landskabsmaleriet efter 1850 er givetvis jernbanen; den ubesværede og billige transportform, som toget repræsenterer, bringer byboerne ud af byen, især ud af hovedstaden Paris; først ud i forstæderne og siden længere væk, helt ud til havet. Malere medbringer deres staffeli og oliefarver på tube (en teknisk nyskabelse der muliggør arbejdet i det fri); de varierer ustandseligt deres motiver og genskaber et realistisk billede af virkeligheden omkring dem. Kunstelskerne glæder sig ligeledes over – og

In the West artists have sought to depict landscapes from the earliest times, yet this theme remained a minor genre, often treated merely as a setting for historic and religious subjects, until the 19th century. After 1830, however, and notably in France, painters emerged who became known for their devotion to the faithful representation of nature, which they strove to express in accomplished pictures without artifice and mirroring the reality they observed.

Following the example of Jean-Baptiste Camille Corot (*Fishing with Nets*, 1847, cf. fig. 25), artists such as Jean-François Millet, Théodore Rousseau (*The Pool*, ca. 1850, cf. fig. 23) and the painters who congregated at Barbizon, a small village on the edge of the Fontainebleau Forest (Narcisse Diaz de la Peña, *The Forest of Fontainebleau*, 1870, cf. fig. 24), as well as Charles-François Daubigny, invited admirers of their work to enter into a familiar countryside from which the nymphs and dryads inherited from the past gradually disappeared. Working zealously and directly from nature *en plein air*, the painter became a familiar sight seated at his easel, shaded by his parasol in the middle of nature: a practice that nonetheless did not exclude working in the studio. Yet their landscapes still had romantic overtones and a nostalgia for a rural world then rapidly changing. The public, faithful to academic principles, were initially reticent but finally embraced this new vision by the middle of the century. In his review of the 1859 Paris Salon, the poet Charles Baudelaire was even concerned about "that famous modern fault which is born of a blind love of nature and nothing but nature; he [the painter] takes a simple study to be a composition [regretting] that the part played by the imagination in the landscape is reduced further and further."[1] But this did not prevent Baudelaire from admiring Corot and Rousseau and to enthousiastically praise the pastel studies Boudin had shown him. This artist from Le Havre, the great port on the Normandy coast, was one of the first to take an interest in the vast, often cloudy skies dominating the ever-changing sea, observing the light varying subtly with each hour of the day. The novel freshness of Boudin's vision and his free, spontaneous technique would inspire Claude Monet's very early work, and the young painter acknowledged him as his master.

One prosaic reason for the proliferation of landscape painting after 1850 is certainly the railways. Providing a cheap means of transport, the train took people out of the cities, especially the capital Paris, first to the suburbs then further afield to the seaside. Painters took their easels and paint tubes (a technical innovation that facilitated painting from nature *en plein air*), constantly varying their subjects and reproducing realist images of their environment. Art lovers also appreciated and began to demand visualisations of their own excursions and leisure pursuits, thus creating a market for these artists' works.

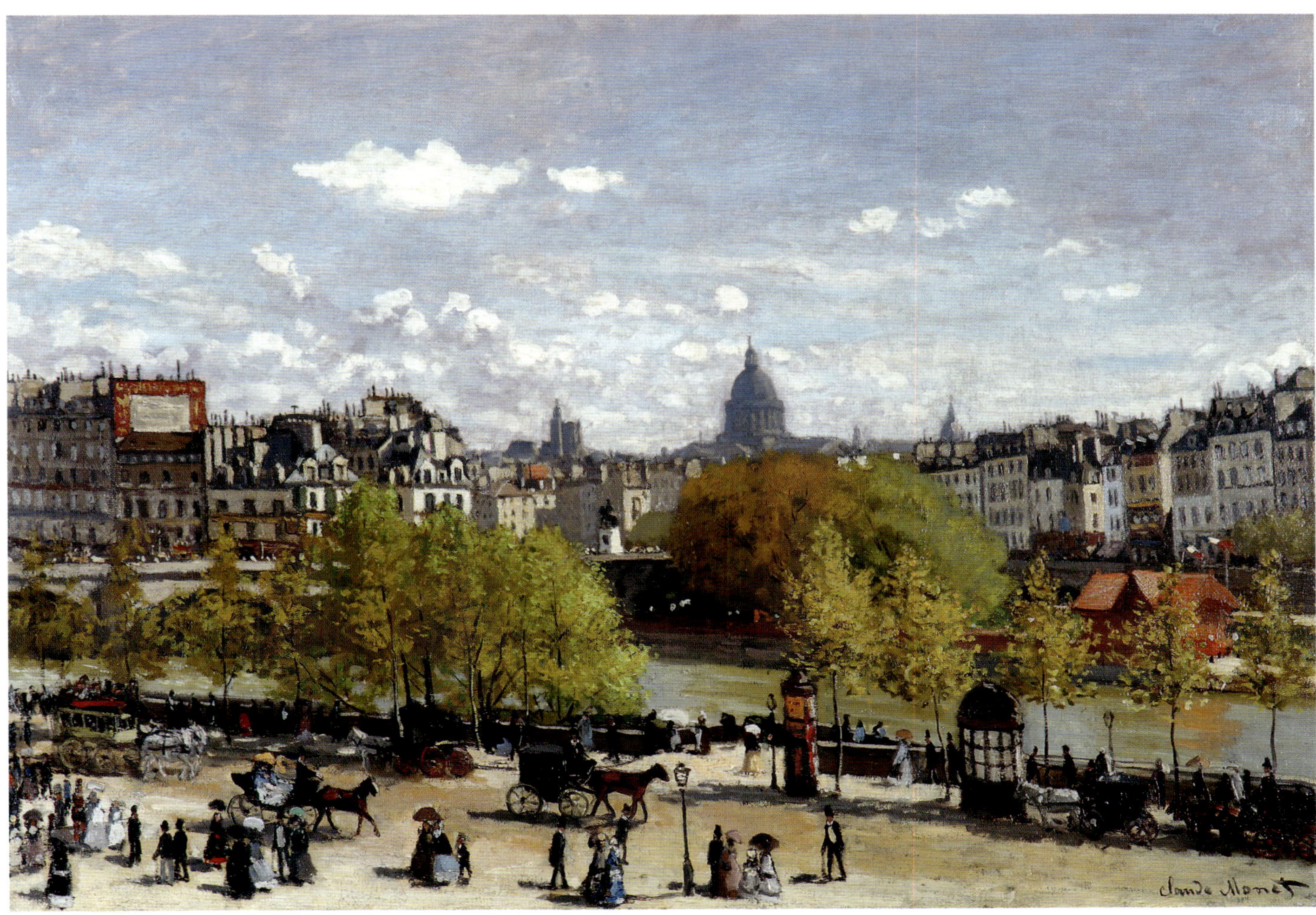

52
Claude Monet
Quai du Louvre

ca. 1867, olie på lærred / oil on canvas, 65,1 × 92,6 cm
Collection Gemeentemuseum Den Haag, The Netherlands

beder om – disse billeder, der genkalder deres egne eskapader og friluftsaktiviteter, og de er således med til at nære en løbende efterspørgsel hos kunstnerne.

Unge kunstnere født omkring 1840, der følger en kunstmaleruddannelse i 1860'erne, for størstedelens vedkommende uden for de akademiske rammer, tager denne interesse for landskabsmaleriet til sig, fast besluttede på at overvinde foragten for denne 'ubetydelige' genre, som kritikerne fortsat kalder den. Lige fra 1865 skildrer de fremtidige impressionister – Monet, Pissarro, Cézanne, Renoir, Sisley og Berthe Morisot – Paris og egnen omkring byen (hvor de fleste af dem vælger at bo). I deres repertoire – i hvilket samtidens menneskefigur, beviset på tidens modernitet, optager en vigtig plads – er landskabet ligeledes generelt til stede, men i form af et decideret moderne landskab. Naturalismens bannerfører

Young artists born around 1840 and learning their painter's trade in the 1860s, for the most part outside the academic curriculum, embraced this interest in the landscape, intent on overcoming the disdain for what the critics still considered a minor genre. From 1865, the future Impressionists Monet, Pissarro, Cézanne, Renoir, Sisley and Berthe Morisot painted the Paris region, where most of them chose to live. In their subject matter, the human figure, emblematic of the modernity of their time, has a prominent place, and the landscape – a resolutely modern landscape – is also omnipresent. The naturalist novelist Émile Zola emphasised this in an article on the 1868 Salon: "In the fields, Claude Monet would prefer an English garden to

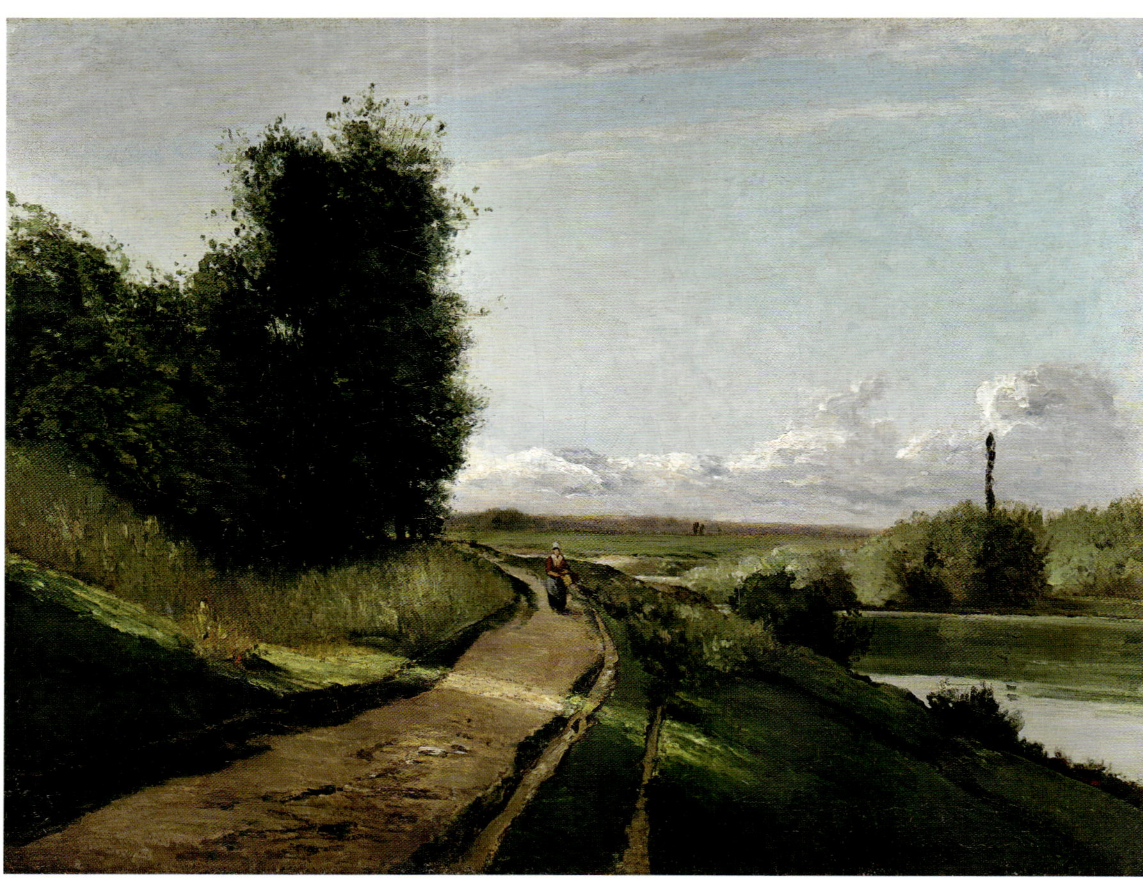

53
Camille Pissarro
Floden Marnes bredder
The Banks of the Marne

1864, olie på lærred /
oil on canvas, 81,9 × 107,9 cm
Glasgow Museums

Émile Zola understreger dette i sin kommentar til Parisersalonen i 1868: "Ude på markerne foretrækker Claude Monet en engelsk park frem for en stump skov. Han ynder at finde tegn på mennesket overalt, han insisterer på at leve midt iblandt os. Som en ægte pariser tager han Paris med sig ud på landet, det er ham umuligt at male et landskab uden at forsyne det med elegant påklædte herrer og damer. Det er, som om han mister interessen for naturen, så snart den ikke bærer spor af vores levevis."[2] Imidlertid er kritikeren Zola på det tidspunkt en af de få forsvarere af denne nyskabende synsmåde, der står i modsætning til begrebet dekorum, som hans samtidige stadig håndhæver. Denne insisteren på at male samtidslivet set fra alle synsvinkler, mens man udelukker de akademiske maleres konventionelle temaer, er kilden til de vanskeligheder, impressionisterne har med at få deres maleri accepteret.

Seinen, en velbekendt flod

Lige fra første færd har disse kunstnere én fællesnævner: Seinen. Den figurerer allerede før 1870 i Claude Monets parisiske bybilleder, som for eksempel *Quai du Louvre* (1867, fig. 52) eller i Auguste Renoirs *Pont des Arts* (1867, The Norton Simon

part of a forest. He is fond of finding traces of man everywhere, he wants to live amidst us. A true Parisian, he takes Paris with him to the country, he cannot paint a landscape without adding ladies and gentlemen in their Sunday best. Nature seems to lose all interest for him if it does not carry the stamp of our customs."[2] Yet at that time Zola was one of the few critics who defended this innovative vision running counter to the notions of painterly decorum still upheld by his contemporaries. The future Impressionists' insistence on painting all aspects of contemporary life, shunning the set subjects of academic painters, was the cause of the difficulty they had in gaining recognition for their painting.

The familiar Seine

From their early careers these artists' common denominator was the River Seine. It is present before 1870 in Parisian views by Claude Monet such as *Quai du Louvre* (ca. 1867, fig. 52) and Auguste Renoir's *Le Pont des Arts* (1867, The Norton Simon Museum, Pasadena). It is amusing to note that Monet's picture, a typical example of the "modern" landscape, with its walkers, hackney cabs and buses, was painted from the windows of the

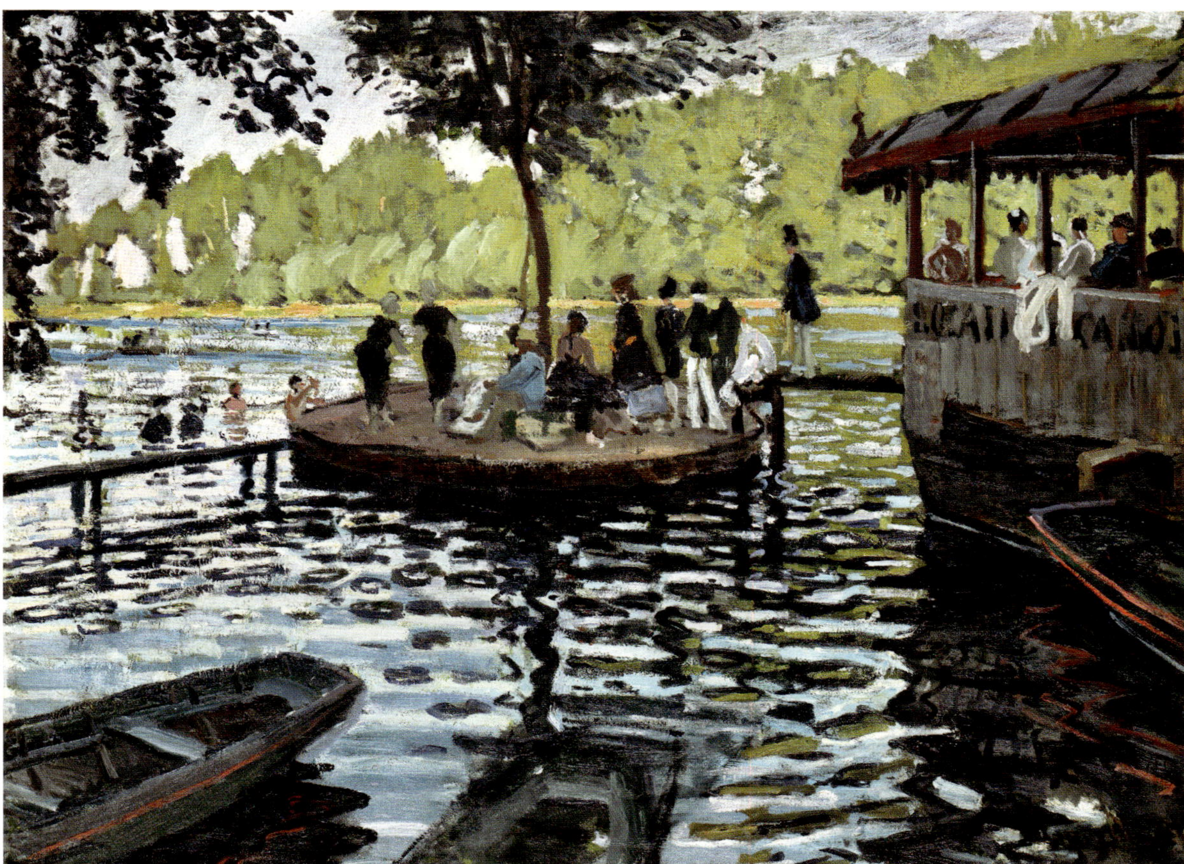

54
Claude Monet
La Grenouillère

1869, olie på lærred / oil on canvas, 74,6 × 99,7 cm
Metropolitan Museum of Art, New York, NY, Havemeyer Collection, Bequest of Mrs. H. O. Havemeyer, 1929, inv. no. 29.100.112

Museum, Pasadena, CA). Det er i øvrigt morsomt at konstatere, at Monets maleri – et typisk eksempel på et 'moderne' landskab, med dets spadserende folk, hestedroscher og omnibusser – er malet fra vinduerne på Louvre, med ryggen til museet, hvor det var meningen, at unge kunstnere skulle lade sig påvirke af de gamle mestres kunst gennem kopieringen af deres værker. Floden, uden for byen, er også motivet i det maleri, Camille Pissarro sender til Parisersalonen i 1864, *Floden Marnes bredder* (fig. 53). Billedet er en spartansk, men omhyggelig stedsbeskrivelse, med kun ét pittoresk indslag: en enlig, jævn bondekone. På Parisersalonen i 1870 viser Sisley *Udsigt over kanalen Saint Martin* (1870, Musée d'Orsay, Paris), i det østlige Paris, med flodprammene og rækkerne af ejendomme langs kajerne. Floden er således uløseligt forbundet med de menneskelige aktiviteter, der foregår på og omkring den. Bylivet omkring floden, denne vitale økonomiske åre mellem hovedstaden og havet, og den handelsmæssige og industrielle virksomhed, som den afføder, flodpramme, havnearbejdere, oplagspladser og fabrikker, nye stålbroer for togtrafikken, men også fornøjelige badescener i sommersæsonen fremstår som malernes hovedmotiver.

Louvre, with his back turned on the museum where young artists were supposed to immerse themselves in the art of the old masters by copying them. The river, outside the city, is again the subject of the picture that Camille Pissarro sent to the Paris Salon in 1864, *The Banks of the Marne* (fig. 53), an austere depiction, attentive to the topography of the place, in which the only picturesque presence is the solitary figure of a peasant woman. At the 1870 Salon, Sisley showed a Parisian scene, *Vue du canal Saint Martin* (1870, Musée d'Orsay, Paris), with its barges and quaysides lined with buildings. The river here is indissociable from any human activity related to it. Depicting urban life along this vital economic artery between the capital and the ocean as well as the commercial and industrial activity it engendered – the barges, docks, warehouses, factories and new iron railway bridges, but also the pleasures of bathing in the river during the summer months – this was a central theme for these painters.

Monet and Renoir, for example, worked side by side in 1869 at *La Grenouillère* (Claude Monet, fig. 54), an open-air bathing facility and café on the Seine at Croissy. The joyful excitement of bathers and clients, the city-dwellers brought from nearby

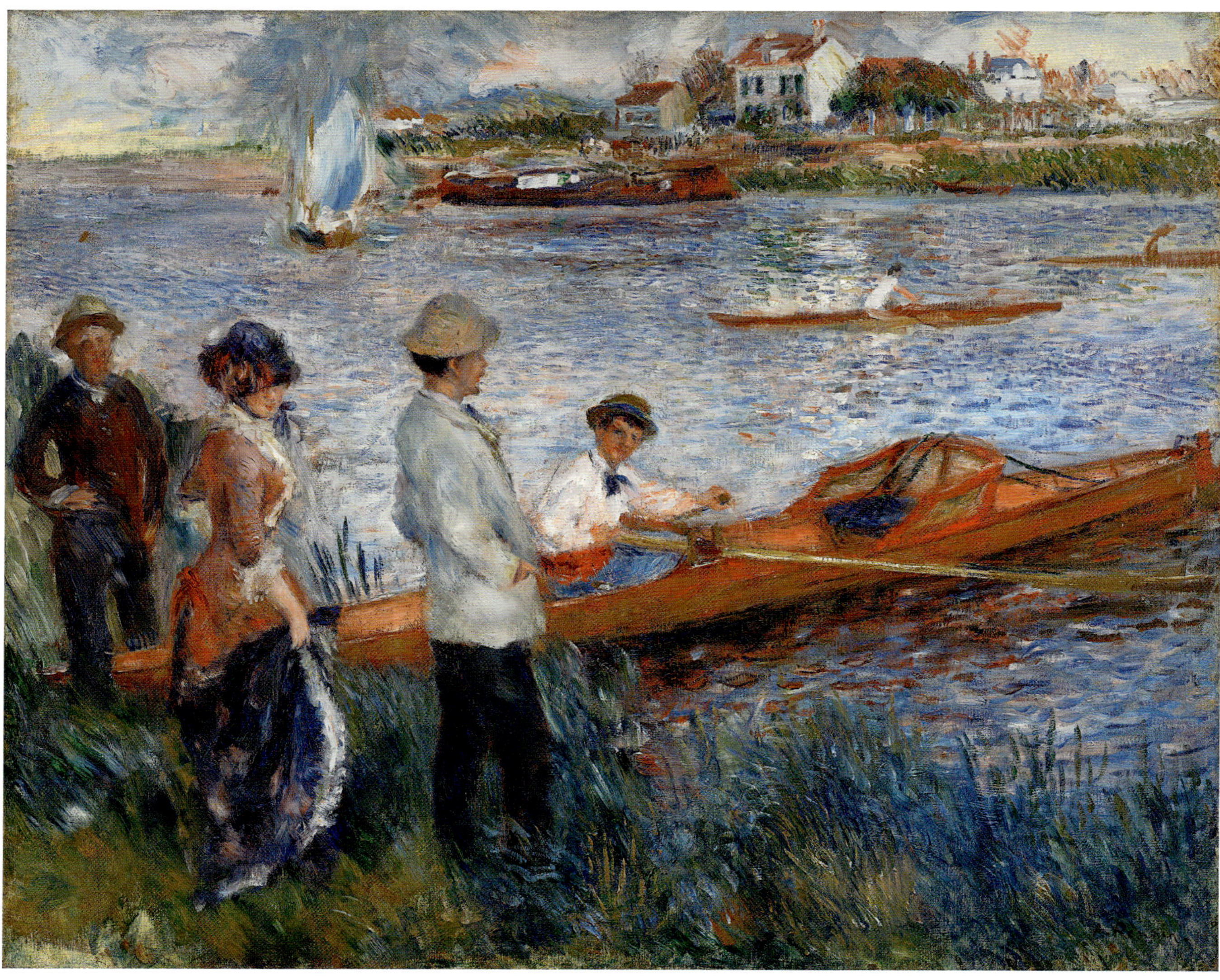

Monet og Renoir, for eksempel, arbejder side om side i 1869 på *La Grenouillère* (Claude Monet, fig. 54), et badeetablissement med tilhørende traktørsted i Croissy ved Seinen. Den muntre travlhed af de lokale badegæster og kunder, byboerne ankommet (med tog) fra nærliggende Paris, forekommer dem at være det perfekte motiv til at skildre 'det moderne liv', lovprist af Baudelaire. Deres strålende skitser forbliver følelsesbetonede vidnesbyrd om fritidslivet hen mod slutningen af det andet kejserdømme, i anden halvdel af 1800-tallet. Deres fragmenterede, dynamiske og hurtige penselstrøg peger allerede frem mod impressionismen. Kun Renoir vender efter 1870 tilbage for at arbejde ikke langt fra Chatou, hvor han koncentrerer sig om roerne og deres kønne veninders verden, uden nogen synderlig interesse for de rent sportslige aspekter ved roning. Det drejer sig først og fremmest om halvstore værker som *Roerne*

Paris by train, seemed an ideal subject to illustrate "modern life" as advocated by Baudelaire. Their brilliant sketches are still just as vibrant a testimony to popular leisure pursuits today as they were at the end of the Second Empire. Their fragmented, dynamic brushstrokes applied with a single touch are already impressionistic. Renoir returned alone to work not far away at Chatou after 1870, concentrating on the boaters and their pretty companions, with little concern for the purely sporting aspects of rowing. These were initially medium-size paintings, such as *Oarsmen at Chatou* (1879, fig. 55), a perfect example of Renoir's increasingly colourful palette. This development culminated in the large 1881 composition *Luncheon of the Boating Party* (1880-1881, The Phillips Collection, Washington D.C.), set on the terrace of Alphonse Fournaise's restaurant on an island in the Seine opposite Chatou. Like Monet, Renoir was showing

55
Pierre-Auguste Renoir
Roerne i Chatou
Oarsmen at Chatou

1879, olie på lærred / oil on canvas,
81,2 × 100,2 cm
National Gallery of Art, Washington, D.C.
Gift of Sam A. Lewisohn, inv. no. 1951.5.2

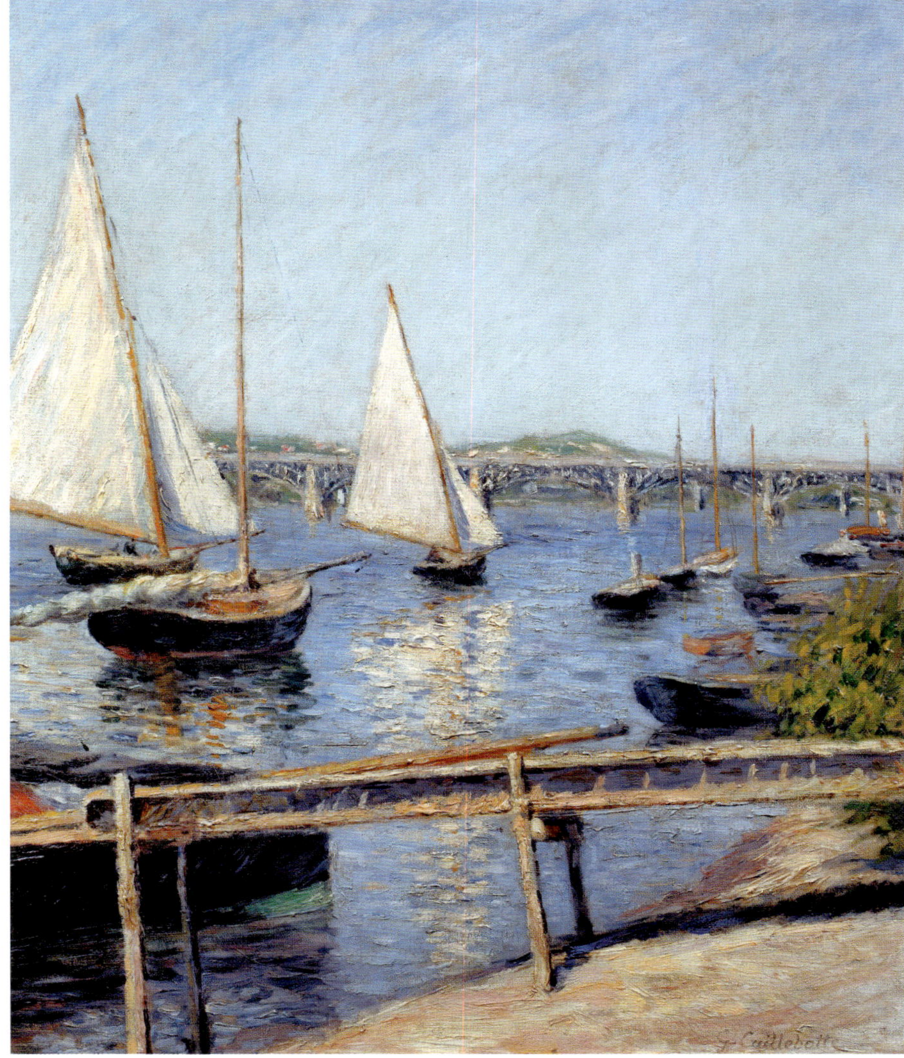

56
Gustave Caillebotte
Sejlskibe Argenteuil
Sailing Boats at Argenteuil

ca. 1888, olie på lærred / oil on canvas,
65,5 × 55 cm
Musée d'Orsay, Paris, inv. no. RF1954-31

i Chatou (1879, fig. 55) eller *Roere på flodbrinken* (1879-1880, The Art Institute, Chicago, IL), som på fortrinlig vis demonstrerer Renoirs mere og mere sprudlende farvepalet. Disse undersøgelser resulterer i hans store komposition fra 1881, *Roernes frokost* (The Phillips Collection, Washington, D.C.), en levende gengivelse af terrassen foran monsieur Fournaises restaurant på en ø ud for Chatou. Som Monet viser Renoir sin samtid et veloplagt og overbærende spejlbillede af et samfund i forandring, borgerligt og folkeligt på én gang, med lejlighedsvise hentydninger til tidens famøse *demimonder*, Paris' letlevende kvinder; mere end hundrede år efter giver disse malere os stadig en meget mindre bitter udlægning, end den deres samtidige naturalistiske forfattere, fra brødrene Goncourt til Guy de Maupassant, havde analyseret sig frem til i deres romaner og noveller, der beskæftiger sig med det samme miljø.

his contemporaries a cheerful image of a changing society in which the bourgeoisie, the working classes and also the demimonde mingled. More than a century later, the vision these painters left behind is a much less bitter one than contemporary evocations of the same milieu by naturalist writers such as the Goncourt brothers and Guy de Maupassant.

But Claude Monet gradually gave up this figurative vein bordering on genre painting, stripping the river of its human accessories to devote himself solely to its natural aspects. This transition was already underway in 1871 when he moved to Argenteuil on his return from London, having taken refuge there with his family during the Franco-Prussian War in 1870. Argenteuil was then still a village, whose activities revolved around the Seine and the bridges crossing it. It is now yachting enthusiasts we see on the water, vying for space with commercial barges.

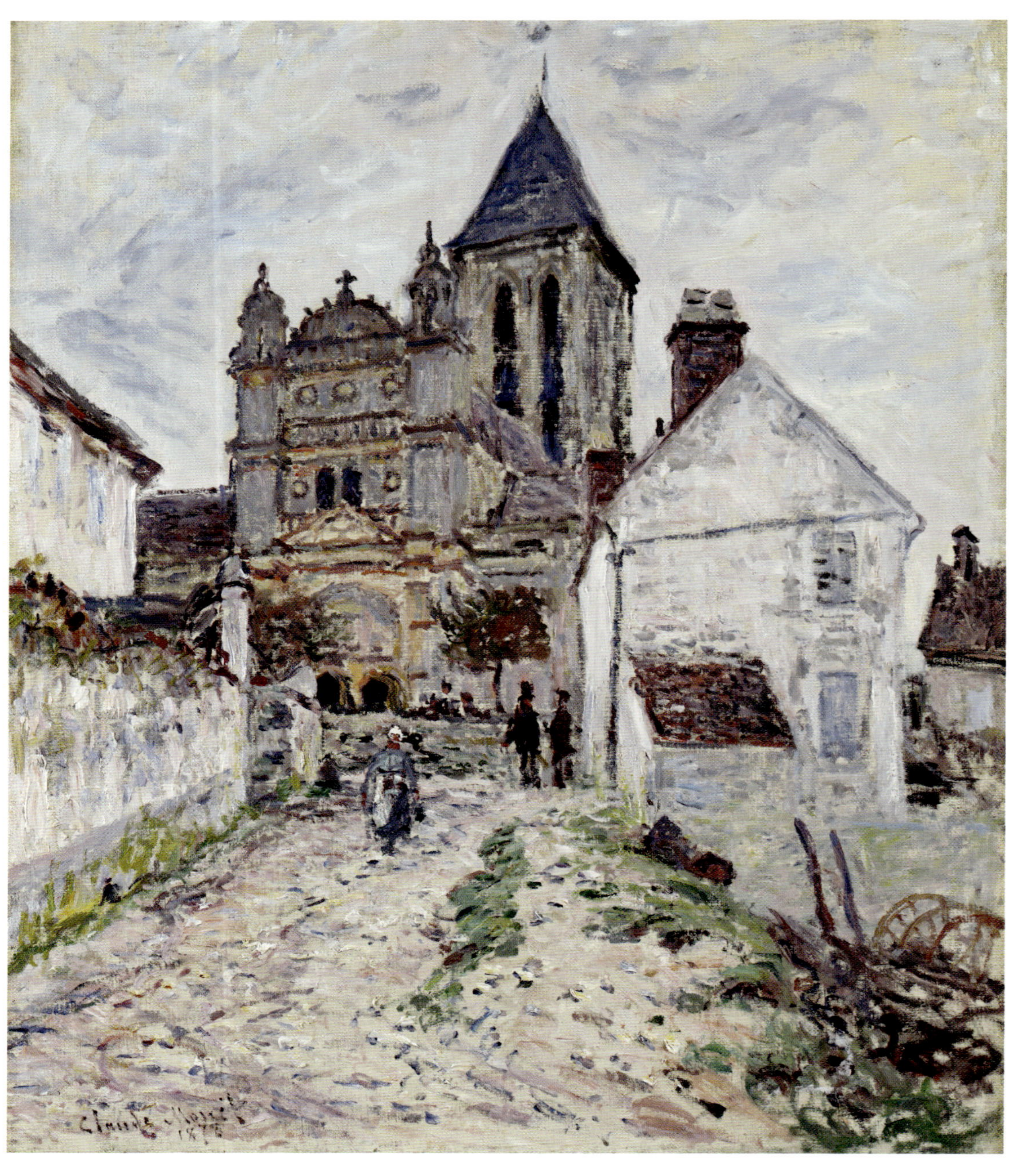

57
Claude Monet
Kirken i Vétheuil
The Church at Vétheuil

1878, olie på lærred / oil on canvas, 65,2 × 55,7 cm
Scottish National Gallery, Edinburgh

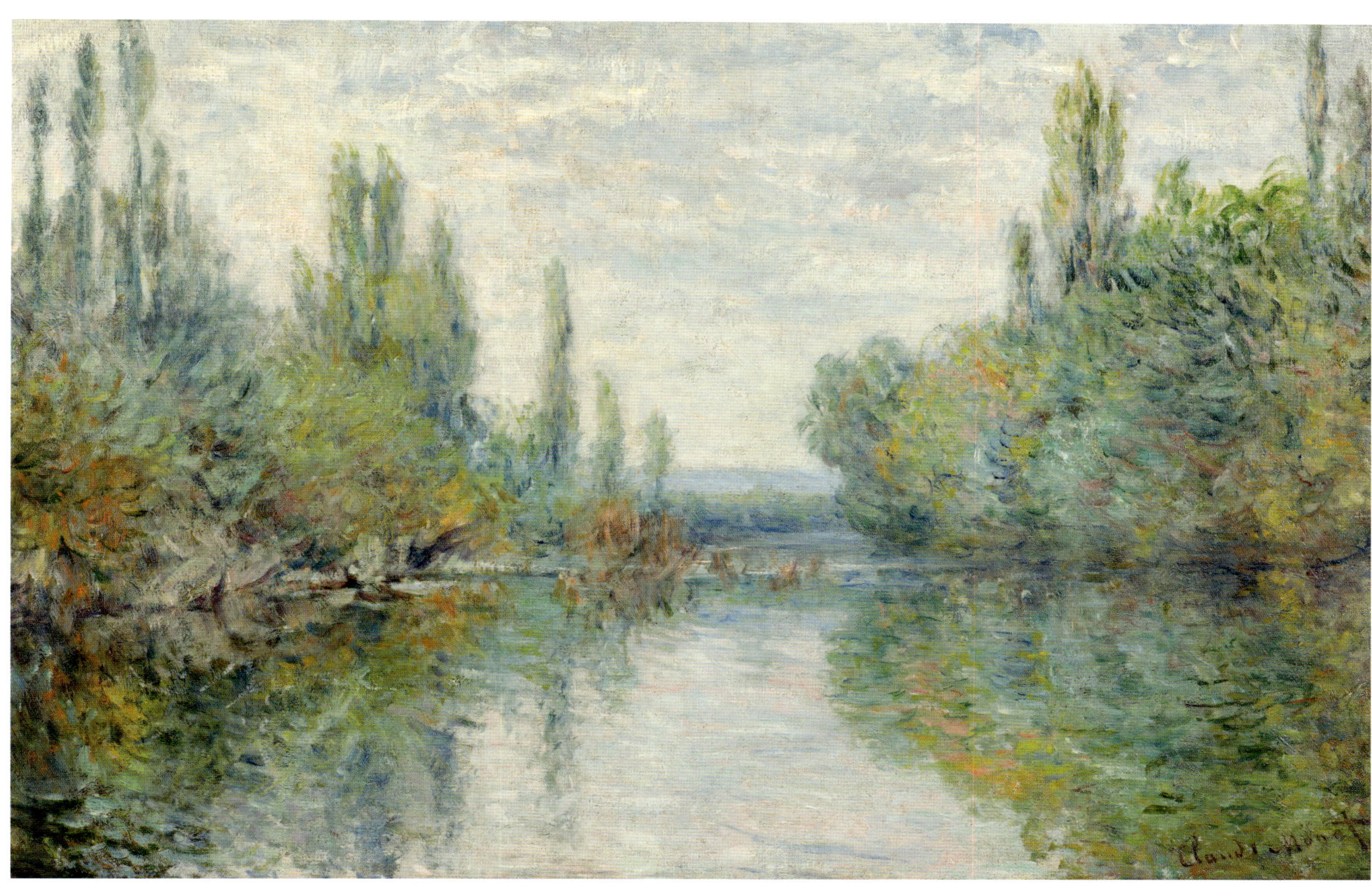

58
Claude Monet
En forgrening af Seinen nær Vétheuil
An Arm of the Seine near Vétheuil

1878, olie på lærred / oil on canvas, 46 × 71,5 cm
Privat samling / Private collection.
Courtesy Halcyon Gallery, London

Imidlertid dropper Claude Monet lidt efter lidt denne figurative tilgang, på grænsen til genremaleriet, og blotter flodmotivet for dets menneskelige staffage for alene at hellige sig naturen. Denne tendens tegner sig allerede i 1871, hvor han – efter sit og familiens eksil i London under den fransk-preussiske krig – installerer sig i Argenteuil. Argenteuil er stadig en landsby, hvis virksomhed er centreret omkring Seinen og broerne over floden. På vandet ser man især manøvrerende lystsejlere, der kappes om pladsen med de kommercielle flodpramme. Édouard Manet og Auguste Renoir besøger Monet. Alle tre skildrer levende, i deres malerier fra 1872-1874, fritidssejlernes verden i Argenteuil, men Monet eliminerer mere og mere den menneskelige figur og koncentrerer sig i stedet om flodens spejlende strøm, overstrøet med hvide sejl. Ikke længe efter, i 1880, begynder Gustave Caillebotte, maler, men også entusiastisk lystsejler og medlem af *Cercle de la voile de Paris*, sejlklubben i Argenteuil, jævnligt at komme her. Caillebotte havde siden 1877 afbildet roerne i deres lette kajakker på den mindre flod, der gennemløb hans forældres ejendom i Yerres, øst for Paris. Men da Caillebotte i 1881 beslutter sig for at bo i Petit-Gennevilliers over for Argenteuil, (*Sejlskibe Argenteuil*, ca. 1888, fig. 56) på den anden side af floden, og hurtigt gør stedet til sin helårsbolig (og udsigten til sit hovedmotiv), har Monet forladt Argenteuil (tidligt i 1878) for at slå sig ned i Vétheuil, en køn landsby ved Seinen mellem Paris og Rouen.

Monet i Vétheuil og Giverny

Vétheuil ligger på Seinens højre bred; floden, der forgrener sig i to arme omkring en ø, breder sig således ved at forme en stor ring. Kirken og dens klokketårn, lidt højtliggende (*Kirken i Vétheuil*, 1878, fig. 57), udgør det eneste prominente element i et landskab bestående af de klinter, der afgrænser dalen. Monets bosætning i Vétheuil i løbet af sommeren 1878 – hvor han forbliver indtil 1881 – bliver også den mørkeste periode i hans karriere. Impressionistudstillingernes kommercielle fiasko og hans kone – og model gennem mange år – Camilles død i 1879 har en forstemmende virkning på hans ellers fortsat produktive hverdag. Blandt de første værker malet i Vétheuil, inden efteråret sætter ind, findes en serie på seks malerier, hvoraf nogle er dateret 1878[3], med samme motiv: en forgrund med vand afgrænset af vegetation, afbrudt af silhuetten af høje popler. Det vides ikke, om Monet benyttede en båd (kunstnerens atelierbåd med en lille kahyt til at søge ly i), eller om han malede siddende ved bredden, ud for øen, der afgrænser Seinens forgrening ved Vétheuil. *En forgrening af Seinen nær Vétheuil* (1878, fig. 58) tilhører denne serie malet omkring tidspunktet for kunstnerens ankomst i Vétheuil. Selvom Monet allerede havde malet flodmotiver, særligt i Argenteuil, hvor han, som her, bringer det strømmende vandperspektiv helt i forgrunden, 'kilet' inde mellem skovklædte bredder, synes

Édouard Manet and Auguste Renoir visited Monet at Argenteuil and all three painted the amateur sailing world there from 1872 to 1874, but Monet increasingly eliminated the human element to concentrate on the gleaming water dotted with white sails. A little later, in 1880, the painter Gustave Caillebotte, also an enthusiastic yachtsman and a member of the *Cercle de la voile de Paris*, a yacht club based at Argenteuil, began to go there regularly. In 1887 Caillebotte had already painted oarsmen rowing in their lightweight canoes on the river Yerres crossing his parents' property to the east of Paris. But when he moved to Petit-Gennevilliers, in 1881, on the bank opposite Argenteuil (*Sailing Boats at Argenteuil*, ca. 1888, fig. 56) to make it his main residence and the main subject of his painting, Monet had already left Argenteuil (early in 1878) for Vétheuil, a pretty village on the Seine between Paris and Rouen.

Monet at Vétheuil and Giverny

Vétheuil is on the right bank of the Seine, where the river, divided in two by an island, widens in a broad meander. The village's church and bell tower (*The Church at Vétheuil*, 1878, fig. 57) are the only prominent features in the landscape bounded by the cliffs enclosing the valley. Monet moved to Vétheuil in the summer of 1878 and stayed there until 1881: a period which was to be the darkest of his career. The commercial failure of the Impressionist exhibitions, financial difficulties and the death of his wife and long-standing model Camille in 1879 cast a shadow over his otherwise productive time there. Among the first pictures Monet painted at Vétheuil, before the autumn, figures a series of six canvases of the same subject, some dated 1878,[3] with the river in the foreground bordered by a mass of greenery and punctuated by the silhouettes of tall slender poplars. It is hard to tell whether Monet worked from the small cabin on the boat-studio which he owned, or whether he painted them from the riverbank alongside the island where one arm of the Seine branches off at Vétheuil. *An Arm of the Seine near Vétheuil*, 1878 (fig. 58), belongs to this series painted on the artist's arrival at Vétheuil. Notably at Argenteuil, Monet had already painted views of the river in which, as here, he placed the expanse of water in the immediate foreground, "framed" on either side by wooded banks. However, this Vétheuil series appears to be the first in which the landscape is devoid of human presence, reduced to merely the depiction of the luxuriant reflections of the vegetation on the water. The picture surface is enlivened by the very visible brushwork that many critics dismissed as carelessness. Monet's almost obsessive focus solely on the landscape's physical elements – trees and water – is even more manifest in the famous Ice Floes series painted during the particularly harsh winter of 1880. Again fascinated by the river's spectacular transformations in winter, he observed the flow of thawing ice beneath

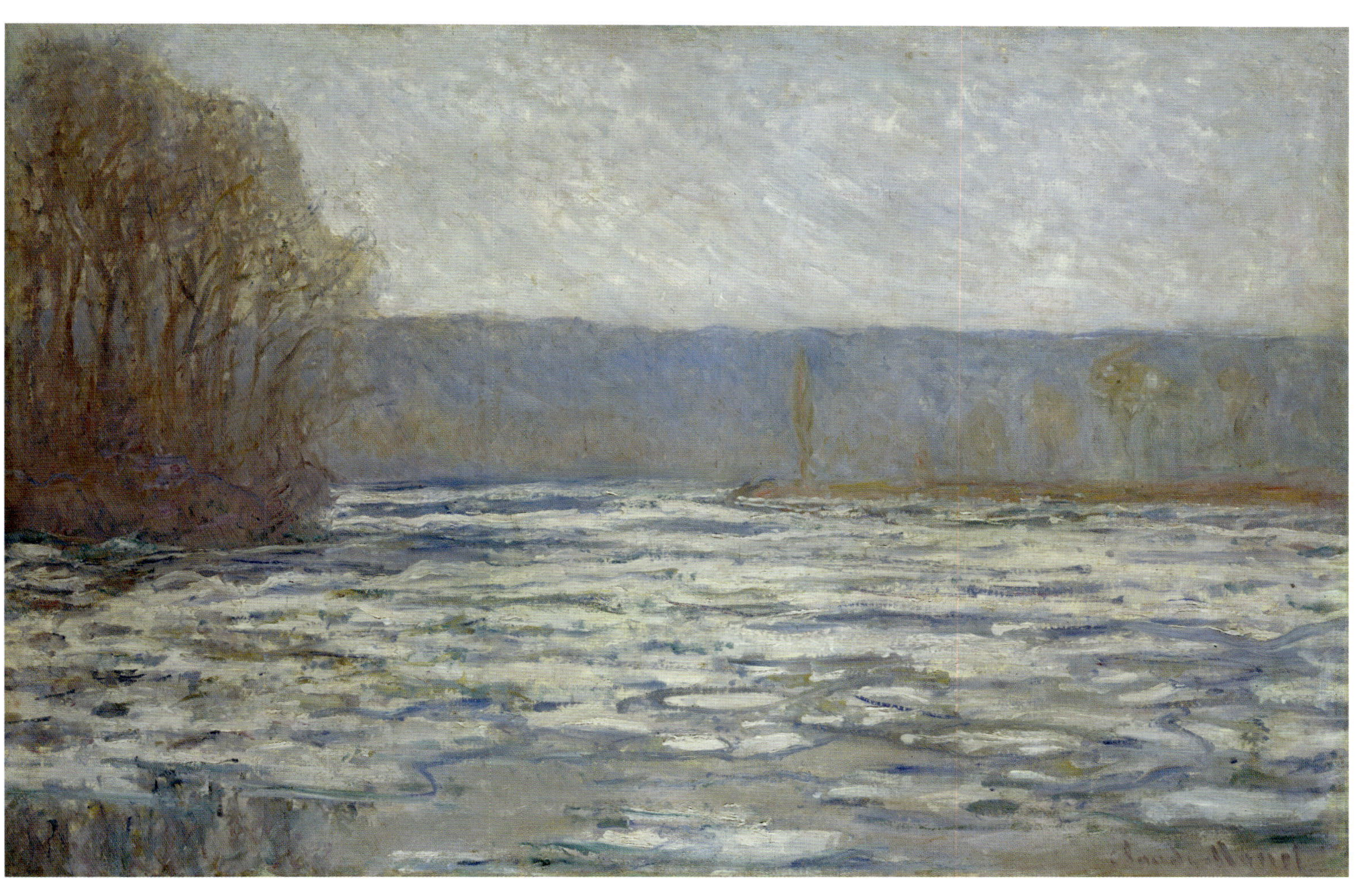

59
Claude Monet
Isen på Seinen bryder op, ved Bennecourt
Break-up of the ice on the Seine, near Bennecourt

winter 1892-1893, olie på lærred / oil on canvas, 65,5 × 100,5 cm
Walker Art Gallery, Liverpool

denne serie fra Vétheuil at være den første med et landskab aldeles blottet for menneskelig tilstedeværelse, reduceret til gengivelsen af vegetationens frodige genspejlinger på vandet. Maleriets overflade animeres af de meget synlige strøg – som mange af Monets kritikere bebrejder ham for og kalder skødesløse. Denne næsten tvangslignende opmærksomhed over for landskabets to eneste fysiske elementer – træer og vand – bliver i endnu højere grad ledemotivet i den berømte serie *Débâcles*, malet i 1880, i løbet af en usædvanlig streng vinter. Maleren lader sig for øvrigt atter lokke af flodens dramatiske forandring ved vintertide, med dens flydende isflager under en tung, grå himmel. *Isen på Seinen bryder op, ved Bennecourt* (1893, fig. 59) hører således til en serie malet i 1893. I den periode er kunstneren inde i en stærk udvikling og er begyndt på sin systematiske gentagelse af det samme motiv under vekslende lysforhold. Således maler han, i 1890-1891, *Meules (Høstakke)*, i 1891, *Peupliers (Popler)* og til sidst, i 1892-1893, sine berømte *Cathédrales de Rouen* (de er ofte dateret til 1894 og blev udstillet samlet for første gang i Paris, hos Durand-Ruel, i maj 1895). Meteorologiske omstændigheder gør, at Monet, som i 1883 har bosat sig i Giverny længere nede ad floden, ser Seinen fryse til endnu en gang i januar 1893. For at finde det rette motiv begiver Monet sig nogle kilometer væk fra Giverny, til Bennecourt. Fra flodens nordlige bred antydet i forgrundens højre side sætter han sig for at gengive, i syv malerier, flodstrækningen med dens isflager og, i midten, en lille skovbevokset ø som et holdepunkt i billedrummet omsluttet i baggrunden af de stejle bredder, der tegner sig i profil mod himlen.[4] Maleriet, der hænger i Liverpool, benytter et lidt anderledes perspektiv, idet den lille ø er skubbet ud til venstre som et dekorativt element, der skjuler kulissen, og som vender ud mod floden med dens spredte holme, afgrænset i horisonten af den sydlige flodbred. Dette øde vinterlandskab er ikke desto mindre udført med store, kraftige og farvemættede penselstrøg. Som et andet maleri af samme format og motiv[5] er billedet i Liverpool ikke præcist dateret, men tilhører utvivlsomt serien malet i 1893.

I løbet af tyve år har Monet således bevæget sig fra det pittoreske, muntre syn af den store flod mod en mere alvorlig lyrisk tilgang, der, renset for anekdotiske tilfældigheder, består i en uendelig analyse af materialet og lyset.

Sisley – Seinen, Themsen og Loing

Alfred Sisley blev født i Paris, men af engelske forældre, og han dør da også som engelsk statsborger, idet formaliteterne for at opnå fransk statsborgerskab forblev uafsluttede ved hans død. Sisley havde lært Bazille, Renoir og Monet at kende i begyndelsen af 1860'erne i maleren Charles Gleyres atelier, hvor han modtog sin første kunstneriske undervisning. Som sine kammerater maler Sisley i begyndelsen af sin karriere lige

an opaque sky: *Break-up of the ice on the Seine, near Bennecourt*, 1893 (fig. 59), is linked to a series painted in 1893. At that time, Monet's artistic style was evolving rapidly, systematically painting the same subject in different lights: the Grainstacks in 1890-1891, the Poplars in 1891, and his famous Rouen Cathedrals in 1892-1893 (often dated 1894 and all shown for the first time at Galerie Durand-Ruel in Paris in May 1895). Weather conditions enabled Monet, who had moved downstream from Vétheuil to Giverny in 1883, to again observe the ice-bound Seine in January 1893. Searching for the ideal viewpoint, he went several kilometres from Giverny to Bennecourt. Seven pictures painted from the right bank, suggested in the right foreground, show the ice-flow on the river, with the landmark of a small wooded island in the middle and, beyond, the heights of the left bank silhouetted against the sky.[4] The Liverpool picture was painted from a different viewpoint, with the island pushed to the left, like part of a stage set hiding the scenery and opening onto the river punctuated with islets and bounded by the left bank on the horizon. Yet this desolate winter landscape is still painted with broad, vigorous, colourful brushstrokes. Like another canvas of the same format and subject,[5] the Liverpool picture is not precisely dated but undoubtedly belongs to the series painted in 1893.

In twenty years Monet's style had evolved from a picturesque, amused vision of the Seine to a more serious, lyrical reflection, which was stripped of anecdotal motifs chosen arbitrarily and instead devoted itself to the unlimited analysis of matter and light.

Sisley: from the Seine to the Thames and the Loing

Alfred Sisley was born in Paris but his parents were English and he died a British citizen because the formalities for obtaining French citizenship which he undertook late in life had not been completed. Sisley met Bazille, Renoir and Monet in the early 1860s in the painter Charles Gleyre's studio, where he received his initial artistic training. Like his friends, Sisley painted both in and around Paris at the beginning of his career. The pictures he painted at Marlotte, on the edge of the Fontainebleau Forest, are indebted to former painters who had worked in this magnificent setting around Barbizon. Before 1870 he also painted at La Celle Saint-Cloud, on the hill overlooking the Seine.

When he joined the artists showing at the first Impressionist exhibition in 1874, he was living at Voisins-Louveciennes, downstream from Saint-Cloud, and several of the pictures he showed depict the Seine, at Port-Marly and opposite the Île de la Loge. Louveciennes, an old village then relatively unchanged by industrial expansion, is near to Marly and Bougival, whose location directly on the river provided him with a variety of subjects. He painted the river in flood in 1872, *Boat in the Flood at Port Marly*, 1872 (Musée d'Orsay, Paris), developing a theme

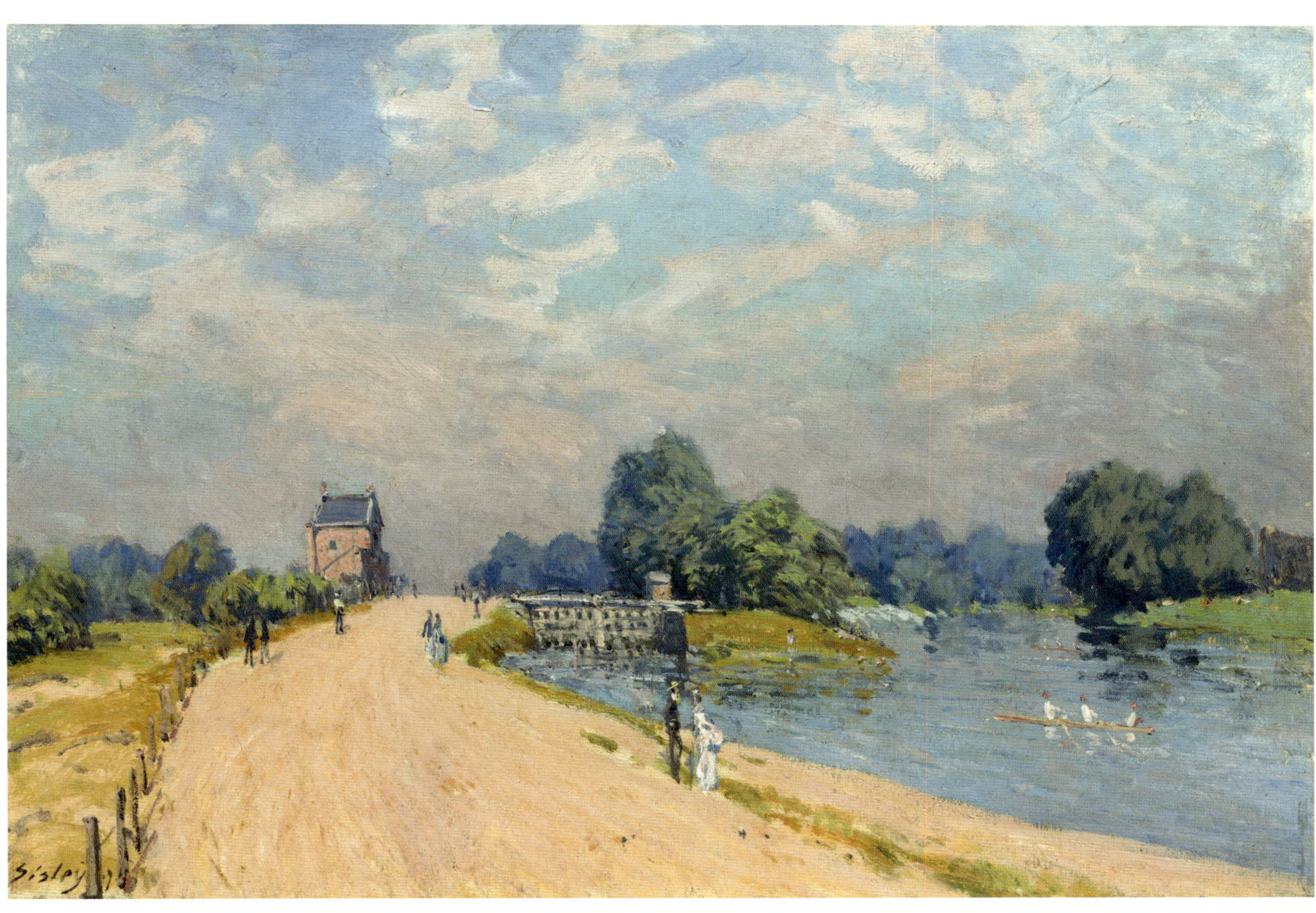

60
Alfred Sisley
Vejen til Hampton Court
The Road to Hampton Court

1874, olie på lærred / oil on canvas, 38,8 × 55,8 cm
Bayerische Staatsgemäldesammlungen,
Neue Pinakothek, Munich

så meget inde i selve Paris som ude i byens omegn. De billeder, som han lavede skitser til i Marlotte i udkanten af Fontainebleau-skoven, vidner om hans gæld til de ældre kollegaer, der arbejdede i denne smukke skov ved Barbizon. Inden 1870 maler han ligeledes i La Celle Saint-Cloud, på skrænterne med udsigt over Seinen.

Da han slutter sig til de udstillende kunstnere ved den første impressionistudstilling i 1874, bor han i Voisins-Louveciennes, en smule længere nede af floden fra Saint-Cloud, og flere af hans udstillede værker viser da også motiver forbundet med Seinen, ved Port-Marly og Île de la Loge. Louveciennes, en gammel landsby forholdsvis uberørt af den industrielle udvikling, ligger i nærheden af Marly og Bougival, begge beliggende direkte ned til floden, og som begge forsyner ham med forskellige motiver. I 1872 maler han blandt andet floden ved højvande (*Oversvømmelsen ved Port-Marly*, 1872, Musée d'Orsay, Paris) og arbejder her med et tema, som vennen Monet først lige har givet sig i kast med på det tidspunkt. Mod slutningen af sit liv definerer Sisley, i et brev til kritikeren Adolphe Tavernier i 1892, klart sin opfattelse af landskabet: "Næst efter emnet, motivet, er en af de mest interessante sider ved landskabet bevægelsen, det levende [...] alting bidrager dertil: formen, farven, teknikken [...] Tingene skal gengives med deres egen struktur, vigtigst af alt skal de bades i lys [...] Himlen er virkemidlet (himlen må ikke blot være baggrund)." Han dvæler ved beskrivelsen af forskellige slags himler og konkluderer: "Jeg starter altid med himlen."[6] I modsætning til sine kammerater kaster Sisley sig sjældent ud i andre emner end landskabet, og hans følelsesbetonede variationer over stadigt nye motiver betragtes generelt som værende mindre betydningsfulde inden for gruppen af impressionister. Ikke desto mindre indbyder Sisleys intime og intuitive maleri, udført med en elegant og sikker hånd, os stadig til en vidunderlig tur, på alle årstider og med deres karakteristiske farveskalaer, gennem et for evigt forsvundet Île-de-France.

I 1874 beskæftiger Sisley sig kortvarigt med et nyt motiv, Themsen i Londons forstæder. Jean-Baptiste Faure, en meget berømt operasanger, kunstsamler og ven af Édouard Manet, der også er begyndt at interessere sig for Monet, Sisley og Pisarro, opfordrer i sommeren 1874 Sisley til at ledsage sig til England til gengæld for malerier. I modsætning til Monet, der under sit ophold i London i 1870-1871, finder sine motiver i byens hjerte og maler parkerne og den emblematiske Themsen (*Themsen og House of Parliament*, 1871, National Gallery, London; *Le bassin de Londres*, 1871, National Gallery of Wales, Cardiff), eller Camille Pissarro, der på samme tidspunkt sætter sig for at male forstadskvartererne (*Lordship Lane Station, Upper Norwood*, 1871, The Courtauld Gallery, London), arbejder Sisley fortrinsvis uden for byen ved Hampton Court. Der

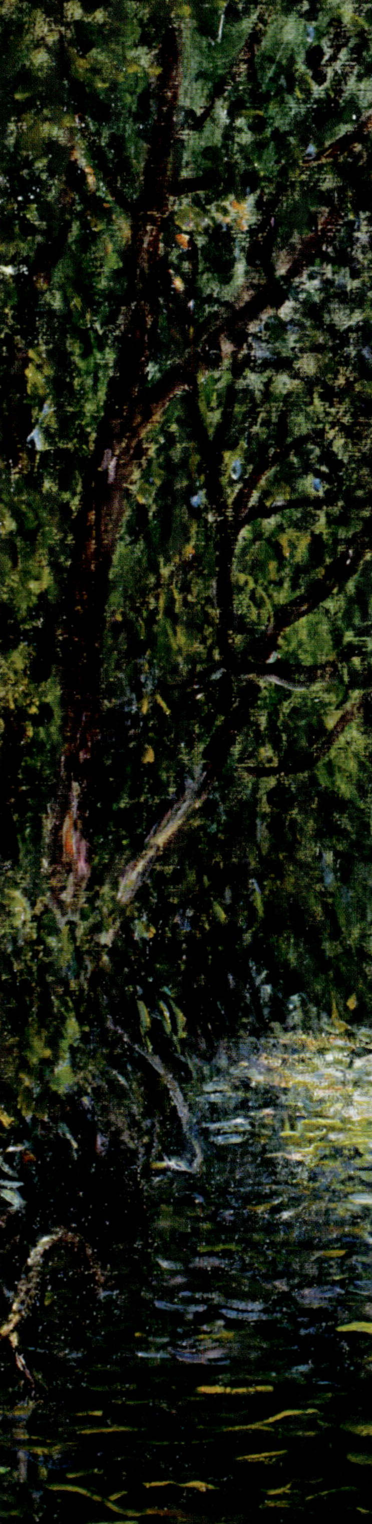

61
Alfred Sisley
Seinen ved St. Mammès
The Seine at St. Mammès

ca. 1881, olie på lærred /
oil on canvas, 50,2 × 65,4 cm
Muskegon Museum of Art, Muskegon, MI, gift of Martin A. Ryerson, Jr. on the 20th Anniversary of the Hackley Art Gallery

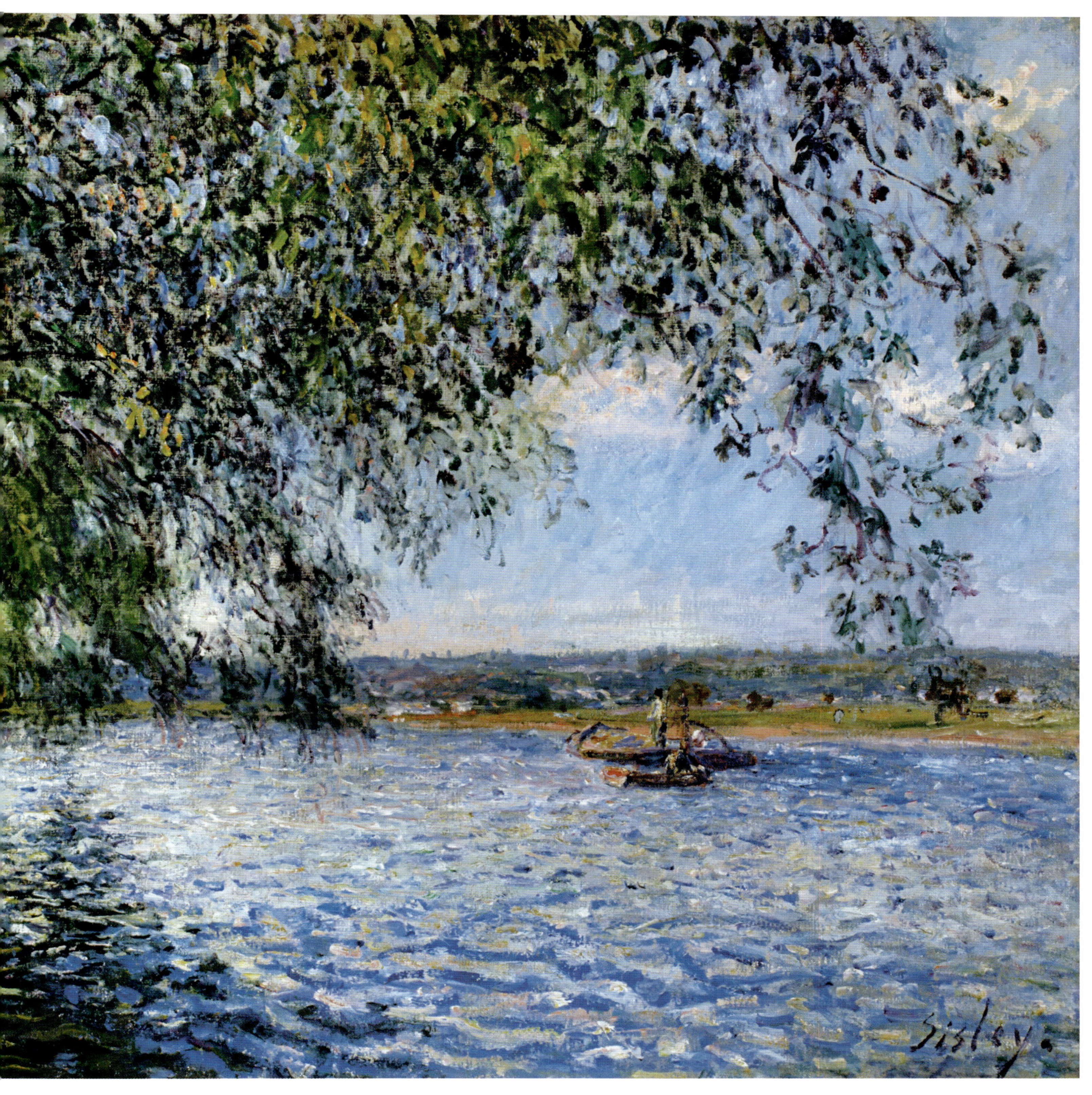
Sisley.

maler han flodbrinkerne, broerne, men også de travle regattaer og kaproninger i Molesey. *Vejen til Hampton Court* fra 1874 (fig. 60) er en dristig komposition, der, under en vældig himmel animeret af lette skyer, 'imiterer' den spadserendes oplevelse af flodbredden og dens stenede krumning, kontrasteret af vandets reflekser; med roerne i deres kajakker og elegante spadserende fremstår billedet som en britisk version af Monets prospekter fra Argenteuil fra samme tidsperiode. De malerier, Sisley udførte i England, er specielt vellykkede og klare, men paradoksalt nok figurerer de ikke på impressionisternes udstilling i 1876, muligvis fordi de, ud over Faure, havde fundet købere ved et auktionssalg organiseret af Claude Monet, Berthe Morisot, Renoir og Sisley selv i 1875, den eneste 'impressionistiske' manifestering det år.

Efter Louveciennes bliver Sisley boende i området, først i Marly og siden i Sèvres. En virkelig forandring finder sted i 1880, da Sisley bosætter sig, fortsat nær ved Seinen, længere oppe mod Paris, hvor floden flyder sammen med Loing-floden, i Veneux-Nadon (i dag Veneux-les-Sablons). Resten af sit liv forbliver han trofast over for denne egn mellem Saint-Mammès og Moret-sur-Loing, som mere end noget andet sted er blevet forbundet med hans arbejde. Dér skildrer Sisley både egnens mest landlige aspekter, markerne, frugthaverne og altid Seinen og Loing-floden (og dens kanal) (*Seinen ved Saint-Mammès*, 1881, fig. 61; *Croix-Blanche i Saint-Mammès*, 1884, fig. 62). Himmel og vand dominerer billedet, den menneskelige tilstedeværelse er reduceret til en lille pram, antydningen af en silhuet, bygninger på brinkerne. Sisley maler også den lille flække Moret med dens gamle pittoreske monumenter, spor af middelalderlige befæstningsanlæg, kirken, broen. Motivskiftet giver anledning til en tydelig udvikling af hans malestil: penselstrøgene er mere synlige, mere dynamiske, mere kontrasterede, sommetider nærmest 'kradset' ind i lærredet. Mod slutningen af kunstnerens karriere får den en ofte dyster kompakthed, fjernt fra de modne års nuancerede virtuositet.

Monet og hans venners karrierer var således, fra første færd, stærkt knyttet til Seine-floden, der fra Paris mod Le Havre fører ud til havet. Livet som kunstmaler var ikke altid hårdt og strengt, selv i en tid hvor de unge kunstnere havde svært ved at høste offentlig anerkendelse. Et morsomt ekko genlyder i et brev af 3. juli 1865 fra Renoir til Bazille. Renoir, der har planlagt et 'krydstogt' på Seinen sammen med Sisley for at overvære regattaerne i Le Havre (måske Monets ide?), inviterer sin kammerat fra Gleyre-atelieret til at slutte sig til dem i La Celle-Saint-Cloud; han afslutter brevet med det både praktiske og behagelige forslag: "Hvis du kommer, så tag malerkassen med. Og hvis du kan svømme, også et par badebukser."[7] Naturligvis indbød den store flod dem til at undersøge andre motiver.

that his friend Monet was only beginning to depict at that time. Sisley clearly defined his conception of landscape painting in a letter he wrote to the critic Adolphe Tavernier towards the end of his life in 1892: "After the subject itself, one of the most interesting aspects of the landscape is movement, life [...] everything has to contribute: form, colour, treatment [...] Objects should be depicted rendering visible their own texture; moreover – and above all – they should be bathed in light just as they are in nature. [...] The sky must be the means (the sky cannot be a mere background)." He goes on to describe different types of sky, concluding: "I always start a painting with the sky."[6]

Unlike his friends, Sisley rarely painted subjects other than the landscape and its subtle variations, yet his constantly changing scenes would always be regarded as minor within the Impressionist group. Sisley's intimate, intuitive painting, with its elegant, firm brushwork still marvellously conjures visions of the seasons and their particular colours in an Île-de-France that has long since disappeared.

In 1874, Sisley briefly turned to a new subject, the Thames on the outskirts of London. Jean-Baptiste Faure, a famous opera singer, art lover and collector of Édouard Manet, who had also begun to take an interest in Monet, Sisley and Pissarro, invited Sisley to go with him to England in the summer of 1874 in exchange for paintings. Unlike Monet, who during his stay in London in 1870-1871 chose motifs in the city centre, painting the parks and the emblematic Thames (*The Thames Below Westminster*, 1871, National Gallery, London; *The Pool of London*, 1871, National Gallery of Wales, Cardiff), and Camille Pissarro, who during the same period depicted the city's residential suburbs (*Lordship Lane Station, Upper Norwood*, 1871, The Courtauld Gallery, London), Sisley worked mainly outside the city at Hampton Court, painting the riverbanks and bridges but also the regattas and boaters at Molesey. Beneath an immense sky flecked with light clouds, the daring composition of *The Road to Hampton Court*, 1874 (fig. 60), is painted from the walker's perspective along the earthy riverside path which contrasts with the shimmering water. The rowers and elegantly dressed women depict a British version of Monet's views of Argenteuil during the same period. Paradoxically, none of the particularly accomplished and luminous pictures Sisley painted in England were shown at the Impressionist exhibition in 1876. This was perhaps because, except for those acquired by Faure, they had immediately been bought at the auction organised by Claude Monet, Berthe Morisot, Renoir and Sisley in 1875, the only "Impressionist" event organised by the artists that year.

After Louveciennes, Sisley, continued to live in the same area, at Marly then at Sèvres. A significant change took place in 1880 when he moved to Veneux-Nadon (now Veneux-les-Sablons), again near the Seine, at its confluence with the Loing upstream from Paris. Until the end of his life, he remained

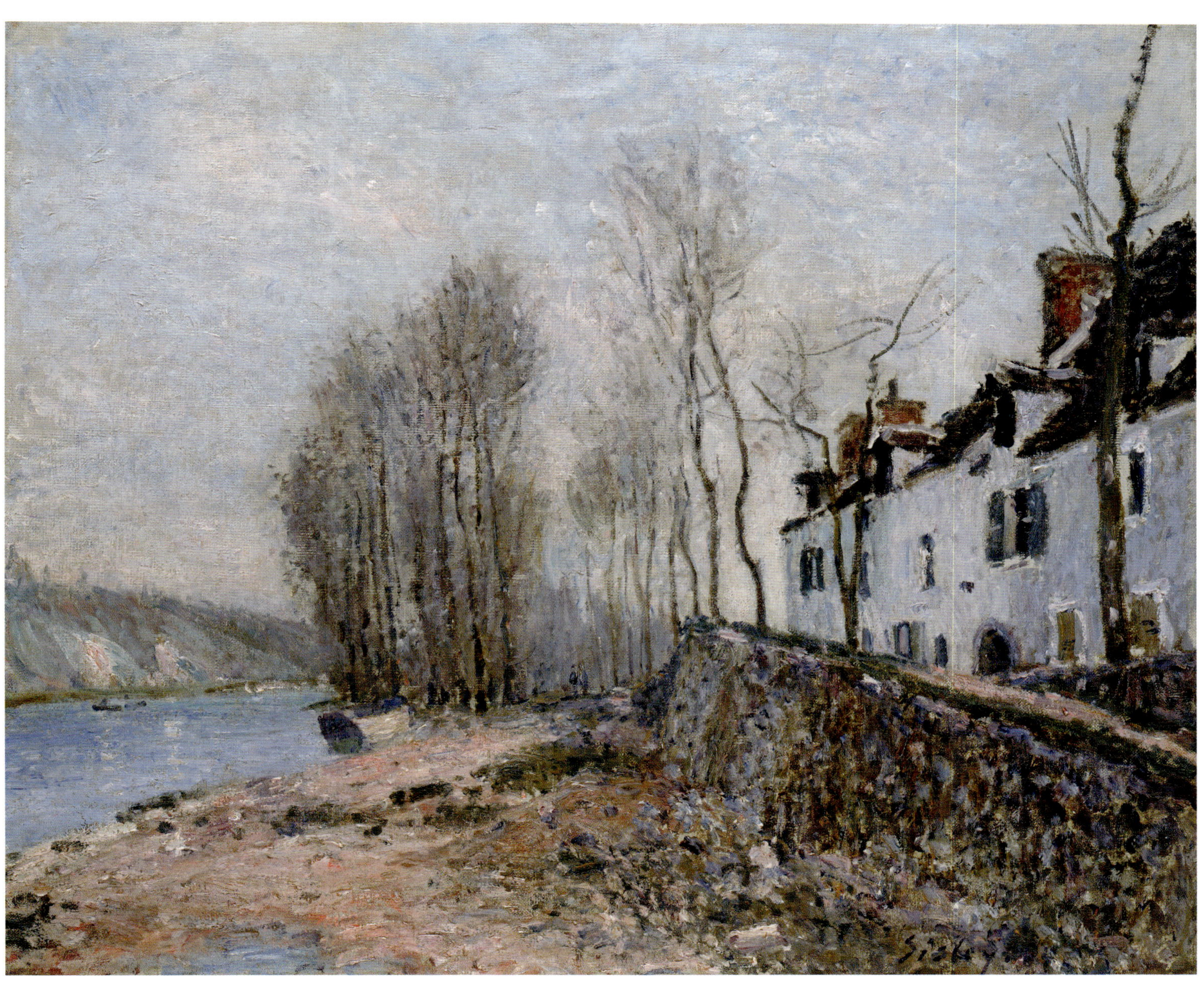

62
Alfred Sisley
Saint-Mammès, la Croix-Blanche

1884, olie på lærred / oil on canvas, 54,3 × 65 cm
Arp Museum Bahnhof Rolandseck, Remagen,
Collection Rau for UNICEF, inv. no. GR 1.1032

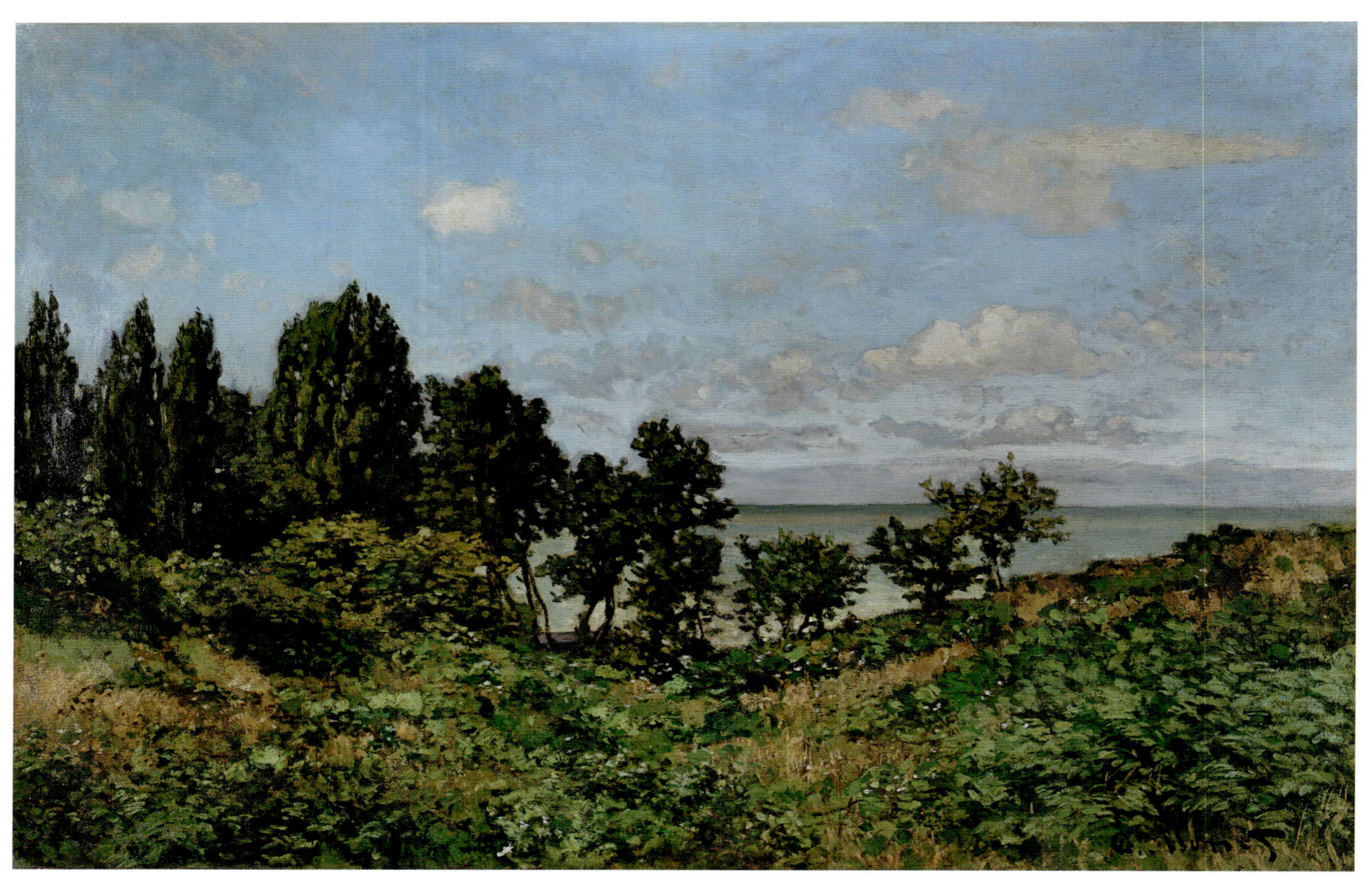

63
Claude Monet
Kystlandskab
Coastal Landscape

ca. 1864, olie på lærred / oil on canvas, 53,0 × 80,4 cm
Van Gogh Museum, Amsterdam
Purchased with support from the Vincent van Gogh Foundation and the Rembrandt Association

Fra Paris til Normandiets kyst

Associationen mellem 'præ-impressionismen' og kysten omkring Le Havre forstærkes af, at Claude Monet, der ganske vist er født i Paris, tilbringer hele sin ungdom i Le Havre. Her modtager han sine første malertimer – der ansporer hans uafhængighed og hang til friluftsmaleriet – af hollænderen Johan Barthold Jongkind og især af Eugène Boudin.

Boudin – der blot havde modtaget en overfladisk kunstnerisk uddannelse og primært lært sig selv maleriet ved at følge andre maleres eksempel, såsom Constant Troyon eller Eugène Isabey, begge dygtige landskabsmalere – havde uophørligt rejst langs kysten fra Honfleur, hans fødeby, til Fécamp, henholdsvis syd og nord for Seinens flodmunding. Hans skildring af meteorologiske fænomener, som han iagttog på himlen, havde, som nævnt ovenfor, begejstret Baudelaire. Dem sammenstiller kunstneren nu med afbildningen af kystens havne og strande. I sin modernisering af et tema, der hører til genremaleriet, maler han ofte strandene, baderne og deres elegante kvindelige ledsagere i krinolinekjoler i en tid, hvor byerne Trouville og Deauville, ikke langt fra Le Havre, får deres opsving som det bedre borgerskabs mondæne bade- og mødesteder under det andet kejserdømme. Skønt Monet ikke forsømmer at skildre tilsvarende motiver på den normanniske kyst, kan man også opfatte hans billeder malet i *La Grenouillère*, ved Seinen, som ekkoer af Boudins indtagende kompositioner. Men Boudin maler tillige de vidstrakte sandbanker, med deres hårdtarbejdende fiskerbefolkning og algesamlere, som i *Stranden i Deauville* (1893, cf. fig. 27). Hans maleri er bemærkelsesværdigt ved dets subtile opsætning, som antyder et vidtstrakt rum, og penselstrøgenes energiske frihed, der passer til billedets realisme uden at gøre fremstillingen kunstlet. Denne metode ser man også i den helt unge Claude Monets samtidige malerier; i *Kystlandskab*, uden tvivl malet i 1864 (fig. 63), sidestiller han dristigt havet og kystens høje skovbevoksede skrænter ved at beskrive vegetationens tekstur med kraftige, kornede penselstrøg, der kontrasterer en himmel animeret af dynamiske skyer.

Men ud over Boudin har Claude Monet, som sine kammerater på samme tid, sandsynligvis også Édouard Manet og Gustave Courbet i tankerne.

Det var på grund af sin fiasko på søofficersskolen, at Manet endte som kunstmaler, men denne parisiske *dandy*'s interesse for havet var uomtvistelig. Med sig hjem fra en ferie i Boulogne-sur-Mer ved Den Engelske Kanal bringer maleren af *Frokost i det grønne* (1863, cf. fig. 84) et stort antal studier, der fremstiller strandens fornøjelser og de livlige mængder af passagerer på vej til England. Han observerer ligeledes, i 1864, et amerikansk krigsskib ved navn *Kearsarge*, der forinden havde sunket sydstatsskibet *Alabama* ud for den franske havneby Cherbourg, en episode i den amerikanske borgerkrig, der gav ham

faithful to the region between Saint-Mammès and Moret-sur-Loing that would become the most associated with his work. Sisley depicted the region's most rural aspects, the fields, orchards, the Seine, and the Loing and its canal (*The Seine at St.-Mammès*, ca. 1881, fig. 61; *Saint-Mammès, La Croix-Blanche*, 1884, fig. 62). Sky and water predominate, with the human element reduced to the presence of a rowing boat, a sketched-in figure and constructions along the riverbanks. Sisley also painted the village of Moret, with its picturesque ancient monuments, remains of medieval ruins, church and bridge. With the change in subjects came also a marked evolution in style: his brushwork is now more visible, dynamic and contrasted, sometimes almost scratched onto the canvas. Late in life it is often gloomily dense, a far cry from the nuanced virtuosity of his mature years.

From the beginning and throughout their careers, Monet and his friends forged very strong ties with the Seine, which from Paris to Le Havre flows into the sea. Their approach to painting was not always austere, even at a time when these young artists were still a long way from gaining public recognition. There is an amusing reference to this in a letter Renoir wrote to Bazille on 3 July 1865. Having planned a "cruise" on the Seine with Sisley to go and see the regattas at Le Havre (suggested by Monet?), Renoir invited his friends from Gleyre's studio to join him at La Celle-Saint-Cloud. He ends by suggesting that they combine business with pleasure: "If you come, bring your box [of paints] if you like. If you can swim, bring your swimming trunks."[7] Naturally, the river invited them to explore other motifs.

From Paris to the Normandy coast

The association of "pre-Impressionism" with the Normandy coast around Le Havre is increased by the fact that Claude Monet, although born in Paris, spent his entire childhood in Le Havre. He received his first lessons, encouraging his independence of mind and penchant for *plein air* painting, in Le Havre from the Dutchman Johan-Barthold Jongkind and above all from Eugène Boudin, who also lived there.

Boudin, who had received only a basic artistic education and had taught himself chiefly by following the example of such accomplished landscape painters as Constant Troyon and Eugène Isabey, relentlessly painted up and down the coast from his native Honfleur to Fécamp, south and north of the Seine estuary. He combined the depictions of changes in the weather that so enthused Baudelaire, as mentioned above, with views of the ports and beaches along the coast. Modernising a theme associated with genre painting, he often painted the beaches peopled with bathers and elegant women in their crinolines at a time when Trouville and Deauville, near Le Havre, were rapidly becoming the fashionable seaside resorts of the high society of the Second Empire. Monet was quick to depict similar subjects

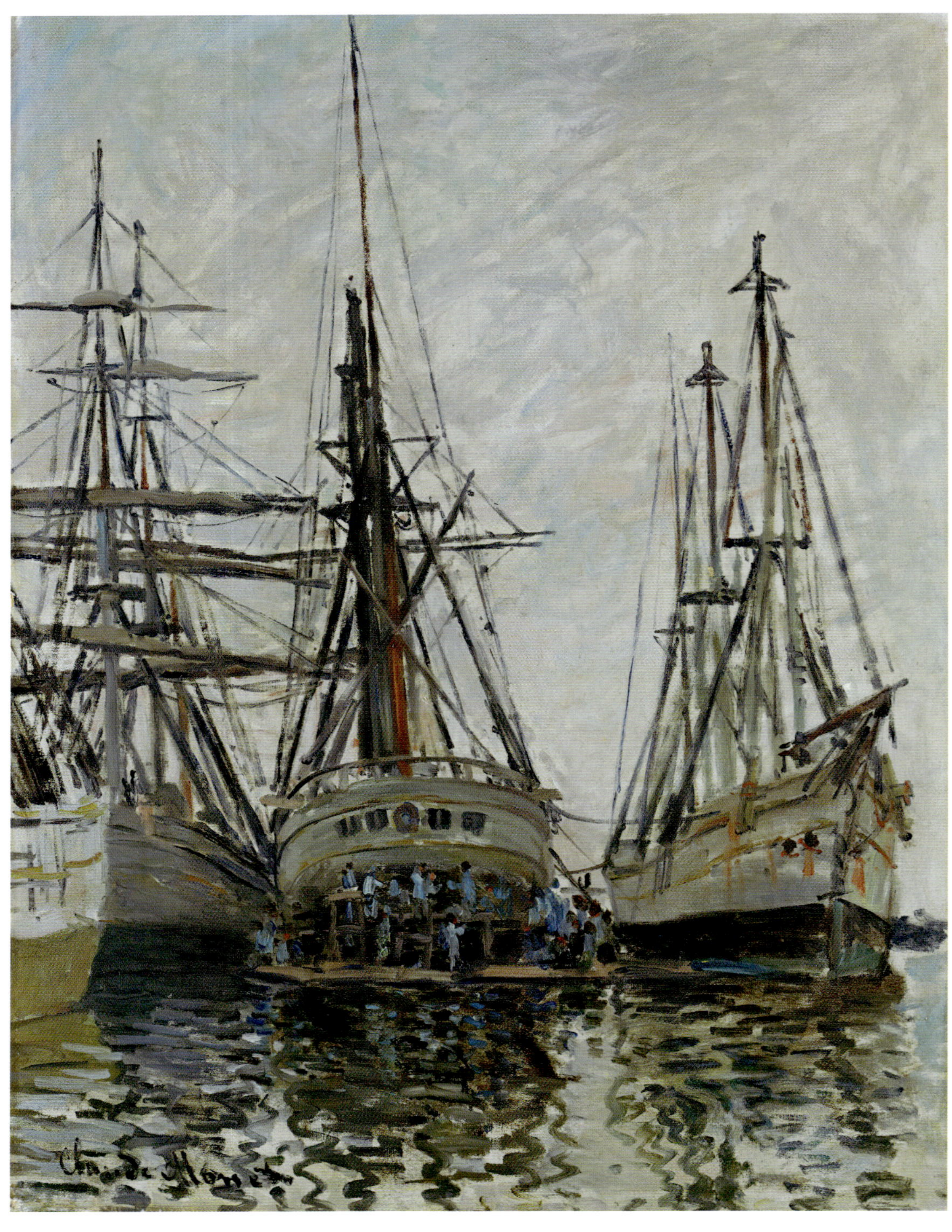

64
Claude Monet
Både i en havn
Boats in a Harbour

ca. 1873, olie på lærred / oil on canvas, 71,2 × 54 cm
Scottish National Gallery, Edinburgh

inspiration til en større komposition: *Slaget mellem Kearsage og Alabama*, i dag på Philadelphia Museum of Art (*The Battle of the U.S.S. "Kearsarge" and the C.S.S. "Alabama"*, 1864, The John G. Johnson Collection, Philadelphia Museum of Art, Philadelphia, PA).

Monet er ikke fristet af den historiske stil, men hans teknik genspejler Manets. De første malerier, han sender til Parisersalonen, *Seinens udmunding ved Honfleur*, 1865 (Norton Simon Museum, Pasadena, CA) og *Havnen i Honfleur*, 1866 (formodentlig ødelagt under anden verdenskrig), skildrer blot den normanniske havnebys intense søfartsliv, med dets små og store fiskerbåde og store kommercielle sejlskibe, og han genskaber således den velkendte travlhed for sig selv og sine samtidige. Igen er Émile Zola en af de første til at erklære, at Monet "er en af de eneste malere, der forstår at male vandet, uden tåbelig gennemsigtighed, uden forlorne lysreflekser. Hos ham er vandet levende, dybt, ægte frem for alt. Det klukker og skvulper rundt om bådene i små grønlige bølger afbrudt af hvide glimt, det spreder sig i blågrønne vandhuller, der pludseligt kruses af et vindstød, det løber langs masterne, der genspejles som opbrudte linjer, dets blege, farveløse skær lyser op i skarpe, klare glimt. Det er ikke det kunstige, krystalklare og rene vand, som kunstnere, der maler marinebilleder i atelieret, ynder, det er det stillestående havnevand med plamager af olie, det er det gustne vand fra det vældige ocean, der ruller og ryster sit snavsede skum."[8] De opankrede elegante sejlskibe i *Både i en havn*, omkring 1873 (fig. 64) blev sandsynligvis malet i Le Havre, hvor Monet netop havde udført sit siden så berømte *Indtryk. Solopgang*, 1872 (cf. fig. 34), maleriet der gav navn til strømningen. Kompositionen er et påskud til at skildre et subtilt netværk af linjer, der beskriver master, ræer og tovværk på en neutral baggrund i kontrast med deres fragmenterede spejlbillede på vandet. Med få penselstrøg antydes ligeledes en flok skibsværftsarbejdere i færd med at reparere skroget af en båd. Hvor vi i dag ser et nostalgisk billede af en forgangen tid, observerede Monet dagligdagens virkelighed. Fiskerbådene trukket på land på stranden ved Étretat, som han ikke længe efter maler fra et usædvanligt perspektiv (*Både på stranden ved Étretat*, ca. 1883, cf. fig. 106), indtagende på grund af deres stærke farver, afbilder også helt uden patos disse fiskeres strenge arbejde; uden nogen havnefaciliteter slæber de deres både direkte op på stranden, op til deres rudimentære skure. Det pittoreske er dog i vidt omfang underordnet den tilstræbte forbavsende dynamik i selve kompositionen.

Denne adoptering af det maritime liv som motiv bliver så helt naturlig for datidens kunstnere, at Paul Gauguin, nybegynder på det tidspunkt, benytter motivet i 1883 eller deromkring i billedet *Havnen i Dieppe* (fig. 65). Kompositionen blev malet under et ophold, der ikke vides ret meget andet om, end at Gauguin blev fornærmet på Degas, der også opholdt

on the Normandy coast but the pictures he painted at *La Grenouillère* on the banks of the Seine also echo Boudin's seductive compositions. But Boudin also painted the local fishermen and seaweed gatherers working along the vast shorelines in *The Beach at Deauville*, 1893 (cf. fig. 27). The remarkable attributes of his painting lie in the subtlety with which his compositions convey vast expanses, as well as the energetic freedom of his brushwork, which belongs to realism but does not impart an exact representation – a choice which is also manifest in the very young Claude Monet's pictures from the same period. Monet's *Coastal Landscape*, painted ca. 1864 (fig. 63) boldly juxtaposes the wooded heights of the coastline and the sea with the dense, grainy texture of the vegetation which itself is in contrast to the sky and its dynamic clouds.

But besides Boudin, Claude Monet, like his contemporary fellow painters, also had two other role models in mind: Édouard Manet and Gustave Courbet.

Although it was Manet's failure to pass an examination to join the navy that prompted him to become a painter, this Parisian dandy's love of the sea never waned. From holidays spent on the Channel coast at Boulogne-sur-Mer, the painter of *Déjeuner sur l'herbe*, 1863 (cf. fig. 84), brought back numerous studies depicting seaside pastimes and lively crowds of passengers embarking for England. In 1864, he also observed an American warship, the *Kearsarge*, that had just sunk a Confederate ship, the *Alabama*, off the French port of Cherbourg: a skirmish in the American Civil War that inspired his large painting, *The Battle of the U.S.S. "Kearsarge" and the C.S.S. "Alabama"*, 1864 (The John G. Johnson Collection, Philadelphia Museum of Art).

Monet was not tempted by this historic vein but his technique does have similarities with Manet's. The first pictures he painted for the Paris Salon, *Mouth of the Seine at Honfleur*, 1865 (Norton Simon Museum, Pasadena) and *The Port of Honfleur*, 1866, presumably destroyed during the Second World War), evoking purely the intense activity of this Normandy port with its fishing boats and large merchant ships, recreated the portside life familiar to him and his contemporaries. Émile Zola was again one of the first to proclaim that Monet "is one of the few painters who know how to paint water, with neither simple transparency nor unnatural reflections. His water is alive, deep and above all true. It laps around boats in little greenish waves glimmering with white, it spreads in gloomy pools suddenly ruffled by a gust of wind, it lengthens the reflected masts thereby dissolving their image, and it contains both livid and dull tones which light up with distinct lucidity. It has nothing of the fake, crystalline, pure water of the studio landscape, it is the still water of ports spread with oily slicks, it is the great livid water of the enormous ocean wallowing as it shakes its dirty foam."[8] The elegant moored sailboats in *Boats in a Harbour*,

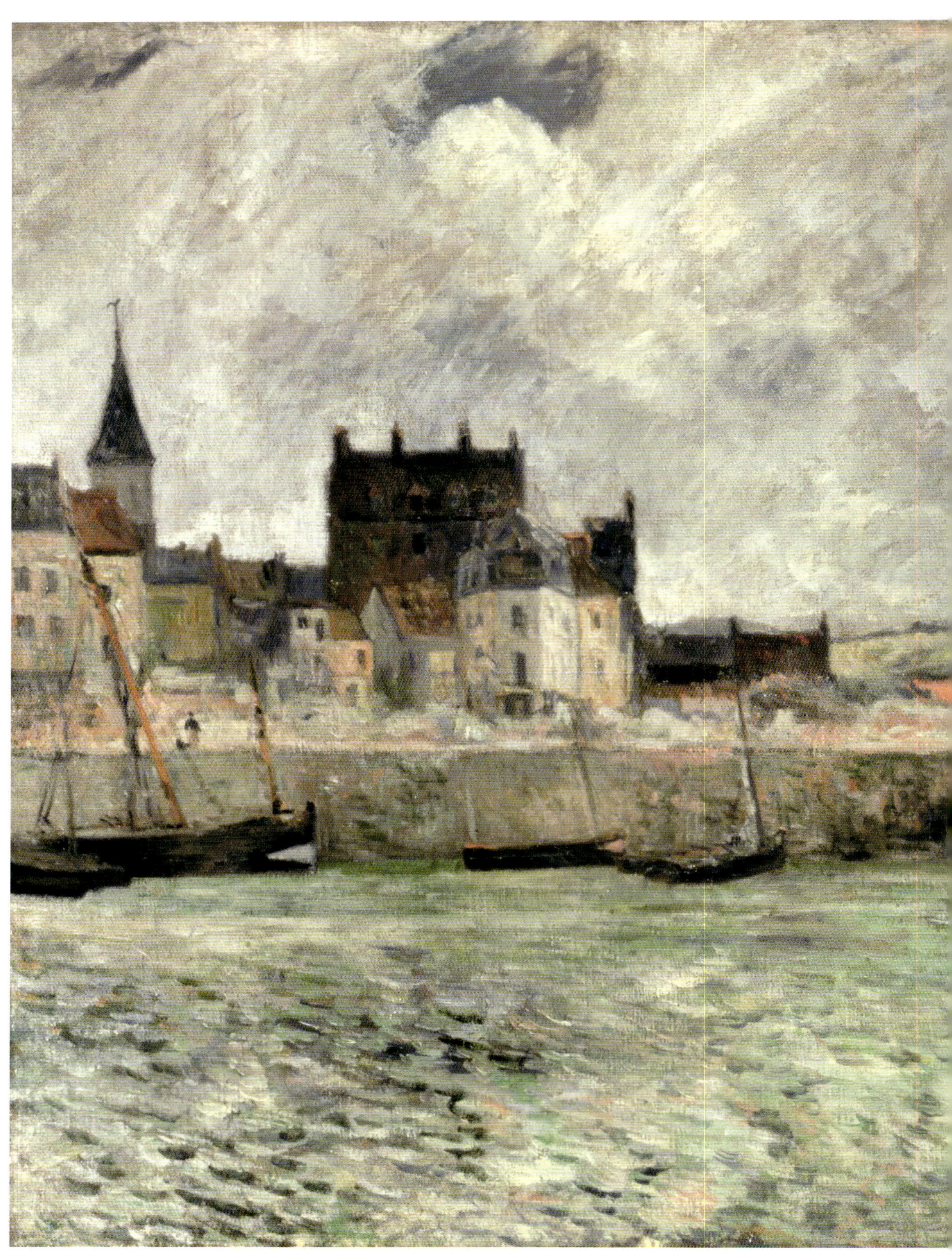

65
Paul Gauguin
Havnen i Dieppe
Harbour Scene, Dieppe

ca. 1881-1885, olie på lærred /
oil on canvas, 60,2 × 72,3 cm
Manchester Art Gallery

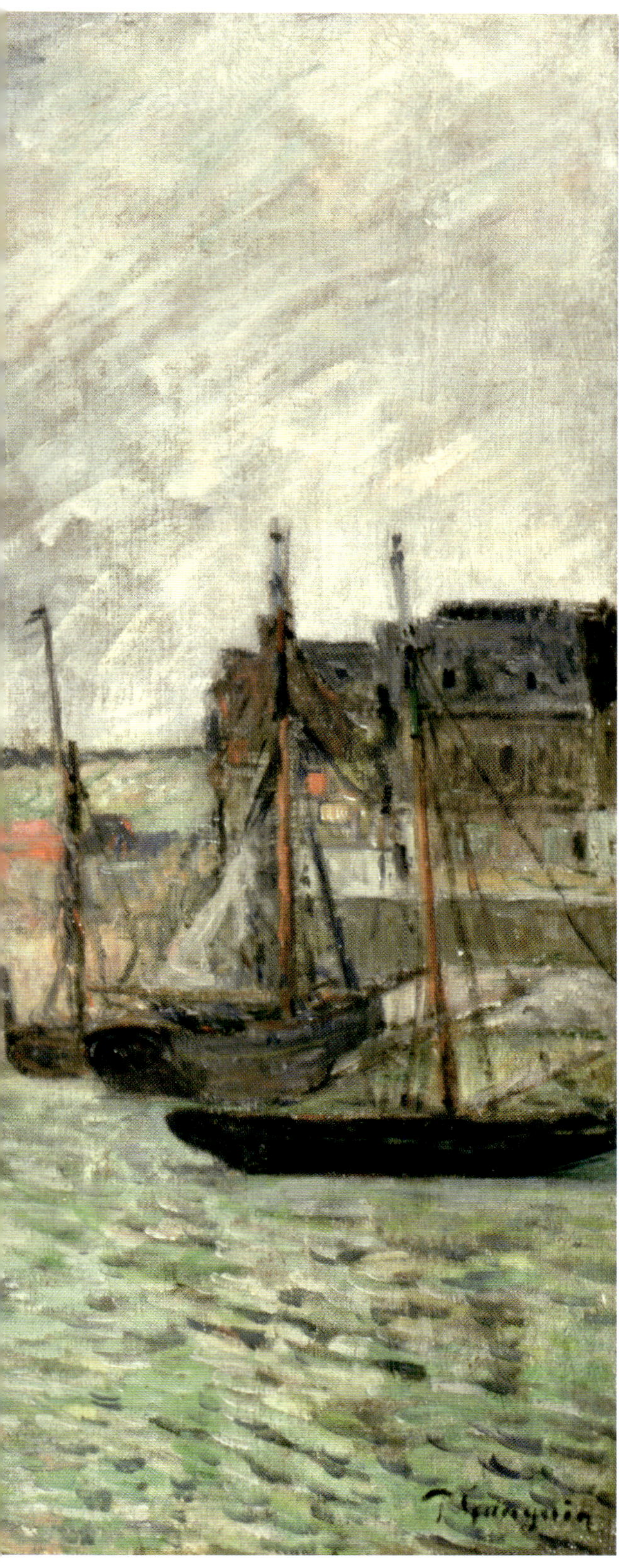

ca. 1873 (fig. 64), were probably painted at Le Havre, where Monet had just finished the movement's eponymous picture, his now famous *Impression, Sunrise*, 1872-1873 (cf. fig. 34). The composition is a pretext to paint the subtle network of lines of masts, of shipyards and rigging on a neutral ground contrasting with their fragmented reflections on the water. With a few brushstrokes he also captured the presence of a group of dry dock workers cleaning a ship's hull. What we now regard as a nostalgic image of the past was for Monet a daily reality. The vividly coloured fishing boats on the beach at Étretat that he painted a little later from an unusual vantage point (*Boats on the Beach at Étretat*, 1883, cf. fig. 106) also recall, without pathos, the hard life of these fishermen with no port moorings, who simply pulled their boats up on the beach alongside makeshift huts. Yet this picturesque aspect is largely subordinate to the surprisingly dynamic composition.

Depictions of contemporary maritime life as subjects worthy of painting became so common that artists such as Paul Gauguin, then only a debutant painter, tried his hand at it around 1883 in *Harbour Scene, Dieppe* (ca. 1881-1885, fig. 65). This picture was painted during a stay about which we know little except that Gauguin was offended because Degas, also staying in Dieppe, refused to meet him. Yet Degas would be one of Gauguin's first admirers and collected his work. Most of Gauguin's picture is taken up by the expanse of water in the foreground and the towering sky, with the silhouettes of the portside buildings clearly showing Gauguin's indebtedness to Impressionism. Yet the dry treatment, stark colour contrasts and incongruous patch of vivid red already herald another visual world.

Gustave Courbet at Trouville and Étretat

The young Monet's admiration for Manet is indisputable but he also placed great faith in the judgement of the most senior of the "indépendants", Gustave Courbet. He had first attracted public attention at the 1849 Salon with a realist picture, *Afternoon in Ornans*, which was immediately bought by the State and sent to the Musée de Lille. It was the first of a series of figure compositions depicting contemporary society that sealed the fame of this controversial anti-establishment personality constantly at the forefront of the Parisian art scene during the Second Empire. Yet throughout his career, Courbet painted landscapes. Although this was an artistic choice, it also served a practical purpose: the necessity of earning a living from his painting. In his large pictorial manifesto, *The Artist's Studio, a real allegory summing up seven years of my artistic and moral life*, 1854-1855 (fig. 66), the picture the artist is symbolically painting on his easel is a landscape.

Although born far from the sea, in Franche-Comté in eastern France, where he painted the water of the mountain streams

sig i Dieppe, fordi denne nægtede at mødes med ham; Degas skulle dog blive en af Gauguins allerførste beundrere og samler af hans værker. Gauguins komposition, der dvæler ved vandet i forgrunden og en høj himmel, mod hvilken havnens bygninger tegner sig i silhuet, viser tydeligt Gauguins gæld i forhold til impressionismen. Og dog, den flade teknik, den skarpt kontrasterende palet, med et anstrøg af en afstikkende fyrig rød farve, varsler allerede om et andet visuelt univers.

Gustave Courbet i Trouville og Étretat

Den unge Monets beundring for Manet er tydelig, men han satte også stor pris på de uafhængiges 'alderspræsident', Gustave Courbets, bedømmelse. Denne maler havde vakt opmærksomhed på Parisersalonen i 1849 med en realistisk komposition, *Efter middagen i Ornans*, straks erhvervet af den franske stat og sendt til Musée de Lille. Billedet, det første i en serie af figurkompositioner, der skildrer datidens verden, gør denne samfundskritiske og omstridte kunstner almindelig kendt, i hvert fald midtpunktet for opmærksomhed på den parisiske kunstscene under det andet kejserdømme. Gennem hele sin karriere maler Courbet imidlertid landskaber. Der er tale om et kunstnerisk valg kombineret med den praktiske nødvendighed af at kunne leve af malerarbejdet. Dette ses rent symbolsk i *Kunstnerens atelier. En virkelig allegori*, mellem 1854 og 1855 (fig. 66), Courbets store manifest, hvor maleriet på staffeliet, som kunstneren arbejder på, netop er et landskab.

Selvom Courbet, der er bosiddende i Paris, blev født langt fra havet i Franche-Comté i det østlige Frankrig, hvor vandet i de rivende strømme kæmper om pladsen med det mineralske bjerglandskab, er han tiltrukket af den normanniske kyst og dens badebyer, disse sommermødesteder for velhavende parisere. Og selvom hans første marinemotiver er scener fra Middelhavet – som han begejstret opdager i 1854 og 1857 takket være en invitation fra sin mæcen i Montpellier, Alfred Bruyas – nærer hans ophold i Trouville i 1865 (sammen med J.A. Whistler), i Deauville i 1866 (sammen med Claude Monet og Eugène Boudin) og i Étretat i 1869 gennem længere tid hans inspiration.

Vindstille, Marine, omkring 1865-1867 (fig. 67), blev sandsynligvis malet i omegnen af Trouville i Saint-Aubin. Motivet kan identificeres ved de lave klinter, der rager ud over en øde strand. Lige så mennesketom er hans tidevandsbeskrivelse i *Lavvande ved Trouville*, omkring 1865 (fig. 68), som står i skarp kontrast til badestrandens letfærdige livlighed. For at undgå det anekdotiske maler Courbet, som her, en barsk og stille natur, forud for de efterfølgende stormfulde udbrud, der kulminerer i serien af gigantiske *Vagues – Bølger* – inspireret af hans ophold i Étretat (*Bølgen*, 1869-1870, fig. 69). Denne enkle og knappe stil, hvis kilde måske også skal findes hos Constable eller Turner, er aldeles særpræget på det tidspunkt.

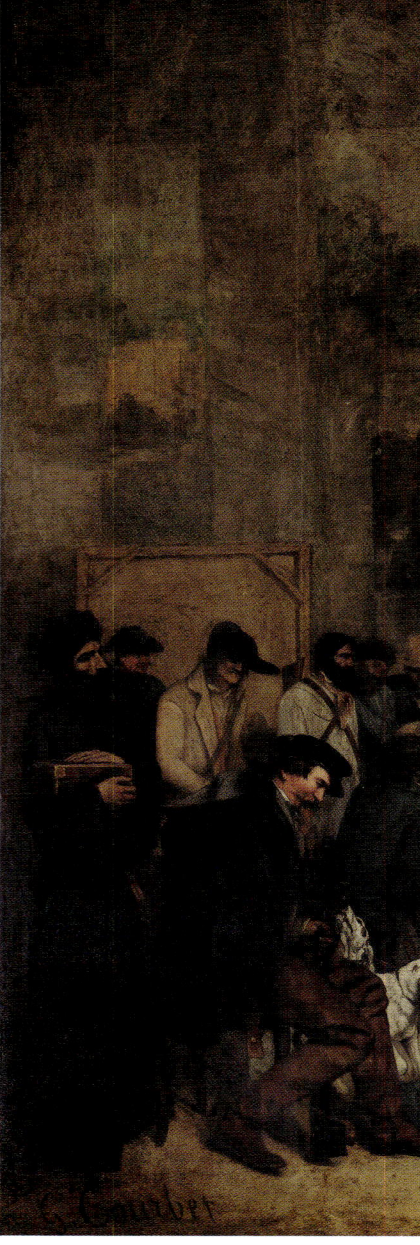

66
Gustave Courbet
Kunstnerens atelier. En virkelig allegori der opsummerer syv år af mit kunstneriske og moralske liv
The Artist's Studio, a real allegory summing up seven years of my artistic and moral life
1854-1855, olie på lærred / oil on canvas, 361 × 598 cm
Musée d'Orsay, Paris, inv. no. RF2257

and torrents, Courbet was attracted in Paris by the Normandy coast and the resorts that had become a summer rendezvous for well-to-do Parisians. Invited to the Mediterranean coast by his Montpellier-based patron Alfred Bruyas, Courbet enthusiastically painted his first seascapes there, in 1854 and 1857. But it was his stays at Trouville in 1865 (with James Whistler), at Deauville in 1866 (with Claude Monet and Eugène Boudin) and at Étretat in 1869, which proved lasting sources of inspiration.

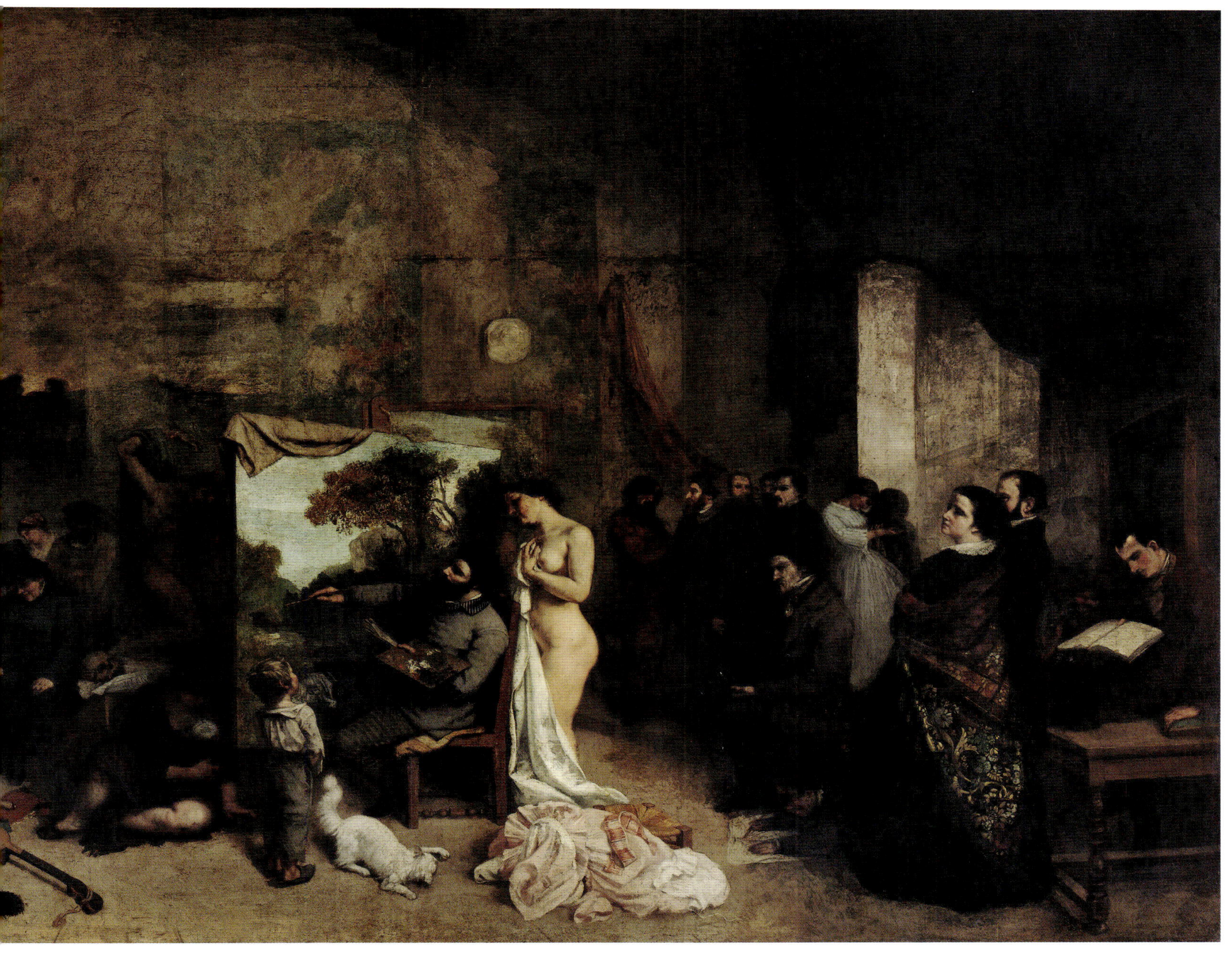

Marinemotiverne malet i Trouville betager – på trods af deres vilde, utæmmede karakter – offentligheden, hvilket i 1869 får maleren til at vende tilbage til kysten ved Étretat. Der vælger også han at genoptage det storladne motiv af den naturligt formede klippebue, Porte d'Aval, i strandens venstre hjørne, som allerede havde interesseret Eugène Delacroix blandt mange andre malere (og forfattere) såvel som de første fotografer, der besøgte Étretat. *Den gennembrudte klippe ved Étretat* (1869, fig. 70) giver et helhedsindtryk af den øde stenstrand

The Calm, Seascape, 1865-1867 (fig. 67), was probably painted near Trouville at Saint-Aubin, identifiable by the low cliffs looking out over the deserted beach. The equally barren *Low Tide at Trouville*, 1865 (fig. 68), is incongruously juxtaposed with the frivolous vivacity of the crowded bathing beach. Here Courbet, avoiding anecdotal content, painted a nature that was both austere and calm, just before the outbreak of the storm that culminated in the series of gigantic *Waves* inspired by his stay at Étretat (*The Wave*, 1869-1870, fig. 69). This austerity,

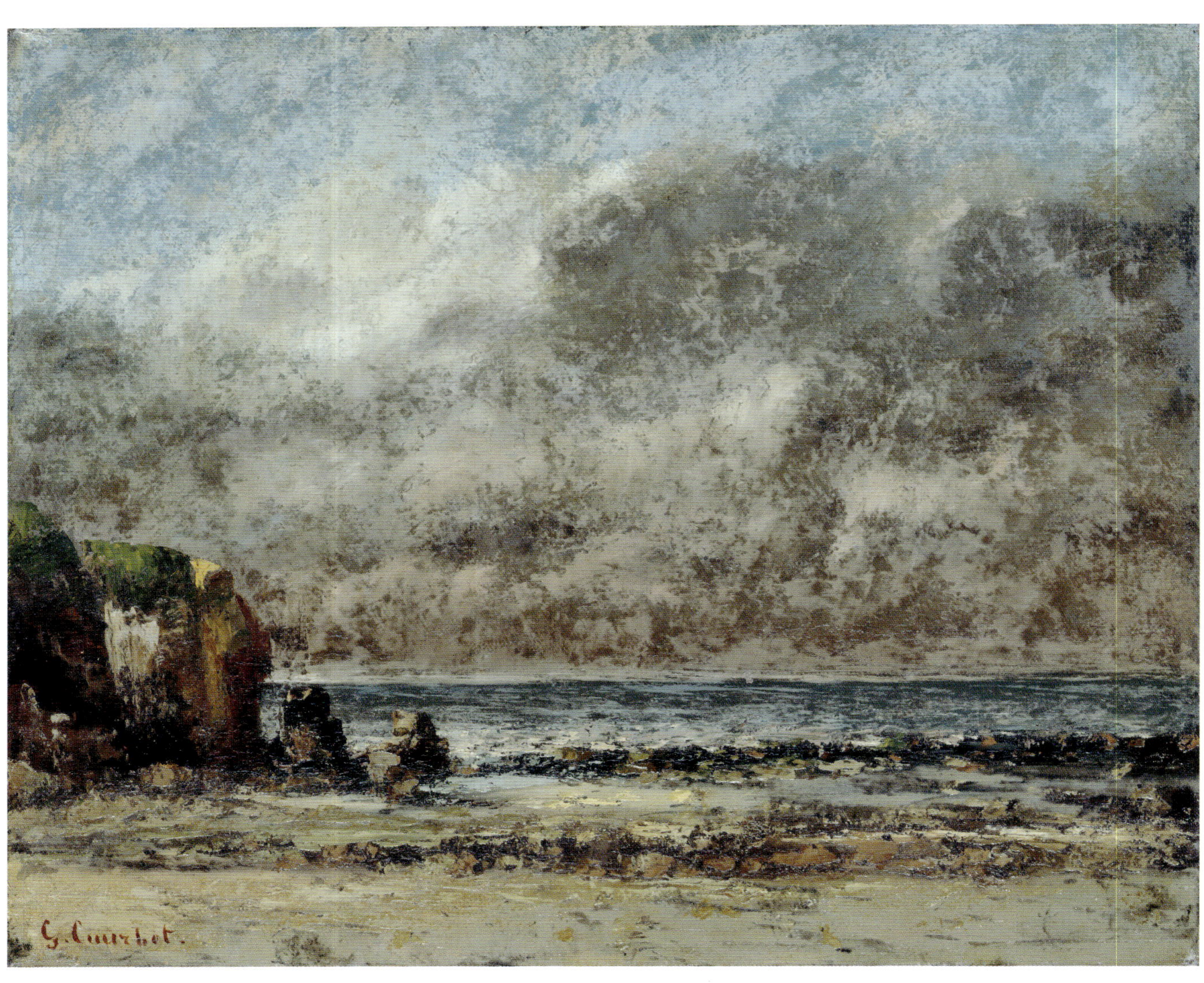

67
Gustave Courbet
Stilhed, marine
The Calm, Seascape

1865-1867, olie på lærred / oil on canvas, 45 × 55 cm
Musée des Beaux-Arts, Lons-le-Saunier

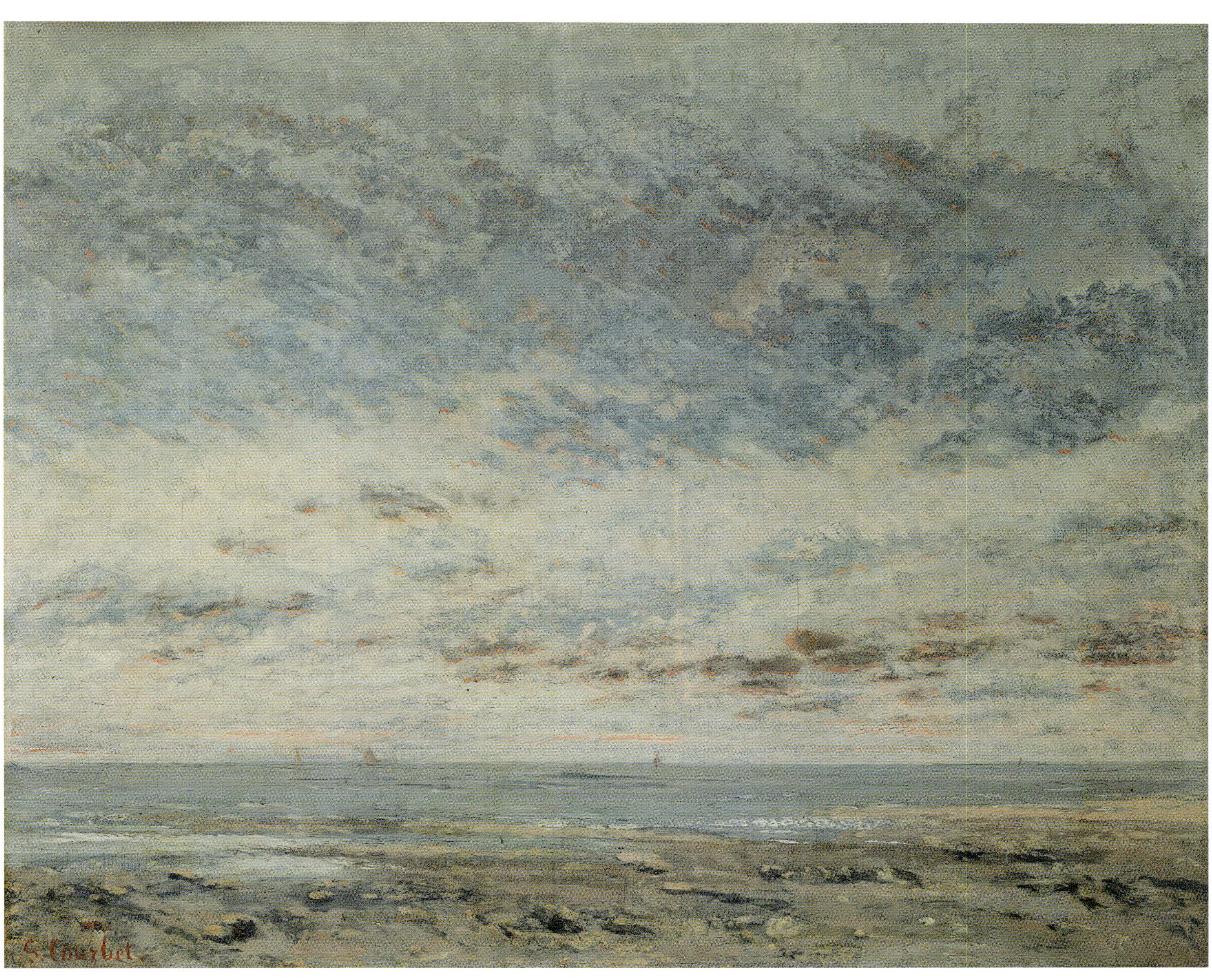

68
Gustave Courbet
Lavvande ved Trouville
Low Tide at Trouville

sensommeren / efterår / late summer / autumn 1865,
olie på lærred / oil on canvas, 59,6 × 72,6 cm
Walker Art Gallery, Liverpool
Purchased with the aid of a grand from the Arts Fund, 1961

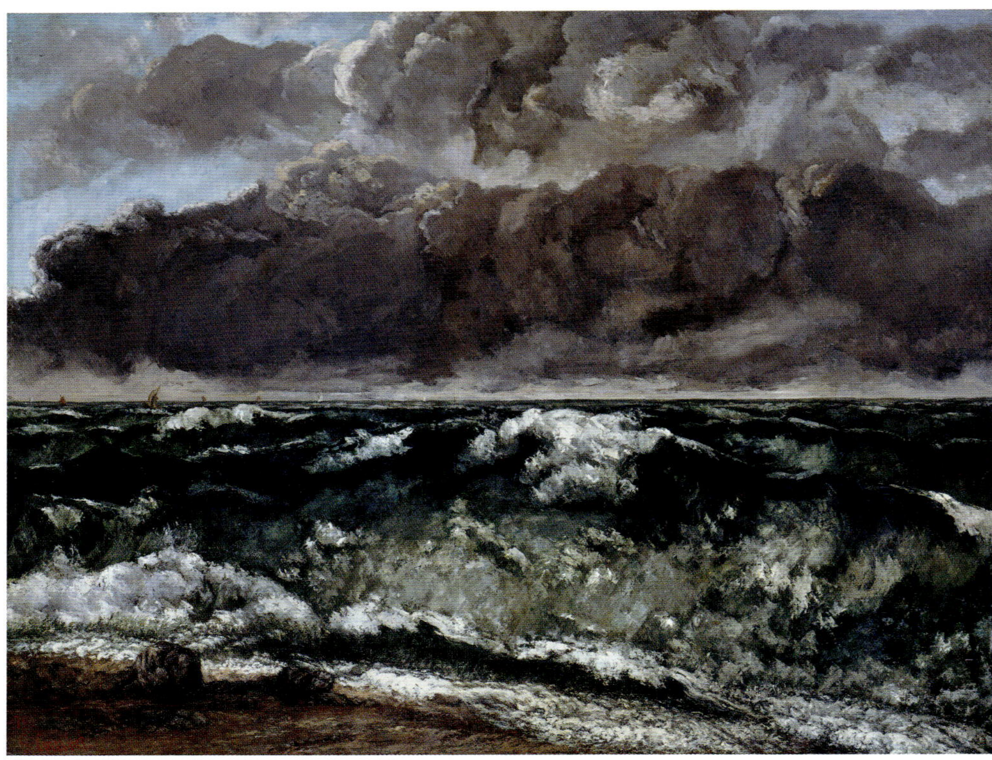

69
Gustave Courbet
Bølgen
The Wave

1869-1870, olie på lærred / oil on canvas, 112 × 144 cm
Alte Nationalgalerie, Berlin, inv. no. A I 967

indesluttet af havet. Courbets fremstilling er gennemstrømmet af en kras lyrik understøttet af et mere og mere frit og myndigt håndelag, hvori de letflydende penselstrøg veksler med en energisk brug af malerspartelen, der bearbejder materialet. Nogle år senere, da han i 1871-1872 sidder fængslet som følge af sin deltagelse i Pariserkommunen, mindes Courbet med sindsbevægelse sine oplevelser i Normandiet og genoptager ud fra hukommelsen skildringen af de øde strandbredder under en stor og forrygende himmel (*Havet*, 1872, Musée des Beaux-Arts, Caen).

Le Havre til Dieppe – kunstnernes rejserute

Skønt det er ubestrideligt, at Courbet øvede en afgørende indflydelse på den unge Monet, skal det bemærkes, at Monet kom til Étretat før Courbet. Faktisk malede Monet det samme motiv som Courbet nogle måneder forinden: *Oprørt hav ved Étretat* (1868-1869, fig. 71). Dette er Monets første maleri af betydning, hvor han beskæftiger sig med et tema, som han siden genoptager efter en lang pause. Det er således først efter, at Monet bosætter sig i Giverny mellem 1883 og 1886, at han genoptager sine skildringer af Étretat, hvor han atter, i et imponerende format, maler det tøjlesløse hav ud for Porte d'Aval (*Klint og Porte d'Aval i stormvejr*, 1883, fig. 72) eller den mere rolige fremstilling, modnet gennem mange års observation af lyset, *Solnedgang*

whose origin could perhaps also be traced to Constable and Turner, was completely new at that time. Despite their wildness, the seascapes painted at Trouville impressed the public, which prompted Courbet to return to the Normandy coast, to Étretat, in 1869. There he again painted the Porte d'Aval (*The Sea-Arch at Étretat*, 1869, fig. 70), the majestic natural arch hollowed out of the tall cliff to the left of the beach that had already fascinated Eugène Delacroix and many other painters, writers and the first photographers, opting for an overall view with the sea breaking on the deserted pebble beach. The harsh lyricism of Courbet's vision is heightened by his increasingly free and powerful treatment, combining fluid, transparent brushstrokes and impasto energetically kneaded with a palette knife. A few years later, imprisoned in 1871-1872 for his role in the Paris Commune, with great emotion he repainted views of desolate Normandy beaches with vast, energetic skies from memory (*The Sea*, 1872, Musée des Beaux-Arts, Caen).

From Le Havre to Dieppe: An artists' itinerary

Although Courbet undeniably had a major influence on Monet's artistic development, the younger painter preceded him at Étretat, painting the same subject, *Rough Sea at Étretat*, ca. 1868-1869 (fig. 71), a few months earlier. This was Monet's first major depiction of a theme he would take up again later

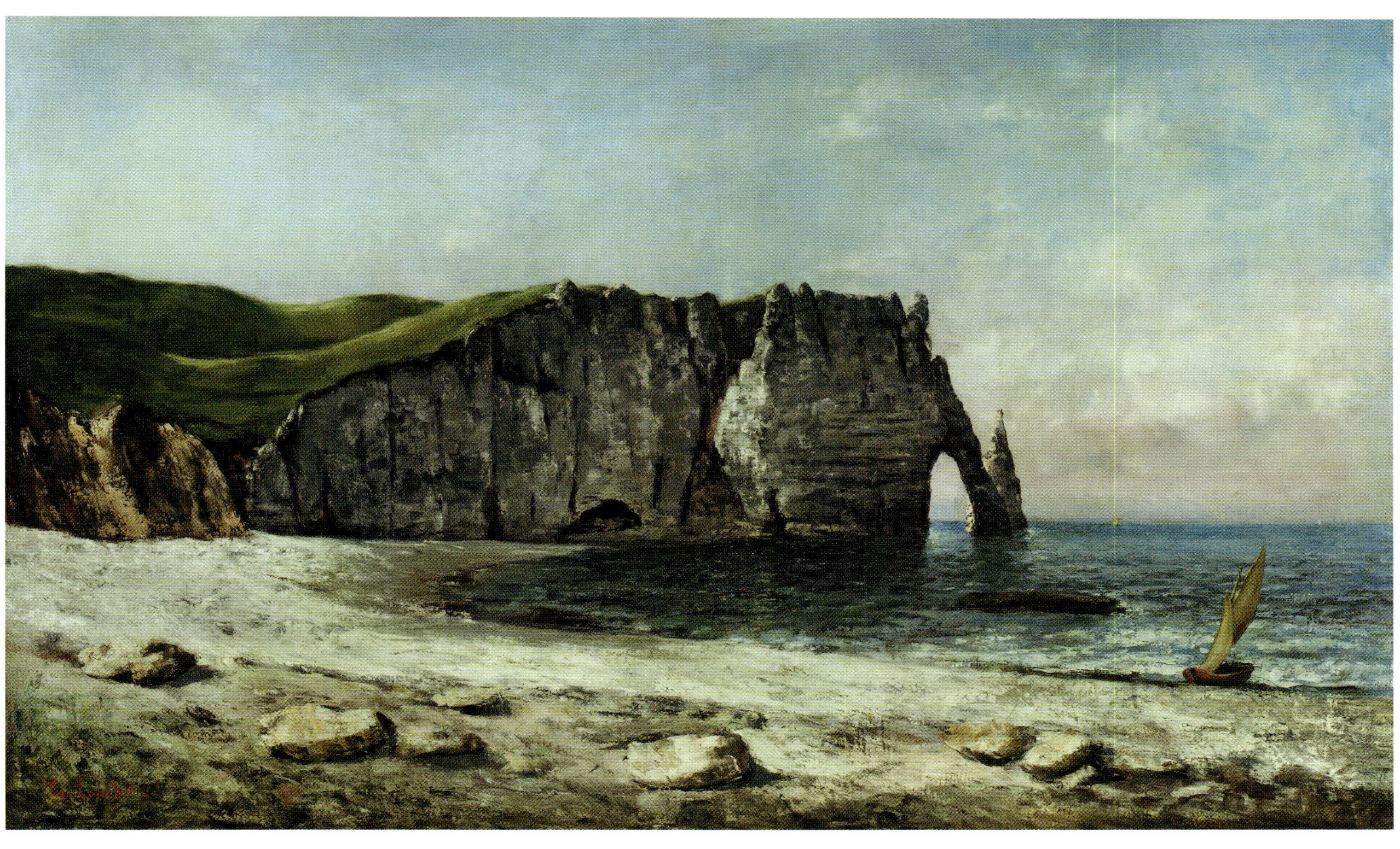

70
Gustave Courbet
Den gennembrudte klippe ved Étretat
The Sea-Arch at Étretat

1869, olie på lærred / oil on canvas, 76,2 × 123,1 cm
The Barber Institute of Fine Arts, University of Birmingham

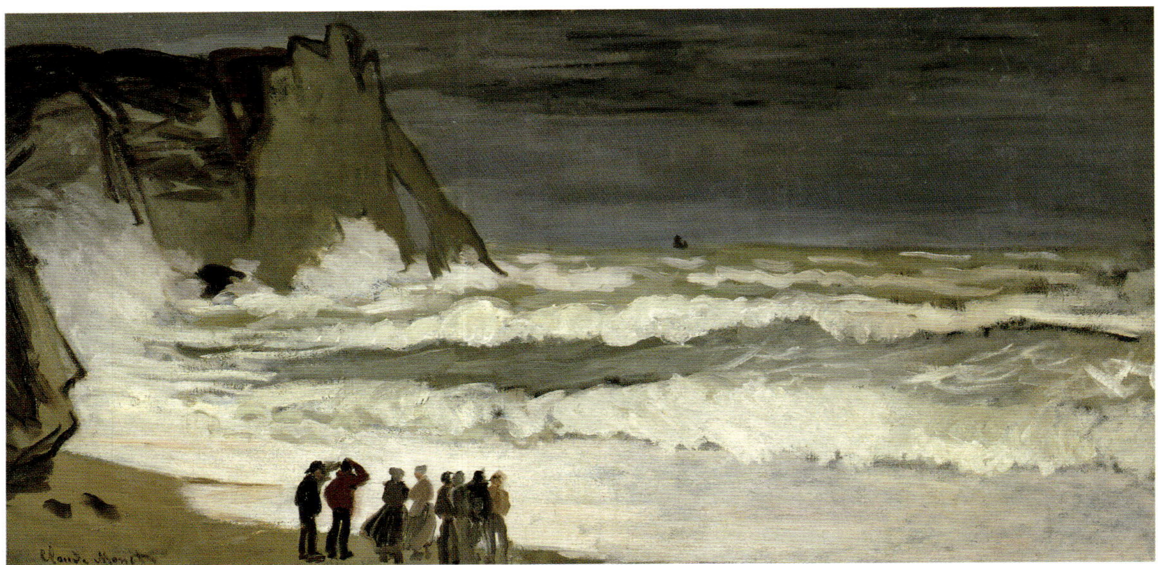

71
Claude Monet
Oprørt hav ved Étretat
Rough Sea at Étretat
ca. 1868-1869, olie på lærred /
oil on canvas, 66,2 × 130,5 cm
Musée d'Orsay, Paris, inv. no. RF1678

ved Étretat (1883, fig. 73). I disse malerier forsvinder stranden til fordel for et forgrundsplan helt tilegnet ét element, vandet, en simplificering der gør det muligt at fremhæve det følelsesmæssige indtryk og variere effekterne. I samme periode maler Monet ligeledes, som allerede vist, perspektivet set fra stranden, med blikket mod nord, i en opadgående, dynamisk synsvinkel, som følger bølgerne, fint kantet med skum, der brydes mod stenene.

Det morede ham at påpege, at Boudin, læremesteren, også sent vender tilbage til Porte d'Aval i et maleri, som sandsynligvis er malet direkte foran motivet: *Klinten ved Étretat*, omkring 1890-1895 (fig. 74). Billedet hører til de skitser, som Boudin løbende udførte i et stort antal med henblik på at realisere dem som malerier i sit atelier. Mod slutningen af hans karriere opløser de korte brudte penselstrøg fuldstændig motivet i bestræbelsen på at gengive lysets flygtige virkning.

Inden han malede ved Étretat, givetvis for at undersøge nye landskaber, hvis ujævne topografi dannede en skarp kontrast til Seinedalens landskaber, havde Monet i 1881 arbejdet i Fécamp længere nordpå: *Fécamp, ved kysten*, 1881 (fig. 75), og *Klinten ved Fécamp*, 1881 (fig. 76). Mens kunstneren undlader at skildre den lille populære badeby og nabo til en travl havn, inspirerer de imponerende klinter ham til nogle overraskende kompositioner, hvor bølgemasserne, livagtigt gengivet med intense farvestrøg, ser ud til, bogstavelig talt, at dukke op af den malede overflade. Kort tid efter, midt om vinteren i februar 1882, beslutter Monet sig for atter at male i det samme område.

after a long interlude. Not until after he moved to Giverny, between 1883 and 1886, did Monet return to Étretat, repainting the raging sea in an imposing format in front of the Porte d'Aval (*The Cliff and the Porte d'Aval, Rough Seas*, 1883, fig. 72) and a calmer vision nurtured by years of observing light, *Sunset at Étretat*, 1883 (fig. 73). The beach has disappeared in these pictures, leaving only water in the foreground, a simplification that allowed Monet to focus on the view's emotive impact and to vary effects. During the same period he also painted the beach looking northward, following the dynamic, ascending perspective of the foam-fringed waves breaking on the shingle.

It is indeed amusing that Boudin, the initiator, also depicted the Porte d'Aval again much later in a picture probably painted from life. *Cliffs at Étretat*, ca. 1890-1894 (fig. 74), is one of the many sketches for future studio pictures that Boudin did throughout his career. Late in life, ever-eager to capture fleeting light effects, the jerky notation of his brushstrokes completely disintegrates the subject.

In 1881, before painting at Étretat, Monet had worked further north at Fécamp, probably intent on exploring new subjects whose precipitous topography contrasted completely with the Seine valley landscape (*Fécamp, Seaside*, 1881, fig. 75; *The Cliff at Fécamp*, 1881, fig. 76). Not tempted to paint this small seaside resort alongside the busy port, he focussed on the impressive

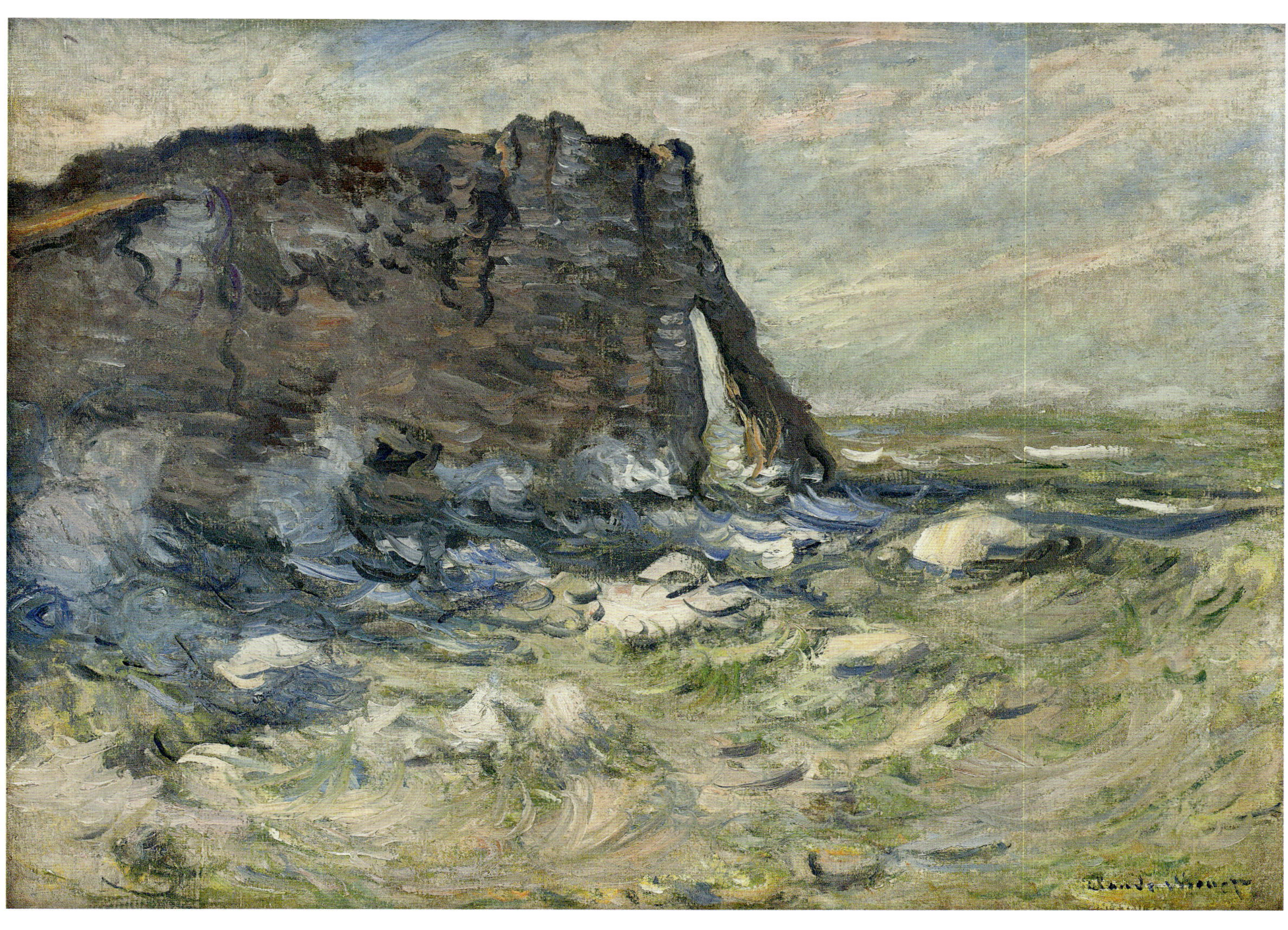

72
Claude Monet
Klint og Porte d'Aval i stormvejr
The Cliff and the Porte d'Aval, Rough Seas

1883, olie på lærred / oil on canvas, 73 × 100 cm
Museu de Montserrat, Barcelona
Donated by Xavier Busquets, inv. no. R.N. 201.234

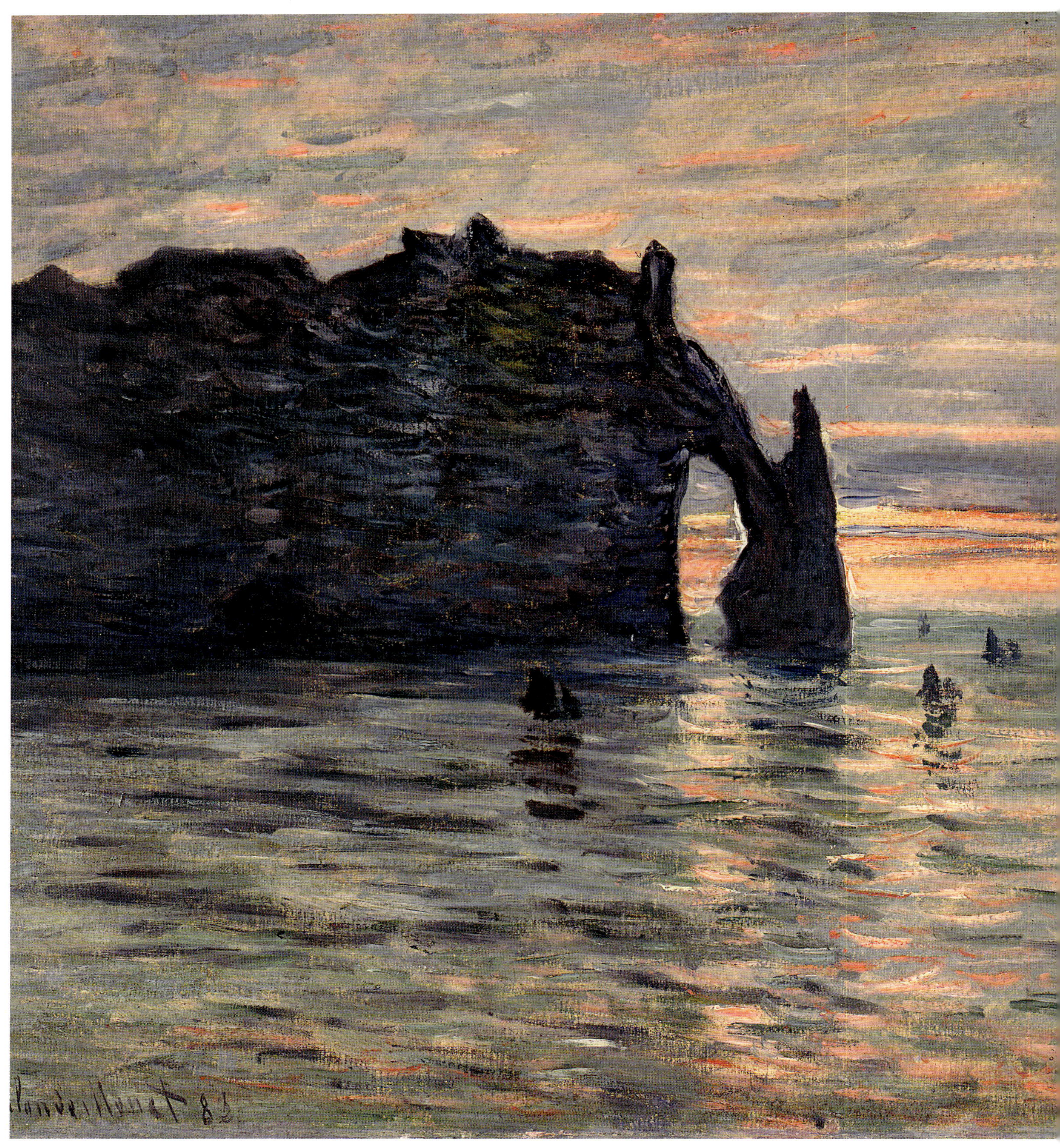

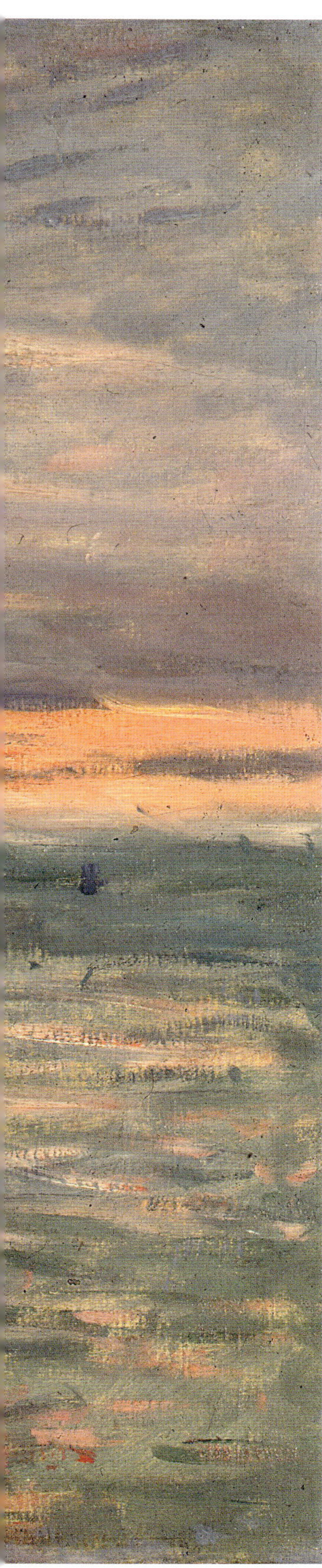

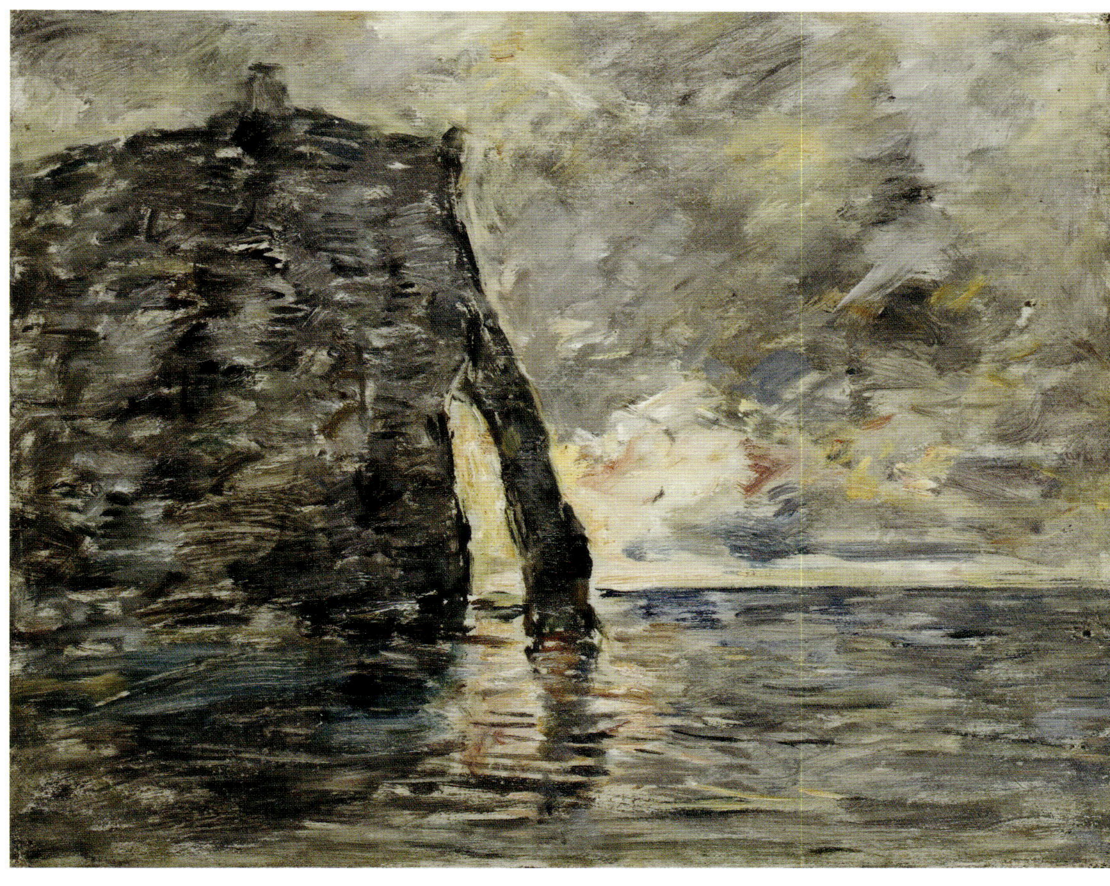

73
Claude Monet
Solnedgang ved Étretat
Sunset at Étretat

1883, olie på lærred /
oil on canvas, 60 × 73 cm
Musée des Beaux-Arts, Nancy

74
Eugène Boudin
Klinten ved Étretat
Cliffs at Étretat

ca. 1890-1894, olie på træ /
oil on wood, 37,5 × 46,2 cm
Musée d'Art Moderne André Malraux,
Le Havre, inv. no. B.20

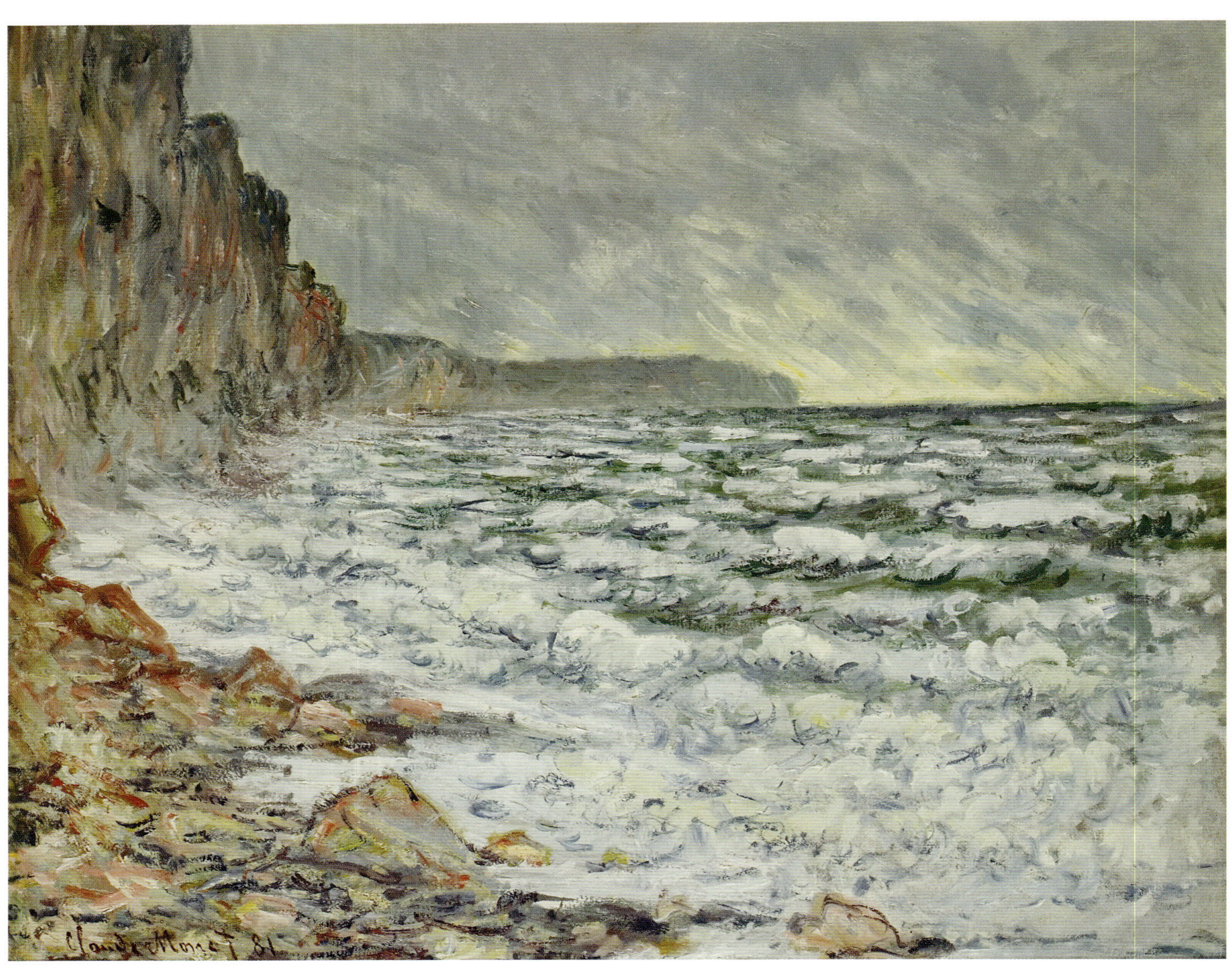

75
Claude Monet
Fécamp, ved kysten
Fécamp, Seaside

1881, olie på lærred / oil on canvas, 65,3 × 80 cm
Musée d'Art Moderne André Malraux, Le Havre

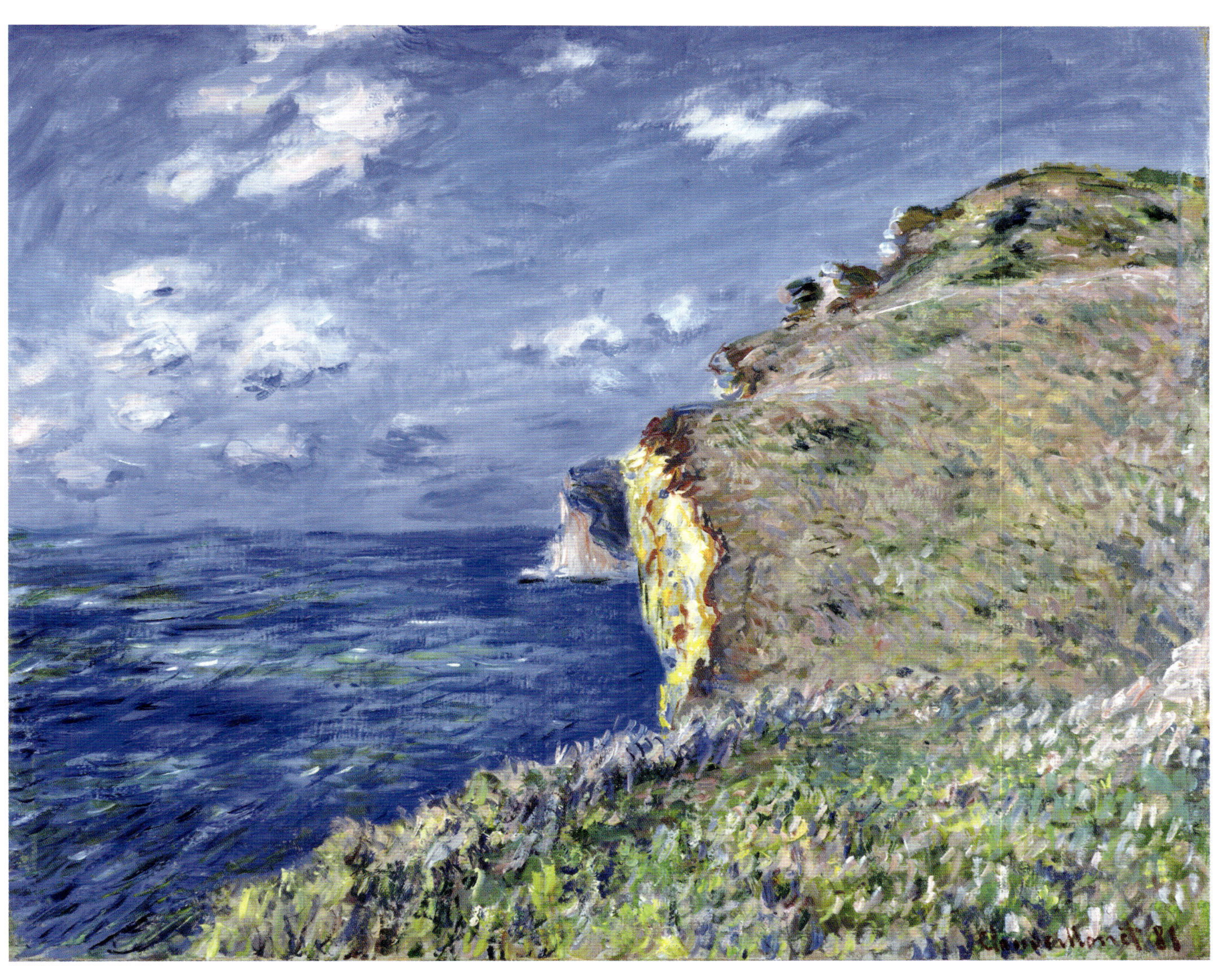

76
Claude Monet
Klinten ved Fécamp
The Cliff at Fécamp

1881, olie på lærred / oil on canvas, 65 × 81,1 cm
Aberdeen Art Gallery & Museums Collections

Han lader hånt om Dieppe og tager til, hvad der dengang blot var en lille fiskerflække, som dog om sommeren tog imod eventyrlystne feriegæster. Tilfreds med denne første arbejdssæson, hvor han ligeledes maler omgivelserne, især Varengeville, vender han tilbage dertil om sommeren. Dette ophold, i løbet af hvilket Renoir besøger ham, er en yderst produktiv periode, hvor Monet skiftevis maler, fuld af begejstring, foran de uafprøvede udsigter til Pourvilles høje klinter abrupt gennemskåret af små dale (*Klinter ved Pourville*, 1882, cf. fig. 104), eller sidder nedslået, når vejret ikke tillader udendørs arbejde.

I 1878 skrev kritikeren Théodore Duret, ven af Courbet, Manet og impressionisterne, og oven i købet kunstsamler, en af de første sammenfattende tekster om gruppen, en lille brochure med titlen *Les peintres impressionnistes* (*De impressionistiske malere*), for at oplyse offentligheden om Monet, Pissarro, Renoir, Sisley og Berthe Morisots forehavende. I kapitlet helliget Monet konkluderer og understreger han: "Monet er *par excellence* vandets maler. I det gamle landskabsmaleri forekom vand ubevægeligt og regelmæssigt med dets 'vandfarve' som et simpelt spejl til reflektering af faste genstande. I Monets værk har vandet ikke længere nogen egentlig konstant farve; det antager en uendelig mangfoldighed af udseender, der skyldes luftens tilstand, karakteren af den bund som vandet skyller hen over, eller det dynd som det bærer med sig. Vandet er klart, ugennemsigtigt, roligt, oprørt, strømmende eller hvilende, alt afhængig af hvordan den flydende flade tager sig ud for maleren i det øjeblik, hvor han har plantet sit staffeli foran den."[9] Duret havde, som Émile Zola, således varslet om og påvist et af de dominerende træk i Monets kunst. Det er ikke forkert at sige, at hele hans karriere står i vandets tegn, lige fra hans første marinemotiver fra Le Havre, over *Indtryk. Solopgang* (cf. fig. 34) til skildringerne af Themsen (*Charing Cross Bridge i tåge*, 1902, cf. fig. 98, og *Waterloo Bridge, sløret sol* 1903, fig. 77) og endelig *Åkander*, Monets sidste mesterværk (cf. essay af James H. Rubin, cf. figs. 78, 92).

NOTER

1 Charles Baudelaire, "Salon de 1859; VIII Le Paysage", *Oeuvres complètes*, red. Yves Florenne, III, Paris, 1966, s. 416-418.
2 Émile Zola, "Mon Salon, Les Actualistes", *L'Evénement illustré*, 24. maj 1868.
3 Daniel Wildenstein, *Claude Monet, catalogue raisonné de l'oeuvre peint*, nr. 481-485.
4 Wildenstein, op. cit., nr. 1333-1338 a.
5 Wildenstein, op. cit., nr. 1339, ikke fundet.
6 Brev fra Sisley til Adolphe Tavernier, 24. januar 1892 i salgskataloget *Manuscrits et autographes*, Paris, hôtel Drouot, 27. marts 2003, nr. 158.
7 Brev fra Renoir til Bazille, 3. juli 1865 i udstillingskataloget *Renoir Landscapes, 1865-1883*, London, Ottawa, Philadelphia, 2007-2008, nr. 2, note 8.
8 Zola, op. cit.
9 Théodore Duret, *Les peintres impressionnistes*, Paris, 1878, s. 19.

cliffs in surprising compositions in which the waves, animated by touches of vivid colour, seem to literally surge out of the picture. Shortly afterwards, in February 1882, Monet decided to return to the same stretch of coast in mid-winter. Ignoring Dieppe, he went to what was then merely a fishing hamlet where a few adventurous holidaymakers stayed in the summer. Pleased with his stay there, during which he also painted in the surrounding area, notably at Varengeville, he returned in the summer. During this second sojourn, which was a time of intense creativity during which Renoir paid him a visit, Monet enthusiastically painted the tall cliffs broken by steep valleys at Pourville (*On the Cliffs at Dieppe*, 1882, cf. fig. 104), discouraged only if bad weather prevented him from working en *plein air*.

In 1878 the critic and art collector Théodore Duret, a friend of Courbet, Manet and the Impressionists, wrote one of the first comprehensive texts on the group, a small brochure entitled *The Impressionist Painters*, explaining Monet, Pissarro, Renoir, Sisley and Berthe Morisot's intentions. Concluding the chapter on Monet, he emphasised: "Monet is the painter of water par excellence. In earlier landscape painting, water appeared in a fixed, regular manner with its 'water colour', merely as a mirror to reflect objects. In Monet's work, it no longer has its own, constant colour but takes on an infinite variety of appearances, which it owes to the changes of weather, the type of bed over which it rolls or the silt it is carrying with it; it can be crystal clear, opaque, calm, turbulent, flowing or still, depending on the momentary appearance it has when the artist sets up his easel in front of it."[9] Like Émile Zola, Duret had premonitorily identified one of the prime traits of Monet's painting. One could say that the key element running through his entire oeuvre is water, from his first seascapes at Le Havre and *Impression, Sunrise* (cf. fig. 34) to his views of the Thames (*Charing Cross Bridge, Fog*, 1902, cf. fig. 98; *Waterloo Bridge, Veiled Sun*, 1903, fig. 77) right up to his final masterpieces, the Water Lilies (for example *Waterlilies*, 1906, cf. fig. 78; *Nymphéas*, 1908, cf. fig. 92; cf. essay by James H. Rubin).

NOTES

1 Charles Baudelaire, "Salon de 1859; VIII Le Paysage", *Œuvres complètes*, ed. Yves Florenne, III, Paris, 1966, pp. 416-418.
2 Émile Zola, "Mon Salon, Les Actualistes", *L'Événement illustré*, 24 May 1868.
3 Daniel Wildenstein, *Claude Monet, catalogue raisonné de l'œuvre peint*, nos. 481-485.
4 Wildenstein, op. cit., nos. 1333-1338 a.
5 Wildenstein, op. cit., no. 1339, unlocalised.
6 Letter from Sisley to Adolphe Tavernier, 24 January 1892 in *Manuscrits et autographes*, auction catalogue Paris, Hôtel Drouot, 27 March 2003, no. 158.
7 Letter from Renoir to Bazille, 3 July 1865, in *Renoir Landscapes, 1865-1883*, exh. cat., London, Ottawa, Philadelphia, 2007-2008, no. 2, note 8.
8 Zola, op. cit.
9 Théodore Duret, *Les peintres impressionnistes*, Paris, 1878, p. 19.

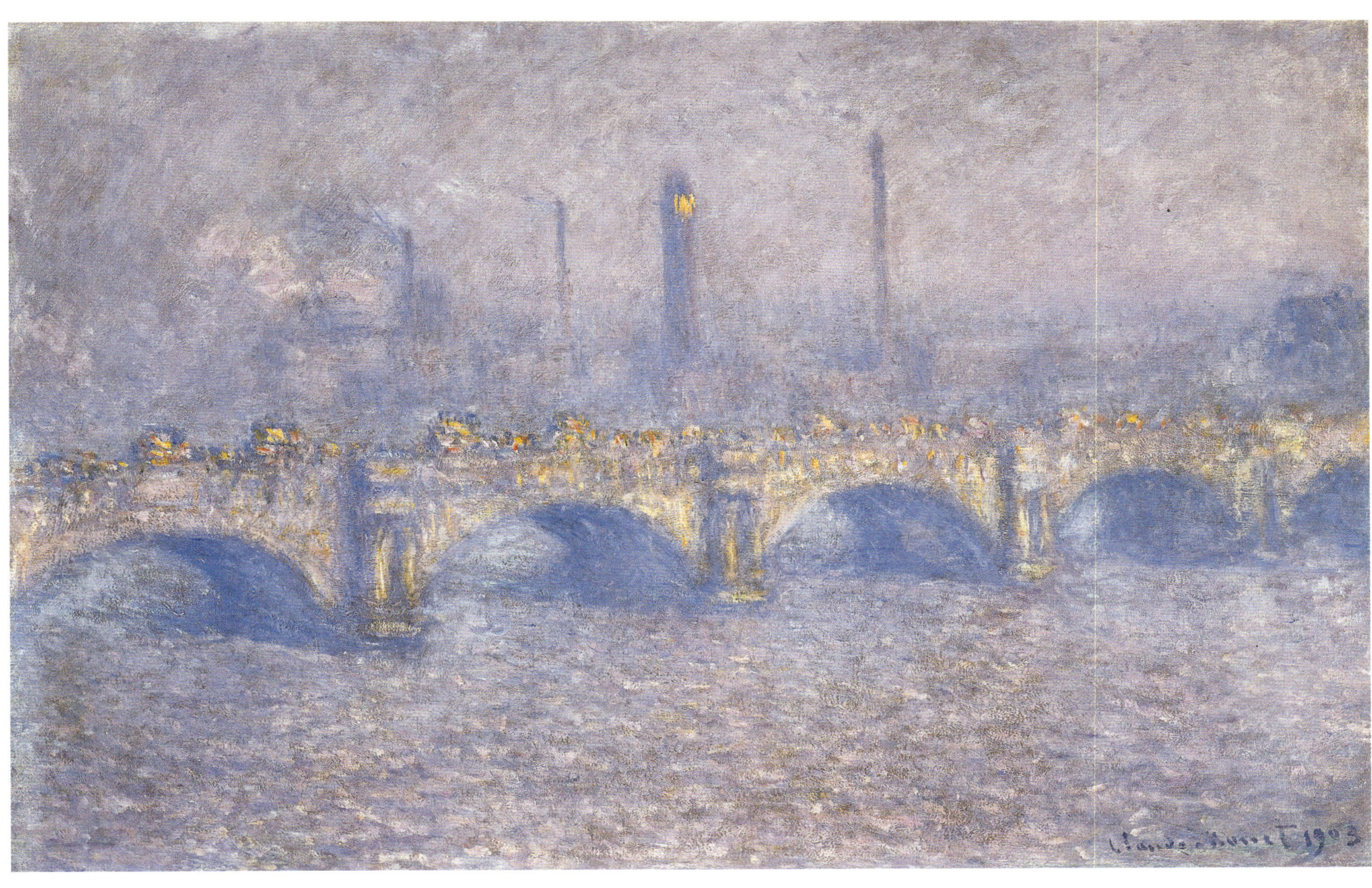

77
Claude Monet
Waterloo Bridge, Sløret sol
Waterloo Bridge, Veiled Sun

1903, olie på lærred / oil on canvas, 64,8 cm × 99,7 cm
Memorial Art Gallery, University of Rochester, Rochester, NY
Gift of the Estate of Emily and James Sibley Watson

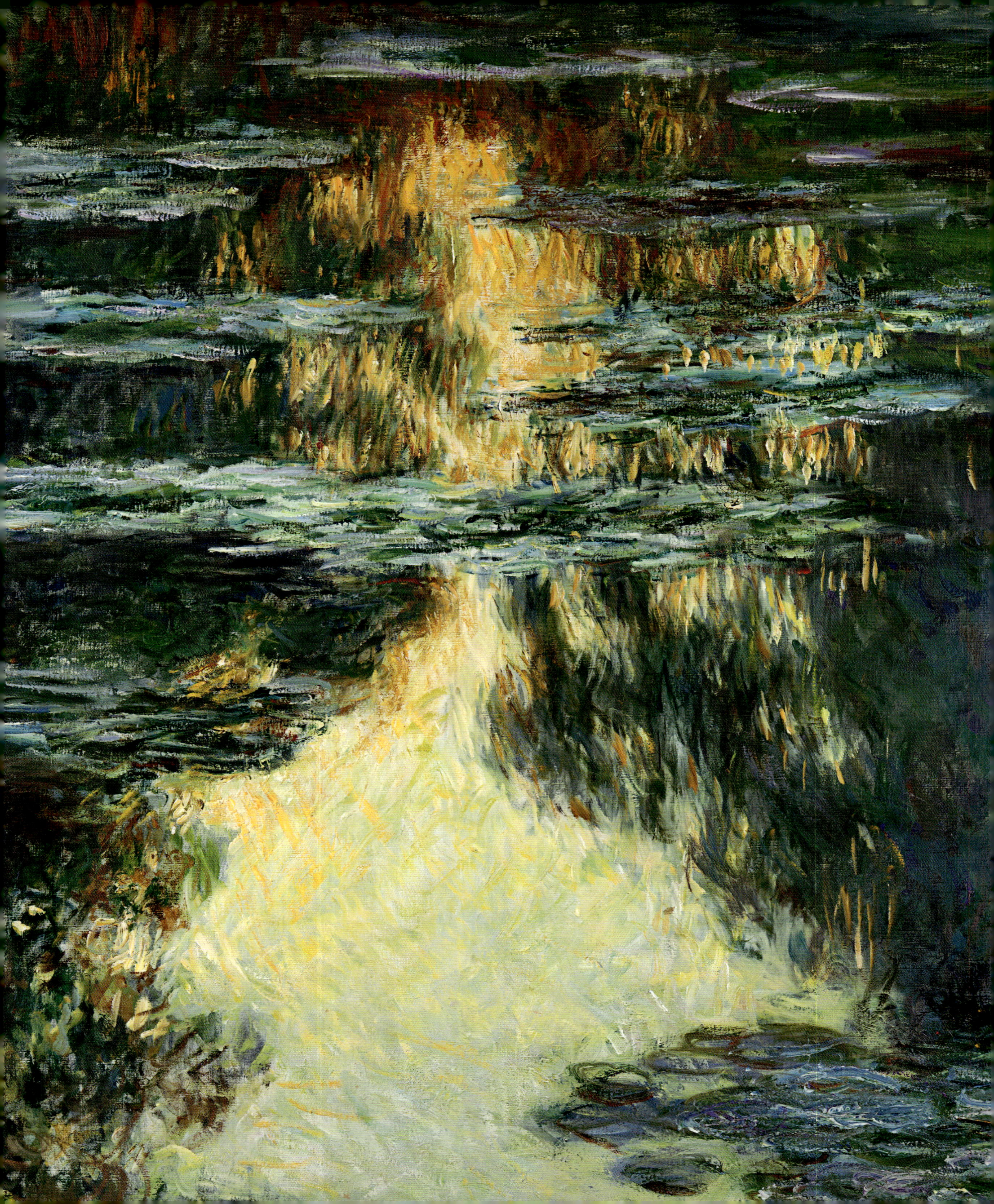

Claude Monets malede haver

Claude Monet's Painted Gardens

James H. Rubin

Professor ved State University of New York, NY
Professor at the State University of New York, NY

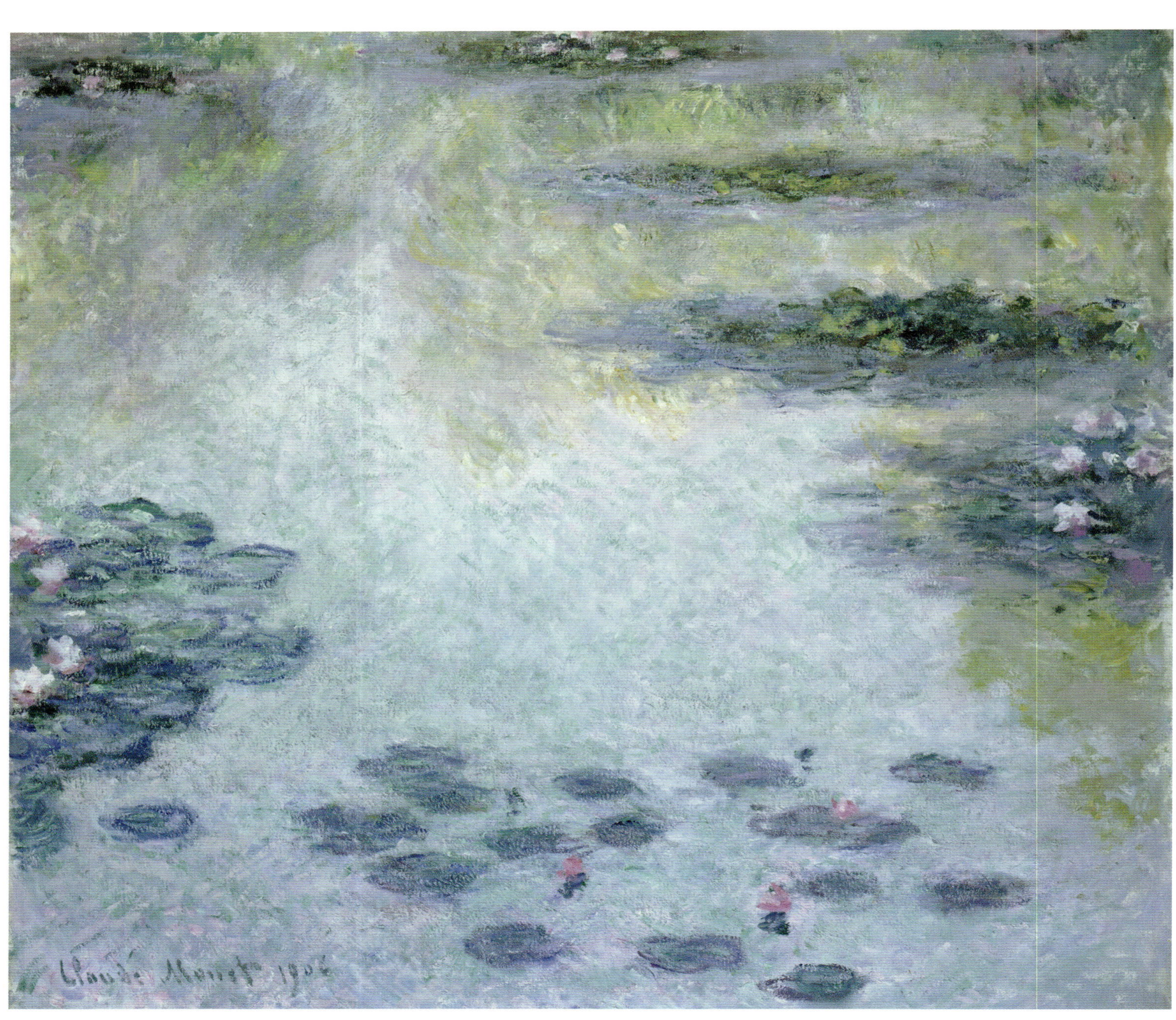

78
Claude Monet
Åkander
Waterlilies

1906, olie på lærred / oil on canvas, 81,6 × 92,7 cm
National Museum Wales, Cardiff

Nært beslægtede kunstarter

Ingen anden maler er så uløseligt forbundet med havedyrkning som den store franske impressionistiske mester Claude Monet. Hans hjem i landsbyen Giverny i Normandiet, hvor haveanlægget er blevet smukt restaureret, modtager en halv million besøgende om året, selvom der ikke er et eneste originalt maleri at se på stedet. Haven i sig selv udgør et af Monets største kunstværker (photo 7).[1] Som det vil fremgå, var Monets lidenskab for haver imidlertid ikke synderlig usædvanlig i datidens kulturelle kontekst. Det særegne er det krydsfelt, der opstår mellem haven og kunsten. Monets berømte åkandemalerier, som f.eks. *Åkander* (1906, fig. 78), der i antal overstiger 250, udgør alene omtrent en syvendedel af hans samlede produktion og to tredjedele af værkerne efter 1912.[2] Værker, der skildrer den japanske gangbro og dens rækværk dækket af et overdådigt væld (*Water Lilies and Japanese Bridge*, 1899, fig. 79) af blåregn skal også føjes til det samlede antal, sammen med iris, piletræer og andre malerier af åkandedammens kantbevoksning (Claude Monet, *Et hjørne af åkandehaven*, 1918-1919, fig. 80). Vandhaven, der var fyldt med mangfoldige sorter af *nymphéa* (åkander), var i virkeligheden den anden af to haver, der udgjorde Monets haveanlæg i Giverny. Hvis man medtager billederne af den første have, dens rosenpergolaer, espalierer og blomstrende gange (*Sti i Monets have i Giverny*, 1902, fig. 81), foruden de jordstykker, han dyrkede, før han flyttede til Giverny, samt offentlige haver som Les Tuileries og Monceauparken og ydermere private haver ud over hans egen, er der sandsynligvis intet andet motiv i Monets kunst, der er så allestedsnærværende. At dømme ud fra den kultiverede terrasse i det berømte billede af hans tante Marie-Jeanne Lecadres villa Sainte-Adresse (*Have i Sainte-Adresse*, 1867, fig. 82) lå havekunst til Monets familie. Og så snart han fik sit eget hjem i pariserforstaden Argenteuil, plejede Monet haven, og i takt med at han flyttede længere ned ad Seinefloden mod Normandiet, fik han lejlighed til yderligere at udforske både den vilde og den dyrkede plantevækst. Historien om Monets haver kan derfor siges at være historien om hans kunst.

Kontekster

To kronologiske kontekster har sat deres præg på havedyrkning – den legendariske og den moderne. I den græske mytologi lærte musikeren, digteren og profeten Orfeus menneskene naturens hemmeligheder at kende, hvilket satte dem i stand til at dyrke jorden og tæmme dyrene. Takket være denne viden udviklede menneskeheden sig fra en nomade- og jægerkultur til de faste bosættelser, vi betragter som ensbetydende med civilisation. Det er ikke tilfældigt, at ord som agrikultur, kultivere og selve ordet kultur alle har samme rod, eller at vi, med rette eller urette, sædvanligvis anser de mest 'kultiverede' mennesker for de mest civiliserede. Havebrug har endvidere

Sister Arts

No painter is so closely associated with gardening as the great French Impressionist master Claude Monet. His home at the village of Giverny in Normandy, where the gardens have been beautifully restored, receives half a million visitors each year even though not a single original painting can be seen on site. The gardens themselves are among Monet's greatest works of art (photo 7).[1] As we shall see, however, Monet's garden passion was hardly remarkable within the cultural practices of his time. What makes it special is the cross-over between gardening and art. Monet's famous water lily paintings, such as *Waterlilies* (1906, fig. 78), number alone more than 250, and form approximately one seventh of his overall production and two-thirds of that after 1912.[2] Works of the Japanese footbridge and its exuberant wisteria-covered railings (*Water Lilies and Japanese Bridge*, 1899, fig. 79) must then be added to the total, along with irises, willows and other paintings of the lily pond's border trimmings (Claude Monet, *A Corner of the Water Lily Garden*, 1918-1919, fig. 80). In fact, the aquatic garden filled with multiple varieties of *nymphea* was the second of Monet's two gardens at Giverny. If one includes pictures of the first garden, its rose arbours, trellises, and flowering *allées* (Claude Monet, *Path in Monet's Garden in Giverny*, 1902, fig. 81), in addition to the plots he cultivated before moving to Giverny, plus public gardens like the Tuileries and the Parc Monceau, and then private ones other than his own, there is probably no more ubiquitous subject in Monet's art than gardens. Moreover, judging by the cultivated terrace in the famous picture of his aunt Marie-Jeanne Lecadre's villa of Sainte-Adresse (Claude Monet, *Garden at Sainte-Adresse*, 1867, fig. 82), gardening was in Monet's family.

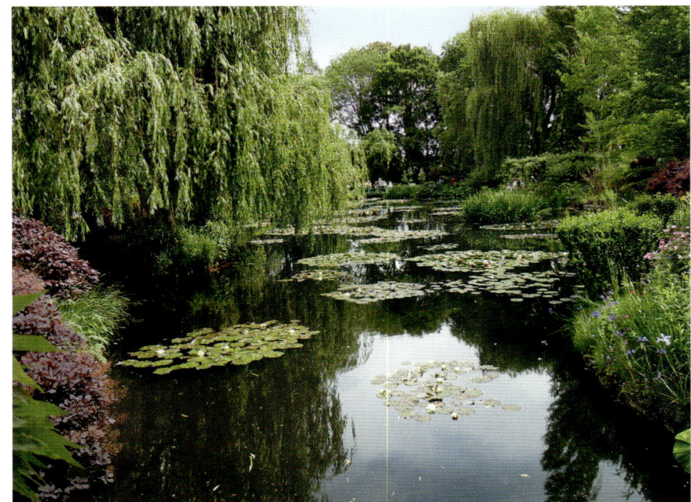

photo 7
Monets have i Giverny som den ser ud i dag
Monet's gardens at Giverny as they appear today

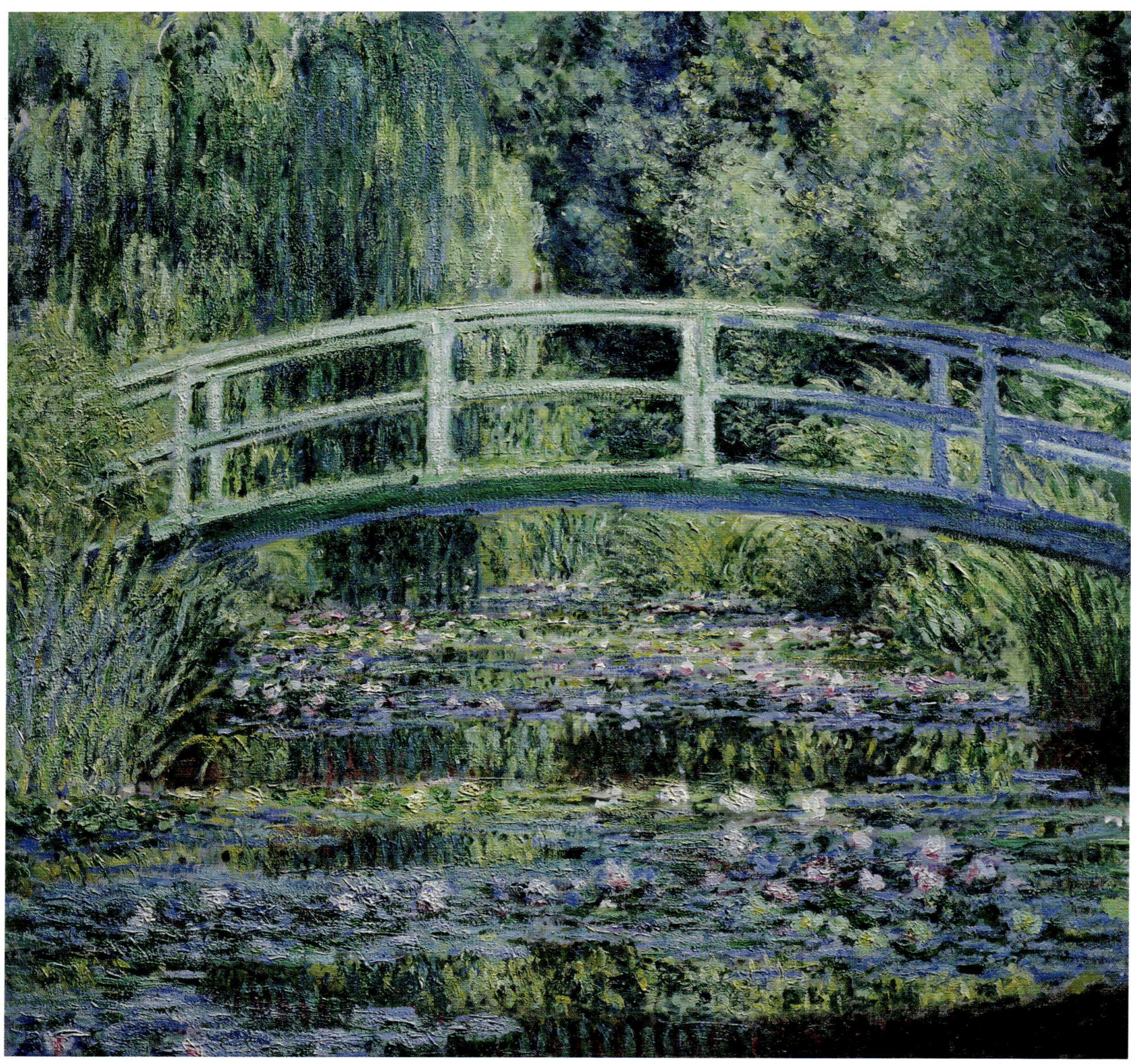

rod helt tilbage i Bibelen, hvor Edens Have er det jordiske paradis, som mennesket blev fordrevet fra på grund af arvesynden, men som det i al evighed vil længes efter, og som himlen giver håb om at vende tilbage til. I begge fortællinger lever mennesket et flittigt og møjsomt liv på Jorden, der får naturen til at bære frugter, hvilket er et tegn på menneskeværd og, i kristent sprogbrug, på frelse. Når kunstens værdi sommetider siges at være ubetalelig, trods auktionsmarkedets priser, er det i virkeligheden, fordi den anses for at rumme et åndeligt element, der ikke kan beskrives i ord. I den forstand kan kunst betragtes som det ultimative udtryk for menneskets humanitet, for det er en metafor for den måde, menneskets stræben former og henter

As soon as he established himself independently in the Paris suburb of Argenteuil, Monet tended a garden, with his successive moves along the Seine River deeper towards Normandy allowing him to explore both natural and cultivated vegetation further. The history of Monet's gardens can therefore be said to be the history of his art.

Contexts

Two chronological contexts informed the act of gardening – the legendary and the contemporary. In Greek mythology, the musician, poet, and prophet Orpheus taught man secrets of nature that enabled him to cultivate the soil and domesticate

79
Claude Monet
Åkander og den japanske bro
Water Lilies and Japanese Bridge

1899, olie på lærred / oil on canvas, 90,5 × 89,7 cm
Princeton University Art Museum, Princeton, NJ, from the Collection of William Church Osborn, class of 1883, trustee of Princeton University, president of the Metropolitan Museum of Art; given by his family, inv. no. y1972-15.

80
Claude Monet
Et hjørne af åkandehaven
A Corner of the Water Lily Garden

1918-1919, olie på lærred / oil on canvas, 120 × 89 cm
Musée d'Art et d'Histoire, Geneva

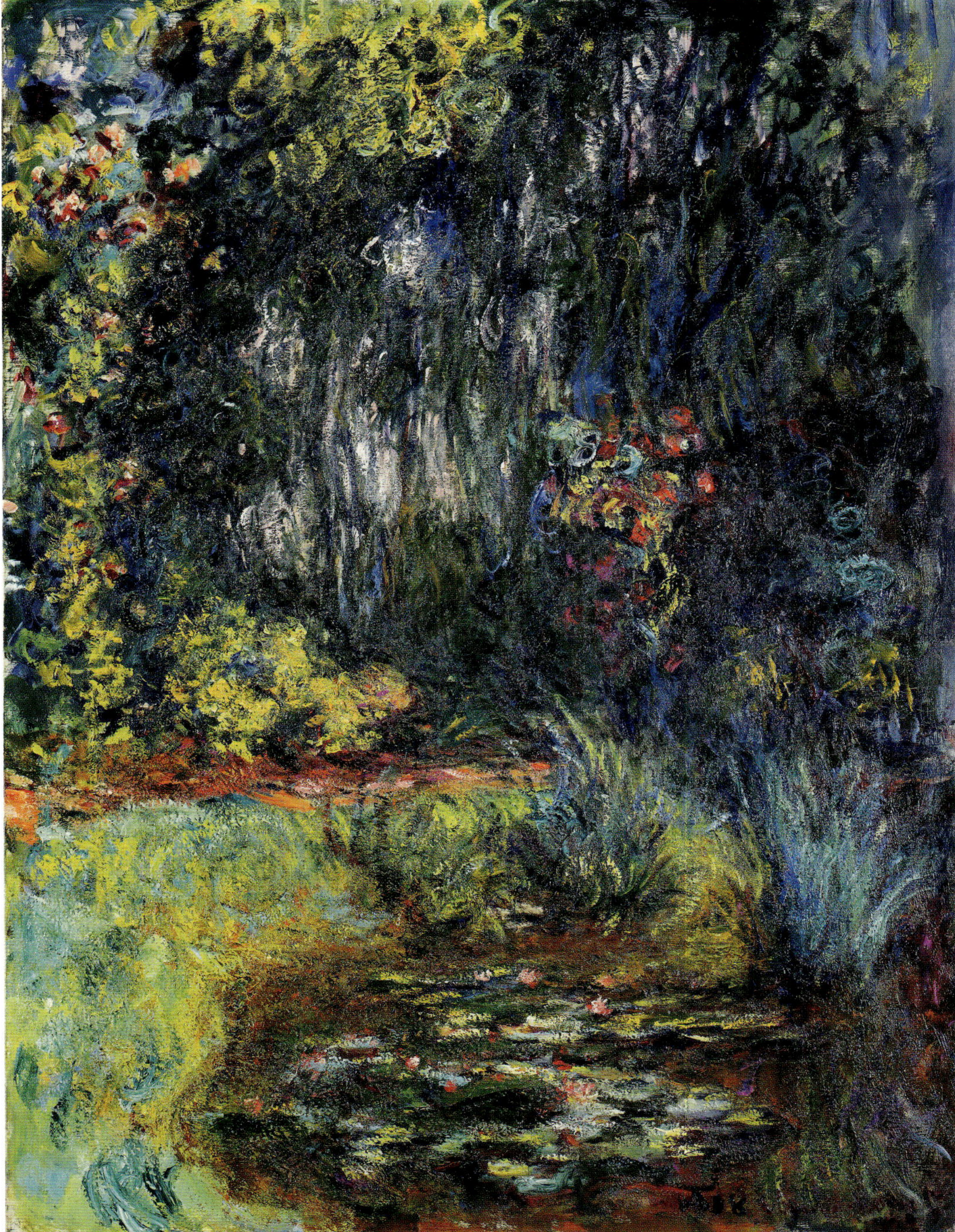

skønhed frem af naturen. På samme måde som Monet passede og plejede sine beplantninger, arrangerede han omhyggeligt naturen på sit lærred som en gartner, men en gartner der tillige er skaber. Selvom kunstneren er inspireret af den skønhed, vi skylder Guds gavmildhed, begynder han med et tomt lærred, i lighed med Skaberen på Skabelsens første dag.

animals, thanks to which humanity developed from a nomadic hunter culture to the stable settlements we equate with civilisation. It is no accident that terms like agriculture, cultivate, and the word culture itself derive from the same root, or that, rightly or not, we generally think of the most "cultured" human beings as the most civilised. Another ancient source of gardening is

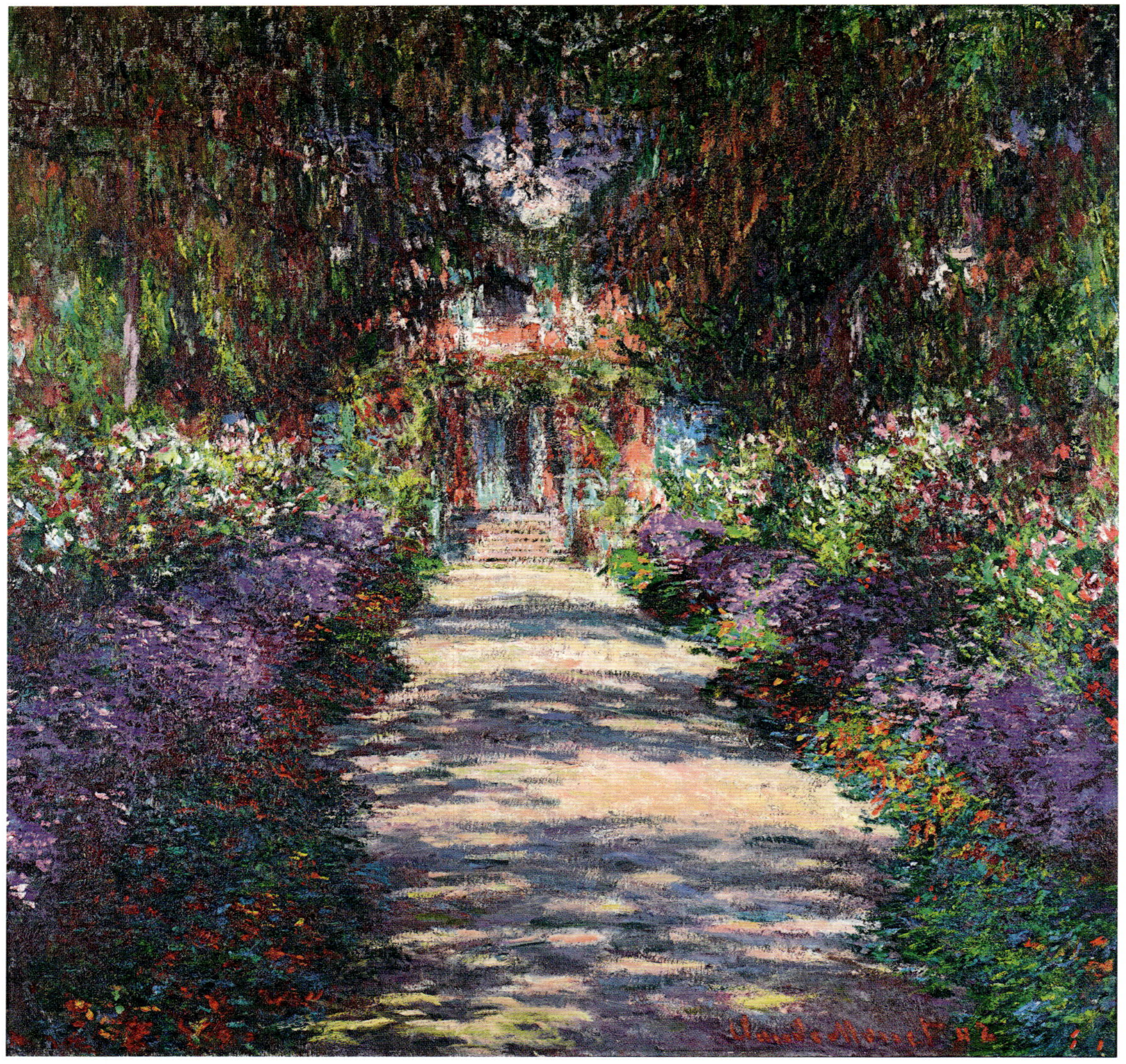

81
Claude Monet
Sti i Monets have i Giverny
Path in Monet's Garden in Giverny

1902, olie på lærred / oil on canvas, 119,5 × 122,5 cm
Österreichische Galerie Belvedere, Vienna

82
Claude Monet
Have i Sainte-Adresse
Garden in Sainte-Adresse

1867, olie på lærred / oil on canvas, 98,1 × 129,9 cm
Metropolitan Museum of Art, New York, NY, purchase, special contributions and funds given or bequeathed by friends of the Museum, 1967, inv. no. 67.241

Den moderne kontekst udgør en levende kontrast. Havedyrkning var den nye mode i det nittende århundrede, en tendens der stadig gør sig gældende i dag. Beherskelsen af naturen var blevet hverdagskost, hvad enten det gjaldt udnyttelse af damp eller smedning af jern, og havebrug var i en vis forstand et modstykke hertil. Et stadig stigende antal mennesker, der på grund af den nye økonomi nu havde tid og råd, kunne forkæle sig selv med smukke ting, der var langt mere økonomiske i pris end en malerisamling. De kunne bruge deres blomster til at skabe et farvestrålende skue, som krævede meget mindre talent, viden og ihærdighed end de skønne kunster. Forbrugskapitalismens eksplosion og øget adgang til dens fornøjelser gjorde havekunst til en nationalsport, først i England og siden i Frankrig. Man importerede ikke blot blomster fra hele verden, men specialister skabte, i deres søgen efter

biblical, where the Garden of Eden is the Earthly Paradise, from which man was exiled because of original sin, yet for which he will eternally yearn, and for which heaven holds the promise of return. In both stories, human existence on Earth is one of virtuous toil through which nature bears fruit that is the sign of human worth and, in Christian terms, redemption. Indeed, if the value of art is sometimes said to be priceless, despite its auction market indices, that is because it is considered to have a spiritual content beyond the reach of words. It is in this sense that art may be considered the ultimate expression of man's humanity, for it is a metaphor of the way human effort shapes and draws forth beauty from nature. Just as Monet arranged and nurtured his plantings, he composed nature on his canvas, like the gardener but with the added dimension of being a creator. Even though the artist is inspired by

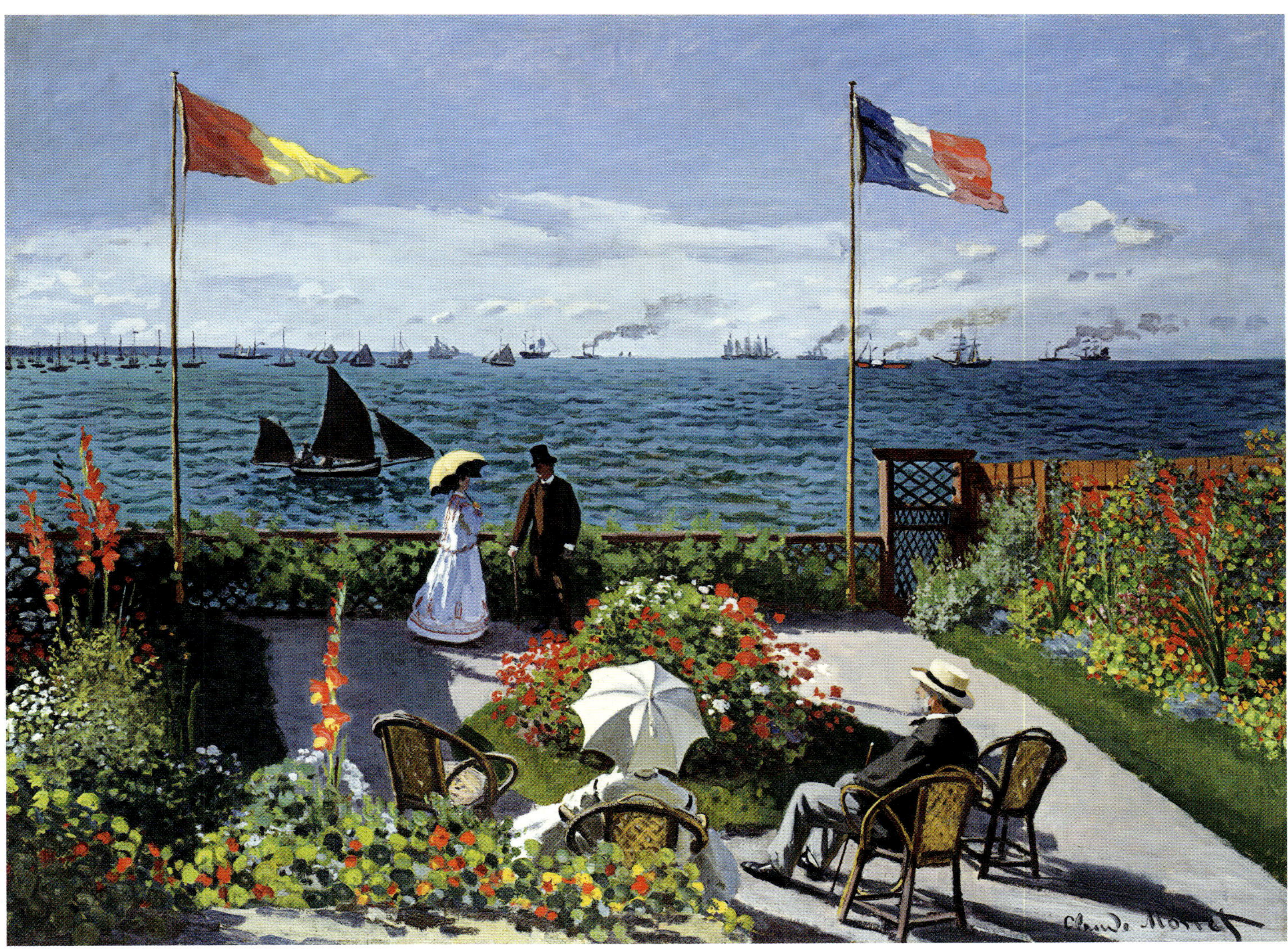

nyheder som var nødvendige for at udvide markedet, stadig flere forskellige hybrider. Kunsthistorikeren Laura Anne Kalba har påpeget, at jagten på eksotiske planter og deres næsten uendelige krydsningsmuligheder havde en parallel i udviklingen af syntetiske pigmenter og det næsten ubegrænsede antal farvenuancer, som kemikerne var i stand til at fremstille.[3] Det var da også i de første barske år i Vétheuil (se herunder), at Monet begyndte at lave stilleben, der omfattede malva (*mauves* på fransk), en plante fra katostfamilien, som f.eks. *Vase med blomster* (ca. 1881-1882, The Courtauld Gallery, London), som den syntetiske farve mauve er opkaldt efter, og *Krysantemummer* (1882, The Metropolitan Museum, New York), en eksotisk plante importeret til England sidst i det attende århundrede fra Asien, sandsynligvis fra Japan, hvor den symboliserede Kejseren og hans familie.

beauties provided by divine beneficence, he begins with an empty canvas, like a parallel to the Creator on the first day of Genesis.

The contemporary context offers a vivid contrast. Gardening was a new craze in the nineteenth century, a trend that continues today. The mastery of nature had become commonplace, whether it was the harnessing of steam or the forging of iron, to which horticulture was in a sense the obverse. Those who in increasing number had the leisure and the time grounded in the new economy could indulge themselves with objects of beauty far more affordable than collecting pictures. They could use their flowers to produce colourful displays requiring far less talent, knowledge, and perseverance than fine art. The explosion of consumer capitalism and increasing access to its pleasures made gardening a national pastime, first in England,

En anonym journalist fra Paris skrev følgende, "Det er sjældent, at man præcis erkender, hvornår en sand blomsterkunstner også er en dygtig billedkunstner. Han sætter farver sammen som en kolorist ...".[4] Alligevel synes kun få malere at have delt Monets lidenskab. Én bemærkelsesværdig undtagelse var Gustave Caillebotte, som Monet udviklede et så nært forhold til, at førstnævnte betalte for det atelier, som Monet lejede i Paris fra 1877 (på tidspunktet for hans *Gare Saint-Lazare*-serie) frem til 1881.[5] Deres brevudveksling tyder på, at det ikke blot var maleriet men også haveinteressen, der førte dem sammen. Familien Caillebotte ejede en stor ejendom i Yerres, syd for Paris langs floden af samme navn. Gustaves far havde forbedret ejendommen betydeligt og ansat fem gartnere til at vedligeholde haveanlægget. Monet og Caillebotte udvekslede oplysninger om forskellige plantearter, selvom Caillebotte dyrkede eksotiske arter og orkidéer i drivhus, mens Monet var interesseret i udendørsplanter. Udformningen af Caillebottes udendørshave var desuden behersket og formel sammenlignet med den overdådighed, der prægede Monets. Men Monets idé til åkandemalerierne kan meget vel være opstået hos Caillebotte, som omkring 1879 havde lavet nogle få skitser af vildtvoksende åkander, der flød på Yerres-floden. I 1882, mens Monet var i Poissy, gav hans kunsthandler Paul Durand-Ruel ham en bestilling på udsmykningen til en række dørpaneler af træ i sin privatbolig (Privateje).[6] Til disse paneler malede Monet enkeltblomster på stilk eller buketter i vaser samt nogle stilleben af frugter på tom baggrund. Ingen af dem blev skabt som udsnit af en have eller som et landskab, selvom denne serie, som Monet insisterede på selv at være med til at installere, foregriber åkandeudsmykningen, han lavede til Orangeriet årtier senere. Det var uden tvivl mere relevant, at Caillebotte i 1892 udførte nogle farverige, selvstændige malerier af nasturtier, der skulle bruges som en samlet udsmykning. Monets første åkandeskitser, som han udførte nogle få år efter, var også oprindeligt tænkt som vægudsmykning.[7]

Lige så interessante er de erfaringer, som den berømte kemiker Michel-Eugène Chevreul gjorde med havedyrkning. Han er i dag anerkendt for sin skelsættende afhandling om farver, *De la loi du contraste simultané des couleurs et de l'assortiment des object colorés*, udgivet i 1839 og velkendt i kunstnerkredse.[8] Før sin ansættelse som chefkemiker ved de kendte Gobelin-tæppefabrikker havde Chevreul arbejdet som assistent på det Naturhistoriske Museum (Muséum national d'Histoire naturelle) i Jardin des Plantes i Paris. På Gobelin-fabrikkerne lagde han mærke til, at trådfarver, der lå tæt op ad hinanden, havde en tendens til at dæmpe udtrykket i det endelige tæppe, og således opdagede han, hvorledes to komplementærfarver kunne fremhæve hinanden. Selvom kunstnerne instinktivt havde forstået dette princip i

then in France. Not only were flowers imported from all over the world, specialists in pursuit of the novelties necessary for the expansion of the market created ever varying hybrids. Art historian Laura Anne Kalba has pointed out that the search for exotic plants and their almost infinite hybridisation was paralleled by the development of synthetic pigments and the almost infinite shades chemists were able to produce.[3] Indeed during the grim first years at Vétheuil (see below), Monet began making still-lifes that included mallows (*mauves* in French), such as *Vase of Flowers*, (ca. 1881-1882, The Courtauld Gallery, London), after which the synthetic colour mauve was named, and *Chrysanthemums* (1882, The Metropolitan Museum, New York), an exotic late eighteenth-century British import from Asia, most likely Japan, where it symbolised the Emperor and his family.

According to one anonymous journalist writing in Paris, "It is seldom acknowledged at what point a true florist is also an accomplished artist. He composes colours like a colourist ...".[4] Yet few painters seem to have shared Monet's passion. One noteworthy exception was Gustave Caillebotte, with whom Monet became so close that the former paid for the studios Monet rented in Paris from 1877 (at the time of his Gare Saint-Lazare series) to 1881.[5] Their correspondence suggests that not just painting but gardening brought them together. The Caillebotte family possessed a large property at Yerres, south of Paris along the river of the same name. Gustave's father had considerably improved the property, employing five gardeners to maintain it. Monet and Caillebotte shared information on various plant species, even though Caillebotte cultivated exotic species and orchids in a greenhouse, whereas Monet was interested in outdoor plantings. Moreover, the design of the Caillebotte outdoor garden was restrained and formal compared to the exuberance of Monet's. Still, Monet's idea for the water lily paintings may have originated with Caillebotte, who in about 1879 had made a few sketches of naturally growing ones floating in the Yerres. In 1882, while Monet was in Poissy, his dealer Paul Durand-Ruel commissioned him to decorate a series of wooden door panels for his private residence (Private Collection).[6] For them, Monet painted individual flowers on their stems or bunches in vases, along with some still-lifes of fruit, against an empty background. None were conceived as part of a garden or as a landscape, even though this ensemble, the installation of which Monet insisted on overseeing, anticipates the water lily decorations he did for the Orangerie decades later. More pertinent, no doubt, was that in 1892, Caillebotte made some colourful independent paintings of nasturtiums to be used as a decorative ensemble. Monet's first sketches of water lilies, made a few years later, were originally intended as wall decorations, too.[7]

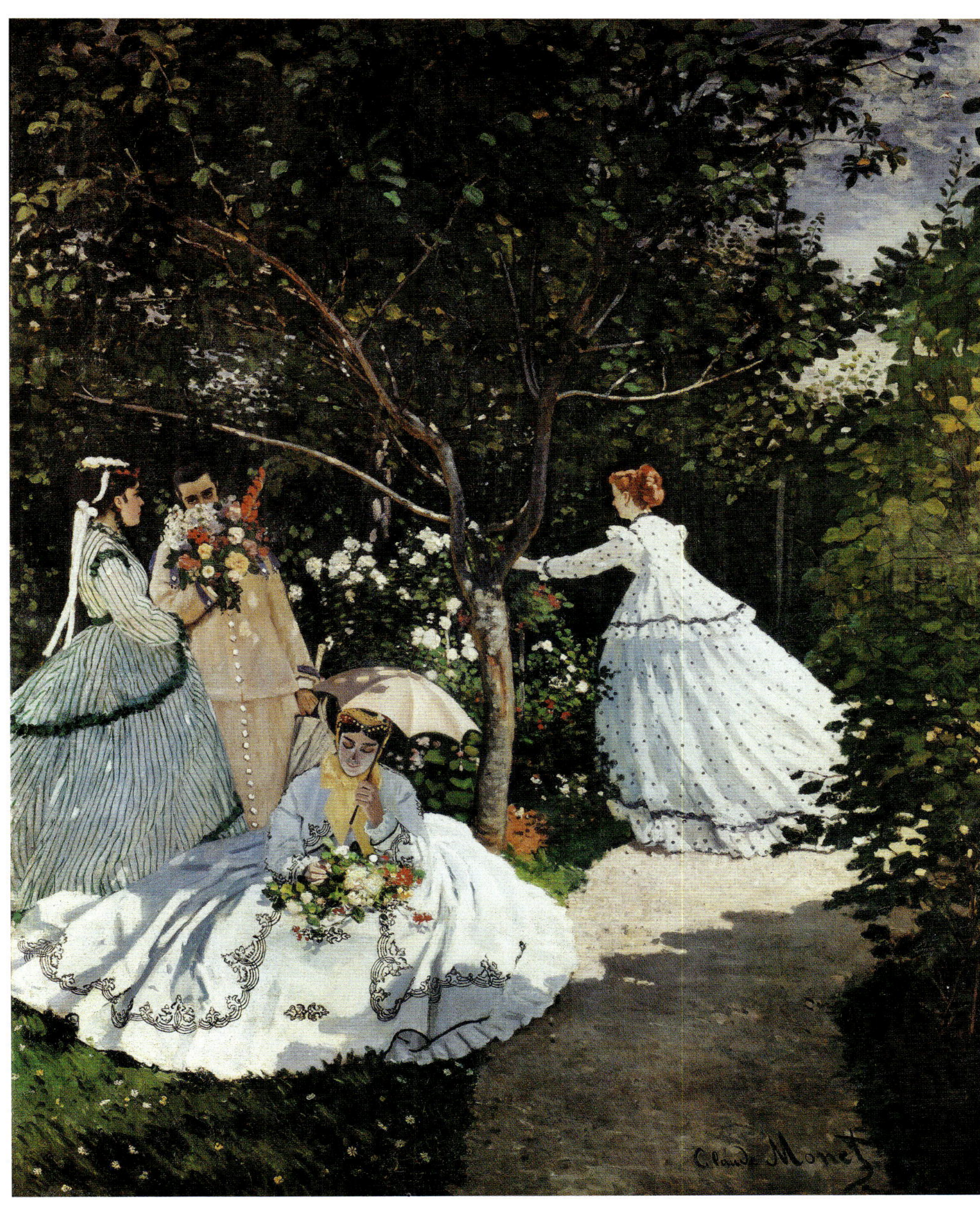

83
Claude Monet
Kvinder i haven
Women in the Garden

1866, olie på lærred / oil on canvas, 255 × 205 cm
Musée d'Orsay, Paris, inv. no. RF2773

århundreder, ophøjede Chevreul det til en videnskabelig lov, og han fremstillede et farvehjul, der sandsynligvis gjorde ham mere berømt end den egentlige tekst. Chevreul var ikke blot en ivrig gartner i sit hjem i L'Haÿ (nu L'Haÿ-les-Roses), han hjalp også med at udlægge den botaniske have i Jardin des Plantes i overensstemmelse med sine egne farveprincipper. Hans bog om farver er i virkeligheden fuld af eksempler baseret på blomster, formentlig hentet fra hans haveerfaring. Bogen samt hans farvehjul var både en parallel og et incitament til det væld af farver, der skulle komme til at præge så meget af det impressionistiske maleri.[9]

Equally interesting was the gardening experience of the celebrated chemist Michel-Eugène Chevreul. He is recognised today for his seminal treatise on colour, *On the Law of the Simultaneous Contrast of Colours*, published in 1839 and widely known to artists.[8] Prior to his appointment as chief chemist for the famous Gobelins tapestry factory, Chevreul had trained at the Museum of Natural History and worked at the Jardin des Plantes in Paris. At the Gobelins, he noticed that closely related thread colours tended to dull the resulting tapestry, from which he discovered how two complementary colours could enliven one's perception of both. Although artists had instinctively

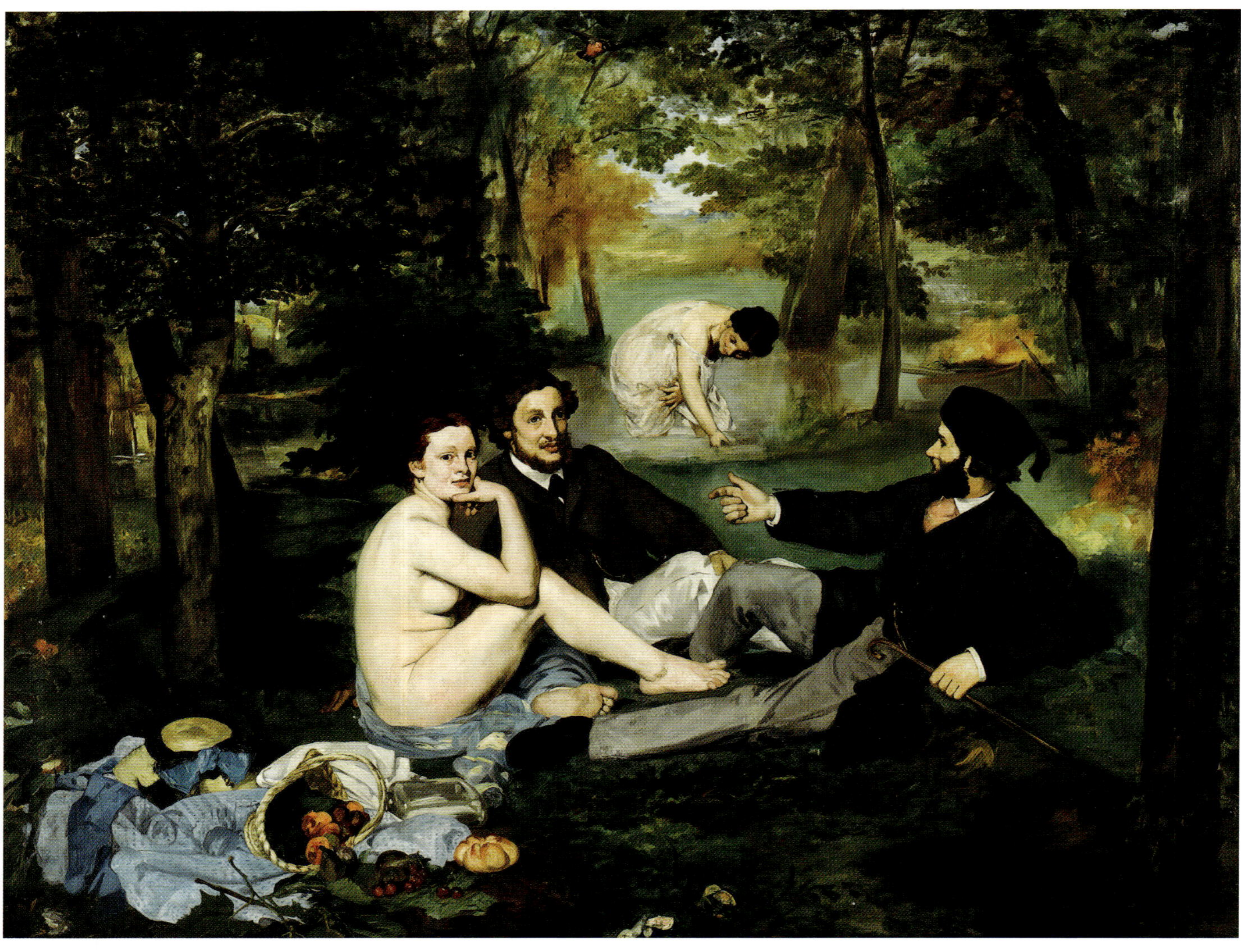

84
Édouard Manet
Frokost i det grønne
Le déjeuner sur l'herbe
1862–1863, olie på lærred /
oil on canvas, 207 × 265 cm
Musée d'Orsay, Paris, inv. no. RF1668

Tidlige værker

Havemotivet var til stede i Monets malerier helt fra de tidlige år. Haven i en villa, Monet lejede i Argenteuil, en forstad tæt ved Paris, dannede rammen om Monets største tidlige maleri, *Kvinder i haven* (1866, fig. 83). Han må have betragtet denne komposition som et slags manifest, der skulle bevise, at friluftsmaleriet (*plein air*) kunne stå mål med de værker, der traditionelt tiltrak sig størst opmærksomhed på den officielle Salon – den årlige regeringsstøttede kunstudstilling. For at kunne fastholde synsvinklen og sikre sig frihed i udførelsen gravede Monet en rende til det otte fod høje billede og konstruerede et trissesystem, der gav ham mulighed for at hæve og sænke det. Desværre blev maleriet afvist af Salonens

understood this principle for centuries, Chevreul made it a law of science and he produced a colour wheel that probably made him more famous than his actual text. Not only was Chevreul an avid gardener at his home at L'Haÿ (now L'Haÿ-les-Roses), but he also helped to design the public gardens at the Jardin des Plantes based on his colour principles. His book on colour is in fact full of examples based on flowers, presumably drawn from his gardening experience. The book, along with his colour wheel, both paralleled and encouraged the profusion of colour that would characterise so much Impressionist painting.[9]

dommerkomité. Blandt dem, der så billedet i Monets atelier, var imidlertid nogle af hans malervenner, heriblandt Édouard Manet og den vordende romanforfatter Émile Zola, som helt fra barnsben havde været ven af Paul Cézanne, der arbejdede som journalist, og som energisk havde forsvaret Manet.

Manets *Frokost i det grønne* (1862-1863, fig. 84), som viser to påklædte mænd og en nøgen kvinde, der spiser frokost i det fri, havde givet anledning til stor uenighed på Salon des Refusés (De Afvistes Salon) i 1863.[10] Nogle år senere tog Monet temaet op igen med henblik på offentligt at udstille et stort værk som Manets. I Manets komposition optræder der en nøgen kvinde, nemt genkendelig som kunstnerens professionelle model, i selskab med to påklædte mænd, hvoraf den ene peger på hende. Billedet er tydeligvis iscenesat i atelieret; det efterligner helt åbenlyst visse kompositioner fra renæssancekunstens historie, og forholdet mellem de skildrede figurer er bevidst tvetydigt. Monet ønskede at "korrigere" Manets kunstgreb med en komposition malet efter naturen. Da det af forskellige årsager ikke lykkedes ham at fuldende denne planlagte *Déjeuner*, blev *Kvinder i haven* (cf. fig. 83) dens umiddelbare efterfølger. Billedet var tænkt som et figurmaleri, og Monet understregede dets modernitet ved at tage afsæt i tidens mode (snarere end historiske kompositioner) som inspiration og ved at anbringe sine figurer i en have med naturligt lys. Et væld af løv og blomster med blot en plet af klar blå himmel fylder det meste af billedfladen, og sollysets virkning skildres ved skyggernes spil i billedets forgrund og ved himmelblå spejlinger på de mønstrede kjolers hvide baggrund. Det var irrelevant, at han gjorde det færdigt i sit atelier.

I sine tidlige billeder malede Monet parterrehaver og runde højbede kaldet *corbeilles* i mere eller mindre ensartede farver. *Terrassen i Sainte-Adresse* (cf. fig. 82) og *Kvinde i haven. Sainte-Adresse*, 1867 (Statsmuseet Eremitagen, Skt. Petersborg) er eksempler på denne form og fungerer som base for den stærke geometri og de skarpe farvekontraster, der er karakteristiske for mange af Monets tidlige billeder. Zola skrev om Monets havemalerier i rosende vendinger og kaldte dem for storartede eksempler på moderniteten:

"Man må være ualmindelig glad for sin egen tidsalder for at turde binde an med et lignende kunststykke ... Claude Monet har en særlig kærlighed for naturen, som berørt af menneskehånd får et moderne udtryk. Han har malet en række billeder af haver. Jeg kender ikke til andre malerier med et så personligt tilsnit. Mod havealleernes gule sand står bedene skarpt, fremhævet af de strålende røde geranier eller de mathvide krysantemummer. Det ene blomsterhøjbed følger det andet, omgivet af besøgende der kommer og går i deres elegante, afslappede tøj."[11]

Early Works

Gardens were present in paintings from Monet's early years. The garden of a villa Monet rented in Argenteuil, a nearby suburb of Paris, was the setting for Monet's largest early painting, *Women in the Garden* (1866, fig. 83). He must have regarded this composition as a kind of manifesto, through which he would prove that outdoor (*plein air*) painting could rival works that traditionally received the most attention at the official art Salon – the annual government-sponsored exhibition. In order to preserve his point of view and freedom of execution, Monet dug a trench for the eight-foot-high canvas and set up a pulley system that allowed him to raise and lower it. Unfortunately, the painting was rejected by the Salon jury. Among those who saw it in Monet's studio, however, were painter friends, including Édouard Manet, and the budding novelist, Émile Zola, a boyhood friend of Paul Cézanne who was working as a journalist and had vigorously defended Manet.

Manet's *Le déjeuner sur l'herbe* (1862-1863, fig. 84), which showed two clothed men and a naked woman at an outdoor picnic, had provoked a huge controversy at the *Salon des Refusés* (exhibition of rejected works) in 1863.[10] A few years later Monet took up the theme with the intention of publicly exhibiting a large-scale work like Manet's. In Manet's composition, a naked woman identifiably the artist's professional model, is accompanied by two clothed men, one of whom points to her. The picture had obviously been staged in the studio; it overtly echoed certain compositions from the history of Renaissance art, and the relationships between its figures were contrived to be ambiguous. Monet hoped to "correct" Manet's artifice with a composition done from nature. Failing to finish this projected *Déjeuner* for various reasons, *Women in the Garden* (cf. fig. 83) became its immediate successor. Conceived as a figure painting, Monet highlighted its modernity by using contemporary fashion prints (rather than historical compositions) as its source and by placing his participants in a garden under natural light. A profusion of foliage and flowers, with just a patch of bright blue sky, take up most of the picture's surface, and phenomena produced by sunlight are featured by the play of shadow in the picture's foreground and sky-blue reflections on the white background of the dress patterns. It was of no matter that he finished it in his studio.

In his early paintings, Monet featured *parterres* and raised plots called *corbeilles* of more or less uniform colour. *Garden at Sainte-Adresse* (cf. fig. 82) and *Woman in the Garden. Sainte-Adresse*, 1867 (The State Hermitage Museum, Saint Petersburg) exemplify this form and serve as a basis for the powerful geometry and sharp colour contrasts that characterise many of Monet's early pictures. Zola wrote in praise of Monet's garden paintings as fine examples of modernity:

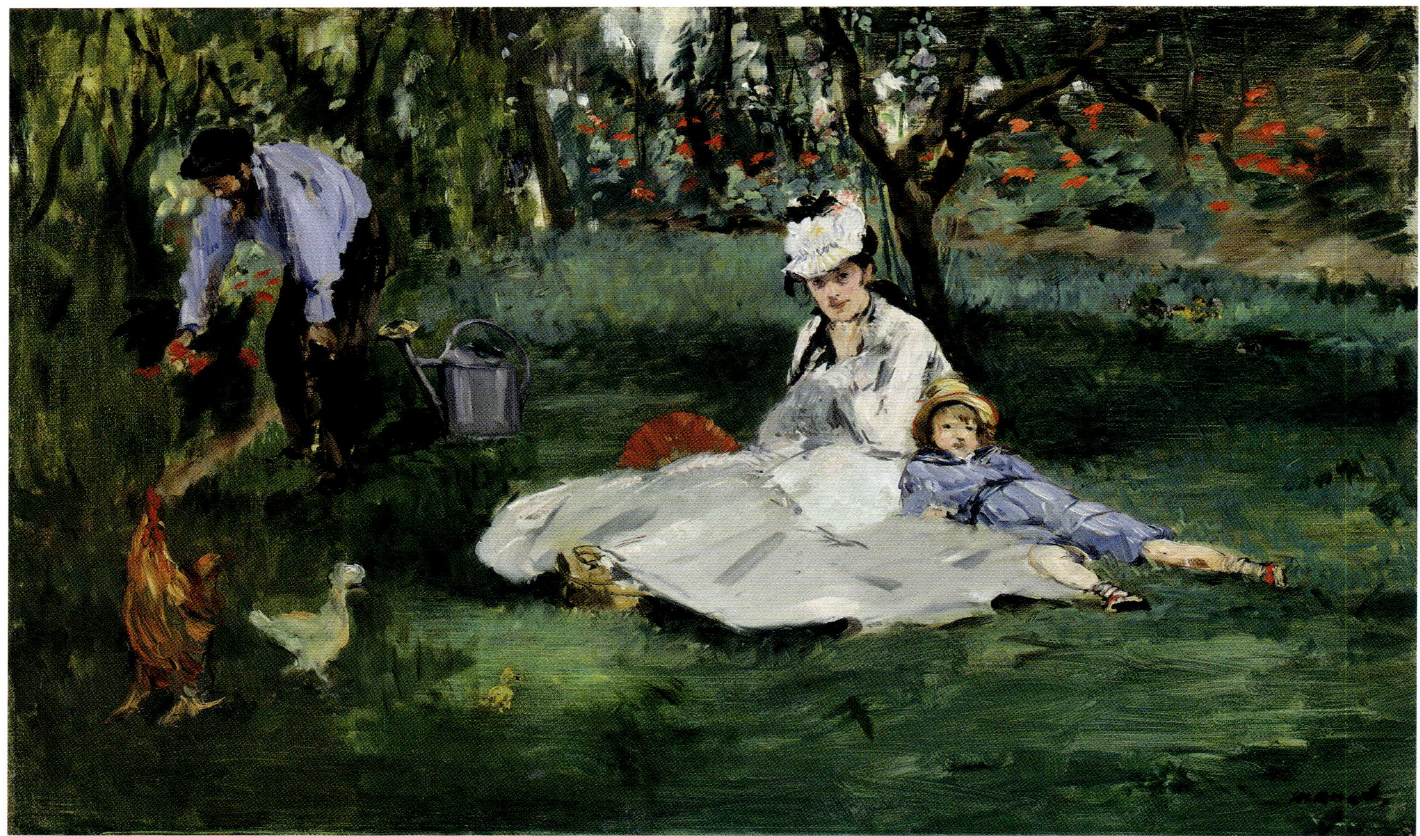

Argenteuil og Vétheuil

I det lejede hus i Argenteuil, som Monet boede i sammen med sin kone Camille og deres lille søn Jean, var han herre over egen jord. Bortset fra den beplantning, der allerede fandtes, og som omfattede en stor rosenbusk, begyndte han at dyrke mere varieret. Et maleri af Édouard Manet, der forestiller Monet i sin have, er et uvurderligt vidnesbyrd herom (*Familien Monet i deres have i Argenteuil*, 1874, fig. 85). Til forskel fra et andet maleri af Pierre-Auguste Renoir (cf. fig. 17), der viser Monet i færd med at male en stor rosenbusk på et udendørsstaffeli, fanger Manets billede Monet, mens han er i gang med havearbejdet. Hans lille familie holder ham med selskab, men Monet er tydeligvis mere optaget af sine planter, selvom de tager sig meget beskedne ud. På dette tidspunkt i sin karriere var Monet imidlertid mere interesseret i at male billeder, der skildrede åbne rum, både i Paris og på markerne omkring Argenteuil, end i at gengive sin egen have. Det var for eksempel, mens han boede i Argenteuil (fra 1871-1878), at Monet malede billeder af de offentlige haver, nævnt ovenfor, samt i 1876 de udstrakte slotsjorder i Montgéron, der tilhørte hans nye mæcen Ernest Hoschedé, for hvem han malede fire store billeder fyldt med

"One must singularly love one's own times to dare such a tour-de-force ... Claude Monet has a particular love of nature that the hand of man has dressed up *à la moderne*. He has painted a series of canvases of gardens. I know of no paintings having a more personal accent. Against the yellow sand of the walkways [*allées*], the borders [*plate-bandes*] stand out, accented by the bright red of geraniums or the matte white of chrysanthemums. Flowery mounds [*corbeilles*] follow one after the other, surrounded by the comings and goings of visitors in elegant casual dress."[11]

Argenteuil and Vétheuil

At the rented house he occupied at Argenteuil with his wife Camille and little son Jean, Monet was the master of his own terrain. Apart from pre-existing plantings that included a large rosebush, he began cultivating greater variety. A painting of Monet in his garden by Édouard Manet is a precious document (*The Monet Family in Their Garden at Argenteuil*, 1874, fig. 85). Unlike the painting by Pierre-Auguste Renoir (cf. fig. 17) that shows Monet in the act of painting the rosebush on an outdoor easel, the Manet catches Monet in the act of gardening.

85
Edouard Manet
Familien Monet i deres have i Argenteuil
The Monet Family in Their Garden at Argenteuil

1874, olie på lærred / oil on canvas, 61 × 99,7 cm
Metropolitan Museum of Art, New York, NY, bequest of Joan Whitney Payson, 1975, inv. no. 1976.201.14

86
Claude Monet
Camille Monet siddende på en havebænk
Camille Monet on a Garden Bench

1873, olie på lærred / oil on canvas, 60,6 × 80,3 cm
Metropolitan Museum of Art, New York, NY, The Walter H. and Leonore Annenberg Collection, Gift of Walter H. and Leonore Annenberg, 2002, Bequest of Walter H. Annenberg, 2002, inv. no. 2002.62.1

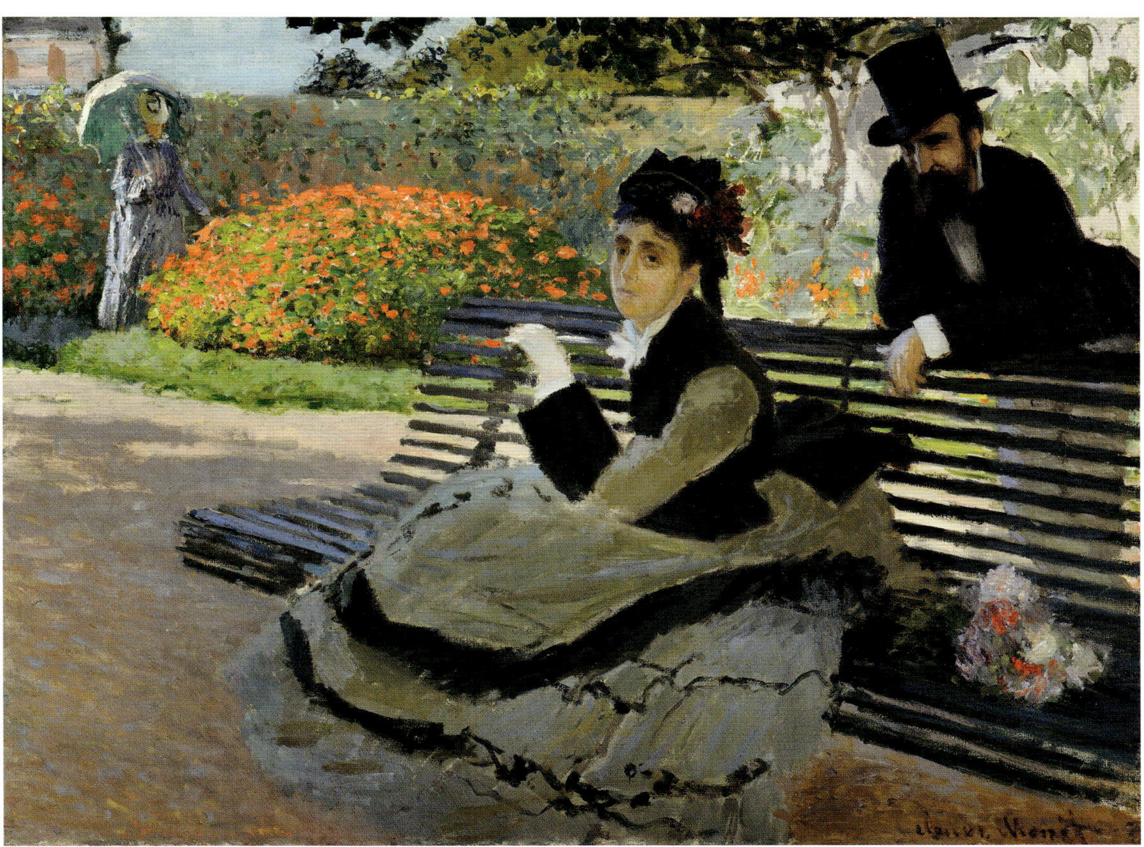

plantevækst.[12] Sammenlignet med den forkærlighed han udviste for haven i Giverny, lader billederne af hans egen forstadshave i Argenteuil til at være af underordnet betydning.

Stort set hver gang Monet skildrede haven i Argenteuil, inkluderede han desuden sin kone Camille Doncieux eller deres søn Jean. Nogle få, som f.eks. *Camille Monet siddende på en havebænk* (1873, fig. 86) med dets enorme højbed fuldt af røde blomster i baggrunden, lader til at være portrætter af Camille. I de fleste af dem er figurens tilstedeværelse dog af langt mindre betydning end plantevæksten, som i *Kunstnerens hus i Argenteuil* (1873, fig. 87). De er stadig familiebilleder, og de landlige forstadsrammer er lige så meget et billede af samtidens livsstil som en personlig reference. Selvom Monet på dette tidspunkt stadig kæmpede for at slå sit navn fast som kunstner, er hans billeder et konkret udtryk for den bedsteborgerlige frihed, som han stræbte efter, i det mindste for sin familie og måske også for sig selv, arbejdsnarkoman som han var. Billeder af adspredelser og overdådige blomsterflor er måske nok et modstykke til hans ustabile økonomi, men heldigvis repræsenterer de også visioner, som ville gå i opfyldelse senere hen, da øgede indtægter satte ham i stand til at flytte

His small family keeps him company, but clearly Monet is more engrossed in his plantings, modest as they seem. At this point in his career, however, Monet was more interested in making canvases depicting open spaces both in Paris and in the fields surrounding Argenteuil than in representing his own garden. For instance, it was while living in Argenteuil (from 1871 to 1878) that Monet painted views of the public gardens mentioned earlier, as well as in 1876 the ample grounds of his new patron Ernest Hoschedé's château at Montgéron, for whom he made four large pictures filled with vegetation.[12] Compared to his focus at Giverny, pictures of his own suburban garden at Argenteuil seem incidental.

Virtually every time Monet represented the Argenteuil garden, moreover, he included his wife Camille Doncieux or their son Jean. A few, such as *Camille Monet on a Garden Bench* (1873, fig. 86) with its enormous raised *corbeille* of red flowers in the background, seem to be portraits of Camille. In most, however, the figure's presence is far less important than the vegetation, as in *The Artist's House at Argenteuil* (1873, fig. 87). They are still family pictures, and the bucolic suburban setting is as much an image of contemporary lifestyle as it is a personal reference.

til Giverny. Men i 1878, hvor han var hårdt økonomisk presset, følte Monet sig tvunget til at forlade Argenteuil og flytte til Vétheuil, betydeligt længere nede af floden, hvor huslejen var mindre end det halve af, hvad han havde betalt hidtil. Et behov for nye omgivelser og mere plads var sandsynligvis endnu en af årsagerne til, at han forlod Argenteuil. Argenteuil var ved at blive opslugt af byen med nye huse, der afløste de åbne marker, og industribygninger langs floden. I dag er Argenteuil en af Frankrigs tættest befolkede forstæder, fyldt med boligkomplekser og lagerbygninger og gennemskåret af tilkørselsvejene til de parisiske motorveje.

Vétheuil (fra 1878-1883) var en fredelig landsby uberørt af den modernitet, som Monet havde efterstræbt i den tidligere del af sin karriere.[13] Han flyttede dertil sammen med sin familie samt Alice Hoschedé og hendes seks børn. Alices mand var gået konkurs og kunne ikke forsørge familien. Camilles helbred blev dårligt efter sønnen Michels fødsel, måske på grund af skader hun havde pådraget sig ved en tidligere abort. Alice hjalp med at pleje hende, indtil hun døde i 1879, hvorefter hun tog sig af både Monets og sine egne børn. Monet valgte det hus, han lejede, fordi det lå højt med udsigt ud over Seinen og landsbyen Lavacourt på den modsatte bred. Det stod i en række huse tæt op mod en lille klippe på den anden side af en grusvej (nu asfalteret), som skilte dem fra flodbredden, der lå ca. 200 meter nede af en skråning. Denne have var præget af omgivelsernes landlige præg, for til forskel fra den omhyggeligt anlagte beplantning, der sås i Argenteuil, var haven i Vétheuil, som Monet malede seks billeder af i 1881, ikke så friseret.[14] Langs trappen virker den næsten overgroet med solsikker, og roserne slynger sig frit hen over hegnet ud mod Seinen; blandt hans billeder af dette motiv er to, der viser Alice med sit strikketøj ved et bord i skyggen af et træ.

Ligesom det var tilfældet i Argenteuil, er hovedparten af Monets billeder fra denne periode udsigter over floden. Så langt nede ad floden var der meget mindre trafik end i Argenteuil, der i årevis havde været hjemsted for både fragt- og fritidssejlads. *Haven i Vétheuil* (1881, fig. 88), der var anlagt bag hjulsporet, førte ad en trappe ned til et område, der var tilstrækkeligt fladt til at huse store tilplantede Delft-krukker, sandsynligvis de samme, der kan ses i maleriet fra Chicago, som viser drengen Jean bag huset i Argenteuil. Flodens nærhed kan opleves i nogle få billeder malet for enden af haven (*Blomster i Vétheuil*, 1881, The Museum of Fine Arts, Boston). Alligevel var stedet sikkert nok til, at børnene kunne lege der. Washington-billedet, som er i et noget større format, end hvad Monet ellers foretrak i denne periode, viser Michel Monet på trappen sammen med Alice eller måske en af de ældre Hoschedé-døtre stående et stykke bag ham sammen med deres lille skødehund. Ifølge Jean-Pierre Hoschedés senere beretning optræder han selv tættere på billedets forgrund i

Even though Monet was still struggling professionally at this time, his images embody the bourgeois freedom to which he aspired, at least for his family if not also for his workaholic self. Pictures of pleasure and floral abundance may indeed be the obverse of his unstable financial situation, but luckily they also represent visions that would be fulfilled in later years, when increasing income enabled him to move to Giverny. Having reached a low point in 1878, however, Monet felt forced to leave Argenteuil for Vétheuil, considerably downstream, where the rent was less than half what he had been paying. It is also likely that motivation for leaving Argenteuil included the need for a fresher environment and more space. Argenteuil was becoming too urban, with new houses taking over open fields and industry building up along the river. Today Argenteuil is one of France's most densely populated inner-ring suburbs, filled with housing projects and warehouses and crossed by Paris feeder freeways.

Vétheuil (from 1878 to 1883) was a peaceful village untouched by the modernity Monet had pursued in the early part of his career.[13] He moved his family there along with Alice Hoschedé and her six children. Alice's husband was bankrupt and could not support the family. Camille had fallen ill following the birth of their son Michel, perhaps as the result of damage caused by an earlier abortion. Alice helped nurse her until she died in 1879, and then she raised the Monet children with her own. Monet chose the house he rented for its elevated view overlooking the Seine and the village of Lavacourt on the opposite bank. It was in a row backed up to a small cliff on the other side of a dirt track (now a paved road) that separated them from the riverbank, some 200 metres down an incline. This garden reflected its location's rural character, for unlike the organised plantings visible at Argenteuil, the garden at Vétheuil, of which Monet made six images in 1881, was less domesticated.[14] Along the steps, it seems almost overgrown with sunflowers, and roses grow freely along the fence overlooking the Seine, where among his views were two versions showing Alice knitting at a table in the shade of a tree.

As at Argenteuil, the majority of Monet's pictures from this time show river views. This far downstream had much less traffic than the industrial waterway and weekend sailing spot Argenteuil had been for years. *The Artist's Garden at Vétheuil* (1880, fig. 88), which was set therefore across the cart track, led via steps down to an area flat enough for large Delft planters, presumably the same ones in the painting from Chicago (cf. fig. 87) showing young Jean behind the Argenteuil house. Proximity to the river can be experienced in a few views from the end of the garden (*Flowers at Vétheuil*, 1881, The Museum of Fine Arts, Boston). Yet it was safe enough for the children to play in. The Washington picture, which is of larger than usual format for Monet at this time, shows Michel Monet on the steps

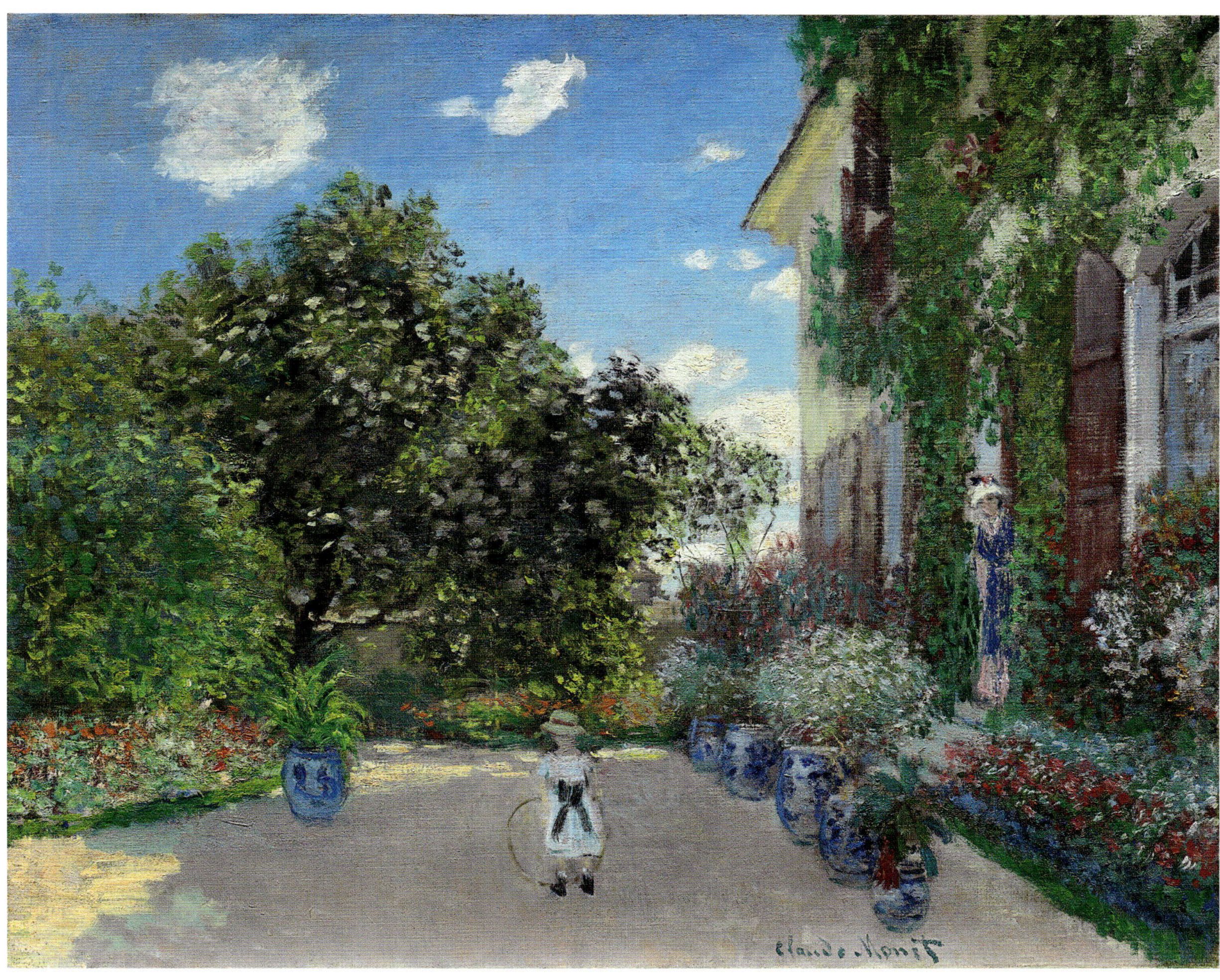

87
Claude Monet
Kunstnerens hus i Argenteuil
The Artist's House at Argenteuil

1873, olie på lærred / oil on canvas, 60,2 × 73,3 cm
The Art Institute of Chicago, Chicago, IL
Mr. and Mrs. Martin A. Ryerson Collection, inv. no. 1933.1153

færd med at skubbe sin legetøjstrillebør nærmere. Man kunne hævde, at børnene under deres opvækst i Monets blomstermiljø fik havedyrkningens glæder ind gennem legetøj, der opmuntrede dem til at forestille sig selv som malerens unge hjælpere.

Huset i Giverny

Efter at være flyttet til Poissy for en kort bemærkning og derefter tilbage til Paris igen fandt Monet i 1883 huset i Giverny, som skulle blive stedet, hvor han boede, malede og dyrkede haven resten af sit liv. Landsbyen, der har ca. 300 indbyggere, er domineret af kirken Sainte Radegonde – hvor Monet ligger begravet – som kan ses på den anden side af floden, når toget fra Paris nærmer sig Vernon. Den er bygget på en bakke lige over flodsletten, der afgrænser Givernys gader og

with Alice or perhaps an older Hoschedé daughter slightly behind him, accompanied by their small lap dog. Closer to the foreground, according to his own later account, Jean-Pierre Hoschedé was approaching his toy wheelbarrow. One might say that the children growing up in Monet's floral environments were being sensitised to the joys of gardening through toys that allowed them to imagine themselves as the painter's junior assistants.

The Giverny House

After moving briefly to Poissy and back to Paris, in 1883 Monet found the house at Giverny where he would live, paint and

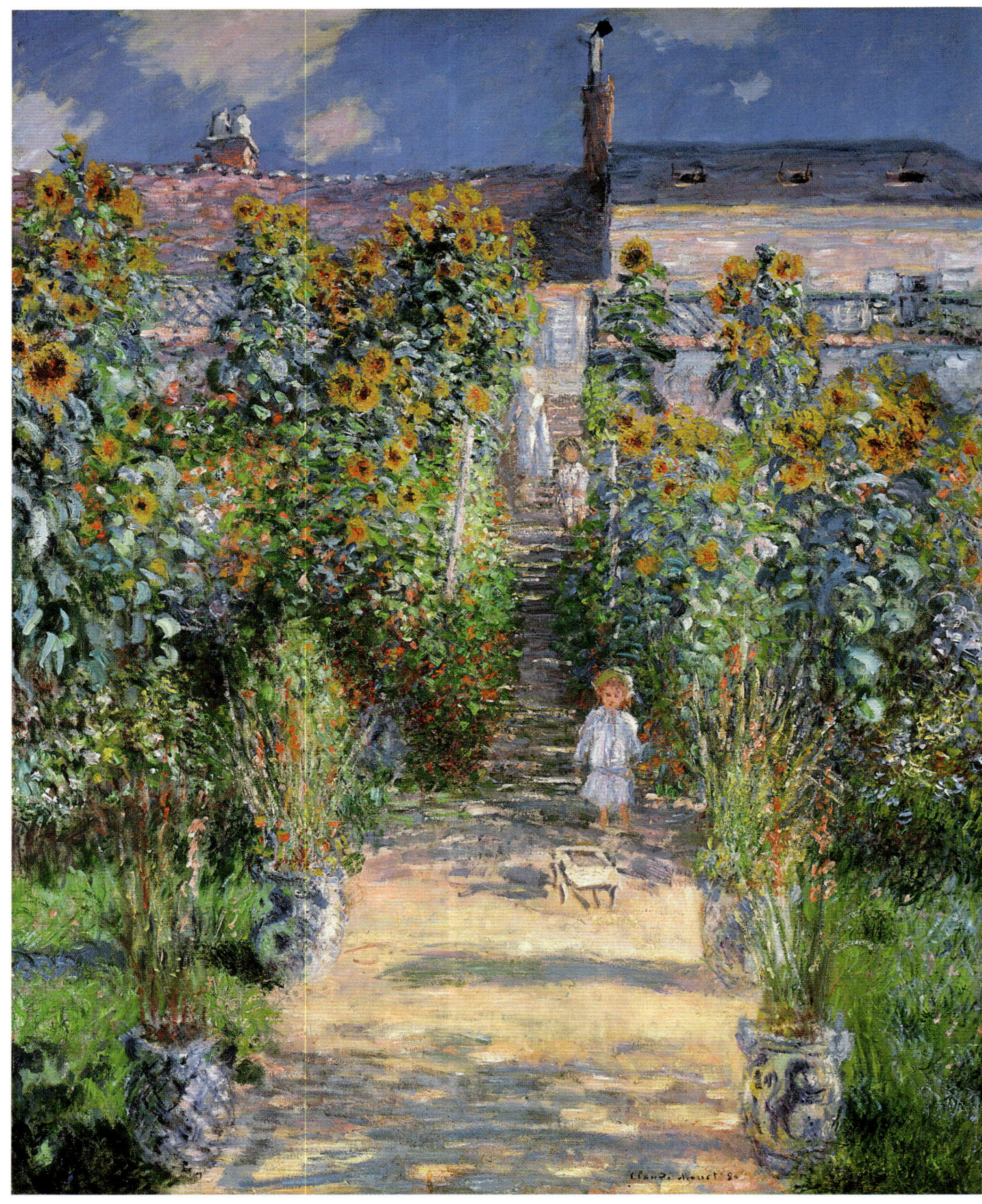

88
Claude Monet
Kunstnerens have i Vétheuil
The Artist's Garden at Vétheuil
1880, olie på lærred / oil on canvas, 151,5 × 121 cm
The National Gallery of Art, Washington, D.C.
Ailsa Mellon Bruce Collection

huse og forhindrer en placering helt nede ved flodbredden. Landsbyen ligger længere nede ad floden og nordvest for steder langs Seinen, der er tættere på Paris, og som allerede var blevet udforsket af Monet og flere andre impressionister – fra forstæder som Argenteuil og Croissy til Pontoise, La Roche-Guyon, Vétheuil og, lige syd for Giverny, Bennecourt, hvor Monet malede et ganske enestående billede af Camille på flodbredden *Flodparti ved Bennecourt* (1868, The Art Institute of Chicago).

garden for the rest of his life. The village, of some 300 inhabitants, is marked by the Church of Sainte Radegonde – where Monet is buried – which can be seen across the river as the train approaches Vernon from Paris. It is built on a rise just above the flood plain that limits Giverny's streets and houses, preventing them from being located directly at the river's edge. The village lies north-west and downstream from places along the Seine that are closer to Paris and had already been explored by Monet and several other Impressionists – from suburbs like

I 1880'erne var Giverny, der stammer fra merovingernes tid, lang og smal og bygget langs en landevej, der blev kaldt Rue du Haut (Den Høje Vej) – nu Rue Claude Monet – som løb parallelt med Seinen indtil Epte, en af Seinens små bifloder. Topografisk var den afgrænset til den ene side af Eptes vandløb og mod nord af bakker med vinmarker og gårde, indtil terrænet blev for stejlt til dyrkning. En enkeltsporet jernbane fulgte en vej med navnet Chemin du Roy (Kongens Vej), som markerede Givernys sydlige grænse såvel som grænsen til den ejendom, Monet havde lejet. Fra toget kunne man se ind i haverne til husene på sydsiden af Rue du Haut. Det var helt sikkert denne oplevelse, der havde fået Monet til at vælge Giverny.

Monets hus havde fået navnet "Maison du Pressoir," sandsynligvis efter en drue- eller mostpresse, der ikke længere var i brug. Det stod på et stykke land på omtrent 9600 kvadratmeter, hvoraf en del var frugthave, der strakte sig fra Den Høje Vej til Kongens Vej.[15] Ejeren tilbød Monet at købe ejendommen i 1890. I 1893 og 1901 erhvervede maleren parceller på den anden side af vejen, altså på den anden side af jernbanesporet. Det var denne jord, han udlagde til endnu en have i 1893, og som han senere udvidede. Han udformede den anderledes end de geometrisk anlagte blomsterbede i den første have, han havde etableret lige bag huset. Den første have med alle dens forskellige planter leder tanken hen på den nys tilkomne gartner, der vil have eksemplarer af mange forskellige arter i sin samling og arrangerer dem langs et net af stier for at lette adgangen til planterne og for at vise dem frem ligesom på en planteskole. Ifølge historikeren Jean-Pierre Le Dantec repræsenterer begge haver en ny genre, som man kunne kalde den lidenskabelige amatørs eksperimentelle have.[16] Trods deres forskellige struktur og typer af plantevækst, var de begge tilplantede, så der var blomster på alle årstider anbragt på en sådan måde, at der altid var en fascinerende farvepalet. Men det virkeligt nye ved dem hang sammen med den kendsgerning, at begge haverne først og fremmest var plantet for at blive malet.

Monet anlagde vandhaven på sine nye jorder efter 1893. Den var ikke så formelt udlagt som området bag ved huset og havde en bugtende promenade, grædepile og fremtrådte meget mere naturlig, selvom den faktisk var nøjagtig lige så kunstig. Den var planlagt omkring en åkandedam, som på fransk går under navnet *Bassin des nymphéas* – åkandebassinet. Efter at han havde erhvervet det nye stykke land, fik Monet tilladelse af præfekten i Departementet Eure til at aflede vand fra et lille vandløb ved navn Le Ru, som er en sidegren af Epte og ca. halvanden meter bredt. Le Ru selv var blevet forlænget med en kanal udgravet for flere hundrede år siden af munke, som havde lavet et kunstigt bassin på en gård, de drev længere oppe ad vejen. Så der var med andre ord præcedens for

Argenteuil and Croissy, to Pontoise, La Roche-Guyon, Vétheuil, and, just south of Giverny, Bennecourt, where Monet made a superb picture of Camille on the riverbank, *River Scene at Bennecourt* (1868, The Art Institute of Chicago).

In the 1880s Giverny, which dates to Merovingian times, was long and narrow, built along a country road called la Rue du Haut (High Road) – now Rue Claude Monet – which paralleled the Seine until the Epte, a small tributary of the Seine. Its topography was limited on one side by the streams of the Epte and to the north by hills with vineyards and farms until the terrain was too steep for planting. A single train track followed a path called the Chemin du Roy (King's Path) that defined Giverny's southern limit as well as the limit to the property Monet had rented. From the train, one could look into the gardens of the houses on the south side of the Rue du Haut. It was surely from this experience that Monet chose Giverny.

Monet's house had been called the "Maison du Pressoir", probably after a wine or cider press that had fallen into disuse. It sat on land of about 9600 square metres (2.37 acres), part of which was an orchard, extending from the High Road to the King's Path.[15] The owner offered the property to Monet for purchase in 1890. In 1893 and 1901, the painter acquired parcels on the other side of the road, hence on the other side of the railroad track. It was this land he turned into a second garden in 1893, with later enlargements. He designed it differently from the geometrically aligned flower beds of the first garden he had established directly behind the house. The earlier one, with its wide variety of plants, evokes the newly arrived gardener who wants examples of many different species in his collection and arranges them along a grid of paths for access and display, like in a nursery. Both gardens, according to historian Jean-Pierre Le Dantec, represent a new genre that might be called the experimental garden of a passionate amateur.[16] Different as they were in both structure and types of vegetation, both were planted so there would be flowers in every season, arranged so their colours formed an always fascinating array. Their greatest novelty, however, resided in the fact that both gardens were planted for the primary purpose of being painted.

Monet built the water garden in the newer properties after 1893. Less formal than the planting behind the house, it has a meandering promenade, weeping willows and a far more natural appearance, although it was really just as artificial. It was planned around a lily pond, which is known in French as the *Bassin des nymphéas* – the water lily basin. After acquiring the new land, Monet obtained permission from the Prefect of the Department of the Eure to divert part of the waters from a little stream called Le Ru, about a metre and a half wide, which is an offshoot of the Epte. The Ru itself had been extended by a canal dug centuries earlier by monks who had created an artificial basin for a farm they ran further up the road. There was

en sådan omledning. Le Ru-vandløbet udgjorde i det store og hele den sydlige grænse til Monets ejendom og løber stadig langs den i dag. Vand fra den ledes forsigtigt gennem et tilløb ind i Monets kunstige dam, hvorefter det vender tilbage til åen. Gennemstrømningen blev dengang som nu styret af små manuelt justerbare dæmninger ved dammens ind- og udløb. Der vokser vilde åkander i vandløbene på den lille flodslette ved navn La Prairie ved siden af åkandedammen. Til det nye område bestilte Monet imidlertid smukke ikke-hjemmehørende arter, som hans gartner passede og plejede, før han plantede dem ud i dammen.

Det vides ikke, hvorfor huset var disponibelt. Vin- og ciderproduktionen i området var allerede på retur som følge af betydelige økonomiske omvæltninger. Det normanniske landskab var et område, hvor småindustrier voksede frem side om side med det traditionelle agerbrug. De udnyttede, at området havde rigeligt med vand, og at jernbanens infrastruktur var forbedret. Det sidste betød, at bedre vin end den lokalt producerede kunne importeres fra mere produktive regioner til konkurrencedygtige priser. Større presser kunne producere billigere cider end den lille presse i Monets hus, og det kunne eksporteres. Efterhånden koncentrerede Normandiet sig om de produkter, de kunne fremstille i høj kvalitet og i rigt mål, dvs. mælkeprodukter og hvede, sidstnævnte afbildet i Monets berømte *Høstakke*-billedserie fra 1891. De lokale økonomier måtte konkurrere med eller blive en del af det, der nu var på vej til at blive et nationalt marked.

Monet var barn af denne forandring. Han voksede op i Le Havre, hvor familiens velstand var baseret på den handel, der foregik i havnebyen. En hovedjernbanelinje transporterede varer til deres endelige destination i Paris. I Rouen, en flodhavn ved Seinen som var et vigtigt industricenter og hovedby i Normandiet, var Monets kemikerbror direktør for en fabrik ejet af den schweiziske koncern Geigy, der fremstillede syntetiske farvestoffer til den lokale tekstilindustri.[17] Bomuld blev importeret fra USA til både Le Havre og Rouen. Hertil kommer, at turismen på Seine-aksen fra Le Havre til Rouen og videre til Paris var lige så vigtig, og det gjaldt ikke blot den franske turisme men også den engelske og amerikanske. Normandiets middelalderlige kulturminder blev beundret og gengivet i luksuriøse raderede album. Jernbanen og hotelindustrien, hvor krydsejerskab var almindeligt forekommende, udgav turistguider. På bedste turistmanér tog Monet på ture med tog eller færge til havnebyer og strande langs Kanalen og Seinen. Nogle mener, at dette moderne Normandiet var impressionismens vugge.[18]

Monets malerier af haven i Giverny skal ses i denne sammenhæng. Selvom beliggenheden var landlig, var den ikke isoleret. Toget, der standsede lige nede ad gaden, var hans forbindelse til omverdenen – det siges, at Monet oven i købet

precedent for such a diversion, in other words. The Ru's course more or less defined the southern boundary of Monet's property and still continues along it today. Some of its water is gently directed through an inlet to Monet's artificial pond and then returned to the stream. The flow volume was controlled then as now by small hand-adjustable dams at the pond's entrance and exit. Water Lilies grow naturally in the streams of the modest alluvial plain called La Prairie next to the lily basin. For the new area, however, Monet ordered beautiful non-native species, which his gardener grew and nurtured before planting them in the pond.

It is not known why the house was available. Wine and cider production in the area was already in decline as a result of significant economic changes. The Norman countryside was a place where small industries were emerging alongside traditional agriculture. They took advantage of the region's plentiful water and improved railroad infrastructure. The latter meant that better wine than that which was produced locally could be imported from more productive regions at competitive costs. Larger presses could produce cider more economically than the small press at Monet's house and it could be exported. Normandy eventually concentrated on what it could produce at high quality in great abundance, namely dairy and wheat, the latter represented by Monet's famous Grainstacks series of 1891. Local economies were having to compete or integrate within a marketplace that was becoming national.

Monet was a child of this transformation. He was raised in Le Havre, where his family's prosperity was founded on trade passing through the port. A main railway line brought goods to their final destination in Paris. In Rouen, a river port along the Seine that was an important industrial centre and the capital of Normandy, Monet's chemist brother directed a factory owned by the Swiss group Geigy that manufactured synthetic dies for the local textile industry.[17] Cotton was imported from the United States to both Le Havre and Rouen. In addition, the Seine axis from Le Havre to Rouen and on to Paris was equally important for tourism, not just French but also British and American. Normandy's medieval monuments were celebrated in luxurious engraved albums. Tourist guides were published by the railroad and hotel industry, in which cross-ownership was common. Monet frequented ports and beaches along the Channel and the Seine much like a tourist, travelling by rail or ferry. It has been said that this modern Normandy was the cradle of Impressionism.[18]

Monet's paintings of his Giverny gardens must be placed in this context. Although his location was rural, it was not isolated. The train, which stopped just down the street, was his link to the rest of the world – it is said that Monet could even wave it down as it proceeded slowly along the road between his two gardens. The Impressionists' friend, the politician Georges Clemenceau,

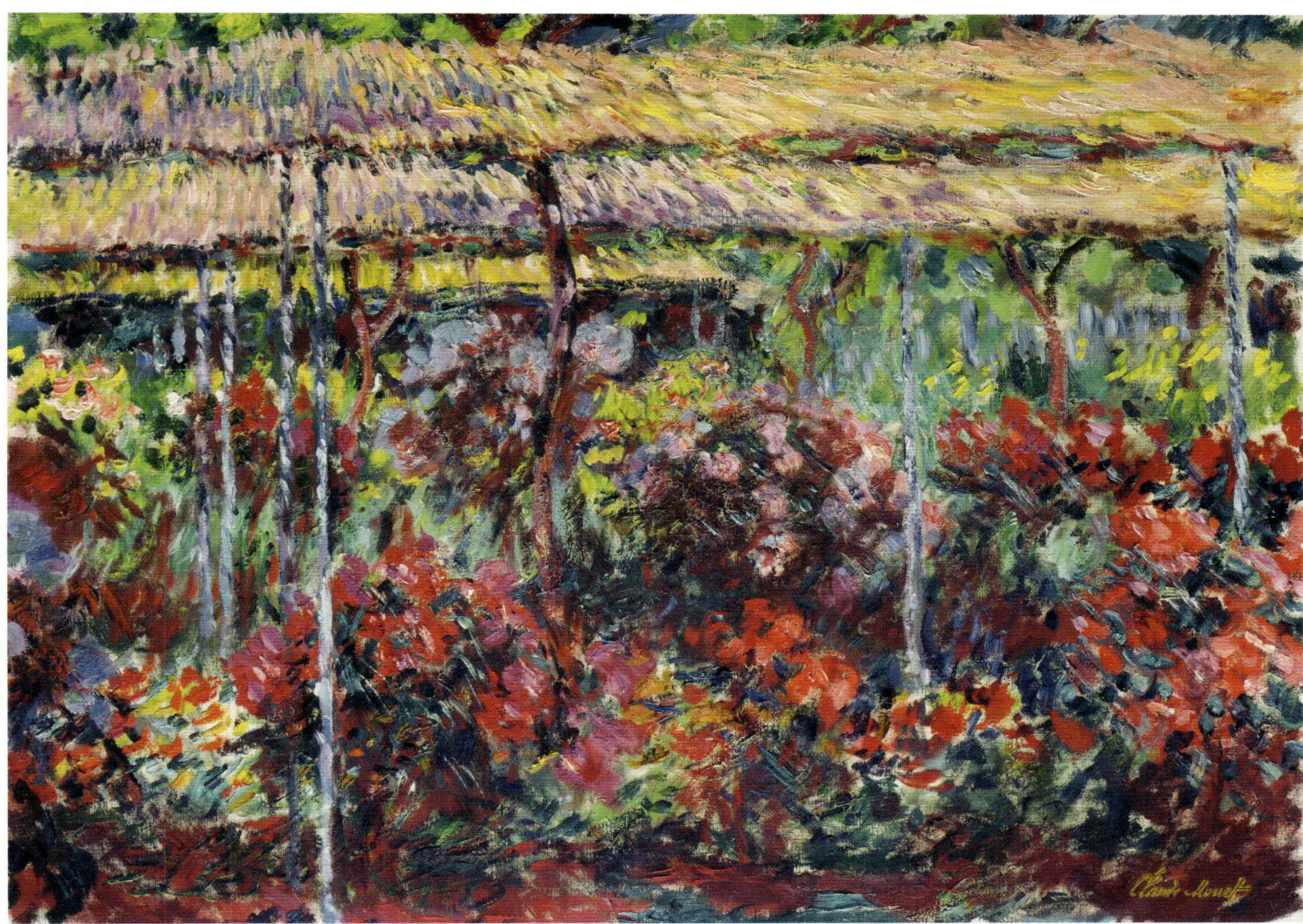

89
Claude Monet
Pæoner
Peonies
1887, olie på lærred / oil on canvas, 72 × 99 cm
Musée d'Art et d'Histoire, Geneva

kunne vinke det til standsning, når det langsomt kørte langs vejen mellem hans to haver. Impressionisternes ven, politikeren Georges Clemenceau udbrød beundrende: "Han har tilmed et tog i sin have!" Monet havde da også mange besøgende gennem årene, lige fra andre malere til samlere, kunsthandlere og leverandører af haveprodukter. Amerikanske landskabskunstnere gjorde Giverny til deres vigtigste kunstnerkoloni uden for USA. Og alligevel kunne Monet bag hegnet i den fjerneste af sine haver være så afsondret, han ville, og føle sig i ét med sine blomstrende *nymphéas*.

Åkandehaven
Det virker underligt, at Monet malede relativt få billeder af de haver, han arbejdede så hårdt på at dyrke lige til de allersidste år af det 19. århundrede. Da han først var fast etableret i

exclaimed admiringly: "He even has a train in his garden!" Many indeed were Monet's visitors throughout the years, from other painters to collectors, dealers and horticultural suppliers. American landscape artists made Giverny their most important art colony outside the United States. And yet behind the fence of the further garden, Monet could also be as isolated as he wished, communing with his flowering *nymphéas*.

The Water Lily Garden
It seems odd that Monet made relatively few paintings of the gardens he worked so hard to cultivate until the very last years of the 19th century. Once installed at Giverny, he seems

Giverny, lader han til at være blevet grebet af en udlængsel, der førte ham rundt til mange forskellige steder fra Bordighera i Italien (1884) til Kristiania i Norge (1895, nu Oslo), hvor han besøgte sin stedsøn Jacques. I Frankrig rejste han vidt omkring som f.eks. til Belle-Île i Bretagne (1886), Antibes (1888) og Creuse-dalen (1889) samt til Normandiets kyst. I slutningen af 1880'erne og begyndelsen af 1890'erne udstillede han sine berømte serier *Høstakke* (1890-1891) og *Katedralen i Rouen* (1892-1894), hvor han var tættere på hjemmet. Og han kunne i bogstavelig forstand male *Popler*-serien (1891), *Isflager på Seinen* (1893-1894) og *Morgener ved Seinen* (1896-1897) fra sin baghave. I begyndelsen var han tydeligvis mere interesseret i vilde blomster som f.eks. marker med iris eller valmuer, der voksede nær omend ikke på hans jorder.[19] De eneste undtagelser – og det første eksempel på havebilleder i denne periode – var, da Monet i 1887 malede tre ret forbløffende geometriske billeder af pæonbede (*Pæoner*, 1887, fig. 89). De opretstående stokke understøtter stråmåtter, der skal beskytte de små planter mod solen. Ti år senere forekommer endnu en bemærkelsesværdig undtagelse, som viser en kvinde, der sandsynligvis er Alice (nu gift med Monet) i en have fyldt til bristepunktet med et farveflor af blomsterrækker, næsten som vi ser dem i dag (*Kunstnerens have i Giverny*, 1895, fig. 90).

Erhvervelsen af ejendommen i 1890 lader til at have indgydt Monet et mod, han ikke besad, mens han boede til leje. Men det var først med konstruktionen af den japanske bro over dammen i den fjerne have på jord, han havde købt i 1893, at Monets malede haver for alvor begyndte, og dét i en sådan grad at de med tiden blev hans eneste motiv. De tidligste kompositioner falder formentlig sammen med mange af de skitser af åkandeblade på nært hold, nævnt tidligere, som Monet betragtede som potentielle vægudsmykninger.[20] I 1891 havde han nævnt, at hans høstakke-billeder tog sig meget bedre ud samlede. I 1897 eller 1898 bad han en besøgende om at forestille sig et cirkulært rum, hvor alle væggene var bemalet med åkander.[21] Tyve år senere begyndte han at realisere denne vision i Orangeriet, som han i samvirke med sin gamle ven Clemenceau, der nu var premierminister, tilbød den franske stat. I 1899 havde Monet imidlertid påbegyndt arbejdet på en serie store malerier i et næsten kvadratisk format (93 × 90 cm), som han udstillede i 1900 på galleriet Durand-Ruel. Selvom de nu kendes på deres mest fremtrædende motiv, den japanske bro, blev de vist under titlen *Le Bassin aux nymphéas / Åkandedammen*. Ganske vist er udgangspunktet de tidligere kompositioner med gangbroen, men beskæringen af disse billeder er foretaget tættere på broen, således at dens fundament skæres bort af lærredets kant. De er givetvis inspireret af japanske træsnit, som anvender den samme beskæring af motivet, hvilket bevirker, at broen enten ser ud til at svæve eller kommer til at virke som en geometrisk indre ramme, hvorunder man kan se

to have succumbed to wanderlust, embarking on travels to many different places, from Bordighera in Italy (1884) to Christiana, Norway (1895, now Oslo), where he visited his stepson Jacques. In France he went far afield, such as to Belle-Îsle in Brittany (1886), Antibes (1888), and the Creuse Valley (1889), as well as to the Normandy coast. The late 1880s and early 1890s saw him exhibiting his famous series of Grainstacks (1890-1891) and Rouen Cathedrals (1892-1894), for which he was closer to home. And literally from his back yard he could paint the Poplars series (1891), *Ice Floes on the Seine* (1893-1894) and *Mornings on the Seine* (1896-1897). Clearly he was at first more interested in wild flowers, such as fields of irises or poppies near his property rather than on it.[19] The only exceptions – and the first instance of garden pictures during this time – was when in 1887 Monet made three rather startlingly geometric pictures of peony beds (*Peonies*, 1887, fig. 89). The vertical stakes support straw sunscreens to protect the young plants. Another remarkable exception dating to about ten years later shows a woman, probably Alice (now married to Monet) in a garden brimming with abundant rows of colour, much as we see them today (*The Artist's Garden at Giverny*, 1895, fig. 90).

Becoming the owner of the property in 1890, Monet seems to have felt more daring than when he lived on rented properties. But it was not until the construction of the Japanese footbridge over the pond in the far garden, on land purchased in 1893, that Monet's painted gardens began in earnest to the point where they eventually became his exclusive occupation. The earliest of those compositions probably overlap with several close-up sketches of lily pads mentioned earlier that Monet regarded as potential wall decorations.[20] In 1891 he had remarked that his Grainstacks pictures looked far better as an ensemble. In 1897 or 1898, he asked a visitor to imagine a circular room with water lilies painted on all the walls.[21] Twenty years later he would begin to fulfil this vision at the Orangerie, which he offered to the French nation with the cooperation of his old friend Clemenceau, who was now Prime Minister. In 1899, however, Monet had begun work on a series of large paintings of nearly square format (93 × 90 cm) that he would show in 1900 at the Durand-Ruel Gallery. Although they are now known by their most prominent motif, the Japanese footbridge, they were shown under the title of Water Lily Basin (Le Bassin aux nymphéas). While based on the earlier footbridge compositions, these are taken closer to the bridge so that its footings are cut off at the canvas's edge. Certainly inspired by Japanese prints using the same cutting-off motif, the result is to make the bridge seem either to be floating, or to have the effect of a geometric inner frame below which the spread of water plants is visible. Another difference with the earlier works is that the 1899-1900 series of paintings are more limited in palette, each with an over-riding harmony yet each varying slightly from the

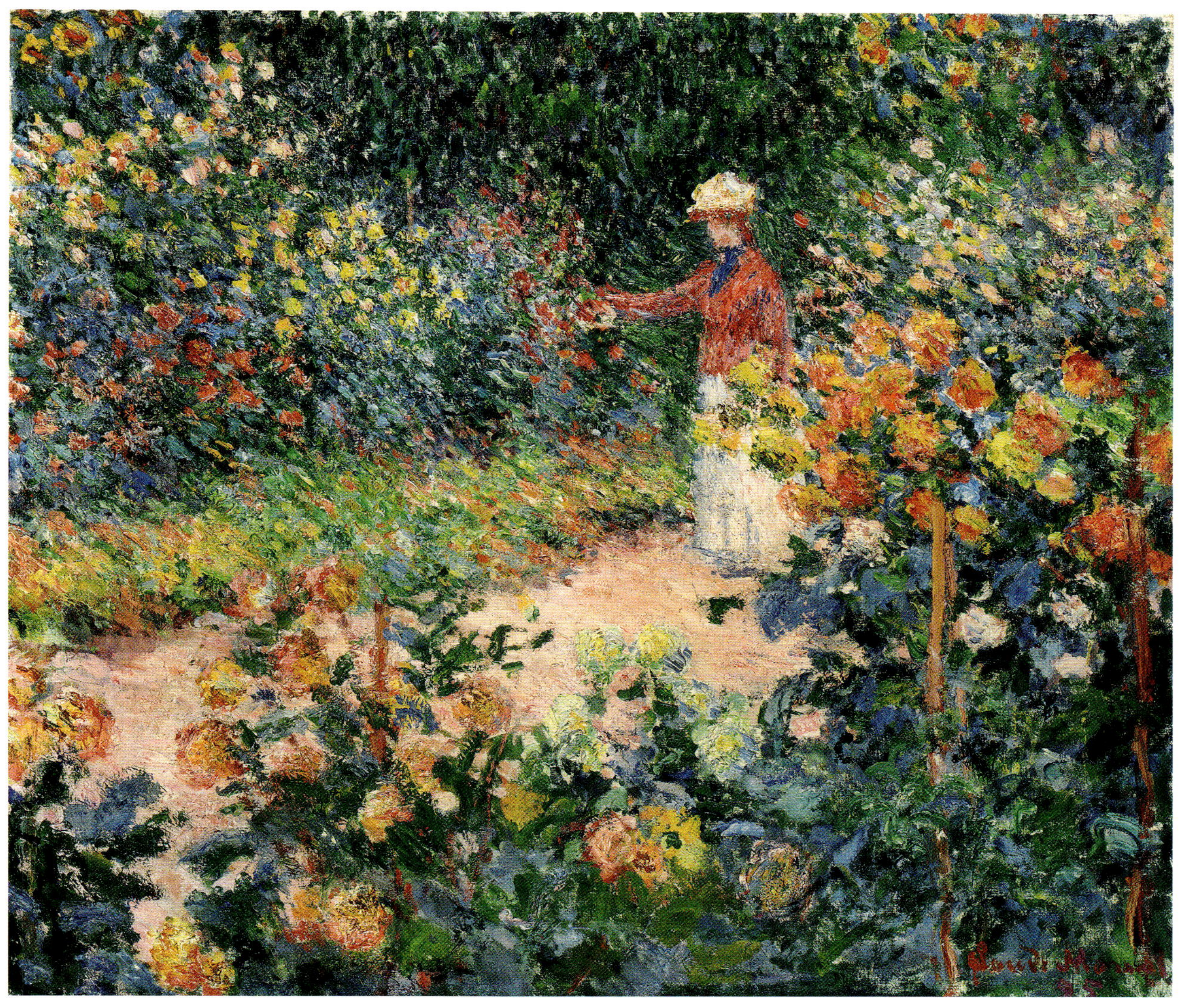

90
Claude Monet
Kunstnerens have i Giverny
The Artist's Garden at Giverny

1895, olie på lærred / oil on canvas, 81,5 × 92 cm
Foundation E. G. Bührle Collection, Zurich,
Wildenstein Nr. 1420

de drivende vandplanter. Endnu en forskel i forhold til de tidligere værker er, at der i billedserien fra 1899-1900 er anvendt en palet med færre farver; hvert billede har sin egen fremherskende farveharmoni, men de er alligevel alle lidt forskellige. Endvidere var Monets opbygning af billedfladerne langt rigere og mere intens end i de tidlige forsøg. Resultaterne er både blændende og raffinerede, en syntese som kun en sand mester kan frembringe.

På samme udstilling viste Monet en del forskellige og mere farverige billeder af den japanske bro. De var af omtrent samme størrelse og format som billederne fra 1899 og malet året efter. Disse malerier skildrede dog et større udsnit af den

other. In addition, Monet worked the surfaces of these paintings far more richly and heavily than in the early trials. The results are both dazzling and subtle, a combination only a true master could achieve.

At the same exhibition, Monet showed several different and more colourful Japanese footbridge paintings. Of similar size and format to those painted in 1899, these pictures done the following year depicted more of the left embankment with irises, so that the footbridge's other side seemed to hang in

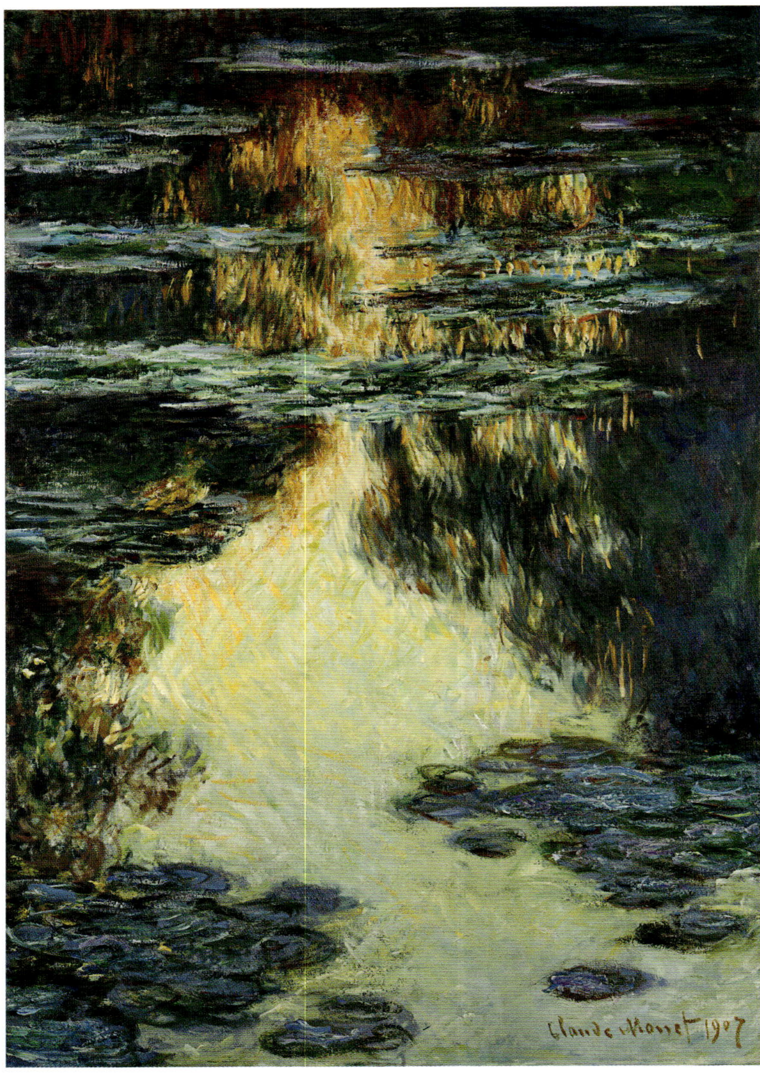

91
Claude Monet
Åkander
Water Lilies

1907, olie på lærred / oil on canvas, 106 × 73,5 cm
Göteborgs Konstmuseum, Gothenburg

venstre flodbred dækket af iris, således at gangbroens anden side syntes at hænge frit i luften.[22] Deres strålende koloristiske udtryk knytter dem tættere til billederne af haven tæt ved huset, som Monet begyndte at male senere samme år, samtidig med at han begyndte at udvide åkandedammen og derfor ikke kunne arbejde der. Nogle af disse malede haver viser æbletræer omgivet af iris malet i blålilla og skrigende pink.[23] Andre viser bede med lilla iris og grantræer, hvorigennem man kan skimte huset.[24] En stor del af træernes nederste løv er gengivet i en rødbrun farve, som nok snarere skyldes sygdom end virkningen af solnedgangen. Senere fældede Monet dem.

Selv haveeksperter har svært ved at identificere mange af blomsterne i Monets malerier. Det vides, at han kunne lide at bruge nasturtium til at kante sine stier med, som det ses i *Sti i Monets have i Giverny* (cf. fig. 81), der blev malet omkring

mid air.[22] In their colouristic brilliance they are closer to pictures of the house garden Monet began to paint later in the year, as he began to enlarge the lily pond and was therefore prevented from working there. Some of these painted gardens show apple trees surrounded by irises painted in purplish blue and shocking pink.[23] Others show beds of purple irises with spruce trees, through which one can get a glimpse of the house.[24] Much of the trees' lower foliage is rendered in a reddish brown, which rather than being an effect of sunset probably shows a disease. Monet later cut them down.

Even garden experts have difficulty identifying many of the flowers in Monet's paintings. It is known that he liked to use nasturtiums to edge his pathways, as can be seen in *Path in Monet's Garden in Giverny* (cf. fig. 81), which was painted around 1900-1902, before Monet eliminated the spruces. In

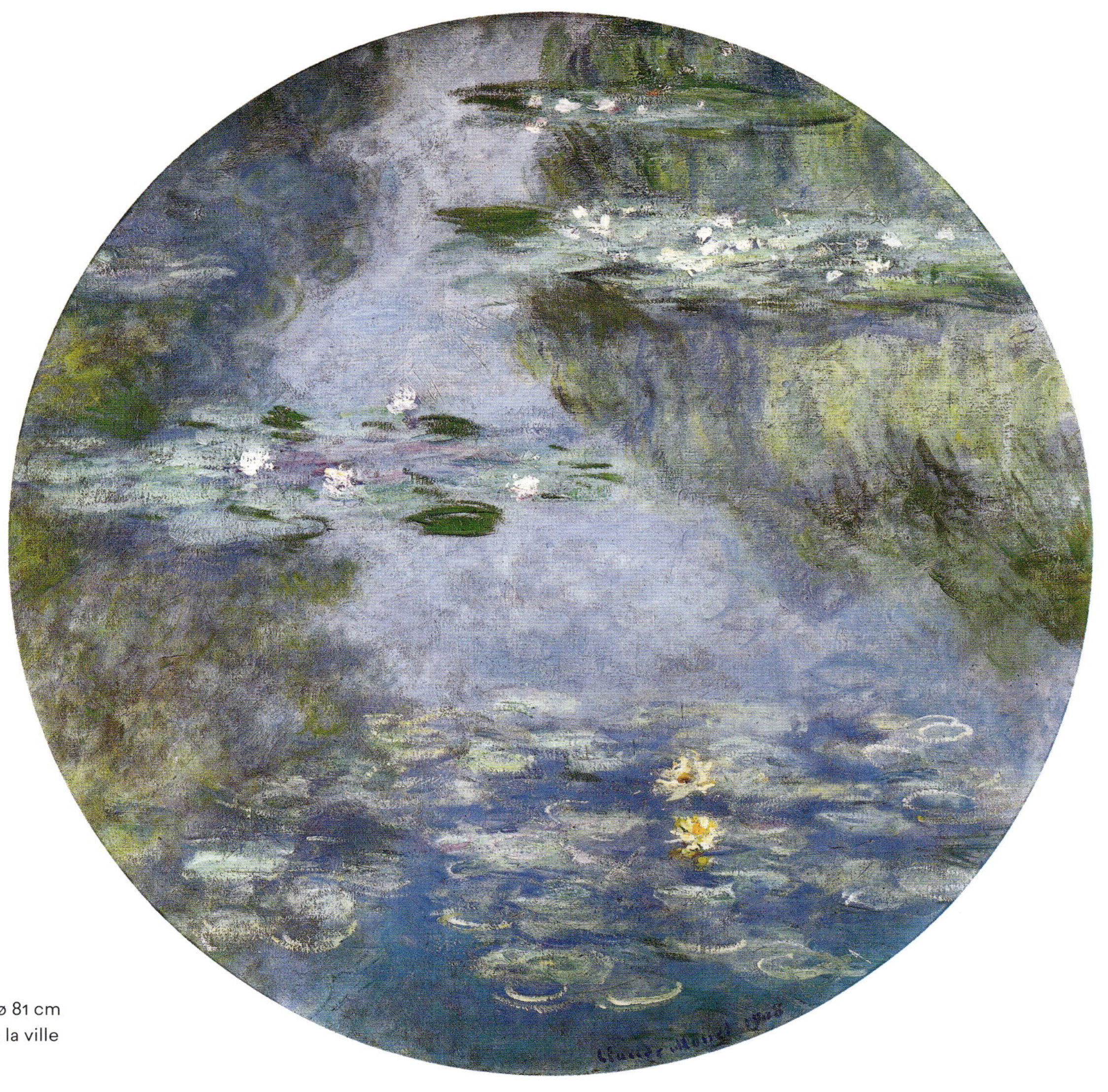

92
Claude Monet
Åkander
Waterlilies

1908, olie på lærred / oil on canvas, ø 81 cm
Musée de Vernon, Don de l'artiste à la ville de Vernon, inv. no. 25.4.1

1900-1902, før Monet fjernede grantræerne. I denne type komposition træder de forskellige farver og niveauer i Monets beplantning tydeligst frem. Det mellemste niveau rummer sandsynligvis en kortstilket sort af pink og lavendelfarvet asters, og de højere blomster i forskellige farver over dem lader til at være georginer. Sidstnævntes overdådige blomstring taget i betragtning er det nok sandsynligt, at billedet blev malet om sommeren, hvilket betyder, at nasturtiumbedet var skåret tilbage for at holde denne midtersti så bred som mulig. Monets *Kunstnerens have i Giverny* (cf. fig. 90), fra 1895 viser ligeledes nasturtiumbedet med opbundne georginer og muligvis nogle krysantemummer. Det blå må være delphinium eller høje riddersporer. Monet lader til at have syntes om den blå farves evne til at skabe dybde, så de orange og gule toner træder frem.[25]

such compositions, the different colours and levels of Monet's plantings are most apparent. At the intermediate level a short variety of pink-lavender asters are likely, and the taller mixed coloured flowers above them appear to be dahlias. Given the latter's profusion in full flower, the picture was probably done in summer, meaning that the nasturtium border was trimmed in order to keep this central path as wide as possible. Similarly, Monet's 1895 *The Artist's Garden at Giverny* (cf. fig. 90) shows the nasturtium border with staked dahlias and possibly some chrysanthemums. The blue would have to be delphinium or tall larkspur. Monet seems to have liked how blue created depth in order to make the oranges and yellows stand out.[25]

With the vast enlargement of the lily pond finished in 1902, Monet devoted himself almost exclusively to it from then on. Only one significant break intervened, from September to

Fra det øjeblik i 1902, hvor den omfattende udvidelse af åkandedammen var tilendebragt, helligede Monet næsten al sin tid til den. Der indtraf kun én væsentlig afbrydelse fra september til december 1908, da han foretog sin første og eneste rejse til Venedig (værker udstillet i 1912). Denne rejse fandt faktisk sted efter endnu en serie med åkander, malet til Durand-Ruel og galleriet Bernheim-Jeune. Udstillingen var planlagt til at løbe af stablen i 1907, men Monet, perfektionist som altid, insisterede på en række justeringer, der forsinkede åbningen indtil 1909 (*Åkander*, 1907, fig. 91). Monets værker havde altid været eksperimenterende; det siges om ham, at han gennem årene ødelagde hundredvis af værker, og da han døde, efterlod han mange ufuldendte værker i sit atelier.[26] Selvom han hele tiden udstillede, var en samlet serie som denne store gruppe med den helt enkle titel *Monet: Åkander*, usædvanlig. I denne serie udelod han helt den japanske bro og fokuserede på genskæret og gennemsigtigheden i dammens vandspejl, hvor der i disse senere malerier var færre åkander end i billederne fra 1890-1900. Trods de mange eksperimenterende synsvinkler og formater broen havde givet anledning til (*Åkander*, 1908, fig. 92); *Åkander*, 1907, cf. fig. 91), skulle der gå næsten tyve år, før den dukkede op igen. Det var først med installationerne til Orangeriet, at Monet skabte en så sammenhængende gruppe værker igen.

Monet var uhyre produktiv helt frem til sin død i 1926. Hans familie blev ramt af en tragedie i 1911, da Alice døde; dernæst døde hans søn Jean i 1914 efter lang tids sygdom. Skønt Monet fandt det svært at vende tilbage til sit maleri, blev han, da han først var i gang, stadig friere og mere opfindsom i sin anvendelse af farve, malemåde og penselstrøg, farvelag og komposition. I 1914 brød første verdenskrig ud. Monet var en urokkelig patriot og bidrog til mange aktiviteter til støtte for soldaterne, selvom man kunne fristes til at tro, at havearbejdet var en slags tilflugtssted fra politik. Det tiår, der fulgte Alices død, udgjorde under alle omstændigheder en af de mest produktive perioder, Monet nogensinde oplevede. I 1912 var han blevet diagnosticeret med begyndende grå stær, men han ventede med at blive opereret til 1922. Det er ganske umuligt nøjagtigt at afgøre, hvilken virkning denne viden havde på Monets maleri, men efter operationen eksploderede værkerne, der fulgte, i et væld af strålende farver. Det er, som om han ikke havde forstået, hvor meget hans syn betød for ham. Der findes talrige prægtige eksempler på denne udvikling.

Det menneskelige element

Der optræder ingen menneskelige figurer i Monets billeder af vandhaven over for huset, og de er ekstremt sjældne i billederne, der skildrer haven lige bag huset. Familie og kunst blev holdt adskilt. Efterhånden som havedyrkningen blev næsten lige så meget en kunstudfoldelse som maleriet, blev det

December 1908, when he made his first and only trip to Venice (works exhibited in 1912). In fact, that trip followed another series of water lilies painted for Durand-Ruel and the Bernheim-Jeune Gallery. It was scheduled to open in 1907 but, perfectionist to the end, Monet insisted on a number of adjustments that delayed the showing until 1909 (*Water Lilies*, 1907, fig. 91). Monet's work had always been experimental; he is reputed to have destroyed hundreds of canvases over time, and many unfinished works remained in his workshop at his death.[26] Although he was constantly exhibiting, a unified series such as this large group, entitled simply *Monet: Nymphéas*, was special. In this series, he eliminated the Japanese footbridge, concentrating on reflections and transparencies of the pond's surface, which in these later paintings was less crowded with water lilies than in the 1899-1900 pictures. No matter how experimental with novel views and formats (*Nymphéas*, 1908, fig. 92; *Water Lilies*, 1907, cf. fig. 91), the bridge would not reappear for nearly twenty years. Not until his installations for the Orangerie would Monet again create such a coherent group.

Monet's productivity was prodigious right up until his death in 1926. Tragedy struck his family in 1911 with the death of Alice; then in 1914 his son Jean died after a long illness. Although he had trouble getting back to work, once he did Monet became increasingly free and innovative with colour, touch and brushstroke, layering, and composition. In 1914, the Great War began. An unshakeable patriot, Monet contributed to many activities in support of soldiers, even though one might think that working in his garden was a kind of refuge from politics. In any case, the decade following Alice's death was among the most productive Monet ever had. In 1912, he had been diagnosed with the beginning of cataracts, but he waited until 1922 to have them removed. It is simply impossible to say exactly what effect this knowledge had on Monet's painting, but following the operation his later works exploded with brilliant colour. It is as if he hadn't realised how precious vision was to him. Magnificent examples abound.

The Human Element

No human figures appear in Monet's pictures situated in the aquatic garden across the road from the house, and they are exceedingly rare in pictures showing the nearer garden behind the house. Family and art became separate affairs. As gardening became almost as much a practice of art as painting, it became isolated from the outside world. It is ironic, therefore, that for marketing his paintings, Monet depended increasingly on that outside world. The absence of figures surely made the pictures more saleable because they were devoid of personal markers, that is, other than traces of the painter's ingenious and instantly recognisable craft. At the same time as Monet's style became more personal and identifiably different from his

afsondret fra omverdenen. Det er derfor en skæbnens ironi, at Monet, når han skulle markedsføre sine malerier, blev stadig mere afhængig af denne omverden. Fraværet af figurer gjorde givetvis billederne lettere at sælge, fordi der ikke var personlige markører af nogen art, dvs. bortset fra malerens opfindsomme og umiddelbart genkendelige hånd. Samtidig med at Monet udviklede en mere personlig og genkendelig stil, der skilte ham ud fra hans tidligere impressionistiske følgesvende, tømte han billederne for enhver form for personligt indhold, der kunne få hans værker til at virke sentimentale. Billedmæssigt lod han sig i stigende grad inspirere af en subjektiv snarere end af en beskrivende optik, trods stimuli fra naturen. Og selv naturens former var skabt af kunstnerens beplantning og landskabsdesign. Selvom Monets produktivitet var kendetegnet af en personlig optik, indskrænkedes den tilsyneladende i takt med, at denne kombination af havebrug og maleri blev smedet sammen til en vare med et sikkert markeds- og forbrugspotentiale, således at der tilbage næsten kun var det fascinerende visuelle indhold. I 1800-tallets borgerskab blandede man sjældent hjemmeliv og forretninger.

Ikke desto mindre er der ikke belæg for at hævde, at Monet villigt så sin malerkunst omsat til luksusvarer, der blev handlet. Den økonomiske faktor frakender ikke nødvendigvis en kunstner al oprigtighed eller ophæver værdien af hans kunstneriske udfoldelser. Monet kan næppe beskrives som en robotagtig kunstner; det forholder sig snarere således, at økonomisk succes kan medføre en form for frihed, der muliggør øget kreativitet. Man behøver blot betragte de sene værker af kunstnere som Titian, Rembrandt og Matisse for at forstå, at alderdommen for nogle kunstnere er en slags frigørelse. Monets koncentration i de tumultagtige år i det tyvende århundredes begyndelse var heller ikke blot en flugt fra den uregerlige omverden. Det var lige så meget en påmindelse – meget offentlig i Orangeriet – om de glæder, der var at finde i naturens rige og om deres lægende kraft. I Monets tilfælde gjorde alder og økonomisk tryghed sit til, at hans have forvandledes til en inspirationskilde for mesterværker i sprudlende farver og ekspressionistisk udførelse – hvad enten det var sart blåregn, der snoede sig hen over lærredet som fine kniplinger, eller flammende vinranker viklet rundt om gelænderne på den japanske bro. Fraværet af figurer bidrager til en uformidlet oplevelse – kunstnerens personlige dialog med naturen oplevet personligt og direkte af beskuer-individet.

Eftersom Monets malede haveparadis præsenterer et genkendeligt billede af den fysiske verden, vi lever i, tilbyder det en mere direkte og tilgængelig form for iagttagelse og fordybelse end de altomfattende abstraktioner, der optræder i ekspressionismen efter anden verdenskrig, og som det uden tvivl indvarsler. Det menneskelige element i Monets åkandemalerier er beskueren, hvis sind, følelser og behov inddrages

former Impressionist cohorts, he emptied pictures of the kind of personal content that might make his work seem sentimental. His pictorial emotions derived increasingly from subjective vision rather than description, despite the stimulus of nature. And nature's forms themselves had been produced by the artist's plantings and landscape design. As this combination of gardening and painting was forged into a steady commodity for marketing and consumption, Monet's productivity, while personal in its vision, became ostensibly restricted to all but its fascinating visual content. Among the nineteenth-century bourgeoisie, home life and business rarely mixed.

Even so, it is not enough to suggest that Monet willingly saw his artistry monetised into luxury objects of consumption. The economic factor does not necessarily negate an artist's sincerity or the value of his artistic explorations. Monet was hardly a robotic artisan; rather, financial success may confer a kind of freedom that makes heightened creativity possible. One need only look to the late work of artists like Titian, Rembrandt, and Matisse to see that for some artists old age offers a kind of liberation. Nor was Monet's concentration during the tumultuous years of the early twentieth century simply a refuge from the fractious outside world. It was every bit as much a reminder – very public at the Orangerie – of the healing joys to be found in a return to nature's realm. For Monet, age and financial security combined to make his garden a source for masterworks of ebullient colour and expressionist handling – whether delicate wisteria lacing across the canvas or fiery vines wound around the Japanese bridge handrails. The absence of figures makes for an unmediated experience – the artist's personal dialogue with nature directly experienced in private by the viewer-individual. Proposing a recognisable vision of the material world of our existence, Monet's painted garden paradise offers a more immediate and accessible form of contemplation than the universalising abstractions of the post-World War II expressionism of which they are certainly the harbinger. The human element in Monet's water lily paintings is the viewer, whose mind, emotions, and needs are addressed through the immediacy of the visual senses, and whose receptiveness may be explained not just by historical circumstances but by a deeper humanity shared across time.

NOTES

N.B. It is standard practice to refer to Monet's paintings by the initial W. followed by a number from the four-volume monograph and catalogue raisonné by Daniel Wildenstein, *Monet: The Triumph of Impressionism*, followed by a catalogue raisonné, Cologne, Taschen Verlag and the Wildenstein Institute, 1996. Where a location has not been given either in a caption or the text, the W. number will identify the examples being cited.

1 "Les jardins de Claude Monet," (http://giverny.org/gardens/fcm/visitfr.htm).

2 Jean-Dominique Rey and Denis Rouart, *Monet Water Lilies: The Complete Series*, with a catalogue raisonné by Julie Rouart, Flammarion, Paris, 2008.

gennem den umiddelbare sanseoplevelse, som synet udvirker, og hvis modtagelighed ikke blot kan forklares ved historiske omstændigheder, men ved en dybere fællesmenneskelighed, der går på tværs af tid.

NOTER

Bemærk Det er almindelig praksis at henvise til Monets malerier med bogstavet W. fulgt af et nummer fra monografien i fire bind og værkfortegnelsen af Daniel Wildenstein, *Monet: The Triumph of Impressionism*, fulgt af en værkfortegnelse, Köln, Taschen Verlag og Wildenstein Institute, 1996. Hvis en placering hverken er angivet i en billedtekst eller i selve teksten, kan de omtalte værker identificeres ved W-nummeret.

1 "Les jardins de Claude Monet" (http://giverny.org/gardens/fcm/visitfr.htm).

2 Jean-Dominique Rey og Denis Rouart, *Monet Water Lilies: The Complete Series*, med værkfortegnelse af Julie Rouart, Paris, Flammarion, 2008.

3 En stor del af dette afsnit er et sammendrag af Laura Anne Kalbas vigtige bog, *Color in the Age of Impressionism: Commerce, Technology and Art*, College Park, Penn State University Press, som udgives i 2015. Jeg er professor Kalba taknemmelig for hendes tilladelse til at citere værket inden dets udgivelse.

4 "Vous ne saurez vous figurer à quel point un parfait fleuriste est un artiste accompli. Il importe qu'il assemble les couleurs en coloriste ..." Den engelske oversættelse er citeret i *Ibid.*, fra Tout-Paris [pseud.], "La Journée parisienne. Paris s'enguirlande," *Le Gaulois*, 17. december 1880.

5 Efter 1881 var Monets indtægt jævnt stigende, og da han i 1883 flyttede til Giverny, opgav han definitivt Paris som stedet, hvor han havde sit atelier.

6 W. 919-954.

7 W. 1501-1508.

8 Michel-Eugène Chevreul, *De la loi du contraste simultané des couleurs et de l'assortiment des objets colorés*, Paris, Pitois-Levrault, 1839. Afhandlingen blev oversat til engelsk i 1854 under titlen *The Principles of Harmony and Contrast of Colours, and Their Applications to the Arts.*

9 Kalba, citeret ovenfor, note 3.

10 I 1863 var Salonens dommerkomité så streng, at der efter protester fra adskillige kunstnere blev åbnet et anneks, hvor kunstnerne kunne udstille arbejder, der var blevet afvist. Blandt de malere, der ikke skammede sig ved at tage imod tilbuddet, var Manet og udenlandsamerikaneren James Abbott McNeill Whistler de to mest fremtrædende kunstnere.

11 "Il faut aimer singulièrement son temps pour oser un pareil tour de force ... Je l'ai déjà dit, Claude Monet aime d'un amour particulier la nature, que la main des hommes habille à la moderne. Il a peint une série de toiles prises dans des jardins. Je ne connais pas de tableaux qui aient un accent plus personnel, un aspect plus caractéristique. Sur le sable jaune des allées les plates-bandes se détachent, piqués par le rouge vif des géraniums, par le blanc mat des chrysanthèmes. Les corbeilles se succèdent, toutes fleuries, entourées de promeneurs qui vont et viennent en déshabillé élégant." (Émile Zola, "Les Actualistes," *Mon Salon* (*L'Événement illustré*, 24. maj 1868), i *Oeuvres completes*, Henri Mitterand, red., Paris, Nouveau Monde Éditions, 2003, 3. bind, s. 654-655.)

12 W. 416-421.

13 Den bedste kilde til Monet og hans families ophold i Vétheuil er David Joel, *Monet at Vétheuil, 1878-1883*, London, The Antique Collector's Club, 2002.

14 W. 680-685.

15 Med nedlæggelsen af togforbindelsen i 1935 og fjernelsen af selve banelegemet i 1960'erne blev Chemin du Roy og den lille offentlige sti lagt sammen til en bred vej, der passerer den centrale del af landsbyen og kaldes Departementsvej nr. 5. Adgang til åkandehaven på den anden side af denne stadigt mere trafikerede vej sker nu gennem en underjordisk passage finansieret af amerikanske venner af Monet-huset.

16 Jean-Pierre Le Dantec, *Le Sauvage et le régulier : art des jardins et paysagisme en France au XXe siècle*, Paris, Éditions du Moniteur, 2002, s. 59. Le

3 Much of this paragraph is summarised from the important book by Laura Anne Kalba, *Color in the Age of Impressionism: Commerce, Technology and Art*, College Park, Penn State University Press, forthcoming 2015. I am grateful to Professor Kalba for permission to cite her work prior to its publication.

4 "Vous ne saurez vous figurer à quel point un parfait fleuriste est un artiste accompli. Il importe qu'il assemble les couleurs en coloriste ..." English translation quoted in Ibid., from Tout-Paris [pseud.], "La Journée parisienne. Paris s'enguirlande", *Le Gaulois*, 17 December 1880.

5 After 1881, Monet's income began a fairly steady increase, and when he moved to Giverny in 1883, he definitively abandoned Paris as a studio location.

6 W. 919-954.

7 W. 1501-1508.

8 Michel-Eugène Chevreul, *De la loi du contraste simultané des couleurs et de l'assortiment des objets colorés*, Pitois-Levrault, Paris, 1839. The treatise was translated into English in 1854 as *The Principles of Harmony and Contrast of Colours, and Their Applications to the Arts.*

9 Kalba, op. cit., note 3.

10 In 1863, the Salon jury was so severe that following protests by artists, an annex was opened in which artists could exhibit works that had been rejected. Among those painters who unashamedly accepted the invitation were Manet and the expatriate American James Abbott McNeill Whistler, who were the two most prominent artists.

11 "Il faut aimer singulièrement son temps pour oser un pareil tour de force ... Je l'ai déjà dit, Claude Monet aime d'un amour particulier la nature, que la main des hommes habille à la moderne. Il a peint une série de toiles prises dans des jardins. Je ne connais pas de tableaux qui aient un accent plus personnel, un aspect plus caractéristique. Sur le sable jaune des allées les plates-bandes se détachent, piqués par le rouge vif des géraniums, par le blanc mat des chrysanthèmes. Les corbeilles se succèdent, toutes fleuries, entourées de promeneurs qui vont et viennent en déshabillé élégant." (Émile Zola, "Les Actualistes", *Mon Salon* (*L'Événement illustré*, 24 May 1868), in *Œuvres complètes*, Henri Mitterand, ed., Nouveau Monde Éditions, Paris, 2003, v. 3, pp. 654-655.)

12 W. 416-421.

13 The best source on Monet and his family's stay at Vétheuil is David Joel, *Monet at Vétheuil, 1878-1883*, London, The Antique Collector's Club, 2002.

14 W. 680-685.

15 With the elimination of the train line in 1935 and the removal of the tracks themselves during the 1960s, the Chemin du Roy and right of way together became a wide road that bypasses the main village and is called Departmental Road No. 5. Access to the water lily garden across this increasingly busy road is now through an underground passageway funded by American friends of the Monet house.

16 Jean-Pierre Le Dantec, *Le Sauvage et le régulier: art des jardins et paysagisme en France au XXe siècle*, Paris, Éditions du Moniteur, 2002, p. 59. Le Dantec sees garden design as having two poles: the more formal "regular" or geometric pole versus the "wild" or more natural pole. Monet's gardens come somewhere in between, but Le Dantec points out that they were like laboratories for artistic experimentation, always changing.

17 See Jeanne-Marie David, "Monet in Rouen", in *A City for Impressionism: Monet, Pissarro and Gauguin in Rouen*, exh. cat., Musée des Beaux-Arts de Rouen, June-September 2010, pp. 38-49 and James H. Rubin, "Rouen's Industrial Sublime: Monet, Pissarro and Modernity", in Ibid., pp. 96-123.

18 Jacques-Sylvain Klein, *Normandie, berceau de l'impressionnisme*, Editions Ouest-France, Rennes, 2007 argues this point persuasively.

19 W. 1136-1139 and 1147.

20 W. 1392, 1419 (The Philadelphia Museum of Art) and 1419a. W. 1392 is signed but undated. The other two are signed but misdated, W. 1419 to 1892, before Monet had purchased the land for his aquatic garden, the other to 1900, when the vegetation was much more fully grown, as shown by photographs. (See Marina Ferretti Bocquillon, et al., ed., *Monet's Garden in Giverny: Inventing the Landscape*, exh. cat., Musée des Impressionnismes, Giverny, 2009.) They were certainly signed by the forgetful artist at the time of their sale to

Dantec mener, at der er to poler, når det gælder udformningen af en have: den mere formelle 'normale' eller geometriske pol modsat den 'vilde' eller mere naturlige pol. Monets haver befinder sig et sted midt imellem, men Le Dantec understreger, at de lignede værksteder beregnet til kunstneriske eksperimenter, altid er i forandring.

17 Se Jeanne-Marie David, "Monet in Rouen", i: *A City for Impressionism: Monet, Pissarro and Gauguin in Rouen*, udst. kat., Musée des Beaux-Arts de Rouen, juni-september 2010, s. 38-49 og James H. Rubin, "Rouen's Industrial Sublime: Monet, Pissarro and Modernity", i: *Ibid.*, s. 96-123.

18 Jacques-Sylvain Klein, *Normandie, berceau de l'impressionnisme*, Rennes, Editions Ouest-France, 2007 fremfører en overbevisende argumentation herfor.

19 W. 1136-1139 og 1147.

20 W. 1392, 1419 (The Philadelphia Museum of Art) og 1419a. W. 1392 er signeret men udateret. De andre to er signerede men med forkert datoangivelse, W. 1419 til 1892, før Monet havde købt jorden til sin vandhave, det andet til 1900, da planterne var groet mere til, som det ses af fotografier. (Se Marina Ferretti Bocquillon m.fl., red., *Monet's Garden in Giverny: Inventing the Landscape*, udst. kat., Giverny, Musée des Impressionnismes, 2009.) De blev med sikkerhed signeret af den glemsomme kunstner, da de blev solgt til Durand-Ruel mange år senere. Et fotografi af den japanske bro i Lila Cabot Perry Archives, Archives of American Art, Smithsonian Institution, Washington, D.C. viser haven og broens udseende omkring år 1895.

21 Wildenstein, *Monet*, III, s. 632.

22 W. 1628-1633.

23 W. 1621

24 W. 1624-1625.

25 Den bedste undersøgelse af Monets beplantninger er Elizabeth Murray, *Monet's Passion: Ideas, Inspiration, and Insights from the Painter's Gardens*, San Francisco, Pomegranate, 2010. Jeg er forfatteren taknemmelig for hendes hjælp med identificeringen af blomsterne i de billeder, jeg omtaler.

26 Normalt ventede Monet, til et billede var fuldendt og parat til at blive solgt, før han signerede og daterede det. Ægtheden af de billeder, der var tilbage i hans atelier, bekræftes for størstepartens vedkommende af et atelierstempel, lavet af Monets søn Michel. Selvom der står Claude Monet på stemplet, er den anvendte skråskrift markant anderledes end Monets egen skrift.

Durand-Ruel, many years later. A photograph of the Japanese footbridge in the Lila Cabot Perry Archives, Archives of American Art, Smithsonian Institution, Washington, D.C. shows the state of the garden with bridge in about 1895.

21 Wildenstein, Monet, III, p. 632.

22 W. 1628-1633.

23 W. 1621

24 W. 1624-1625.

25 The best study of Monet's plantings is Elizabeth Murray, *Monet's Passion: Ideas, Inspiration, and Insights from the Painter's Gardens*, Pomegranate, San Francisco, 2010. I am grateful to the author for her help in identifying the flowers in the pictures I discuss here.

26 Monet usually waited until a picture was finished and ready to be sold before signing and dating. Those that remained in his studio are for the most part authenticated by a studio stamp devised by Monet's son Michel. Although the stamp says Claude Monet, its cursive handwriting is markedly different from Monet's own.

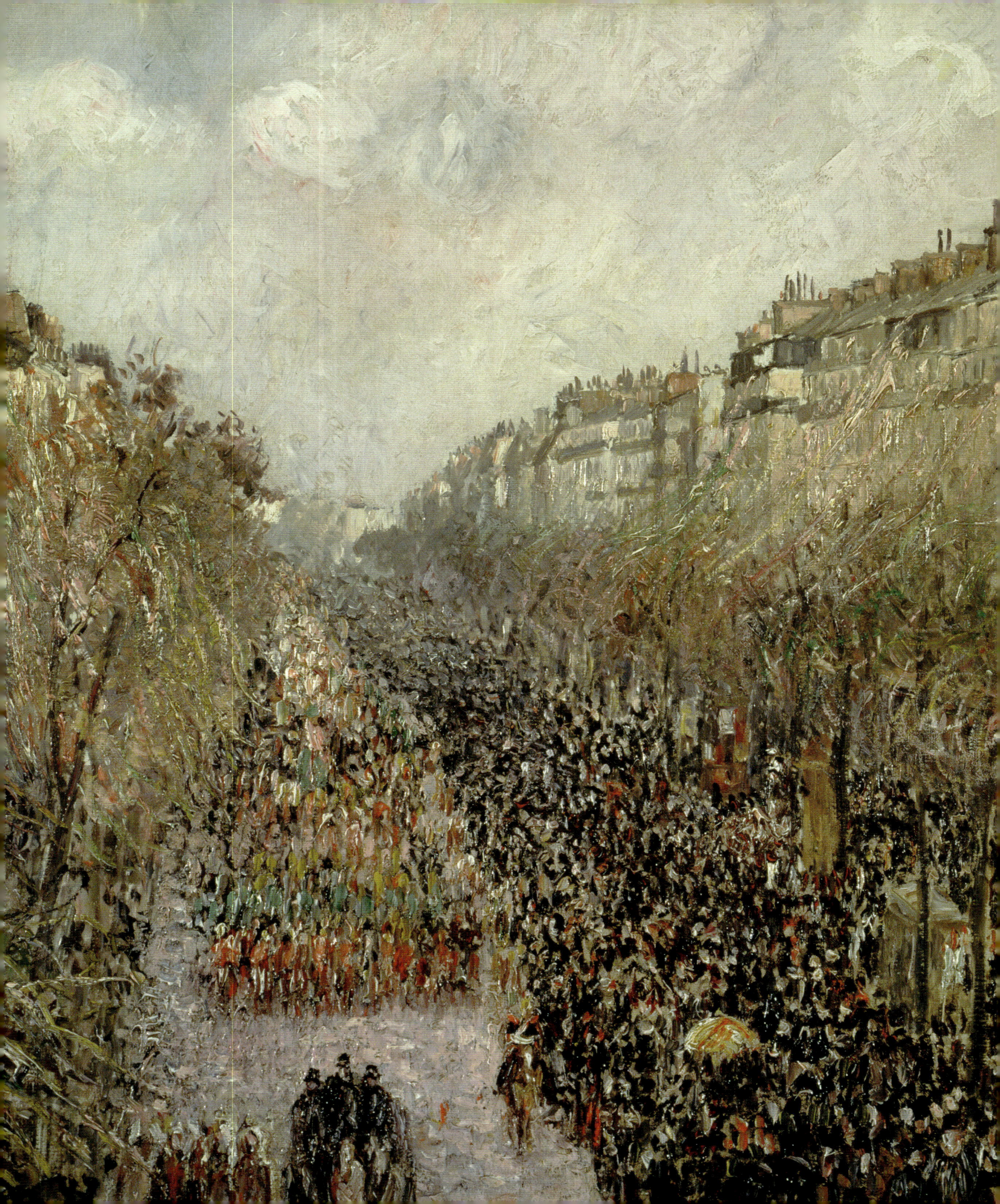

Senimpressionismen

Late Impressionism

Clare A. P. Willsdon

Professor i Vestlig Kunsthistorie
ved University of Glasgow
Professor of the History of Western Art
at the University of Glasgow

Da impressionisterne udstillede deres værker på deres anden gruppeudstilling i Paris i 1876 – den første var i 1874 – bød forfatteren og kritikeren Edmond Duranty deres friske spontane tilgang velkommen som "en ny gren udsprunget fra kunstens gamle stamme". Han kunne dog kun "håbe på", at denne gren ville "iklæde sig blade, blomster og frugt" og "yde skygge til fremtidige generationer". Her ændredes metaforen dramatisk til skibe og høj sø, og med ønsket om "god vind" til den impressionistiske "flåde" advarede han om "den farlig kurs", og at der var behov for "større, mere solide skibe", idet han anså de fartøjer, Monet og hans kunstnerkolleger havde udvalgt, som "lidt for små og smalle og kun egnede til kystnære farvande".[1]

Nogle år senere, i 1880, udtrykte hans kollega Émile Zola sig endnu mere direkte: impressionisterne "stammer uden at kunne finde det rette ord ... forsømmer teknikken, stilles for let tilfredse, viser sig at være ufærdige, ulogiske, overdrevne, impotente ...".[2] Zola efterlyste flere betydningslag og mere form i deres kunst og indsatte i sin roman *L'Oeuvre (Værket)* fra 1886, lettere fordømmende, hovedpersonen Claude Lantier i rollen som en progressiv ung maler – underforstået impressionist – som ikke formåede at realisere sit planlagte mesterværk. Impressionismen, syntes Zola hermed at mene, var løbet tør for energi, endnu inden den havde nået at modnes, for slet ikke at tale om en "sen" fase. Mens *L'Oeuvre* således fremkaldte uro og tilmed vrede blandt impressionisterne, syntes kritikken fremsat af såvel Zola som Duranty samt de nye metoder benyttet af yngre kunstnere, som var begyndt at udstille sammen med gruppen, herunder Seurat, Signac og Gauguin, at opildne Monet og hans kunstnerkolleger til at kaste et kritisk blik på samt forny deres egen kunst. Dette essay har til formål at gennemgå resultatet heraf i deres landskabsværker.

Monet begyndte f.eks. i 1880'erne at interessere sig for "ekstremt" vejr og for geografien på netop de steder – de "kystnære farvande" – som Duranty havde forbundet med beskedent kunstnerisk talent i sin metafor om impressionisterne som sømænd. Jagten på de strenge vinterstorme på Normandiets kyst ved Étretat og de blændende farver og lyset ved Rivieraen (Claude Monet, *Antibes*, 1888, fig. 93) virker nu som et forsøg på at modbevise Durantys påstand. Fra 1890'erne skabte han endda sit eget motiv i form af haven i Giverny. I dette "opfundne landskab",[3] som stort set var det eneste motiv, han beskæftigede sig med i de sidste 20 år af sit liv, fik beplantningerne et traditionelt islæt af Normandiets frugthaver sammen med den sanselige mangfoldighed, som han, fuld af beundring, havde oplevet i syden, mens hans åkandehybrider frembød gnister af levende, organiske farver i stedet for Seurats "videnskabelige" farver baseret på kemikeren Chevreuls teorier.

Pissarro, derimod, benyttede sig indledningsvist af Seurats og Signacs prismatiske prikteknik, idet han påstod

When the Impressionists showed their work at their second group exhibition in Paris in 1876, following their first in 1874, the writer and critic Edmond Duranty welcomed their fresh, spontaneous approach as "a young branch [which] has developed on the old trunk of art". However, he found himself able only to "hope" that this branch would "cover itself with leaves, flowers and fruits" and "spread its shade over future generations". And, switching his metaphor dramatically to one of ships and high seas, he wished a "fair wind" to the Impressionist "fleet", but warned that "the way is dangerous", and that "bigger, more solid ships" were needed; some of those chosen by Monet and his colleagues were, in his view, "quite small and narrow, good only for coastal waters".[1]

A few years later, in 1880, his colleague Émile Zola was even more outspoken: the Impressionists "stutter without finding the right word ... neglect their technique, are too easily satisfied, show themselves to be incomplete, illogical, exaggerated, impotent ...".[2] Zola called for greater meaning and form in their art, and in his 1886 novel *L'Oeuvre*, damningly cast the principal protagonist, Claude Lantier, in the role of a progressive young painter – implicitly an Impressionist – who found himself incapable of realising his intended masterwork. Impressionism, Zola now seemed to say, had spent itself before maturity, let alone any "late" phase. Whilst *L'Oeuvre* caused disquiet and even anger amongst the Impressionists, both Zola's and Duranty's criticisms, and the new approaches of younger artists who had begun to show with the group, such as Seurat, Signac and Gauguin, seemed to galvanise Monet and his colleagues to review and renew their own art. This essay considers some of the results in their landscape work.

Monet, for example, turned in the 1880s to "extremes" of weather and geography in the very kind of site – "coastal waters" – that Duranty had associated with only minor artistic talent in his metaphor of the Impressionists as sailors. As he chased both the harsh winter storms on the Normandy coast at Étretat, and the brilliance of colour and light on the Riviera (Claude Monet, *Antibes*, 1888, fig. 93), it is as though he now sought to prove Duranty wrong. In turn, from the 1890s, he even created his own motif in the form of his garden at Giverny. In this "invented landscape",[3] his near-sole subject for the last twenty years of his life, his plantings imbued a traditional Normandy orchard with the sensory profusion he had so admired in the south, whilst his hybrid water lilies offered sparks of living, organic colour in place of Seurat's "scientific" colour based on the theories of the chemist Chevreul.

Pissarro, by contrast, initially adopted Seurat's and Signac's prismatic dot technique, declaring that "Impressionism begins again in a completely new phase".[4] Guillaumin, who introduced Seurat and Signac to Pissarro, began to use richer, more saturated colours, for motifs at early morning and evening – times

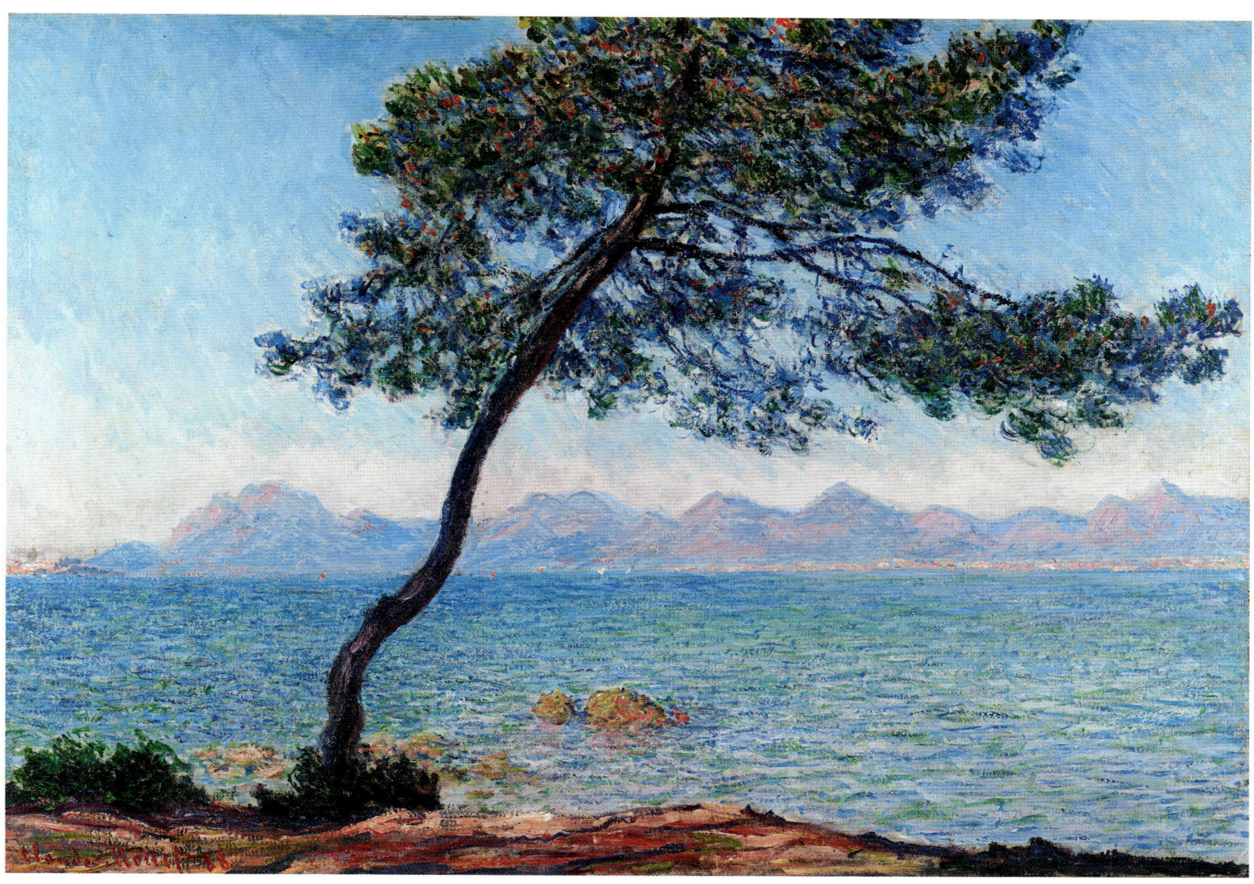

93
Claude Monet
Antibes

1888, olie på lærred / oil on canvas, 65,5 × 92,4 cm
The Courtauld Gallery, London
The Samuel Courtauld Trust

at "impressionismen begynder forfra i en helt ny fase".[4] Guillaumin, der introducerede Seurat og Signac for Pissarro, var begyndt at anvende mere intense og mættede farver til motiver, der skildrede den tidlige morgen og aften – tidspunkter hvor han havde fri fra sit arbejde som jernbanefunktionær, men hvor lyset også er mest stemningsfuldt. Guillaumins *Skumring ved Damiette* (1885, fig. 94), som blev vist på impressionistudstillingen i 1886, var allerede blevet karakteriseret af en kritiker som "violette skyer på en glasklar grøn himmel og en af de mest skærende farvekontraster, vi kender til".[5] Efterhånden begyndte både Monet og Pissarro i højere grad at værdsætte atelieret som et sted, hvor man kunne skabe sammenhængskraft i et værk påbegyndt i det fri. Pissarros *Blommetræer i blomst, Éragny* (1894, fig. 95) viser laden, som han byggede om til atelier i 1893, selvom han lidt spidst bemærkede "Hvorfor anskaffe sig et atelier? Førhen malede jeg alle steder; på alle årstider, i ulidelig varme, i regnvejr, i forfærdelig kolde perioder ... Mon jeg overhovedet kan arbejde i disse nye

of freedom from his day-job as a railway clerk, but also when light is most evocative. Guillaumin's *Twilight at Damiette* (1885, fig. 94), shown at the 1886 Impressionist exhibition, was already characterised by one critic as "violet clouds in a limpid green sky, one of the most strident colour harmonies that we know".[5] And both Monet and Pissarro in turn began to place greater value on the studio, as the place to give coherence to work begun out of doors. Pissarro's *Plum Trees in Blossom, Éragny* (1894, fig. 95) shows the barn he converted to a studio in 1893, when he nonetheless reflected wryly "What's the point of having a studio? In the old days, I did my painting anywhere; in every season, in sweltering heat, under rain, in horrid cold spells ... Am I going to be able to work in this new environment??? ... my painting will put on gloves, gosh almighty, I'll be official!!! [but I] ... will try not to let myself succumb!"[6] As we will

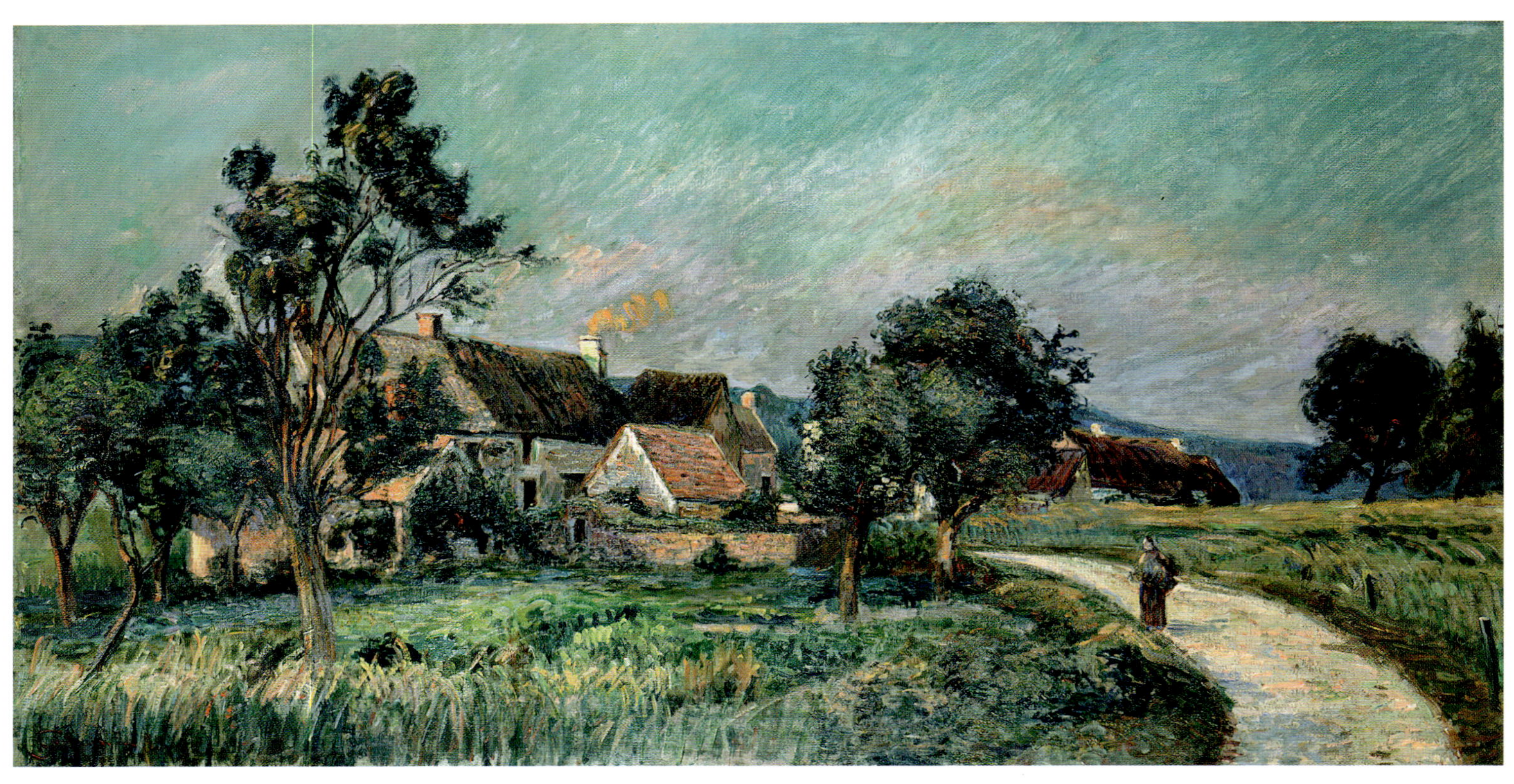

94
Armand Guillaumin
Skumring ved Damiette
Twilight at Damiette

1885, olie på lærred / oil on canvas, 72 × 139 cm
Petit Palais, Musée d'Art Moderne, Geneva
Association des Amis du Petit Palais, Geneva

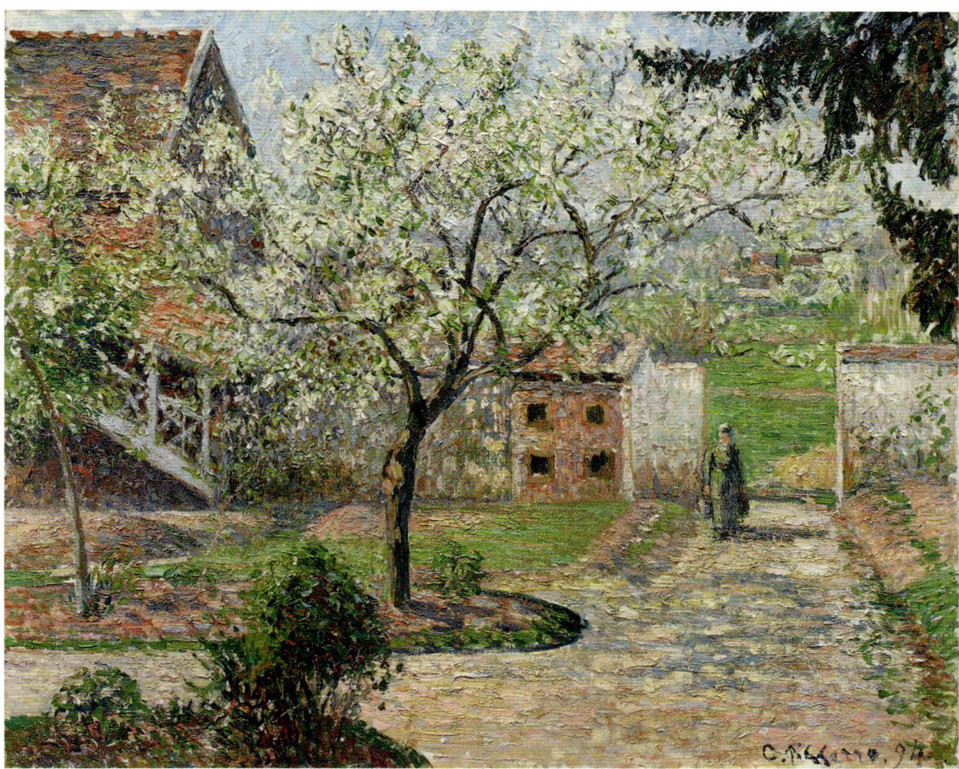

95
Camille Pissarro
Blommetræer i blomst, Éragny
Plum Trees in Blossom, Éragny
1894, olie på lærred / oil on canvas, 60 × 73 cm
Ordrupgaard, Charlottenlund
Bequest of Henny Hansen to the Danish state, 1951, inv. no. 267 WH

omgivelser??? … mit maleri iforer sig handsker, du godeste, jeg går hen og bliver officiel!!! [men jeg] … vil forsøge ikke at give efter!"[6] Som vi skal se, skete der under senimpressionismen en subtil harmonisering af bestræbelsen på at indfange naturens flygtige virkninger og ønsket om det, Monet kaldte "en mere seriøs kvalitet" affødt af "en lang og vedvarende indsats".[7]

Genopblomstring og fornyelse

Et tilbagevendende anliggende for senimpressionismen var ikke blot at "begynde forfra", som Monet, Degas og Pissarro udtrykte det[8] – at genopfinde kunstretningen – men samtidig at forholde sig til tidligere tiders traditioner og forbilleder. Pissarros partier fra Louvre (*Louvre: Morgen, solskin*, 1901, cf. fig. 6) forvandler den lange facade på det berømte museum for fortidens kunst til en slags bagvæg for lysets, stemningens og årstidernes flygtige spil, der er så kendetegnende for impressionismen; virkningen kunne som sådan opfattes som et symbol på kunstnerens interesse i at skabe "en tradition for den moderne kunst",[9] hvor det nye byggede direkte videre på det gamle. Renoir benyttede Renæssancen som forbillede i sit værk *De badende* fra 1887, (*De badende*, 1884-1887, Philadelphia Museum of Art), og fremmanede indtrykket af en perfekt verden i sine billeder af frodige, paradisagtige landskaber i det sydlige Frankrig (*Oliventræer i Les Collettes*, ca. 1910-1915,

see, concern to capture nature's fleeting effects, and the desire for what Monet called "more serious qualities" born of "long continued effort"[7] were subtly balanced in late Impressionism.

Revival and renewal

A recurrent concern in late Impressionism was not simply to "begin again", as Monet, Degas and Pissarro all put it[8] – to reinvent the movement – but, simultaneously, to relate to past traditions and examples. Pissarro's views of the Louvre (*The Louvre: Morning. Sunlight*, 1901, cf. fig. 6) turn the long facade of the great museum of past art into a kind of screen, over which play the transient effects of light, atmosphere and seasons so important to Impressionism; this effect might almost be an emblem of his concern to forge "a tradition of modern art",[9] in which the new built directly on the old. Renoir looked to Renaissance example in his *Large Bathers*, 1884-1887 (Philadelphia Museum of Art), and evoked a sense of an ideal world in his paintings of lush, Edenic landscapes in the south of France, where he settled at Cagnes in 1903 (*Olive Tree at Les Collettes*, ca. 1910-1915, cf. fig. 47; *Near Cagnes*, ca. 1907-1919, fig. 96). The "extreme" conditions and landscapes painted by Monet in the 1880s and early 1890s, meanwhile, revived the Romantic "sublime" (Herbert 1994, pp. 42-43, 54, 69, 73, 86, 110-111). From Belle-Île-en-Mer in Brittany, with its fearsome "pinnacle" rocks,

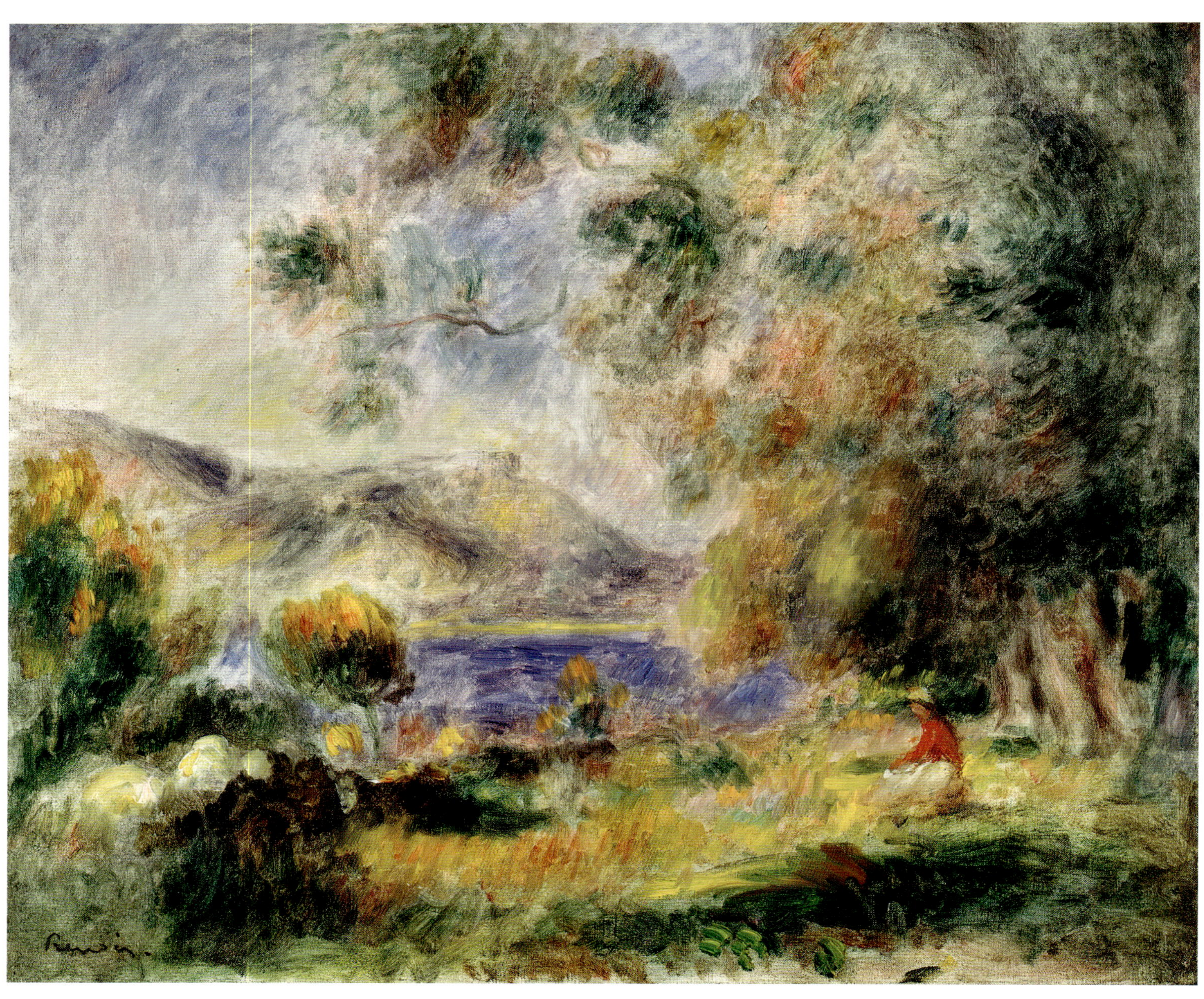

96
Pierre-Auguste Renoir
I nærheden af Cagnes
Near Cagnes

ca. 1907–1919, olie på lærred / oil on canvas, 46,7 × 55,9 cm
Memorial Art Gallery, University of Rochester, Rochester, NY
Marion Stratton Gould Fund

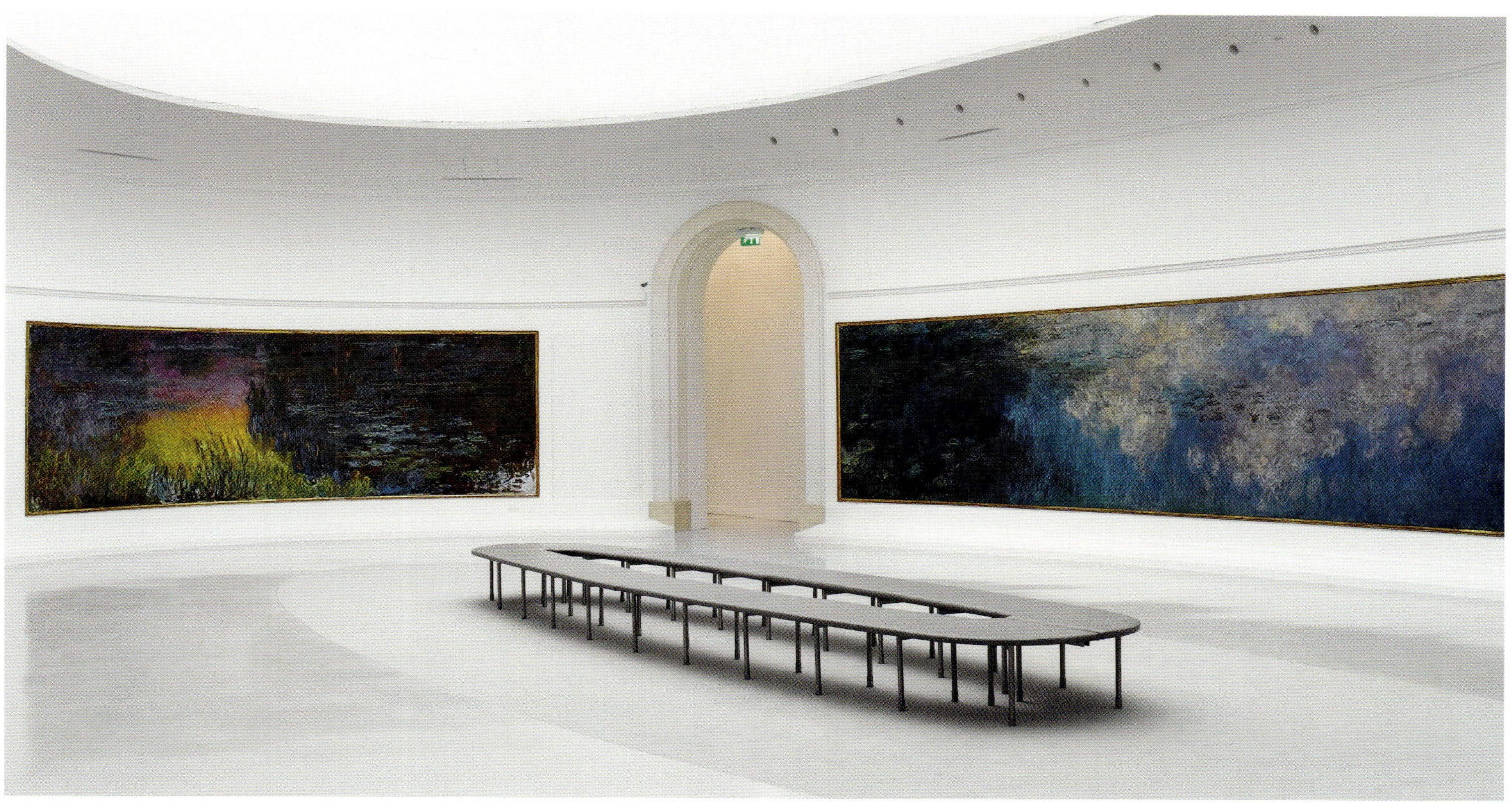

photo 8
Parti af de store udsmykninger af Claude Monet i Musée de l'Orangerie. Åkanderne, Sal 1
View of the Grand Décorations *by Claude Monet at the Musée de l'Orangerie. The Waterlilies, Room 1*

cf. fig. 47; *I Nærheden af Cagnes*, ca. 1907-1919, fig. 96), hvor han slog sig ned i Cagnes i 1903. I mellemtiden genskabte de "ekstreme" vejrforhold og landskaber, som Monet havde malet i 1880'erne og først i 1890'erne det romantisk "sublime" (Herbert 1994, s. 42-43, 54, 69, 73, 86, 110-111). Fra Belle-Île-en-Mer i Bretagne med de frygtindgydende "spidse" klipper, skrev han i 1886 til sin senere hustru Alice Hoschedé, at "denne skrækkelige egn begejstrer mig, netop fordi den tvinger mig til at afvige fra det, jeg er vant til".[10]

Ikke desto mindre havde Monet i 1868 med dristig penselføring malet et parti med figurer, der skuer ud over det stormfulde hav foran buen i klinten ved Étretat i Normandiet; Courbet malede ligeledes denne berømte klint (*Den gennembrudte klippe ved Étretat*, 1869, cf. fig. 70), og Boudin gav sig i kast med den i 1890'erne (*Klinten ved Étretat*, ca. 1890-1894, cf. fig. 74). Men da Monet i 1883 fortalte sin Alice, at han ville male "et stort lærred af klinterne ved Étretat, selvom det er et dristigt forehavende fra min side efter Courbet, som gjorde det fortræffeligt", tilføjede han megetsigende, at "Jeg vil gøre det anderledes",[11] og han malede ikke blot ét, men adskillige billeder af dette motiv (*Klint og Porte d'Aval i stormvejr*, 1883, cf

he wrote in 1886 to his future wife Alice Hoschedé that "I am enthused by this terrible country precisely because it pushes me to depart from what I am accustomed to doing".[10]

Monet had nonetheless in 1868 painted a boldly-brushed view of figures watching stormy seas before the arched cliff at Étretat in Normandy; this famous cliff was also painted by Courbet (*The Sea-Arch at Étretat*, 1869, cf. fig. 70), and Boudin tackled it in the 1890s (*Cliffs at Étretat*, ca. 1890-1894, cf. fig. 74). But in 1883, when Monet told his Alice that he planned to paint "a large canvas of the cliff at Étretat even though it is terribly audacious on my part to do that after Courbet, who did it admirably", he tellingly commented "I will try to do it otherwise",[11] and painted not one but several views of it (*The Cliff and the Porte d'Aval, Rough Seas*, 1883, cf fig. 72; *Sunset at Étretat*, 1883, cf. fig. 73) – an important development we will consider shortly.

In 1909, Monet again matched his work against Courbet's when he called his great exhibition of Giverny water-garden pictures "Water Lilies: series of water landscapes [*paysages*

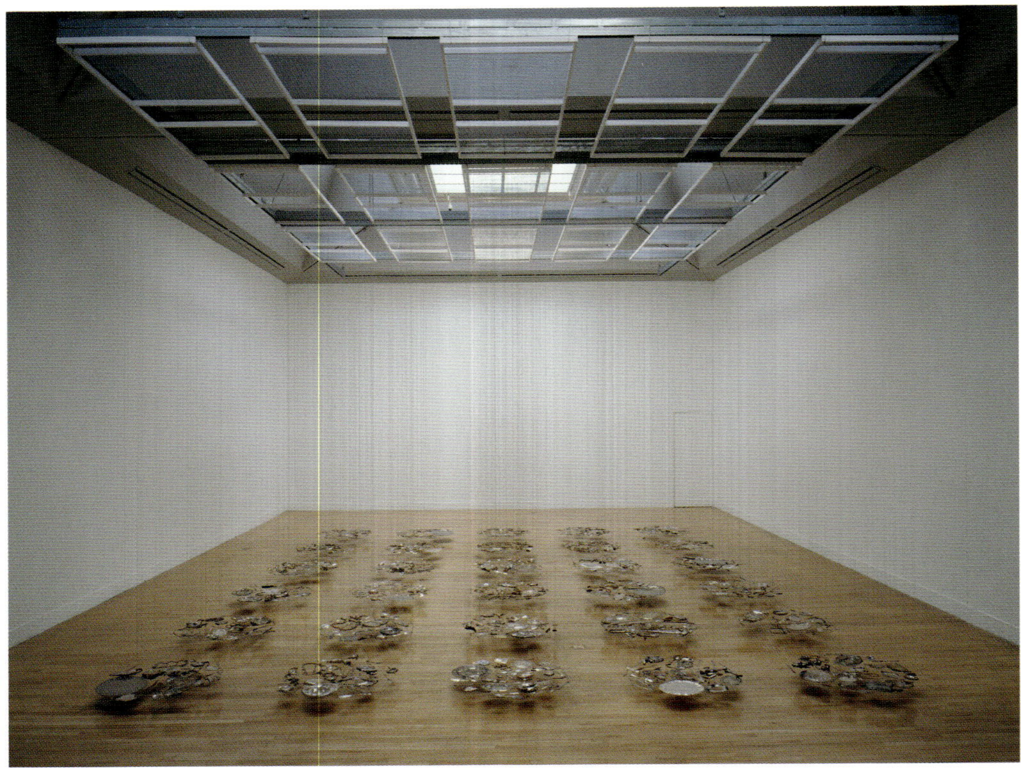

97
Cornelia Parker
Tredive sølvstykker
Thirty Pieces of Silver

1988-1989, sølv og kobber ledning /
silver and copper wire
Tate, London
Purchased with assistance from
Maggi and David Gordon, 1998

fig. 72; *Solnedgang ved Étretat*, 1883, cf. fig. 73) – en væsentlig udvikling, som vi vender tilbage til om lidt.

I 1909 sammenlignede Monet atter sit værk med Courbets, da han bekendtgjorde sin store udstilling med billeder af vandhaven i Giverny "Water Lilies: series of water landscapes [*paysages d'eau (vandlandskaber)*]". Courbet havde udstillet *paysages de mer (sølandskaber)* i 1867. Men Monets udstilling, hvor beskueren var omgivet på alle sider af billeder, der indfangede de sammensatte reflektioner i åkandedammen (*Åkander*, 1907, cf. fig. 91; *Åkander*, 1908, cf. fig. 92), pegede således frem mod idégrundlaget bag hans *Grandes Décorations* (photo 8). Udsmykningen gengiver ligeledes åkandedammen, som omgiver beskueren i to ovale rum og erstatter dermed krigens vold og ødelæggelse med naturens fornyende kræfter. Hvis de på denne måde antog en "helende" virkning gennem det panoramiske format, der ofte blev brugt i det 19. århundrede for at kaste et skær af realisme over kampmotiver, kan de ligeledes siges at pege frem mod nutidens "immersive" kunst – enten i form af "virtuel realitet" eller Cornelia Parkers "installationer" af komprimerede basuner, bestik og andre sølvobjekter, der glitrer mod de stille overflader, i lighed med Monets åkander, med det formål at engagere og stimulere sindet og sanserne (Cornelia Parker, *Tredive Sølvstykker*, 1988-1989, fig. 97).

d'eau]". Courbet had exhibited *paysages de mer* ["sea landscapes"] in 1867. However, the effect of Monet's exhibition, surrounding the viewer on all sides with images evoking the complex reflections in his pond with its water lilies (*Water Lilies*, 1907, cf. fig. 91; *Water Lilies*, 1908, cf. fig. 92), now also looked forward to the conception of his *Grandes Décorations*, given to France as a First World War Memorial (photo 8). Again representing his pond, these encircle the viewer in two elliptical rooms at the Orangerie in Paris, substituting nature's regenerative powers for the violence and destruction of war. If they thus turned to "healing" via the medium of the panorama format that had often been used in the 19th century to lend realism to battle subjects, they also surely forecast today's "immersive" art – whether as found in "virtual reality", or Cornelia Parker's "installations" of compressed trombones, cutlery and other silver objects shimmering above still surfaces, like Monet's water lilies, to engage and stimulate the mind and senses (Cornelia Parker, *Thirty Pieces of Silver*, 1988-1989, fig. 97).

Pissarro certainly argued in the 1890s that Impressionism was "a healthy art based on sensation".[12] He now found Seurat's dot technique too limiting; the varied, suggestive brushwork of Impressionism was the way to capture "sensations". In *Plum Trees in Blossom, Éragny* (cf. fig. 95), the mass of spring blossom fills the air with colour and implied scent, whilst the easy

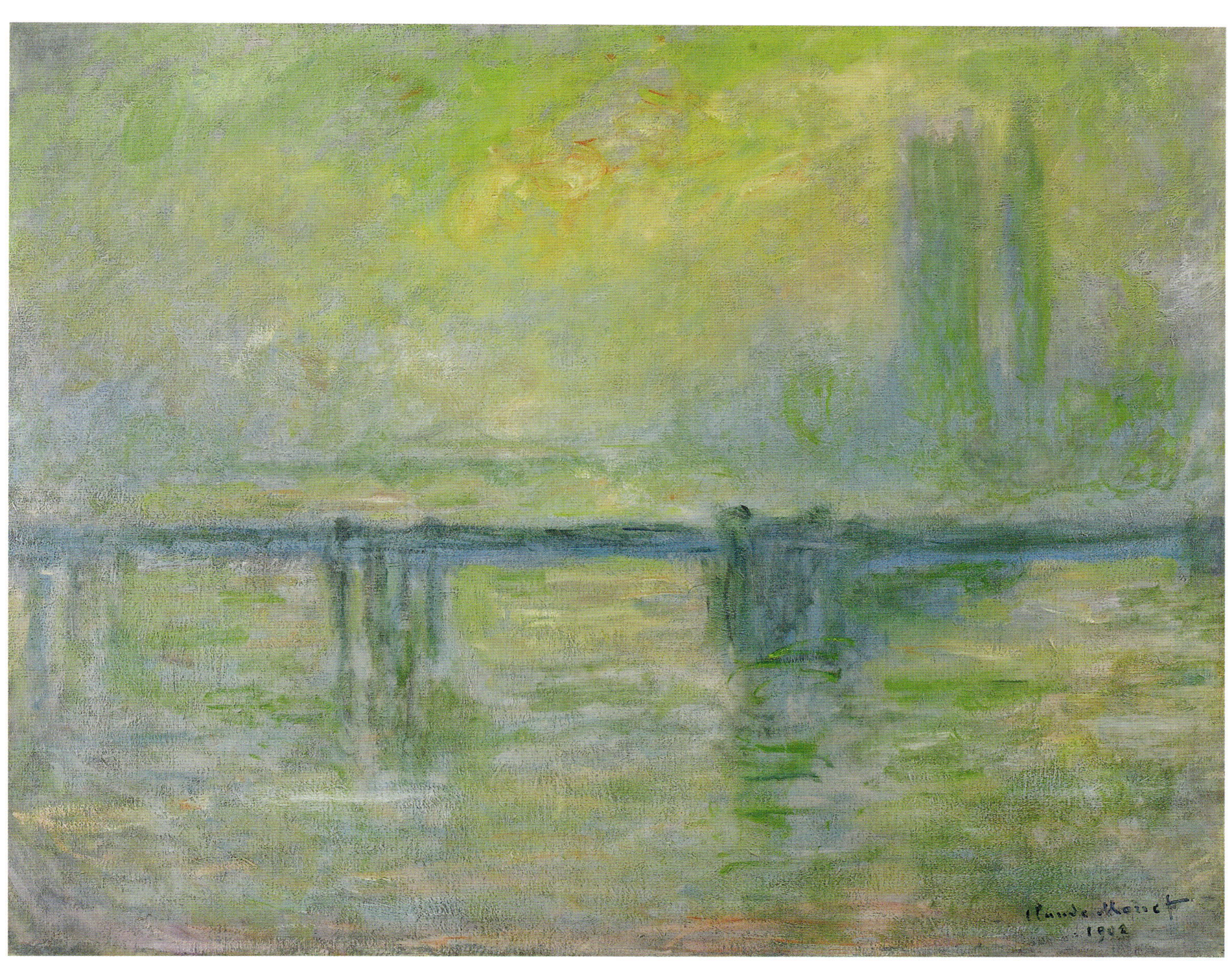

98
Claude Monet
Charing Cross Bridge i tåge
Charing Cross Bridge, Fog

1902, olie på lærred / oil on canvas, 73 × 92 cm
Art Gallery of Ontario, Toronto, ON
Gift of Ethel and Milton Harris, 1990, inv. no. 90/161

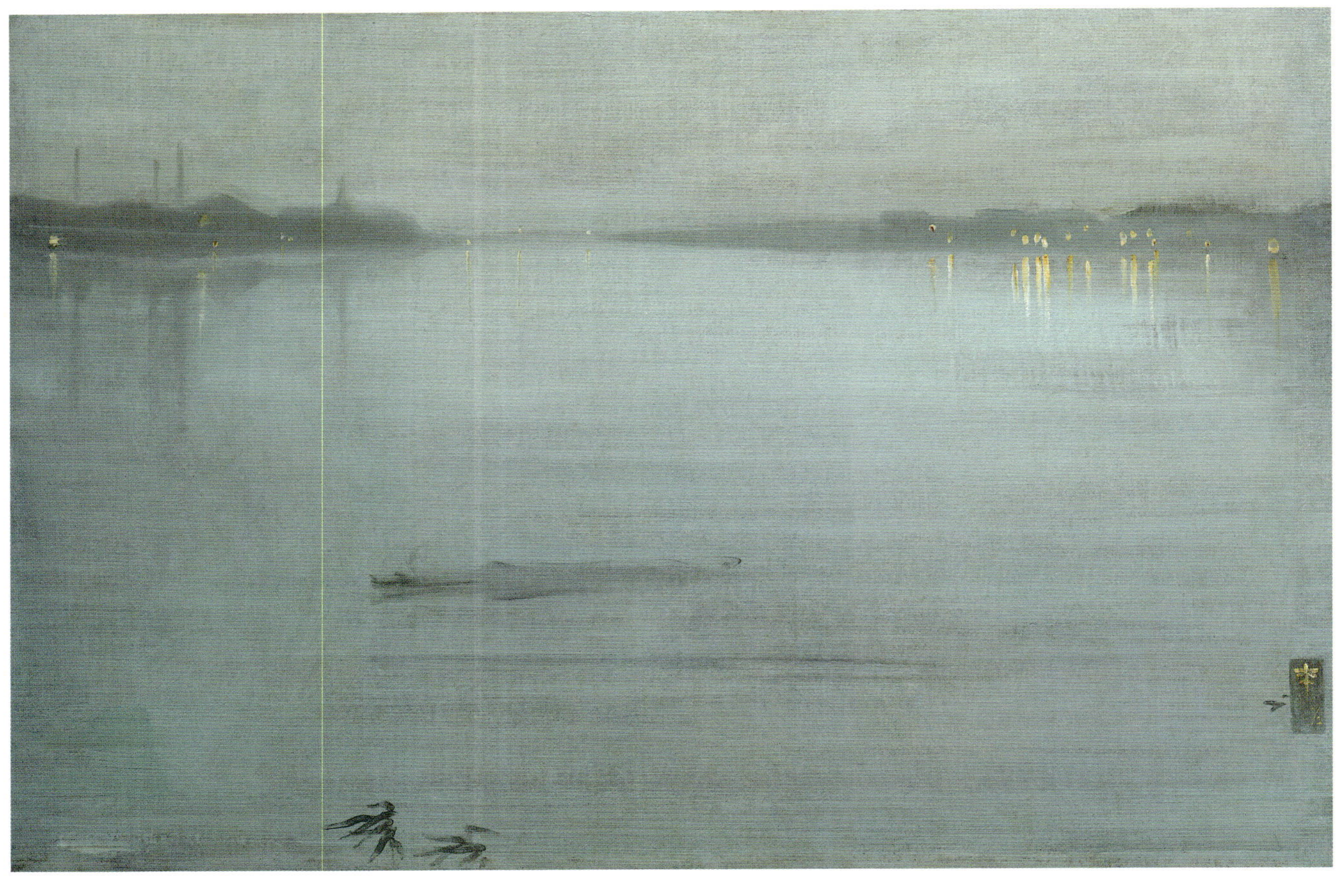

99
James Abbott McNeill Whistler
Nocturne i blåt og sølv – lysene i Cremorne
Nocturne: Blue and Silver – Cremorne Lights
1872, olie på lærred / oil on canvas, 50,2 × 74,3 cm
Tate, London

I 1890'erne hævdede Pissarro, at impressionismen var "en sund kunst baseret på sansning".[12] Nu syntes han imidlertid, at Seurats prikteknik virkede for indskrænkende; impressionismens varierede, suggestive penselstrøg var en måde, hvorpå man kunne indfange "sansninger". I *Blommetræer i blomst, Éragny* (cf. fig. 95) fylder forårsblomsternes væld luften med farve og underforstået duft, mens den umærkelige overgang til markerne bag porten genkalder et ideal fremsat af den utopiske socialist Pierre-Joseph Proudhon, som Pissarro var en stor beundrer af, om at jorden "ved opdyrkelse skal blive som en kæmpemæssig have".[13]

Monet refererede også til den tidlige impressionisme ved at vende tilbage til og på ny male – dog fra forskellige synsvinkler eller under andre forhold – steder og motiver, som havde inspireret ham op gennem 1860'erne og 1870'erne. Foruden Normandiet indbefattede de London, hans tilflugtssted sammen med Pissarro under den fransk-tyske krig og Pariserkommunen 1870-1871. Monets "gensynsbilleder" i 1899-1901 (*Charing Cross*

transition to the fields beyond the gate brings to mind the ideal of the utopian socialist Pierre-Joseph Proudhon, much admired by Pissarro, that the earth "must become, through cultivation, like an immense garden".[13]

Monet also looked back to earlier Impressionism by revisiting and re-painting – but with different viewpoints or conditions – sites and motifs that had inspired him in the 1860s and 1870s. As well as Normandy, these included London, his refuge with Pissarro during the Franco-Prussian War and Paris Commune of 1870-1871. Monet's "return" views in 1899-1901 (*Charing Cross Bridge, Fog*, 1902, fig. 98; *Waterloo Bridge, Veiled sun*, 1903, cf. fig. 77) concentrate on the mysterious, veiling effects of smoke and fog – the transformation of the industrial city by the *enveloppe* (envelope) of surrounding atmosphere[14] – and share Whistler's quest for the "poetry" of the Thames (James Abbott

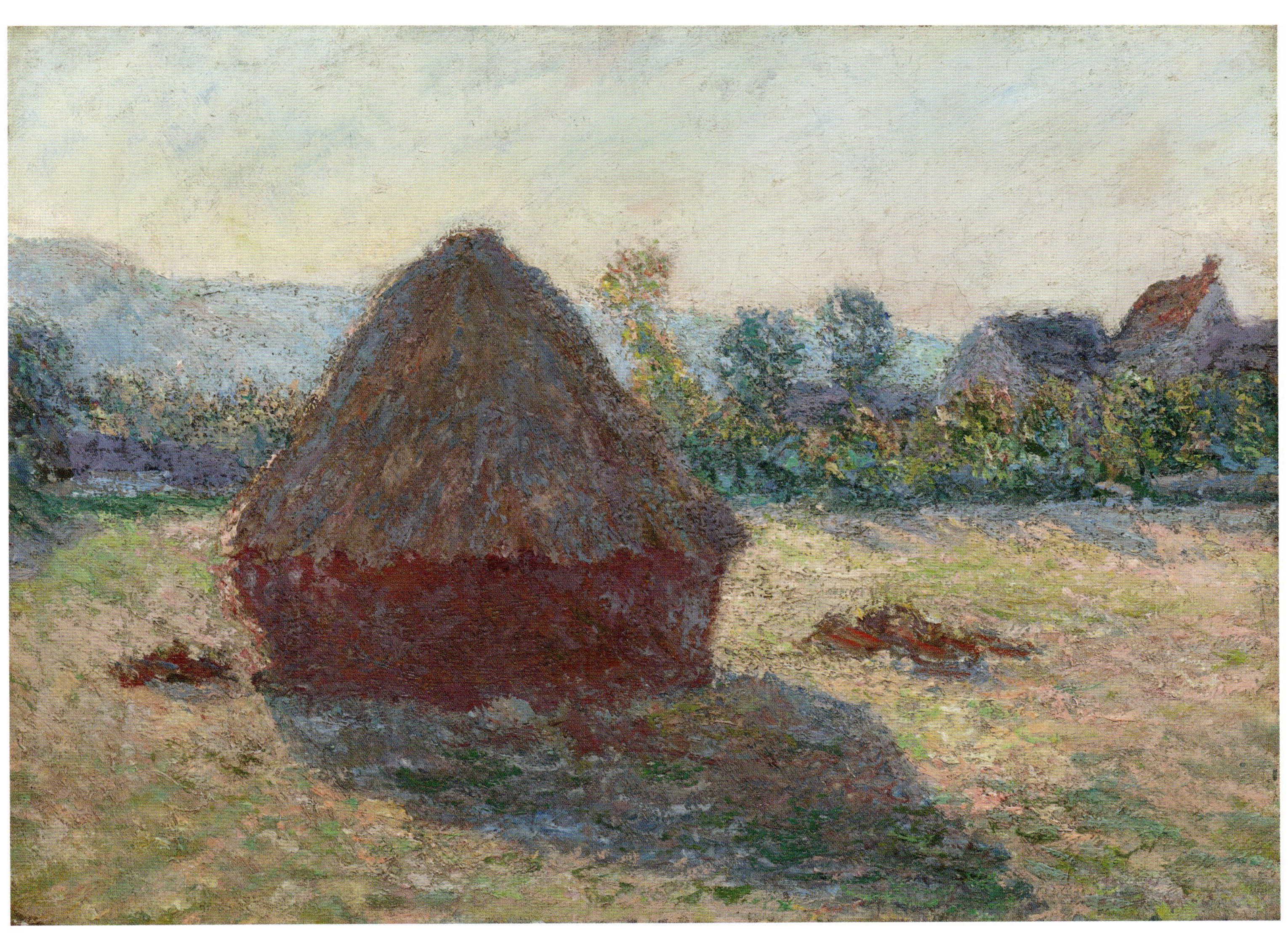

100
Claude Monet
Høstak i aftensol
A Haystack in the Evening Sun

1891, olie på lærred / oil on canvas, 38,5 × 52 cm
Gösta Serlachius Fine Arts Foundation, Mänttä

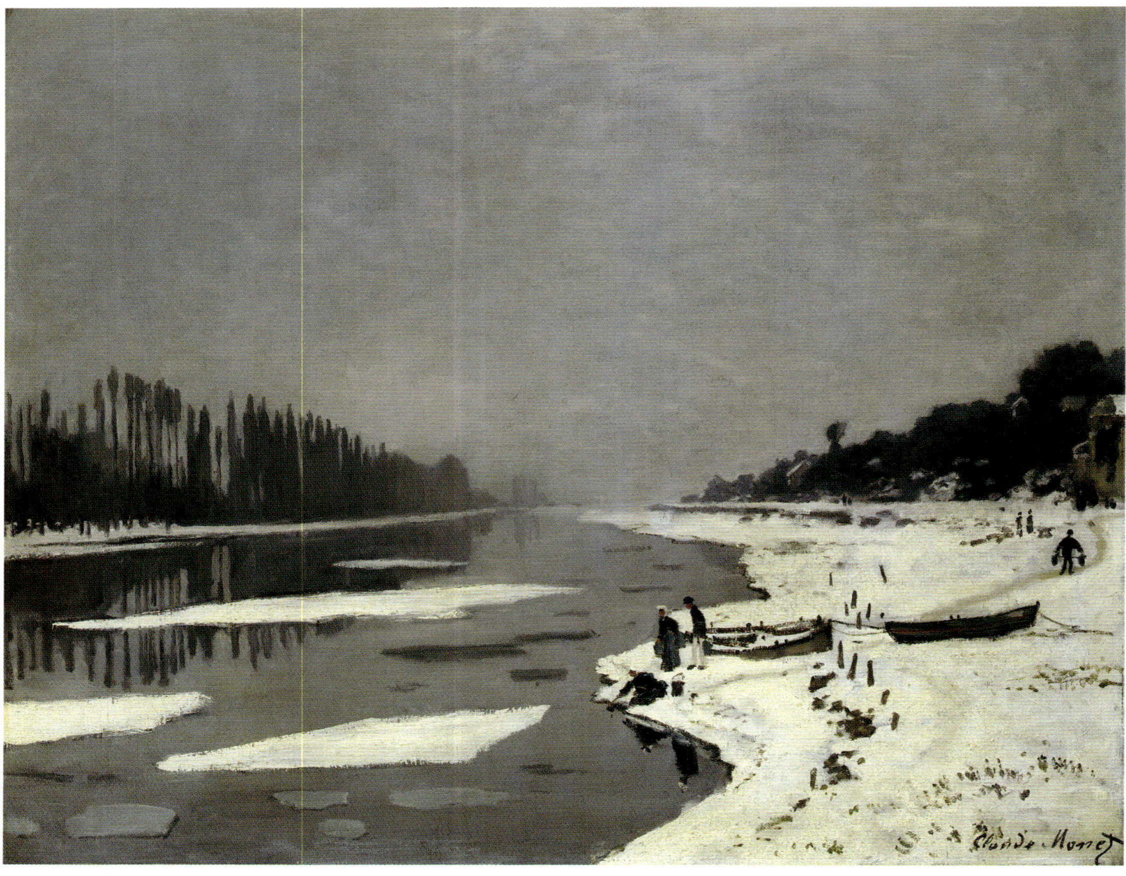

101
Claude Monet
Isflager på Seinen ved Bougival
Ice Floes on the Seine at Bougival
1864-1871, olie på lærred / oil on canvas, 65 × 81 cm
Musée du Louvre, Paris, inv. no. RF1961-62

Bridge i Tåge, 1902, fig. 98; *Waterloo Bridge, sløret sol*, 1903, cf. fig. 77) fokuserer på den gådefulde, slørende virkning af røg og tåge – forvandlingen af industribyen pga. af *enveloppe* (indhylningen) forårsaget af den omgivende atmosfære[14] – og deler Whistlers søgen efter Themsens "poesi" (James Abbott McNeill Whistler, *Nocturne i blåt og sølv – lysene i Cremorne*, 1872, fig. 99), ligesom han sender en hilsen til Turner (Lochnan 2005). De høstakke, han havde malet første gang i 1865 som en del at et landskab ved morgengry (Claude Monet, *Høstakke ved Chailly, solopgang*, 1865, cf. fig. 50), var nu et selvstændigt motiv med anstrøg af fine lyseffekter; i *Høstak i aftensol* (1891, fig. 100) gennemsyres selv skyggerne af aftenens lyserøde og rødviolette farver. Monet vendte ligeledes tilbage til motivet med isløsningen, hvis flydende former allerede her antyder åkanderne i Giverny. Hvor han i 1867-1868 havde malet dette motiv med kraftige, grove penselstrøg i et koldt gråt lys (*Isflager på Seinen ved Bougival*, 1867-1868, fig. 101) og i 1880 indfanget de krydsende mønstre af isflager og genspejlinger, benyttede han nu fine penselstrøg samt diskrete purpur og orange farver til at skabe en senimpressionistisk version (*Isen på Seinen bryder op, nær Bennecourt*, 1893, cf. fig. 59) af de

McNeill Whistler, *Nocturne: Blue and Silver - Cremorne Lights*, 1872, fig. 99), as well as paying homage to Turner (Lochnan 2005). Grainstacks, meanwhile, which he had first painted in 1865 as part of a dawn landscape (Claude Monet, *Haystacks at Chailly, Sunrise*, 1865, cf. fig. 50), now formed a subject in themselves, tinted with subtle lighting effects; in *A Haystack in the Evening Sun* (1891, fig. 100), evening pinks and purples suffuse even the shadows. Monet also returned to the motif of ice breaking up, whose floating forms already suggest the effect of his water lilies at Giverny. Whereas in the 1860s he had painted this with bold, chunky brushwork in cold grey light (*Ice Floes on the Seine at Bougival*, 1864-1871, fig. 101), and in 1880 had captured intersecting patterns of floes and reflections, he now used delicate brushstrokes and subtle purples and oranges to create a late Impressionist version (*Break-up of the ice on the Seine, near Bennecourt*, 1893, cf. fig. 59) both of the morning and evening effects beloved of Corot, and of the colour "vibrations" in Seurat's and Signac's work.

Sisley also began to focus on nature's evocative moods, in works such as *Autumn Evening on the River* (1875, fig. 102), whilst Gauguin, who had exhibited with the Impressionists since 1879,

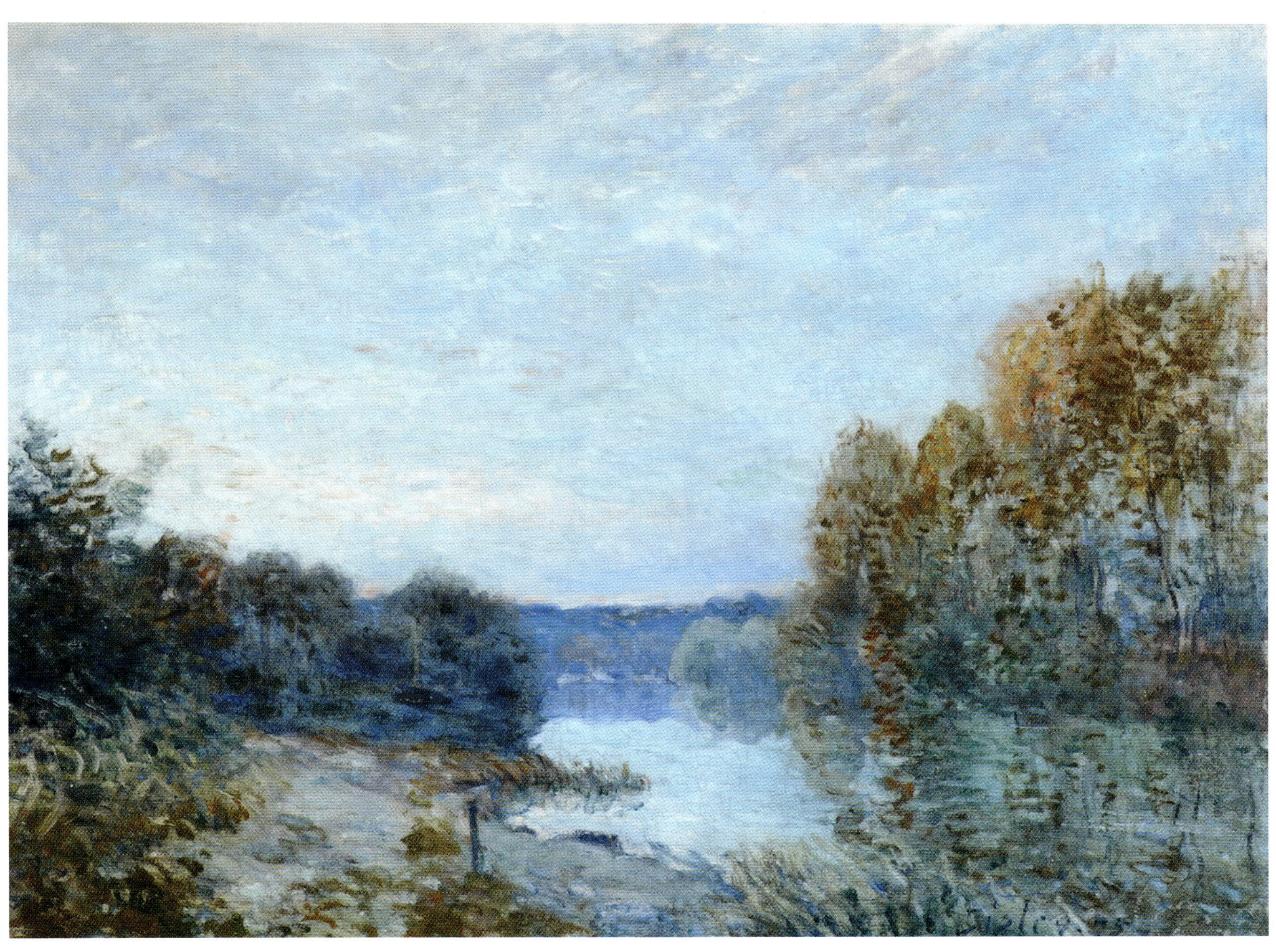

102
Alfred Sisley
Efterårsaften ved floden
Autumn Evening on the River

1875, olie på lærred / oil on canvas,
46 × 61 cm
Leeds Art Gallery

forskellige effekter henholdsvis om morgenen og om aftenen, som Corot holdt så meget af, og af "farvevibrationerne" i Seurats og Signacs værker.

Også Sisley begyndte at fokusere på naturens udtryksfulde stemninger med værker såsom *Efterårsaften ved floden* (1895, fig. 102), mens Gauguin, som havde udstillet med impressionisterne siden 1879, mente, at kunstneren snarere skulle "drømme" i naturen.[15] Allerede i Gauguins *Havnen i Dieppe* fra ca. 1881-1885 (cf. fig. 65) ses et nyt og mere dekorativt formsprog i de geometriske mønstre af bygninger, havnemure og lodrette master, glitrende spejlinger og farvespillet af orange tage mod en komplementærblå himmel. Det viser hen imod en stemningsfuld, endog symbolsk tilgang, mere intense farver og en stærk komposition, der senere skulle blive drivkraften bag hans arbejde i Bretagne og på Tahiti.

På den ene side kan vi anskue impressionisternes bestræbelser på at forny deres kunstretning – at holde den "ung" så at sige – som et forsøg på at modbevise en påstand, der går helt tilbage Renæssancen og Giorgio Vasari, der mente, at kvaliteten af en kunstners arbejde forringes med hans alder. Idéen nød fremgang i det 19. århundrede hos den "positivistiske" Hippolyte Taine, hvis værker Monet læste ivrigt.[16] I en af sine mere fortvivlede kommentarer til perioden efter 1886 begræd Monet, at det at forsøge at indfange genspejlingernes spil, blomsterne og løvet i sin vandhave i Giverny var "mere end en gammel mand magtede, og dog vil jeg, at det skal lykkes mig at gengive mine følelser".[17] Da han i 1908 ytrede dette, var han blot 68 år – næppe hvad vi i dag ville kalde gammel – men det er tydeligt, at han associerede "sansning" med ungdom; med subjektive såvel som fysiske oplevelser (den franske term *sensation* udtrykker begge begreber). Da Monet skrev fra Étretat fyrre år tidligere, havde han således erklæret, at hans mål var "at udtrykke det, jeg personligt har følt".[18] I den henseende er der paralleller mellem senimpressionismen og visse aspekter af ekspressionismen og fauvismen – kunstretninger som vægtede den sanselige tiltrækningskraft frem for den følelsesbetonede påvirkning – og den foregriber måske endda det fokus på det selvafslørende, der karakteriserer visse nutidige kunstværker som f.eks. Tracy Emins *Seng*.

Tid, sansning og serier

Selvom impressionisternes udstilling i 1886 blev deres sidste som gruppe, delvis pga. spændinger forårsaget af Seurats medvirken, viser eksemplerne beskrevet ovenfor allerede, hvordan tid og sansning som tematik var tæt forbundet med idealer om fornyelse, harmoni og udsmykning i det senimpressionistiske landskabsmaleri. Men for at få en bedre forståelse af dette forhold, må vi nødvendigvis have mere kendskab til den metode, Monet udviklede, da han malede "kystnære farvande" i 1880'erne. Romanforfatteren Guy de Maupassant,

argued that the artist should "dream" before nature.[15] Already in Gauguin's *Harbour Scene, Dieppe* of ca. 1881-1885 (cf. fig. 65) a new, more decorative idiom is seen, in the geometric pattern of buildings, harbour wall, and vertical masts, shimmering reflections, and play of orange roofs against a complementary blue sky. This looks towards the evocative, even symbolic approach, with heightened colour and strong design, that would ultimately drive his work in Brittany and Tahiti.

On one level, we can view the efforts by the Impressionists to renew their movement – to keep it "young" – as an attempt to disprove the notion reaching back to Giorgio Vasari in the Renaissance, that as artists aged, so their work declined in quality. This idea was promoted in the 19th century by the "Positivist" Hippolyte Taine, whose work Monet read with much attention.[16] And in one of his most anguished comments of the post-1886 period, Monet lamented that trying to capture the play of reflections, flowers, and foliage in his water garden at Giverny was "beyond my powers as an old man, and yet I want to succeed in rendering what I feel".[17] In 1908, when he made this comment, he was only 68 – hardly what we now call old – but he clearly associated youth with "sensation"; with subjective as well as physical experience (the French word *sensation* embraces both). Writing from Étretat forty years earlier, Monet had, after all, declared his goal to be "the expression of what I personally have felt".[18] Late Impressionism in this sense parallels aspects of Expressionism and Fauvism – movements which privileged appeal to the senses for emotive affect – and even perhaps anticipates the emphasis on self-revelation in some artworks today, such as Tracy Emin's *My Bed* (1998, Duerckheim Collection).

Time, sensation and the series

Although the Impressionists' 1886 exhibition proved their last as a group, partly because of tensions over Seurat's inclusion, the examples considered above already begin to show how themes of time and sensation were intimately linked with ideals of renewal, harmony, and decoration in late Impressionist landscape painting. However, to understand this relationship more fully, we need to take account of the method Monet developed when painting "coastal waters" in the 1880s. The novelist Guy de Maupassant, who saw Monet at work at Étretat in 1885, described this vividly:

> *I often followed Claude Monet in search of impressions. He was, in truth, no longer a painter, but a hunter. He went along, followed by children carrying his canvases, five or six canvases representing the same subject at different times of day and with different effects.*
>
> *He took them up one by one, according to the changes in the sky. And the artist, confronting his motif, waited, looking*

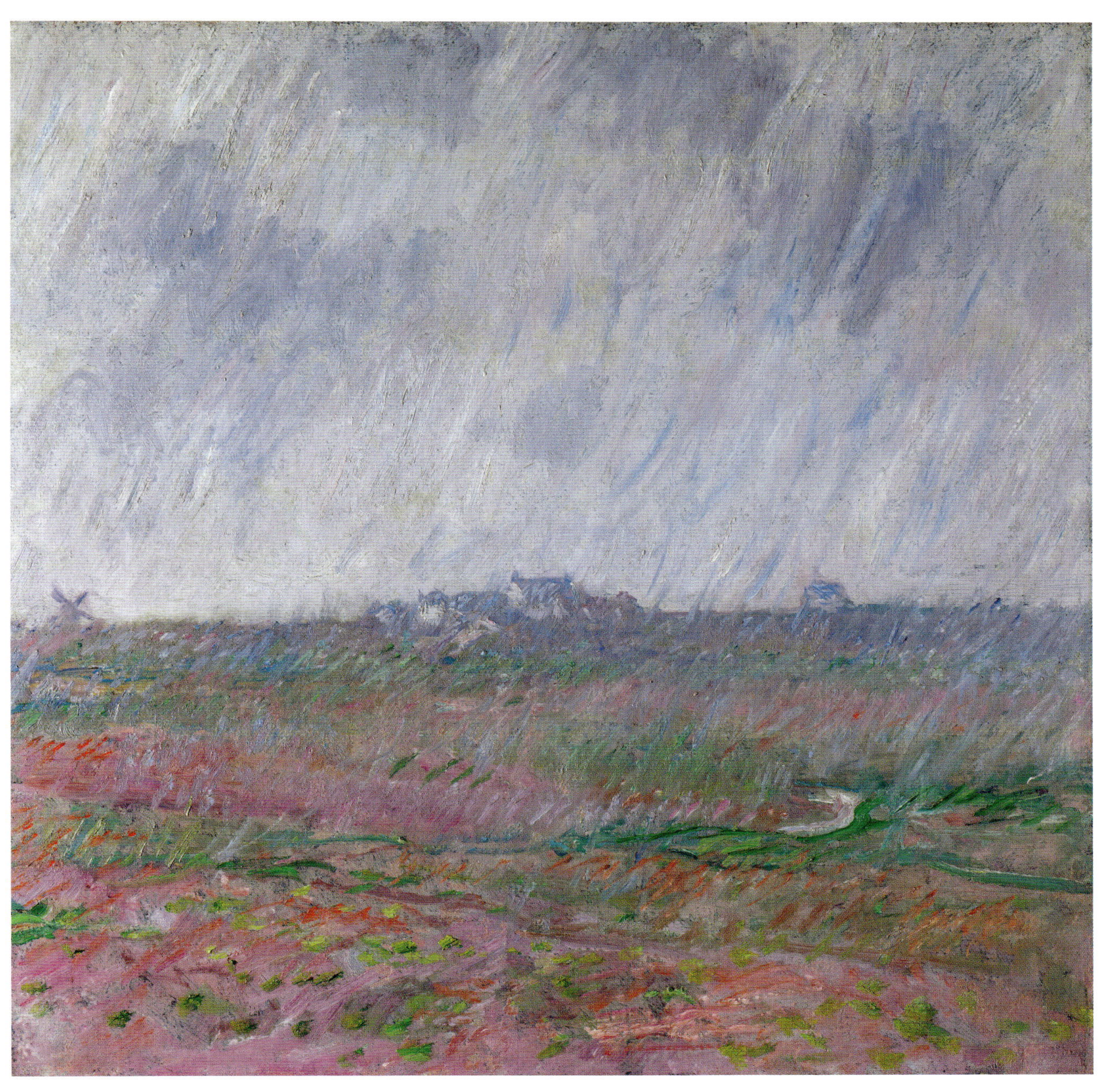

103
Claude Monet
Regn på Belle-Île-en-Mer
Rain at Belle-Île-en-Mer

1886, olie på lærred / oil on canvas, 60,5 × 60,5 cm
Musée de Morlaix

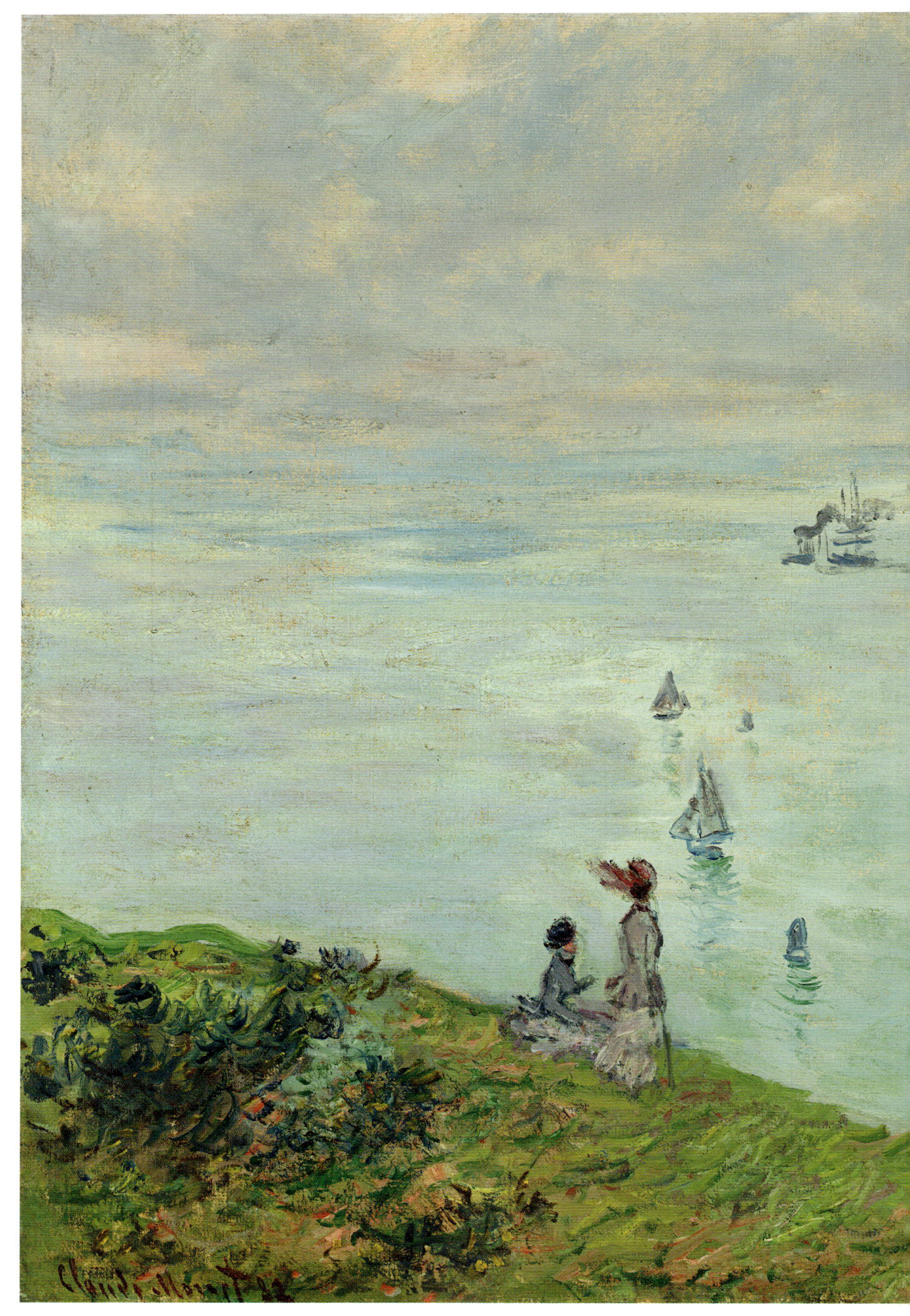

104
Claude Monet
På klinten ved Dieppe
*On the Cliff at Dieppe**

1882, olie på lærred / oil on canvas, 60 × 100 cm
National Gallery of Art, Washington, D.C.
Collection of Mr. and Mrs. Paul Mellon
* Known as *Cliffs at Pourville* in the collection of the National Gallery of Art, Washington, D.C.

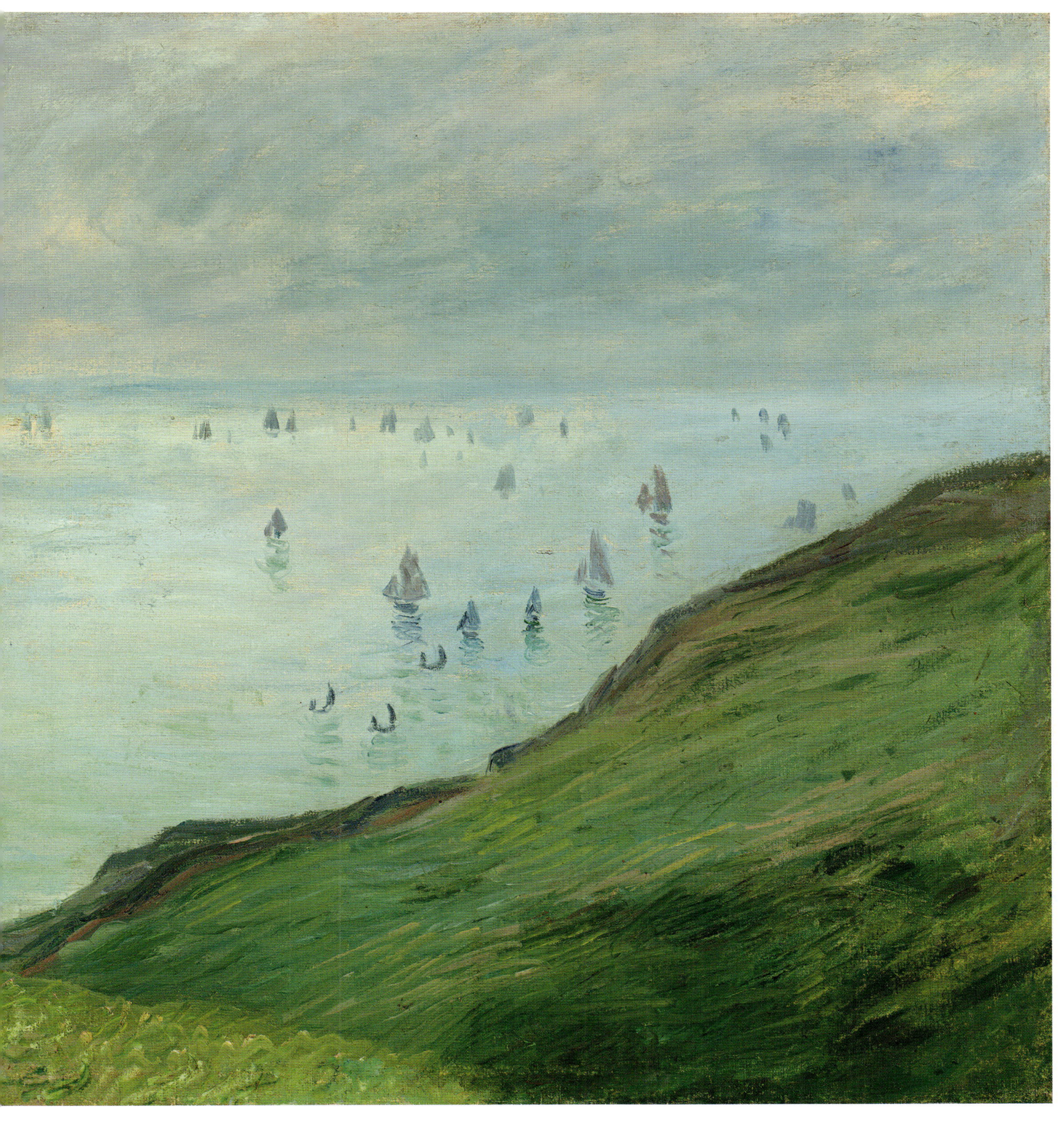

som så Monet arbejde i Étretat i 1885, beskrev processen indgående:

> *Jeg fulgte ofte med Claude Monet rundt på hans søgen efter indtryk. Han var ikke længere maler, snarere jæger, i virkeligheden. Han gik omkring, fulgt af børn, der bar på hans lærreder, fem eller seks lærreder, som gengav det samme motiv på forskellige tidspunkter af dagen og med deraf følgende forskellige virkninger.*
>
> *Han skiftevis arbejdede på dem og satte dem til side, afhængig af den vekslende himmel. Foran sit motiv afventede maleren således solen og dens skygger, fangede med nogle få penselstrøg en synkende solstråle eller en sejlende sky, og med foragt for det falske og konventionelle, placerede han dem hurtigt på lærredet.*
>
> *Jeg har således set ham indfange det glitrende lys på den hvide klint og fiksere det med en strøm af gule nuancer, som på bemærkelsesværdig vis registrerer det tilfældige, flygtige udtryk af dette forbigående, men blændende fænomen.*
>
> *En anden gang løftede han med åbne hænder en byge, der faldt ude over havet, og kastede den ned på sit lærred. Og det var virkelig regnen, han malede på denne måde, regnen og kun den, der slørede bølgerne, klipperne og himlen, så de kun lige akkurat var synlige under skybruddet.*[19]

Det, Maupassant var vidne til, var "seriemaleri": brugen af flere lærreder, ét for hver successiv ændring i lys, vejr og stemning. Hans billede af Monet, der fysisk "kaster" en forbigående byge ned på lærredet, fanger fint den hast, hvormed kunstneren arbejder med det typisk omskiftelige vejr ved kysten og kunne lige så vel være en beskrivelse af *Regn på Belle-Île-en-Mer*, (1886, fig. 103), et af Monets billeder fra Bretagne fra 1886. Billedet, som sandsynligvis er inspireret af japansk grafik,[20] fremmaner en stikkende regn med korte, taktile penselstrøg, der benytter "sansningen" til at fremkalde et øjebliksbillede.

Forfatteren Gustave Geffroy oplevede derimod Monet på arbejde på Belle-Île-en-Mer i 1886 og noterede sig, at "på en enkelt eftermiddag" påbegyndte kunstneren:

> *... adskillige skitser af det samme motiv under forskellige lysforhold ... billeder som, foruden at indfange kystens form og havets bevægelser, gengiver tidspunktet på dagen i stenenes og vandets farver, himlens nuancer og skyformationerne. Når man observerer de slanke bånd af himmel, glimt af klarhed, skyggerne, den blege sol, den kobberfarvede horisont, det violette, grønne eller blå hav, alle disse tilstande, alle forskellige, skønt de udspringer af den samme natur, vil man se morgenen gry, middagsstunden passere, og til sidst aftenen falde på.*[21]

> *out for the sun and the shadows, seizing the falling sunbeam or the passing cloud with a few brushstrokes, and, disdaining the false and conventional, setting them rapidly down on the canvas.*
>
> *In this way I have seen him capture a sparkling fall of light on the white cliff and fix it with a tide of yellow tones which record remarkably the chance, fugitive effect of this elusive and blinding dazzle.*
>
> *On another occasion, he lifted with open hands a shower falling on the sea, and threw it onto his canvas. And it really was the rain that he painted in this way, nothing but the rain veiling the waves, rocks and sky so barely visible beneath the deluge.*[19]

What Maupassant witnessed was "series painting": the use of multiple canvases, one for each successive effect of light, weather and atmosphere. His image of Monet physically "throwing" a passing shower onto his canvas, meanwhile, captures the speed of the artist's work in the face of the typically changeful weather of the coast, and could just as well describe *Rain at Belle-Île-en-Mer* (1886, fig. 103), one of Monet's Breton views of 1886. Probably inspired by Japanese prints,[20] this evokes the stinging rain with short, tactile brushstrokes, using "sensation" to suggest a moment in time.

The writer Gustave Geffroy in turn saw Monet at work at Belle-Île-en-Mer in 1886, and noted that, "in a single afternoon", the painter would begin

> *... several studies of the same motif under different lighting conditions ... pictures which, as well as capturing the form of the coast and the movement of the sea, present the hour of the day in the colour of the stone and the colour of the water, the hues of the sky and the arrangement of the clouds. Observe these slender bands of sky, these flashes of brightness, these shadows, these weak suns, these horizons of copper, these violet, green, or blue seas, all these states, each different, of the same nature, and you will see the mornings dawn, the middays pass, and the evenings fall.*[21]

Serial methods were not completely new: Turner and Jongkind had painted successive or paired views,[22] and Whistler's *Nocturnes* involved repetition of motifs.[23] Monet himself had painted embryonic "series" from the late 1870s, including views of cliffs at Fécamp (*The Cliff at Fécamp*, 1881, cf. fig. 76; *Fécamp, Seaside*, 1881, cf. fig. 75) and Pourville (*On the Cliffs at Dieppe*, 1882, fig. 104). However, it was at Belle-Île in 1886 that he first described his serial procedure: "I know that to paint the sea truly, one must see it every day, at every hour and at the same spot, to understand its life at that spot, thus I repeat the same motif four or even six times",[24] and his work both there

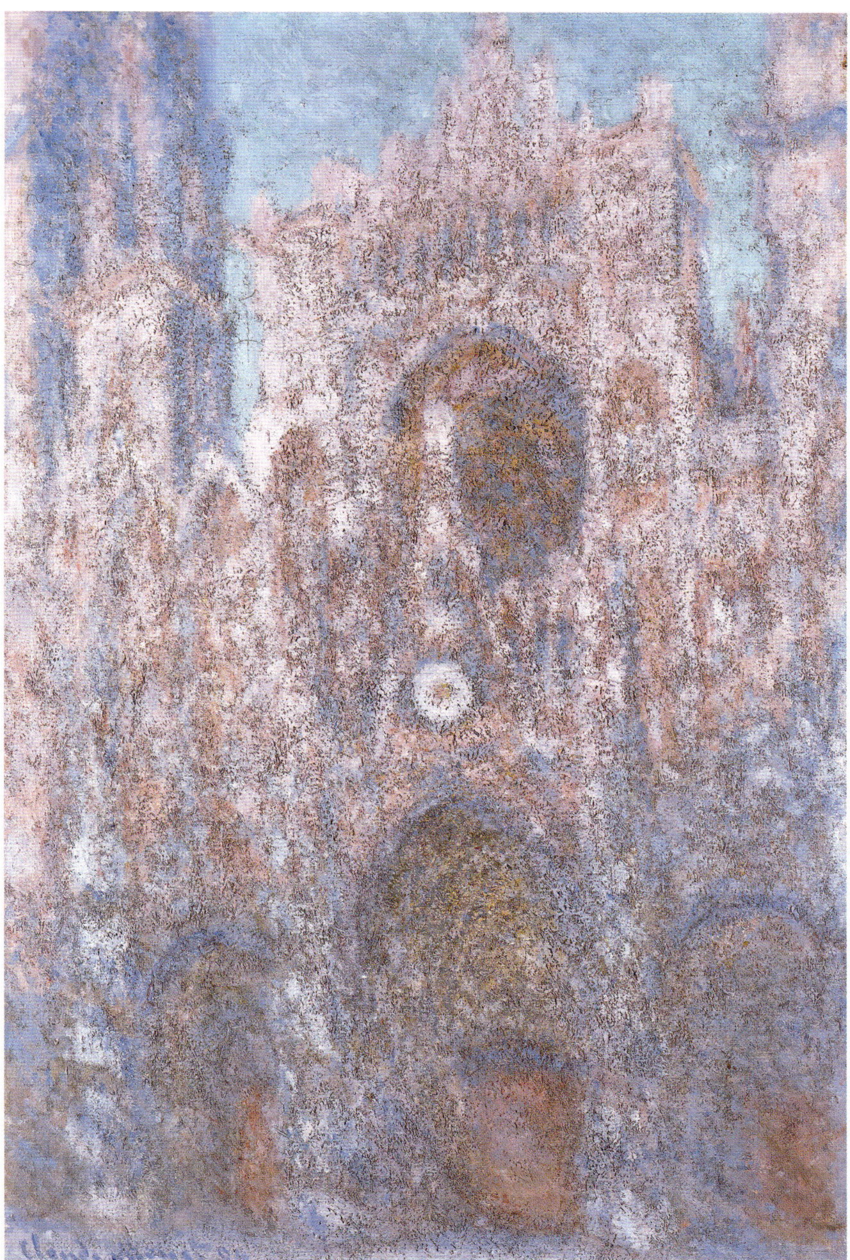

105
Claude Monet
Katedralen i Rouen: nedgående sol
Rouen Cathedral: Setting Sun

1892-1894, olie på lærred / oil on canvas, 100 × 65 cm
National Museum of Wales, Cardiff
Bequest: Gwendoline Davies, 1952
Collection: The Davies Sisters Collection
inv. no. NMW A 2482

Den serielle metode var ikke helt ukendt: Turner og Jongkind havde malet successive eller parvise billeder,[22] og Whistlers *Nocturnes* indebar en gentagelse af motiverne.[23] Monet havde selv malet noget, der mindede om "serier", sidst i 1870'erne, herunder partier fra klinterne ved Fécamp (*Klinten ved Fécamp*, 1881, cf. fig. 76; *Fécamp, ved kysten*, 1881, cf. fig. 75) og Pourville (*Klinter ved Pourville*, 1882, fig. 104). Det var imidlertid på Belle-Île i 1886, at han først beskrev sin serielle fremgangsmåde: "Jeg ved, at for rigtigt at male havet, er det nødvendigt

and at Étretat in 1885 represents his first significant engagement with a complex succession of temporal and atmospheric effects. Monet's great friend Georges Clemenceau, premier of France in the First World War, in turn identified the Étretat paintings as the essential catalyst for the artist's mature "series" from the 1890s – his Grainstacks (*A Haystack in the Evening Sun*, cf. fig. 100), Poplars, Rouen Cathedral (*Rouen Cathedral: Setting Sun*, 1892-1894, fig. 105), Misty Mornings on the Seine, Thames and other series – and, ultimately, the

at se det hver dag, på alle tidspunkter og på samme sted for at forstå dets væsen netop her, og derfor gentager jeg det samme motiv fire eller endda seks gange"[24], og hans arbejde i 1885 både der og i Étretat repræsenterer det første markante arbejde med en indviklet rækkefølge af tids- og stemningsrelaterede indvirkninger. Endvidere udpegede Monets gode ven Georges Clemenceau, Frankrigs ministerpræsident under første verdenskrig, Étretat-malerierne som den grundlæggende katalysator for kunstnerens fuldt udviklede "serier" fra 1890'erne – nemlig høstakkene (*Høstak i Aftensol*, cf. fig. 100), poplerne, katedralen i Rouen (*Katedralen i Rouen: nedgående sol*, 1892-1894, fig. 104), *Morgentåge på Seinen*, Themsen samt andre serier – og til sidst den sammensatte serie, *Grandes Décorations (Monumentale udsmykninger)*, som viser haven i Giverny.[25]

De hurtige forandringer i vejret og lyset på de nordfranske kyststrækninger, som Monet søgte at indfange, blev modsætningsvist understreget af den "langsomme tid", som Étretats klippebue og "nål" og Belle-Îles klippetinder repræsenterede; former skabt gennem årtusinder. Darwin, hvis værker impressionisterne var bekendte med, undersøgte "bølgernes nedslidning af klinterne ved havet" for at "forstå varigheden af forgangen tid"[26], og den republikanske forfatter Michelet havde, i sin populære bog *La Mer*, beskrevet klipperne ved Étretat som "gigantiske registre hvor århundrederne tilsammen giver adgang til siderne i tidens bog".[27] Monet ejede 1885-udgaven af *La Mer*[28], og i adskillige Étretat-billeder indfanger han på malerisk vis den langsomt eroderende klippebue mod en hurtigt nedgående sol (*Solnedgang ved Étretat*, 1883, cf. fig. 73). I andre som f.eks. *Klint og Porte d'Aval i stormvejr* (cf. fig. 72) anvender han energiske, kalligrafiske penselstrøg til at antyde de vilde bølgers hamren mod klippebuen. Hvad der er nok så spændende, kan disse serier siges at foregribe vore dages "performancekunst", idet deres opståen for øjnene af Maupassant og Geffroy dramatiserede motivet: bølgernes endeløse bevægelser, der markerer tiden og former stedet.

Harmoni, helhed og det visionære

I Michelets *La Mer* spiller Étretat en særlig rolle ikke blot som dokumentation af den forgangne tid, men også af fremtiden. For Michelet går fra stedets geologi til at beskrive, hvordan han første gang fik en vision om et bedre Frankrig, da han så kvinderne i Étretat dreje det tunge gangspil for at slæbe deres mænds fiskerbåde på land (Étretat havde ingen havn). Hvis alle franske børn havde adgang til et sundt liv ved havet, ville det medvirke til at skabe en stærk ny nation, mente Michelet – og denne vision kunne realiseres ved at "tilføre fremtidens gangspil stærke hænder", på samme måde som kvinderne i Étretat sammen lagde kræfterne i gangspillet for bådenes skyld.[29] Som de øvrige impressionister havde Monet gennemlevet

multiple series, and *Grandes Décorations*, that show his Giverny garden.[25]

On the northern French coasts, the swift variation of weather and lighting that Monet sought to capture was pointed up by contrast with the "slow time" of Étretat's rock arch and "needle", and Belle-Île's rocky spikes; forms shaped across the millennia. Darwin, whose work was known to the Impressionists, had looked to "the waves wearing away the sea cliffs" to "understand the duration of past time",[26] and in his popular book *La Mer*, the Republican writer Jules Michelet had described the rocks at Étretat as "gigantic registers where the accumulated centuries open wide the pages of the book of time".[27] Monet owned an 1885 edition of *La Mer*,[28] and in several Étretat pictures, he suggestively captures the slowly eroding rock arch against the swiftly setting sun (*Sunset at Étretat*, 1883, cf. fig. 73). In others, such as *The Cliff and the Porte d'Aval, Rough Seas* (cf. fig. 72), he uses vigorous, calligraphic brushstrokes to suggest the roughness of the waves pounding the rock-arch. Such series intriguingly anticipate the "performance art" of our own day, in that their very making, played out before Maupassant and Geffroy, dramatised their motif: the endlessly repeating action of the waves, marking time and shaping place.

Harmony, unity, and the visionary

In Michelet's *La Mer*, Étretat has a special place not only as a record of past time, but also in relation to the future. For Michelet moves from its geology to describe how he first had a vision of a better France as he witnessed the Étretat women turning the heavy capstan to winch their husbands' fishing boats ashore (Étretat had no harbour). If all French children had access to the health-giving sea, Michelet proposed, a strong new nation would result – and this vision could be realised by "putting strong hands to the capstan of the future", as the Étretat women put their hands to the capstan for the boats.[29] Monet, like the other Impressionists, had lived through the trauma of the Franco-Prussian War and Paris Commune of 1870-1871, and his Haystacks, Poplars and Rouen Cathedrals can be interpreted as asserting faith in French traditions and values (Tucker 1989, pp. 33-39, 115-151, and 153-199). Did he similarly have Michelet's text in mind when he painted the shored boats at Étretat, first in 1883 (Claude Monet, *Boats on the Beach at Étretat*, 1883, fig. 106) and then in a series of 1885? The Étretat women, whose labour had safely brought these in, would have formed a telling contrast with the *Pétroleuses* – the women reputed to have lit the destructive fires of the 1871 Commune, still vivid in French memory. By the 1890s, against the backdrop of Anarchist violence in Paris and social division over Dreyfus – the Jewish soldier condemned as a traitor but ultimately acquitted – it was perhaps no coincidence that Monet and Pissarro referred to their serial work in terms of "unity" or "harmony", and

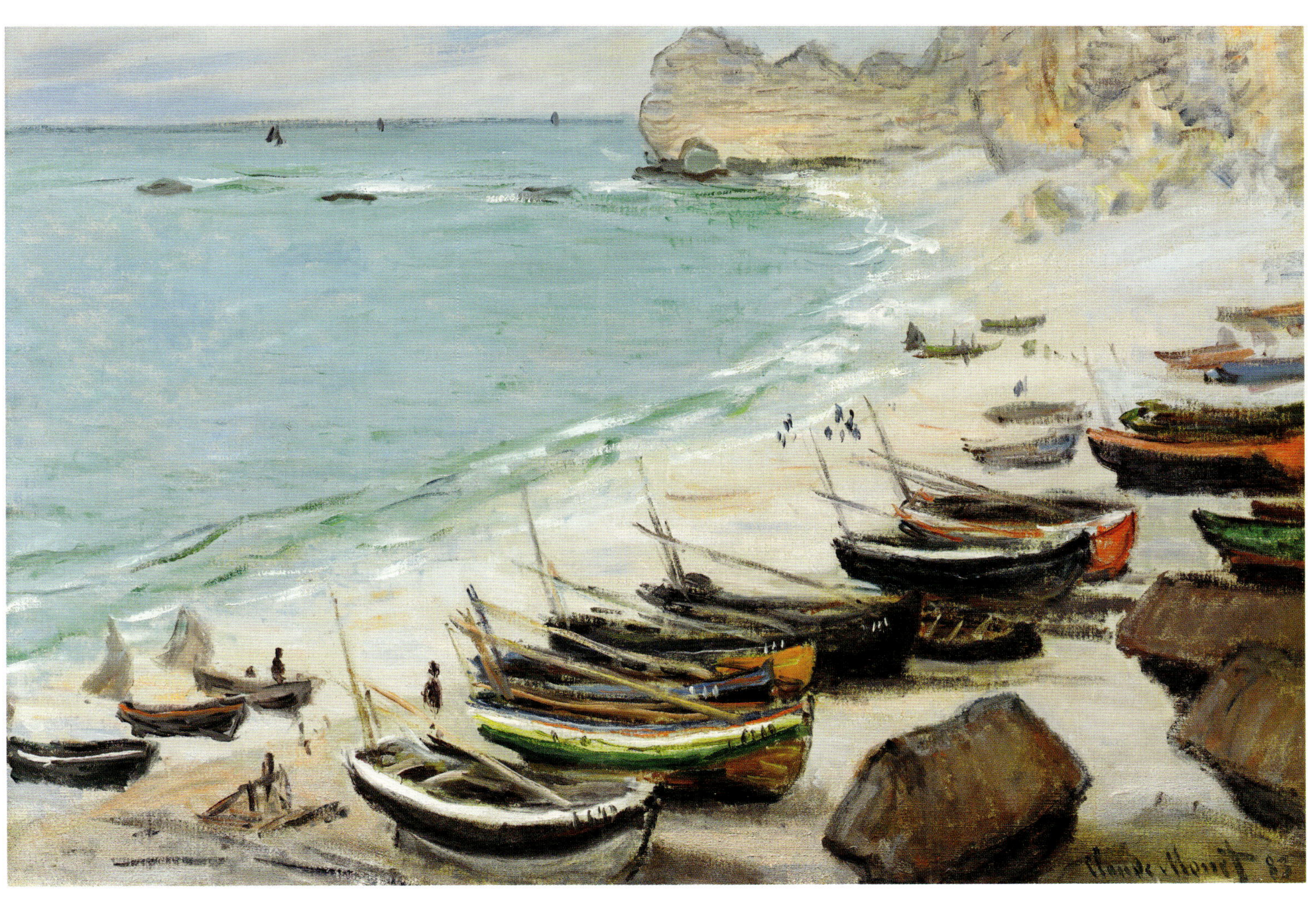

106
Claude Monet
Både på stranden ved Étretat
Boats on the Beach at Étretat

1883, olie på lærred / oil on canvas, 65 × 81 cm
Fondation Bemberg, Toulouse

den fransk-tyske krigs traumer og Pariserkommunen i 1870-1, og hans høstakke, popler og Rouen-katedraler kan tolkes som en tro på franske traditioner og værdier (Tucker 1989, s. 33-39, 115-151 samt 153-199). Havde han mon ligeledes Michelets tekst i tankerne, da han malede de forankrede både ved Étretat, først i 1883 (Claude Monet, *Både på stranden ved Étretat*, 1883, fig. 106) og derefter i en serie fra 1885? Kvinderne fra Étretat, hvis hårde arbejde havde bragt bådene sikkert på land, ville have været en rammende kontrast til *Les Pétroleuses (Ildspåsætterne)* – kvinderne der efter sigende antændte de destruktive bål i Pariserkommunen i 1871, og som stadig stod i frisk erindring i den kollektive franske hukommelse. På baggrund af den anarkistiske vold i Paris og de samfundsmæssige splittelser over Dreyfus – den jødiske soldat, der blev dømt som forræder, men senere sat på fri fod – var det måske ikke tilfældigt, at Monet og Pissarro i 1890'erne refererede til deres værkserier med udtryk som "sammenhold" eller "harmoni", og at Monet begyndte at eksperimentere med en serie åkandemalerier, der skulle danne "en udsmykning" til et "rundt rum"[30] – konceptet der skulle blive til hans Orangerie-krigsmonument med sin vision om en bedre verden.

Monet var allerede klar over hukommelsens sammenfattende evne ved Étretat og på Belle-Île – "Jeg kan ikke rigtig bedømme, hvad jeg har malet, indtil jeg ser på det igen derhjemme, og har altid brug for et øjebliks ro, før jeg kan føje de sidste detaljer til mine lærreder"[31] – og da han malede sine høstakke i 1890-1891, udtalte han, at de "kom til deres fulde ret ved muligheden for sammenligning og den successive karakter, der ligger i serieformatet".[32] Pissarro, som varmt roste "harmonien" i Monets udstilling af sine høstakke i 1891[33], og som selv begyndte sit seriemaleri i 1896, hævdede nu ligeledes, at "indtryk" skulle "koordineres" i atelieret for at "forstærke hinanden indbyrdes med henblik på at skabe naturens sande digt".[34]

I hele denne diskussion er det vigtigt at huske på, at "serie" var en vigtig videnskabelig og filosofisk term i det 19. århundrede. Kemi, algebra, naturvidenskaben og positivisme[35] – alle bestod de af klassificerende "serier"; Darwin benyttede f.eks. termen til at karakterisere den evolutionsmæssige progression, hvor arterne med tiden reagerer på stimuli og fornyer sig, mens positivisten Taine beskrev historien som en "serie" epoker, hvor den middelalderlige epoke kunne opsummeres af rosenvinduet.[36] På denne baggrund kan den impressionistiske serie tolkes som en bestræbelse på at måle sig med Seurats og Signacs "videnskabelige" tilgang, og Monet havde naturligvis rosenvinduet med i sin serie om katedralen i Rouen. "Serie" var imidlertid også et nøgleord for de utopiske tænkere. Proudhon, som Pissarro beundrede, mente, at alle elementer i en serie havde samme værdi, således at den gav mulighed for *égalité (lighed)* i stedet for hierarki – og som sådan var den "et rent udtryk for demokrati".[37] Monets nærmeste venner og

that Monet first began to experiment with a series of water lily paintings that would form "a decoration" for a "round room"[30] – the concept that became his Orangerie War Memorial, with its vision of a better world.

Already at Étretat and Belle-Île, Monet had, after all, noted the synthesising role of memory – "I cannot really judge what I have done until I look at it once again at home and I always need a moment of repose before being able to give the last touches to my canvases"[31] – and when painting his Grainstacks in 1890-1891, he remarked that they "only acquired their full value through the comparison and succession of the series".[32] Pissarro, who warmly praised the "harmony" of Monet's 1891 exhibition with its fifteen Grainstacks,[33] and began himself to paint in series from 1896, likewise now argued that "impressions" needed to be "coordinated" in the studio, to "enhance each other's value to create the true poem of the countryside".[34]

In considering such comments, it is helpful to remember that "series" was an important scientific and philosophical term in the 19th century. Chemistry, algebra, the natural sciences, and Positivism[35] all had their classificatory "series"; Darwin, for example, used the term to characterise the chain of evolution whereby a species reacts over time to stimuli, to become a new one, whilst the Positivist Taine wrote of history as a "series" of epochs, with the rose window summing up the medieval epoch.[36] Impressionist series can in this sense be seen as an effort to match Seurat's and Signac's "scientific" approach, and Monet of course featured Rouen's rose window in his series of its cathedral. However, "series" was also key word for utopian thinkers. Proudhon, whom Pissarro admired, argued that all elements in a series had the same value, so that, in place of hierarchy, it offered *égalité* – and as such, was "the pure expression of democracy".[37] And Monet's closest friends and supporters – the left-wing writers Octave Mirbeau and Gustave Geffroy, as well as Clemenceau – certainly viewed his and Pissarro's series in terms of "harmony", "unity", "synthesis", and "expression".[38]

Mirbeau also likened Monet's work, however, to "the window of a dark prison, suddenly opened onto the countryside and infinity. Through this window come gusts of warm air, violent perfumes, crashes of sunshine."[39] In this image, late Impressionism explicitly conjures a "better world", and several of its key series did in actuality "look through the window". Pissarro, for example, was restricted to indoor work in later life because of an eye infection, but found evocative inspiration in the flattened perspective of views from upper windows; this is what links garden and landscape so suggestively in *Plum Trees in Blossom, Éragny* (cf. fig. 95). Monet, meanwhile, used a view from an elevated window to capture at close quarters the rich stone textures of Rouen Cathedral – another product of time's corroding hand – and, equally, to survey the foggy Thames from harmonising distance. *Charing Cross Bridge, Fog* (cf. fig. 98)

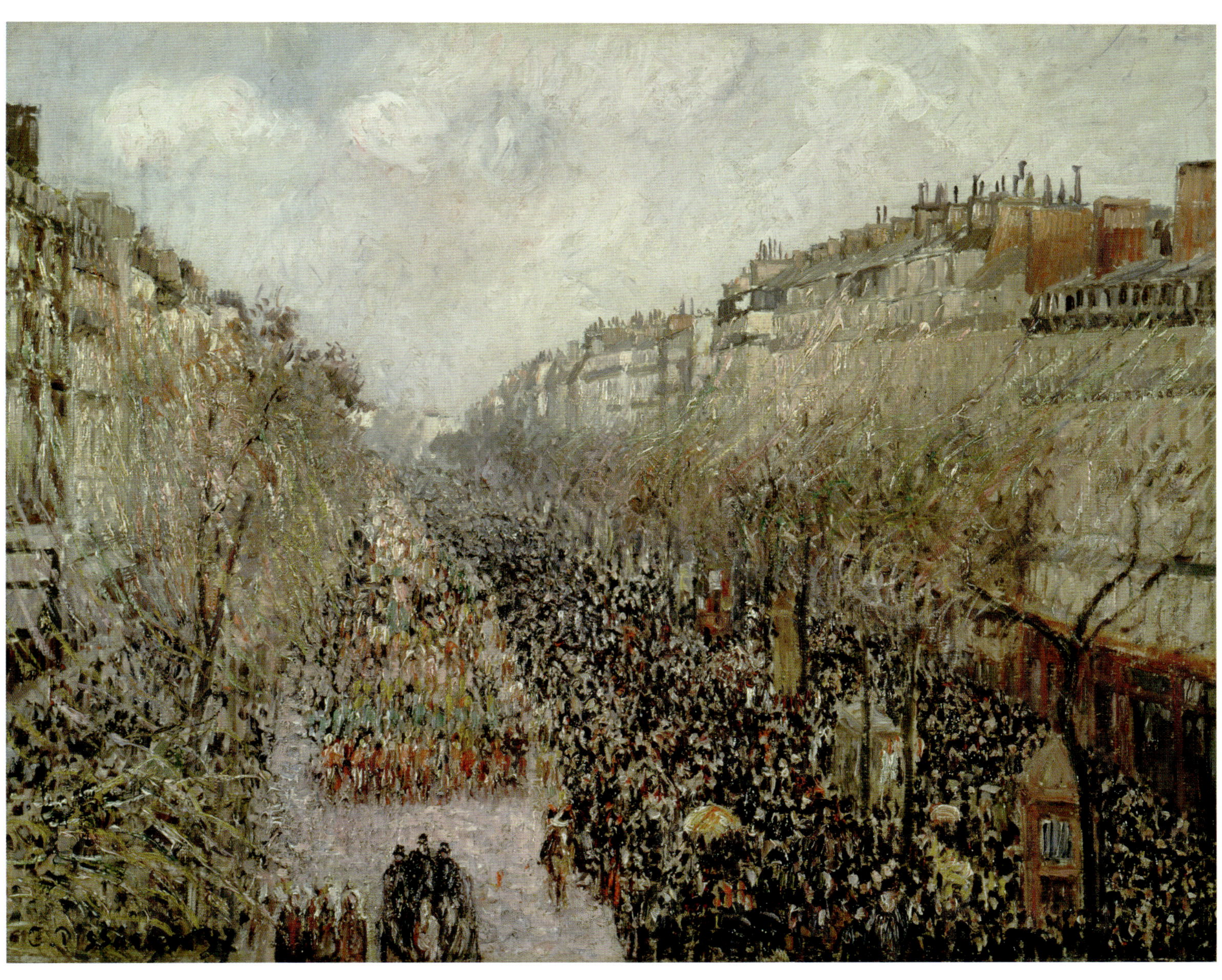

107
Camille Pissarro
Boulevard Montmartre, Mardi Gras

1897, olie på lærred / oil on canvas, 65,1 × 81,3 cm
Hammer Museum, Los Angeles, CA
The Armand Hammer Collection,
Gift of the Armand Hammer Foundation

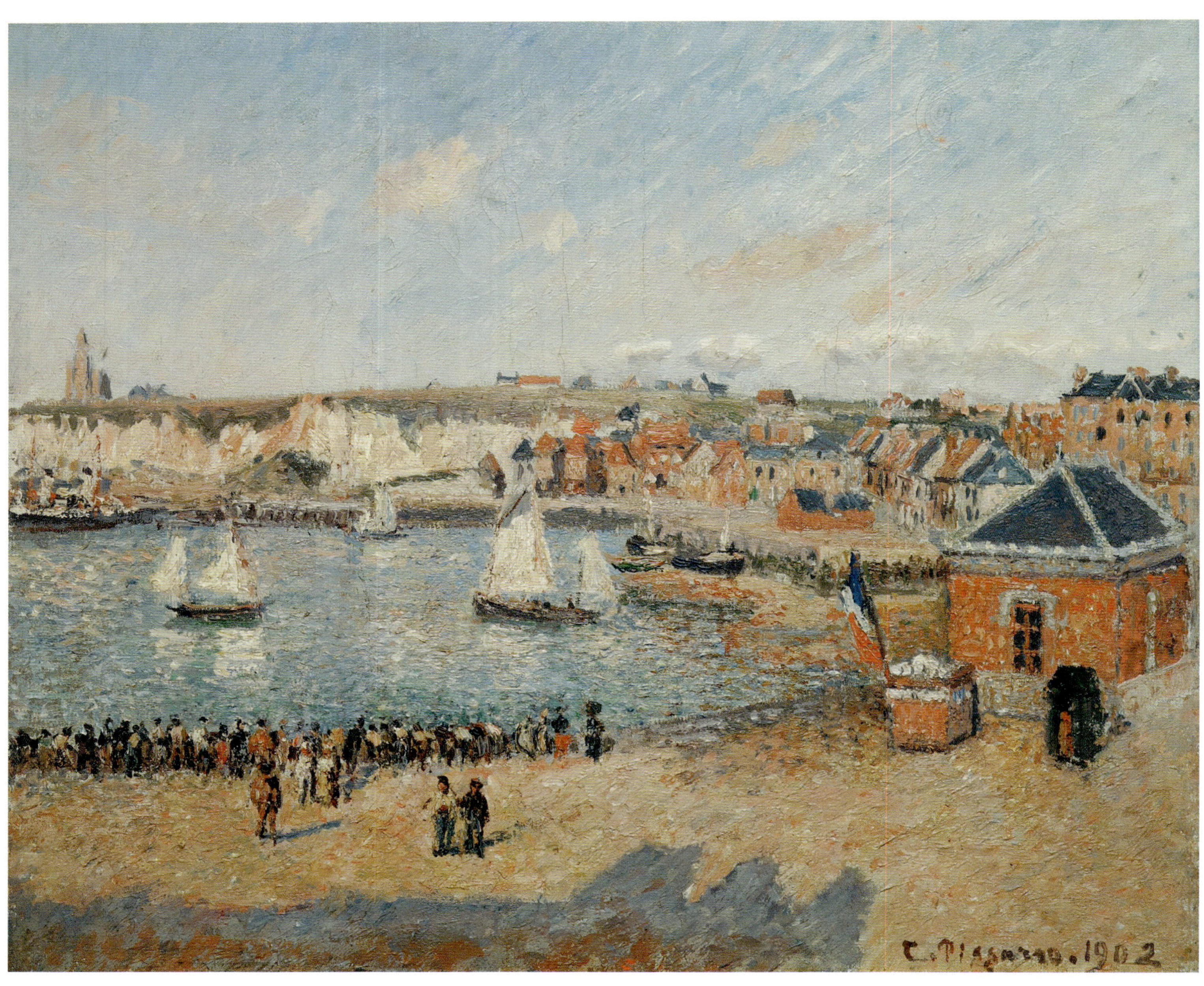

108
Camille Pissarro
Udsigt over havnen i Dieppe
View from the Harbour in Dieppe

1902, olie på lærred / oil on canvas, 53,5 × 65 cm
Château-Musée, Dieppe, inv. no. 1978.15.2

tilhængere – de venstreorienterede forfattere Octave Mirbeau og Gustave Geffroy samt Clemenceau – anså med sikkerhed hans og Pissarros serier i en kontekst af "harmoni", "sammenhold", "syntese" og "ytring".[38]

Mirbeau sammenlignede imidlertid også Monets værker med "et vindue i et mørkt fængsel, der med ét åbner sig mod naturen og det uendelige. Gennem dette vindue strømmer der lune vindpust, stærkt parfumerede dufte, et væld af solskin".[39] Med dette billede maner senimpressionismen bogstaveligt talt en "bedre verden" frem, og mange af de vigtigste serier var faktisk "et kig ud af et vindue". F.eks. tvang en øjeninfektion senere i livet Pissarro til at arbejde indendørs, men han fandt levende inspiration i det flade perspektiv af udsigter fra højtplacerede vinduer; det er netop dette, der kæder have og landskab sammen på suggestiv vis i billedet *Blommetræer i blomst, Éragny* (cf. fig. 95). Monet benyttede ligeledes udsynet fra et højtplaceret vindue til på nært hold at indfange de pragtfulde stenstrukturer i Rouens katedral – endnu et resultat af tidens tærende tand – samt til at betragte tågen over Themsen fra en afstand, der gjorde den harmonisk. *Charing Cross Bridge i tåge* (cf. fig. 98) og *Waterloo Bridge, sløret sol* (cf. fig. 77) tilhører serier malet i hver sin retning fra et vindue på femte eller sjette sal i Londons Savoy Hotel; Monet malede også fra St. Thomas's Hospital på flodens sydlige side.

Selvom vinduet ikke er fysisk til stede i disse værker, fortætter den implicitte indramning billedets virkning, så det forekommer, som om sansninger fra det udendørs kommer brusende ind i vores indendørs rum. Pissarros perspektiv i billedet *Boulevard Montmartre, Mardi Gras* (1897, fig. 107) minder mest af alt om en slugt og underbygger yderligere denne virkning, idet det virker, som om den glade procession "passerer" lige neden for stedet, hvor vi står, så det føles som fugleperspektiv. Man kan sige, at disse virkemidler er impressionisternes pendant til temaer som begær og længsel, som det romantiske maleri fremmanede i malerier perspektiveret gennem det "åbne vindue".[40] For når denne forvandling strømmer ind til os i vores eget rum som et "svøb" af lys og stemning, forenes vi med motivet; kravet om længsel og begær kan således siges at være opfyldt. Monet definerede dette "svøb" som "det samme lys, der spredes overalt",[41] og til sidst udelod han selv dammens indrammende bredder i sine malerier af åkander, som de flyder rundt mellem spejlinger af den uendelige himmel (*Åkander*, 1906, cf. fig. 78; *Åkander*, 1907, cf. fig. 91; *Åkander*, 1908, cf. fig. 92). Mange af disse blev malet oppe fra broen i Giverny. Som vi så tidligere, søgte det "immersive" vægmaleri i l'Orangerie, der omslutter beskueren, at forvandle liv berørt af krig. I modsætning til hierarkier og udviklingsforløb i videnskabelige "serier" havde projektet her hverken en begyndelse eller en afslutning: malerierne arbejder sammen og integreres samtidig i vores verden.

and *Waterloo Bridge, Veiled Sun* (cf. fig. 77) belong to series which looked in opposite directions from a window on the fifth or sixth floor of the Savoy Hotel in London; Monet also painted from St. Thomas's Hospital on the south bank of the river.

In these works, though the window itself is not shown, its implicit framing of the scene concentrates that scene's impact, so that, as Mirbeau described, outdoor sensations seem to burst indoors, to our space. The canyon-like perspective of Pissarro's *Boulevard Montmartre, Mardi Gras* (1897, fig. 107) adds to this effect, making the joyful procession "pass" right beneath us, so that we feel like a bird high above. Such effects arguably answer in Impressionist terms the themes of desire and longing evoked by Romantic "open-window" painting.[40] For, spilling into our space, the transforming "envelope" of light and atmosphere unites us with the motif; longing and desire might thus be seen as met. Monet defined the "envelope" as "the same light, spreading everywhere",[41] and ultimately omitted even the framing pond banks in his paintings of water lilies as they float amidst reflections of the infinite sky (*Waterlilies*, 1906, cf. fig. 78; *Water Lilies*, 1907, cf. fig. 91; *Water Lilies*, 1908, cf. fig. 92). Many of these were painted from the elevation of his bridge at Giverny. In turn, as we have seen, the "immersive" mural scheme at the Orangerie, encircling the viewer, sought to transform lives touched by war. In contrast to the hierarchies and progressions of scientific "series", this scheme now had no beginning or end: its paintings work together, and, equally, integrate with our world.

Mirbeau's interpretations of Monet's and Pissarro's series as "synthesis" were undoubtedly coloured by his sympathy with Anarchism, which looked to improve society through a harmony of man and nature. But we should surely remember that Mirbeau was the critic Monet felt best understood his work, whilst Pissarro, like Seurat, keenly supported Anarchism. Monet's interest in design in a work such as *On the Cliffs at Dieppe* (cf. fig. 104), with its rock cleft framing the shimmering sea, certainly matches the Anarchist geographer Élisée Reclus's description of earth's natural structures as "a marvellous ensemble of rhythm and beauty". Reclus saw such effects as symbolically figuring the social harmony sought by the Anarchists, and called for mankind "to give the landscapes which surround him the most charm, grace and majesty"[42] – an ideal of course realised in Monet's garden-making and painting.

It would, however, be misleading to place too strong an emphasis on utopian or political aspects of late Impressionism. Pissarro's views of crowds animating the Paris streets and boulevards (*Boulevard Montmartre, Mardi Gras*, cf. fig. 107; *Morning Sun in the rue Saint-Honoré, Place du Théatre Français*, 1898, cf. fig. 5), and of the comings and goings of pedestrians, traffic, and ships at Dieppe (Camille Pissarro, *View from the Harbour in Dieppe*, 1902, fig. 108), introduced new

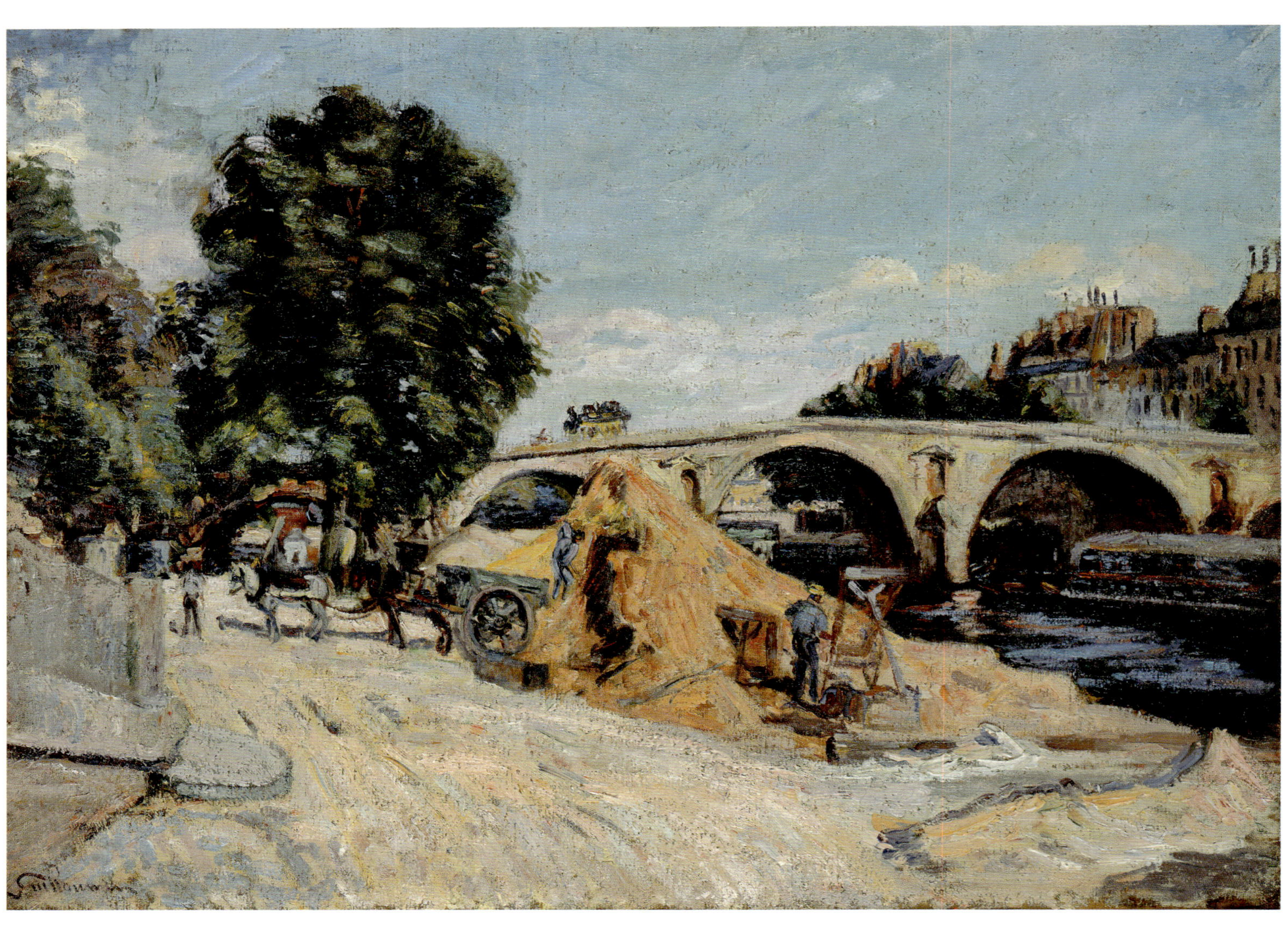

109
Armand Guillaumin
Le Pont Marie, Paris

1883, olie på lærred / oil on canvas, 49 × 67 cm
Petit Palais, Musée d'Art Moderne, Geneva
Association des Amis du Petit Palais, Geneva

Mirbeaus tolkninger af Monets og Pissarros serier som "syntese" var utvivlsomt farvet af hans sympati for anarkismen, som ønskede at forbedre samfundet ved at lade mennesket være i harmoni med naturen. Vi bør her være opmærksomme på, at Monet følte, at Mirbeau var den kritiker, der bedst forstod hans arbejde, mens Pissarro sammen med Seurat var ivrige tilhængere af anarkismen. Monets interesse for komposition i et værk som *På klinten ved Dieppe* (cf. fig. 104) med et glitrende hav indrammet af den "kløvede" klippeformation passer fortrinligt til den anarkistiske geograf Elisée Reclus's beskrivelse af jordens naturlige strukturer som "et forunderligt ensemble af rytme og skønhed". Reclus anså disse virkninger som en symbolsk afbildning af den samfundsmæssige harmoni, som anarkisterne tilstræbte, og bød menneskeheden "behandle de landskaber, der omgiver den med mest mulig gunst, velvilje og værdighed"[42] – et ideal, som Monet selvsagt realiserede i sit haveanlæg og maleri.

Det ville dog være misvisende at lægge for megen vægt på de utopiske eller politiske aspekter af senimpressionismen. Pissarros billeder af folkemængder, der giver Paris' gader og boulevarder liv (*Boulevard Montmartre, Mardi Gras*, cf. fig. 107; *Morgensol i rue Saint-Honoré. Place du Théatre Français*, 1898, cf. fig. 5), og af den livlige trafik af fodgængere, vogne og skibe i Dieppe (Camille Pissarro, *Udsigt over havnen i Dieppe*, 1902, cf. fig. 108) introducerede en ny bymæssig tematik i hans kunst som kontrast til "naturens digt" i Éragny og var en hyldest til det flygtige her og nu. Pissarro var fascineret af festlighederne omkring Mardi Gras, som f.eks. illustreret i *Boulevard Montmartre, Mardi Gras* (fig. 107), som en "effekt" der "kun varede en enkelt dag".[43] Og dog, lige som spændet mellem nord og syd, hav og land, naturlige og kunstige strukturer i Monets arbejde op gennem 1890'erne eller Guillaumins interesse for såvel det fysiske arbejde ved Paris' havnekajer (*Le Pont Marie, Paris*, 1883, fig. 109) som stilheden i det landlige Damiette (cf. fig. 94), kan vi måske se hele denne mangfoldighed som en slags overordnet serie. Proudhon havde udpeget "hypotese-antitese-syntese" – kontraster der undergår afklaring og forvandles til samklang – som et af de vigtige principper i sin egalitære "serie".[44]

Mirbeau beskrev Monets udsigter over Themsen som en "magisk have, der balancerer blomster af guld og rødt på fladen",[45] et direkte modstykke til åkanderne spredt over havedammen i Giverny. Med omkring hundrede lærreder påbegyndt i London var Monet helt afhængig af at færdiggøre udvalgte lærreder hjemme i Giverny for at skabe den gruppe billeder, han udstillede på den yderst kritikerroste udstilling i 1904. På samme måde betød omfanget af det senere åkandevægmaleri, at han måtte male dem i sit atelier ud fra skitser og sin hukommelse. Hukommelsen og fantasien, der kæder følelserne sammen med den fysiske sansning, det dekorative

urban themes to his art, contrasting with his "poem of the countryside" at Éragny, and celebrating the here and now. Pissarro was attracted to the *Mardi Gras* crowd, for example (*Boulevard Montmartre, Mardi Gras*, fig. 107), as an "effect" that would "last only one day".[43] Yet, like the range of north and south, sea and land, and natural and man-made structures in Monet's work of the 1890s, or Guillaumin's interest in both the manual labour of the Paris quays (*Le Pont Marie, Paris*, 1883, fig. 109) and the tranquil ways of rural Damiette (cf. fig. 94), we can perhaps think of this very variety as forming what might be called a supra-series. Proudhon had seen "thesis-antithesis-synthesis" – contrasts resolving into harmony – as an important principle of his egalitarian "series".[44]

Mirbeau wrote of Monet's Thames views as a "magical garden balancing flowers of gold and red on its surface",[45] a direct counterpart to the water lilies dotting the pond at Giverny. And with some hundred canvases begun in London, Monet indeed relied on finishing selected canvases at Giverny, to create the ensemble he exhibited to huge acclaim in 1904. Equally, the scale of his eventual water lily murals meant he had to paint these in the studio from sketches and recollection. Memory and imagination which link emotion with physical sensation, the decorative and the symbolic, and space and time, were ultimately, perhaps, as important for late Impressionism as the detailed, meticulous quest for the specific that had brought about its serial methods. In this sense, late Impressionism is as much an art with something to say, in its vision of the transformative powers of light, atmosphere, and nature, as "Symbolism", "Expressionism", or the "conceptual" art of our own day.

This essay is affectionately dedicated to my parents, Dorothy I. Willsdon and the late Dr. John A. Willsdon, in warmest gratitude for their encouragement, support, and ever-stimulating insights.

NOTES

N.B. All translations are by the author unless otherwise indicated.

1 Duranty 1876, pp. 76, 81. Duranty's metaphor of sailors echoes the comparison made by the composer Richard Wagner between Beethoven's Ninth Symphony and a dangerous ocean voyage to "discover the land of the men of the future" (for Wagner's analogy, see Druick and Zegers 2001, p. 110).

2 Zola 1880, p. 423.

3 Ferretti-Boquillon 2009. For Monet's Giverny garden and work, see also *inter alia* Tucker 1998, pp. 14-108, 118, 148, 192, and 218; Spate 1992, pp. 253-316; Willsdon 2004, pp. 203-229; 2010a, pp. 110-112 and 172-173; 2010b, pp. 190 ff., and 2015; Becker 2004, pp. 46-111, 124-157, 172-193.

4 Pissarro, draft letter to Hugues Le Roux, prior to May 1886, in Ward 1996, p. 282, n.3.

5 Hennequin 1886 in Moffett 1986, p. 459.

6 Pissarro to his sons, Sept. 18, 1893, Pissarro 1980-1991, Vol. 3, letter 935, as transl. in Pissarro and Snollaerts 2005, p. 662.

7 Theodore Robinson, *Diary*, 3 June 1892, in Bowness 1979, p. 14.

8 See Levine 1986, pp. 68-75.

9 Pissarro to Lucien Pissarro, 19 Aug., 1898, letter in Pissarro 1980-1991, p. 504, as transl. in Brettell and Pissarro 1992, p. xlii.

og det symbolske, tid og rum, alle var de måske i sidste ende lige så vigtige for senimpressionismen som den detaljerede, omhyggelige stræben efter det specifikke, som havde affødt den serielle fremgangsmåde. I den forstand må senimpressionismen, med sin vision om lysets, stemningens og naturens forvandlende kræfter, siges at være en kunst med et budskab i lige så høj grad som vor tids "symbolske", "ekspressionistiske" eller "konceptuelle" kunst.

Dette essay tilegnes mine forældre, Dorothy I. Willsdon og afdøde dr. John A. Willsdon, i hengivenhed og i dyb taknemlighed for deres opmuntring, støtte og altid inspirerende viden.

NOTER

Bemærk Alle oversættelser er forfatterens egne medmindre andet er angivet.

1 Duranty 1876, s. 81. Durantys metafor om sømænd er en gentagelse af en sammenligning foretaget af komponisten Richard Wagner mellem Beethovens 9. Symfoni og en farlig sørejse med det formål at "opdage fremtidsmenneskets land" (om Wagners analogi, se Druick og Zegers 2001, s. 110).
2 Zola 1880, s. 423.
3 Ferretti-Boquillon 2009. Om Monets have og arbejde i Giverny, se blandt andre Tucker 1998, s. 14-108, 118, 148, 192 og 218; Spate 1992, s. 253-316; Willsdon 2004, s. 203-229; 2010a, s. 110-112 og 172-173; 2010b, s. 190 ff., og 2015; Becker 2004, s. 46-111, 124-157, 172-193.
4 Pissarro, udkast til brev til Hugues Le Roux, fra perioden før maj 1886, i Ward 1996, s. 282, n. 3.
5 Hennequin 1886 i Moffett 1986, s. 459.
6 Pissarro til sine sønner, 18. sept., 1893, Pissarro 1980-1991, bind 3, brev 935, engelsk overs. fra Pissarro og Snollaerts 2005, s. 662.
7 Theodore Robinson, *Diary*, 3. juni 1892, i Bowness 1979, s. 14.
8 Se Levine 1986, s. 68-75.
9 Pissarro til Lucien Pissarro, 19. aug., 1898, brev i Pissarro 1980-1991, s. 504, engelsk overs. fra Brettell and Pissarro 1992, s. xlii.
10 Monet til Paul Durand-Ruel, 28. okt. 1886, Wildenstein 1974-1985, bind 2, brev 727.
11 Monet til Alice Hoschedé, feb. 1883, Wildenstein 1974-1985, bind 2, brev 312, som oversat i Levine 1986, s. 69-70.
12 Camille Pissarro til Lucien Pissarro, 13. maj 1891, Pissarro 1980-1989, bind 3, brev 661, s. 82.
13 Proudhon 1865, s. 258.
14 Om *enveloppe*, lyset og atmosfæren der omgiver genstande, se Monet til Gustave Geffroy, 7. okt. 1890, brev 1074 i Wildenstein 1974-1985, bind 3.
15 Gauguin til Schuffenecker, 1888, citeret i Wildenstein 2002, bind 2, s. 435.
16 Taine 1909, s. 15-16; om Monets interesse i denne bog, se Le Men 2013, s. 53.
17 Monet til Gustave Geffroy, 11. aug. 1908, brev 1854, Wildenstein 1974-1985, bind 4, s. 374.
18 Monet til Frédéric Bazille, dec. 1868, brev 44, Wildenstein 1975-1985, bind 1, s. 425-426.
19 Maupassant 1886, s. 1.
20 F.eks. Andō Hiroshige, *Sudden Shower Over Shin-Ohashi Bridge and Atake* (*One Hundred Famous Views of Edo*, 1857).
21 Geffroy 1924, s. 188-189.
22 Om Monets kendskab til Turners akvarelserie, se Lochnan 2005, s. 47. Raderingens successive 'stadier' og japansk grafik såsom Hokusais *One Hundred Views of Mount Fuji* er eksempler på flere prototyper (Seiberling 1981, s. 32-37).
23 Lochnan, 2005, s. 32-35 og 179-183.
24 Monet til Alice Hoschedé, 30. okt. 1886, brev 730, Wildenstein 1974-1985, bind 2.
25 Se Campario 2003, s. 110.

10 Monet to Paul Durand-Ruel, 28 Oct. 1886, Wildenstein 1974-1985, Vol. 2, letter 727.
11 Monet to Alice Hoschedé, Feb. 1883, Wildenstein 1974-1985, Vol. 2, letter 312, as transl. in Levine 1986, pp. 69-70.
12 Camille Pissarro to Lucien Pissarro, 13 May 1891, Pissarro 1980-1989, vol. 3, letter 661, p. 82.
13 Proudhon 1865, p. 258.
14 For the *enveloppe*, the light and atmosphere surrounding objects, see Monet to Gustave Geffroy, 7 Oct. 1890, letter 1074 in Wildenstein 1974-1985, Vol. 3.
15 Gauguin to Schuffenecker, 1888, quoted in Wildenstein 2002, vol. 2, p. 435.
16 Taine 1909, pp. 15-16; for Monet's interest in this book, see Le Men 2013, p. 53.
17 Monet to Gustave Geffroy, 11 Aug. 1908, letter 1854, Wildenstein 1974-1985, Vol. 4, p. 374.
18 Monet to Frédéric Bazille, Dec. 1868, letter 44, Wildenstein 1975-1985, Vol. 1, pp. 425-426.
19 Maupassant 1886, p. 1.
20 E.g. Andō Hiroshige, *Sudden Shower Over Shin-Ohashi Bridge and Atake* (*One Hundred Famous Views of Edo*, 1857).
21 Geffroy 1924, pp. 188-189.
22 For Monet's awareness of Turner's watercolour series, see Lochnan 2005, p. 47. The successive "states" of an etching, and Japanese prints such as Hokusai's *One Hundred Views of Mount Fuji*, offer further prototypes (Seiberling 1981, pp. 32-37).
23 Lochnan, 2005, pp. 32-35 and 179-183.
24 Monet to Alice Hoschedé, 30 Oct. 1886, letter 730, Wildenstein 1974-1985, Vol. 2.
25 See Campario 2003, p. 110.
26 Darwin, *Origin of Species*, 5th edn., 1869, in Kendall 2009, p. 297.
27 Michelet 1861, in Herbert 1994, p. 118.
28 Le Men 2013, pp. 16 and 248.
29 Michelet 1861, pp. 405-408 and 426.
30 Guillemot 1898, n.p.
31 Monet to Paul Durand-Ruel, 9 Nov. 1886, letter 741, Wildenstein 1974-1985, Vol. 2, as transl. in Levine 1986, p. 74.
32 Byvanck 1892, p. 176.
33 Pissarro, 5 May 1891, letter to Lucien Pissarro, in Pissarro 2002, p. 166.
34 Gsell 1892 as transl. in House 1986, p. 156.
35 Taine 1909, Vol. 1, pp. 63-64; 103.
36 Larousse 1866, pp. 589-593; Darwin 1859, pp. 437-439.
37 Proudhon 1873, p. 390.
38 E.g. "What distinguishes this talent of M. Claude Monet ... is his implacable harmony. He has expressed everything" (Mirbeau 1889); "no-one has expressed so many ideas, in more abundant verbal richness, than M. Camille Pissarro ... [his art is a] synthesis of plastic and intellectual expression" (Mirbeau 1892).
39 Mirbeau 1885.
40 See Eitner 1955.
41 As in no. 13.
42 Cited in Roslak 2007, p. 7.
43 Pissarro to Lucien Pissarro, 13 Feb. 1897, letter 1369, Pissarro 1980-1991, Vol. 4.
44 Larousse 1866, p. 593.
45 Mirbeau, preface to catalogue for Monet's *Vues de la Tamise à Londres* exhibition, Paris, 1904, in Lochnan 2005, p. 198.

26 Darwin, *Origin of Species*, 5. udg., 1869, i Kendall 2009, s. 297.
27 Michelet 1861, i Herbert 1994, s. 118.
28 Le Men 2013, s. 16 og 248.
29 Michelet 1861, s. 405-408 og 426.
30 Guillemot 1898, upag.
31 Monet til Paul Durand-Ruel, 9. nov. 1886, brev 741, Wildenstein 1974-1985, bind 2, engelsk overs. fra Levine 1986, s. 74.
32 Byvanck 1892, s. 176.
33 Pissarro, 5. maj 1891, i brev til Lucien Pissarro, i: Pissarro 2002, s. 166.
34 Gsell 1892, engelsk overs. fra House 1986, s. 156.
35 Taine 1909, bind 1, s. 63-64; s. 103.
36 Larousse 1866, s. 589-593; Darwin 1859, s. 437-439.
37 Proudhon 1873, s. 390.
38 F.eks. "Det, der karakteriserer M. Claude Monets talent ... er hans kompromisløse harmoni. Han har fundet udtryk for alt" (Mirbeau 1889); "ingen har givet udtryk for så mange idéer i et så rigt varieret sprog end M. Camille Pissarro ... [hans kunst er en] syntese udformet af plastic og en intellektuel udtryksmåde" (Mirbeau 1892).
39 Mirbeau 1885.
40 Se Eitner 1955.
41 Som i n. 13.
42 Citeret i Roslak 2007, s. 7.
43 Pissarro til Lucien Pissarro, 13. feb. 1897, brev 1369, Pissarro 1980-1991, bind 4.
44 Larousse 1866, s. 593.
45 Mirbeau, forord til kataloget over Monets udstilling *Vues de la Tamise à Londres*, Paris, 1904, in Lochnan 2005, s. 198.

Appendiks

Appendix

Værkliste / Index of Exhibited Works

p. 12, fig. 1
Pierre-Auguste Renoir
Le Moulin de la Galette, Skitse
Le Moulin de la Galette, Sketch
1875–1876, oil on canvas
Dimensions: 65 × 85 cm
Framed dimensions: 87 × 107 × 10 cm
Ordrupgaard, Charlottenlund
Bequest of Henny Hansen to the Danish state, 1951, inv. no. 271 WH

p. 21, fig. 5
Camille Pissarro
Rue Saint-Honoré, effet de soleil, matin. Place du Théâtre Français
Morgensol i rue Saint-Honoré. Place du Théâtre Français
Morning Sun in the rue Saint-Honoré. Place du Théâtre Français
1898, oil on canvas
Dimensions: 65,5 × 54 cm
Framed dimensions: 83 × 72 × 11,2 cm
Ordrupgaard, Charlottenlund
Bequest of Henny Hansen to the Danish state, 1951

p. 22, fig. 6
Camille Pissarro
Le Louvre, Matin, Soleil
Louvre: Morgen, solskin
The Louvre: Morning, Sunlight
1901, oil on canvas
Dimensions: 73,7 × 92,7 cm
Framed dimensions: 95,6 × 114,6 × 10,8 cm
Saint Louis Art Museum, Saint Louis, MO
Museum Purchase, inv. no. 225:1916

p. 25, fig. 7
Edgar Degas
Un bureau de coton à la Nouvelle-Orléans
Et bomuldskontor i New Orleans
A cotton office in New Orleans
1877, oil on canvas
Dimensions: 73 × 92 cm
Framed dimensions: 95 × 115 cm
Musée des Beaux-Arts, Pau

p. 26, fig. 8
Camille Pissarro
Rue de Voisins
1871, oil on canvas
Dimensions: 46 × 55,5 cm
Framed dimensions: 74,7 × 84 × 11 cm
Manchester Art Gallery

p. 28, fig. 9
Camille Pissarro
Ferme à Montfoucault
Gård i Montfoucault
Farm at Montfoucault
1874, oil on canvas
Dimensions: 60 × 73,5 cm
Framed dimensions: 82,5 × 95,5 × 10 cm
Musée d'Art et d'Histoire, Geneva, inv. no. 1915-0033

p. 31, fig. 11
Alfred Sisley
Le Déchargement des péniches
Losning af pramme i Billancourt
Unloading Barges at Billancourt
1877, oil on canvas
Dimensions: 46 × 38 cm
Framed dimensions: 56 × 64 × 8 cm
The National Museum in Belgrade

p. 68, fig. 23
Théodore Rousseau
La mare
Dammen
The Pool
ca. 1850, oil on canvas
Dimensions: 54,5 × 65,5 cm
Framed dimensions: 80 × 91,5 × 9,5 cm
Musée Fabre, Montpellier, inv. no. 868.1.71

p. 69, fig. 24
Narcisse Virgile Diaz de la Peña
La Forêt à Fontainebleau
Skoven ved Fontainebleau
The Forest at Fontainebleau
1870, oil on canvas
Dimensions: 83,2 × 116,8 cm
Framed dimensions: 128 × 162 × 10,7 cm
Leeds Art Gallery, inv. no LEEAG.PA.1937.0037.0006

p. 70, fig. 25
Jean-Baptiste Camille Corot
La pêche à l'épervier
Fiskeri med net
Fishing with Nets
1847, oil on canvas
Dimensions: 32,5 × 24,5 × 2 cm
Framed dimensions: 48 × 40,5 × 7,5 cm
Musée Fabre, Montpellier

pp. 72–73, fig. 27
Eugène Boudin
La Plage de Deauville
Stranden i Deauville
The Beach at Deauville
1893, oil on canvas
Dimensions: 50,5 × 74,5 cm
Framed dimensions: 64,2 × 88,7 × 6,4 cm
Musée des Beaux-Arts, Caen

p. 110, fig. 41
Berthe Morisot
Dans le jardin à Maurecourt
Haven ved Maurecourt
In the Garden at Maurecourt
ca. 1884, oil on canvas
Dimensions: 54 × 65,1 cm
Framed dimensions: 76,2 × 87,6 × 10,2 cm
Toledo Museum of Art, Toledo, OH
Purchased with funds from the Libbey Endowment, Gift of Edward Drummond Libbey, inv. no. 1930.9

pp. 112–113, fig. 42
Armand Guillaumin
Palaiseau, effet de neige et meules
Palaiseau, sne og høstakke
Palaiseau, Snow Effect and Haystacks
1883, oil on canvas
Dimensions: 50 × 81 cm
Framed dimensions: 72 × 103 × 9,5 cm
Petit Palais, Musée d'Art Moderne, Geneva
Association des Amis du Petit Palais, Geneva

p. 119, fig. 44
Pierre-Auguste Renoir
Route de Versailles à Louveciennes
Vejen fra Versailles til Louveciennes
Route from Versailles to Louveciennes
1895, oil on canvas
Dimensions: 32,6 × 41,5 cm
Framed dimensions: 52 × 61,5 × 8 cm
Palais des Beaux-Arts, Lille, inv. no. P.1735

p. 120, fig. 45
Alfred Sisley
Printemps à Veneux-Nadon
Forår i Veneux-Nadon
Springtime in Veneux-Nadon
1882, oil on canvas
Dimensions: 43,8 cm × 61,0 cm
Framed dimensions: 71,1 cm × 88,9 cm × 9,5 cm
New Orleans Museum of Art, New Orleans, LA
The Mrs. Frederick M. Stafford Collection, inv. no. EL.1977.10

p. 121, fig. 46
Alfred Sisley
Les Champs
Grøntsagsmarker
The Market Gardens
1874, oil on canvas
Dimensions: 46 × 61 cm
Framed dimensions: 66 × 82 × 11 cm
Leeds Art Gallery

p. 122, fig. 47
Pierre-Auguste Renoir
L'Olivier aux Collettes
Oliventræ i Les Collettes
Olive Tree at Les Collettes
ca. 1910-1915, oil on canvas
Dimensions: 44 × 51 × 2 cm
Framed dimensions: 60 × 66,4 × 8,5 cm
Kunsthalle Bremen, Geschenk des
Galerievereins 1927, inv. no. 106-1927/1

pp. 126-127, fig. 50
Claude Monet
Meules près de Chailly, soleil levant
Høstakke ved Chailly, solopgang
Haystacks at Chailly, Sunrise
1865, oil on canvas
Dimensions: 30,2 cm × 60,5 cm
Framed dimensions: 52,1 × 82,6 × 8,9 cm
The San Diego Museum of Art, San Diego, CA
Museum purchase, inv. no. 1982.20

p. 142, fig. 57
Claude Monet
L'Église de Vétheuil
Kirken i Vétheuil
The Church at Vétheuil
1878, oil on canvas
Dimensions: 65,2 × 55,7 cm
Framed dimensions: 86,7 × 76,2 × 11,4 cm
Scottish National Gallery, Edinburgh

p. 143, fig. 58
Claude Monet
Un Bras de la Seine près de Vétheuil
En forgrening af Seinen nær Vétheuil
An Arm of the Seine near Vétheuil
1878, oil on canvas
Dimensions: 46 × 71,5 cm
Framed dimensions: 75 × 100 cm
Private collection. Courtesy Halcyon Gallery, London

p. 145, fig. 59
Claude Monet
Débâcle de la Seine, près Bennecourt
Isen på Seinen bryder op, ved Bennecourt
Break-up of the ice on the Seine, near Bennecourt
winter of 1892-1893, oil on canvas
Dimensions: 65,5 × 100,5 × 2 cm
Framed dimensions: 88,3 × 122,5 × 10 cm
Walker Art Gallery, Liverpool

p. 147, fig. 60
Alfred Sisley
La Route de Hampton Court
Vejen til Hampton Court
The Road to Hampton Court
1874, oil on canvas
Dimensions: 38,8 × 55,8 cm
Bayerische Staatsgemäldesammlungen,
Neue Pinakothek, Munich

pp. 149-150, fig. 61
Alfred Sisley
La Seine à St. Mammès
Seinen ved St. Mammès
The Seine at St. Mammès
ca. 1881, oil on canvas
Dimensions: 50,2 × 65,4 cm
Framed dimensions: 75,3 × 90,5 cm
Muskegon Museum of Art, Muskegon, MI
Gift of Martin A. Ryerson, Jr. on the 20th Anniversary
of the Hackley Art Gallery

p. 151, fig. 62
Alfred Sisley
Saint-Mammès, la Croix-Blanche
1884, oil on canvas
Dimensions: 54,3 × 65 cm
Framed dimensions: 79 × 89,5 × 9 cm
Arp Museum Bahnhof Rolandseck, Remagen,
Collection Rau for UNICEF, inv. no. GR 1.1032

p. 152, fig. 63
Claude Monet
Les Bords de mer
Kystlandskab
Coastal Landscape
ca. 1864, oil on canvas
Dimensions: 53,0 × 80,4 cm
Framed dimensions: 77 × 104,5 × 93 cm
Van Gogh Museum, Amsterdam
Purchased with support from the Vincent van Gogh
Foundation and the Rembrandt Association

p. 154, fig. 64
Claude Monet
Navires en reparation
Både i en havn
Boats in a Harbour
ca. 1873, oil on canvas
Dimensions: 71,2 × 54 cm
Framed dimensions: 94,3 × 76 × 10,2 cm
Scottish National Gallery, Edinburgh

pp. 156-157, fig. 65
Paul Gauguin
Le Port de Dieppe
Havnen i Dieppe
Harbour Scene, Dieppe
ca. 1881-1885, oil on canvas
Dimensions: 60,2 × 72,3 cm
Framed dimensions: 72,5 × 85,6 × 8,2 cm
Manchester Art Gallery

p. 160, fig. 67
Gustave Courbet
Le calme, marine
Stilhed, marine
The Calm, Seascape
1865-1867, oil on canvas
Dimensions: 45 × 55 cm
Framed dimensions: 76 × 85 × 12 cm
Musée des Beaux-Arts, Lons-le-Saunier

p. 161, fig. 68
Gustave Courbet
Marée Basse à Trouville
Lavvande ved Trouville
Low Tide at Trouville
Late summer/autumn 1865, oil on canvas
Dimensions: 59,6 × 72,6 × 2,5 cm
Framed dimensions: 85,6 × 97 cm
Walker Art Gallery, Liverpool
Purchased with the aid of a grant from the
Arts Fund, 1961

p. 163, fig. 70
Gustave Courbet
La Roche Percée
Den gennembrudte klippe ved Étretat
The Sea-Arch at Étretat
1869, oil on canvas
Dimensions: 76,2 × 123,1 cm
Framed dimensions: 79 × 128 cm
The Henry Barber Trust, the Barber Institute of
Fine Arts, University of Birmingham

p. 165, fig. 72
Claude Monet
Falaise et Porte d'Aval par gros temps
Klint og Porte d'Aval i stormvejr
The Cliff and the Porte d'Aval, Rough Seas
1883, oil on canvas
Dimensions: 73 × 100 cm
Framed dimensions: 100 × 126 × 12 cm
Museu de Montserrat, Barcelona
Donated by Xavier Busquets, inv. no. R.N. 201.234

pp. 166-167, fig. 73
Claude Monet
Coucher de soleil à Étretat
Solnedgang ved Étretat
Sunset at Étretat
1883, oil on canvas
Dimensions: 60 × 73 cm
Framed dimensions: 89,5 × 106,5 cm
Musée des Beaux-Arts, Nancy

p. 167, fig. 74
Eugène Boudin
Falaises à Étretat
Klinten ved Étretat
Cliffs at Étretat
ca. 1890-1894, oil on wood
Dimensions: 37,5 × 46,2 cm
Framed dimensions: 44,6 × 53,5 cm
Musée d'Art Moderne André Malraux,
Le Havre, inv. no. B.20

p. 168, fig. 75
Claude Monet
Fécamp, bord de mer
Fécamp, ved kysten
Fécamp, Seaside
1881, oil on canvas
Dimensions: 65,3 × 80 cm
Framed dimensions: 81,5 × 97 cm
Musée d'Art Moderne André Malraux, Le Havre

p. 169, fig. 76
Claude Monet
La Falaise à Fécamp
Klinten ved Fécamp
The Cliff at Fécamp
1881, oil on canvas
Dimensions: 65 × 81,1 cm
Framed dimensions: 87,1 × 103,8 × 10,5 cm
Aberdeen Art Gallery & Museums Collections

p. 171, fig. 77
Claude Monet
Soleil voilé
Waterloo Bridge, Sløret sol
Waterloo Bridge, Veiled Sun
1903, oil on canvas
Dimensions: 64,8 cm × 99,7 cm
Framed dimensions: 88,6 cm × 123,8 cm
Memorial Art Gallery, University of Rochester, Rochester, NY
Gift of the Estate of Emily and James Sibley Watson

p. 174, fig. 78
Claude Monet
Les nymphéas; paysage d'eau
Åkander
Waterlilies
1906, oil on canvas
Dimensions: 81,6 × 92,7 cm
Framed dimensions: 103 × 114.5 × 9,8 cm
National Museum Wales, Cardiff
Gwendolishe Davies Bequest, 1952
Ar fenthyg gan / Lent by Amgueddfa Cymru - National Museum Wales

p. 195, fig. 92
Claude Monet
Nymphéas
Åkander
Waterlilies
1908, oil on canvas
Dimensions: ø 81 cm. Framed dimensions: ø 91,5 cm
Musée de Vernon
Don de l'artiste à la ville de Vernon, inv. no. 25.4.1

p. 204, fig. 94
Armand Guillaumin
Crépuscule à Damiette
Skumring ved Damiette
Twilight at Damiette
1885, oil on canvas
Dimensions: 72 × 139 cm
Framed dimensions: 92,5 × 158,5 × 8 cm
Petit Palais, Musée d'Art Moderne, Geneva
Association des Amis du Petit Palais, Geneva

p. 206, fig. 96
Pierre-Auguste Renoir
Environs de Cagnes
I nærheden af Cagnes
Near Cagnes
ca. 1907-1919, oil on canvas
Dimensions: 46,7 × 55,9 cm
Framed dimensions: 78,1 × 88,3 cm
Memorial Art Gallery, University of Rochester, Rochester, NY
Marion Stratton Gould Fund

p. 209, fig. 98
Claude Monet
Charing Cross Bridge, brouillard
Charing Cross Bridge i tåge
Charing Cross Bridge, Fog
1902, oil on canvas
Dimensions: 73 × 92 cm
Framed dimensions: 103,2 × 121,9 × 13,3 cm
Art Gallery of Ontario, Toronto, ON
Gift of Ethel and Milton Harris, 1990, inv. no. 90/161

p. 211, fig. 100
Claude Monet
Høstak i aftensol
A Haystack in the Evening Sun
1891, oil on canvas
Dimensions: 38,5 × 52 cm
Framed dimensions: 53 × 67 × 6,8 cm
Gösta Serlachius Fine Arts Foundation, Mänttä

p. 213, fig. 102
Alfred Sisley
Soleil Couchant
Efterårsaften ved floden
Autumn Evening on the River
1875, oil on canvas
Dimensions: 46 × 61 cm
Framed dimensions: 66 × 81 × 11 cm
Leeds Art Gallery

p. 215, fig. 103
Claude Monet
Pluie à Belle-Île-en-Mer
Regn på Belle-Île-en-Mer
Rain at Belle-Île-en-Mer
1886, oil on canvas
Dimensions: 60,5 × 60,5 cm
Framed dimensions: 78, 5 × 78,8 × 4,5 cm
Musée de Morlaix

pp. 216-217, fig. 104
Claude Monet
Sur la Falaise à Dieppe
På klinten ved Dieppe
On the Cliff at Dieppe *
1882, oil on canvas
Dimensions: 60 × 100 cm
Framed dimensions: 78,1 × 118,1 × 6,4 cm
National Gallery of Art, Washington, D.C.
Collection of Mr. and Mrs. Paul Mellon
* Known as *Cliffs at Pourville* in the collection of the National Gallery of Art, Washington, D.C.

p. 221, fig. 106
Claude Monet
Bateaux sur la plage à Étretat
Både på stranden ved Étretat
Boats on the Beach at Étretat
1883, oil on canvas
Dimensions: 65 × 81 cm
Framed dimensions: 85 × 100 × 9 cm
Fondation Bemberg, Toulouse

p. 223, fig. 107
Camille Pissarro
Boulevard Montmartre, Mardi Gras
1897, oil on canvas
Dimensions: 65,1 × 81,3 cm
Framed dimensions: 91,8 × 108,6 × 11,4 cm
Hammer Museum, Los Angeles, CA
The Armand Hammer Collection,
Gift of the Armand Hammer Foundation

p. 224, fig. 108
Camille Pissarro
Vue de l'avant-port de Dieppe
Udsigt over havnen i Dieppe
View from the Harbour in Dieppe
1902, oil on canvas
Dimensions: 53,5 × 65 cm
Framed dimensions: 87,5 × 98 × 11,5 cm
Château-Musée, Dieppe, inv. no. 1978.15.2

p. 226, fig. 109
Armand Guillaumin
Le Pont Marie, Paris
1883, oil on canvas
Dimensions: 49 × 67 cm
Framed dimensions: 69,5 × 87,5 × 8 cm
Petit Palais, Musée d'Art Moderne, Geneva
Association des Amis du Petit Palais, Geneva

Bibliografi / Bibliography

Artikler / Articles

Baignières, Arthur: 'Exposition de peinture par un groupe d'artistes', *L'Echo universel*, 13 April 1876.

Baudelaire, Charles: 'Salon de 1859; VIII Le Paysage', in: Florenne, Yves (ed.): *Oeuvres complètes*, vol. 3, Paris, 1966.

Bazille, Fréderic: Letter to his mother, 1 January 1870, cited in: Jourdan, Aleth / Pitman, Dianne / Vatoune, Didier: *Frédéric Bazille et ses amis impressionnistes*, RMN, Paris, 1992, p. 162.

Bazille, Fréderic: Letter to his mother, April 1867, cited in: Jourdan, Aleth / Pitman, Dianne / Vatoune, Didier: *Frédéric Bazille et ses amis impressionnistes*, RMN, Paris, 1992, p. 49.

Bazille, Fréderic: Letter to his parents, April 1867, cited in: Daulte, François: *Frédéric Bazille et les débuts de l'Impressionnisme*, Paris, La Bibliothèque des Arts, 1992, p. 55.

Benjamin, Walter: 'Paris – Capital of the Nineteenth Century', (Exposé of 1939), in: Tiedemann, Rolf (ed.): *The Arcades Project*, Harvard University Press, Cambridge, 2002, p. 5.

Bertall, Charles: 'L'école divine de Manet : peinture religieuses par Fantin-Latour', *Le Journal Amusant*, 21 May 1870.

Byvanck, W. G. C.: 'Une Impression (Claude Monet)', in: id.: *Un Hollandais à Paris en 1891*, Perrin et Cie, Paris, 1892, p. 177.

Billot, Léon: 'L'Exposition des Beaux-Arts', *Journal du Havre*, 9 October 1868.

Bouillon, Jean-Paul: 'Sociétés d'artistes et institutions officielles dans la seconde moitié du XIXe siècle', *Romantisme*, 1986, no. 54. Être artiste, pp. 89-113.

Bowness, Alan: 'Introduction', in: House, John / Steven, Mary Anne (eds.): *Post-Impressionism: Cross-Currents in European Painting*, exh. cat., Royal Academy of Arts, London, Weidenfeld and Nicolson, London, 1979.

Campario, Jean-François: 'Monet/Maupassant, Étretat – 1885: ces *Horribles travailleurs* du réel', *Revue d'Histoire littéraire de la France*, vol. 103, 2003, no. 1, pp. 93-110.

Conisbee, Philip: 'Pre-Romantic Plein-Air Painting', *Art History*, December, 1979, pp. 413-428.

Clemenceau, Georges: 'Révolution de Cathédrales', *La Justice*, 20 May 1895.

David, Jeanne-Marie: 'Monet in Rouen', in: Salome, Laurent (ed.): *A City for Impressionism: Monet, Pissarro and Gauguin in Rouen*, exh. cat., Musée des Beaux-Arts de Rouen, June-September 2010.

Dombrowski, A.: 'Instants, Moments, Minutes. Impressionism and the Industrialization of Time', in: Krämer, Felix (ed.): *Monet – The Birth of Impressionism*, Prestel Verlag, Munich, 2015, p. 37.

Duranty, Edmond: 'La Nouvelle Peinture: A propos du groupe d'artistes qui expose dans les galeries Durand-Ruel', Editions Dentu, Paris, 1876, in: Berson, Ruth (ed.): *The New Painting: Impressionism 1874-1886 Documentation*, vol. 1, Reviews, pp. 72-81, The Fine Arts Museums of San Francisco, San Francisco, 1986.

Eitner, Lorenz: 'The Open Window and the Storm-Tossed Boat: An Essay in the Iconography of Romanticism', *The Art Bulletin*, vol. 37, issue 4, 1955, pp. 281-90.

Gsell, Paul: 'La tradition antique française, l'Impressionnisme', *Revue bleue*, vol. 59, 26 March 1892.

Guillemot, Maurice: 'Claude Monet', *La Revue illustrée*, March, 1898.

Hennequin, Émile: 'Notes d'art: Les Impressionistes', *La Vie moderne*, 19 June 1886, pp. 389-390, in: Berson, Ruth (ed.): *The New Painting: Impressionism 1874-1886 Documentation*, vol. 1, Reviews, The Fine Arts Museums of San Francisco, San Francisco, 1986, pp. 453-54.

Kendall, Richard: 'Monet and the Monkeys', in: Donald, Diana / Munro, Jane (eds.): *Endless Forms: Charles Darwin, Natural Science and the Visual Arts*, exh. cat., Fitzwilliam Museum, Cambridge and Yale Center for British Art, Yale University Press, New Haven and London, 2009.

Levine, Steven Z.: 'Monet's Series: Repetition, Obsession', *October*, vol. 37, summer 1986, pp. 65-75b.

Lowis, K.: 'In monumentaler Mission. Frühe Fotografie im Europa des 19. Jahrhunderts', in: Derenthal, Ludger / Kühn, Christine (eds.): *Ein neuer Blick. Architekturfotografie aus den Staatlichen Museen zu Berlin*, Ernst Wasmuth Verlag, Tübingen, 2010, p. 23.

Loyrette, Henri: 'Portraits et figures', in: Tinterow, Gary: *Impressionnisme: Les Origines, 1859–1869*, RMN, Paris, 1994.

Madeline, Laurence: 'C'était l'été 74. Manet face à Monet', *48/14*, no. 31, spring-summer 2011.

Mallarmé, Stéphane: 'The Impressionists and Edouard Manet', *The Art Monthly Review and Photographic Portfolio*, 30 September 1876.

Marx, Roger: 'Les Nymphéas de Claude Monet', *Gazette des Beaux-Arts*, I, 1909.

Maupassant, Guy de: 'La vie d'un paysagiste (Étretat, septembre)', *Gil Blas*, 28 September 1886.

Mirbeau, Octave: 'Claude Monet', preface to catalogue of the exhibition *Claude Monet – Auguste Rodin* at Galerie Georges Petit, Paris, 1889, p. 26.

Mirbeau, Octave: 'L'Exposition internationale de peinture', *La France*, 20 May, 1885.

Mirbeau, Octave: 'Claude Monet', *Le Figaro*, 10 March, 1889.

Mirbeau, Octave: 'Camille Pissarro', *Le Figaro*, 1 February, 1892.

Monet, Claude: Lettre 631, vendredi soir, 27 novembre 1885, in: Wildenstein, Daniel: *Monet ou le triomphe de l'impressionnisme*, Taschen Verlag, Cologne, 1996, p. 212 f.

Rand, Richard: 'Landscape with Erminia and Claude's Painting from Nature', in: Tonkovich, Jennifer: *Studying Nature Oil Sketches from the Thaw Collection*, Morgan Library & Museum, New York, 2011, pp. 45-63.

Renoir, Pierre-Auguste: Letter from Renoir to Bazille, 3 July 1865, in: Bailey, Colin / Riopelle, Christopher (eds.): *Renoir Landscapes, 1865-1883*, exh. cat., London, Ottawa, Philadelphia, 2007-2008.

Sisley, Alfred: Letter from Sisley to Adolphe Tavernier, 24 January 1892, in: *Manuscrits et autographes*, auction catalogue Paris, Hôtel Drouot, 27 March 2003.

Sisley, Alfred: Letter to Adolphe Tavernier, *L'Art Français*, 18 March 1893.

Taboureux, Émile: 'Claude Monet', *La Vie Moderne*, 12 June 1880.

Thiébault-Sisson, François: 'Cl. Monet "Mon histoire"', *Le Temps*, 26 November 1900.

Thiebault-Sisson, François: 'Claude Monet, les années des epreuves', *Le Temps*, 6 April 1920.

Thiebault-Sisson, François: 'Un nouveau musée parisien: Les Nymphéas de Claude Monet à l'Orangerie des Tuileries', *La revue de l'art ancien et moderne*, June 1927, vol. 52.

Trévise, Édouard Duc de: 'Le Pèlerinage de Giverny', *La Revue de l'art*, January-February, 1927, p. 126.

Verhaeren, Émile: 'L'impressionniste Turner', *L'Art moderne*, 20 September 1885.

Willsdon, Clare A. P.: 'Making the Modern Garden', in: *Painting the Modern Garden*, exh. cat., Cleveland Museum of Art, Ohio and Royal Academy of Arts, London, Ohio and London, 2015, pp. 28-47.

Zola, Émile: 'Une exposition: les peintres impressionists', *Le Sémaphore de Marseille*, 19 April 1877.

Zola, Émile: 'Mon Salon, Les Actualistes', L'Événement illustré, 24 May 1868, in: Mitterand, Henri (ed.): *Oeuvres complètes*, vol. 3, Nouveau Monde Éditions, Paris, 2003.

Zola, Émile: 'Le Naturalisme au Salon', Le Voltaire, 18-22 June 1880, in: Leduc-Adine, Jean-Pierre (ed.): *Emile Zola Ecrits sur l'art*, Editions Gallimard, Paris, 1991, pp. 410-438.

Monografier / Monographs

Bailly-Herzberg, Janine (ed.): *Correspondance de Camille Pissarro*, vol. 1, Paris 2003.
Barthes, Roland: *Camera Lucida. Reflections on Photography*, Hill and Wang, New York, 1980.
Bazille, Frédéric: *Correspondance*, collected, presented and annotated by D. Vatuone, Montpellier, 1992.
Billot, Léon: 'L'Exposition des Beaux-Arts', *Journal du Havre*, 9 October 1868.
Boime, Albert: *The Academy & French Painting in the Nineteenth Century*, Yale and New Haven, 1971.
Brown, Marilyn: *Degas and the Business of Art: A Cotton Office in New Orleans*, The Pennsylvania State University Press, Pennsylvania, 1994.
Chateaubriand, François-René de: 'Lettre à M. de Fontanes sur la campagne romaine', ed. by J. M. Gautier, Geneva, 1951.
Chevreul, Michel-Eugène: *De la loi du contraste simultané des couleurs et de l'assortiment des objets colorés*, Pitois-Levrault, Paris, 1839.
Claretie, Jules: *L'art et les artistes français contemporains*, Charpentier, Paris, 1876.
Darwin, Charles: *On the Origin of Species by Means of Natural Selection, or the Preservation of Favoured Races in the Struggle for Life*, John Murray, London, 1859.
Duret, Théodore: *Les peintres impressionnistes*, Paris, 1878.
Dussieux, Louis (ed.): *Mémoires inédits ... des membres de l'Académie Royale*, II, Paris, 1854.
Galassi, Peter: *Corot in Italy*, New Haven and London, 1991.
Galassi, Peter: *Corot in Italien. Freilichtmalerei und klassische Landschaftstradition*, Munich, 1996.
Geffroy, Gustave: *Claude Monet, sa vie, son temps, son œuvre*, Paris, 1922.
Geffroy, Gustave: *Claude Monet, sa vie, son temps, son œuvre*, ed. by Claudie Judrin, Edition Macula, Paris, 1980.
Grunchec, Philippe: *Les concours des Prix de Rome de 1797 à 1863*, Paris, 1983.
Henriet, Frédéric: *Daubigny et son œuvre gravé*, Paris, 1875.
Herbert, Robert L.: *Monet on the Normandy Coast: Tourism and Painting, 1867–1886*, Yale University Press, New Haven and London, 1994.
Hoschedé, Jean-Pierre: *Claude Monet, ce mal connu*, vol. 2, Geneva, 1960.
House, John: *Monet: Nature into Art*, Yale University Press, New Haven and London, 1986.
Jal, Auguste: *Causeries du Louvre*, Paris, 1833.
Jean-Aubry, Georges: *Eugène Boudin d'après des documents inédits, l'homme et l'œuvre*, Paris, 1922.
Joel, David: *Monet at Vétheuil, 1878-1883*, The Antique Collector's Club, London, 2002.
Kalba, Laura Anne: *Color in the Age of Impressionism: Commerce, Technology and Art*, Penn State University Press, College Park Pennsylvania, forthcoming 2015.
Klein, Jacques-Sylvain: *Normandie, berceau de l'impressionnisme*, Editions Ouest-France, Rennes, 2007.
Larousse, Pierre: *Grand Dictionnaire universel du XIXe siècle*, vol. 14, Administration du Grand Dictionnaire universel, Paris, 1866.
Le Dantec, Jean-Pierre: *Le Sauvage et le régulier: art des jardins et paysagisme en France au XXe siècle*, Éditions du Moniteur, Paris, 2002.
Le Men, Ségolène (ed.): *La Bibliothèque de Monet*, Citadelles & Mazenod, Paris, 2013.
Lewis, Roger: *The Collected Poems of Robert Louis Stevenson*, Edinburgh University Press, Edinburgh, 2003.
Mallarmé, Stéphane: *Œuvres complètes*, La Pléiade, Paris, 1956.
Michelet, Jules: *La Mer*, 2nd edn., Hachette et Cie, Paris, 1861.
Murray, Elizabeth: *Monet's Passion: Ideas, Inspiration, and Insights from the Painter's Gardens*, Pomegranate, San Francisco, 2010.
Nord, Philip: *Impressionists and Politics. Art and Democracy in the 19th Century*, New York, 2005.
Pissarro, Camille: *Correspondance de Camille Pissarro*, ed. by Bailly-Herzberg, Janine, 5 vols, Editions du Valhermeil, Paris, 1980–91.
Pissarro, Camille: *Lettres de Camille Pissarro à son fils Lucien*, from July 1888. Presented, with the assistance of Lucien Pissarro, by John Rewald, Paris, 1950.
Pissarro, Camille: *Briefe an seinen Sohn*, 13 Mai 1891. Presented, with the assistance of Lucien Pissarro, by John Rewald, Basel, 1953.
Pissarro, Camille: *Letters to his Son Lucien*, ed. by Rewald, John, Boston, 2002.
Pissarro, Joachim / Durand-Ruel Snollaerts, Claire: *Pissarro. Critical Catalogue of Paintings*, Skira and Wildenstein Institute Publications, Milan and Paris, 2005.
Proudhon, Pierre-Joseph: *Du Principe de l'art et de sa destination sociale*, 1865, ed. by Bouglé, Célestin and Moysset, Henri, M. Rivière, Paris, 1939.
Pissarro, Camille: *De Création de l'ordre dans l'humanité ou principes de l'organisation politique*, new edn., A. Lacroix et Cie, Paris, 1873.
Renoir, Jean: *Renoir*, 1962.
Rey, Jean-Dominique / Rouart, Denis: *Monet Water Lilies: The Complete Series*, with a catalogue raisonné by Julie Rouart, Flammarion, Paris, 2008.
Roe, Sue: *The Private Lives of the Impressionists*, Vintage, 2007.
Roethlisberger, Marcel: *Claude Lorrain: The Paintings*, New Haven, 1961.
Rondo, Cameron: *France and the Economic Development of Europe, 1800–1914*, Psychology Press, Hove, 2000.
Roslak, Robyn: *Neo-Impressionism and Anarchism in Fin-de-siècle France*, Ashgate, Aldershot and Burlington VT, 2007.
Sagner, Karin: *Gustave Caillebotte. Ein Impressionist und die Fotografie*, Hirmer Verlag, Munich, 2013.
Sauerländer, Wilibald: *Manet Paints Monet: A Summer in Argenteuil*, Getty Publications, Los Angeles, 2014.
Seiberling, Grace: *Monet's Series*, Garland Publishing, Inc., New York and London, 1981.
Silvestre, Armand: *Galerie Durand-Ruel, Recueil d'estampes gravées à l'eau-forte*, Paris, London, Brussels, 1873.
Spate, Virginia: *The Colour of Time Claude Monet*, Thames & Hudson, London, 1992.
Taine, Hippolyte-Adolphe: *Philosophie de l'art*, thirteenth edition, vol. 1, Librairie Hachette et Cie, Paris, 1909.
Thomsen, Belinda: *Impressionism. Origins, Practice, Reception*, Thames & Hudson, London, 2000.
Valenciennes, Pierre-Henri de: *Élémens de perspective Pratique. A l'Usage Des Artistes Suivis de Reflexions Et Conseils a Un Eleve Sur La Peinture, Et Particulierement Sur Le Genre*, Paris, 1820.
Venturi, Lionello: 'Mémoires de Paul Durand-Ruel', *Les Archives de l'impressionnisme*, vol. 2, Paris–New York, 1939.
Vollard, Ambroise: *Degas, an Intimate Portrait*, New York, 1986.
Ward, Martha: *Pissarro, Neo-Impressionism and the Spaces of the Avant-Garde*, University of Chicago Press, Chicago and London, 1996.
Watelet, Charles-Henri / Levesque, Pierre-Charles: *Dictionnaire des arts de peinture, sculpture et gravure*, IV, Paris, 1792.
Wildenstein, Daniel: *Claude Monet, biographie et catalogue raisonné*, 5 vols, Lausanne–Paris, 1974-1991.
Wildenstein, Daniel: *Monet, or, The Triumph of Impressionism*, 4 vols, Taschen Verlag and the Wildenstein Institute, Cologne, 1996.
Wildenstein, Daniel et al. (eds.): *Gauguin. A Savage in the Making. Catalogue raisonné of the paintings (1873-1888)*, 2 vols, Skire Editore, Milan, 2002.
Willsdon, Clare A. P.: *In the Gardens of Impressionism*, Thames & Hudson, London, 2004.
Zeman, Herbert: *Die Jahreszeiten in Dichtung, Musik und Bildender Kunst*, Vienna, 1989.

Udstillingskataloger / Exhibition Catalogues

Ahlund, Mikael / Hinners, Linda: *De fyra årstiderna / The Fours Seasons*, exh. cat. Nationalmuseum Stockholm, 2011/2012.
Becker, Christoph et al. (ed.): *Monet's Garden*, exh. cat., Kunsthaus, Zürich, 2004-2005, Hatje Cantz Verlag, Ostfildern-Ruit, 2004.
Brettell, Richard R. / Pissarro, Joachim: *The Impressionist and the City: Pissarro's Series Paintings*, exh. cat., Dallas Museum of Art, Philadelphia Museum of Art and Royal Academy of Arts, London, Yale University Press, New Haven and London, 1992.
Conisbee, Philip (ed.): *Claude-Joseph Vernet 1714-1789*, exh. cat., Iveagh Bequest, Kenwood, London, 1976.
Druick, Douglas W. / Zegers, Peter Kort: *Van Gogh and Gauguin: The Studio of the South*, exh. cat., The Art Institute of Chicago and Van Gogh Museum, Amsterdam, Thames & Hudson, London, 2001.
Ferretti Bocquillon, Marina et al. (eds.): *Monet's Garden in Giverny: Inventing the Landscape*, exh. cat.,

Musée des Impressionnismes, Giverny, 5 Continents Editions, Milan, 2009.
Groom, Gloria (ed.): *Impressionism, Fashion and Modernity*, exh. cat. Musée d'Orsay Paris and Art Institute Chicago, Paris, 2013.
Gruenter, Rainer: *Das Reich der Jahreszeiten*, exh. cat. Strauhof Zürich, Zurich,1989.
Lochnan, Kathy et al. (eds.): *Turner Whistler Monet*, exh. cat., Tate Britain, Londonn, Art Gallery of Ontario, Toronto, and Galeries nationales du Grand Palais, Paris, Tate Publishing, London, 2005.
Mirbeau, Octave: *Claude Monet: Vues de la Tamise à Londres*, exh. cat., Galeries Durand-Ruel, Paris, 1904.
Moffett, Charles S. / Isaacson, Joel et al. (eds): *Impressionists in Winter. Effets de Neige*, exh. cat. Phillips Collection Washington, Washington, 1999.
Moffett, Charles S. et al. (eds.): *The New Painting*, exh. cat., The Fine Arts Museums of San Francisco, San Francisco, 1986.
Tucker, Paul Hayes: *Monet in the 90s: the Series Paintings*, exh. cat., Royal Academy of Arts, London and Museum of Fine Arts, Boston, New Haven and London, 1989.

Online-publikation / Online-Fublication

Les jardins de Claude Monet
http://giverny.org/gardens/fcm/visitfr.htm

Kunstværker / Artworks

Alfonso: *Pissarro and Cézanne*, ca. 1875, photograph, L&S Pissarro Archives.
Andō Hiroshige, *Sudden Shower Over Shin-Ohashi Bridge and Atake* (*One Hundred Famous Views of Edo*), 1857.
Anonymous: *Cézanne Leaning on a Stick*, ca. 1873, photograph, 10.8 × 7.3 cm, Paris, Musée d'Orsay.
Anonymous: *Paul Cézanne and Camille Pissarro*, ca. 1875, photograph, L&S Pissarro Archives.
Bazille, Frédéric: *Pierre-Auguste Renoir*, 1867, oil on canvas, 62 × 51 cm, Paris, Musée d'Orsay, on loan from Montpellier, Musée Fabre.
Bazille, Frédéric: *Still Life with a Heron*, 1867, Montpellier, Musée Fabre.
Bazille, Frédéric: *Manet at His Easel*, 1868-1870, New York, drawing, 29.5 × 21.5 cm, Metropolitan Museum of Art.
Bazille, Frédéric: *Manet at His Easel*, 1868-1870, New York, drawing, 29.5 × 21.5 cm, Metropolitan Museum of Art.
Cézanne, Paul: *Pissarro Going Out to Paint*, ca. 1873, drawing, 19.5 × 11.3 cm, Paris, Musée du Louvre, Department of Prints and Drawings, Musée d'Orsay collection.
Cézanne, Paul: *Autoportrait de Cézanne d'après Renoir*, 1880-1881, oil on canvas, 57 × 47 cm, Saint Petersburg, musée de l'Hermitage.
Cless, Jean-Henri: *An Artist's Studio*, 1804, Paris, Musée Carnavalet.
Cochereau, Léon-Matthieu: *Interior of David's Studio at the Collège des Quatre-Nations*, oil on canvas, 90 × 105 cm, Paris, Musée du Louvre.
Degas, Edgar: *Manet Standing*, 1866-1868, drawing, Paris, Musée d'Orsay.
Degas, Edgar: *Manet Seated*, 1866-1869, drawing, 33.1 × 23 cm, New York, Metropolitan Museum of Art.
Degas, Edgar: *Portrait of Manet*, ca. 1866-1869, drawing, 40 × 25.5 cm, Paris, Musée d'Orsay.
Degas, Edgar: *Manet Seated Facing Left*, 1864-1865, etching, Paris, INHA.
Degas, Edgar: *Manet Seated Facing Right*, 1864-1865, Paris, INHA.
Degas, Edgar: *Manet at the Races*, ca. 1865, drawing, 32.1 × 24.6 cm, New York, Metropolitan Museum of Art.
Degas, Edgar: *M. and Mme Manet*, 1869, oil on canvas, 65 × 71 cm, Kita Kiyushu Museum of Art.
Kersting, Georg-Friedrich: *Caspar David Friedrich in His Studio*, 1811, oil on canvas, 53.5 × 41 cm, Hamburg, Kunsthalle.
Kersting, Georg-Friedrich: *Caspar-David Friedrich in His Studio*, 1812, oil on canvas, 51 × 40 cm, Berlin, Alte Pinakothek.
Labille-Guiard, Adélaïde: *Self-Portrait with Two Pupils*, 1785, oil on canvas, 210 × 151 cm, New York, Metropolitan Museum of Art.
Manet, Édouard: *Portrait of Éva Gonzales*, 1869-1870, oil on canvas, 191.1 × 133.4 cm, London, National Gallery.
Manet, Édouard: *Vase of Peonies on a Small Pedestal*, 1864, oil on canvas, 93.3 × 70 cm, Paris, Musée d'Orsay.
Manet, Édouard: *Portrait of Berthe Morisot with a Fan*, 1874, oil on canvas, 61 × 50.5 cm, Paris, Musée d'Orsay.
Manet, Édouard: *Berthe Morisot with a Fan*, 1872, oil on canvas, 60.4 × 45.2 cm, Paris, Musée d'Orsay.
Manet, Édouard: *Berthe Morisot with a Bouquet of Violets*, 1872, oil on canvas, 55 × 40.5 cm, Paris, Musée d'Orsay.
Manet, Édouard: *Berthe Morisot Reclining*, 1873, oil on canvas, Paris, Musée Marmottan Monet.
Manet, Édouard: *The Balcony*, 1869, oil on canvas, 171 × 125 cm, Paris, Musée d'Orsay.
Manet, Édouard: *Repose. Portrait of Berthe Morisot*, 1870, oil on canvas, 150.2 × 114 cm, Providence, Rhode Island Museum of Art.
Manet, Édouard: *Claude Monet in His Studio*, 1874, oil on canvas, 50 × 64 cm, Munich, Neue Pinakothek.
Manet, Édouard: *Monet Painting on His Studio Boat*, 1874, oil on canvas, 106 × 135 cm, Stuttgart, Staatsgalerie.
Manet, Édouard: *The Monet Family in Their Garden at Argenteuil*, 1874, oil on canvas, 61 × 99.7 cm, New York, Metropolitan Museum of Art.
Manet, Édouard: *Argenteuil*, 1874, oil on canvas, 149 × 115 cm, Tournai, Musée des Beaux-Arts.
Manet, Édouard: *Painting in Monet's Garden at Argenteuil*, 1874, oil on canvas, 55 × 74 cm, whereabouts unknown (Wildenstein, *Catalogue raisonné de l'œuvre de Claude Monet*, no. 342).
Monet, Claude: *Portrait of Bazille*, 1864, oil on wood, 40.5 × 31.5 cm, Montpellier, Musée Fabre.
Monet, Claude: *Study for "Luncheon on the Grass" (The Walkers)*, 1865, oil on canvas, 93 × 68.9 cm, Washington, National Gallery.
Monet, Claude: *Luncheon on the Grass (left part)*, 1865, oil on canvas, 418 × 150 cm, Paris, Musée d'Orsay.
Monet, Claude: *Luncheon on the Grass (middle part)*, 1865, oil on canvas, 248.7 × 218 cm, Paris, Musée d'Orsay.
Monet, Claude: *The Artist's Garden at Argenteuil*, 1873, oil on canvas, 61 × 82.5 cm, Washington, National Gallery of Art.
Pissarro, Camille: *Portrait of Cézanne in a Felt Hat*, ca. 1874, graphite on paper, 24.2 × 13 cm, Paris, Musée du Louvre, Department of Prints and Drawings, Musée d'Orsay collection.
Pissarro, Camille: *Portrait de Paul Cézanne*, 1874, etching, 26.6 × 21.5 cm, Boston, Museum of Fine Arts.
Pissarro, Camille: *Paul Cézanne*, 1874, oil on canvas, 73 × 60 cm, Laurence Graff collection.
Renoir, Pierre-Auguste: *Frédéric Bazille Painting a Heron*, 1867, oil on canvas, 105 × 73.5 cm, Paris, Musée d'Orsay, on loan from Montpellier, Musée Fabre.
Renoir, Pierre-Auguste: *Le Cabaret de la Mère Anthony*, 1866, oil on canvas, 194 × 131 cm, Stockholm, Nasjonalmuseet.
Renoir, Pierre-Auguste: *Monet Reading*, 1872, oil on canvas, Paris, Musée Marmottan Monet.
Renoir, Pierre-Auguste: *Monet*, 1872, oil on canvas, 65 × 50 cm, Washington, National Gallery of Art.
Renoir, Pierre-Auguste: *Monet Painting in His Garden at Argenteuil*, 1873, oil on canvas, 46 × 60 cm, Hartford, Wadsworth Atheneum Museum.
Renoir, Pierre-Auguste: *Claude Monet*, 1875, oil on canvas, 84 × 60.5 cm, Paris, Musée d'Orsay.
Renoir, Pierre-Auguste: *Mme Monet and Her Son*, 1874, oil on canvas, 50.4 × 68 cm, Washington, National Gallery of Art.
Renoir, Pierre-Auguste: *Paul Cézanne*, 1880, pastel, 53.7 × 43.5 cm, Private collection.
Sisley, Alfred: *Heron with Spread Wings*, 1867, oil on canvas, 79 × 97 cm, Montpellier, Musée Fabre.
Tellgman, Ferdinand: *In The Studio*, 1834, oil on canvas, 79 × 97.5 cm, Kassel, Neue Galerie.
Vigée-Lebrun, Élisabeth: *Self-Portrait*, 1790, oil on canvas, Florence, Galleria Uffizi.

Fotokrediteringer / Photo Credits

The figure following each credit indicates the page numbers for the photographs and illustrations.

©2014 AGO – 207

© 2015. Image copyright The Metropolitan Museum of Art / Art Resource / Scala, Florence – 137, 177, 182, 183

Aberdeen Art Gallery & Museums Collections – 167

Ailsa Mellon Bruce Collection. Courtesy National Gallery of Art, Washington – 186

© akg-images / Catherine Bibollet – 129

Archiv Christie's Images und Bridgeman – 114-115

The Armand Hammer Collection. Hammer Museum, Los Angeles – 200, 221

Art Centre Basel / Hirmer Verlag – 18, 21

© The Art Institute of Chicago – 126, 185

The Barber Institute of Fine Arts, University of Birmingham – 161

© Belvedere, Vienna – 176

© bpk - Bayerische Staatsgemäldesammlungen, Neue Pinakothek, Munich – 6, 50, 145

© bpk - Hamburger Kunsthalle / Foto: Elke Walford – 48

© bpk - Kunstbibliothek, SMB / Édouard Baldus – 18

© bpk - Staatliche Museen zu Berlin, Nationalgalerie – 160

Bruce M. White, Photograph © 2015. Princeton University Art Museum / Art Resource NY / Scala, Florence – 174

Collection: Association des Amis du Petit Palais, Genève / Crédit photographique: Studio Monique Bernaz, Genève – 110-111, 202, 224

Collection Gemeentemuseum Den Haag, The Netherlands – 135

Collection of Mr. and Mrs. Paul Mellon. Courtesy National Gallery of Art, Washington, D.C. – 214-215

Collection of the Muskegon Museum of Art – 146-147

Collection Musée de Morlaix / Crédit photographique : Musée de Morlaix – 213

Courtesy National Gallery of Art, Washington – 138

© CSG CIC Glasgow Museums and Libraries Collections – 136

Foundation E.G. Bührle Collecetion, SIK-ISEA, Zurich – 191

Gösta Serlachius Fine Arts Foundation/ Photographer: Mänttä – 209

Gothenburg Museum of Art – 170, 192

Image courtesy of the New Orleans Museum of Art – 118

Image courtesy Saint Louis Art Museum – 20

Imaging Department © President and Fellows of Harvard College – 13

© James Rubin – 173

© KIK-IRPA X066500 – 52

© Kunsthalle Bremen. Foto: Lars Lohrisch – 120

© Landesmuseum Hannover – ARTOTHEK – 15

Leeds Museums and Galleries (Leeds Art Gallery) U.K. / Bridgeman Images – 67, 119, 211

Le Havre, Musée d'Art moderne André Malraux –165, 166

© Manchester Art Gallery, UK / Bridgeman Images – 24, 154

Memorial Art Gallery, University of Rochester – 169, 204

Mesdag Collection, The Hague – 69

© Musée d'art et d'histoire, Ville de Genève – 26, 175, 189

Musée des Beaux-Arts de Caen, Martine Seyve Photographe – 70-71

© Musée des Beaux-Arts de Pau, Jean Christophe Poumeyrol – 23

Musée de Vernon (27) – 2-3, 193

© Musée d'Orsay, Dist. RMN-Grand Palais / Patrice Schmidt – 88-89

Musée Fabre de Montpellier Méditerranée Métropole / photographie Frédéric Jaulmes – 66, 68

© musées de Lons-le-Saunier / Jean-Loup Mathieu – 158

Museu de Montserrat, Barcelona – 163

Nancy, musée des beaux-arts / C. Philippot – 164

National Galleries of Scotland – 75, 140, 152

© The National Gallery, London – 14, 56, 61, 86

The National Museum in Belgrade – 29

© National Museum of Wales – 172, 217

National Museums Liverpool, Walker Art Gallery – 143, 159

© Ordrupgaard (Photo: Anders Sune Berg) – 12, 19, 122, 203

Private collection. Courtesy Halcyon Gallery, London – 141

© Remagen, Arp Museum Bahnhof Rolandseck / Collection Rau for UNICEF, Inv. No. GR 1.1032 / Photograph: P. Schälchli, Zurich – 149

© RMN-Grand Palais / Droits réservés –78, 87

© RMN-Grand Palais/ Fondation Bemberg/Mathieu Rabeau – 219

© RMN-Grand Palais / Jacques Quecq d'Henripret – 117

© RMN-Grand Palais (musée de l'Orangerie) / Gérard Blot / Hervé Lewandowski – 130-131, 205

© RMN-Grand Palais (musée du Louvre) / Hervé Lewandowski – 210

© RMN-Grand Palais (musée du Louvre) / Jean-Gilles Berizzi – 27

© RMN-Grand Palais (musée du Louvre) / Michel Urtado – 46

© RMN-Grand Palais (musée d'Orsay) / Benoît Touchard – 81

© RMN-Grand Palais (musée d'Orsay) / Benoît Touchard / Mathieu Rabeau –180

© RMN-Grand Palais (musée d'Orsay) / Gérard Blot / Hervé Lewandowski – 156-157

© RMN-Grand Palais (musée d'Orsay) / Hervé Lewandowski – 17, 43, 44, 47, 73, 82, 91, 93, 97, 99, 100, 132, 139, 162, 179

© RMN-Grand Palais (Sèvres, Cité de la céramique) / Thierry Ollivier – 63

Saarlandmuseum Saarbrücken, aus der Sammlung Kohl-Weigand, Stiftung Saarländischer Kulturbesitz, Foto: Carsten Clüsserath – 121

The Samuel Courtauld Trust, The Courtauld Gallery, London – 201

The San Diego Museum of Art – 124-125

© Tate, London 2015 – 206, 208

Toledo Museum of Art (Toledo, Ohio) – 104, 108

Van Gogh Museum, Amsterdam – 150

Ville de Dieppe, Château-Musée © B. Legros – 222

Wadsworth Atheneum Museum of Art, Hartford, CT – 40, 49

Kolofon / Imprint

This catalogue is published on the occasion of the exhibition

MONET – LOST IN TRANSLATION

Held at
ARoS AARHUS ART MUSEUM, AARHUS, DENMARK
9 October, 2015 – 10 January, 2016

Editor
Suzanne Greub, Director, Art Centre Basel, Basel, Switzerland
Principal Exhibition Curator
Suzanne Greub, Art Centre Basel
Exhibition Production
Art Centre Basel
Head of Project Management, Art Centre Basel
Katharina Beisiegel
Exhibition Managers
Judith Opferkuch, Art Centre Basel
Anne Dehler (2012-2013)
Felizitas Diering (2011-2012)
Editorial Manager
Judith Opferkuch, Art Centre Basel

Director and Exhibition Curator (2015), ARoS
Erlend G. Høyersten
Chief Curator and Exhibition Curator (2011-2014), ARoS
Marie Nipper
Exhibition Curator (2015), ARoS
Maria Kappel Blegvad
Exhibition Coordinator, ARoS
Anne Mette Thomsen

The exhibtition is curated by Suzanne Greub (Director, Art Centre Basel) and Erlend G. Høyersten (Director, ARoS). The exhibition is produced and organised by Art Centre Basel in cooperation with ARoS.

Project Management Hirmer Verlag
Jürgen Kleidt
Translations
Sprogbiz
Proof-reading Danish
Sprogbiz, Maria Kappel Blegvad and Anne Mette Thomsen
Proof-reading English
Vanessa Magson-Mann and Ann Kay
Design
Gunnar Musan, Neumünster
Fonts
Sailec, Bauer Bodoni
Map
Anneli Nau, Munich
Lithography
Reproline Genceller, Munich
Paper
GardaMatt Art, 150 g/sqm
Printed and bound by
Printer Trento, Trento
Printed in Italy

The Deutsche Nationalbibliothek lists this publication in the Deutsche Nationalbibliografie; detailed bibliographic data are available in the Internet at http://dnb.de.

ISBN 978-3-7774-2428-6

www.artcentrebasel.com
www.hirmerpublishers.com
www.hirmerverlag.de

Front cover and pp. 2-3:
Claude Monet, ***Nymphéas / Åkander / Waterlilies*** (detail), 1908 (cf. fig. 92).
Details: p. 6 – cf. fig. 17; p. 42 – cf. fig. 18; p. 58 – cf. fig. 24; p. 80 – cf. fig. 34; p. 106 – cf. fig. 41; p. 134 – cf. fig. 56; p. 172 – cf. fig. 91; p. 200 – cf. fig. 107.